北京安全生产年鉴

BEIJING ANQUAN SHENGCHAN NIANJIAN

2017

北京市安全生产监督管理局
北 京 煤 矿 安 全 监 察 局 编

化学工业出版社
· 北 京 ·

图书在版编目（CIP）数据

北京安全生产年鉴. 2017/北京市安全生产监督管理局，北京煤矿安全监察局编. —北京：化学工业出版社，2018.3

ISBN 978-7-122-31429-1

Ⅰ.①北… Ⅱ.①北…②北… Ⅲ.①安全生产-北京-2017-年鉴 Ⅳ.①X931-54

中国版本图书馆CIP数据核字（2018）第012775号

责任编辑：卢小林

责任校对：边 涛　　　　装帧设计：王晓宇

出版发行：化学工业出版社（北京市东城区青年湖南街13号 邮政编码100011）

印　　装：中煤（北京）印务有限公司

787mm×1092mm 1/16 印张35¾ 彩插38 字数799千字 2018年3月北京第1版第1次印刷

定　　价：238.00元

《北京安全生产年鉴》编纂委员会

《北京安全生产年鉴》编辑部

主　　编　唐明明

副 主 编　车广杰　吕海光　徐杰立

顾　　问　杨宝玉

编　　审　吕海光　赵　芬　张世杰

执行编辑　孙　娉　刘晓春

编辑人员　（以姓氏笔画为序）

于　芳　于　剑　于　湧　于友群　马小伟
马玉增　王　帆　王　雪　王　敏　王　翌
王科程　王静伟　少连双　化鹏飞　叶子楠
田永力　冯　岩　吉　喆　吕延秋　朱佳琦
任宝健　刘亚男　刘自杰　刘丽敏　刘晓春
孙　娉　孙文雯　苏　辉　杜金颖　李　广
李　伟　李　萌　李　懿　李环宇　李春支
李春晖　李继蓉　李勤智　李颖鑫　杨广岳
杨伯晗　杨建军　吴　强　吴国铮　邱树林
宋永胜　张　月　张　浩　张　菁　张　雷
张凤岐　张红玲　张捷飞　张德武　陈　旭
陈玉全　陈学友　范　慧　范志红　周　燚
周东楠　宗晓茜　赵　芬　赵　颖　赵长明
钟　杰　俞峻勇　祝伟民　贾　雁　徐院锋
郭　杨　郭　昱　唐　涓　黄　亮　常　莎
梁晓霞　焦　力　颜惠军　潘蔚然　穆嘉澍
魏军武

编辑说明

一、《北京安全生产年鉴》2017年版，由北京市安全生产监督管理局（简称“市安全监管局”）、北京煤矿安全监察局（简称“北京煤监局”）主办，委托北京市安全生产联合会负责资料搜集和编辑工作。

二、本年鉴是一部记载北京2016年安全生产信息的大型工具书，内容客观、真实、全面、系统，对于了解掌握北京安全生产状况、取得成效和存在问题，研究安全生产工作及其规律性，有重要参考价值。

三、本年鉴坚持“众手成鉴”，围绕2016年安全生产重点工作任务，突出北京安全生产特点，进行全面记述、宣传和报道。

四、本年鉴选用资料，由市安全监管局、北京煤监局、市政府有关部门，以及各区、北京经济技术开发区安全监管局和部分企事业单位提供，经年鉴编辑部审核编纂，报年鉴编委会批准，由出版社出版发行。

五、本年鉴创刊于2008年（2003年至2007年为合刊），已连续出版发行10部。

六、《北京安全生产年鉴》编辑部联系方式：

电话：63020630

传真：63522105

电子邮箱：bjax2013@126.com

地址：北京市朝阳区惠新东街1—1号

邮政编码：100029

目　　录

特　　载

大　事　记

安　全　监　管

统计资料

事故案例

人　　物

附　　录

索　　引

▲ 6 月 28 日，副市长王宁（左二）带队检查昌平沙河油库安全生产工作

▲ 11 月 24 日，市安全监管局局长张树森（左二）在第十届北京安全文化论坛活动现场

▲ 12 月 14 日，市安全监管局副局长贾太保（左二）检查电力企业安全生产工作

▲ 4 月 21 日，市安全监管局副局长阎军参加实验室安全管理论坛

▲ 7 月 1 日，驻市安全监管局纪检组组长续栋参加局机关党员大会

▲ 4 月 15 日，市安全监管局副局长唐明明（左二）与市人大代表检查市热力集团安全生产工作

▲ 1 月 19 日，市安全监管局副局长李东洲主持召开安全生产突发事件专题培训会

▲ 7 月 15 日，市安全监管局副局长卞杰成（左二）指导企业安全生产工作

▲ 7月7日，市安全监管局副巡视员谢清顺（左二）与企业负责人开展“对话谈心”活动

▲ 4月20日，市安全监管局副巡视员李振龙（右一）检查景区安全生产工作

▲ 11 月 16 日，市安全监管局副巡视员贾秋霞（左二）在“职工技协杯”职业技能竞赛现场

▲ 12 月 9 日，北京市安全生产隐患排查治理体系建设现场会

▲ 7 月 15 日，2016 年北京市“安责险”制度试点工作推进会

▲ 9 月 26 日，《北京市“十三五”时期安全生产规划》新闻发布会

▲ 6 月 24 日，京津冀安全生产协同发展工作会

▲ 5 月 13 日，2016 年北京市“安康杯”竞赛活动动员部署视频会

▲ 2 月 26 日，全国“两会”安全保障

▲ 6 月 23 日，“亚投行”首届年会安全保障

▲ 第十届北京安全文化论坛

▲ 5 月 26 日，2016 年北京市安全文艺基层巡演

▲ 6 月 16 日，北京市安全生产宣传咨询日活动现场 ▼

▲ 11月16日，北京市“职工技协杯”职业技能竞赛检查人员（安全生产专职安全员）比赛决赛

▲ 11月16日，北京市“职工技协杯”职业技能竞赛现场

特 载

【文 选】

北京市副市长王宁在市安委会第二次全体会议上的讲话

2016年3月18日

今天，召开市安委会全体会议，主要是进一步学习贯彻党中央、国务院关于安全生产的决策部署，学习传达郭金龙书记、王安顺市长批示精神，总结分析一季度全市安全生产工作，安排部署下一步重点工作。

刚才，马林同志传达郭金龙书记、王安顺市长的重要批示要求，树森同志对全市安全生产工作进行通报部署，荣梅同志对刚刚颁布的隐患排查治理办法政府规章进行解读，西城区、通州区也进行了发言。我再强调3点意见。

一、全市安全生产工作开局良好

进入新年度以来，各地区、各部门、各单位认真贯彻落实市委市政府的决策部署，狠抓责任落实，深化专项整治，强化监督管理，圆满完成“两节”和“两会”等重要时期安全生产保障任务，确保全市安全生产形势持续稳定好转。1至2月，全市共发生各类生产安全事故30起、死亡31人，与往年相比，事故多发易发态势得到明显控制。总结一季度工作，概括起来有4个方面特点。

第一，方向明确，领导有力。年初，王安顺市长主持召开安全生产电视电话会议，对做好全市安全生产工作确定了方向。各地区党委、政府主要负责同志主持召开党委常委会、政府常务会，研究部署安全生产工作，确保各项工作的顺利部署实施。市安委会办公室按照全市推进京津冀协同发展要求，启动建立京津冀安全生产协同机制。

第二，聚焦“两节”“两会”，安全保障有力。一季度，我们紧紧抓住“两节”“两会”期间安全生产保障这一重要任务，突出强化对烟花爆竹各环节和对人员密集场所、车站、大型活动以及商市场的安全监管，形成工作合力。全市各级领导干部深入一线、亲力亲为，在任务部署上打主动仗、在责任分工上做硬要求、在任务落实上坚持高标准，持续开展一系列安全生产大检查行动。这些有力措施，保证首都安全稳定。特别是在全国“两会”期间，做到无重大安全生产事故发生。

第三，突出重点，工作全面展开。一季度，我市在全国率先以市政府名义印发《关于推动安全预防控制体系建设的意见》，预防控制体系建设走在全国前列，国家安全监管总局在全国范围进行转发。以落实市政府第266号令为主要目标，深入推进隐患排查治理体系建设，在2000家企业启动“一企一标准、一岗一清单”编制工作。按照国务院安委会和本市部署，制定印发《北京市安全生产信用体系建设管理办法》，提出本市安全生产信用体系建设的总体框架和工作模式。

第四，注重基层基础，强化工作落实。进一步加大基层基础建设，区部门专职安全员组建工作全面启动。各地区普遍加大安全投入，建立安全生产隐患治理专项资金。通州、房山等地区，党委、政府大力支持，进一步增加人员编制，充实基层监管力量。针对小区燃气爆炸事故反映出的问题，为提高居民家庭燃气和消防安全，市政府着手研究淘汰不合格燃气用具、加装安全辅助报警装置工作，从本质上提高人民群众居家安全保障水平。全市安全生产各项工作基础扎实，推进情况良好。

二、当前安全生产工作中不能忽视的问题

一季度，全市安全生产形势总体保持稳定好转态势，但一些亡人事故和一些安全生产事故时有发生，部分行业领域安全隐患仍然存在，安全生产工作仍然存在诸多薄弱环节。

一是从业人员安全教育亟待加强。1月25日，朝阳区孙河乡发生火灾，造成8人死亡，5人受伤，社会影响比较大，教训极其惨痛。究其原因，还是从业人员安全意识淡薄。火灾发生前几天，当地派出所对该处房屋进行检查，但从业人员没有引起足够重视，导致事故发生。在“两会”期间部分地区相继发生事故。3月7日，一天内就有3个区相继发生死亡事故。从这些事故反映的问题来看，主要是进入春季，各类生产经营活动逐步恢复，面临各项工程建设复工，抢工期、赶进度等问题比较普遍，反映从业人员安全生产意识还较为薄弱。

二是部分重点行业领域隐患治理任务依然艰巨。白酒制造、涉爆粉尘、危险化学品使用、油气管道占压、地下空间、市政公用设施等领域，还有大量隐患未得到有效治理。同时，还有一些新兴业态。比如：新型物流企业存在的寄递违禁物品、易燃易爆和有毒物品隐患的问题，公园、风景区新出现的攀岩、蹦极、滑雪（水）、漂流等游乐（体育运动）项目及玻璃栈道、悬索桥、充气城堡等项目导致的安全隐患，以及滴滴巴士、优步、互联网拼车等新型客运服务出现的新情况、新问题、新隐患，这些新生问题和传统问题仍缺乏统一的监管标准，亟待规范管理。

三是安全生产执法力度还需进一步加大。当前，市政府为各区配备一批安全生产专职安全检查员，在充分发挥这批人员的作用上还要深入研究，提高他们发现隐患以及违法违规行为的查处能力。从去年和一季度全市安全生产执法情况看，各地区还存在执法力度不平衡的问题，有些地区还存在覆盖范围小、查处惩戒力度软等问题，导致一些违法行为屡查不绝、屡打不尽、屡禁不止。

四是危险化学品安全监管还需进一步

加强。去年12月清华大学化学实验室爆炸事故，暴露出我市危险化学品安全管理还存在薄弱环节和管理真空，需要学校、医院、科研院所等认真研究加强危险化学品使用的管理制度和规范措施。同时，全市存在外部安全距离不足隐患的危险化学品企业就有112家，其中没有规划手续或手续不全的18家，周边建筑物中没有规划手续或手续不全的73家，有些难以解决的历史遗留问题，要进行挂账督办。

三、再接再厉，抓实抓好下一阶段重点工作

刚才，树森同志强调部署近期重点工作，希望各区、各部门、各单位要高度重视，认真抓好落实。结合郭金龙书记和王安顺市长的批示要求，我对落实好下一步工作再提5点要求。

（一）敢于担当，全面推进责任落实

各区、各部门、各单位务必始终将安全责任记在心中、扛在肩上、抓在手中、落到实处。要全面落实“党政同责、一岗双责、失职追责”的要求，牢固树立安全生产是党委、政府“第一责任”的意识。要认真落实《2016年度安全生产目标责任书》各项任务和目标。这份《责任书》，不仅仅是签个字的问题，而是体现了市政府对安全生产工作的要求和工作决心，体现各级政府对市政府和广大市民的承诺。各地区、各部门要狠抓落实，市安委会办公室要定期通报，严格考核，兑现奖惩。

（二）扎实抓好隐患排查治理

7月1日，《北京市生产安全事故隐患排查治理办法》将正式实施。各地区、各部门、各单位要加大规章宣传培训力度，组织宣贯活动，做好普法工作，积极推动规章办法的落地。要把隐患排查治理和安全生产标准化建设、信用体系建设、预防控制体系建设相结合，统筹推进。要认真组织开展部分地区和企业隐患排查治理试点，发挥示范引导作用，创造可学、可复制的典型经验做法。全力推进“一企一标准、一岗一清单”编制工作，帮助指导企业制定个性化的隐患排查标准和岗位清单，要解决企业隐患排查治理“谁来查、查什么、何时查、怎么查、如何改”的问题。特别要全面开展白酒制造、涉爆粉尘、工业企业涉危使用安全隐患治理专项行动，进一步加大油气输送管道隐患整治、危险化学品和易燃易爆物品专项治理，确保挂账隐患按期完成。针对危险化学品企业周边安全距离不足的问题，今年市里将对3个难点问题进行挂账督办，各区、各乡镇街道也要拿出攻坚克难的精神，突破难点，整治隐患。要深入研究相关政策，出台有关治理办法，市、区两级挂账督办，彻底解决隐患问题。安全监管、市政市容、公安消防、质监、财政等部门及相关企业，要抓紧研究制定淘汰不合格燃气用具、加装安全辅助装置相关政策措施，确保如期启动。各级安委会要对排查发现的重大隐患实施挂牌督办，层层落实隐患治理责任。

（三）进一步加强安全生产信息化建设

前期安全生产信息化建设取得很好的成效，也发挥积极作用，随着信息技术的发展，还需要进一步加快新一代信息技术与安全生产的融合发展，运用物联网、云计算、大数据、“互联网＋”等技术，构建安全生产业务智能监管网络。实施大数据战略，建立统一的安全生产数据中心，有效分析和利用安全生产条件普查、风险管控、执法检查、标准化、事故调查处理、工伤赔付、行政许可、职业卫生等数据，建立风险预警研判模型，全面支撑预防控制、隐患排查双体系建设。完善市、区、乡镇街道和重点行业企业之间的信息共享机制。利用物联网等技术，依托危险化学品集中管理平台，对重大危险源、重点设备设施、重点工艺环节、危险区域、重要岗位以及影响生产作业安全的环境状态进行预警预测。市政公用、人防工程使用、人员密集场所、道路交通、轨道交通建设和运营企业，要建设并完善视频监控、远程监测、自动报警、智能识别等安全防护系统。

（四）强力推进高危行业和重点领域安全专项整治

要以建筑施工预防坍塌以及危险性较大的工程为重点开展专项整治，严厉查处建设工程未办理施工许可和企业无资质、无安全生产许可证，以及工程发包、承包、分包中的违法行为。要持续开展道路交通、轨道交通、商市场、仓储单位、劳动密集型企业、玻璃幕墙等重点行业领域，以及城乡结合部、农村地区消防安全隐患排查整治行动，严厉打击非法违法生产经营行为。强化高危行业和重点领域安全生产责任保险试点，增强事故预防和善后补偿能力。

（五）贯彻实施好安全生产“十三五”规划

今年是“十三五”的开局之年，《北京市“十三五”时期安全生产规划》初稿已经编制完成，即将发布执行。《规划》明确了6项指标，提出10大主要任务和4项保障措施。其中，亿元国内生产总值生产安全事故死亡率下降20%的目标，必须采取超常措施，确保落实到位。市安委会办公室要制定规划落实的分工方案和检查督办办法，明确目标，细化任务，落实责任。各区、各部门、各单位要加强组织领导，明确实施部门，落实保障措施，推动各项工作有计划、有步骤开展。要做好规划的宣传工作，提高各级各单位实施规划工作的主动性和自觉性，营造舆论氛围。要加强工程项目可行性研究分析，落实规划工程项目建设资金，做好工程项目的前期准备工作，以工程项目的实施带动规划的落实。

北京市安全监管局局长张树森在全市安全生产监管监察系统工作会上的讲话（摘要）

2017 年 2 月 6 日

这次会议的主要任务是，认真贯彻落实党中央、国务院关于安全生产领域改革发展和市委、市政府关于安全生产的决策部署，围绕“补短板、强融合、细落实、促平衡”的总要求，以查找“四化三体系双基”总任务推进过程中存在的短板为重点，总结分析 2016 年度安全生产工作，直面工作中的问题，动员全系统领导干部和广大干部，树立科学思维、法治思维、辩证思维、社会共治思维，坚持奔实处着力、向短板攻坚，提升本市安全生产工作的质量，推动“四化三体系双基”总任务的落实向纵深发展，全面推进 2017 年全市安全生产工作再上新台阶。

一、强化系统思维，精准查补短板，进一步增强“四化三体系双基”总任务落实的整体性

（一）查补整体统筹的短板

全系统围绕“四化三体系双基”总任务的落实，积极推动顶层设计和基层创新探索良性互动。但是，部分单位和干部对于“四化三体系双基”总任务的认识仍然存在浮于表层的情况。市、区两级安全监管部门作为行政执法机构，执法水平和人均执法量还是比较低。信息系统融合性较差，消除信息孤岛的任务仍然艰巨，数据的共享渠道还不通畅，数据分析的功能还要强化。市、区、乡镇街道、行业部门之间还没有建立起有效的互联互通机制。

经过近 3 年的实践，各项工作都有了十分明显的进步。但“四化三体系双基”总任务仍然发展不均衡。这种不均衡既存在于整体，又存在于局部。预防控制体系在全国各省级单位首先设计推出，深入推进风险科学系统管控工作还需要加快进程。安全生产法治化方面，注重法规、地方标准体系建设，但法规地方标准的执行仍然存在很大差距。各区局执法的数量、质量明显不平衡。安全生产社会化方面，面上整体铺开，创新点也不少，但工作推进的深度还需加强。安全生产标准化创建达标，还没有成为企业的自觉行为，创建的内生动力不足，创建质量亟待提高。依据责任清单、权力清单明确执法检查内容、标准、规范执法行为，还有大量细致的工作要做。基层基础方面，乡镇街道和区级部门安全生产检查队及专职安全员的规范化建设和能力素质提升仍是制约队伍发展的关键短板。

（二）查补协调协作的短板

市、区、乡镇街道安全监管部门或多或少都存在协调协作的短板。安委会作为政府议事协调机构，组织会议、部署工作、综合考核的职能不断强化，但在充分发挥安委会办公室议事功能，整体协调解决本区域及行业部门面临的难点问题上需要加强。安全监管部门协调行业、属地凝聚起安全生产工作合力，科学处理好综合监管与行业管理、行业监管、专项监管之间的内在关系，还没有形成较为成熟、较为体系化的机制和手段。

对同级政府部门和下级人民政府安全生产工作的综合监管是法律赋予的职责。但实际工作中仍然存在认识不统一、理解有偏差、协调调动能力不足等问题。对行业部门工作的规律性把握不透彻，行业领域安全生产工作个性指导的精准性不强。在如何调动、引导、发挥、落实好行业部门的监管管理作用方面，工作方式方法没有形成体系化的思路。除了综合执法、年度考核等形式之外，工作思路还需要进一步拓展。还需要充分利用安全监管现有资源，为行业部门开拓工作思路提供辅助支持，持续提高协调协作能力。

（三）查补业务融合的短板

我们还没有深刻认识到融合发展是推动安全生产跨越发展的新途径，还没有深刻认识到融合发展是积聚安全生产势能的新要求，其最大的好处就是可以实现优势互补、优势集成、优势叠加、优势放大，使优势能成势，使优势成为模式。我们还没有深刻认识到融合发展有助于拓展安全生产工作的新视角，进一步打破疆域界限，形成跨界融合，带动业务发展。在当前大融合的背景下，各领域各项业务工作之间的科学衔接、深度互动、良性互动是安全生产工作的必然选择。

“四化三体系双基”总任务的各项工作是互为支撑、互相促进、互为补充、相互衔接的。但在各项工作任务推进中，仍然没有树立起“一盘棋”的思想，各项业务之间沟通、配合、对接明显不足。企业安全生产标准化、隐患排查治理、安全文化示范企业、安全预防控制体系建设、执法检查等都是手段，但如何打“组合拳”研究的还不够。隐患排查治理体系的架构基本形成，但大部分区这项工作还没有开展。

（四）查补市、区联动的短板

工作部署的权威需要树立，联动的渠道需要畅通。不少同志反映，随着公车制度改革，视频会议成为工作部署的主要形式，实地调研减少，市与区、各区与乡镇街道之间交流互动减少，还需要多想办法搭建起面对面交流沟通的平台。工作的谋划还需要充分考虑各区实际，实现上下联动。重要文件的起草，重点工作的部署，还需要充分征求意见建议，留足调研空间，便于基层操作。

有的工作部署仍停留在开开会，发发文的层面，至于区、乡镇街道、区级部门是否落实，落实的怎么样，还没有督促考核评价机制来形成闭环。在城乡结合部治理、重大隐患整治等专项整治工作中，涉及部委、驻京单位、市属国有企业等安全隐患时，需要市、区联动共同解决。这些加强联动的工作机制，需要深入研究解决。

（五）查补资源利用的短板

近年来，我们紧紧抓住社会治理的趋势，大力发展安全生产社会组织，为全市安全生产工作提供有力支撑。但全系统凝聚社会组织发展的合力需要强化，还需要引导更多的社会资源聚焦安全生产社会组织的发展。社会组织发展的专业化水平不高，桥梁作用还没有得到充分发挥，需要进一步提高专业服务能力，真正担当起安全监管得力助手的重要角色。推进安全生产社会化，还有许多丰富的社会资源没有认识到，安全生产服务产业培育尚未引起重视，市场规模十分有限。安全文化在生产经营企业还没有普及，首都安全生产科技人才资源还没有充分利用。

北京有比别的省市更宽泛、更优越、更便利、更有效的社会资源，但是，我们没有把资源整合的途径向更广阔的空间拓展。缺少把更多资源有效整合到安全生产工作中的思路和方法。科技手段运用成效不高，仍然是本市安全生产领域发展的一个瓶颈，通用技术、前沿技术、关键技术深度发掘、推广运用还不够，没有形成技术推动的强大优势。我们利用各类专家资源，提高执法检查等工作的专业性，但是如何通过这些途径提升安全监管人员的专业素质和实际能力，还需要加大工作力度。

（六）查补工作落实的短板

推动落实企业主体责任的方法手段还不多，企业安全生产责任体系“五落实五到位”还不扎实，违法违规等现象依然较为突出。我们推动企业落实主体责任的方式方法仍然显得较为单一，标准化建设的真正意义尚未体现出来。如何促使企业自发产生内生动力，主动掌握最新的安全生产监管要求，扩大安全监管要求在企业的知晓度，仍然是困扰安全生产工作、但一时也不会有明显效果的难题。

推动决策落实落地的执行力还需要加强，仍然大量存在不执行或执行不到位的问题。这次全市安全生产大检查，从督查情况看，落实的精准度不尽如人意。会议召开了，文件下发了，检查也做了，但是多数工作浮于表面，找问题找得不准。多数执法检查力度不够，从检查到整改到“回头看”，有的还没有形成闭环管理。工作落实的深度不够，一些工作虽然开局走在全国前列，但后续跟进不足。落实的方式方法需要改进，有的工作“光打雷不下雨”，政策执行中习惯做“传话筒”，没有结合本地实际，都在喊落实，最终都没有落实下去；有的抓工作找不到节点、抓不住重点，导致工作效率低。

二、汇聚发展动能，积蓄改革势能，在思想上行动上凝聚安全生产工作合力

（一）推动工作站位向强化政治意识的高度转变

在中共中央、国务院印发的《关于推进安全生产领域改革发展的意见》中，关于安全生产工作站位的最新表述，体现在“关系人民群众生命财产安全，经济社会协调健康发展的标志，党和政府对人民利益高度负责”3个方面。我们要深刻领会安全生产工作的新站位、新部署、新要求，自觉体现宗旨意识，把讲政治融入到风险防控、隐患排查、事故处理、责任追究各个环节，做到心中有政治、心中有大局、心中有民生。要继续发挥北京优势，在信用体系建设、风险评估防控、安全员规范化建设等方面抓具体、抓深入，争当创新的标杆、学习的标杆和担当的标杆。要强化表率意识，贯彻落实党中央、国务院关于安全生产工作的部署要求，在保稳定、促发展中做出贡献。

（二）推动工作布局向协调平衡的精度转变

谋划好当前和今后一段时期的安全生产工作，必须优化内部结构、补齐发展短板，促进融合平衡，着力提高“四化三体系双基”总任务发展的协调性和平衡性。要着力促进各区域安全生产工作的协调发展，促进安全员队伍规范化建设、发挥“安责险”预防功能等工作的协调发展，促进法治化、信息化、标准化、社会化同步发展，增强安全生产硬实力的同时注重提升软实力。要精准施策，既抓重点引领，又要注重整体推进；既要有共性的指导措施，又要注重因地制宜。要多些指导、少些指令，多开小会、少开大会，多些个别指导、少些普遍号召，努力实现“一区一特色、一区一对策、一区一方法、一区一考核内容”，促进各个环节、各个方面协调发展。

（三）推动工作思路向融合发展的深度转变

安全生产工作要顺应创新、协同、共享、融合发展的趋势。要发挥好安委会指导协调、监督检查、巡查考核功能，凝聚起安全生产工作的强大合力。要做好安全生产和信息化深度融合这篇大文章，瞄准企业管理现代化主攻方向，将安全管理融入企业管理智能化、网络化工作中，帮助广大企业提高安全生产管理水平。要充分借助互联网优势，打破信息壁垒、提高共享程度、提升工作效率。要做好安全生产与各行业领域深度发展这篇大文章，加强统筹协调，推进信息共享，畅通沟通渠道，辅助科学决策。要做好安全生产各项业务内部的融合发展，努力挖掘各项工作背后的关联性和带动性，不断提高安全生产工作的系统性。

（四）推动工作手段向规范有序的维度转变

坚持依法治理和社会治理并举。要按照中央关于改革发展意见的要求，严密层级治理和行业治理、政府治理、社会治理相结合的安全生产治理体系，综合运用法律、行政、经济、市场等手段，落实人防、技防、物防措施，提升全社会安全生产治理能力。坚持鼓励支持和规范发展并行。在现阶段安全生产形势严峻的大背景下，需要在法治前提下充分利用财政税收等政策杠杆撬动安全生产，鼓励强化安全管理。要继续发挥好各项政策的引导作用，既在量上有进展，又在质上有提高，充分调研，倾听基层呼声，完善政策实施细则，规范企业发展，确保政策的可操作性。

（五）推动工作落实向精准落地的强度转变

全市安全生产工作要突出重点精准发力抓落实。要聚焦“四化三体系双基”总任务，把各项具体任务做实做深做透，做出新的高度。要把抓落实的实践体现在查补短板、优化结构、促进平衡上，加强个性指导、个性规范、个性要求，抓住责任体系、风险防控、隐患排查等关键环节，带动全局，促进整体平衡。要把抓落实的成效体现在保障和改善企业安全管理上，始终抓住落实企业主体责任这个关键，始终把它作为第一位的工作任务，确保企业安全生产责任真正落实到位。

（六）推动工作作风向求真务实的力度转变

全系统要进一步转变干部职工思想作风、学习作风和工作作风，牢固树立群众观念和“一线”意识，深入企业和服务对象，深入做好“双百工程”，与企业面对面、心与心、实打实的交流。坚持因地制宜、符合实际，开展好安全生产风险评估，稳步推进安全生产预防控制体系建设。选准薄弱环节，扎实开展重点行业、重点区域安全生产整治工作。紧紧抓住京津冀协同发展机遇，加快推进危险化学品等行业企业的调整升级，为经济转型升级破解难题、化解矛盾。要保持工作的稳定性和连续性，坚持“一年做好几件事，几年做好一件事”。对于工作中好的经验和做法，要及时进行提炼和总结，固化为制度，形成长效机制。对于一切行之有效的方法手段，一切行之有效的措施制度，都要积极推行，长期坚持。

三、坚持统筹协调，实现优势互补，促进2017年安全生产各项工作的融合平衡发展

（一）以推进安全生产领域改革发展为主线，巩固深化示范引领

认真研究制定《关于进一步推进安全

生产领域改革发展的实施方案》，实现与中共中央、国务院安全生产领域改革发展意见的有效衔接。进一步健全落实安全生产责任制，厘清安全生产综合监管与行业监管的关系，明确各有关部门安全生产和职业健康职责，并落实到部门工作职责规定中。进一步推动企业主体责任落实，综合运用好“一企一标准、一岗一清单”试点、安全信用体系建设等载体，完善责任体系落实的工作体系。持续推动危险化学品集中管理体系建设，编制五环路内危险化学品使用“正面清单”，有序推进五环路内危化品使用企业疏解。要科学分析和把握全市安全生产内在规律，进一步明确强化市、区安全监管部门承担指导协调、监督检查、巡查考核本级政府有关部门和下级政府安全生产工作的综合监管职责。积极推动将市、区两级安全监管部门作为行政执法机构，统筹加强安全监管力量，重点充实各区局安全监管执法人员，强化乡镇街道安全生产监管力量建设。要制定《关于加强安全生产督察工作的意见》，充分发挥督察打通关节、疏通堵点、追效问责的重要作用，有效解决制约安全生产各项措施“落地”的突出问题。

（二）以融合融汇为目标，打通关键业务关口

聚焦制约信息化发展的信息共享交换、企业台账管理、数据资源中心等基础性问题，建设主要包括“一个业务平台、一个移动应用、两个支撑系统和一个数据中心”（即：安全生产数据分析可视化平台、“北京安监”移动应用服务、安全生产数据共享交换系统和视频图像系统、安全生产数据中心）的安全预防控制体系应用支撑平台，实现各业务系统之间，市、区、乡镇街道三级信息系统之间，相关行业部门之间的互联互通。市、区两级安全监管部门要统筹整合业务工作实际需要，按照“向重点领域聚焦”的理念，科学编制执法计划，将重大活动安全生产保障、专项整治、危险化学品监管、督查、行政许可企业安全生产条件保持情况监督检查、安全生产月专项执法等纳入年度执法计划，高效利用执法资源，提高执法检查的针对性、实效性。

（三）以强基固本为依托，推动基础互为支撑

不断夯实安全生产法治基础，积极推动将《北京市安全生产条例》修订纳入市人大2018年立法项目。完善安全生产地方标准体系，修订《北京市安全生产地方标准体系文件》，强化标准体系对地方标准立项审查的指引作用。深入推进执法规范化建设，编制油库、网吧等9个执法检查规范，进一步细化执法检查内涵，统一执法检查标准，规范执法检查行为。加大执法检查力度，提高全系统执法检查数量和行政处罚数量。制定社会影响较大的一般生产安全事故和重伤事故调查处理规则，实现社会影响较大的一般生产安全事故和重伤事故统计和调查处理工作的同步推进。加大职业卫生执法监督力度，开展本市国有企业职业卫生专项执法行动，强化部门协同，借助新闻媒体对违法企业加大公开曝光力度。深入推进市科技研发计划课题研究，大力开展联合课题研究攻关，构建以安全预防控制体系为核心的技术支撑体系。高标准完成北京市安全生产实训基地建设工作，综合运用VR技术、多媒体技术和声光电技术，强化和提升实训基地信息化水平和科技含量，力争建成全国首家、国内一流、实用性强的安全生产实训基地。拓宽宣传途径，形成囊括百家新闻媒体的安全生产媒体群，引导媒体持续关注本市安全工作。深入推进新媒体融合

发展，围绕“宣传+服务”的功能定位和“整合+集群”的宣传构架，突出重点、持续推进官方微信改版工作，探索建立市、区、乡镇街道、社团安全监管微信矩阵。

（四）以风险排查为切入，强化安全预防能力

深入贯彻执行《北京市生产安全事故隐患排查治理办法》，组织开展隐患排查专项执法行动。持续推进“一企一标准、一岗一清单”编制工作，指导生产经营单位编制符合企业实际的个性化隐患排查清单和岗位操作规程，完成2000家企业编制任务，实现规模以上生产型市属国企全部建立隐患排查治理体系。进一步完善隐患排查治理信息系统功能，启动隐患排查治理评价考核，对各区、各企业、各有关行业部门进行评价考核，督促区、企业、有关行业部门扎实开展隐患排查治理。深入开展涉爆粉尘、涉危使用、有限空间作业、白酒制造等重点行业领域隐患排查治理，坚决防范安全生产事故。制订《北京市危险化学品安全综合治理三年行动计划（2016—2019年）》，进一步完善危险化学品综合治理工作体制。实施安全生产惠民工程，为全市城乡困难家庭淘汰不合格燃气灶具、安装燃气安全辅助设备和独立式感烟火灾探测报警器。进一步理顺标准化创建工作机制，完善评审工作机制，提升标准化创建质量。坚持由易到难，选取风险辨识标准相对完善、风险管控措施相对成熟的行业领域先行先试，推动安全预防控制体系建设取得突破。

（五）以机制建设为重点，提升系统治理水平

推动层级治理与行业治理严密结合，合理统筹部署市、区两级工作，加强对各区工作指导与对接，及时了解沟通，掌握各区工作开展情况，加大监督指导和协调服务力度，积极为各区争取政策和资金支持，确保各项重点工作任务能够有效贯彻落实。推动政府治理与社会治理严密结合，发挥政府治理的主导作用，进一步用好标准化创建、隐患排查治理、风险防控等手段，推动安全生产工作。增强社会治理的调节功能，在本市所有行业领域实施“安责险”制度，特别是在矿山、建筑施工、交通运输等高危行业领域实现突破。深入推进安全生产信用体系建设，建立健全安全生产信用信息数据库，及时公布重点企业安全生产信用评级情况。探索通过政府购买服务，引导“注安师”事务所承接中小企业托管服务项目，促进“注安师”人才队伍和事务所健康发展。

（六）以队伍支撑为保障，汇聚干事创业激情

全面推进安全生产检查队规范化建设，围绕“四统一、六规范、一创新”标准，通过先行先试，推动东城、西城、朝阳、丰台、通州、顺义90%以上的乡镇街道（园区）安全生产检查队实现规范化建设达标，力争全市70%以上的安全生产检查队实现规范化建设达标。细化完善相关配套政策，开展区职能部门专职安全员督查检查队规范化建设试点，推动区职能部门专职安全员队伍向正规化方向发展。全面提升执法队伍履职能力，强化业务培训，采取集中培训、现场教学、实操演练等方式，加强执法人员专业实训考核。组织全市一线执法监察干部集中轮训，着力提升一线执法人员的法律素质和执法能力。全面提升机关干部履职能力。全市安全监管系统要以“北京安监精神”为引领，抓牢思想建设这个灵魂、领导班子建设这个关键、干事能力建设这个基础，着力打造一支讲政治、讲规矩、讲道德、讲奉献，想干事、能干事、干成事的安全监管干部队伍。

【市政府文件】

北京市人民政府关于推进安全预防控制体系建设的意见

京政发〔2016〕2号

各区人民政府，市政府各委、办、局，各市属机构：

为深入贯彻落实党中央、国务院关于加强安全生产工作的一系列重大决策部署，牢固树立安全发展理念，进一步创新安全管理模式，健全公共安全体系，完善安全预防工作格局，保障城市安全运行和人民生命财产安全，现就推进安全预防控制体系建设，提出如下意见。

一、总体思路

（一）指导思想。深入贯彻落实党的十八大和十八届三中、四中、五中全会精神，深入学习贯彻习近平总书记系列重要讲话和对北京工作的重要指示精神，牢固树立创新、协调、绿色、开放、共享的发展理念，大力实施安全发展战略，强化预防为主，按照“关口前移、重心下移、统筹协调、广泛动员”的原则，坚持政府推动引导、企业全面负责、社会公众参与，建立健全安全预防控制体系，全面提升城市安全生产综合治理能力，为建设国际一流的和谐宜居之都提供坚强安全保障。

（二）工作目标。到“十三五”末，基本建立起格局完善、系统完备、运行顺畅、保障高效、手段科学的安全预防控制体系，有效防范和遏制安全生产事故，综合反映本市安全生产形势的各项指标接近或达到发达国家水平。

二、完善安全预防控制运行机制

（三）健全形势分析研判机制。各级政府要支持、督促有关部门进一步健全安全生产形势预警预测制度，不断完善安全生产风险分析研判机制，定期对本区域安全生产形势进行分析研判。根据辖区、行业领域安全生产实际情况，加强对重点区域、重点单位安全生产风险的研判和管控，实行跟踪监管、直接指导，确保重点区域、重点单位风险可防可控。加强对安全生产舆情和热点、敏感问题的分析预测，及时发现苗头性、倾向性问题，提升有效应对能力。

（四）健全信息互通共享机制。市、区、乡镇（街道）以及各行业部门之间要建立畅通的信息通道，推动安全生产信息数据的共享，充分利用安全生产行政审批、执法检查、隐患排查、安全生产标准化、事故调查处理等方面的大数据，建立综合全面、适时更新、真实有效的安全生产数据中心，实现安全生产信息综合处理、分析研判、预警预测等多项功能。进一步完善政府与企业联网的隐患排查治理信息系统，并建立健全线下配套监管制度，实现分级分类、互联互通、闭环管理。

（五）完善区域风险防控机制。要进一步健全市、区两级安全生产监管执法机构，推动经济开发区、工业园区专业安全监管执法机构设置，按企业风险级别和程度建立以双随机抽查为重点的安全生产执法计划，加大对高风险行业企业的抽查权重。各级政府要建立重大危险源管理档案，对重大隐患实行挂牌督办，督促企业确保监控、防范、处置等措施落实到位。建立安全生产区域联防制度，以“位置毗邻、行业相近、业态相似”为原则，成立区域联防工作组，健全定期组织互查互检、业务交流、培训演练、信息通报等机制。推动安全预防工作从市、区、乡镇（街道）向村、社区延伸，推动责任体系、监管力量、安全基础等工作覆盖到所有乡村、社区，逐步完善区域安全预防联动、联防、联控和联治工作模式。

（六）完善应急联动机制。进一步加强市区之间、部门之间安全生产应急联动。探索建立以重点企业为龙头，相关企业参与协作的区域应急联动机制。加强企业应急救援队与属地政府救援队联动，并有针对性地开展演练，提高应急处置效率。坚持专业化和社会化相结合，通过签订协议、购买服务等方式，引导社会专业力量参与应急救援。建立健全自然灾害预报预警和联合处置机制，加强安全监管、气象、地震等部门的协调配合，严防自然灾害引发事故灾难。

三、提升企业安全预防控制能力

（七）落实企业主体责任。企业是安全生产的责任主体，也是安全预防控制体系建设的主体，要依法履行主体责任，准确把握本企业生产经营的特点和规律，把风险管理落实到生产经营活动全环节、全过程，健全完善涵盖企业风险辨识评估、风险预警预控、隐患排查治理、重大危险源监控、应急管理等的安全生产闭环管理模式，构建系统规范、管控有效的安全预防长效工作机制。企业主要负责人、实际控制人要切实承担安全预防控制第一责任人的责任，组织开展安全预防控制体系建立、实施、完善工作，并提供必要的人、财、物保障。要建立健全安全预防控制体系建设责任制和考核评价机制，明确各级管理人员责任，逐级、逐岗签订责任书，做到责任无盲区、管理无死角。

（八）强化企业安全风险辨识评估。要结合安全生产标准化达标创建工作，制定符合本企业实际的科学、规范的风险辨识和评估标准，实现一企业一标准。要发动全体员工，全方位、全过程科学辨识生产系统、设备设施、操作行为、职业健康、环境条件、安全管理等方面存在的风险，对风险的种类、数量和状况登记建档；对辨识出的风险分类梳理，评估风险导致事故发生的可能性以及可能造成的损失等情况，确定出各类、各级、各层、各岗的安全风险防控重点。要建立隐患排查清单制度，实现一岗位一清单的管控模式，使风险管控在日常管理和基层一线得到落实。

（九）建立企业安全风险预警机制。要建立生产安全风险警示和预防应急公告制度，在企业醒目位置设置公告栏，公布企业风险点、风险类别、重大危险源和管控措施；对存在安全生产风险的岗位设置告知卡，标明本岗位主要危险危害因素、后果、事故预防及应急措施、报告电话等内容；对可能导致事故的工作场所、工作岗位，应当设置报警装置，配置现场应急设备设施和撤离通道等。充分运用信息化管理手段，建立风险数据库，持续开展动态辨识、评估、预警预测等工作，对风险实施动态管理。

（十）加强企业重大危险源管控。对本企业重大危险源进行登记建档，完善排查、评估、预警和防控机制，加强动态全程监控和风险预控管理，告知从业人员和相关人员在紧急情况下应当采取的应急措施。按规定将本单位重大危险源及相关安全和应急措施报地方人民政府安全监管部门和有关部门备案。

（十一）加强企业安全生产应急管理。企业要依法设置安全生产应急管理机构，配备专职或者兼职安全生产应急管理人员，配备必要的应急装备和物资。在风险评估的基础上，编制应急预案，并与当地政府及相关部门的有关应急预案相衔接；应急预案每三年修订一次，遇有法律法规变化等情况时应及时修订。企业要建立专（兼）职应急救援队伍或与邻近专职救援队签订救援协议。在事故隐患排除前或者排除过程中无法保证安全的，要从危险区域内撤出作业人员，疏散可能危及的其他人员，设置警戒标志，暂时停产停业、停止建设施工或者停止使用相关装置、设备、设施；暂时难以停产停业或停止使用相关装置、设备、设施的，按照国家有关规定妥善处置。重点岗位要制定应急处置卡，每年至少组织一次应急演练。经常性开展从业人员岗位应急知识教育和自救互救、避险逃生技能培训，并定期组织考核。

（十二）加强职业危害防控。企业对可能产生严重职业病危害的作业岗位，应当在其醒目位置，设置警示标识和警示说明，明示可能产生职业病危害的种类、后果、预防以及应急救治措施等内容。作业现场要配备职业危害防护装备，定期检查更新。采取个体防护措施的，要依法为从业人员配备符合国家或行业标准的防护用品用具，并监督从业人员正确佩戴和使用。要加强作业场所职业危害防治，定期组织职业危害因素检测和现状评价，对接触职业危害的从业人员要严格实行上岗前、在岗期间和离岗时的职业健康检查，切实保障职工安全健康权益。

四、强化城市运行安全风险管控

（十三）加强城市运行防控网建设。切实加强城市运行风险管控，构建覆盖城市生产、生活、运营等各方面，贯穿城市规划、建设、运行、发展等各环节的全方位、全过程城市运行安全预防控制网络。加强车站、地下空间、公园景区、商场超市、人员集聚场所等地点的安全风险管控，明确责任，完善安全管理制度，推动安全风险公示警示，强化预防控制措施。推进输水、输电、供气、供热管线，危险化学品输送管道，轨道交通等的风险管控，完善基础数据，落实分类监管，由有关部门和单位各司其职、各负其责，重点解决违法违规占压、标识不清、违章开挖等问题。加强城乡结合部、工业园区等区域的安全风险管控，加强行业部门间的协作联动，严厉打击非法违法生产经营建设行为，完善区域安全风险持续改进的工作机制。

（十四）加强城市运行风险评估预警工作。健全工作机制，定期开展城市运行安全风险评估。完善城市运行安全监测站网或监测体系，完善预警信息发布功能，不断拓宽信息发布渠道。加快建立针对高危行业、重点工程以及重点行业（领域）的风险评估指标体系、风险监测预警和跟踪制度、风险管理联动机制。健全安全风险信息报送、应急响应、现场指挥、协调联动、信息发布、社会动员和统筹协作等工作机制，提升应急处置能力。

（十五）强化城市运行风险源头管控。城市规划建设中要充分考虑安全因素，体现安全发展要求，加强城乡发展规划与城市地下公用基础设施规划特别是石油天然气管道、城镇燃气管线、轨道交通等规划的衔接。结合产业结构调整，建立符合首都城市战略定位的安全生产负面清单制度，强化负面清单管理，建立负面清单动态调整机制。推动经济存量中高危险、高污染、高耗能、高职业危害生产企业的转移或退出。统筹人口资源环境承载能力，合理控制城乡建设用地规模和开发强度。建设项目必须严格按照规划设计施工，并明确各环节的安全责任，确保工程质量，严格落实企业建设工程项目安全生产和职业卫生设施“三同时”制度。

（十六）落实城市运行风险防控措施。负责城市运行保障的有关部门要结合部门职责，实施城市运行风险源普查，列明风险源名称、类别、风险程度、分布状况等内容。进一步健全完善城市运行安全标准体系，综合运用法律、经济、行政、规划、技术等措施，控制新增风险，降低和消除存量风险，实现风险动态管理和持续改进。加强部门联合监管执法，优先开展较高风险领域的安全专项整治。

（十七）大力推广应用先进适用科学技术。依托新一代互联网、物联网、大数据、云计算和智能传感、遥感、卫星定位、地理信息系统等技术，创新安全风险防控手段，强化监测监控、预报预警，提升风险管理数字化、网络化、智能化水平，及时发现和消除安全隐患。鼓励企业、高等学校、科研院所、行业部门共建安全工程研究院、实验室、安全技术中心等研发机构，引导各类安全生产技术创新机构、市场化研发机构和社会组织的有序发展，为保障城市安全运行提供风险管控、预警预测、事故分析鉴定、检测检验、职业危害监测等技术支持。

五、充分发挥社会参与和市场机制作用

（十八）激发社会组织活力。鼓励协会、联合会、商会、慈善组织、志愿者团体等社会组织积极参与安全预防工作，推进安全生产技术服务等社团组织加快发展。正确处理政府和社会组织的关系，支持社会组织组建安全生产标准化、安全科技推广、安全教育、安全文化普及等方面的专业委员会，汇聚各方专业力量、树立行业协会权威、推动企业自律自治。

（十九）注重发挥市场机制的作用。尊重市场规律，培育行业安全自律、公平竞争的市场调节机制。充分发挥保险的风险防控和事故善后赔偿功能，全面推进安全生产责任保险制度，并将保险费率与企业安全生产标准化、安全文化建设、安全生产诚信等挂钩。加强企业安全生产诚信制度建设，重点推进安全生产承诺制度、安全生产不良信用记录制度、安全生产“黑名单”制度、安全生产诚信评价和管理制度、安全生产诚信报告和执法信息公示制度建设，不断健全完善企业和个人安全生产诚信系统，逐步实现与社会征信系统对接，为充分发挥市场机制作用创造良好环境。

（二十）推动安全生产产业发展壮大。定期发布安全生产科技创新路线图，引导市场主体参与安全生产科技创新。推动安全产业发展，打造安全产业国际品牌。扶持培育一批安全评价、安全培训、检验检测专业服务机构，形成全链条服务能力，并积极为其参与企业安全生产工作和辅助政府监管创造条件。加强对专业服务机构的日常监管，建立激励约束机制，保证专业服务机构从业行为的专业性、独立性和客观性。支持建设检验检测公共服务平台，推动实施第三方检验检测认证结果采信制度。加快安全技术标准研制与应用，推动标准研发、信息咨询等服务业态发展。

（二十一）积极扩大公众参与。支持各级工会、共青团、妇联等群众组织动员职工依法参与和监督企业安全工作，落实职工岗位安全责任，推进群防群治。充分发挥新闻媒体的作用，大力开展安全生产宣传教育，做好对全社会安全知识的普及，重视中小学和职业院校安全教育，提高全民安全素质。健全和畅通安全隐患、非法违法行为及事故的群众举报渠道，加大举报奖励力度，充分调动广大群众全面参与、主动监督、自觉举报的积极性，大力营造安全文化氛围，不断提升全社会安全预防的意识和能力。

六、保障措施

（二十二）加强组织领导。市安全生产委员会要加强对安全预防控制体系建设的总体部署、宏观指导、统筹协调和督查考核，定期开展分析评估，及时研究解决面临的问题。各级政府要明确并严格落实责任，进一步健全综合决策、协调落实、督查考核工作制度，明确各部门的工作责任，加强对安全预防控制体系建设工作的组织协调和指导调度。各部门要按照“管行业必须管安全、管业务必须管安全、管生产经营必须管安全”的要求，针对不同行业（领域）安全生产的特点规律，加强源头风险管控，抓好日常管理和监督检查，督促企业把安全生产标准化、隐患排查治理等工作融入预防控制体系建设之中，完善本行业（领域）风险预警预测和风险管控工作机制。

（二十三）加强政策支持。加强调查研究，准确把握和研判首都安全生产形势、特点和规律，不断推进安全预防控制体系相关政策创新，加快安全生产法制化、标准化建设，逐步推进形成比较完善的地方性法规、标准体系，规范、引导和推动安全预防控制工作依法运行，为全面加强安全预防控制体系建设提供法制保障。

（二十四）抓好工作落实。各区、各有关部门、各类企业要制定安全预防控制体系建设具体实施方案，明确本地区、本行业、本企业安全预防控制体系建设的内容、方法、步骤，切实抓好安全预防控制体系建设各项工作任务的落实。健全安全生产投入保障机制，加大对安全预防控制体系建设投入力度，作为安全预防控制体系建立、实施和完善的重要保障。

（二十五）强化监督追责。研究制定重大安全生产事故“一票否决”办法和失职追责有关规定。健全安全生产事故信息直报制度，严肃查处事故迟报、漏报、谎报或者瞒报行为，进一步完善事故调查处理信息通报和整改措施落实情况评估制度。建立健全事故倒查追责机制，依法依规查处没有及时发现、制止而引发系统性风险、区域性风险并酿成事故的企业和监管部门相关责任人的责任。规范安全生产举报投诉案件办理程序，依法查处公众和媒体反映的安全生产违法问题。

北京市人民政府
2016 年 1 月 6 日

【市安委会文件】

北京市安全生产委员会关于印发《北京市生产安全事故责任追究和整改措施落实情况评估办法》的通知

京安发〔2016〕1 号

市安委会各成员单位：

为深入贯彻落实《国务院办公厅关于加强安全生产监管执法的通知》（国办发〔2015〕20 号）精神，市安委会制定了《北京市生产安全事故责任追究和整改措施落实情况评估办法》。经报请市政府同意，现已印发。请有关单位结合自身职责，认真贯彻执行。

附件：北京市生产安全事故责任追究和整改措施落实情况评估办法

北京市安全生产委员会

2016 年 1 月 8 日

附件：

北京市生产安全事故责任追究和整改措施落实情况评估办法

第一条 为切实加强安全生产工作，督促本市生产安全事故整改措施和处理意见的落实，根据《中华人民共和国安全生产法》《生产安全事故报告和调查处理条例》《北京市生产安全事故报告和调查处理办法》《国务院办公厅关于加强安全生产监管执法的通知》和《国家安全监管总局特别重大生产安全事故调查处理工作程序》等有关规定，制定本办法。

第二条 由市人民政府组织调查的生产安全事故的责任追究和整改措施落实情况的评估适用本办法。

第三条 市安全生产监督管理部门应当在事故结案一年后，请示市人民政府成立事故责任追究和整改措施落实情况评估组（以下简称“评估组”）。

第四条 评估组由安全生产监督管理部门、公安机关、监察机关和负有安全生产监督管理职责的有关部门组成。

评估组应当聘请事故技术鉴定机构相关专家和安全评价机构开展评估工作。

第五条　评估组各成员单位及人员应当按照下列职责对生产安全事故开展评估：

（一）技术鉴定机构相关专家负责依据事故调查报告、事故发生单位落实整改建议措施报告和现场检查情况，对技术性防范措施是否整改到位出具专家意见；

（二）安全评价机构负责配合安全生产监督管理部门结合技术鉴定机构专家出具的意见，对事故发生单位相关管理措施是否整改到位出具安全现状评价意见；

（三）公安机关负责向评估组提交事故调查报告中相关责任人员刑事责任追究情况，并参与评估报告的起草；

（四）负有安全生产监督管理职责的有关部门负责向评估组提交本部门落实事故调查报告中相关行政处理意见和整改措施建议情况，并参与评估报告的起草；

（五）监察机关负责向评估组提交本部门落实事故调查报告相关处理意见的情况；督促政府相关部门和区人民政府向评估组提交事故处理意见和整改措施落实情况，并参与评估报告的起草；

（六）安全生产监督管理部门负责向评估组提交本部门落实事故调查报告中相关处理意见和整改措施情况；负责事故发生单位整改措施落实情况的检查和评估；综合整理各部门评估情况，起草评估报告，并经评估组讨论通过后提交市人民政府。

第六条　评估组依照下列方法对事故发生单位开展评估：

（一）评估工作应深入事故发生单位生产一线，采取暗访暗查、调阅资料、听取汇报和询问等方式进行；

（二）评估组人员应当听取事故发生单位事故发生后安全生产管理工作情况的汇报，并向事故相关人员询问了解事故发生后整改措施落实情况；

（三）现场检查以随机抽查和暗访暗查为主，充分利用录音、录像等多种方式，真实反映事故发生单位的安全生产工作情况；

（四）评估人员应做好全程记录，必要时制作现场执法检查记录，记录内容包括时间、地点、检查内容、事故隐患或存在的问题等，并由现场人员签字确认。

第七条　评估报告应当包括下列内容：

（一）评估工作组织及开展情况；

（二）事故责任人员责任追究落实情况；

（三）事故责任单位责任追究落实情况；

（四）事故发生单位整改措施落实情况；

（五）安全评价机构对事故发生单位安全现状评价意见；

（六）评估组评估意见。

第八条　安全生产监督管理部门应当对未落实整改措施或处理意见的事故发生单位，依据《北京市生产安全事故报告和调查处理办法》第 25 条，给予其行政处罚，相关处罚情况应当在评估报告中载明。

第九条 评估组对评估过程中发现的安全生产违法行为，应当予以纠正或者要求限期整改；对依法应当给予行政处罚的行为，依照安全生产法律、法规的规定给予处罚。

对发现的事故隐患，应当责令被评估单位立即排除；事故隐患排除前或者排除过程中无法保证安全的，应当责令从危险区域内撤出作业人员，责令暂时停产停业；事故隐患排除后，经审查同意，方可恢复生产经营。

第十条 评估组应当自成立后60日内向市人民政府提交评估报告，特殊情况下可以延长至120日。

评估报告经市人民政府同意后，由市安委会办公室上报国务院安委会办公室备案。

第十一条 本办法自印发之日起施行。

北京市安全生产委员会关于印发安全生产信用体系建设管理办法的通知

京安发〔2016〕4号

各区人民政府、北京经济技术开发区管委会，市安全生产委员会成员单位，各市属国有企业：

为推进本市安全生产领域信用体系建设，进一步创新安全监管方式，促进企业安全生产主体责任落实，根据《国务院安全生产委员会关于加强企业安全生产诚信体系建设的指导意见》（安委〔2014〕8号）、《北京市人民政府关于加快社会信用体系建设的实施意见》（京政发〔2015〕4号）要求，结合本市实际，市安全生产委员会研究制定了《北京市安全生产信用体系建设管理办法（试行）》。经市政府领导批准，现印发你们，请认真贯彻落实。

附件：北京市安全生产信用体系建设管理办法（试行）

北京市安全生产委员会

2016年2月22日

附件：

北京市安全生产信用体系建设管理办法（试　行）

第一章　总　则

第一条　为落实企业安全生产主体责任，强化安全生产依法治理，有效预防和减少各类生产安全事故，切实保障从业人员生命安全和职业健康，根据国务院《社会信用体系建设规划纲要（2014—2020年）》、《国务院安全生产委员会关于加强企业安全生产诚信体系建设的指导意见》（安委〔2014〕8号）、《北京市安全生产条例》、《北京市行政机关归集和公布企业信用信息管理办法》（北京市人民政府令〔2002〕第106号）、《北京市人民政府关于加快社会信用体系建设的实施意见》（京政发〔2015〕4号）等相关规定，结合本市实际，制定本办法。

第二条　安全生产信用体系是社会信用体系的重要组成部分，包括安全生产信用信息分类、信用信息归集、信用等级评定、黑名单管理、信用激励约束等制度，体现了企业在安全生产方面的信用程度。

第三条 本办法适用于在本市行政区域内从事生产经营活动的企业。

第四条 安全生产信用体系建设与管理工作，按照政府主导、社会评定、动态管理、分步实施的原则，根据法律、法规、规章的规定和政府有关要求，结合安全生产重点工作同步推进实施。

第五条 市安全生产监督管理部门主管全市安全生产信用体系建设和管理工作，负责建设全市安全生产信用信息平台，用于信用信息归集、更新、共享和信用等级评定以及“黑名单”的发布。

市安全生产联合会在市安全生产监督管理部门的委托、指导下，负责安全生产信用信息归集、信息管理、信用等级评定和信息发布等工作。

各区安全生产监督管理部门负责本行政区域内安全生产信用体系建设和管理工作，负责本行政区域内安全生产信用信息归集、核实、更新和使用，也可委托第三方机构协助组织实施。

市、区其他负有安全生产监督管理职责的部门负责职责范围内的信用信息归集、核实、更新和使用，负责行业领域内有关信用扣分标准的设定工作，并与企业信用等级评定分值设置相衔接。

第二章　信用信息分类

第六条 企业安全生产信用信息分为三类：基本信息、良好信息和不良信息。不良信息包括提示信息和警示信息。

第七条 下列信息属于基本信息：

（一）企业工商登记信息；

（二）企业的安全生产行政许可资质信息及变更、延续、注销等信息；

（三）企业主要负责人、安全管理人员、特种作业人员、注册安全工程师等资格信息；

（四）职业危害申报、生产安全事故应急预案等备案信息；

（五）企业安全生产承诺信息，包括承诺内容、实施方案、保障措施、年度承诺事项总结报告等信息；

（六）其他依法应纳入的基本信息。

第八条 下列信息属于良好信息：

（一）在安全生产工作方面做出突出贡献，企业受到区及以上政府和有关部门的表彰；

（二）其他依法应纳入的良好信息。

第九条 下列信息属于提示信息：

（一）日常监管工作中发现企业存在轻微违法违规行为，无需做出行政处罚，但需要进行责令限期改正或行政提示、行政建议、行政告诫等行政行为的；

（二）经立案调查确认违法，但依据相关法律法规规定，免予行政处罚或者单独给予警告处罚的；

（三）其他提示信息。

第十条　下列信息属于警示信息：

（一）一年内发生生产安全责任事故，造成人员死亡；或者造成较大社会影响；或者直接经济损失100万元以上的；

（二）一年内2次以上被录入提示信息的；或因轻微违法违规，被责令限期改正或给予行政提示、行政建议、行政告诫等行政行为，逾期不作为，被负有安全生产监管职责的行政机关实施其他处罚措施的；

（三）因违法行为被负有安全生产监管职责的行政机关对企业或企业相关负责人给予罚款、没收、责令停产停业整顿等行政处罚的；

（四）因违法行为被负有安全生产监管职责的行政机关给予暂扣或者吊销许可证、批准证明文件处罚的；

（五）拒绝、阻碍负有安全生产监督管理职责的部门依法实施监督检查的；

（六）安全生产标准化、隐患排查治理和预防控制体系建设、安全生产责任保险、报告年度安全生产工作情况等国家和本市鼓励倡导的重点工作未达到相关要求的；

（七）其他安全生产非法违法或造成较大社会影响的行为。

第三章　信用信息归集

第十一条　按照“谁产生、谁负责”的原则，由市、区安全生产监督管理部门和其他负有安全生产监督管理职责的部门，依托安全生产信用信息平台，组织开展企业安全生产信用信息的归集工作。

第十二条　企业的工商登记基本信息依托市工商局的企业信用信息网进行共享交换，每3个月进行一次数据更新；企业其他基本信息和不良信息应在信息产生之日起20个工作日内进行归集；企业的良好信息以首次评定时间为起点计算，按照信息产生的时间及时归集。

第十三条　企业安全生产信用信息按照下列期限记录：

（一）企业基本信息记录期限自产生之日起至退出为止，变更登记应当反映历次变更事项的内容和注销许可的所有事项，退出后上述信息转入历史记录保存。

（二）良好信息记录期限为企业受到表彰、获取称号等良好信息的有效期限。

（三）企业不良信息记录期限为3年，自相关行政行为生效之日起计算，法律、法规、规章规定记录期限超过上述期限的，从其规定。

前款规定的记录期限届满后，系统自动解除记录并自解除之日起转为永久保存的信息。

第四章　信用等级评定

第十四条　企业安全生产信用管理实行等级评定制度，市安全生产监督管理部门依托安全生产信用信息平台，对归集的企业信用信息进行量化评分，开展信用等级评定。市安全生产监督管理部门委托市安全生产联合会开展信用评价和信息发布。

第十五条　企业安全生产信用等级按照信用评分高低分为四个等级。一级为 90 分至 100 分；二级为 75 至 89 分；三级为 60 至 74 分；四级为 60 分（不含）以下。

第十六条　企业安全生产信用评分分值，由信用基准分值扣减不良信用信息分值构成。

第十七条　企业信用基准分值为 100 分。企业按照要求开展安全生产承诺，取得安全生产标准化等级，提出安全生产信用评级申请即可获得。

第十八条　企业不良信息被归集后，按照以下标准计算不良信用信息分值：

（一）归集入提示信息的，按以下标准扣分：

1. 同一企业首次归集入提示信息的，不扣分；

2. 在一个信用周期内两次以上归集入提示信息的，升级进入警示信息，每次扣 0.5 分。

（二）归集入警示信息的，按以下标准扣分：

1. 因安全生产违法行为受到行政罚款，罚款金额 3 万元（含）以下的，扣 1 分；罚款金额每增加 3 万元，增扣 1 分；增加金额不足 3 万元的，按 1 分计算；

2. 因安全生产违法行为被没收非法所得，扣 3 分；

3. 因安全生产违法行为被负有安全生产监管职责的行政机关给予责令停产停业整顿行政处罚的，扣 10 分；

4. 发生一次死亡 1 人生产安全责任事故的，扣 15 分；发生一次死亡 2 人生产安全责任事故的，扣 30 分；发生 1 次死亡 3 人以上较大及重特大生产安全责任事故，或 1 年内累计发生责任事故死亡 3 人（含）以上的，扣 60 分，纳入“黑名单”管理；

5. 拒绝、阻碍负有安全生产监督管理职责的部门依法实施监督检查的，扣 10 分；

6. 企业所属的子公司发生生产安全责任事故，母公司负有安全生产管理责任的，按照子公司扣分分值的 20％进行扣分；

7. 同一企业因同一安全生产违法行为被负有安全生产监管职责的行政机关同时给予两种以上行政处罚的，以扣分最高值为准，不累加扣分。

第十九条　国家和本市部署的安全生产重点工作未达到相关要求的，予以信用扣分。

（一）安全生产标准化建设未达标项未按要求及时整改的，按照下列标准扣分：

一级标准化扣分分值＝10×（未达标项考评分值/1000）；

二级标准化扣分分值＝20×（未达标项考评分值/1000）；

三级标准化扣分分值＝30×（未达标项考评分值/1000）。

（二）企业未按要求通过信息系统如实记录隐患排查治理情况的，按照下列标准扣分：

隐患排查治理体系扣分分值＝10×［1－隐患排查治理评价指标值（百分制）/100］

（三）企业未按照要求投保安全生产责任保险的，扣10分。

（四）企业未按要求向安全生产监管部门或行业主管部门、以及职工代表大会报告年度安全生产工作情况的，扣5分。

第二十条 对于国家和市委市政府部署的安全生产重点工作，市安全生产监督管理局和其他负有安全生产监管职责的部门可根据实际情况补充制定相关信用扣分标准，并及时向社会公布。

第二十一条 对于未取得安全生产标准化评定等级、未按要求开展安全生产承诺，未提出安全生产信用评级申请的企业，不予评定安全生产信用等级，但仍归集安全生产不良信用信息；存在不良信息记录的，一律按照四级信用等级管理；达到“黑名单”规定条件的，按照“黑名单”管理。

第二十二条 企业安全生产信用周期一般为一年。

企业安全生产信用等级初评，以首次评定的时间点计算，以上一年度信用信息为基础进行评分，确定企业初次评定等级。

企业安全生产信用等级初评后，实行动态管理和评定，企业信用评分分值随信息归集实时累积更新。

在企业一个信用周期未届满，但信用评分累积分值已经达到下一级信用等级评定标准的，直接下调至相应等级，信用周期以信用等级下调的时间点重新起算。

第二十三条 企业信用等级按照以下程序进行评定：

（一）公开承诺。企业通过安全生产信用信息平台公开安全承诺，明确承诺事项、工作目标和保障措施，并提出安全生产信用评级申请。

（二）信息归集。市、区安全生产监督管理部门和负有安全生产监管职责的部门，按照要求对企业安全生产信用信息进行归集，经审核确认后，及时上传到安全生产信用信息平台。

（三）信用评分。根据企业安全生产信用信息归集情况，进行信用评分，按照评分结果确定企业信用等级。

（四）核查公示。通过安全生产信用信息平台，对企业信用评分结果进行公示，时间不少于10个工作日。公示期间，对有异议的企业由市安全生产联合会进行核查，情况属实的，报经市安全监管局等有关部门同意后，予以调整。

（五）信用发布。公示无异议的，由市安全生产联合会通过安全生产信用信息平台对社会发布评定结果。任何组织或个人可通过政府网站登录企业安全生产信用信息平台，查询公布的相关信息。

第二十四条 经举报或有关部门抽查检查，发现企业安全生产信用等级与实际情况不相符的，经有关部门审核和告知企业，并经市安全监管局专题会议研究审议后，进行信用等级调整。

第五章　黑名单管理

第二十五条　企业安全生产信用管理实行“黑名单”制度，即以企业不良信用信息为主要判定依据，将存在严重非法违法行为、发生较大及以上生产安全责任事故等严重失信的企业纳入“黑名单”，在一定范围内进行通报，纳入重点监管对象，实施严格监管的制度。

第二十六条　企业有下列情形之一的，纳入安全生产信用“黑名单”管理：

（一）一年内发生较大及以上生产安全责任事故，或者较大社会影响的事故；或累计发生责任事故死亡 3 人（含）以上，或者累计直接经济损失 1000 万元以上的；

（二）存在重大安全生产事故隐患、作业岗位职业病危害因素的强度或浓度严重超标，经负有安全生产监管职责的行政机关指出或责令限期整改后，不按时整改或整改不到位的；

（三）发生生产安全事故、发现职业病病人或疑似职业病病人后，瞒报、谎报或故意破坏事故现场、毁灭有关证据的；

（四）因安全生产违法行为被负有安全生产监管职责的行政机关给予暂扣、撤销或者吊销许可证、批准证明文件处罚的；

（五）未取得安全生产相应资质，非法从事有资质要求的生产经营活动，或违规擅自改变生产经营范围的；将生产经营项目、场所、设备发包、出租给不具备安全生产条件或者相应资质的单位或个人的；

（六）企业信用等级降至 4 级，信用周期内仍产生警示信息的；

（七）经负有安全生产监管职责的部门认定存在严重威胁安全生产的其他行为。

第二十七条　被列入“黑名单”管理的企业，管理期限一般为 1 年，自“黑名单”管理部门公布之日起算；连续进入“黑名单”的企业，从第 2 次纳入“黑名单”起，管理期限为 3 年。

第二十八条　“黑名单”制度，按照下列程序进行管理：

（一）信息采集。对符合本办法第二十五条规定情形的企业，纳入“黑名单”管理，市、区安全生产监督管理部门或者其他负有安全生产监督管理职责的部门负责进行信息核实、取证和归集；

（二）信息告知。对拟列入“黑名单”的企业，由区安全生产监管部门提前告知，并听取申辩意见；对当事方提出的事实、理由和证据成立的，予以采纳；

（三）信息发布。被列入“黑名单”的企业，由区安全生产监管部门告知确认后，提交市安全生产监督管理部门审核批准，并于每季度第一个月 20 日前向社会公布；

（四）信息移出。被列入“黑名单”的企业，经自查整改后，在管理期限届满 30 个工作日前，向区安全生产监督管理部门提出移出申请，经验收确认，且在管理期限内未发生新的符合纳入“黑名单”条件的行为，在管理期限届满后提请市安全生产监督管理部门移出“黑名单”，并于 10 个工作日内向社会公布。

第六章　激励和限制政策

第二十九条　企业安全生产信用信息实现与工商部门企业信用信息的共享联动，通过网络平台或文件告知等形式，向本市财政、发展改革、国土资源、工商、银行、保险、工会等部门和单位通报有关情况，纳入全市企业守信激励和失信联合惩戒机制。

第三十条　信用等级为一级的企业，为诚信企业，享受以下激励政策：

（一）日常监管以企业自主管理为主，对检查发现的安全生产违法行为，应当责令限期改正，可以并处处罚的，适用整改优先、免于处罚，或在自由裁量的标准范围内实施低限处罚；

（二）企业安全生产责任保险费率下浮 10%，已达费率下限的，不再下浮，浮动期限为一年。浮动期间，对未能保持一级信用等级的，在次年度恢复至基准费率；

（三）在本市安全生产领域评选先进单位时，同等条件下优先推荐；

（四）法律、法规、规章规定的其他鼓励。

第三十一条　信用等级为二级的企业为合格企业，对其实施正常监管；信用等级为三级的企业为基本合格企业，对其加强日常监管，给予安全生产信用预警提示。

第三十二条　信用等级为四级的企业，为失信企业，对其实施下列约束措施：

（一）提请区安全生产监督管理部门，加大日常监管力度，每年检查不少于 2 次；对检查发现的安全生产违法行为，应当责令限期改正，可以并处处罚的，适用整改、处罚并处，并在自由裁量的标准范围内实施高限处罚；

（二）在办理安全生产“三同时”、安全生产行政许可延续等相关业务时，予以重点审查；

（三）启动安全生产约谈制度，对企业主要负责人进行安全生产约谈；

（四）责令企业主要负责人、安全管理人员进行安全生产培训；

（五）不授予该企业及法定代表人、主要负责人在安全生产领域的有关荣誉或称号；

（六）应当采取的其他约束措施。

第三十三条　对列入“黑名单”管理的企业，除实施第三十二条规定的约束措施外，还应实施以下限制措施：

（一）发布公告向社会公开曝光；

（二）企业每月向区安全生产监管部门和行业主管部门报告一次安全生产情况，每季度向市安全生产监督管理部门和行业主管部门报告一次安全生产情况；

（三）对企业实施重点监管。加大检查频次力度，区安全生产监督管理部门每季度至少检查一次，行政处罚一律在自由裁量的标准范围内实施高限处罚；向有关部门发出信用监管提示，提示其他有关政府部门注意或者采取相应措施；

（四）企业安全生产责任保险费率上浮 10%；

（五）应当采取的其他约束措施。

第七章 支撑保障

第三十四条 建立安全生产承诺制度。企业内部各层级一直到班、组、岗位，应当层层签订和公开安全生产承诺书，明确双向安全承诺事项，逐级分解承诺内容，确定工作目标和保障措施。

第三十五条 建立企业安全生产信用报告制度。企业每年年底前应当向安全生产监管部门或行业主管部门报送企业安全生产信用履行情况报告，向职工代表大会进行一次安全生产工作情况述职。

第三十六条 加强群众监督和社会舆论监督，鼓励和动员新闻媒体、社会公众和企业员工举报企业安全生产不良行为。对符合奖励条件的举报人给予奖励；对举报企业重大安全生产隐患和事故，符合奖励条件的举报人实行高限奖励，并严格为举报人保密。

第八章 责任规定

第三十七条 企业信用信息的归集、公开和使用应当符合法律、法规、规章的规定：

（一）有关部门、单位应当严格按照职责分工和时限要求及时归集、更新和维护企业信用信息；

（二）企业信用信息的公开范围、公开方式、期限等工作按照政府信息公开的有关规定执行。对于属于个人隐私、涉及企业商业秘密以及法律、法规明确规定不得公开的其他内容，应当采取保密措施；

（三）各级有关部门利用企业信用信息，应当按照法律、法规、规章规定的目的运用，不得滥用，不得违法限制企业活动。

第三十八条 有下列情形之一的，由监察部门依法追究有关责任人员的行政责任，构成犯罪的，依法追究刑事责任：

（一）不按规定提交、归集、更新和维护企业信用信息的；

（二）工作渎职、玩忽职守造成工作严重失误的；

（三）违法公布、使用企业信用信息，侵犯企业合法权益，损害企业信誉的；

（四）徇私舞弊使违法者逃避提示或警示的。

第九章 附 则

第三十九条 各区安全生产监管部门可以根据实际情况，建立本地区的企业信用体系管理制度和实施细则。

第四十条 本办法由市安全监管局负责解释。

第四十一条 本办法自发布之日起施行。

北京市安全生产委员会关于做好 2016 年度安全生产重点工作任务的通知

京安发〔2016〕5 号

各区人民政府、北京经济技术开发区管委会，市安委会成员单位，市属企业，各有关单位：

为深入贯彻落实市委、市政府关于安全生产工作部署和 1 月 29 日全市安全生产电视电话会议要求，经市政府同意，现就做好 2016 年度全市安全生产工作通知如下。

一、总体思路和工作目标

2016 年全市安全生产工作的总体思路是：坚决贯彻落实党中央、国务院和习近平总书记、李克强总理等中央领导同志关于安全生产的重要指示批示精神，在市委、市政府的坚强领导下，大力实施安全发展战略，健全完善安全生产工作机制，坚持依法治安，强化责任落实，强化综合治理，夯实基层基础，努力破解安全发展难题，督促企业落实安全生产主体责任，努力减少一般事故，有效防范较大事故和社会影响大的事故，坚决遏制重特大事故，着力构建长效机制，确保“四化三体系双基”总任务有序推进，实现“十三五”时期安全生产工作良好开局。

二、主要任务

（一）强化激励约束，有效推动企业落实安全生产主体责任

1.推进安全生产制度建设。市安全监管局制定《北京市生产经营单位安全生产主体责任规范》，研究提出落实生产经营单位安全生产主体责任相关政策措施，推动生产经营单位安全生产主体责任的落实。工商、经济信息、公安、发展改革、建设等有关部门配合做好有关工作。市安全监管局建立由专家参与的安全检查和帮扶企业工作机制，开展百名安全监管干部对话万家企业、百名专家服务万家企业活动。

2.落实企业主要负责人的责任。各企业要深入贯彻落实新修订的《安全生产法》，落实本单位“党政同责、一岗双责”制度，确保安全投入、管理、应急、培训等措施落实到位；加强以班组建设为重点的现场安全管理，依法设立安全管理机构并配齐专（兼）职安全生产管理人员；严格落实安全生产法律法规和行业规程标准，严禁违章指挥、违章作业、违反劳动纪律，坚决遏制超能力、超强度、超定员组织生产；加强特种作业人员管理，按照规定配足特种作业人员。

3.推进安全生产标准化建设。市安全监管局要进一步加强安全生产标准化建设的统筹，强化目标考核，2016 年指导各区完成 3 万家企业的达标创建任务。市商务、文化、旅游、广电、建筑、交通、电力、市政、水务、园林等部门要加大工作力度，指导、督促区行业部门推进企业安全生产标准化创建工作的深入开展；进一步强化现场审核力度，对于不符合创建标准的企业坚决不予通过，确保创建质量；对完成达标创建后放松安全管理、造成标准下滑的，要撤销标准化称号，并在新闻媒体予以公示。

4.建立企业安全生产信用体系。市安全监管局要加大与工商、经济信息等有关部门沟通，制定下发《北京市安全生产信用体系建设管理办法》，细化完善安全生产信用相关配套制度，强化激励约束措施。研发信息化系统，启动安全生产信用等级评定试点，开展安全生产信用承诺和信息收集、信用评价、宣传培训等工作。

5.推动安全生产责任保险制度试点。市安全监管局、市金融局等部门要在危险化学品、矿山、轨道交通运营、高处悬吊作业、使用液化石油气罐餐饮企业等11个领域，继续推动安全生产责任保险制度试点，并逐步扩大试点企业行业范围，进一步完善责任保险运行管理机制。

（二）深化落实推动，健全党政部门安全生产责任体系

6.落实党委政府安全生产责任。各区党委和政府、市有关部门要认真落实“党政同责、一岗双责”等相关制度，进一步推动区、乡镇（街道）、村委会（社区）三级安全责任“全覆盖”，并积极协助上级政府有关部门依法履行安全生产监督管理职责；各级党委要把安全发展纳入重要议事日程，及时研究解决重大问题；各级政府每季度至少研究一次安全生产工作，协调解决重大问题，督促各有关部门依法履行安全生产监管职责，落实安全生产目标管理责任制。

7.严格落实部门安全监管职责。市安全监管局会同有关行业主管部门修订印发《关于进一步深化安全生产综合监管工作的意见》，明确安全生产综合监管的定位、工作模式、职责边界，规范市、区安全生产综合监管工作。各部门要按照北京市人民政府《关于进一步完善和加强市政府工作部门安全监管（管理）职责的通知》（京政发〔2014〕27号）等文件要求，落实“管行业必须管安全、管业务必须管安全、管生产经营必须管安全”的要求，切实承担起安全生产监管（管理）职责。

8.强化安全生产目标考核。把安全生产纳入市政府绩效考核、首都综治考核的重要内容。市安委会办公室建立健全动态管理安全生产考核体系，开展量化、差异化、动态化安全生产综合考核。安全监管、公安、交通、建设、质监、铁路、农业等部门要深入落实国家安全监管总局关于生产安全事故统计改革要求，完善目标考核制度，严格通报和考核奖惩制度，对事故多发地区和单位加大工作督导。各区政府和相关部门要层层分解落实目标考核，采取有效措施，控制和减少事故发生，确保各项重点工作任务有效落实。

9.严肃事故查处和责任追究。安全监管、公安、工会、监察、质监等部门，要严格按照科学严谨、依法依规、实事求是、注重实效和“四不放过”的原则，查处每一起安全生产事故以及社会影响较大的事故，将事故调查处理情况及时向社会公布，接受社会监督。对发生社会影响大的、较大以下事故，将按有关规定提级到市级调查组调查。

10.强化安全生产督查检查。市安委会办公室要成立督查组，根据年度全市安全生产重点工作，对市、区负有安全生产监督（管理）职责的部门责任体系建设、隐患排查治理体系建设、安全生产专项整治和“打非治违”等重点工作开展情况进行督查检查。对督查发现的隐患问题、经验做法要及时总结，以市安委会名义向被督查单位反馈督查意见，书面报告市政府并在全市通报。

（三）编制“十三五”安全生产规划，促进京津冀协同发展

11.制定发布“十三五”时期安全生产规划。市安全监管局、市发展改革委要加快研究

制定《北京市“十三五”时期安全生产规划》，坚持把疏解非首都功能、推进京津冀协同发展作为规划的核心任务，明确规划目标，确定核心工程，落实保障措施。各区要发挥安全生产规划的引领作用，把安全生产规划纳入本地区国民经济和社会发展规划体系。

12.研究建立京津冀安全生产协同工作机制。市安全监管局要会同津冀安全监管部门，以《京津冀协同发展规划纲要》精神为指导，建立三地安全生产监管协同工作机制，研究解决实施京津冀协同发展战略中安全生产面临的主要矛盾和问题。强化沟通协调，推动京津冀百项安全生产地标的协同。针对横跨三地的轨道交通、干线铁路、高速公路网以及北京新机场建设，危险化学品运输以及输油、输气、输水设施的安全监管，做好监管协同。

13.进一步提高首都安全准入标准。市安全监管局要按照疏解非首都功能工作要求，推动经济存量中高危险、高污染、高耗能、高职业危害企业的转移或退出。

（四）加强统筹协调，深化隐患排查治理和预防控制体系建设

14.进一步健全完善隐患排查治理机制。进一步引导、推动各级政府和企业深入贯彻落实市政府《关于推进安全生产隐患排查治理体系建设的意见》（京政发〔2014〕23号）和《北京市生产安全事故隐患排查治理办法》（市政府第266号令），推动隐患排查治理体系建设的深入开展。市政府各有关部门要建立隐患排查治理相关制度文件，推动本行业领域企业落实主体责任，建立隐患排查治理工作机制。市安全监管局建立隐患排查治理考核评价指标体系，客观反映体系建设的特点和状况；进一步完善隐患排查治理信息化系统，积极推进东城、西城、朝阳、海淀、石景山、昌平等地区和国有企业隐患排查治理体系试点建设。各区政府要结合本地区实际，深入推动本地区隐患排查治理体系建设，强化资金保障，规范、完善隐患排查治理工作机制。

15.启动隐患排查治理“一企一标准、一岗一清单”编制工作。市安全监管局要按照企业主责、机构帮扶、部门监管的原则，采取政府购买服务的方式，组织30家中介机构，指导企业编制符合企业实际的个性化隐患排查清单和岗位操作规程，如实记录隐患排查治理情况，有效落实本市隐患排查治理政府规章要求，建立全员参与、全过程记录的隐患排查治理长效机制。各区政府及负有安全监管职责的部门要强化监督指导，做好推动落实工作，确保2016年完成2000家企业的编制任务。

16.实施重点行业领域消隐工程。市安全监管局要在全面摸排基础上，细化隐患整治方案，落实整改措施、整改资金、整改时限，督促完成危险化学品企业周边安全距离不足的隐患治理。通过设置紧急切断系统、埋地油罐设置防渗罐池、设置高液位报警监测系统等技术措施，完成加油站技术改造消隐任务，提升加油站本质安全水平。市安全监管局、市市政市容委、市公安局消防局等部门要启动全市居民家庭燃气使用安全消隐工程，淘汰不合格燃气具，推动安装燃气安全辅助设备和独立式感烟火灾探测报警器，预防居民火灾和燃气泄漏爆燃事故，有效改善人民群众生活环境。

17.推动安全生产预防控制体系建设。深入落实《北京市政府关于推进安全预防控制体系建设的意见》（京政发〔2016〕2号），建立健全城市运行安全风险评估制度和预测预警机制，制定相关配套政策，推动各项工作落实到位。推进危险化学品集中管理体系建设，开

展与河北和天津的沟通联系，梳理整合周边的危险化学品仓库资源，实现线上集中交易和线下储存及物流配送。市规划委、市发展改革委、市市政市容委、市安全监管局及城市地下公用基础设施行业管理部门要建立规划环节安全风险管控制度，加强城乡发展规划和城市地下公用基础设施与建设规划的衔接。市安全监管局、市发展改革委、市经济信息化委等部门研究提出本市淘汰落后工艺设备目录，加快推广应用安全技术装备，依靠科技进步，促进安全生产形势根本好转。

（五）严格监督执法，持续推进安全生产法治标准建设

18.推进安全生产地方立法普法工作。市安全监管局、市政府法制办要开展《北京市安全生产条例》修订及《北京市危险化学品管理办法》立法调研，进行不同层面立法论证，多渠道吸纳建议，形成工作思路和基本框架。深入贯彻《北京市生产安全事故隐患排查治理办法》和2016年实施的《安全生产行政处罚自由裁量基准制度》，广泛开展普法宣传培训，增强安全意识。

19.深入推进百项安全生产地方标准编制。市安全监管局、市质监局要进一步加大工作力度，推进百部安全生产地方标准的制定。各有关部门、市属国有企业要强化组织，加强沟通，配合做好地方标准的制定工作。

20.制定重点行业领域执法计划和检查标准。市安全监管局和负有安全监管职责的部门要制定《2016年全市安全生产重点执法检查计划》，明确安全生产检查的重点内容和主要任务，明确安全检查的频次、内容、方式和要求，抓好组织实施。要系统梳理金属非金属矿山、加油站、油库以及人员密集场所中餐饮、宾馆、网吧等服务型企业所涉及的常用法律法规标准规范、企业危险因素、重点检查内容等事项，制定安全生产执法检查实施规范，为区、乡镇（街道）安全生产执法检查工作提供指导和依据。

（六）深化专项整治，严厉打击非法违法生产经营建设行为

21.开展建设施工领域专项整治。市住房城乡建设委要以建筑施工预防坍塌以及危险性较大的工程为重点，组织开展建设施工领域专项整治，严厉查处建设工程未办理施工许可和企业无资质、无安全生产许可证，以及工程发包、承包、分包中的违法行为；深化施工设计、技术方案的制定和实施；强化施工企业资质、安全生产许可动态监管和核查工作，规范建设市场秩序；加强对施工现场安全监管，严格落实施工现场地下管线安全防护监督管理工作，防止因施工等外力作用破坏地下管线正常运行；铁路、公路、水务、园林绿化、电力、市政管线、文物、通信等行业监管（管理）部门要按照“管行业、管安全”“谁许可、谁负责”的原则，切实履行行业安全监管责任，做到工程检查和隐患整改到位。

22.开展城镇燃气和油气输送管道隐患整治攻坚战。市市政市容委、市安全监管局、市规划委、市城管执法局等部门要继续按照全国统一部署，组织开展城镇燃气、石油天然气和危险化学品输送管道隐患整治攻坚战。各区政府要落实属地监管责任，强化拆违工作机制，坚决拆除石油天然气和城镇燃气管道违法占压，严厉打击破坏损害油气输送管道及其附属设施行为，整治管道周边乱挖、乱建、乱钻及管道超期未检等问题。要组织有关部门和单位采取有效措施，切实防止新增影响管道安全运行的违法占压等各类隐患。

23.开展人员密集场所和劳动密集型企业消防安全检查。市公安局消防局要以商市场、

仓储单位、劳动密集型企业为重点，开展消防安全检查，依法依规查处消防安全违法违规行为，督促单位整改消防安全问题。各区政府要重点解决消防队站、多种形式消防力量、消防水源欠账和重大火灾隐患、区域性火灾隐患等问题，以及城乡结合部、老旧居民区、平房胡同区、农村地区消防安全基础薄弱等问题。市商务、旅游、文物、规划、城管、安全监管、工商、住建、市政市容、国资、发改、经信、质监、文化、体育、交通、民政、广电、教育、卫计、铁路、金融、保险和物业管理等主管部门，要按照各自职责，指导督促企业及人员密集场所开展消防隐患排查治理。

24.开展交通运输领域专项整治。市交通委要以“两客一危”、轨道交通和大货车安全监管为重点，认真开展道路运输、轨道交通运营、危险化学品运输以及高速公路隧道、公路桥梁等专项整治。严查非法违法运输、“挂靠”经营、进京大货车违法行为；全面排查地铁运营设备、设施和控制保护区安全隐患，加大对轨道交通大客流监管力度，严防拥堵踩踏事故发生；强化高速公路隧道、病害桥梁的安全隐患排查治理，消除事故隐患；市公安局交管局要进一步提升路面管控力度，开展超速、超员、超载、疲劳驾驶和酒后驾驶等严重违法违规行为专项整治，形成路面严查严管的高压态势；铁路部门要以客运安全为重点，扎实开展铁路安全生产和沿线环境秩序专项整治，严查铁路沿线安全保护区内违法建设、违法施工、违法经营等问题。

25.开展打非治违专项行动。各区政府和有关部门要深化城乡结合部安全生产专项整治，严厉打击“工业大院”、“五小企业”（小化工、小木器、小服装、小加工、小作坊）、“六小场所”（小歌厅、小餐饮、小网吧、小洗浴、小旅馆、小市场）非法生产、非法经营、非法储存行为，取缔“三合一”“多合一”等存在安全隐患的住宿与生产、储存、经营合用场所；各相关行业主管部门要清理本行业领域非法违法情况，建立台账，在管好合法企业的同时，还要对非法违法行为予以打击。

26.开展工矿领域专项整治。市安全监管局、北京煤监局、市发展改革委、市国土局要督促煤矿严格落实煤矿安全“双七条”要求，推进岗位动态达标考评，深入开展煤矿全员安全意识提升工程活动；督促煤矿全面开展隐患排查治理工作，彻查安全隐患；组织专家开展分类分级安全评估，明确监管监察重点；组织开展采掘安全管理、“一通三防”等专项监察执法，全力压减事故。市安全监管局、市经济信息化委等部门要组织开展白酒、涉危使用、涉爆粉尘企业隐患排查治理行动，全力消除工业企业重点领域存在的安全隐患。开展有限空间专项执法检查，预防、控制有限空间中毒和窒息事故发生。开展职业卫生执法，推进职业卫生监管能力建设。

（七）强化基层基础，提高安全生产保障水平

27.加强基层安全生产机构和队伍建设。各区政府、各有关部门要进一步加强乡镇（街道）专职安全员管理，规范队伍建设，提高执法检查业务能力。要统筹研究、着力解决市区两级政府部门安全生产管理机构、人员配备和经费保障等问题，2016 年专职安全员数量要达到市政府文件规定的要求。

28.提升安全生产科技支撑作用。市安全监管局要优化安全监管信息平台，按计划推动隐患排查治理系统建设，确保企业能够依托系统开展工作。完善综合监管平台供委、办、局

使用。加快推进安全生产大数据可视化平台建设，开展安全生产监管大数据应用研究，提升基于大数据挖掘分析的安全监管监察及风险预警预测能力。

29.提升应急救援保障能力。各相关部门要加强对企业生产经营行为的风险监测分析，加快建立风险评估指标体系；要完善市区两级和部门间联动机制，规范事故现场的应急指挥工作，提高事故现场的应急处置能力。重点推进重大危险源“一对一”应急预案管理工作，强化企业与属地政府应急救援方面的联动机制。

30.持续开展安全生产社会化建设。各地区、各部门要充分利用各类新闻媒体，广泛开展宣传教育活动，突出抓好第十五个“安全生产月”活动。继续开展“安康杯”竞赛等系列安全宣教活动。大力支持和培育注册安全工程师事务所等安全生产行业中介机构的发展。推动安全生产培训教学体系建设，加强对生产经营单位“三项岗位人员”培训考核。发挥“12350”安全生产举报投诉热线作用，调动社会力量参与安全生产监督，查找安全隐患，落实有奖举报制度。

三、保障措施和工作要求

（一）签订安全生产目标责任书

市政府与各区政府签订安全生产目标责任书。各区政府要层层签订责任书，确保安全生产各项目标顺利实现。

（二）实施通报、约谈制度

对安全生产工作履职不到位，存在重大安全隐患或对重大隐患整改不到位、发生社会影响恶劣的较大安全生产事故的市政府有关部门、区人民政府、市属国有和国有控股企业，按照《北京市人民政府办公厅关于印发〈北京市安全生产约谈办法〉的通知》（京政办发〔2014〕40号）要求，由市政府对区、相关部门和企业负责人进行约谈。

（三）强化考核和责任追究

市安委会办公室负责制定下达《2016年度安全生产综合考核细则》，对工作突出的地区和单位给予表彰和奖励。对于完不成工作任务、事故压减措施不到位的地区、有关部门和企业，要向市政府做出说明。对发生事故的单位，严格开展责任倒查。

（四）加强领导，落实责任

各区政府、各部门、各单位要明确分管领导，落实工作目标和任务，指定专门部门（机构）组织实施，确保各项工作落实到位。市安委会办公室要定期召开安委会专题会议，及时研究、协调解决工作中出现的突出问题。各区政府要充分发挥安委会及其办公室的作用，加强工作统筹，做好各项工作的综合协调和检查督查，及时掌握工作进展情况。各牵头部门要加强统筹协调，各配合部门要加强配合协作，做好督促落实工作，并做好有关信息收集报送工作。

北京市安全生产委员会

2016年3月28日

北京市安全生产委员会关于进一步加强本市燃气建设工程安全生产监管工作的指导意见

京安发〔2016〕6号

各区人民政府、市安委会有关成员单位：

针对一段时期以来本市燃气建设工程生产安全事故多发，企业安全生产主体责任不落实、安全生产监管薄弱等问题，市安全监管局会同市住房城乡建设委、市市政市容委等部门联合开展了燃气建设工程安全生产管理调查评估工作。在此基础上，依据《建设工程安全生产管理条例》、《北京市燃气管理条例》等法规规章，以及《关于进一步完善和加强市政府工作部门安全监管（管理）职责的通知》（京政发〔2014〕27号）（以下简称为市政府27号文）和市委、市政府关于安全生产"党政同责""一岗双责"等文件规定，市安全生产委员会研究制定了《关于进一步加强本市燃气建设工程安全生产监管工作的指导意见》。经市政府领导批准，现印发你们，请认真贯彻落实。

一、进一步明确燃气建设工程安全生产监管职责

1.坚持安全生产"谁许可、谁负责"原则。按照安全生产"谁许可、谁负责"的原则，依据《建筑业企业资质管理规定》（住建部第22号令）和《建筑施工企业安全生产许可证管理规定》（建设部第128号令），建设主管部门负责对颁发施工资质和安全生产许可证的企业实施安全生产监管工作；依据《建筑工程施工许可管理办法》（住建部第18号令），建设主管部门负责对燃气建设工程进行安全生产监督管理。

2.坚持安全生产"管行业必须管安全"的原则。按照《北京市燃气管理条例》和市委、市政府安全生产"党政同责""一岗双责"规定以及市政府27号文，燃气主管部门负责燃气设施改造等相关燃气建设工程的安全生产监管或管理工作。

3.坚持安全生产"综合协调分类指导"的原则。安全生产监督管理部门负责燃气建设工程安全生产综合监督管理，指导、协调、监督同级政府有关部门和下一级政府履行燃气建设工程安全生产监管职责，并依法组织燃气建设工程生产安全事故调查处理。

二、有效规范和强化燃气建设工程安全生产动态监管工作

4.进一步强化规划、施工许可工作。规划、建设、燃气等主管部门应针对各类燃气建设工程（基建工程、用户工程、技改工程）的实际情况，明确提出办理规划、施工许可的意见，明确具体条件或标准、申办方式和流程，并做好信息公开工作，指导燃气工程建设单位认真履行许可程序。同时，考虑燃气工程特点，研究探索简化审批程序，规范各类燃气工程的审批许可和监督管理工作，有效强化燃气建设工程安全生产源头管理。

5. 强化许可事项监管。建设主管部门应进一步强化对燃气施工企业资质和安全生产许可证的动态监管，研究完善安全生产监管机制和措施。将燃气建设工程纳入建筑施工企业市场评价体系，完善燃气施工企业安全生产许可条件的动态核查工作，对于不再具备安全生产条件的企业或连续发生生产安全事故的企业，依法降低资质等级、暂扣甚至吊销安全生产许可证，并记录事故发生单位的安全生产不良信息。

6. 完善行业安全管理。燃气主管部门应研究完善燃气建设工程安全生产监管机制和措施，加强燃气建设工程安全生产分类管理，建立并完善燃气设施改动工程、隐患改造工程等相应燃气工程的基础台账，指导督促燃气供应单位及其所属施工企业认真贯彻落实建设工程安全生产法律法规及政策标准要求。同时，充分发挥市公用工程质量监督站及燃气供应单位的作用，有效强化燃气建设工程安全生产管理工作。

7. 加强规模以下燃气工程的安全生产管理。对于规模以下、不需办理施工许可的燃气建设工程，建设、规划、燃气、安全生产综合监管等部门依照各自职责及法律法规规定，加强对燃气建设、燃气施工、燃气供应等单位的安全生产监管工作，督促企业认真落实安全生产主体责任。进一步发挥街道、乡镇政府属地安全生产管理作用以及燃气供应单位安全生产主体作用，加强日常检查巡查，有效加强规模以下燃气工程安全生产动态管理，及时消除事故隐患，对非法违法燃气建设工程要及时向建设、规划、燃气等有关主管部门报告。

三、加强完善安全生产监管联动工作机制

8. 完善信息通报制度。建设主管部门应依照《建设工程安全生产管理条例》、《建筑施工企业安全生产许可证管理规定》等，定期向安全生产综合监管部门通报施工许可有关情况，并在政府网站明显位置公开许可信息，为相关部门认真履行行业管理职责、综合监管职责提供基础信息保障；燃气主管部门应督促燃气供应企业及时将燃气工程建设基本情况进行信息公开，在对燃气建设工程进行质量检查时，对发现的安全生产隐患及违法违规行为及时向建设主管部门移送；安全生产综合监管部门要及时向相关部门通报建设工程生产安全事故调查处理情况，实现信息共享，形成对燃气建设工程的安全监管合力。

9. 强化政府部门协调联动机制。燃气、规划、建设主管部门应分别依据相应的法律法规规定，加大对燃气工程建设单位、供应单位、设计单位、施工单位、监理单位的安全生产监管力度，加强燃气建设工程设计、施工、竣工验收等全环节的安全生产监督管理工作，坚决防止燃气工程安全生产条件先天不足，确保燃气工程安全稳定运行。安全生产综合监管部门要巩固建设工程安全生产协调机制，定期与负有建设工程安全生产管理职责的部门沟通研究安全生产工作，传达贯彻国家和北京市有关安全生产工作的重要部署，加强对安全生产工作的指导、协调和监督，强化安全生产监管责任落实，有效提升本市燃气建设工程安全生产水平。

北京市安全生产委员会
2016 年 4 月 15 日

北京市安全生产委员会关于进一步加强燃气等危险化学品运输安全监管工作的意见

京安发〔2016〕8号

各区人民政府、北京经济技术开发区管委会，市安委会相关成员单位：

2016年1月17日11时40分，北四环健翔桥东侧外环匝道处，北京东正捷燃气工程有限公司天然气分公司（以下简称为东正捷公司）一辆载有20个液化天然气罐的轻型普通货车突然起火，经消防部门奋力扑救，约13时将火扑灭，事故幸未造成人员伤亡。

事故发生后，市领导高度重视并专门作出批示，要求加强燃气等危化品运输安全监管工作并研究建立长效机制。为认真落实市领导指示要求，深刻汲取事故教训，全面举一反三，坚决防范涉及燃气的事故重复发生，市安委会在事故调查基础上，针对此次事故暴露的问题，研究提出了以下加强燃气运输安全监管工作的意见。

一、进一步加强本市远郊地区燃气供应统筹规划管理

在市政府的统一领导下，市燃气主管部门要会同发展改革、规划等部门，进一步完善本市燃气供应使用的发展规划，指导区政府制定符合农村地区特点的燃气管网、场站建设审批程序，为本市市政管网无法通达的远郊地区生产、生活提供燃气供应服务。针对本市部分管道燃气供应企业限于土地、规划等手续不齐无法取得燃气经营许可证，但目前仍需继续为居民用户提供供气服务的现状，延庆等相关区政府要进一步加大协调力度，遵循尊重历史、满足需求、确保安全的原则，解决好此类企业燃气经营许可办理和日常监管的问题。

二、进一步加大燃气供应企业的监管力度

针对因前期土地手续问题未取得燃气经营许可的燃气供应企业，燃气主管部门要采取有效措施，督导燃气供应企业严格落实燃气供应安全的法律法规和标准，建立健全燃气建设项目安全设施“三同时”制度，清理整治异地经营行为。同时督促燃气供应企业积极申办危险货物运输经营许可，或与有危险货物运输经营许可证的企业签订协议，保证燃气日常供应和应急运输，满足企业实际生产经营的需求，严禁无证非法运输燃气等危险货物。消防、安全监管等部门要按照各自职责做好燃气供应企业的安全监管工作。

三、进一步加大燃气充装和汽车生产质量监管力度

质量监督部门要进一步加大对液化天然气充装企业的安全监管力度，督促企业建立健全燃气充装安全管理制度，配备必要的安全管理人员和操作人员，完善充装场所安全措施，及时消除作业现场事故隐患。同时，经信、质量监督部门要加大抽检力度，强化汽车产品质量监管，督促企业提升汽车产品质量水平。

四、建立健全查处非法运输长效联动机制

市交通运输部门要会同相关部门进一步完善治理非法违法危险化学品运输的长效机制，加大联合执法检查频率和非法违法行为的查处力度，持续保持高压态势，有力震慑非法违法运输行为。同时，要进一步拓展监管手段，发动群众举报非法违法运输行为，加大社会监督力度。公安交管等部门要采取措施，进一步加大路面执法检查力度，发现非法违法运输行为要及时移送交通运输部门，强化执法移送机制，高限处罚、重拳打击非法违法运输危险化学品行为。

五、进一步强化危险化学品运输安全生产动态监管工作

市交通运输部门要进一步完善危险化学品车辆动态监管信息系统平台建设，加大对危险化学品运输企业落实车辆实时动态监控的检查力度，及时查处非法违法行为；进一步加强驾驶员、押运员和危险化学品运输车辆的安全监管，督促企业正确安装使用紧急切断装置，并严格落实车辆安全检查和维护保养制度。同时，市安全监管局要进一步加强本市危险化学品集中管理体系建设，实现本市危险化学品“专门储存、统一配送、集中销售”的全过程动态监管，主动协调将燃气供应、运输纳入集中管理范畴，有效加强燃气供应、运输安全监管工作。

六、进一步强化属地安全生产监管工作

各区政府要进一步加强对燃气充装、供应项目的规划、建设、运行、配送、运输、维护、使用等各环节安全生产工作的领导，督促区主管部门和属地政府加大对燃气供应企业的安全监管力度，定期组织开展安全生产联合执法，严厉查处燃气企业的非法违法行为。同时，加大对本地区异地经营企业的清理整治力度，有效排查治理安全生产隐患。延庆区政府要督促东正捷公司等企业彻底整改隐患和问题，规范生产经营行为，有效防范各类燃气事故发生。

七、加快推进安全生产信用体系建设

市安全监管局要积极推进本市安全生产信用评价机制建设，逐步构建激励诚信、惩戒失信的工作机制，并在危险化学品等高危行业率先推行。市政市容、质量监督、交通运输、公安消防和交管等部门要进一步完善本行业领域企业安全生产诚信管理制度，积极归集企业安全生产信用信息，开展企业安全生产信用等级评定和“黑名单”工作，并及时向社会公布。严格落实守信激励、失信惩戒的约束措施，提高企业违法违规成本，使企业安全生产一处失信、处处受制、不敢违法、违不起法，推动企业切实落实安全生产主体责任。

北京市安全生产委员会

2016 年 4 月 27 日

北京市安全生产委员会关于印发《北京市安全社区建设五年规划（2016—2020）》的通知

京安发〔2016〕9号

各区、北京经济技术开发区安全生产委员会，市安委会有关成员单位：

为贯彻落实《国家安全监管总局关于深入开展安全社区建设工作的指导意见》（安监总政法〔2009〕11号）和《国务院安委会办公室关于进一步深入推进安全社区建设的通知》（安委办〔2011〕38号）精神，持续提高我市安全基层基础建设水平，市安委会制定了《北京市安全社区建设五年规划（2016—2020）》，经报市领导同意，现印发给你们。请结合本区、本部门、本单位实际情况，认真组织实施。

附件：北京市安全社区建设五年规划（2016—2020）

北京市安全生产委员会

2016年7月15日

附件：

北京市安全社区建设五年规划（2016—2020）

为深入贯彻四个全面战略布局，推广“安全、健康、和谐”的安全社区建设理念，逐步提高社区事故和伤害预防水平，根据国家安全监管总局《关于深入开展安全社区建设工作的指导意见》（安监总政法〔2009〕11号）和北京市安全监管局、北京市教委等七部门联合下发的《关于开展安全社区建设工作的实施意见》（京安监发〔2010〕140号）（以下简称《实施意见》）等有关文件精神，结合我市安全社区建设实际情况，经市安全生产委员会研究，制定《北京市安全社区建设五年规划（2016—2020）》。

一、北京市安全社区建设面临的形势

2010年以来，在市、区两级的积极推动下，各乡镇（街道）、工业园区按照《实施意见》的要求，结合自身实际，积极推进安全社区建设。截至目前，在全市329个乡镇（街道）中，已被命名国际安全社区25个，全国安全社区40个，市级安全社区61个，覆盖人口300多万。安全社区建设过程中，安全工作由生产安全向居家安全、防灾减灾和社会治安

等“大安全”领域拓展，社区的软、硬件环境都发生了较大变化，广大居民在安全社区建设工作中享受到更多实惠，居民对安全社区建设的满意度不断提升，社区交通事故发案率、治安案件发案率、居家伤害事件和疾病发病率等不断下降，安全事故得到有效的预防和控制，推动了全市安全形势的持续稳定好转。

但是，随着安全社区建设的不断深入，由于多种因素的制约，安全社区建设还存在一些问题：安全社区建设机制尚未理顺，部分区、乡镇（街道）和政府部门对安全社区建设的认知度不高，公众对安全社区建设的关注度不够；安全社区建设人员力量不足，对安全社区建设标准和建设方法理解不到位；安全社区建设的管理不到位，社区在取得命名后，不能坚持持续改进安全工作；安全社区的奖励激励机制尚未建立，各区、乡镇（街道）的积极性、主动性有待于进一步提高等，这些问题应在未来五年中逐步加以解决。

未来五年是全市安全状况实现持续稳定好转的关键时期。安全社区建设要抓住这一机遇，进一步统一思想，加快建设步伐，在增加安全社区建设速度的同时，提高安全社区建设的质量，充分发挥安全社区建设在促进全市安全稳定工作中的重要作用，将安全社区建设推向更高水平。

二、指导思想、主要目标和基本原则

（一）指导思想

深入贯彻习近平总书记系列重要讲话精神，坚持“安全发展”的理念，扎实推进“四化三体系双基”安全生产总任务的落实，不断创新社区安全治理机制，统筹建设规划、严格建设标准、完善建设机制，有重点、分步骤地在全市开展安全社区建设，努力提高社会公众的安全素质，预防和减少社区各类事故和伤害，为疏解非首都功能，促进京津冀协同发展，建设国际一流的和谐宜居之都，创造良好的安全环境。

（二）主要目标

到2020年本市安全社区建设的总体目标是：安全社区建设理念深入人心、体制机制顺畅、管理流程规范、项目科学系统、激励奖励明确、参与人群广泛；安全社区建设数量稳步增长，建设质量逐步提高，理论研究、培训体系和应用体系建设全面深化；构建起“党委政府领导、职能部门负责、辖区单位联动、社会民众参与”的安全社区建设新格局，形成颇具特色、富有活力的北京市安全社区建设新常态。

（三）基本原则

——坚持作为乡镇（街道）“一把手工程”来抓。乡镇（街道）的党政“一把手”应亲自挂帅，参与规划制定和组织推动、资源协调等工作。应重点组织开展机构设置、风险识别、项目策划、评估改进等顶层设计工作，实现党委、政府齐抓共管。

——坚持以降低事故与伤害风险为宗旨。采用事故分析、伤害监测、风险识别、社区走访、问卷调查等方法开展社区风险辨识，依据辨识的风险，针对性地策划和实施安全促进项目，采取系统性的安全对策措施控制风险。项目开展过程中进行评估和纠正，项目结束后制定持续改进计划。

——坚持整合利用现有资源平台。利用现有的安全社区建设促进委员会机制，市、区、乡镇（街道）的三级安全社区推进体系，现有安全社区专家队伍、宣传阵地和志愿者队伍等，包括结合平安社区、六型社区、消防安全社区、燃气安全社区、应急安全社区、防震减灾安全社区等基层社区创建活动平台开展安全促进工作。

——坚持提高安全社区建设的规范化水平。完善组织机构设置，建立工作职责制度，规范事故调查分析、伤害监测分析、效果评估等工作程序，提高建设单位工作效率，调动建设单位的积极性，持续提高建设质量，强化证后管理，实现安全社区建设全过程的规范化。

——坚持注重质量、扎实推进、循序渐进。坚持“普遍号召，鼓励申请，政府支持”的原则，由表及里、由浅入深、循序渐进地推进安全社区建设，以质量为前提，不断增加安全社区建设的数量。

三、主要任务

（一）理顺建设体制机制，完善建设支撑体系

市安全社区建设促进委员会应广泛动员相关行业协会、中介机构等社会力量参与安全社区建设，并根据安全社区建设需要，将市市政市容委、市质监局等部门纳入成员单位。各成员单位应加强统筹协调、分工合作，根据各自职能，合理确定主要任务和重点项目，牵头组织辨识本行业领域的安全风险，梳理通过社区安全项目促进可以解决的安全问题，制定针对性的风险干预措施。

各区也应成立由政府领导牵头负责的安全社区促进委员会，各成员单位要把建设工作列入本部门和本单位工作的重要议事日程。区安全社区促进委员会应广泛宣传安全社区建设理念，挖掘自身优势，着力培育安全社区建设骨干力量，指导各建设单位开展工作，对本地区安全社区建设质量进行把关。

（二）成立地方支持中心，拓展建设工作思路

依托社团组织，报经全国安全社区建设工作委员会批准，成立全国安全社区北京支持中心。支持中心在全国安全社区建设工作委员会和市安全社区建设促进委员会的指导下，承担全国及北京市安全社区业务骨干培训、业务咨询、技术支持及北京市市级安全社区评定、证后管理等工作。支持中心应逐步吸引各行业专业人员参与安全社区建设，根据申请创建单位的情况，聘用安全生产、消防、交通、治安、燃气等方面的专家参与安全社区促进项目的评定。

申请创建单位应当选取安全基础条件相对较好的社区（居委会）作为安全社区创建的“核心社区”。各个促进项目在“核心社区”开展试点的基础上，逐步推广，不断扩大促进项目的覆盖面。

（三）创新技术支撑体系，规范建设基础工作

着力做好社区诊断的技术支撑工作。包括以下内容：规范生产、治安、消防、交通事故伤害记录模式，完善事故统计分析流程；规范伤害监测工作，制定伤害监测工作方案，完善工作机制；规范数据收集、统计工作，从人力资源和社会保障部门获取工伤保险数据；规范安全社区问卷调查问题集和实施方案，科学开展调研分析；规范社区诊断文件，采用安全检查表法、LEC 法等常用的方法，诊断社区隐患，合理确定促进项目。

规范安全社区建设基础工作，正确引导创建单位结合自身实际做好相关工作。包括以下内容：规范安全社区建设工作报告、整改报告、年度报告格式；制定各乡镇（街道）安全社区组织机构成员列表，规范安全社区启动方案的结构和要素；制定规范的安全社区工作制度、工作职责及安全社区建设各类统计表格；细化和规范安全社区建设培训教材及课件，规范安全社区现场评定准备及组织工作，帮助创建单位细化落实评定的各个环节，提高创建单位安全社区现场评定组织的工作质量。

强化安全生产指标的考察。将安全生产教育培训、企业应急预案备案率、安全生产专职安全员队伍建设、安全生产标准化、职业危害等安全生产的要素纳入安全社区评定，使安全社区建设与安全生产工作紧密结合。

（四）扎实推动建设实践，营造全员参与氛围

市安全社区建设促进委员会每年应定期开展安全社区建设标准和工作方法培训，培养一批安全社区建设骨干。同时应分批组织各区、各建设单位、各有关人员参加全国安全社区培训，推动专家对安全社区建设单位“一对一”的指导。各区应结合本地实际，重点组织对建设单位安全社区工作小组负责人和各促进项目执行人进行培训。

市安全社区建设促进委员会每两年应组织召开一次北京市安全社区建设推进会，开展安全社区建设交流活动，开辟渠道、搭建平台、鼓励建设单位参与交流，有序推进我市安全社区建设工作。

市安全社区建设促进委员会各成员单位应利用微信、微博、移动终端和政务网站，及时发布安全社区建设的相关信息，并在有影响力的电视、广播、报纸、杂志、网站等开辟宣传专栏。合理利用现有安全宣教场馆和基地进行宣传培训，扩大宣传覆盖面，积极营造全员参与氛围。

四、重点工程

（一）安全促进项目实施工程

安全社区建设的核心是针对辖区安全风险隐患策划实施针对性、系统性的安全社区促进项目，并持续改进，不断消除风险隐患。未来五年，市安全社区促进委员会各成员单位要围绕以下安全问题指导建设单位开展工作：

1.安全生产隐患排查治理促进项目

牵头单位：市安全监管局

工作内容：摸清辖区内生产经营单位的基本现状，完成安全生产条件普查；依据《北京市生产安全事故隐患排查治理办法》制定隐患排查计划，开展全方位的隐患排查治理；借助隐患排查治理信息系统，建立企业风险隐患基础台账，实现互联互通。

2.消防安全促进项目

牵头单位：市公安局公安消防局

工作内容：指导属地政府督促社区落实消防安全责任、健全消防组织、完善消防基础设施、提高居民消防安全意识、有效减少居民家庭火灾事故；建立社区消防工作“自我管理、自我教育、自我服务、自我提高”的运行机制，形成社区消防安全工作长效监管机制。

3. 交通安全促进项目

牵头单位：市公安局交通管理局

工作内容：依法管理维护交通秩序，保证道路畅通；依法处理交通事故，负责事故统计分析；做好机动车辆及驾驶员管理工作，加强机动车辆安全检查和驾驶员安全培训；设计、制作、安装、维护交通道路设施，及时排查消除各类道路交通安全隐患，保障道路交通安全。

4. 综合防灾减灾应急能力提升促进项目

牵头单位：市民政局

工作内容：推广紧急广播预警系统，动员有关部门，在试点建设基础上，逐步推开；推进家庭应急储备物资体系建设，支持鼓励家庭进行应急物资储备；依托市政务地理空间信息平台，实现社区防灾减灾电子地图网络运行；加强社区灾害信息员队伍建设，在目前社区（居委会）、村“全覆盖”的基础上，提高灾害信息的采集和预报能力；加强宣传，结合“防灾减灾日”等开展主题宣传活动，增强市民防灾减灾意识和自救互救能力。

5. 居民室内燃气安全促进项目

牵头单位：市市政市容委

工作内容：按照“全面排查、坚决整治、巩固成果、杜绝新增”的要求，指导各区对城镇燃气输送管道全部隐患开展整治工作，通过整治，建立健全城镇燃气输送管道动态的安全监管和应急体系；督促燃气供应企业落实燃气设施巡检和用户巡检责任，并对巡检工作进行监督检查，不断提升居民用户燃气入户巡检率；采取多种形式开展燃气安全宣传，提高市民燃气安全知识和技能的知晓率；响应市安委会部署，和有关部门共同推进淘汰居民家庭正在使用的不合格的燃气器具，推广燃气户内技防技术；指导各区建立燃气供应企业和街道、社区的对接工作机制，细化属地管理责任。

6. 电梯安全促进项目

牵头单位：市质监局

工作内容：促进老旧小区电梯、超期服役电梯更换；监督落实公共场所电梯的安全管理；督促物业公司聘请有资质的单位对各类电梯进行定期检测保养排除电梯运行风险，确保电梯处于安全运行状态；充分利用宣传阵地、宣传电梯乘坐安全知识。

7. 其他安全促进项目

安全社区各建设单位还应结合自身实际，策划实施其他安全促进项目。

（二）基层社区安全促进工程

为切实消除基层社区安全隐患，提高基层社区安全水平，策划实施以下安全促进项目：

1. 社区安全消隐促进项目

社区安全隐患排查治理项目分为室外消隐促进项目和室内消隐促进项目两方面。室外消隐促进项目包括六小场所安全、交通安全、消防安全、管网安全、社会治安、防坠物安全隐患排查治理。室内消隐促进项目包括居家燃气安全、电力安全、用水安全、防烫伤、磕碰伤、切割伤等居家伤害等安全隐患排查治理。社区安全消隐促进项目还应通过宣传教育、开展特色活动，提高居民安全意识和素质。

2.社区应急能力提升促进项目

为全面提升社区应急处置能力，有效降低事故损失，策划实施社区应急能力提升促进项目。项目内容：指导社区进行风险辨识与评估，制定社区风险登记册，成为监控和处置风险的有效工具；指导社区制定综合应急预案和应急疏散方案，明确社区在应急工作中所应当担负的维护现场秩序、引导专业队伍、提供后勤保障以及组织疏散群众等职责及工作流程；动员专业职能部门指导社区开展志愿者应急能力培训活动，提高基层应急能力。

3.社区安全服务提升促进项目

为全面提升社区安全服务质量和水平，策划实施社区安全服务提升促进项目。项目内容：整合街道、驻区单位资源，充分发挥各方参与安全社区建设的积极性；深化社区治理创新，不断完善安全服务工作推进的体制机制；加大社区安全服务项目的支持力度，引导社会力量开展社区安全服务，丰富目前已有的社区矫正服务、社区帮教安置服务、社区禁毒宣传服务、社区法律服务、社区消防安全服务、社区警力配备服务、社区物防技防设施建设服务等社区安全服务项目，扩大社区安全服务覆盖面；鼓励社会工作事务所创新安全服务内容、提高服务质量，在社区流动人口服务、维护社区安全稳定等方面发挥积极的作用。

4.社区治安队伍建设促进项目

为增强社区治安队伍力量，加强社区治安防范水平，策划实施治安队伍建设促进项目。项目内容：深入研究分析不同类型社区警务工作的特点和规律，合理配备社区警力，保证警力到位；大力发动群防群治力量，合理安排勤务，社区民警组织巡防队、保安员等职业力量配合街面巡逻警力，加大动态巡逻、定点看护力度，完善可疑警情报告制度；完善内部监督和群众监督相结合的反馈机制，采取内部电台点名、视频巡检、实地督查、警务室监测等方式，扩大外部社区民警和警务信息公示范围，加大对社区安全措施落实的工作监督。

5.社区交通安全促进项目

合理规划交通设施建设，持续开展交通治理。项目内容：在社区居委会、物业管理等部门建立交通安全宣传组织，固化交通安全宣传场所，营造交通安全宣传氛围，并加大媒体宣传力度；持续开展违法扰乱社区交通秩序治理和开展“黑摩的”、机动车占道等治理；对社区道路交通安全隐患进行排查治理，开展小区停车管理、老旧小区交通微循环、消防通道畅通工程。通过项目推进，落实“一区一警”工作，不断提高社区交通安全水平。

6.社区消防安全促进项目

加强辖区内消防安全工作领导，督促实施社区消防安全促进项目。项目内容：成立社区消防安全工作领导小组，鼓励社区成立志愿消防队，加强消防安全网络化管理，组织火灾隐患排查等工作，督促各单位落实消防安全主体责任；加强消防安全“六个一”建设；完善并维护消防装备及设施，配备必要的消防器材，加强消防基础设施建设；根据季节特点，开展社区消防宣传活动。

7.社区燃气安全促进项目

加强社区燃气安全工作领导，健全和完善燃气安全监管基层工作体系，策划并持续实施社区燃气安全促进项目。项目内容：明确燃气安全监督员，建立岗位责任制和相关的工作制度，并掌握必要的燃气安全知识；社区与燃气供应企业建立有效的工作对接机制，及时通报地区燃气安全形势，落实燃气安全宣传、用户设施安全检查、督促社区居民及时整改用气安全隐患、督促燃气供应企业定期开展燃气泄漏检测和消隐等工作；加大社区安全巡查力度，发现危害燃气设施运行安全的行为要主动劝阻、制止，并及时向有关部门报告；挖潜辖区资源，组织开展燃气安全公益宣传活动，向社区成员普及燃气安全使用知识，推广燃气安全防护技术，不断提升居民的安全用气意识；督促并协助燃气供应企业开展居民用户燃气入户巡检工作，对燃气供应企业入户安全检查到访不遇、再访不遇的社区居民用户，社区能够帮助燃气供应企业联系预约入户巡检事宜，严查并确保居民用户家中无仍在使用的直排式热水器、不带熄火保护装置的灶具，在巡检过程发现用户燃气安全隐患的，社区能够劝导用户进行整改；动员组织用户配合燃气供应企业处置供气突发事件；及时劝阻、制止非居民液化气用户与非法气贩进行购气交易行为，并向城管执法部门举报、配合查处。

8.社区安全宣传阵地建设促进项目

逐步建立社区安全宣传阵地，实施安全宣传阵地建设促进项目。项目内容：组织社区干部和志愿者参加安全知识培训，培养安全专家队伍；建立社区安全活动室，设置安全图书专柜，组织开展主题活动并有记录；在社区固化宣传阵地，开辟安全专题宣传栏，定期更新内容；充分利用横幅、电子宣传栏等形式宣传社区安全知识；利用当地电视、广播及网络媒体报道安全促进工作；利用宣传日，结合邻里节、网格化等工作借势借力向居民宣传安全知识。

（三）安全社区智能化管理信息平台建设工程

结合安全社区管理实际工作需要，逐步建立北京市智能化安全社区管理信息平台，进一步提高安全社区建设的规范化管理水平。实现安全社区的启动、申请备案、提交报告、现场评定、证后管理等工作的信息化；实现国际安全社区、全国安全社区、市级安全社区分级分类管理的信息化；实现安全社区建设培训及交流活动管理的信息化；实现安全社区技术支撑文件管理的信息化；实现对社区安全信息发布管理的信息化；实现安全社区建设专家队伍管理的信息化；实现安全社区建设影音资料管理的信息化。

（四）安全社区教育培训工程

安全社区建设必须加强安全社区教育培训，建立内容丰富、注重实效的安全社区培训指导工作体系。加强骨干队伍建设，形成包括安全管理者、行业安全专家、具有专业技能的志愿者等组成的安全社区人才网络，形成市级安全社区建设专家库，完善安全社区专家的培训、考核、聘用制度；组织专家学者撰写安全社区建设系列图书，包括安全社区建设实施细则读本、安全社区建设实用安全技术读本、安全社区建设“百佳促进项目”集锦等；鼓励有关高校、科研院所申请和设立安全社区相关理论和应用项目研究，加强科研攻关，为安全社区建设提供科技支撑；鼓励安全管理、安全文化等中介机构，选派专人参加安全社区建设培训，开展安全社区建设咨询服务工作。

（五）安全社区宣教基地建设工程

充分利用现有安全宣教场馆和基地，采取与学校、社区、社会单位共建的模式，开展体验式教育，融科学性、知识性、趣味性为一体，模拟演练事故预防和施救方法，提高全民的安全素质，并在原有基础上，逐步建成安全社区主题展室。

五、保障措施

（一）切实加强对安全社区建设工作的领导

进一步完善市安全社区建设促进委员会工作机构，主要负责规划实施的决策和领导，解决规划实施过程中遇到的重大问题。市安全社区建设促进委员会要加强内部职能建设，发挥好引领核心作用。各部门、各区要加强对安全社区建设工作的组织领导，各建设单位应始终将安全社区建设作为“一把手工程”来抓。

（二）建立健全安全社区建设重点项目实施方案

各牵头单位要负责起草主要工作和重点项目的具体实施方案和年度工作计划，并为区、乡镇（街道）相关项目的实施提供技术指导，把安全社区建设纳入规范化、制度化轨道。市安全社区建设促进委员会要对各单位的工作落实情况定期督查督办，通报工作进展，推动工作落实。

（三）加大安全社区建设的资金投入和支持

全市有关部门要制定有利于安全社区建设的制度措施，各区、乡镇（街道）依据《北京市市级安全社区评定标准》和年度工作计划，开展安全社区创建和建设工作。各级政府和各相关部门要按照创建主体的属地责任和部门职责，做好安全社区建设的经费保障工作。各区、乡镇（街道）、社区和物业等部门或单位要加大资金投入力度，形成资金投入的网状体系。鼓励社会各界支持赞助安全社区建设，拓宽安全社区建设资金渠道。

（四）广泛深入地宣传安全社区建设的目的和意义

各部门、各区要加大宣传力度，创新宣传形式，丰富宣传载体，延伸宣传渠道，广泛深入地宣传安全社区建设的目的与意义，动员全社会积极参与建设工作，形成人人参与、全员动员、共同防范、同享安全的浓厚氛围。

北京市安全生产委员会关于印发关于淘汰不合格燃气灶具、安装燃气安全辅助设备和独立式感烟火灾探测报警器工作实施方案的通知

京安发〔2016〕13号

各区人民政府、北京经济技术开发区管委会，市安全生产委员会成员单位，各有关单位：

为有效预防燃气火灾爆炸事故，保障人民群众生命财产安全，结合本市实际，市安全生产委员会研究制定了《关于淘汰不合格燃气灶具、安装燃气安全辅助设备和独立式感烟火灾探测报警器工作的实施方案》。经市政府同意，现印发你们，请认真贯彻落实。

附件：《关于淘汰不合格燃气灶具、安装燃气安全辅助设备和独立式感烟火灾探测报警器工作的实施方案》

北京市安全生产委员会

2016年9月21日

附件：

关于淘汰不合格燃气灶具、安装燃气安全辅助设备和独立式感烟火灾探测报警器工作的实施方案

为有效预防燃气火灾爆炸事故，保障人民群众生命财产安全，经市政府同意，决定在全市开展淘汰不合格燃气灶具，推广安装燃气安全辅助设备和独立式感烟火灾探测报警器工作。

一、指导思想

以习近平总书记、李克强总理等中央领导同志关于安全生产一系列重要讲话精神为指导，以贯彻落实科学发展观、提高本质安全水平、构建和谐社会为根本遵循，按照“政府推动、企业参与、居民自愿、以点带面”的原则，在全市城乡困难居民家庭，淘汰不合格燃气灶具、安装燃气安全辅助设备和独立式感烟火灾探测报警器，通过广泛宣传，引导、鼓励非城乡困难居民，自觉淘汰不合格燃气灶具、安装安全辅助设备，增强全市居民用气安全意识，提高火灾防范能力，有效改善人民群众安全生活环境。

二、实施范围和内容

从 2016 年 9 月 1 日起至 2017 年 10 月 31 日，采取政府出资的方式，在本市城乡困难居民家庭（具体包括：城乡低保、低收入家庭，享受生活困难补助和分散供养的特困人员家庭，以及低收入农户），淘汰不合格燃气灶具、安装燃气安全辅助设备和独立式感烟火灾探测报警器。在《方案》实施期间，批准获得社会救助待遇的家庭，也可纳入实施对象范围。各区政府根据本地区实际情况，在实施对象范围之外，可作适当扩大调整，如高龄老人家庭、残疾人家庭等。具体目标如下：

1. 淘汰《家用燃气灶具》（GB 16410—2007）、《家用燃气燃烧器具安全管理规则》（GB 17905—2008）等国家标准禁止使用的燃气灶具。

2. 更换长寿命燃气专用软管（范围包括使用天然气和液化石油气用户），安装燃气（专指天然气）管道安全控制阀，从本质上提高燃气使用安全防范水平。

3. 安装独立式感烟火灾探测报警装置，有效提高居民家庭火灾预警防范能力。

本市其他家庭用户可按照市商务委等部门联合印发的《关于实施节能减排政策的通知》（京商务消促字〔2015〕13 号）及相关补充通知要求，到指定销售商店购买燃气灶具，享受政策补助。

三、组织机构

市政府成立市淘汰不合格燃气灶具、安装燃气安全辅助设备和独立式感烟火灾探测报警器工作领导小组（以下简称领导小组）。

组　长：王　宁　市政府副市长

副组长：尹墇彦　市政府副秘书长

　　　　张树森　市安委会副主任、市安全监管局局长

　　　　李颖津　市财政局局长

　　　　孙新军　市城市管理委主任

　　　　亓延军　市公安局消防局局长

　　　　李万钧　市民政局局长

成　员：各区政府主要领导，市委宣传部、市城市管理委、市商务委、市住房城乡建设委、市规划国土委、市农委、市财政局、市质监局、市安全监管局、市民政局、市公安局消防局、市燃气集团、市残联、市燃气协会、市消防协会、市消费者协会等单位主管领导。

领导小组办公室设在市安委会办公室，负责日常工作。成立技术指导办公室，设在市燃气集团，负责配合各区开展摸底调查，协助确认国家禁止使用的不合格燃气灶具，负责燃气安全辅助设备的安装验收和相关技术服务等工作。

领导小组办公室主任由市安委会办公室副主任、市安全监管局副局长唐明明担任，技术指导办公室主任由市燃气集团副总经理刘江涛担任。

四、责任分工

市安全生产委员会：统一组织，协调、指导、督促相关单位落实各项工作任务。

（一）市安委会办公室（市安全监管局）。负责制定全市不合格燃气灶具淘汰、燃气安全

辅助设备和独立式感烟火灾探测报警器安装工作总体实施方案，建立健全工作机制，统筹协调有关部门开展工作，负责督查考核工作。

（二）各区政府。负责不合格燃气灶具淘汰、燃气安全辅助设备和独立式感烟火灾探测报警器安装工作的具体组织实施。按照全市统一部署，结合地区实际，研究制定本地区工作实施方案。负责根据市级财政补助政策，制定本地区资金补助和使用方案，落实配套资金补助等方面相关政策措施。负责根据民政部门和农业部门提供的城乡困难居民家庭的基础数据，依托燃气供应企业，组织街道、乡镇，充分发挥社区力量，开展调查摸底，建立工作基础台账。负责开展宣传教育，动员组织街道、乡镇、社区开展具有针对性的宣传活动，引导居民自觉淘汰不合格燃气灶具，加装燃气安全、消防安全辅助设备，增强居民燃气使用安全意识，提高燃气使用安全水平。负责根据市级统一发布的燃气灶具、燃气安全辅助设备和独立式感烟火灾探测报警器供应企业和产品型号推荐目录，结合各区实际情况，选择确定相关设备供应企业和产品型号。负责组织有关部门、单位做好设备安装的验收工作以及不合格燃气灶具回收销毁等工作。

（三）市城市管理委。负责督促指导全市淘汰不合格燃气灶具和燃气安全辅助设备的安装、验收等工作。负责依据相关行业标准，提出安装燃气安全辅助设备的性能和技术要求；负责组织市燃气协会按照有关规定推荐符合安全节能规范标准的燃气灶具和燃气安全辅助设备供应企业名单及设备型号目录；负责编制淘汰不合格燃气灶具和安装燃气安全辅助设备工作的宣传材料，通过广播、电视、网络等多种媒介开展广泛宣传工作；负责督促指导市燃气集团等供应企业做好入户检测、安装和验收等工作。

（四）市公安局消防局。负责指导督促独立式感烟火灾探测报警器的推广安装工作，根据《独立式感烟火灾探测报警器》（GB 20517—2006）的行业标准，加强对感烟报警装置产品选用、技术性能、安装部位、维护管理等方面的技术指导，提出安装独立式感烟火灾探测报警器的性能和技术要求；负责编制安装独立式感烟火灾探测报警器工作的宣传材料，通过广播、电视、网络等多种媒介开展广泛宣传工作；负责组织市消防协会按照有关规定推荐符合安全规范标准的独立式感烟火灾探测报警器供应企业名单和设备型号目录。

（五）市商务委。负责协助市城市管理委、市公安局消防局推荐符合安全技术标准的燃气灶具、安全辅助设备和独立式感烟火灾探测报警器销售商目录。负责制定本市涉及非城乡困难居民家庭节能燃气灶具补助政策和推广工作。

（六）市质监局。负责本市生产环节燃气灶具、燃气安全辅助设备和独立式感烟火灾探测报警器产品质量的监督；负责配合市城市管理委、市公安局消防局，协调、指导相关产品检验机构对推荐的燃气灶具、燃气安全辅助设备和独立式感烟火灾探测报警器进行质量检验；负责做好地方标准《燃气室内工程设计、施工验收技术规定》（DB11/T 301—2005）修订的立项、审查和批准发布工作。

（七）市民政局。负责本市城乡低保、低收入家庭，享受生活困难补助和分散供养的特困人员家庭的资格确认工作。

（八）市农委。负责本市低收入农户的资格确认工作。

（九）市财政局。负责研究资金补助政策，并落实相关资金，组织对财政资金进行项目评审，做好资金使用的绩效评价等工作。

（十）市规划国土委。待《燃气室内工程设计、施工验收技术规定》（DB11/T 301—2005）完成修订并正式发布后，督促本市相关设计单位严格执行，负责对新建居民住宅建筑设计进行严格审查。

（十一）市住房城乡建设委。负责按照相关法律法规、施工技术标准规范和施工图设计文件要求，对新建、改建、扩建房屋建筑工程竣工验收中独立式感烟火灾探测报警装置等安全辅助设备设施的施工质量加强监管。

（十二）市委宣传部。负责协调相关媒体做好宣传工作。

（十三）市燃气集团及其他燃气供应企业。负责配合各区开展摸底调查，协助确认不合格燃气灶具；负责建立燃气灶具和燃气安全辅助设备动态信息数据库；负责协助各区对供应范围内燃气安全辅助设备进行安装、验收和提供技术服务等工作；负责燃气安全辅助设备定期巡检等工作；承担技术指导办公室日常工作。各燃气供应企业具体工作职责由市城市管理委负责协调落实。

（十四）市燃气协会、市消防协会。按照技术要求，分别负责推荐符合安全节能规范标准的燃气灶具、燃气安全辅助设备和独立式感烟火灾探测报警器的供应企业名单及设备型号目录。

（十五）市残疾人联合会。负责残疾人家庭用户的资格确认工作。

（十六）市消费者协会。负责对推荐目录中的燃气灶具进行比较试验，并协助市相关部门开展宣传工作；负责协助开展有关居民家庭满意度调查。

五、政策措施

（一）财政补助政策

按照市区两级共同承担的原则，对自愿提出申请且符合淘汰不合格燃气灶具、安装燃气安全辅助设备和独立式感烟火灾探测报警器条件的家庭用户，市级财政按户给予补助。经市财政局评审中心评审，补助标准为926元/户。其中燃气灶具600元/户；燃气安全辅助设备126元/户；独立式感烟火灾探测报警器200元/户。

各区政府在市级补助资金的基础上，根据市级统一发布的符合节能安全规范标准的设备推荐目录，结合本区财政实际，自主选型，研究制定本地区的资金补助政策，落实宣传、安装验收、回收销毁、技术支持等相关工作经费。

其他家庭用户按照市商务委等部门联合印发《关于实施节能减排政策的通知》（京商务消促字〔2015〕13号）及相关补充通知要求落实相关政策。

（二）资金补助方式

市级财政补助资金采取转移支付方式，由市财政局根据统计数据、保障标准将补助资金拨付各区级财政。各区根据本地区资金补助政策和工作实际，按照财政资金使用规程和“专款专用”的原则，将相关补助资金拨付至各有关设备供应企业。

六、实施步骤

（一）工作准备阶段（2016年9月至10月）

市城市管理委、市公安局消防局会同市商务委，组织相关行业协会分别做好燃气灶具、燃气安全辅助设备和独立式感烟火灾探测报警装置供应企业名单和设备型号的推荐工作，积极筹备做好相关宣传材料的制作。企业和产品目录推荐应于2016年9月30日前完成，并向各区公布。

市质监局配合市城市管理委、市公安局消防局，协调、指导相关产品检验机构对推荐的燃气灶具、燃气安全辅助设备和独立式感烟火灾探测报警器进行质量检验。市消费者协会协助市相关部门做好淘汰不合格燃气灶具和推广安装安全辅助设备和报警器的宣传工作。

各地区结合实际，科学评估谋划，制定印发工作实施方案，明确组织领导、工作目标、实施步骤和经费保障措施，细化各项工作措施。要组织召开会议，进行全面动员部署。要按照市有关部门要求，做好宣传材料的设计、制作等一系列宣传准备工作。

各地区要根据民政部门和农业部门提供的城乡困难居民家庭的基础数据，以燃气供应企业已建立的燃气用户台账及不合格燃气灶具用户台账为基础，依托燃气供应企业，组织发动基层力量，采取入户调查的方式，对辖区内困难居民家庭燃气灶具、燃气安全辅助设备及独立式感烟报警装置的现状进行调查摸底，摸清自愿淘汰不合格燃气灶具和安装燃气安全辅助设备、独立式感烟火灾探测报警器等基本情况，调查人员需填写《安全辅助设备安装基本情况入户调查表》，明确安装意愿并签字，建立健全淘汰不合格燃气灶具、安装燃气安全辅助设备和独立报警装置用户基础台账。

各地区于2016年10月11日前，将调查摸底情况及《各地区不合格燃气灶具淘汰、安全辅助设备安装情况汇总表》报市安委会办公室。市安委会办公室将根据全市汇总统计情况，于2016年10月30日前下达各区工作任务目标。2016年10月30日前，各区将本地区工作实施方案及负责此项工作的联系人员姓名、联系方式报送至市安委会办公室。低收入农户调查摸底工作时间可延长至2016年12月30日。

（二）全面实施阶段（2016年11月至2017年10月）

各区根据市级统一发布的供应企业和产品型号推荐目录，自主选择确定设备供应企业和产品型号。按照台账目录，在辖区困难居民家庭全面开展不合格燃气灶具淘汰和安全辅助设备及独立式报警装置的安装工作，全力完成预定工作任务目标。对于低收入农户家庭，各地区依据调查摸底实际情况适时启动实施工作。同时，对于非城乡困难居民，要通过广泛宣传、政策引导等方式，鼓励其自觉淘汰不合格燃气灶具，安装安全辅助设备。

工作实施过程中，要严格程序，明确各方责任，采取与安装用户签字确认等形式，及时做好不合格燃气灶具淘汰、燃气安全辅助设备和独立式感烟报警器安装验收工作；要注意积累工作经验，认真查找工作中的漏洞和不足，及时完善工作措施；要做到痕迹化管理，做好相关文字、图片资料，特别是燃气灶具更换、安全辅助设备及独立式报警装置的安装验收等证明材料以及资金使用材料的归档留存工作；要制定不合格燃气灶具淘汰回收、销毁的实施方案，依据相关要求选定专门单位具体负责淘汰灶具的回收销毁工作。

（三）总结考核阶段（2017年11月至12月）

各区要及时总结经验做法，探索长效机制。要对本地区总体工作开展情况、实际淘汰不合格燃气灶具数量、安装燃气安全辅助设备和独立式感烟火灾探测器数量、群众满意度等情况形成专题报告，于2017年11月20日前，报市安委会办公室。市安委会办公室将对各区工作开展情况进行抽查，全面做好督查考核工作。市消费者协会适时协助做好参与淘汰不合格燃气灶具和推广安装活动的居民家庭满意度调查工作。

七、工作要求

（一）加强领导、提高认识

淘汰不合格燃气灶具、安装燃气安全辅助设备和独立式感烟火灾探测报警器，关系到人民生命财产安全，是维护社会安全稳定的大事。各地区、各部门、各单位要高度重视，将推广安装工作纳入为民办实事项目和区重点工作，统筹考虑。要进一步加强领导，落实责任，制定符合本地实际的工作方案。要建立工作例会、定期通报等制度，及时研究解决工作中发现的问题，确保取得实效。

（二）充分摸排、稳步推进

各区要充分结合地区实际，全面摸排辖区城乡困难居民家庭燃气使用情况，指导、引导困难家庭用户淘汰不合格燃气灶具，推广安装燃气安全辅助设备和独立式感烟火灾探测报警器。要研究制定摸查工作计划，统筹各有关单位、街道、乡镇等相关部门做好本地区摸底调查工作，确保按时完成摸排任务。要充分听取群众意见，把好事做实，把实事做好。

（三）严格流程、确保质量

市城市管理委、市公安局消防局要会同相关部门，分别做好燃气灶具、安全辅助设备和独立式感烟报警装置供应企业和产品目录的推荐工作，确保设备质量。各区要充分依托市燃气集团等专业技术队伍力量，严控设备安装、验收流程，保障服务质量，严格把好不合格燃气灶具“回收销毁关”，坚决杜绝淘汰燃气灶具“回流”问题。

（四）广泛宣传、提高意识

各地区、各部门、各单位要制定不合格燃气灶具淘汰与安全辅助设备及独立式报警装置安装工作的宣传计划，加大宣传力度，充分利用电视、报纸、广播、网络、社区宣传栏等多种形式，广泛开展宣传工作。各区要积极发挥乡镇、街道、村委会（居委会）、社区和物业的作用，通过入户宣讲、悬挂条幅、张贴《通告》、发放《一封信》等方式，广泛开展宣传教育，进一步增强辖区居民燃气使用安全意识，提高居民火灾防范能力。

（五）跟踪问效、强化考核

淘汰不合格燃气灶具和安装燃气安全辅助设备及独立式报警装置工作已纳入安全生产综合考核和市政府绩效考核。市安委会办公室届时将对各区推广安装工作进行抽查考核，对责任不落实、考核不达标的地区，给予通报批评。

（六）严控资金、节约高效

淘汰不合格燃气灶具和安装燃气安全辅助设备及独立式报警装置的补助资金是市政府安排的专项资金，仅用于设备采购用途，必须专款专用，严禁挪作他用。各地区要严格落实财政资金使用要求，按照节约高效的原则足额保证配套资金，切实加强财政资金的监管，做好相关档案资料的留存，接受财政、审计等部门的监督检查。

北京市安全生产委员会关于进一步加强城市地下管线安全保护工作的意见

京安发〔2016〕16号

各区人民政府、北京经济技术开发区管委会，市安委会相关成员单位：

地下管线是支撑城市生存发展的“生命线”，维护地下管线安全是提高首都治理体系和治理能力现代化水平的重要内容。近年来，因施工破坏地下管线事故频繁发生，严重影响了城市安全平稳运行。为进一步落实安全生产主体责任，强化地下管线安全监管，切实保障地下管线安全稳定运行，依据《北京市建设工程施工现场管理办法》（市政府令第247号)、《北京市城市地下管线管理办法》（京政办发〔2005〕9号)、《北京市人民政府办公厅关于加强施工安全管理防止发生破坏地下管线事故的通知》（京政办发〔2010〕47号）等规章、文件精神，按照“党政同责、一岗双责、失职追责”和“管行业必须管安全、管业务必须管安全、管生产经营必须管安全”的要求，市安全生产委员会研究制定了《关于进一步加强城市地下管线安全保护工作的意见》。经市政府批准，现印发你们，请认真贯彻落实。

一、总体要求

（一）工作目标

市政府各有关部门和单位、各区政府要认真学习贯彻习近平总书记系列重要讲话和对北京工作的重要指示精神，牢固树立安全发展理念，切实增强责任感、紧迫感，进一步完善地下管线各项监管制度和安全保护措施，最大限度地预防、控制和降低安全风险，有效防止发生破坏地下管线事故，坚决遏制重特大事故发生，以对人民群众生命财产安全高度负责的态度，深入细致地抓好地下管线安全保护工作，为建设国际一流的和谐宜居之都提供有力保障。

（二）工作原则

按照安全生产“谁许可、谁负责”“党政同责、一岗双责、失职追责”以及“管行业必须管安全，管业务必须管安全、管生产经营必须管安全”的要求，认真督促落实安全生产主体责任，严格履行监管职责，积极拓展安全监管手段，强化工作配合，把地下管线的管理、监督、检查等各项安全防护措施真正落实到位，形成齐抓共管的工作格局。

二、进一步明确企业安全生产主体责任

（一）工程建设单位承担防止施工破坏地下管线的主要责任

在工程开工前，建设单位负责调查、移交施工现场及毗邻区域内地下管线资料，并保证资料真实、准确、完整；建立与施工单位、地下管线权属单位的联络对接机制；审定地下管线防护措施；组织实施建设工程施工影响区域内的管线改移、保护工作，并承担相关费用。施工过程中对施工单位地下管线安全防护措施落实情况进行检查。及时向地下管线权属单位通报施工进展情况。

（二）工程施工单位承担防止施工破坏地下管线的直接责任

施工单位应当严格按照建设单位提供地下管线资料，负责制定施工方案和应急预案，会同地下管线权属单位制定管线防护措施，并认真组织实施；切实加大施工过程中安全管理力度，加强对挖掘作业机械操作人员和施工人员的安全教育和安全技术交底，确保地下管线保护的各项要求传达到一线作业人员，防范挖断或挖漏管线事故的发生。在实施机械开挖土方前进行人工坑探，并设置现场管线标识；将施工前期准备情况报监理单位进行动土作业审批认可；在坑探范围内未找到标注管线或与管线资料存在差异的情况下应立即停止施工，经地下管线权属单位现场核实确认，完成复核并补充相关资料后方可继续施工。施工过程中应加强对施工区域内地下管线的巡视，在地下管线附近施工时应通知地下管线权属单位现场监护。

（三）工程监理单位负责审查施工单位地下管线防护措施

监理单位应当严格审查各参建单位和人员的资质证照、施工组织设计中的安全技术措施和危险性较大的分部分项工程安全专项施工方案等；应当深入现场认真审查施工组织设计或专项施工方案中涉及城市地下管线保护的技术措施；负责对施工单位动土作业审批认可；在相关工程施工时开展重点检查，在实施监理过程中，发现存在危及城市地下管线安全的隐患时，应当立即要求施工单位整改；情况严重的，应当及时报告建设单位和有关主管部门，坚决避免出现监理缺位现象。在影响地下管线运行安全的风险区域实施挖掘作业时，应安排专人现场监理。

（四）工程设计单位负责结合地下管线防护措施编制设计文件

设计单位应当严格按照相关法律法规、标准及相关文件，结合地下管线防护措施，编制设计文件，设计文件应当满足设备材料采购、非标准设备制作和施工的需要，严禁降低安全标准；在工程施工前，设计单位应向施工单位和监理单位说明工程设计意图，解释设计文件，并及时解决施工中出现的设计问题。

（五）工程勘察单位负责按照操作规程进行勘察作业

勘察单位在勘察作业时，应当严格执行操作规程，采取措施保证各类管线、设施和周边建筑物、构筑物的安全。

（六）各地下管线权属单位承担各自管线的建设、运行、维护和安全管理的主体责任

各地下管线权属单位负责制定本专业管线安全防护标准和管线改移、保护具体技术方案；配合施工单位制定管线防护措施，加强对施工地点及其周边权属管线巡查，及时向建设单位和有关部门报告情况。

三、进一步明确行业和属地地下管线安全监管职责

按照“综合协调管理、部门分段负责、行业分工监管、属地区域监管”管理模式，相关部门和属地政府对地下管线安全运行实施全面监管。

（一）综合协调管理

市城市管理委负责地下管线综合协调管理；负责会同相关地下管线行业管理部门，协调管线权属单位与实施挖掘工程的建设施工单位建立地下管线安全防护机制。

市安全监管局负责地下管线安全生产的综合监管工作。

（二）部门分段负责

市住房城乡建设委负责对已办理施工许可手续的建设工程施工现场地下管线实施安全监督管理；负责组织、指导、督促和检查区建设行政主管部门强化相关监管职责，落实安全监管措施；负责物业管理区域地下管线的管理和保护，督促指导物业管理单位加强对物业管理范围内各类建设工程的施工管理。

市规划国土委负责地下管线规划、测绘及档案资料归档监督管理；负责建设工程勘察与设计质量安全的监督管理。

市交通委、市公安局公安交通管理局、市园林绿化局等部门负责建设工程占道掘路和占用绿地施工作业监督管理。

市工商局负责利用本市企业信用信息系统，加大对违法违规破坏地下管线施工企业惩戒力度。

市城管执法局负责指导各区城管部门依法对危害地下管线安全的违法行为进行查处。

相关专业建设主管部门负责对铁路、公路、水利、园林绿化等建设工程实施安全监督管理。

（三）行业分工监管

地下管线行业主管部门监管职责分工：市城市管理委分管燃气、热力、城市照明、电力、石油天然气管道（不包括炼油、化工等企业厂区内管道）；市水务局分管自来水、雨水、污水和中水管线；市经济信息化委、市通信管理局分管通信管线；市新闻出版广电局分管有线电视管线；市公安局公安交通管理局分管交通信号管线；市安全监管局分管危险化学品管道。各行业主管部门要加强对本行业建设工程和所属管线权属单位的监管，并做好与其他工程建设、施工单位的配合工作。

（四）属地区域监管

按照属地管理原则，各区政府负责组织相关部门、乡镇政府和街道办事处检查施工单位地下管线保护方案和规范作业情况；监控本行政区域内各项建设工程，特别是市政道路施工以及挖掘施工现场保护地下管线措施落实情况。

各区政府要充分调动属地街乡（镇）力量，认真开展巡查工作；督促本辖区内的建设、施工、监理等单位认真贯彻落实地下管线安全保护措施和方案。督促辖区物业服务企业配合专业管理单位开展地下管线巡护，与地下管线权属单位建立联系机制，在日常管理中发现地下管线异常，应当及时通知地下管线权属单位。

对本辖区内的市政工程挖掘施工和勘探钻孔作业，特别是对社区及街巷胡同内的市政工程挖掘施工作业，采取措施及时了解和询问施工范围内是否存在地下管线。对存在地下管线的，应当查验施工方的安全监护协议及建设单位、施工单位与管线权属单位三方签署的管线保护方案；对于无“管线保护方案”施工的，责令停止作业，上报区有关部门进一步处理。

对于在物业管理区域进行施工作业的，物业管理单位应及时要求施工作业单位主动与地下管线权属单位联系，核实施工区域内地下管线资料，做好地下管线的保护工作。

四、进一步完善工作机制，强化安全监管措施

（一）严格依法办理相关行政许可手续

各级发展改革、规划国土、住房城乡建设、交通、城市管理、水务、园林绿化等具有行政许可部门要强化管线保护意识，依法、依规按照程序严格核发建设工程的立项、规划许可、工程建设许可等手续。

在申请办理行政许可手续时，建设单位、施工单位应全面、详细、准确掌握建设工程涉及地下管线资料情况，做好与管线权属单位交底配合和地下管线保护方案等工作，全面落实防范施工破坏地下管线措施。

（二）建立挖掘工程建设、施工单位与地下管线权属单位间对接配合机制

各挖掘工程建设单位在施工前要登录“北京市挖掘工程地下管线安全防护信息沟通系统”，发布工程建设信息，与相关管线单位配合做好地下管线安全防护工作。

挖掘工程建设、施工单位和地下管线权属单位应逐级明确地下管线安全防护责任人，建立单位领导对接、管理部门对接、施工现场对接的“三级对接”配合机制。

挖掘工程建设、施工单位和地下管线权属单位应做好相互沟通工程建设施工信息、确定管线改移防护工作制度、协商签订管线改移防护协议等工作；地下管线权属单位负责管线资料技术交底、商定地下管线保护方案、组织实施管线改移防护工程、检查现场管线防护情况等工作；挖掘工程建设、施工单位和地下管线权属单位要落实地下管线信息现场交底配合、签署施工现场管线交底记录单、相互通报工程施工和管线运行动态、落实挖掘作业现场巡检和专人值守等工作。

（三）建立并完善地下管线挖掘审定、验收制度

涉及地下管线区域的施工，施工单位需会同地下管线权属单位制定专项改移和保护方案，经建设单位审定同意后，施工单位方可进行下一步施工。在涉及地下管线区域施工前，建设单位、施工单位必须会同相关地下管线权属单位完成以下工作：地下管线资料技术交底；地下管线位置现场交底；签订地下管线改移防护协议，按计划实施完成有关工作；制定地下管线保护措施和应急预案。

建设单位应组织管线权属单位、监理单位、施工单位进行施工前条件验收，未经条件验收或验收不合格，严禁动土施工。建设单位要组织施工、监理等单位，严格按照相关规范标准，对地下管线埋设坐标、覆土深度等内容，以及地面原状恢复等方面进行验收。

（四）建立挖掘作业现场旁站制度

在地下管线区域实施挖掘作业时，工程建设单位、监理单位和相关地下管线权属单位必须安排专人现场旁站，对施工单位的地下管线保护措施落实情况进行监督指导；对发现的危害地下管线运行安全的行为及时制止，并及时向相关部门报告。工程的参建各方应严格落实地下管线保护措施。

（五）切实加强施工现场安全监管

相关部门要采取有效措施，督促工程建设、施工、监理和地下管线权属等单位贯彻落实法律、法规和政策文件的要求，落实建设工程施工现场地下管线指认、资料移交、改移保护方案和应急预案制定、施工配合机制等对接工作；严格落实各项技术防范措施，强化对施工地点及其周边权属管线巡查；根据施工情况，派人进行现场值守，杜绝不规范施工作业行为。

（六）严格执法检查和事故调查处理

相关部门要充分依托执法、巡查力量，对审批后项目加强监管。对未经许可擅自施工的行为，由行业主管部门按照相关法律法规和有关规定对相关单位采取限期整改、责令停止施工、行政处罚等措施。对于未按照要求施工作业导致发生破坏地下管线事故的，各级安全监管部门要一律按照事故自由裁量幅度给予高限处罚；对于未经许可施工、发生破坏地下管线事故的企业，由相关主管部门采取停产停业整顿、降低资质等级、吊销资质证书、列入本市企业信用信息系统、依法加大经济和环境影响赔偿力度、依法追究相关责任人刑事责任等手段，从重从严处罚。

各级住房城乡建设、城市管理、城管执法和各地下管线行业主管部门对于发现的破坏地下管线违法违规行为，及时沟通信息，按照相关规定进行罚款、记分等常规手段外，还要通过约谈企业负责人、全市通报批评、新闻媒体曝光等方式，进一步加大整治力度，以高压态势严防破坏地下管线事故的发生。

北京市安全生产委员会

2016 年 11 月 23 日

【市安全监管局文件】

北京市安全生产监督管理局
北京煤矿安全监察局
关于进一步加强本市安全评价、安全生产
检测检验机构规范运行的通知

京安监发〔2016〕33号

各安全评价机构、安全生产检测检验机构：

天津港“8·12”瑞海公司危险品仓库特别重大火灾爆炸事故，暴露出安全生产中介及技术服务机构弄虚作假，违法违规进行安全审查、评价和验收等一系列问题，教训深刻，代价惨痛。为深刻汲取“8·12”事故教训，进一步加强本市安全评价、安全生产检测检验机构监管工作，依法规范其从业行为，提高服务质量，促进其充分发挥安全生产技术服务和保障作用，现结合《国家安全监管总局办公厅关于进一步加强安全评价机构监管工作的通知》（安监总厅科技〔2016〕13号）要求以及本市对安全评价机构、安全生产检测检验机构监管工作实际，通知如下：

一、严格落实法律法规要求，加强资质保持情况管理

凡在本市注册的安全评价机构、安全生产检测检验机构，应当严格按照国家和本市相关法律、法规以及《安全评价机构管理规定》（国家安全监管总局令第22号）、《安全生产检测检验机构管理规定》（国家安全监管总局令第12号）等有关规章、文件、标准的规定从业，加强资质保持情况管理，依法独立开展安全生产技术服务活动，真实、准确、客观反映所评价的安全事项、出具检测检验结果，并对安全评价和检测检验结果承担法律责任。

二、加强资质证书使用管理工作

各机构要进一步完善资质证书管理制度，严禁转让、租借资质证书或者转包安全评价项目、检测检验工作。检测检验机构不得设立分支机构，甲级资质安全评价机构在到本市以外区域开展评价活动的，应当依照相关法规和《国家安全监管总局关于进一步规范安全评价机构监管工作的通知》（安监总规划〔2013〕79号）规定，报告评价项目所在地省级安全生产监管部门、省级煤矿安全监察机构，并接受其监督检查。各机构要严格按照资质证书确定的业务范围开展工作，按规定保存资质证书使用记录。资质证书有效期满应按照规定申请办理延期，严禁未办理延期或者未经批准延期擅自从事安全评价或检测检验活动。

三、确保从业人员条件符合国家相关规定

安全评价师和检测检验机构的专业技术人员是开展安全生产技术服务的主要力量，各机构的安全评价师、专业技术人员数量必须符合法定要求，且在本机构专职从业，严禁以外单位安全评价师、专业技术人员冒充本机构专职人员，用以申请或保持行政许可资质。机构的主要负责人、技术负责人等关键岗位负责人必须达到法定的专业技术职称及其他资格要求。各机构应当依法与从业人员签订劳动合同并及时缴纳符合国家、本市规定的保险、公积金等费用，各项缴费是否完整、连续将作为安全监管部门认定该从业人员是否为专职人员的重要参考依据。

四、加强项目合同管理，依法约定服务事项

各机构开展安全评价或检测检验业务活动时，应当依法与委托方签订相关合同，双方商定的评价对象、范围不得与国家有关规定相违背，安全评价机构不得同时承接同一建设项目的安全预评价和安全验收评价。

五、不断完善内部管理制度和安全评价、检测检验过程控制体系

安全评价、检测检验的过程控制记录、现场勘查记录、相关数据记录、影像资料及相关证明材料应当及时归档，妥善保存。要进一步规范机构内部管理，健全管理制度和过程控制体系，从合同签订、项目立项到编制安全评价报告、项目归档各环节严格按照控制文件要求和步骤开展工作。机构技术负责人和过程控制负责人应当按照法律、法规、规章和国家标准、行业标准的规定，加强安全评价活动全过程管理。各机构要每年开展内审工作，对内审中发现的问题应及时采取纠正和预防措施。

六、全面审查安全评价报告质量

严格按照《安全评价通则》（AQ 8001—2007）规定的基本程序、内容开展安全评价工作，依据国家法律法规标准，对风险和有害因素进行全面、充分、准确的辨识与分析；认真执行技术服务过程控制、报告质量审核把关制度；技术服务全过程的勘验记录、检测记录、测量记录、影像资料等原始记录应当真实、全面记录技术服务活动过程，不得存在虚假、失实、漏项、缺项问题；得出的评价结论应严谨、客观，严禁出具虚假证明或者虚假报告。

七、认真处理技术服务过程中发现的安全生产隐患和问题

安全评价机构在开展评价过程中，对发现的问题和安全薄弱环节，要提出有针对性、可操作的对策措施和建议，并指导企业改进安全生产工作。检测检验机构发现被检设施设备、产品、作业场所等存在重大事故隐患的，必须立即告知委托方并及时向安全生产监管部门或者煤矿安全监察机构报告。出具虚假证明或者虚假评价报告、虚假检测检验结果的，将依法予以处罚，直至撤销资质，给他人造成损害的，承担连带赔偿责任。

八、完善项目档案管理制度

各机构要切实履行职责，建立健全安全评价、检测检验项目相关材料归档制度，确保项目档案资料由专人负责。在项目完成后，凡是应归档的项目资料和各阶段文书、数据，应及时收集并归档，做到应归尽归、应收尽收，避免出现缺失和漏项。

九、严格落实信息报送和公开要求

各机构要按照国家和本市有关规定，明确专人负责信息报送工作，全面、准确、及时上报机构业绩信息。按要求填写安全评价工作业绩表，经被评价对象确认后，按法定程序备案。按时限要求完成季度、年度统计报表报送，确保上报的各项数据准确无误。按照《国家安全监管总局办公厅关于推行安全评价报告等信息网上公开的通知》（安监总厅规划〔2011〕210号）要求，建立工作网站，加强信息公开工作管理，及时、准确上网公开有关信息，并主动公布投诉和举报联系方式，自觉接受社会监督。

十、加大人员教育培训力度

定期对从业人员开展业务培训和相关教育，使其具备从事安全生产技术服务工作所需要的专业知识和能力。各机构要每年制定培训计划，按计划进行培训并保留培训记录备查，要及时对培训有效性进行评价，从根本上落实业务培训要求，不断提高从业人员的业务能力、工作水平和职业道德素养。

十一、加强行业自律，维护健康的市场秩序

各机构要加强自律，自觉开展诚信建设，树立公平竞争意识，靠自身优质服务赢得市场，不得采取不正当手段获取服务项目，扰乱正常的市场秩序，杜绝以降低服务质量、减少服务内容为代价进行低价竞争。从业人员要遵守职业准则，恪守职业道德，自觉遵守市场竞争规则，维护好安全生产技术服务市场秩序。

十二、立足于服务安全生产工作，探索规模化多元化发展

鼓励有实力的安全生产技术服务机构依靠诚实守信做大做强，促进资本、技术、人才在机构间合理流动。鼓励有能力的机构在符合国家规定的资质许可条件的情况下，探索同时开展安全评价和职业卫生评价工作，以更好地发挥技术服务机构作用，为安全生产工作和职业病防治工作提供技术服务、支撑和保障。

十三、鼓励各机构加强研究、开拓视野，持续提升安全评价、检测检验工作水平和能力

各机构要合理投入，不断加强安全评价、检测检验技术研究和管理方法、运营模式研究，开展多层次的合作与交流，学习借鉴国外及外省市安全生产技术服务机构的先进经验，从根本上提高安全生产技术服务水平，促进行业健康发展。

各安全评价机构、安全生产检测检验机构要严格落实法律、法规、规章、相关文件和本通知要求，遵循依法依规、客观公正、诚实守信、公平竞争的原则，进一步规范运行。本市安全生产监管部门将加大监督检查和专项抽查力度，除对违法行为依法严厉予以行政处罚外，将对违法违规的机构和从业人员纳入安全生产“黑名单”以及企业诚信系统，及时向社会公告。对未能按照相关规定保持资质条件的机构，一经发现将由本市安全生产监管部门或报请国家安全监管总局撤销其资质。

北京市安全生产监督管理局　北京煤矿安全监察局

2016年4月14日

北京市安全生产监督管理局关于印发《北京市安全生产行政处罚自由裁量基准》的通知

京安监发〔2016〕49号

各区、北京经济技术开发区安全监管局，局机关各处室（总队）、局属事业单位：

自新《安全生产法》实施以来，为进一步规范行政执法行为，服务基层执法工作，市局先后组织编制了《北京市安全生产行政处罚自由裁量基准（一）》（京安监发〔2015〕115号）、《北京市安全生产行政处罚自由裁量基准（二）》（京安监发〔2016〕19号），对《安全生产法》、《职业病防治法》等法律、法规和总局规章的相关处罚条款设定了统一裁量基准，取得了良好的实施效果。

近日，市局结合全国人大、国家安全监管总局、北京市政府对《职业病防治法》、总局部门规章、北京市政府规章的修改、新颁工作，在广泛听取各执法单位意见的基础上，组织开展对先前颁布的自由裁量基准制度修订工作，修改、新增了部分法规条款，编制了现行有效的34部安全生产法律、法规和规章的自由裁量基准。现将《北京市安全生产行政处罚自由裁量基准》予以印发，自印发之日起施行。请各单位结合执法工作实际，遵照执行。

自本文件实施之日起，《北京市安全生产行政处罚自由裁量基准（一）》（京安监发〔2015〕115号）、《北京市安全生产行政处罚自由裁量基准（二）》（京安监发〔2016〕19号）同时废止。

特此通知。

附件：北京市安全生产行政处罚自由裁量基准

北京市安全生产监督管理局

2016年8月1日

附件：（略）

北京市安全生产监督管理局
北京市发展和改革委员会关于印发
《北京市“十三五”时期安全生产规划》的通知

京安监发〔2016〕50 号

各区人民政府，市政府各委、办、局，各有关单位：

《北京市“十三五”时期安全生产规划》（以下简称《规划》）已经市政府批准，现印发给你们，请结合本单位实际情况，认真贯彻落实。

《规划》是根据《北京市国民经济和社会发展第十三个五年规划纲要》精神和“十三五”时期首都安全生产工作需要编制完成的。《规划》总结了“十二五”时期本市安全生产工作状况，分析了未来五年安全生产工作面临的形势与挑战，明确了安全生产指导思想和总体目标，拟定了安全生产主要任务，提出了规划目标实现的保障措施，确定了保障规划目标实现的安全生产重点任务。《规划》是“十三五”时期本市安全生产工作的指导性文件，对于促进本市经济社会协调发展和保障城市运行安全有着重要的指导意义。

各单位要认真贯彻落实《规划》，积极主动地开展工作。负有安全生产监管（管理）职责的各有关部门要按照职责分工，加强《规划》实施工作的组织指导和协调，推动《规划》目标的实现，促进本市安全生产形势实现稳定好转。

附件：北京市“十三五”时期安全生产规划

北京市安全生产监督管理局　北京市发展和改革委员会

2016 年 8 月 2 日

附件：

北京市“十三五”时期安全生产规划

前　　言

安全生产事关人民群众生命财产安全，事关改革发展稳定大局，事关千家万户幸福安康。“十三五”时期，是我国全面建成小康社会的决胜阶段，是本市按照党中央、国务院战略部署，推进实施京津冀协同发展战略，实现首都战略定位，促进建设国际一流和谐宜居之都、率先全面建成小康社会的关键阶段。《北京市国民经济和社会发展第十三个五年规划纲要》明确了未来五年本市国民经济和社会发展的指导思想、主要目标和重大任务。坚持创新、协调、绿色、开放、共享发展理念，大力实施安全发展战略，推进实现本市安全生产治理能力和治理水平的现代化，是确保城市安全运行和社会稳定的重要举措，对于实现本市“十三五”时期战略目标具有重要作用。

本规划依据《中华人民共和国安全生产法》《北京市安全生产条例》《京津冀协同发展规划纲要》《北京市国民经济和社会发展第十三个五年规划纲要》和北京市委、市政府《关于实施安全发展战略，促进和谐宜居之都建设的意见》（京发〔2014〕21号）等法规、文件编制，提出2016年至2020年本市安全生产工作的指导思想、发展目标、主要任务和保障措施。本规划是各级政府依法履行安全生产监管职责、制定实施年度工作计划和各项政策措施的重要依据，是今后五年本市安全生产工作的行动纲领。

本规划中凡涉及负有安全生产监督管理职责政府部门的内容，由有关部门负责组织实施。重大工程要编制工程专项论证报告，提出建设目标、建设内容、进度安排，落实资金筹措方案，确保北京市“十三五”时期安全生产规划目标的实现。

一、面临的新形势和新任务

（一）安全生产发展站在新的起点

“十二五”时期，市委、市政府坚决贯彻落实党的十八大、十八届三中、四中、五中全会和习近平总书记系列重要讲话精神，牢固树立“发展绝不能以牺牲人的生命为代价”的“红线”意识，大力实施安全发展战略，不断完善党政同责、一岗双责、失职追责的安全生产责任体系；全面深化安全生产领域改革，创新安全生产监管体制机制，强化基层监管建设；持续加大执法检查力度，深入开展安全生产标准化，推进企业安全生产主体责任落实；扎实推进安全生产法规标准体系建设，深入开展安全生产大检查和专项整治；强化重点行业隐患排查治理，推进隐患排查治理体系建设；大力实施科技强安战略，强化安全生产基础和保障能力建设；积极开展安全生产宣传教育培训，提升从业人员安全意识和安全技能，营造全社会支持和参与安全生产的良好氛围。《北京市“十二五”时期安全生产规划》确定的各项目标和重点任务全面完成，以各类事故起数、死亡人数、四项相对指标连续实现“三下降”为标志，本市安全生产形势持续稳定好转。

表1　北京市“十二五”时期安全生产规划主要指标完成情况

序号	指标名称	2010年	“十二五”规划目标	2015年	完成情况
1	亿元国内生产总值生产安全事故死亡率	0.083	下降38%以上	0.045	√
2	工矿商贸就业人员十万人生产安全事故死亡率	1.402	下降21%以上	0.435	√
3	煤矿百万吨死亡率	1.569	下降68%以上	0.222	√

续表

序号	指标名称	2010 年	"十二五"规划目标	2015 年	完成情况
4	道路交通万车死亡率	2.03	控制在 1.7 以内	1.64	√
5	火灾(消防)十万人口死亡率	0.163	控制在 0.35 以内	0.221	√
6	特种设备万台事故死亡率	0.178	控制在 0.38 以内	0.03	√
7	较大事故起数	24	下降 15%以上	9	√

（二）面临发展的新要求新机遇

党的十八大以来，以习近平同志为总书记的党中央就安全生产工作提出了一系列新理念、新思想、新战略，明确要求加强党对安全生产工作的领导，坚持人民利益至上，提高风险防范能力，让人民更好地享有安全工作、健康生产的权益。强调必须坚定不移保障安全发展，狠抓安全生产责任制落实；必须深化改革创新，加强和改进安全监管工作；必须强化依法治理，用法治思维和法治手段解决安全生产问题；必须坚决遏制重特大事故频发势头；必须加强基础建设，提升安全保障能力。这些为做好安全生产工作提供了理论指导和坚强保障。"四个全面"战略构想，创新、协调、绿色、开放、共享的发展理念，经济结构调整升级、供给侧改革、工业化与信息化深度融合等重大决策，为推动安全生产治理能力现代化指明了努力方向和实现路径。结合本市实际，市委、市政府印发《关于实施安全发展战略，促进和谐宜居之都建设的意见》（京发〔2014〕21 号），为本市新时期安全生产工作指明了方向。

（三）面临砥砺奋进的新挑战

从发展基础看，当前本市安全生产形势依然严峻，安全生产领域还不同程度存在主体责任不落实、隐患排查治理不彻底、法规标准不健全、安全监管执法不严格、监管体制机制不完善、安全基础薄弱、应急救援能力不强、安全生产监管力量不足与能力不够等问题。尤其是作为首都和特大型城市，政治、文化及国际交往活动频繁，大型活动多，层级高；人流、物流、资金流、信息流等多种生产要素高度聚集，人员密集场所数量多；经济要素高度积聚，企业数量多，生产经营活动活跃；建筑物密集，建设项目多，施工强度大；地下管线、地铁线路纵横交错，运行强度大；机动车数量多，城市基础设施、公共服务设施高强度、高负荷运行；城乡结合部等区域非法违法生产经营建设行为大量存在。保障城市安全运行面临巨大挑战。

从发展环境看，推进实施京津冀协同发展战略，疏解非首都功能，实现北京"四个中心"战略定位，加快建立国际一流和谐宜居之都、率先全面建成小康社会的战略任务，要求安全生产更加积极主动地在推动京津冀协同发展战略、疏解非首都功能、提高经济质量、保障城市安全运行、维护首都安全稳定等方面发挥更大作用，为本市经济社会发展提供坚强的安全保障。同时，在这一历史进程中，本市经济社会加速转型，城市建设管理压力突出，影响安全生产工作的要素大量增多、风险明显加大，防事故保安全任务艰巨繁重，给安全生产工作带来新挑战。

二、指导思想、基本原则和规划目标

（一）指导思想

高举中国特色社会主义伟大旗帜，全面贯彻落实党的十八大和十八届三中、四中、五中全会精神，深入贯彻习近平总书记系列重要讲话精神，牢固树立创新、协调、绿色、开放、共享发展理念，坚持以人为本、生命至上，以实现安全生产治理能力现代化为目标，统筹推进安全生产法制化、标准化、信息化、社会化建设，着力构建安全生产责任体系、安全生产隐患排查治理体系和安全预防控制体系，加快形成与首都经济社会发展相适应的安全生产体制机制，全面促进企业落实安全生产主体责任，夯实安全生产基层基础工作，有效遏制安全生产事故，为率先全面建成小康社会和国际一流和谐宜居之都提供坚强保障。

（二）基本原则

坚持人民生命利益至上。始终把保障人民群众的生命财产安全放在首位，牢固树立“发展绝不能以牺牲人的生命为代价”的“红线”意识，让社会公众公平享有安全生产水平提高和职业健康状况改善的成果。

坚持依法治理。大力实施安全发展战略，运用法治思维和手段解决安全生产面临的矛盾和问题，在抓重点、补短板上精准发力，使安全生产切实在维护首都安全稳定，保障城市安全运行，以及疏解非首都功能、推进京津冀协同发展战略中发挥积极作用。

坚持源头管控。把安全生产贯穿于规划设计、建设管理、生产流通等各环节，深入排查和有效化解各类安全生产风险。加强安全生产基础和保障能力建设，强化行业自律，提升市场主体安全生产意愿和防治水平，有效遏制事故。

坚持问题导向。聚焦制约本市安全发展的体制机制障碍和不利于安全发展的突出矛盾和薄弱环节，全面深化安全生产领域改革发展，构建与首都战略定位相适应，与保障特大型城市安全运行相统一的安全生产现代化治理体系。

（三）规划目标

安全发展理念牢固树立。各级党委政府始终把安全生产纳入本地经济社会发展规划统筹考虑。人民群众参与安全生产治理的途径更加多元，意愿更加强烈，普遍具备基本的安全常识和安全意识。安全生产公益事业惠及面更加广泛，社会心理干预体系初步健全。全社会形成“我要安全、我会安全、我能安全、我管安全”的良好氛围。

安全生产现代治理体系基本形成。依法治理、系统治理、综合治理、源头治理得到落实。生产经营单位负责、从业人员参与、政府监管、行业自律和社会监督的安全生产治理体系运行顺畅。安全生产责任体系、隐患排查治理体系和安全预防控制体系基本建成。安全生产政策制度、标准体系完备，政府监管体系完善。第三方监管机制基本建立，公众监督机制便捷有效。

生产经营单位安全生产能力全面提升。安全管理制度完备可行，全面建立责任与考核相结合的全员安全生产责任体系；安全投入到位，企业安全效益大幅提升；安全培训到位，从业人员安全素质全面提高；安全管理到位，标准化、制度化、科技化水平显著提升；应急救援到位，风险防控能力不断加强。

安全生产状况稳定可控。重点行业（领域）安全生产状况持续改善，城市运行安全保障水平明显提高，重特大事故得到有效遏制，一般和较大事故总量持续下降。

表 2　北京市“十三五”时期安全生产规划主要指标

序号	指标名称	“十三五”规划目标
1	单位地区生产总值生产安全事故死亡率	累计下降20%以上
2	工矿商贸就业人员十万人生产安全事故死亡率	控制在0.861以内
3	煤矿百万吨死亡率	控制在0.222以内
4	道路交通万车死亡率	控制在1.62以内
5	火灾(消防)十万人口死亡率	控制在0.35以内
6	特种设备万台事故死亡率	控制在0.25以内

三、主要任务

（一）继续深化安全生产领域改革创新

1.明确细化促进生产经营单位落实安全生产主体责任的政策措施。制定《北京市生产经营单位安全生产主体责任规范》，明确生产经营单位安全生产主体责任清单，建立责任与考核相结合的全员安全生产责任体系。督促生产经营单位建立安全生产机构，按人数规模配备专（兼）职安全管理人员，配备一定比例的注册安全工程师。鼓励建立安全生产绩效工资制度。建立与现代企业制度相适应的、以安全生产标准化为基础的安全生产管理体系。建立企业隐患排查治理体系、安全预防控制体系和企业职业健康保障体系。严格执行“五落实五到位”。建立安全生产守信激励和失信惩戒机制，对守信企业予以支持和激励，对失信企业实施联合惩戒。建立企业安全绩效审计及审计结果注册安全工程师审核签字制度。推行中小企业安全生产责任告知承诺制，制定中小企业安全管理指南。

2.编制无缝隙安全生产监管（管理）责任网。继续完善“党政同责、一岗双责、失职追责”的安全生产责任体系，将安全生产责任体系建设纳入党委和政府绩效考核范围。严格落实“管行业必须管安全、管业务必须管安全、管生产经营必须管安全”要求，厘清安全监管部门与行业管理部门的职责，明确行政审批、行政处罚、行政强制、行政确认及其他方面安全监管（管理）责任边界。各负有安全生产监管职责的部门要根据本行业（领域）特点，在制定发展规划、日常管理等工作中，将安全生产列为重点内容，并组织制定行业（领域）安全标准，督促企业做好安全生产工作。优化安全生产权力运行流程，推广建设安全生产行政权力“一库两单四平台”（即行政权力项目库，安全生产责任清单、安全生产权力清单，行政权力网上运行平台、政务公开服务平台、法制监督平台、电子监察平台）。坚持并完善安全生产综合考核，并将考核结果报送组织部门。厘清安全生产委员会与防火委员会、交通安全管理委员会的关系和职责界定，整合相同的责任。

专栏1　安全监管责任重点厘清行业领域

电力行业；地铁站、火车站、机场、商场超市；快递、物流；校外托管、培训机构、养老院、福利院；电梯、物业。

3.健全结构科学、运行高效的安全生产监管体系。健全市、区安全生产监管执法机构，推动经济开发区、工业园区建立安全监管执法机构。建立与经济社会发展、生产经营单位增加、安全形势变化相协同的执法力量配备同步增长机制。强化基层执法力量，改善基层执法工作条件，加强街乡专职安全员队伍管理，配齐配足安全生产检查人员，提高专职安全员的履职能力，规范检查行为。健全安全生产监管执法经费保障机制，将安全生产监管执法经费纳入同级财政保障范围。深入开展安全监管执法机构规范化、标准化建设，改善调查取证等执法装备，保障执法检查和应急救援用车。推动市、区有关政府部门建立专职安全员队伍，并设立专门的管理机构。鼓励并支持在村、社区配备安全生产巡查员或者安全志愿者巡查队伍。

4.探索安全生产监管新模式。制定并落实执法计划，建立双随机抽查执法制度，规范执法流程，推进执法检查信息化。深化行政审批制度改革，提高区级对行政许可事项下放的承接能力。建立市场主导型行业安全管理模式，逐步将行业自律工作移交社会性组织。坚持放、管、服相结合原则，深化安全生产专业技术服务机构改革。推动行业协会（商会）建立健全行业安全生产自律规范、自律公约和职业道德准则，增强参与安全生产工作的能力。建立安全生产督查工作机制，制定并规范督查程序和内容，采用例行督查和专项督查相结合方式，加大督查力度，跟踪落实整改情况。建立安全生产评估制度，调研邮政、铁路、海关、消防、空港等特殊行业和区域存在的安全监管难点问题，理顺监管职责，消除监管盲区。

5.严格落实责任追究。研究制定失职追责有关规定，实行重大生产安全事故“一票否决”。健全事故信息直报和责任追究机制。严肃查处事故迟报、漏报、谎报或者瞒报行为。推进建立安全生产行政执法与刑事、司法衔接机制，建立移送、受理、立案、办案等评价考核制度。强化事故技术原因调查，建立事故调查处理信息通报和整改措施落实情况评估制度。建立事故倒查追责机制，重点追查没有及时发现、制止引发区域性风险并酿成事故的党政负责人责任。建立事故按期结案评估考核机制。建立工伤事故统计分析机制，从工伤事故中甄别、筛选生产安全事故，将工伤事故数据纳入生产安全事故大数据分析机制。建立并实施企业和个人安全生产诚信系统，实现与社会征信系统对接。规范安全生产举报投诉案件办理程序，依法查处公众和媒体反映的安全生产违法问题。

专栏2 安全生产考核激励机制

实施重大生产安全事故“一票否决”制；对国有企业进行安全生产考核；开展安全生产督查工作；建立安全生产诚信体系。

（二）积极推进实施京津冀协同发展战略

1.严格安全生产审查。结合北京市新增产业的禁止和限制目录，提高安全准入标准，建立符合首都战略定位的安全生产负面清单制度，强化负面清单管理，建立负面清单动态调整机制。对于达不到安全生产强制性标准的企业依法责令停产停业，并报请地方政府批准予以关闭。鼓励和支持符合高端化、服务化、集聚化、融合化、低碳化要求的企业发展，推动经济存量中高危险、高污染、高耗能、高职业危害生产企业的转移或退出。对于违反法律法规禁止性规定或达不到安全生产强制性标准的企业，市、区政府应当依法责令停产停业整顿直至关闭；对于关闭的企业，有关部门应当依法吊销其相关证照。

2.积极促进疏解非首都功能。推进本市矿山企业有序退出。推进安全生产条件不达标的工业企业改造升级或退出。有序推进危险化学品生产经营环节调整退出。在安全生产许可环节对高污染、高消耗产业和区域性物流、专业市场内企业采取退出或限制性措施，对地质资源勘探、采掘施工、油气生产服务等类型企业实施严格审查，确需疏解外迁的企业不再颁发安全生产许可证，促使其疏解外迁至周边区域发展。推进原料药制造类、油墨类、塑料薄膜类等行业列入产业禁限制目录。严厉查处城乡结合部、地下空间、城中村等重点区域非法违法从事生产经营建设行为，促进人口疏解。针对重大拆迁改造项目，制定专项安全监管方案，严防生产安全事故。

专栏3 疏解非首都功能重点举措

安全生产负面清单；危化、矿山等传统高危行业转移退出；重点区域专项安全监管；关闭安全标准不达标企业矿山。

3.促进京津冀安全生产协同发展。推动建立京津冀一体化的安全生产标准体系，在交通、电力、危险化学品运输等重点行业协同编制区域地方标准。加强三地油气输送管道、供水、输电网络等基础设施建设、管道保护安全监管的衔接工作。探索推进危险化学品集中管理体系向津冀延展。共同组建安全生产专家库、安全生产服务机构信息库，鼓励专业人才跨区域交流合作，推进三地安全生产中介服务机构服务一体化。构建京津冀针对危险化学品运输、新机场建设等跨区域领域的联合执法机制。加强地区企业安全生产信用信息共享，研究建立三地联动的激励和惩戒机制。建立京津冀地区安全生产信息化指挥平台，建立区域性应急救援队伍和应急物资储备库。开展对京津冀关键安全生产数据实时监控和定期分析，建立区域安全生产风险预警体系，实行安全生产风险动态预警。绘制人口密集、开发强度高、资源环境负荷重的京津冀区域安全生产风险地图。充分利用首都科技资源优势，完善安全生产区域化协同创新体系，依托在京高等院校、科研机构等各类创新主体建立实验室、研究中心等科技创新机构，打造安全生产科技创新发展高地。推动北京市安全生产科学技术研究院、安全生产工程技术研究院、电气安全技术研究所、北京地下空间安全技术研究所等科研机构与津冀两地相关机构开展合作，在科技研发、人才培养、教育培训等方面建立合作共享机制。鼓励京津冀三地安全文化论坛、安全知识普及等宣教活动开展区域合作，支持组织开展形式多样的群众性安全文化活动。

4.全力在服务保障首都核心功能上发挥作用。建立城市运行安全风险管控制度，做好水、电、气、热等城市生命线以及轨道交通、地下空间、高层建筑、人员密集场所的安全保障工作，维护城市运行安全。加强北京城市副中心的规划建设安全监管，实施建设工程勘察设计质量终身负责制，严格落实安全生产“三同时”等制度，强化北京城市副中心规划和建设的整体安全性。完善安全生产重点地区动态调整机制，细化重点地区安全生产风险管控措施。开展城市特别是城乡结合部安全风险源普查，消除城市隐蔽致灾因素。建立城乡安全管理联防机制，完善城镇新区和产业集聚区、科技示范园等区域的公共安全设施。健全大型活动保障法规标准和制度办法，优化重大活动安全监管工作模式，做好重大政治活动和大型活动的安全保障工作。全力做好 2022 年第 24 届冬季奥林匹克运动会筹备期间场馆和配套设施建设的安全监管。

专栏 4　保障首都核心功能重点举措

水、电、气、热等城市生命线安全保障；城市运行安全保障；北京城市副中心建设专项安全监管；重大活动安全保障。

（三）强化重点行业领域安全监管

1.危险化学品。建立危险化学品信息共享和公开机制，推进危险化学品信息公开透明。推进化工园区、化学品库区（仓储区）开展区域风险定量评估，优化空间布局，严控安全容量，保障安全距离。开展危险化学品企业安全生产条件评估，对安全距离不符合国家标准以及工艺落后等不符合安全准入条件的企业实施搬迁。积极推进重点区危险化学品生产经营、储存企业的淘汰或外迁。对首次投入使用的危险化学品新工艺新装备，进行化工工艺安全性评定和新工艺安全可靠性分析。完善危险化学品分类分级管理机制，对高风险企业实施重点监管。持续开展危险化学品、易燃易爆物品安全生产专项整治和油气输送管道隐患治理。强化对使用危险化学品的生产经营单位，以及学校、医院、科研院所的安全监管，并逐步规范。进一步加大烟花爆竹经营、运输、储存等环节安全管理和监督力度，严格执行产品流向登记管理制度，严厉打击非法生产经营烟花爆竹行为。

专栏5　危险化学品安全监管重点

重点地区：顺义、房山、大兴、亦庄开发区。

重点部位：化学品仓储区（仓库）、油气站等易燃易爆设施；大型石化生产装置。

重点作业环节：动火、受限空间、检维修、倒罐、危险化学品运输。

重点工程：建立以交易信息管理平台为核心的危险化学品集中管理体系，实现危险化学品“专门储存、统一配送、集中销售”以及全过程的动态监管。

2.矿山。按照“减量化、再利用”原则，继续推进煤矿和非煤矿山产业战略转移，关闭一批不符合首都功能定位的矿山。建立完善矿山安全生产要素采集、登记、公告与核查制度，落实井下生产布局和技术装备管理规定。推动数字矿山建设，建立数字开采系统和自动化生产执行系统，减少井下一线作业人员，提升地采矿山本质安全水平。推进尾矿库综合再利用。

专栏6　矿山行业安全监管重点

关闭一批不符合首都功能定位的煤矿、非煤矿山；“数字化”矿山建设。

3.建筑施工。以重点工程和市政基础设施建设为重点，进一步落实各环节的安全责任，突出对施工企业、监理企业的资质审查。严厉打击建筑施工违法转包、违法分包和违规使用聚苯乙烯、聚氨酯泡沫塑料等建筑材料的行为。推进建筑施工企业和项目安全标准化。加大轨道交通建设安全监管力度。加强建筑施工现场安全专项整治，加强对塔吊、外挂电梯等施工机械设备检查，施工临电设施检查，控制建筑施工伤亡事故的频发势头。

专栏7　建筑施工事故防范重点

土木工程建筑：道路、隧道和轨道交通、桥梁工程建筑；水利工程建筑；工矿工程建筑；架线和管道工程建筑。

房屋建筑工程：基坑支护与降水、土方开挖、脚手架、模板工程及支撑体系、起重吊装及安装拆卸、拆除爆破。

4.道路交通。严格客运班线审批和监管，合理确定营运线路、车型和时段。完善客货运输车辆安全配置标准，提高客货运输车辆运行安全性能。推广使用客货车动态运营监管系统。完善电动车管理法规，规范车辆销售、登记、上路行驶等环节的管理。实施对客运、危险品运输、工程运输车辆等重点车辆及其驾驶人的动态监管。改革驾驶员培训考试机制，建立客货运驾驶员职业教育体系。加强全市道路交通管理，做好危险路段和事故多发地段的排查治理工作，增加交通安全设施。

完善公路安全设施标准，严格落实新建、改建、扩建公路建设项目安全设施建设“三同时”制度。建立交通安全影响评价制度，有序推进高速公路、主干公路等道路全面开展运营阶段交通安全评价。构建动态查控、应急联动和区域协同的交通安全主动防控体系和机制。加强对驾驶员的培训，加大对各种道路交通违章行为的查处力度，重点取缔无证驾驶、违章超载、超速行驶等严重违法违章行为。加强车辆超限超载情况监测，到2020年在货物运输主通道、重要桥梁入口处、高速公路入口处，设立公路超限检测站或装备动（静）态监测等技术设备，全面禁止超限超载违法运输车辆进入高速公路，加强治超执法管理。强化“营改非”车辆跟踪监管，严厉打击旅游大巴和客车及校车非法改装、非法营运行为。加强渣土车辆、危险物品运输车辆的规范管理，加大监管力度，严防违规运输行驶。

专栏8 道路和轨道交通安全监管重点

公交、轨道、省际、旅游、出租、租赁、水运、危化运输、货运、机动车维修等重点行业；机场、火车站、省际客运站、重点轨道交通车站等重点区域；轨道交通路网；道路交通路网。

5.轨道交通。加强轨道交通和周边公共设施的统一布局，完善人员换乘、安全出口等配套设施。科学预测轨道交通客流量，建立人流密度监控预警系统和乘客引导系统，合理控制站台、站厅等重点场所的客流承载量。严格项目建设、试运行安全监管，确保机电设备、运营组织等试运营条件达到城市轨道交通服务要求。加强轨道交通运行安全监控，建立轨道交通设备稳定性评估制度，开展软土土质城市轨道交通隧道结构、周边建筑健康评估监测。完善电气设备防灭火、施救保障等安全设施，推进城市轨道交通安全检查标准化。

6.特种设备。完善特种设备标准体系，继续加强特种设备动态监察的信息化网络和组织网络建设。推进特种设备分类分级监管。完善重大隐患治理，重要设备动态监控机制。应用物联网技术，重点开展电梯、气瓶等特种设备安全监管系统建设。加强特种设备检验检测能力建设和机构建设。研究调整指标设定，准确地衡量特种设备的质量安全水平，客观全面地反映特种设备工作的成效，发挥指标激励作用。实施起重机械、压力管道元件、气瓶、危险化学品承压罐车、大型游乐设施等隐患专项整治。分类推动特种设备使用单位建立故障统计制度，将安全监管重点从控制事故率逐步转移到同步降低事故率和故障率。建立以风险管控为核心的特种设备监测、评估、预警、处置机制。推进“96333”电梯应急处置平台建设。

7. 消防。强化消防安全重点管控，按照“高于全国、严于平时”的标准，加强核心城区消防安全管控。加快推进商业密集区、老旧城区等火灾风险高区域的小型站（执勤点）建设。制定乡镇消防队建设标准，推动北京市重点乡镇和有条件的乡镇按标准建立专职消防队，其他乡镇按标准建立志愿消防队。开展消防队标准化建设，配齐配足灭火和应急救援车辆、器材和消防员个人防护装备。整治易燃易爆单位、人员密集和“三合一”场所、高层和地下建筑、大型批发集贸市场、“城中村”“棚户区”、城区老旧民房和连片村寨、住宅改建工业用房集中区域火灾隐患。推进高风险单位物联网消防设施远程监控系统联网。加大违规使用聚苯乙烯、聚氨酯泡沫塑料等建筑材料行为的打击力度。推行社会单位消防安全标准化管理。完善养老院、幼儿园、医院、学校、文物古建等脆弱性防护目标消防安全服务。推广家庭火灾报警装置。加大对商场、宾馆、饭店、学校、歌舞厅、体育场馆等人员密集场所生产经营单位的安全监管，重点整治消防安全疏散通道、安全出口、消防设施、消防标志、应急预案、应急演练等关键部位和关键环节。

专栏9　消防安全监管重点

人员密集场所：地下商场、大型超市、车站、学校、饭店、综合性体育场馆、文化娱乐场所、公园、风景名胜区。

地下空间、高层建筑、城乡结合部地区、易燃易爆场所。

8. 工贸企业。强化机械、轻工、建材、有色、纺织和烟草等行业安全监管。组织开展涉爆粉尘企业安全隐患治理专项行动，利用三年到五年时间消除安全隐患。持续推进酿酒企业安全专项治理。推动工业互联网、云计算、大数据等技术在企业生产制造、销售服务等全流程和全产业链综合安全保障试点。加强工贸企业使用危险化学品等环节的安全监管，利用三年到五年时间，消除涉危企业的安全隐患。强化外委外包工程安全风险预警。健全劳动密集型加工企业安全防护设施。完善有限空间作业、交叉检修作业安全操作规范。完善非高危行业建设项目安全设施“三同时”监管工作机制。

（四）不断提升安全生产法治化水平

1. 推进安全生产法规标准体系建设。依据新修订的《中华人民共和国安全生产法》，修订完善本市现有安全生产法规、规章和规范性文件，建立健全本市安全生产地方法律法规标准体系。围绕城市建设和运行管理中突出的安全生产问题，制定出台专项政府规章和规范性文件，形成保障城市运行安全、层级衔接的安全生产法规体系。完善行业领域安全生产管理规则和技术依据，推进地方标准制定，逐步形成具有本市特色的安全生产标准体系。其他负有安全生产监督管理职责的部门要建立完善行业安全管理标准，并在制修订其他行业和技术标准时充分考虑安全生产的要求。

专栏 10　法规标准体系建设重点工作

法律法规制修订：北京市安全生产条例、北京市危险化学品安全管理条例。

地方标准制修订：实施百部地标工程，制定 89 个地方标准，建成覆盖北京市所有重点行业的安全生产技术标准体系。

2.建立法规标准调整完善机制。完善安全生产法规规章运行评估制度，加强对安全生产执法检查、事故调查处理、行政执法案卷评查等结果的运用，对反映出相关法规规章有漏洞和缺陷的，及时启动修订工作。按照深化行政审批制度改革的要求，推进相关行政审批事项的取消和下放工作，提高基层部门承接下放的行政审批事项的能力，在简政放权的同时，确保安全准入门槛不降低、安全监管不放松。

3.加大安全生产执法检查力度。建立安全生产大检查与专项整治相结合的工作制度。建立以随机抽查为重点的日常监督检查制度，细化执法流程，整合优化执法资源，健全协作机制。各部门根据辖区、行业领域安全生产实际情况，确定重点监管区域和对象，纳入全市重点监管调度范围并实行跟踪监管、直接指导。强化各级党委、政府和有关部门依法治理责任，综合运用法律、经济和行政等手段，推进信息联通、执法联动、齐抓共管，严厉打击各种非法违法生产、经营、建设行为。加强企业作业现场安全管理的监督检查，对存在严重违规行为的，要加大对企业负责人和安全管理人员的责任追究力度。

专栏 11　安全生产执法检查重点

重点检查行业：危险化学品、建筑施工、地下空间、文化娱乐场所、商业零售、城市运行领域。

重点检查区域：城乡结合部、城中村、流动人口聚居地、轨道交通建设工地。

重点检查内容：危险化学品安全、用电安全、燃气安全、特种设备安全、消防安全、特种作业安全等。

4.规范安全生产监管执法行为。实行执法计划制度，明确重点监管对象、检查内容和执法措施，并根据安全生产实际情况及时进行调整和完善，确保执法效果。推行安全监管执法内容表格化，定期开展安全生产监管监察执法效果评估，实行监管监察执法结果适时公开。建立政府购买服务和实施第三方协助监管检查的机制。将安全生产纳入政府社会管理和公共服务网格化建设范围。开展安全生产同类事项综合执法，实现安全生产与职业卫生一体化监管执法。完善执法部门联动机制，开展跨地区、跨部门综合执法试点。建立安全监管执法机构与公安、检察机关安全生产案情通报机制。加强与环保、卫生等相关部门的监控数据共享，建立基于大数据分析重点行业领域、区域、时段的职业病危害监管方式。健全安全生产政府法律顾问、执法行为审议制度及重大行政执法决策机制，制定监管监察执法缺失及过错处置预案。严格执法人员选拔条件。加强执法人员专业实训考核，建立以依法履职为标志的安全监管监察执法人员能力评价体系。

专栏12　执法队伍建设重点

街乡安全生产检查队伍能力素质提升工程：制定专职安全员培训计划，建设安全生产综合实训基地，对全市所有安全员实行轮训，到2020年各级检查人员培训合格率达到100%，执法人员定期实训覆盖率达到100%，新进执法人员基层挂职锻炼覆盖率达到100%。

5.加强安全生产人才队伍建设。加强安全生产人才发展统筹规划和分类指导，开展安全生产专业人才需求预测调查，明确培养方向和领域，实施专业人才培养计划。筹备建立北京安全生产人才发展研究院，建立安全生产专业人才信息库，形成一支门类齐全、技艺精湛的安全生产专业人才队伍。持续举办安全生产技能竞赛活动，为优秀人才脱颖而出创造条件。支持高校、科研院所安全生产相关学科建设，分行业领域建立博士后工作站、院士专家站。建立安全生产优秀人才激励机制，加大政府对优秀人才的奖励表彰。建立安全生产培训内容、教材和考核标准定期更新机制。实施领导干部安全生产素质教育培训计划，将安全知识教学课程列入地方各级党政领导干部素质教育范畴，开展基层领导干部安全生产专题培训行动。以安全生产现代化企业管理水平和安全生产保障能力国际化为核心，实施企业安全管理人才素质提升工程，建立北京市安全生产执法检查实训基地。完善安全生产现代职业教育制度。筹备建立北京市安全生产管理学院，培养中高级管理人才。加快构建劳动者安全生产终身职业培训机制。推进安全培训公共服务均等化，建立城镇化过程中农民工岗前安全教育培训机制。

（五）加快推进隐患排查治理体系建设

1.建立完善排查发现机制。制定完善相关行业领域隐患排查标准，力争用五年时间，使全市规模以上实体企业实现隐患排查“一企一标准、一岗一清单”的目标。建立企业生产安全事故隐患风险评估制度，确定重点防范的事故风险，严格执行全员、全过程、全方位的生产安全事故隐患排查制度，及时发现工艺系统、基础设施、技术装备、监控设施、场所环境等方面存在的危险状态及安全管理方面存在的缺陷和作业人员的不安全行为。建立健全生产安全事故隐患排查治理信息系统，全过程记录生产经营单位事故隐患排查治理情况。

2.建立完善整改治理机制。贯彻落实《北京市生产安全事故隐患排查治理办法》，提高企业整改一般生产安全事故隐患效率，加大企业整改治理重大生产安全事故隐患力度。实施高危行业、城市运行领域和城乡结合部等重点行业领域和地区消隐工程，逐级建立重大事故隐患台账。完善资金保障机制，由市和区人民政府在年度预算中安排隐患治理资金，支持隐患主体责任不明确、关系民生保障等特征的重大事故隐患治理。加强政府对事故隐患排查治理监督管理工作的领导 及时协调解决隐患排查治理中存在的问题。

专栏 13 隐患排查重点环节

排查发现：风险评估、排查检查、登记建档、统计分析、隐患报告。

整改治理：制定治理方案，落实治理责任、治理资金、治理措施、治理时限和应急预案。

监控防范：报警、通讯、定位、避险和人身防护系统；重大安全生产隐患的动态监测监控。

验收审查：专业机构评估、现场审查。

惩处问责：企业主体责任、政府监管责任。

3. 建立完善惩处问责机制。建立企业惩戒约束机制，将企业隐患排查治理情况纳入企业诚信体系。建立生产安全事故隐患排查治理与事故调查处理协调联动机制，对未履行生产安全事故隐患排查治理职责导致生产安全事故的企业负责人依法追究责任。健全和完善各级政府工作部门安全监管（管理）职责，建立监管问责制度，依法依规严肃处理存在包庇纵容、玩忽职守、滥用职权、徇私舞弊等行为的监管人员。

（六）切实提升城市安全运行风险防控能力

1. 完善安全预防控制体系建设工作格局。按照“关口前移、重心下移、统筹协调、广泛动员”原则，健全政府推动、企业负责、社会协同、公众参与的安全预防控制体系建设工作格局。推动各级政府和相关行业部门结合区域实际，完善安全风险管理工作体制机制，加强安全预防控制网络建设。

2. 切实提升企业安全预防控制能力。企业要准确把握本企业生产经营的特点和规律，以风险管理为主线，健全完善企业风险辨识评估、风险预警预控、隐患排查治理、重大危险源监控、应急管理和持续改进的企业安全生产闭环管理模式，把风险管理落实到生产经营活动全环节、全过程，构建理念先进、适合实际、规范系统、管控有效的安全预防长效工作机制。企业要以安全文化建设示范企业的创建工作为抓手，提高企业安全生产管理水平，形成一批有特色、有亮点、可复制、可推广的示范企业创建经验，在不同地区、不同行业中充分发挥引领和带动辐射作用。

3. 完善区域安全预防控制机制。健全完善安全生产形势预测预警制度，建立部门之间，以及市、区、乡镇（街道）之间安全生产信息共享机制，定期分析研判安全生产风险，及时发布区域、行业安全生产形势。完善区域风险防控机制，按企业风险级别制定安全生产执法计划，加大对高风险行业的抽查权重。建立健全灾害预报预警协作机制，加强安监、气象、地震等部门的协调配合，减少自然灾害引发事故灾难。

4. 强化城市运行安全风险管控。充分考虑城市建设规划的整体安全性，加强城乡发展规划和地下公用基础设施，特别是石油天然气管道、城镇燃气管线、轨道交通、交通基础设施规划的衔接。加强城市运行防控网建设，构建覆盖城市生产、生活、运营等方面，贯穿城市规划、建设、运行、发展等环节的城市运行安全预防控制网络。推进输水、输电、供气、供热、危险化学品输送管道等地下管线的风险管控，完善基础数据，落实分类监管，各司其职，各负其责，重点解决违法违规占压、标识不清、违章施工等问题。选取油库、油站、烟花爆竹、尾矿库等专题，逐步开展巨灾情景构建研究工作，制定巨灾应急预案，实施巨灾应急演练。

5.完善城市运行风险评估预警机制。建立城市运行安全风险评估机制，定期开展城市运行安全风险评估。健全和完善监测站网或监测体系，完善预警信息发布平台功能，拓宽预警信息发布渠道。建立跨地区、跨部门、跨行业的应急企业、技术、产品、物资信息共享和供应保障机制。加快建立对高危行业、重点工程以及重点行业（领域）风险评估指标体系、风险监测预警和跟踪制度、风险管理联动机制。健全安全风险信息报送、应急响应、现场指挥、协调联动、信息发布、社会动员和统筹协作等工作机制，提升应急处置能力。落实城市运行风险防控措施。各负责城市运行保障的部门结合担负职责，实施城市运行风险源普查，列明风险源名称、类别、风险简要描述、分布情况等内容。综合运用法律、经济、行政、规划、技术等措施，控制新增风险，降低和消除存量风险，实现风险动态管理和持续改进。进一步健全完善城市运行安全各类标准，加强部门联合监管执法，优先开展较高风险领域的安全专项整治。

6.建立现代化应急救援体系。加强应急救援队伍建设，健全完善市级专业应急救援队伍、区应急救援队伍、企业兼职救援队伍和以社会专业应急救援志愿者队伍为补充的三级应急救援队伍体系。完善应急救援联动机制，建设完善市、区两级联动的安全生产应急指挥平台，实现安全生产事故信息的及时上报和科学决策，提高事故处置能力。进一步加强事故现场管理，建立分级分类事故现场指挥机构组建和升级机制，细化各单位责任分工和工作流程，进一步明晰现场指挥权、行政协调权划分及指挥权交接方式和程序。探索建立以区域内重点企业为龙头，相关企业参与协作的应急联动机制。依托重点石化企业建设专业队伍救援基地，承担和服务区域内重特大、复杂危险化学品事故灾难应急救援及实训演练任务，逐步建成国家级的危险化学品应急救援基地。争取财政支持加大安全生产事故应急救援装备投入，积极推广应用先进适用的应急救援技术和装备，健全应急救援物资保障机制，进一步提升救援队伍的硬件设施水平。依托国家级应急产业示范基地等重点园区建设，逐步形成以大型综合性应急企业集团为龙头，以专业、特色中小型应急企业为支撑，各类应急产业分工协作、产业链配套完善的产业集群，为灾害天气、环境污染、火灾、生产安全事故等领域提供监测预警产品和先进、智能救援设备，发展适用于危化品、核生化领域事故的高性能防护材料、装备和处置产品，研发应急救援舱、移动供给站、轨道交通疏散平台等避险救援产品。

专栏14　应急救援体系建设重点

重点任务：市级、区级、企业三级应急救援队伍建设；应急装备投入；应急物资保障；建设京津冀危险化学品事故应急中心。

（七）着力提升企业安全生产保障能力

1.全面完成重点行业安全生产标准化达标创建。优化企业标准化达标创建系统，引入工贸、交通、建筑、旅游和电力等其他行业标准，拓宽标准化覆盖范围，完善不同行业安全生产标准化达标标准。完善企业自主开展安全生产标准化创建、自评和申请信息系统功能，建立评审工作全过程监督考核、通报退出机制，推动企业对标检查、对标整改和达标持续改进。积极推进安全生产标准化与国际接轨。

2.建成企业安全生产诚信体系。整合安全生产过程中的各类信用信息，建立企业安全生产信用档案，实现企业安全生产信用查询。将企业安全生产信用信息纳入社会信用体系，开展企业安全生产信用信息跨部门共享，建立信用信息披露和通报预警机制，对“黑名单”企业进行公示和重点监管。同时，及时将企业安全生产信用信息归集到北京市企业信用信息公示系统，实现对违法失信企业“一处违法，处处受限”。对失信企业在信用评级、获得荣誉、生产许可、项目核准、政府采购、工程招投标、用地审批、银行贷款、保险费率、财政奖补等方面依法予以限制或禁止。

3.加大企业安全生产培训。企业定期对从业人员进行安全生产教育和培训，并建立考核制度，把安全生产培训与生产经营活动同部署、同检查、同考核，全面落实先培训后上岗制度。筹备建立安全生产教育培训网络学院，全面提高从业人员安全素质，保证从业人员具备必要的安全生产知识，熟悉安全生产规章制度和安全操作规程，掌握本岗位的安全操作技能，了解事故应急处置措施、职业防护用品使用、风险辨识、自救互救、疏散逃生等技能。创新培训方法，开展全员多层次安全技能和业务培训。建立培训质量检查评估制度，确保培训效果。建设市、区两级的安全生产科普教育、培训考试、文化传播为一体的实训基地。充分发挥安全生产职业技能鉴定所的作用，为企业输送安全生产实用型人才。

4.保证企业安全生产投入。健全和落实企业安全生产费用提取和使用管理制度。完善工伤保险与事故以及职业病预防相结合的机制，加大工伤保险基金中事故预防资金提取比例。继续推动危险化学品、烟花爆竹、煤矿、非煤矿山、轨道交通运营、高处悬吊作业、有限空间作业、影剧院、使用液化石油气罐的餐饮经营企业、互联网上网服务营业场所、燃气供应等行业企业以及大型群众性活动承办单位，有序开展安全生产责任保险试点，逐步在本市其他行业领域推广。

（八）夯实职业健康工作基础

1.完善职业卫生监管机制。建立综合职业卫生信息管理体系，强化顶层设计，完善现有职业危害申报、统计、建设项目职业卫生“三同时”，技术服务机构管理、行政处罚、检测和评价信息上报、职业健康监护等信息管理系统。整合职业病诊断、病人追踪、工伤保险等信息，加强与相关部门协调，建立信息共享机制。采集职业卫生相关动态信息，分析预测职业卫生形势，动态监测北京市职业危害现状。

2.建立企业职业健康保障体系。严格执行《中华人民共和国职业病防治法》，落实建设项目职业病防护设施“三同时”制度，切实抓好高危粉尘、高毒物品、放射性物质等职业危害防范治理。严格执行职业危害因素检测制度和现状评价规定，对接触职业危害的从业人员严格实行上岗前、在岗期间和离岗时的职业健康检查，强化主要负责人、职业卫生管理人员和劳动者的职业卫生培训，完善劳动合同职业危害告知，切实保障职工安全健康权益。

3. 开展重点行业职业病危害专项治理。加强职业危害因素监测检测，建立重点行业（领域）职业健康检测基础数据库，开展高危粉尘、高毒物质等危害严重行业（领域）专项治理，督促企业加强生产经营场所职业病危害源头治理，防止职业病发生。

4. 加强职业病防治人才培养。建设北京市职业病防治人才培养基地，率先培养一批急需紧缺人才作为未来本市职业防治专业技术力量，采取建立博士后工作站、与科研单位及高校合作、与职业卫生技术机构共建等培养方式，逐步形成多层次、多渠道的职业病防治专业人才培养体系，并建设处于全国领先地位的职业病防治专业技术人才继续教育基地，在全国职业病防治领域专业技术人才培养方面起到示范作用。

专栏 15　职业卫生监管重点

推进安全生产与职业卫生一体化监管建设；建立职业卫生信息综合管理体系；职业卫生“三同时”制度；职业病危害专项治理；职业病防治人才培养。

（九）推进安全生产社会共同治理

1. 激发社会组织活力。鼓励协会、联合会、商会、慈善组织、志愿者团体等社会组织参与安全生产工作，推进北京市安全生产联合会“枢纽型”社团组织建设以及北京市安全文化促进会、安全生产技术服务协会等专业性社团组织的加快发展。正确处理政府与社会组织关系，加快实施政社分开，落实协会“去行政化”，建立安全生产标准化、安全科技推广、安全教育、安全文化等专业委员会。鼓励志愿者等社会力量开展经常性安全生产巡查、宣传等活动，健全社会组织、媒体、公众参与安全生产监督的激励机制。

2. 引导规范安全生产专业服务机构发展。通过市场化机制和信息化手段整合资源，培育一批承担安全评价、安全培训、检验检测等的专业服务机构，形成全链条的服务能力。加强对专业服务机构的日常监管，建立退出机制，保证专业服务机构从业行为的专业性、独立性和客观性。制定专业服务机构诚信服务标准规范，开展诚信服务机构示范单位评选。支持建设检验检测公共服务平台，推动实施第三方检验检测认证结果采信制度。加强安全技术标准研制与应用，发展标准研发、信息咨询等服务业态。加强专家库建设，促进企业与专家建立长期合作机制，推动注册（助理注册）安全工程师的培养、使用和管理，以及企业配备注册（助理注册）安全工程师试点。积极利用首都丰富的科技、人才资源，建立专门的安全生产中介服务机构，提高安全生产社会化服务水平。

3. 营造安全生产社会氛围。大力弘扬以“生命至上”为核心的安全发展价值体系。拓宽安全生产现代化传播途径，加强安全生产舆论正向引导，扩大安全新闻影响力，传播安全正能量。持续开展宣传教育品牌活动，固化“安全生产月”系列精品活动项目。持续开展“安康杯”“青年安全示范岗”等群众性安全生产宣教活动。推进安全社区建设，加大市级安全社区创建工作力度，引导申请国家级和国际级安全社区。将安全教育纳入国民教育体系，加强中小学安全教育师资人员的配备和培养，鼓励中小学开办各种形式的安全教育课堂，强化基础阶段安全教育。力争建成集应急、培训、宣传教育功能于一体的北京市安全体验式基地。建设市、区、街乡三级宣教体系，满足不同层次人群的安全宣教需求。普及安全常识及自我保护、紧急救助知识，提高社会公众的安全意识，增强市民安全防范和紧急避险的能力。

专栏 16　社会治理能力提升重点

安全生产全民素质提升工程：建立覆盖义务教育、专业教育、职业教育、企业教育和社会化宣传教育的全方位的安全生产宣传教育体系，建立面向社会公众的、全国一流的体验式教育基地，提升全民安全素质。

4. 构建安全生产公共文化服务体系。加强以安全发展为主题的文化精品创作，制定安全文化精品创作导向目录，推出更多制作精良的作品。创新安全生产文化服务方式和手段，促进在安全生产宣传中传统媒体与新兴媒体融合发展。提高安全文化设施建设管理服务水平，推动向社会免费开放。适时发布本市安全生产白皮书，提高安全生产公信力。鼓励社会组织定期发布安全生产蓝皮书，健全公众参与安全生产监督管理机制。

（十）大力提升安全生产科技水平

1. 促进安全生产科技自主创新。营造激发安全科技创新主体动力的制度和环境，构建安全研发普惠性原创政策支持保障体系。定期发布安全生产科技创新路线图，引导市场主体参与安全生产科技创新。强化企业在安全科技研发、推广、转化中的作用，坚持由市场决定资源配置的重要原则，建立由市场决定安全科技研发和经费分配、研发方向和路线选择、成果评价和传导扩散的新机制。实施“互联网＋安全生产”科技战略，加快构建自主可靠的安全生产信息技术体系。围绕事故高发、复发、易发类型与行业领域，建立事故推动型安全产品研发方式。扩大行业领军企业在安全研发领域的话语权，鼓励引导企业参与安全生产先进适用技术研究开发。整合首都科技资源，加强安全生产技术支撑体系建设，命名一批安全工程学科建设基地和安全工程学科带头人。充分依托在京高等院校、科研机构等各类创新主体建立实验室、研究中心，运用科技方法、手段解决安全生产中的技术难题。

2. 搭建安全生产科技成果转化平台。制定安全科技成果转化和产业化指导意见，明确安全生产重大科技成果范围和产业发展方向。完善安全科技成果转化激励制度，健全安全科技成果评估和市场定价机制。完善科技成果转化协同推进机制，建设安全技术交易市场和安全产业转化服务体系。建立安全生产先进适用工艺设备与科技成果转化推广平台，制定北京市安全科技装备发展推广目录；定期开展安全生产先进技术及装备展示对接交流会，筛选一批技术成熟、先进适用、见效快的科技成果，通过典型引路，建立不同行业、不同规模、不同层次的企业安全科技示范基地和大型企业安全生产科技示范工程。建立健全中小企业安全生产和职业病防治技术推广服务体系，鼓励研发机构与企业联合共建安全生产协同创新联盟。开展危险工种和危险场所作业“机械化换人、自动化减人”科技强安专项行动。

3. 大力运用现代科技。加快新一代信息技术与安全生产的融合发展，运用物联网、云计算、大数据等技术，构建安全生产业务智能监管网络。实施大数据战略，建立统一的安全生产数据中心，有效分析和利用安全生产条件普查、风险管控、执法检查、标准化、事故调查处理、工伤赔付、行政许可、职业卫生等数据，建立风险预警研判模型，全面支撑预防控制、隐患排查双体系建设。完善市、区、街道（乡镇）和重点行业企业之间的信息共享机制。利用物联网等技术，依托危险化学品集中管理平台，对重大危险源、重点设备设施、重点工艺环节、危险区域、重要岗位以及影响生产作业安全的环境状态进行预警预测。市政公用、人防工程使用、人员密集场所、道路交通、轨道交通建设和运营企业，要建设并完善视频监控、远程监测、自动报警、智能识别等安全防护系统。

专栏 17　科技创安重点工程

安全生产领域人才素质提升工程：建立博士后工作站、院士专家服务站吸引和培养高层次安全生产专业技术人才，帮助企业培育科技创新团队，促进科技成果引进和转化。

安全生产科技创新中心建设工程：建设安全生产科技创新中心，为安全生产工作提供科技研发、成果转化、事故分析鉴定、检测检验、职业危害监测、安全评价、教育培训、认证与咨询等技术服务。

四、保障措施

（一）强化组织领导

实施本规划，是本市社会各界共同的义务，是各级政府的重要责任。市和区人民政府应将规划内容纳入年度工作计划和折子工程，明确责任和规划实施进度要求，确保本规划确定的各项任务落实。各部门按照职责分工，认真落实好规划中的相关工作。充分发挥各级安全生产委员会的作用，促进部门间协同联动与信息共享，协调解决规划实施中跨部门、跨行业的重大问题，把规划主要指标完成情况、主要任务推进情况等作为区域和产业安全生产工作的重要决策依据。

（二）加大政策支持

完善落实与安全生产相关的财政、金融、税收等经济政策，健全安全生产投入保障机制。完善安全科技研发投融资、安全产业扶持、安全装备自主创新和宣传培训教育等财税支持政策。对执法检查、科技研发、技术支撑体系建设、事故隐患治理、公共安全基础设施建设、重大危险源监控、信息化建设、宣传教育培训和应急救援体系建设等安全生产方面的资金需求予以保障。拓宽安全生产投入渠道，形成以企业投入为主、政府投入引导、金融和保险参与的多元化安全生产投融资体系，吸引和引导各种社会资金参与安全生产设备更新改造和技术创新，改善安全生产条件。

制定工伤保险预防费的提取、使用和管理监督办法。继续在高危行业和重点行业领域推进建立安全生产责任保险制度，充分发挥保险的风险管理和事故预防作用。

（三）建立京津冀安全生产监管协作机制

建立安全生产情况通报制度，把本市疏解出去的重点监管企业安全生产状况、危险源等情况，及时通报两地。定期交流三地安全生产工作动态，适时开展业务研讨、参观学习、演习演练等工作交流活动。推进三地安全生产中介服务机构协同发展，形成相互衔接、各有侧重的区域安全生产服务市场。构建京津冀安全生产联合执法体系，增强三地联合执法力量，建立跨区域的安全联合执法机制。实现区域内安全生产资源信息互联互通、监管队伍协同联动、突发事件联合应对、应急资源合作共享。

（四）加大规划实施的考核与责任追究力度

市安全生产委员会办公室要建立规划实施评估考核机制，加强对规划执行情况的监督检查，对有关单位的规划实施情况、所采取的措施和任务完成情况等内容进行评估，评估结果作为市政府考核各部门绩效的重要依据之一。各责任单位每年度要组织开展规划实施情况的自评自查活动，市安全生产委员会办公室对年度评估活动负责指导，并对评估活动进行检查。根据本规划重点工作任务，分中期和末期两个阶段进行规划评估考核，对规划实施进度严重滞后的责任单位和责任人进行责任追究。

北京市安全生产监督管理局
天津市安全生产监督管理局
河北省安全生产监督管理局关于印发
《京津冀安全生产工作协作办法》
《关于加强京津冀安全生产协同发展的意见》
《2016年京津冀安全生产协同
发展重点工作任务》的通知

京安监发〔2016〕55号

北京市安全监管局、天津市安全监管局、河北省安全监管局机关各处室，各有关单位：

2016年6月23日下午，北京市安全监管局、天津市安全监管、河北省安全监管局在北京联合召开了京津冀安全生产协同发展工作会议。会议审议通过了《京津冀安全生产工作协作办法》《关于加强京津冀安全生产协同发展的意见》和《2016年京津冀安全生产协同发展重点工作任务》三份文件。现印发你们，请各单位认真学习，加强沟通交流，不断完善安全生产协同工作机制，积极推进京津冀安全生产协同发展任务的贯彻落实。

附件：1.《京津冀安全生产工作协作办法》

2.《关于加强京津冀安全生产协同发展的意见》

3.《2016年京津冀安全生产协同发展重点工作任务》

北京市安全生产监督管理局　天津市安全生产监督管理局

河北省安全生产监督管理局

2016年7月26日

附件1：

京津冀安全生产工作协作办法

第一条　为建立京津冀安全生产监管部门协调工作机制，积极推进实施京津冀协同发展战略落实，经友好协商，制订本办法。

第二条 按照密切协同、资源共享、困难互帮、经验互鉴的原则，构建京津冀安全生产工作协作机制，推动三地安全生产工作共同发展，在促进和保障京津冀协同发展中发挥积极作用。

第三条 主要协作事项：

（一）共同落实好上级有关京津冀协同发展的工作要求，交流工作经验、开展业务研讨。

（二）加强区域安全生产立法、标准、政策制度协作研究，出台区域性标准和政策。

（三）研究建立信息系统对接与信息共享交换工作标准、机制，及时共享安全生产工作信息。

（四）研究制定区域安全生产监督管理措施。

（五）协作开展高危行业“三项岗位人员”培训、考核、发证工作。

（六）联合组织开展应急演练以及跨区域安全生产执法检查。

（七）联合组织跨区域重大事故灾难的应急救援。

（八）研究解决三地安全生产协作工作中的问题。

（九）其他事项。

第四条 京津冀安全生产监管部门要指定一名局领导专门负责协作工作，明确承办处室和联络员负责日常工作协调沟通。协商确立轮值秘书长单位，每年依次轮换，负责三地协作工作总协调。

第五条 建立协调会议机制。

（一）协调会议由轮值秘书长单位定期召集，原则上每年两次，如工作需要可适时召开，共同研究确定协作相关工作。

（二）会议议题由三地根据各自的安全生产工作实际，提出共同研究解决的问题，由轮值秘书长单位负责收集，并与其他两地沟通后确定；议题提出单位应对相关研讨事项作出说明，并制定建议方案，文字材料随议题一并函报其他两地。

（三）会议纪要由会议轮值秘书长单位负责起草，并由单位主要领导签发后，印发至各相关单位，并报有关省（市）领导。

（四）协调会议形成的意见，由三地安全生产监督管理局主管领导和承办处室负责协调督办。

第六条 建立交流互访机制。定期组织三地干部交流，研究建立互派干部挂职锻炼机制，开展多层次、多渠道的交流活动，提升协作水平。

第七条 建立安全生产大型活动协作举办机制，共同举办安全生产文化论坛等活动，鼓励开展跨区域的安全生产月、安全文化论坛、安全知识普及等宣教活动合作。支持各地开展形式多样的群众性安全文化活动，宣传安全生产政策法规，普及安全知识，宣扬安全发展理念，提高三地企业及社会公众的安全意识。

第八条 建立信息沟通机制。积极推进安全生产工作经验成果共享。对属地安全监管可公开的法规、标准以及文件、会议纪要、工作简报等信息，由三地协作机制承办处室提出需求后，及时与成员单位共享。及时通报危化品等企业的搬迁、转移情况，共享搬迁、转移企业的重大危险源等资料，加强搬迁、转移企业安全监管。要将本地发生的涉及或有可能影响毗邻省（市）的各类重大以上生产安全事故信息及时向其他两地反馈。要将统一议定的安全监管工作事项及时通报各属地政府和相关部门。

第九条 建立安全生产资源共享机制。建立安全生产科技成果转化共享服务平台。建立特种作业实操实训、安全培训等基地共享机制。建立安全生产专家库、专业人才库、高级技能人才库、技术服务机构信息库等信息资源共享机制。建立应急物资、救援队伍、救援装备等应急资源共享机制。鼓励专业技术人才开展跨区域交流合作，推进三地安全生产中介服务机构服务一体化。

第十条 建立应急联动机制。加强互联互通的应急平台建设，为应对跨区域重大安全生产突发事件提供技术支撑。强化应急联动，适时组织开展跨区域的应急处置专业队伍比武竞赛、应急演练等活动。建立跨区域重大生产安全事故互报机制，协同启动应急救援工作，共同遏制事故灾害发展。逐步建立覆盖三地的国家、区域、省市三级救援服务体系。根据应急救援需要，抽调各地安全生产专家组成专家组，参与事故应急救援工作。推动三地应急救援产业有序发展、深度融合。

第十一条 本办法自协调会议通过之日起施行。

附件2：

关于加强京津冀安全生产协同发展的意见

为深入贯彻落实《京津冀协同发展规划纲要》，积极推进京津冀安全生产协同发展，经北京市、天津市、河北省安全监管局研究，现就加强京津冀安全生产协同发展提出如下意见。

一、指导思想

以党的十八大，十八届三中、四中、五中全会精神为指导，深入贯彻落实党中央、国务院关于加强京津冀协同发展的重要决策部署，牢固树立科学发展、安全发展理念，坚持协作、协同、配合、共享，使三地安全生产工作相互促进、共同提高，在推进京津冀协同发展中发挥积极作用。

二、工作目标

坚持问题导向、重点突破、改革创新、有序推进，逐步建立京津冀安全生产协同工作机制，研究建立三地一体化多层次的安全生产标准体系，积极推进三地安全生产联合执法机制、应急救援联动机制等建设，促进京津冀三省市安全生产形势持续稳定好转，为推进实施京津冀协同发展战略提供坚强保障。

三、重点任务

（一）研究建立京津冀安全生产协同工作机制

主要内容：京津冀安全监管部门联合建立三地安全生产监管协同工作机制，研究解决实施京津冀协同发展战略中安全生产面临的主要问题。

主要措施：一是在安全生产地方性法规立法过程中加强沟通协调，在落实国务院安委会、国家安全监管总局工作部署上加强协作。二是通过建立信息通报、协调会议、交流互访、信息沟通、安全生产大型活动共同举办、安全生产资源共享等机制，实现三地安全监管融合发展。

（二）研究建立安全生产情况通报制度

主要内容：京津冀安全监管部门定期互相通报安全生产工作情况，全面反映京津冀地区安全生产整体形势，相互汲取事故教训、相互借鉴经验做法，有效预防事故，推动安全生产工作有效落实。

主要措施：一是定期通报生产安全事故情况，重大事故隐患或严重违法违规行为查处情况，京津冀协同发展安全生产重点工作部署落实情况，以及安全生产工作中形成的好经验、好做法及突出成效。二是加强危险化学品管控、燃气供应等安全监管情况通报，及时将跨区域非法生产、经营、建设行为，报送至相关属地监管部门，协调研究联管联控工作。三是共同做好外迁企业安全监管工作，及时通报迁往相关方企业的安全监管、危险源等资料。四是将本地发生的涉及或有可能影响毗邻省（市）的各类重大以上生产安全事故信息及时向其他两地反馈。五是利用安委会平台，将京津冀安全生产情况作为重要内容进行通报，推动京津冀安全生产协同工作深入开展。

（三）研究建立安全生产工作交流制度

主要内容：定期交流三地安全生产工作经验做法，共享安全生产先进适用技术，定期组织开展业务研讨、专题调研等活动。

主要措施：一是协同、联合开展高危行业主要负责人、安全生产管理人员培训，共同组织开展特种作业考核培训等活动。二是定期交流三地安全生产重大问题、重要决策部署落实情况以及打非治违工作情况和经验。三是加强京津冀干部交流、考察，互派干部到其他两地安全监管局挂职锻炼，提高基层执法人员的执法能力。协作组织三地干部到外省进行专项交流考察。四是协同组织开展“安全生产月”、安全文化论坛、安全知识普及等宣教活动，提高三地企业及社会公众的安全意识。五是及时交流隐患排查、标准化、执法检查、安全培训、事故预防和处理等工作。

（四）研究建立一体化多层次的安全生产标准体系

主要内容：建立京津冀一体化的安全生产标准制度体系。先期在交通、电力、危险化学品运输等跨区域的行业，合作编制区域协同地方标准。抓好三地油气输送管线、供水、输电网络等基础设施安全监管标准的衔接工作。

主要措施：一是建立地标协同工作机制。三地安监部门与质监部门加强配合，充分发挥行业部门的作用，形成“6＋X”多部门共同发力的有效格局，采用京津冀三地“共同制定、分别批准、协同发布”的形式，全面推进京津冀安全生产标准建设的协同发展。二是确定协同的地方标准项目。以北京市的“百项地标”为基础，结合天津、河北两地实际，从“百项地标”中筛选适合协同的标准项目，形成京津冀安全生产地方标准的基础目录（先期选择交通、电力、危险化学品运输等跨区域的行业）。三是共同参与2015年立项标准的评审工作，协作开展2016年度、2017年度标准的立项工作。

（五）研究建立安全监管技术支撑体系

主要内容：建立京津冀安全生产科技成果转化服务平台和特种作业实操实训基地、安全培训体验基地、安全生产专家库、专业人才库、高级技能人才库、技术服务机构信息库等资源共享机制。建立矿山安全技术共享机制。建立危险化学品检测鉴定机构资源共享机制。鼓励专业技术人才跨区域交流合作，推进三地安全生产中介服务机构服务一体化，为疏转企业和单位提供安全生产定制化服务。

主要措施：一是成立京津冀安全发展战略研究中心，建立安全生产专家库。会同中国安科院，统筹三地高等院校、科研机构，重点研究京津冀一体化安全发展战略、京津冀安全生产工作机制、安全科技研发及实用技术推广等问题，提升安全科技支撑能力。二是建立安全生产实用型专业技术人才库。加强安全生产领域专业技术人员培养、使用及日常管理，建立三地实用型专业技术人才数据库，吸纳京津冀三地安全技术领域专业人才，形成电气、化工、消防、职业卫生等各类型的专业人才队伍。三是加强京津冀专业技术人才交流研讨。举办安全隐患排查治理高级研修班。组织京津冀高级专业技术人才研修学习、交流探讨，研究京津冀一体化大背景下构建大数据思维的隐患排查治理体系和安全预防控制体系，探索保障三地城市运行安全之略。四是大力培育发展中介机构。研究制定适应京津冀三地发展的《中介组织服务管理办法》，进一步加强中介机构管理，提高服务质量，实现京津冀三地中介机构资源共享。五是加强三地危险化学品检测鉴定机构交流学习，统一工作流程和标准，实现三地机构鉴定报告的互认互通。

（六）探索建立安全生产执法协作、专项领域协同机制

主要内容：强化京津冀协同发展重点建设领域的安全监管，建立三地集中执法检查机制，形成安全监管工作合力。探索建立更加科学完善的京津冀危险化学品集中管理体系，合理规划危险化学品的生产、经营、运输、废弃物处置等环节的布局，整合周边危险化学品仓库资源，减少交易中间环节，加强危险化学品全环节的监管。研究建立三地打非治违协同工作机制。

主要措施：一是针对跨区域的轨道交通、干线铁路、高速公路网以及北京新机场建设，危险化学品运输以及输油、输气、输水设施，加强协同监管，建立三地集中执法检查机制，细化明确工作程序、内容和要求。二是结合京津冀协同发展重点建设领域安全形势，研究分析重大工程风险源和安全事故隐患的预防、整改及事故查处工作。三是加强危险化学品监管领域的三地联动。逐步调整专业市场和物流枢纽基地的建设思路，研究利用“互联网+”技术，依托物流协会等专业力量，在京津冀合理统筹、促进现有库房和物流资源合理布局，依托网络平台实现“专门储存、统一配送”，解决危险化学品储存、流通等环节的安全隐患问

题，实现京津冀一体化的区域危险化学品集中管理。四是对省、市交界附近区域的企业以及跨区域集团公司进行定期或不定期的联合明察暗访，坚决打击企业的违法违规生产和建设。

（七）探索建立一体化的安全生产信息化指挥平台

主要内容：通过建立一体化的安全生产信息化指挥平台，实现区域内安全生产资源信息互联互通、监管队伍协同联动、突发事件联合应对、应急资源合作共享。

主要措施：一是编制京津冀安全生产信息化专项行动计划，研究提出区域内信息化建设和数据共享需求。二是健全安全监管业务协同机制。推动行政许可审批、执法监察、隐患排查治理、标准化创建等业务工作流程和标准的科学衔接，建立安全生产信息系统对接共享标准体系，为数据共享交换奠定基础。三是研究建立安全生产数据共享交换体系。在企业基础台账、特种作业人员管理、行政许可、执法检查等方面进行数据共享、大数据分析，为各级领导科学决策提供数据支持。

（八）探索建立安全生产事故应急救援联动机制

主要内容：加强应急平台建设协作，建立跨区域重大生产安全事故应急联动机制，逐步建立覆盖三地的国家、区域、省市三级救援服务体系，推动三地应急产业有序发展。

主要措施：一是加强应急平台建设协作，逐步实现应急平台的互联互通，为建设跨区域重大安全生产突发事件的信息通报和应急联动机制提供技术支撑。二是建立应急物资、救援队伍、救援装备、专家资源等应急资源共享机制，完善协同救援制度，提高矿山等重大安全生产事故救援能力。三是组织开展跨区域的应急处置专业队伍比武竞赛、应急演练等活动，强化三地突发事件处置的应急联动。四是建立跨区域重大生产安全事故应急联动机制，在事发地省（市）安全监管部门按要求上报国家安全监管总局的同时，向有关省（市）安全监管部门通报情况，协同启动应急救援，共同遏制事故灾害发展。五是根据应急救援需要，抽调各地安全生产专家组成专家组，参与事故应急救援工作。

（九）探索建立安全生产信用信息机制

主要内容：建立三地安全生产信用信息互通联动机制，定期相互通报本地企业安全生产信用信息，实现三地安全生产信用信息互认，充分发挥三地安全生产信用体系作用，推动京津冀安全生产工作协同发展。

主要措施：一是共享安全生产黑名单和异地注册企业的执法信息。二是共享三地企业安全生产信用信息。

四、工作要求

（一）高度重视，加强领导

京津冀三地安全监管部门要进一步认识京津冀安全生产协同发展的重大意义，加强组织领导，把京津冀安全生产协同发展工作纳入重要议事日程，使安全生产在推动京津冀协同发展战略、疏解非首都功能、提高经济质量、保障城市安全运行等方面发挥更大作用，为经济社会发展提供坚强的安全保障。

（二）强化措施，狠抓落实

京津冀三地安全监管部门要强化措施，统筹部署，落实好上级有关京津冀协同发展的工作要求，要结合实际，找准贯彻落实《关于加强京津冀安全生产协同发展的意见》的切入点，尽快拿出切合实际、具有可操作性的具体实施意见和配套政策，并抓好落实。要进一步抢抓机遇，集中力量，着力实施重点领域和关键环节的突破，加快推进京津冀安全生产协同发展的主要目标和任务。

（三）大胆实践，勇于创新

面对京津冀安全生产协同发展中的新情况、新问题，京津冀三地安全监管部门要进一步解放思想、转变观念、善于研究、善于总结、勇于创新，在京津冀安全生产协同发展中做到先行先试，大胆探索京津冀安全生产协同发展的新方式、新方法和新路子，在安全监管体制机制改革、安全监管方式、标准化建设、隐患排查治理、安全生产法规标准体系建设等方面进行大胆的科学实践。要谋新招、探新路，理出新思路，想出新办法，大胆提出新举措，抓住这难得的“新机遇”，乘势而上，开创安全生产工作的新局面。

附件3：

2016年京津冀安全生产协同发展重点工作任务

经北京市、天津市、河北省安全监管局研究，2016年京津冀安全生产协同发展重点工作任务如下：

一、建立京津冀安全生产协同工作机制

（一）研究制定《京津冀安全生产工作协作办法》，京津冀安全监管部门联合建立三地安全生产监管协同工作机制。

（二）协商确立轮值秘书长单位，负责三地协作工作总协调。京津冀安全监管部门指定一名局领导专门负责三地协作工作，明确承办处室和联络员负责日常工作协调沟通。

（三）2016年上半年、下半年各组织召开一次协调会议，互相通报三地安全生产工作情况，研究解决实施京津冀协同发展战略中安全生产面临的主要问题。

二、建立安全生产工作交流制度

（一）组织召开工作研讨会，交流安全生产工作经验做法，沟通协调安全生产地方性法规立法情况。

（二）组织开展业务研讨、专题调研活动，加强京津冀三地干部学习交流。

（三）定期通报三地安全生产重大问题、重要决策部署、危险化学品管控、燃气供应等涉及跨区域协同监管的工作情况及需协调解决的问题，及时将跨区域非法生产、经营、建设行为，报送至相关属地监管部门。

（四）协同组织开展第十届北京安全文化论坛，并将京津冀安全生产协同发展纳入论坛交流的主要内容。

三、建立一体化多层次的安全生产标准体系

（一）以北京市的“百项地标”为基础，在工业行业领域合作编制区域协同地方标准。

（二）共同参与2015年立项标准的编制工作，协作开展2016年度、2017年度标准的立项工作。

（三）采用京津冀三地“共同制定、分别批准、协同发布”的形式，全面推进京津冀安全生产标准建设的协同发展。

四、组织开展安全生产集中执法

（一）针对跨区域的轨道交通、干线铁路、高速公路网以及北京新机场建设，危险化学品运输以及输油、输气、输水设施，加强协同监管，建立集中执法检查机制，2016年要组织三地安全监管部门，集中一段时间，针对跨区域的某一安全生产具体问题，开展安全生产集中执法检查。

（二）研究建立三地打非治违协同工作机制，对省、市交界附近区域的企业以及跨区域集团公司进行定期或不定期的联合明察暗访，坚决打击企业的违法违规生产和建设。

五、加强安全生产事故应急联动

（一）加强应急平台建设协作，建立跨区域重大生产安全事故应急联动机制，建立应急物资、救援队伍、救援装备、专家资源等应急资源共享机制，完善协同救援制度。

（二）签署三地应急联动协议，发布应急联动工作纲要，强化三地突发事件处置的应急联动。

北京市安全生产监督管理局关于印发《北京市生产经营单位生产安全事故隐患排查治理信息系统应用管理办法（试行）》的通知

京安监发〔2016〕60号

各区、北京经济技术开发区安全监管局、各市属企业、各有关单位：

《北京市生产安全事故隐患排查治理办法》（市政府令第266号，以下简称《办法》）已于7月1日正式实施。根据要求，北京市安全生产监督管理局研发了市级隐患排查治理信息系统，并制定了《北京市生产经营单位生产安全事故隐患排查治理信息系统应用管理办法（试行）》（以下简称《管理办法》）。现将《管理办法》印发你们，并就贯彻实施和信息系统使用工作通知如下：

一、高度重视，做好信息系统应用工作

目前，市级事故隐患排查治理信息系统已初步建设完成。各地区、各单位要高度重视，认真做好信息系统的应用工作。对于列入生产安全事故隐患排查治理“一企一标准、一岗一清单”编制试点范围的生产经营单位，应严格按照《管理办法》和有关法规规定，使用新的信息系统开展事故隐患排查治理工作。对于在原隐患排查治理系统注册使用的生产经营单位，各区安全监管局要根据实际情况，进一步梳理企业台账，督促其逐步由使用旧系统转变为使用新系统。各区要制定工作计划，做好新旧系统的转换工作。

二、积极配合，实现系统数据的共享对接

使用自建隐患排查治理信息系统的地区和企业，要对照有关标准对系统功能和数据标准进行分析研究，做好信息系统数据共享对接工作。达不到相关功能要求和数据对接条件的单位，要及时对信息系统进行升级改造，确保系统数据共享对接工作的如期完成。自身未建立隐患排查治理信息系统的地区和企业，要按照要求，应用市级隐患排查治理信息系统。

三、强化宣传，加大系统培训工作力度

各地区要突出重点，采取多种形式，广泛宣传隐患排查治理信息系统应用工作，不断提高企业的认知度，为隐患排查系统全面推广应用奠定良好基础。要结合“一企一标准、一岗一清单”编制试点工作，加大对企业信息系统使用的培训力度，研究制定培训计划，确保企业真正掌握隐患信息系统应用能力。

四、加强执法，强力推进系统的应用推广

各区要紧密结合年度执法计划，按照市政府第266号令等法规要求，充分发挥乡镇街道专职安全员的作用，对企业使用隐患排查治理信息系统情况进行监督检查。发现企业未按照要求使用隐患排查治理信息系统、如实记录隐患排查治理情况的，各区要依法责令限期改正，并可根据违法行为的性质和严重程度，自由裁量决定是否予以处罚。经复查逾期仍未改正的，责令停产停业整顿并处罚款。

信息系统对接使用工作已纳入对各区政府安全生产综合考核内容，年底将对系统对接使用工作开展考核。

附件：北京市生产经营单位生产安全事故隐患排查治理信息系统应用管理办法（试行）

北京市安全生产监督管理局

2016 年 9 月 22 日

附件：

北京市生产经营单位生产安全事故隐患排查治理信息系统应用管理办法（试行）

第一章 总 则

第一条 为加强和规范生产安全事故隐患排查治理工作，强化生产经营单位安全生产主体责任，实现事故隐患排查治理和监督管理的信息化，防止和减少生产安全事故，保障人民群众生命财产安全，根据《中华人民共和国安全生产法》《北京市安全生产条例》《安全生产事故隐患排查治理暂行规定》（国家安全监管总局令第 16 号）和《北京市生产安全事故隐患排查治理办法》（北京市人民政府令第 266 号）等规定，结合本市实际情况，制定本办法。

第二条 本市行政区域内生产经营单位生产安全事故隐患排查治理信息系统（以下简称隐患排查治理信息系统）应用和监督管理工作，适用本办法。

第三条 隐患排查治理信息系统填报登记的生产安全事故隐患（以下简称事故隐患）分为一般事故隐患和重大事故隐患。一般事故隐患，是指危害和整改难度较小，发现后能够立即整改消除的隐患。重大事故隐患，是指危害和整改难度较大，需要全部或者局部停产停业，并经过一定时间整改治理方能消除的隐患，或者因外部因素影响致使生产经营单位自身难以消除的隐患。

第四条 生产经营单位是事故隐患排查、治理和防控的责任主体。生产经营单位主要负责人对本单位事故隐患排查治理和隐患排查治理信息系统应用负全面责任。

第五条 安全生产监管部门应建立健全本市隐患排查治理信息系统，用于全过程记录生产经营单位事故隐患排查治理情况，分析、预测安全生产形势，实现事故隐患排查治理和监督管理的信息化。

鼓励生产经营单位自建隐患排查治理信息系统，如实记录本单位隐患排查治理情况，并实现与安全生产监管部门的事故隐患排查治理信息系统数据共享对接。

第二章　工作职责及程序

第六条　生产经营单位对隐患排查治理信息系统的应用履行下列职责：

（一）建立健全事故隐患排查治理制度；结合本单位实际，参照相关标准规范，建立健全适应本单位特点的、个性化的隐患排查标准；同时按照岗位将自查标准分解到岗位和人员，明确排查内容、排查周期、责任部门和责任人员，形成岗位清单。

（二）在隐患排查治理信息系统中填写本单位的基本情况、隐患排查治理制度、标准清单等信息，指定相应管理机构或专兼职工作人员负责隐患排查治理信息系统的应用工作。

（三）根据本单位隐患排查标准和岗位清单，开展日常隐患排查、治理工作。应通过隐患排查治理信息系统，如实记录事故隐患排查时间、所属类型、所在位置、责任部门和责任人、治理措施及整改情况等内容，开展事故隐患排查治理全过程管理，实现隐患相关信息的实时录入更新。不具备实时登录条件的，至少每半月登录一次系统录入隐患排查治理相关信息。

（四）应用隐患排查治理信息系统对隐患排查及整改情况进行统计分析，每月向从业人员通报事故隐患排查治理情况。

（五）安全生产监管监察部门和有关部门的监督检查人员依法履行隐患排查治理信息系统应用监督检查职责时，生产经营单位应当积极配合，不得拒绝和阻挠。

第七条　安全生产监管监察部门对隐患排查治理信息系统应用工作负有下列职责：

（一）做好隐患排查治理信息系统日常维护、运行管理和操作培训等工作，实现市、区两级和生产经营单位信息系统的数据共享对接。

（二）建立通报制度，定期通报隐患排查治理信息系统应用情况，分析、预测安全生产形势，及时总结分析工作中存在问题。

（三）建立监督检查制度。结合年度执法计划，定期指导和监督检查生产经营单位隐患信息系统应用工作开展情况。

第八条　各级负有安全生产监管职责的有关部门，要按照有关法律、法规，在各自职责范围内对相关行业、领域的事故隐患排查治理及隐患排查治理信息系统应用工作实施监督管理，保障事故隐患排查治理和隐患排查治理信息系统应用推广工作的顺利开展。

第九条　乡镇政府（街道办事处）按照要求，协助相关部门做好辖区内生产经营单位隐患排查治理信息系统应用的监督管理工作。检查内容包括：

（一）生产经营单位是否按照要求使用隐患排查治理信息系统，如实记录事故隐患排查治理情况。

（二）生产经营单位事故隐患排查治理制度建立健全情况，事故隐患排查治理标准清单制定完善情况，是否按照要求录入信息系统。

（三）生产经营单位是否存在事故隐患漏报、瞒报的现象。

（四）生产经营单位是否存在隐患排查治理填报情况与实际检查不符的现象等。

第三章　奖惩规定

第十条　生产经营单位未按照要求使用生产安全事故隐患排查治理信息系统，如实记录隐患排查治理情况的，责令限期改正，可以处 5 万元以下罚款；逾期未改正的，责令停产停业整顿，并处以 5 万元以上 10 万元以下罚款。

第十一条　任何单位和个人发现事故隐患，均有权向安全生产监管部门举报。接到举报的部门应当依法为举报人保密，对举报有功人员应当给予奖励。鼓励生产经营单位的从业人员举报本单位存在的事故隐患。

第十二条　生产经营单位隐患排查治理信息系统的应用、推广、落实工作，列入安全生产信用体系建设和对区政府的年度安全生产综合考核内容。

第四章　附　　则

第十三条　各区安全生产监管监察部门可以根据本办法，结合本地区实际情况，制定实施细则。

第十四条　本办法自下发之日起施行，原《北京市生产经营单位安全生产事故隐患自查自报管理办法（试行）》（京安监发〔2011〕66 号）同时废止。

北京市安全生产监督管理局 北京市人民政府国有资产监督管理委员会 关于印发《市属国有企业外埠项目生产安全事故管理办法》的通知

京安监发〔2016〕64号

市属国有企业：

为规范北京市市属国有企业外埠项目生产安全事故管理工作，督促市属国有企业深刻汲取事故教训，落实安全生产主体责任，防范和减少生产安全事故，根据《安全生产法》《生产安全事故报告和调查处理条例》和《北京市安全生产条例》等法律法规，市安全监管局、市国资委制定了《市属国有企业外埠项目生产安全事故管理办法》，现印发给你们，请认真贯彻执行。

附件：市属国有企业外埠项目生产安全事故管理办法

北京市安全生产监督管理局　北京市人民政府国有资产监督管理委员会

2016年11月10日

附件：

关于市属国有企业外埠项目生产安全事故管理办法

第一条　为规范北京市市属国有企业外埠项目生产安全事故管理工作，督促市属国有企业深刻吸取事故教训，落实安全生产主体责任，防止和减少生产安全事故，根据《安全生产法》《生产安全事故报告和调查处理条例》和《北京市安全生产条例》等法律法规，特制定本办法。

第二条　市属国有企业外埠项目生产经营活动中发生的较大以上生产安全事故的上报、事故责任及整改措施的落实和考核，适用本办法。

第三条　市属国有企业外埠项目包括外埠投资项目和外埠施工项目。

第四条　市属国有企业外埠项目事故发生后，事故现场有关人员除按照《生产安全事故报告和调查处理条例》规定向事故发生地县级以上人民政府安全生产监督管理部门和负有安全生产监督管理职责的有关部门报告外，市属一级企业应当于6小时内将较大以上事故情况以电话、传真、简报等形式报市安全监管局和市国资委。

市属一级企业应当在外埠项目发生较大以上生产安全事故后7日内，以书面形式（加盖单位公章）将事故情况报送市安全监管局和市国资委。报送事故情况应当包括下列内容：

（一）事故发生单位概况；

（二）事故发生的时间、地点以及事故现场情况；

（三）事故的简要经过；

（四）事故已经造成或者可能造成的伤亡人数（包括下落不明的人数）和初步估计的直接经济损失；

（五）应急救援情况及已经采取的措施；

（六）其他应当报告的情况。

第五条　市安全监管局接到事故报告后，应当及时向事故发生地安全生产监督管理部门核实市属国有企业报送的外埠项目生产安全事故有关信息，将核实情况通报市国资委。

第六条　参照《北京市人民政府办公厅关于印发〈北京市安全生产约谈办法〉的通知》（京政办发〔2014〕40号）要求，市安全监管局和市国资委建立外埠项目生产安全事故约谈制度，对于发生较大生产安全事故的市属国有企业实施约见谈话；对于发生重大、特别重大生产安全事故的市属国有企业报请市政府同意后由市政府实施约见谈话，应邀请负有安全生产监督管理职责的相关市级部门负责人及技术专家等参加约谈。

第七条　约谈对象包括市属国有企业的主要或主管负责人和其他确需约谈的人员。

第八条　对于迟报、漏报、谎报或者瞒报事故的市属国有企业，市国资委视情况进行责任追究。

第九条　市安全监管局和市国资委可以将市属国有企业外埠项目典型生产安全事故情况通报其他市属国有企业，并提出针对性工作要求。

第十条　市属国有企业应当及时收集外埠项目生产安全事故调查报告或整改措施落实意见函，以书面形式报市安全监管局和市国资委。

第十一条　在事故结案3个月后，市安全监管局和市国资委可以根据事故情况、存在问题和整改具体工作要求，组织成立整改措施落实情况评估组，参照《北京市生产安全事故责任追究和整改措施落实情况评估办法》（京安发〔2016〕1号）开展评估。

第十二条　市安全监管局将外埠项目发生较大以上生产安全事故的市属国有企业确定为重点执法检查对象，纳入年度执法计划。

第十三条　市国资委将市属国有企业外埠项目发生的生产安全事故纳入年度考核范围，与其绩效考核和领导干部考核挂钩。

第十四条　本办法自印发之日起施行。

大事记

1月

1月6日 市政府发布《关于推进安全预防控制体系建设的意见》（京政发〔2016〕2号）。《意见》提出建设安全预防控制体系的具体举措，致力于全面提升城市安全生产综合治理能力，为建设国际一流的和谐宜居之都提供坚强安全保障。

同日 市安全监管局副局长贾太保带队赴中国安科院调研首都安全科技合作事宜。

1月7日 市安全监管局局长张树森主持召开党员领导干部“三严三实”专题民主生活会。副局长贾太保，驻局纪检组组长续栋，副局长唐明明、李东洲，副巡视员谢清顺、钱山、高士虎参加会议。

同日 市安全监管局副局长李东洲主持召开全市烟花爆竹工作系统会，传达全市烟花爆竹安全管理工作部署会议精神，对新修订的《烟花爆竹零售网点设置安全规范》（DB11-834—2015）进行解读，对烟花爆竹行政许可、平台对接、大棚搭建、执法检查、产品回收等相关工作进行部署。各区安全监管局和有关单位负责人参加会议。

1月20日 国家煤矿安全监察局副局长杨富带队到昊华能源公司大安山煤矿检查安全生产工作，与管理人员进行座谈交流，并深入井下看望坚守岗位的员工。市安全监管局副局长贾太保、副巡视员谢清顺，京煤集团总经理阚兴、昊华能源公司董事长耿养谋参加检查。

同日 市安全监管局副局长李东洲做客首都之窗与市民群众谈危险化学品与烟花爆竹安全。

1月21日 市安全监管局副局长李东洲带队前往阿里巴巴集团北京总部，就1688电子商务平台运营模式和运营情况进行调研。阿里巴巴集团有关负责人参加调研。

1月26日 市政府召开进一步加强火灾防控工作紧急电视电话会议，通报本市火灾事故情况及存在的消防安全问题，传达市委、市政府领导批示要求，部署火灾防控工作。副市长王小洪参加会议并讲话。

同日 市安全监管局局长张树森主持召开全市生产安全事故隐患排查治理“一企一标准、一岗一清单”编制试点工作部署视频会，通报清单编制工作开展情况，对试点工作进行全面部署。各区安全监管局、部分市属国有企业领导及部门负责人，30家中介服务机构和部分试点企业主要负责人参加会议。

同日 市安全监管局副局长贾太保在昊华能源公司木城涧煤矿主持召开2016年煤矿安全生产暨“安全·和谐”班组表彰会议，传达全国安全生产工作会议精神，总结2015年煤矿安全生产工作，部署2016年煤矿安全生产任务。市发展改革委、国资委、总工会和京煤集团、昊华能源公司有关负责人，以及各煤矿矿长、安监站长、总工程师，煤矿科段长、班组长等代表100余人参加会议。

同日 市安全监管局副局长阎军主持召开2016年安全生产行政审批及职业卫生监管工作视频会议。会议对2015年全市职业卫生监管工作进行总结通报，部署2016年全市职业卫生监管工作。各区安全监管局和有关单位负责人参加会议。

1月29日 市长王安顺主持召开市安委会第一次全体会议暨全市安全生产工作电视电话会议。会上，市公安局通报朝阳区孙河乡“1·24”火灾事故处置情况，播放“1·24”火灾事故影像资料。副市长王宁传达习近平总书记等中央领导同志关于加强安全生产工作的重要指示，总结2015年全市安全生产工作，对2016年全市安全生产工作进行部署。

2月

2月1日 副市长隋振江、市政府副秘书长朱炎带领市安全监管局、经济信息化委、质监局、公安局消防局等部门负责人检查北京欢乐谷、北京太阳宫燃气热电有限公司等场所安全生产工作。

2月3日 常务副市长李士祥带领市发展改革委、城市管理委、安全监管局、公安局消防局等部门负责人检查北京燃气集团民族宫调压站、市电力公司长椿街变电站安全生产工作。

同日 副市长王小洪带领市安全监管局、交通委、公安局消防局等部门负责人到六里桥客运枢纽、六里桥地铁站等地检查春运安全工作。

2月4日 市委书记郭金龙带队到东城区检查烟花爆竹零售网点。市安全监管局局长张树森、副局长李东洲、副巡视员钱山参加检查。

2月6日 副市长王宁带队检查地坛庙会安全工作，重点检查园内视频监控室、临时搭建舞台和展位以及庙会布置等情况。市文化局随行介绍全市庙会总体情况，市公安局治安总队汇报庙会安检工作及控制大人流措施等情况。市安全监管局局长张树森、副巡视员钱山参加检查。

2月23日 市安全监管局副局长唐明明主持召开燃气建设工程安全监管工作协调会，市住房城乡建设委、城市管理委有关负责人参加会议。

2月24日 市安全监管局局长张树森、副局长李东洲带队赴北京华都酿酒食品有限责任公司调研指导工作。昌平区副区长贺军和区安全监管局、国资委负责人，二商集团及二商糖酒集团公司负责人参加调研。

2月25日 市安全监管局副局长贾太保主持召开木城涧煤矿“2·17”事故分析会，市发展改革委、国资委、公安局、总工会等事故调查组成员单位，京能集团、京煤集团、昊华能源公司相关领导参加会议。

3月

3月4日 市安全监管局局长张树森赴首钢技师学院实地检查专职安全员集训筹备工作。

3月11日 市安全监管局副局长阎军主持召开汽修行业调漆工作场所专项整治工作研讨会，中国安科院、北京市劳保所、北京汽车维修行业协会、北京云帆沧海安全防范技术有限公司专家参加会议。与会人员围绕汽修行业调漆喷漆工作场职业病防护问题进行讨论交流，并针对职业卫生工程防护措施提出具体意见建议。

3月16日 市安全监管局召开隐患排查治理体系建设试点工作会议，对2016年全市隐患排查治理体系建设试点工作进行全面部署。东城区、西城区、朝阳区、海淀区、石景山区和昌平区6个试点区安全监管局分管领导及科室负责人参加会议。

3月18日 副市长王宁主持召开市安委会第二次全体会议暨全市安全生产工作电视电话会议。会议传达市委书记郭金龙、市长王安顺重要批示精神，通报《2016年度安全生产目标责任书》、油气输送管道隐患整治、专职安全员组建、工业企业专项整治、安全生产信用体系建设、隐患排查治理标准清单编制工作等情况。

3月22日 市安全监管局副局长阎军主持召开全市职业卫生技术服务机构工作会，总结2015年职业卫生技术服务机构年度评估检查工作，对2016年职业卫生工作进行部署。全市30家甲级、乙级、丙级检测机构分管领导和技术负责人参加会议。

同日 市安全监管局副巡视员高士虎主持召开“百项地标”研讨会，重点研究“百项地标”与标准化评审标准、执法检查标准、事故隐患排查标准的对接融合，“百项地标”在小微企业达标创建工作中的应用等问题，石景山区、朝阳区、顺义区、北京经济技术开发区安全监管局和市劳保所、石油化工学院、惠诚律师事务所有关负责人参加会议。

3月24日 市安全监管局组织召开“双百工程”启动工作会，部署2016年工作。市有关部门和企业集团、各区安全监管局、市安全生产科学技术促进会、部分“注安师”事务所负责人和各区专家组组长参加会议。

3月30日 市安全监管局副局长李东洲在北京会议中心主持召开危险化学品和烟花爆竹安全监管系统工作会议，总结2015年全市工作情况并部署2016年重点工作任务。各区安全监管局主管领导、业务科室负责人以及相关中介机构、科研院所负责人参加会议。

同日 市安全监管局副巡视员谢清顺主持召开注册安全工程师试点工作会，总结2015年工作情况，部署2016年工作任务。顺义区、房山区、昌平区、北京经济技术开发区安全监管局主管领导，市属企业集团安全机构负责人以及部分注册安全工程师事务所负责人参加会议。

同日 市安全监管局副巡视员高士虎主持召开隐患排查信息化系统建设专题会。会议通报项目总体进展情况，有关单位汇报系统业务流程，企业端、政府端的主要功能和普查数据如何为系统提供数据支撑，对隐患排查系统进行功能演示。与会人员就系统功能设计和系统演示汇报思路进行充分研讨。

4月

4月5日 市安全监管局副局长贾太保赴昊华能源公司长沟峪煤矿与企业负责人开展“对话谈心”活动。

4月7日 市安全监管局副局长贾太保赴丰台区右安门街道与北京城建集团、右安门敬老院、日升昌酒店等企业的主要负责人开展“对话谈心”活动。

4月8日 市安全监管局局长张树森主持召开专题会，听取安全生产“百项地标”编制工作进展情况汇报，重点研究

“三标合一”工作。副局长李东洲和副巡视员钱山、高士虎参加会议。

4月11日 市安全监管局在北京经济管理职业学院举办全市安全监管干部执法资格培训班，市安全监管局副巡视员谢清顺出席开班仪式并做动员讲话。培训班为期两周，首次开设实操和现场教学，以及结构化研讨交流等内容。

4月13日 河北省安全监管局一行5人来北京市安全监管局考察安全生产标准化建设工作。

4月14日 市政府召开二季度全市公共安全形势分析会，总结一季度全市公共安全工作，对第二季度公共安全、安全生产、森林防火安全形势进行分析研判并提出明确要求。

同日 四川省安全监管局副局长文卫平带领省局职业卫生处、省安科院负责人来北京市安全监管局交流职业卫生监管工作。

4月22日 市安全监管局副局长贾太保主持召开煤矿较大以上事故风险预防控制工作座谈会，京能集团、京煤集团、昊华能源公司等企业领导和相关部门负责人，各煤矿矿长、安监站长、总工程师参加会议。

4月27日 副市长王宁带队到丰台区调研二商集团下属3家涉氨制冷企业周边安全距离不足隐患情况，实地查看北京月盛斋清真食品有限公司、北京大红门南郊冷冻厂、北京二商健力食品新科技有限公司制冷机房及周边建筑物情况，听取各部门、企业关于涉氨制冷隐患治理工作汇报，就隐患消除工作提出明确要求。市安全监管局局长张树森、副局长李东洲参加调研。

同日 市安全监管局副局长唐明明带队赴西城区调研隐患排查治理体系建设工作。

4月28日 市安全监管局副局长唐明明带队赴石景山区调研隐患排查治理体系建设工作。

5月

5月4日 由市安全监管局主办的拉萨市安全监管干部培训班在首钢技师学院正式开班。市安全监管局副局长贾太保、副巡视员谢清顺出席开班仪式并讲话。拉萨市安全监管局负责人及培训班全体学员、首钢技师学院相关负责人参加开班仪式。

5月6日 市安全监管局局长张树森赴通州区经济技术开发区南区与企业主要负责人开展“对话谈心”活动。

5月10日 市安全监管局副局长阎军赴昌平区科技园区与北京万泰生物药业股份有限公司等12家企业的负责人开展“对话谈心”活动。

5月12日 市安全监管局副局长贾太保分别赴昊华能源公司木城涧煤矿、大台煤矿与企业负责人开展“对话谈心”活动。

5月13日 市总工会、安全监管局联合召开2016年“安康杯”竞赛活动专项动员部署视频会。市总工会副主席韩世春，市安全监管局副局长贾太保、李东洲参加会议。

5月16日 市安全监管局副局长李东洲赴朝阳区金盏乡与北京蟹岛绿色生态度假村、北京金郁金香文化发展有限公司等多家企业负责人开展“对话谈心”活动。

5月17日 市安全监管局召开北京市安全文化建设示范企业创建工作培训及现场经验交流会，总结2015年工作并对

2016 年工作进行部署。会议邀请全国安全文化建设示范企业评审组专家授课，并前往全国安全文化建设示范企业北京燃气高压管网分公司实地参观学习。全市各区安全监管局、创建及复评企业安全文化建设负责人 200 人参加会议。

5 月 19 日 市安全监管局副局长贾太保赴昊华能源公司大安山煤矿与企业负责人开展“对话谈心”活动。

5 月 20 日 市安全监管局副巡视员谢清顺赴密云区巨各庄镇与中铁二十二局四个工区主要负责人开展“对话谈心”活动。

5 月 24 日 由市安全监管局主办的十堰市安全监管干部培训班在北京经济管理职业学院正式开班。市安全监管局副局长贾太保出席开班仪式并讲话。十堰市安全监管局负责人及培训班全体学员、北京经济管理职业学院和北京市支援合作办负责人参加开班仪式。

5 月 26 日 市安委会办公室召开 2016 年全市生产经营单位用电安全管理暨用电安全警示教育周活动动员部署视频大会。会议通报全市用电安全管理工作情况，重点宣贯解读《变配电室安全管理规范》和《高压电力用户安全用电规范》，并对用电安全警示教育周活动进行动员部署。此次会议分别设立 1 个主会场和 352 个分会场，建设、交通、市政、农业、商务、旅游、文化、体育、新闻出版、园林等行业管理部门和西客站管委会有关负责人，各区安全监管局及乡镇街道主管领导，电工特种作业培训考核机构负责人，以及重点企业负责人等近万人参加会议。

同日 由市安全监管局、文化局主办的 2016 年北京市安全文艺基层巡演活动首场演出在通州区文化馆正式启动。市安全监管局副局长阎军、市文化局副局长王鹏，以及通州区安全监管局、区文化委相关领导出席活动，通州区部分企业安全负责人、一线职工，以及社区居民约 400 人观看演出。

5 月 27 日 副市长王宁带领市有关部门负责人到国家会议中心，对第四届中国（北京）国际服务贸易交易会注册中心和各展区搭建现场进行安全检查。朝阳区副区长黄晓伟参加检查。

同日 市安全监管局副局长唐明明赴通州区台湖镇与企业主要负责人开展“对话谈心”活动。

5 月 31 日 市人大常委会财经委主任王琪带领执法检查组到北京经济技术开发区开展执法检查。市安全监管局局长张树森、副局长唐明明和北京经济技术开发区管委会主任梁胜、副主任沈永刚参加检查。

同日 市安全监管局副局长卞杰成带队，聘请矿山、尾矿库专家组成检查组赴河北迁安市，对首钢矿业公司所属矿山汛期安全工作进行专项督查。

6 月

6 月 2 日 市安全监管局召开全市有限空间安全生产工作视频会，部署 2016 年有限空间安全生产工作。市发展改革委、住房城乡建设委、城市管理委、交通委、农委、水务局、广电局、通信管理局安全生产部门负责人，电力公司、燃气集团、热力集团、市政路桥公司、北京排水集团、歌华有线公司、中国移动北京分公司等 17 家企业集团安全管理部门负责人在主会场参加会议；各区相关委办局安全生产部门负责人、安全监管局主管领导、相关企业安全管理部门负责人在分会场参加会议。

同日 市安全监管局副局长李东洲赴北京协和医院，开展医疗机构危险化学品使用安全风险评估调研。市卫生计生委副主任毛羽、北京协和医院副院长王以明参加调研。

6月6日 为落实市领导批示精神，市安全监管局副局长李东洲主持召开会议，专题研究破坏燃气管线事故原因和预防措施。市规划国土委、住房城乡建设委、城市管理委和燃气集团有关负责人参加会议。

6月13日 京津冀安全生产应急联动机制工作会在天津市召开。国家安全监管总局副局长孙华山、天津市副市长何树山，国家安全生产应急指挥中心副主任王海军，北京市、天津市、河北省安全监管局局长、主管副局长，以及中石油、中石化、中海油等大型中央企业有关负责人和部分企业专职救援队负责人参加会议。

6月16日 2016年北京市安全生产宣传咨询日活动在北京市地铁运营三分公司太平湖车辆段举行。本次活动由市安全监管局、交通委和市志愿服务联合会主办，北京地铁公司、北京京港地铁公司承办。国家安全监管总局副局长徐绍川、北京市副市长王宁等领导出席活动。

6月21日 市安全监管局副局长卞杰成带领检查组赴密云区检查放马峪铁矿鞍子沟尾矿库、建昌铁矿新尾矿库、威克铁矿郝家庄尾矿库、首云铁矿和尚峪尾矿库4座运行库汛期安全生产工作。

6月22日 市安全监管局局长张树森、副局长贾太保召开座谈会，总结市安科院深化改革工作措施和做法，分析事业发展存在的突出问题，并对下一步工作提出具体要求。市安科院领导班子成员、中层干部参加会议。

同日 市安全监管局副局长唐明明赴房山区城关街道办事处与10家企业主要负责人开展“对话谈心”活动。

6月28日 副市长王宁到昌平区调研中石化北京石油分公司沙河油库周边安全距离不足隐患情况。市安全监管局局长张树森、副局长唐明明，中石化集团公司副总经理张海潮、中石化北京石油公司总经理陈立国，昌平区区长张燕友、副区长贺军，市城市管理委委员蒋志辉参加调研。

7月

7月1日 根据党中央、北京市委关于中国共产党成立95周年纪念活动的有关要求，结合“两学一做”学习教育，市安全监管局党组决定通过局党组中心组集中（扩大）学习会的形式，举办“学党史、感党恩、跟党走”系列讲座，激励全局党员干部进一步坚定理想信念、牢记历史责任、强化责任担当。

7月7日 市安全监管局副局长阎军带领检查组，采取“四不两直”的方式，深入部分区高温作业单位、建筑工地，现场检查、指导防暑降温与职业卫生工作。

同日 市安全监管局副局长卞杰成带领局有关处室和中国安科院、首钢矿业公司相关负责人组成的考察组，赴海南矿业公司、广东凡口铅锌矿考察学习数字化矿山建设工作。

同日 市安全监管局副巡视员谢清顺赴东城区和平里街道与和平里大酒店、和平商业大厦、思远优异影视文化传播有限公司等企业主要负责人开展“对话谈心”活动。

7月8日 副市长王宁主持召开全市油气输送管道和城镇燃气管道隐患整治专题会议，通报本市油气输送管道和城镇燃气管道隐患整治总体情况，研究分析存在的难点问题，部署下一阶段重点任务。市油气输送管道安全隐患整改工作领导小组有关成员单位和有关区政府主管领导，有关区安全监管、城市管理部门主要负责人，以及管道权属企业主要负责人参加会议。

7月12日 市安全监管局副局长阎军赴西城区白纸坊街道与右安门液化气站等15家企业与负责人开展“对话谈心”活动。

7月14日 市安全监管局召开全市机械、冶金、建材、轻纺、烟草等行业市属企业集团安全生产工作会议，总结上半年安全生产工作情况，研究讨论下半年安全生产重点任务。市经济信息化委、国资委有关负责人和市属工业企业安全机构负责人参加会议。

同日 市安全监管局副局长李东洲带队赴清华大学开展在京科研院校危险化学品使用风险评估调研。市教委和清华大学相关领导及人员参加调研。

7月15日 市安委会印发《北京市安全社区建设五年规划（2016—2020）》，结合全市安全社区建设实际情况，进一步提高全市安全基层基础建设水平，为未来安全社区建设发展指明方向。

同日 市安全监管局局长张树森主持召开“安责险”制度试点工作推进视频会议，总结试点工作开展以来取得的成效，交流各单位的经验和做法，布置下半年试点工作。

7月19日 市安全监管局副局长卞杰成带领检查组赴怀柔区、平谷区对京都黄金冶炼有限公司尾矿库、后安岭1号黄金尾矿库、晏庄金矿老尾矿库进行汛期安全检查，对尾矿库汛期安全生产提出明确要求。

7月20日 市安全监管局副局长唐明明赴房山区参加推广隐患排查治理体系建设及“安责险”工作会议，房山区副区长刘胜国出席会议并讲话。

7月21日 市安全监管局副巡视员谢清顺赴门头沟区与北京意高科技有限公司等6家企业主要负责人开展“对话谈心”活动。

7月22日 为落实副市长王宁批示要求，学习借鉴上海市危险化学品管控经验，市安全监管局副局长李东洲带队赴上海市开展调研工作。市交通委、公安局交管局和北京石油交易所相关负责人参加调研。

7月26日 市安委会办公室印发《2016年度区政府安全生产综合考核细则》（京安办发〔2016〕28号）。《考核细则》明确指导思想，提出基本原则，设置考核等次和奖项，明确考核方式及结果运用。

7月28日 市安委会印发《安全预防控制体系建设重点工作分工方案》（京安发〔2016〕10号）。《方案》明确各项重点工作的分工，要求相关单位加强组织领导，强化工作落实，严格工作考核。

8月

8月1日 市安全监管局局长张树森、副局长唐明明赴北京新机场建设总指挥部安全生产协调小组（筹建）办公室调研指导工作。北京新机场建设总指挥部办公室、安全生产协调小组办公室有关负责人参加调研。

同日 市安全监管局副局长阎军带队考察中建一局培训中心，听取中建一局集团安全生产宣传教育工作及“安全先锋”实训营的有关介绍，探讨第十届北京安全文化论坛的合作方式，并实地参观中国建筑安全培训体验基地，体验互动项目。

8月2日 市安全监管局、发展改革委联合印发《北京市“十三五”时期安全生产规划》，《规划》突出“重大政策、重点指标、重要项目、重大工程”，兼顾“全面和重点、现实与预期、近期与长远”，分析未来5年安全生产工作面临的形势与挑战，明确指导思想和总体目标，拟定主要工作任务，提出规划目标实现的保障措施。

8月9日 市安全监管局副局长唐明明主持召开隐患排查治理“一企一标准、一岗一清单”工作专题会，听取清单编制各项工作推进情况的汇报，研讨下一步工作措施。局有关处室和直属事业单位负责人参加会议。

8月19日 市安全监管局局长张树森、副局长李东洲赴通州区调研乡镇街道（园区）安全生产检查队规范化建设工作。朝阳区、通州区、顺义区安全监管局主要负责人参加调研。

8月25日 市安全监管局局长张树森、副局长阎军赴首都精神文明办，双方就推进“2016安监之星·北京榜样”活动事项进行交流座谈。

8月26日 由国家安全监管总局、中华全国总工会、共青团中央、黑龙江省人民政府共同主办，中国石油天然气集团公司承办的第二届全国危险化学品救援技术竞赛在黑龙江省大庆市落下帷幕。北京市代表队获得团体优胜奖二等奖、大流量移动炮储罐火灾扑救团体单项三等奖、危险化学品工艺管线带压堵漏二等奖。1人获得单兵破拆救人二等奖、4人获得个人全能优秀奖。2人被共青团中央拟授予“全国青年岗位能手”荣誉称号。

同日 市安全监管局副局长唐明明主持召开国有企业隐患排查治理体系建设试点工作会议，14家隐患排查治理体系建设试点企业负责人参加会议。

8月29日 市安全监管局副局长李东洲副主持召开全市工业企业二级标准化评审单位工作会议。全市43家标准化二级评审机构、7家工业集团公司的负责人参加会议。

8月30日 副市长王宁主持召开市安委会第三次全体会议，通报全市安全生产情况，部署集中开展危险化学品安全专项整治工作以及工业企业重点领域事故隐患专项治理工作。

8月31日 首都之窗网站推出“关注安全生产双百工程”访谈节目，市安全监管，局科技处、安科院负责人应邀做客访谈节目，就安全生产“双百活动”进行介绍，并回答相关提问。

9月

9月1日 人力资源和社会保障部副部长信长星带领国务院第四督查组来京对本市化解煤炭产能工作情况进行现场督查。市政府副秘书长王文杰、市发改委主任卢彦，以及北京市化解煤炭产能工作协调小组有关成员单位负责人参加督查。市安全监管局副巡视员李振龙参加督查。

同日 市安全监管局局长张树森主持召开全市淘汰不合格燃气灶具、安装燃气安全辅助设备和独立式感烟火灾探测报警器工作部署视频会，通报不合格燃气灶具淘汰、安全辅助设备安装前期工作开展情况和工作方案，就开展调查摸底、宣传以及设备选型等工作提出具体要求。

9月7日 国家煤矿监察局副局长宋元明来京调研煤矿安全培训考核工作。市安全监局副局长贾太保和北京煤监局、市安科院、京能集团、京煤集团有关负责人参加调研。

9月12日 市十四届人大常委会召开第二十九次会议，听取和审议市人大常委会执法检查组关于检查《中华人民共和国安全生产法》和《北京市安全生产条例》实施情况的报告等议题。市人大常委会主任杜德印、副主任柳纪纲分别主持全体会议，市安全监管局局长张树森和副局长唐明明、卞杰成列席全体会议和分组审议。

同日 市长王安顺主持召开第129次常务会议，传达习近平总书记、李克强总理关于安全生产工作的重要指示批示和全国安全生产电视电话会议精神，通报全市安全生产形势、重点工作开展情况和下一步工作安排，并就淘汰不合格燃气灶具、安装燃气安全辅助设备和独立式感烟火灾探测报警器工作进行专题研究。

同日 市安全监管局在北京经济管理职业学院举办2016年市政府有关部门安全监管机构负责人安全生产专题培训班，重点讲解典型事故责任追究案例及如何落实好政府部门安全监管职责，宣传贯彻《北京市生产安全事故隐患排查治理办法》。

同日 市安全监管局在延庆区永宁镇举行以《生命至上·平安是福》为主题的"安全文化进校园"文艺演出，市安全监管局副局长贾太保、副巡视员谢清顺和首都综治办、延庆区相关负责人及延庆区永宁学校600名中小学生观看演出。

同日 市安全监管局副局长李东洲主持召开专题会议，研究首都机场油库扩建项目安全管理工作。市规划国土委、顺义区安全监管局、中国航空油料有限公司以及相关部门负责人参加会议。

9月19日 市人力社保局、安全监管局共同主办的"构建大数据思维的隐患排查治理体系"高级研修班暨第22届全国安科院所长联席会在北京会议中心正式开幕。全国17个省市的70余名安全生产领域管理人员、高级专业技术人员参加研修学习。

9月20日 市安全监管局副局长卞杰成带领局有关处室及采矿、尾矿库、排土场方面的专家对首钢矿业公司开展安全督查。督查组分别对首钢矿业公司水厂铁矿露天采场、东西两个排土场、新水和尹庄两个尾矿库，杏山地下采场，大石河大采尾矿库和孟家冲尾矿库进行安全检查，重点检查安全生产责任制落实情况、尾矿库安全设施运行情况、排土场排放安全情况、露天采场安全监测情况和地采矿山通风、排水、运输提升、顶板管理等情况。

同日 市安全监管局按照国家安全监管总局通知要求，赴甘肃省开展工贸行业有限空间作业条件确认和粉尘防爆专项整治工作检查。

9月21日 市安委会印发《关于淘汰不合格燃气灶具、安装燃气安全辅助设备和独立式感烟火灾探测报警器工作实施方案》(京安发〔2016〕13号)，明确实施范围和内容，建立组织机构，确认责任分工，明晰政策措施和实施步骤。按照"政府推动、企业参与、居民自愿、以点带面"的原则，在全市城乡困难居民家庭，淘汰不合格燃气灶具、安装燃气安全辅助设备和独立式感烟火灾探测报警器。

9月23日 市安全监管局召开全市职业卫生监管工作视频会，通报职业卫生基础建设达标验收及职业病危害现状评价评查工作情况，宣贯《关于加强本市存在职业危害用人单位劳动者职业卫生培训工作的指导意见》，对职业病危害防治评估工作进行部署。各区安全监管局主管领导、职安科全体人员，部分乡镇街道安全科职业卫生管理人员和部分专职安全员参加会议。

9月26日 市安全监管局举行《北京市“十三五”时期安全生产规划》新闻发布会，解读《北京市“十三五”时期安全生产规划》重点内容，就“十三五”时期北京市安全生产工作面临的挑战、如何推动经济存量中高危险和高职业危害生产企业转移或退出、提升城市安全风险防控能力举措、促进京津冀安全生产协同发展举措等问题回答记者提问。新华社、《北京日报》《北京晚报》《北京青年报》、千龙网等10余家新闻媒体参加会议。

9月27日 副市长程红带领西城区政府和市安全监管局、工商局、质监局、食品药品监管局、商务委、公安局消防局、旅游委相关负责人对“十一”黄金周饭店服务接待和安全保障工作进行检查。

同日 副市长王宁带领市安全监管局、城市管理委、规划国土委、公安局消防局等部门负责人，对房山区、西城区石油天然气管道、城镇燃气管道隐患整治工作和国庆假日安全生产工作进行检查。

同日 市安全监管局副巡视员李振龙带队赴房山区实地调研旅游景区玻璃栈道安全管理工作，并就国庆节假日期间十渡景区玻璃栈道等旅游设施安全管理工作进行专题研究部署。

9月28日 市委书记郭金龙主持召开市委常委会，传达习近平总书记、李克强总理等中央领导同志关于安全生产工作一系列重要指示批示，分析安全生产形势，研究部署全市安全生产等工作。

同日 市政府召开四季度全市公共安全形势分析会，通报全市前三季度安全生产事故情况和特点，分析研判四季度安全生产工作面临形势，并就安全生产工作提出具体要求。

9月28日 市安全监管局副局长李东洲在局应急指挥中心约谈清华大学相关领导，通报该校在危险化学品使用安全风险评估中存在的安全隐患问题，对消除隐患工作提出要求。

9月29日 市安全监管局副局长唐明明主持召开安全生产考核工作研讨会，研究讨论《2016年度国务院安全生产工作考核任务分解表》（征求意见稿）。市安委会有关成员单位负责人参加会议。

10月

10月10日 市安全监管局新版政务门户网站通过专家组验收，正式上线运行。改版后的网站设置“政务公开”“办事服务”“政民互动”“宣教之窗”4个栏目。首次采用云化部署，提升系统稳定性和安全性。

10月18日 市安全监管局副局长贾太保主持召开注册安全工程师试点工作调度会，通报企业注册安全工程师试点工作基本情况。各区安全监管局主管领导和市属企业集团安全生产机构负责人参加会议。

10月21日 北京安联（市安全生产

联合会）被市委社会工委正式认定为安全生产领域“枢纽型”社会组织，并在2016年社会公益汇开幕式上正式授牌。市安全监管局副巡视员李振龙参加开幕式。

10月23日 市安全监管局副局长阎军主持召开全市职业病防治工作联席会议，通报职业卫生监管、职业病鉴定、体检机构管理和工伤保险工作情况，对职业卫生数据共享、职业健康体检机构分布、职业病诊断、工伤保险待遇落实和职业危害普查、监督执法及联席会议制度运行等工作进行交流。市发展改革委、经济信息化委、财政局、人力社保局、国资委、民政局、卫生计生委等成员单位有关负责人参加会议。

10月27日 市安全监管局、总工会在中国石化集团北京燕山石油化工有限公司教育培训中心举行2016年北京市“职工技协杯”应急处置员（危险化学品）职业技能竞赛决赛。国家安全监管总局，北京市政府应急办、安全监管局、总工会、职工技术协会和燕山石化公司负责人出席开幕式。

10月31日 市职业病防治联合会职业卫生技术服务机构专业委员会成立。职业卫生技术服务机构专业委员会的成立，将为促进本市职业卫生技术服务工作的规范发展、推动职业卫生技术研究和实践创新注入新的动力，提供新的平台。

11月

11月4日 市安全监管局副局长贾太保在昊华能源公司主持召开木城涧煤矿“10·22”事故分析会，通报事故调查情况，分析事故发生的原因和安全管理、教育培训、设备管理等方面暴露的问题。市发展改革委、总工会、公安局内保局、国资委，京能集团、京煤集团、昊华能源公司有关负责人参加会议。

11月10日 市安全监管局在北京经济管理职业学院举办安全生产法制人员培训班，各区安全监管局主管领导、法制科室负责人，以及市安全监管局执法处室兼职法制人员参加培训。

11月15日 国家煤矿安全监察局副局长宋元明带领国务院安委会第10督查组，对北京市安全生产工作进行专项督查。

11月16日 市安全监管局、总工会和首钢技师学院举行2016年北京市“职工技协杯”职业技能竞赛检查人员（专职安全员）比赛决赛开幕式。市安全监管局局长张树森、总工会副主席韩世春和首钢总公司、市职工服务中心、首钢技师学院负责人出席开幕式。

同日 市安全监管局在顺义区举办安全生产新闻业务研讨交流会。本次新闻业务研讨交流会体现理论学习、实地采访和互动讨论的深度融合。市安全监管局各处室新闻通讯员、各区安全监管局新闻通讯员参加会议。

11月22日 国家安全监管总局副局长付建华带队到朝阳区安全监管局调研安全生产执法装备建设工作，并与部分区安全监管局领导和一线执法人员进行座谈。副市长王宁，市安全监管局副局长贾太保、唐明明，朝阳区副区长杨树旗，以及部分区安全监管局负责人参加调研。

11月23日 市版权局版权保护中心根据市版权局《关于开展2016年全市国家机关软件正版化检查工作的通知》要求，对市安全监管局2016年度软件正版化工作完成情况进行检查验收。经过检查，市安全监管局正版化软件使用率 100%，通过验收。

11 月 24 日 市安全监管局在首都经贸大学举办以“创新 协同 安全 发展”为主题的第十届北京安全文化论坛。国家安全监管总局人事司（宣教办）监察专员杨占科、国家安全监管总局宣教中心主任何国家、市安全监管局局长张树森出席论坛开幕式。各区安全监管局、乡镇街道、市（区）属企业相关负责人，河北省、天津市安全监管局相关负责人及中建一局企业员工、科研院所、安全生产专家、部分首都高校的学生、新闻媒体人员 1500 余人参加本届论坛。

同日 市安全监管局副局长唐明明主持召开安全生产大检查督查工作会议，研究部署安全生产大检查督查工作。市住房城乡建设委、城市管理委、公安局消防局、交通委有关负责人参加会议。

11 月 25 日 副市长王宁主持召开安全生产紧急电视电话会议，传达习近平总书记、李克强总理对江西丰城发电厂“11·24”坍塌事故重要指示精神，通报江西丰城电厂坍塌事故情况，部署全市建筑施工领域安全生产大督查、大检查工作。

同日 第一次京津冀协同应对事故灾难联席会议在北京召开。会议通过《京津冀协同应对事故灾难工作纲要》，讨论《京津冀协同应对事故灾难 2017 年重点工作》《京津冀协同应对事故灾难试点工作方案》《京津冀危险化学品道路运输事故应急联动信息通报管理办法（试行）》，明确京津冀三地应急联动建设的重要事项。国家安全监管总局、北京市应急办、京津冀三地安全监管局和技术支撑单位有关负责人参加会议。

11 月 30 日 副市长王宁带领市政府办公厅、安全监管局、住房城乡建设委、发展改革委和大兴区政府有关负责人赴北京新机场航站楼施工现场，检查指导北京新机场建设安全生产工作。

12 月

12 月 2 日 市科委组织召开专家论证会，通过由市安科院牵头承担的《基于 VR 技术的安全生产典型场景隐患排查实训系统关键技术研发及应用》课题，立项 2017 年“绿色通道”课题。

12 月 7 日 市安全监管局副局长贾太保带领北京煤监局和市城市管理委、国资委有关负责人对京煤集团和昊华能源公司大台煤矿开展安全生产大检查综合督查。

同日 市安全监管局副局长李东洲主持召开会议，专题研讨北京新机场跨省域工程事故调查处理工作。市公安局、检察院、监察局、人力社保局、总工会和大兴区安全监管局有关负责人参加会议。

12 月 9 日 副市长王宁主持召开隐患排查治理体系建设现场会，总结本市隐患排查治理体系建设成果，交流工作经验，部署全市隐患排查治理体系建设工作。市政府副秘书长尹培彦、市安全监管局局长张树森、顺义区区长高朋，各区、北京经济技术开发区负责人，市安委会有关成员单位和有关部门负责人，部分市属国有企业主管领导和中介服务机构主要负责人参加会议。

12 月 12 日 按照市领导指示要求，市安委会组成 8 个督查组，对各区及北京经济技术开发区安全生产大检查工作开展情况进行综合督查。

12月14日 市安全监管局局长张树森在北京会议中心主持召开全市有限空间作业大比武总结表彰会。市总工会、城市管理委、住房城乡建设委等部门和各区安全监管局负责人，市劳保所专家和70支优秀参赛队伍代表参加会议。

同日 上海市安全监管局副局长曹俊带队来北京市安全监管局调研危险化学品安全监管工作。

12月15日 国家安全监管总局原副局长、中国煤炭工业协会副会长梁嘉琨带领国务院安委会办公室督导组到京煤集团调研煤矿安全生产工作。市安全监管局副局长贾太保和京煤集团、昊华能源公司负责人参加调研。

同日 北京煤监局召开木城涧煤矿“10·22”顶板事故通报会，通报“10·22”事故调查处理的有关情况。市城市管理委、京能集团、京煤集团有关负责人，昊华能源公司领导班子成员、相关部室负责人和各煤矿副总以上领导、科段负责人及班组长代表参加会议。

12月21日 京津冀地方标准协同研讨会在天津市召开。京津冀三地安全监管、质监部门有关负责人参加会议。

12月26日 市安全监管局副局长卞杰成带领局有关处室和采矿、尾矿库、排土场等方面的专家对首钢矿业公司开展安全督查。

12月27日 市安全监管局联合市城市管理委、公安局消防局及相关单位举行淘汰不合格燃气灶具、安装燃气安全辅助设备和独立式感烟火灾探测报警器新闻发布会。新华社、北京电视台、北京广播电台、《中国安全生产杂志》《北京晚报》等新闻媒体参加会议。

安全监管

综　述

2016年，全市安全监管系统贯彻落实党中央、国务院关于安全生产工作决策部署和习近平总书记系列重要讲话精神，在市委、市政府的正确领导下，在国家安全监管总局的指导下，聚焦安全生产“四化三体系双基”总任务，加大执法检查力度，深入开展专项整治，圆满完成各项工作任务。

一、落实企业安全生产主体责任

率先建立双重预防机制。制定印发《关于推进安全预防控制体系建设的意见》和《重点工作分工方案》，启动安全风险评估试点、安全预防控制监测指标体系和全市安全风险源普查工作调研，在全市重点行业领域研究制定安全风险源辨识评估标准。《北京市生产安全事故隐患排查治理办法》（市政府令第266号）2016年7月1日实施，制定印发《2016年财政资金支持隐患排查治理体系建设项目实施方案》，加强隐患资金使用与管理。北京市连续两年被国家安全监管总局列为全国隐患排查治理体系示范试点单位。全市以2100余家企业编制隐患“标准清单”为突破口，推进“一企一标准、一岗一清单”编制工作，实现隐患排查项目清单化。隐患排查治理系统上线试运行，实现事故隐患排查治理和监督管理信息化。

深化安全生产标准化建设。严格把控标准化企业创建质量，完善咨询与评审分离、核查等工作机制，二级标准化企业实现100%现场复核。加强评审机构管理，对问题突出的4家评审机构进行约谈和通报。研究制定标准化示范企业创建方案，开展示范企业推荐、初选等工作。截至2016年底，全市完成达标企业数量109396家。其中一级企业22家、二级企业468家、三级企业18656家、小微企业90250家，企业安全生产管理水平不断提升。

强化安全生产执法检查。市政府办公厅印发《关于进一步加强本市安全生产监管执法工作的通知》，提出加强安全生产监管执法保障建设、建立并落实企业主体责任检查评估制度等7个方面的执法工作要求。以编制加油站、油库、非煤矿山、网吧、宾馆和餐饮企业的安全生产执法检查规范为抓手，在全市范围内统一执法检查标准，明确执法检查规范，解决全市执法工作标准不统一、程序不规范的问题。印发《北京市生产经营单位安全生产主体责任规范》，全市各区和行业主管部门，通过多个媒体平台，合力进行宣贯。落实“双随机、一公开”要求，制定《北京市推进安全生产监督检查随机抽查工作的落实方案》和《北京市安全生产随机抽查事项清单指导目录》，有计划、有针对性地开展随机抽查。合理统筹市、区执法资源，通过跨区治理、联合执法、部门联动、警示约谈等方式，促进企业主体责任的落实。2016年，全市安全监管系统监督检查生产经营单位10万余家，查处整改隐患10万余项，下达行政执法文书3.2万份，实施经济处罚1796起、罚款5280.46万元，停产停业149家，责令停产停业整顿38家。全市乡镇街道（园区）专职安全员检查生产经营单位66.6万余家，下达行政执法文书20.5万余份，发现问题隐患86.8万余项。圆满完成2016年全国“两会”、党的十八届六中全会、中央经济工作会、中央农村工作会、中央政法工作会、第十一届中国北京国际文化创意产业博览会等51项重大活动保障任务。

强化重点行业领域安全监管。推进尾矿库、排土场及金属非金属矿山退出，制定《北京市尾矿库销库办法》，建立尾矿库、排土场退出奖励机制。强力推动危险化学品重大隐患治理，3项市级挂账隐患整改取得阶段性成果。疏解退出有储存设施的高风险危险化学品经营企业76家，拨付奖励资金4560万元。开展白酒制造企业专项治理，引导安全生产基础薄弱的企业逐步退出。开展职业病危害现状评价和职业卫生基础建设核查工作，建立职业卫生监控指标动态体系，聘请专家和机构对汽修、陶瓷和耐火材料企业进行专项治理。加大攻坚力度，实行分级挂账督办制度。截至2016年底，499项石油天然气管道隐患和98项危险化学品管道隐患已全部整改，683项城镇燃气管道隐患已整改完成587项。

规范事故调查处理。以规范调查程序标准、丰富专业知识内容为切入点，开展多元化培训、组织专家授课和事故案卷评审讲评。利用“事故统计直报系统”，研究分析数据信息，有针对性地提出预防措施办法，在综合监管模式创新上作出有益尝试。突出业务指导，全年组织检查调研9次，挂牌督办事故4起，现场指导事故调查24起，组织业务交流和视频业务培训4期。

二、注重安全生产改革引领

深化安全生产领域改革。按照全面深化安全生产领域改革任务分工方案，依托市城市规划建设管理体制改革专项小组，发挥部门联动机制优势，与城市管理体制改革工作协同推进，以改革创新引领安全生产发展。在巩固试点成果的基础上，加强分类指导，将部分乡镇街道和企业纳入到安全生产领域改革试点工作中，乡镇街道、企业建立隐患排查治理体系，生产经营单位建立安全生产机构或配备专职安全生产管理人员试点，安全生产专职检查员队伍建设规范化试点等一系列试点工作取得明显成效。继续发挥改革创新奖的激励效应，2016年对28个单位和部门的37项改革创新项目予以表彰。

编制“十三五”安全生产规划。发布《北京市“十三五”时期安全生产规划》，研究制定市安委会成员单位任务分工方案。通过组织召开新闻发布会，以及《中国安全生产报》《北京日报》、首都之窗、北京信息等相关媒体刊载，对规划亮点内容进行解读。全市16个区和北京经济技术开发区均制定“十三五”时期安全生产专项规划，并纳入到本区域国民经济和社会发展总体规划。

推进京津冀安全生产协同发展。印发

《关于加强京津冀安全生产协同发展的意见》《京津冀安全生产工作协作办法》《2016年京津冀安全生产协同发展重点工作任务》3个文件。举办京津冀安全生产协同发展会议，明确轮值秘书长、信息交流等6项工作机制。举办京津冀安全生产协同发展论坛。召开第一次京津冀协同应对事故灾难联席会议，审议《京津冀协同应对事故灾难工作纲要》《京津冀协同应对事故灾难2017年重点工作》《京津冀危险化学品道路运输事故应急联动信息通报管理办法（试行）》《京津冀协同应对事故灾难试点工作方案》，签署关于建立区域安全生产应急联动工作机制的协议。

三、强化安全生产责任体系建设

深化责任体系建设。全市贯彻落实《中共北京市委北京市人民政府关于实施安全发展战略 促进和谐宜居之都建设的意见》，16个地区和负有安全生产监管职责的政府部门全面落实“党政同责、一岗双责”。市政府和各区政府、各区政府与属地乡镇街道和部门层层签订《安全生产目标责任书》，实现安全生产责任落实“全覆盖”。

加强安全生产综合监管。建立完善行业部门年度安全生产目标任务书个性化定制、年度亮点工作年终盘点、“两会”安全生产建议提案承办督办工作机制。加大重大工程综合监管，研究推动成立新机场建设工程安全生产工作协调小组。印发《关于进一步加强燃气建设工程安全监管工作的指导意见》，厘清、明确燃气工程安全生产监管职责及分工，破解本市燃气建设工程安全生产监管难题。定期召开轨道交通建设安全工作会议，巩固完善典型经验现场观摩交流机制。

健全安全生产督查考核制度。成立安全生产督查组，统筹开展国务院挂账重大火灾隐患督办、全市综合督查，油气输送管道、隐患排查治理办法、交通运输行业“两客一危”、贯彻落实“和谐宜居之都建设的意见”等综合和专项督查18次。完善综合考核办法，印发综合考核细则，提高综合考核的针对性。将综合考核结果作为市政府绩效考核、首都综治考核安全生产考核内容。

四、强化安全生产社会治理

“双百工程”取得实效。深化“双百工程”，拓展和延伸覆盖范围，搭建起“政府—中介—企业”三方交流互动平台。全市组织近300名安全监管干部与3200余家规模以上企业负责人开展“对话谈心”活动；聘请近300名专家为5000余家小微企业、50所学校实验室、50家社区和50家养老院进行现场技术服务。

社会组织建设取得新进展。北京安联（市安全生产联合会）正式被市委社工委认定为安全生产领域“枢纽型”社会组织。扩大安全生产社团组织“朋友圈”，建立“一家缴费，多家服务”会员共享机制。增强社团自身“造血”功能和自转能力。加强中介机构监管，组织开展专项抽查督查，开展“安全生产中介机构示范单位”评选活动。对全市39家安全评价机构开展“全覆盖”执法检查。

“安责险”制度试点成果显著。制定完善费率调整、运营服务、工作考核等一系列制度，强化保险公司的承保、理赔和事故预防服务。将投保“安责险”纳入企业安全生产信用评定的重要内容，并根据信用等级实行费率浮动。推动保险机构参与事故预防，为市热力集团、西城餐饮等

1145家企业提供隐患排查服务。举办“安责险杯”烟花爆竹知识竞赛，开展烟花爆竹安全管理知识培训班，探索利用保险机构参与安全生产社会治理的新路。2016年，全市30个行业领域的21370家企业参保“安责险”，缴纳保险费用4173万余元，得到超过896亿元的风险保障。

启动安全生产信用体系建设。制定印发《北京市安全生产信用体系建设管理办法》和配套制度文件，与执法检查、“安责险”、隐患排查治理、标准化等工作有效衔接，建立信用等级动态评定管理、信息共享互通、联合奖惩、行政处罚和许可信用信息通报等工作机制，在全市2000家企业开展信用体系建设试点。安全生产信用体系建设被评为北京市市级行政机关“创新创优”项目。

五、强化安全生产支撑体系建设

法规标准体系不断完善。推进《北京市安全生产条例》修订，完成立法可研报告和《条例》实施5年评估报告，明确《条例》修订的重点和方向。推进“百项地标”工程，完成地标编制60项，修订预审22项，通过评审8项。职业卫生地方标准加快制定，《金属制品业职业卫生技术规范》和《低温作业和冷水作业职业卫生技术规范》两项“地标”通过市质监局审查向社会公布。召开京津冀三地地标协同会，签订合作协议，确定首批10项三地协同地方标准，其中《总则》《通用要求》标准具备正式发布条件。深入开展普法工作，开展《中华人民共和国安全生产法》《北京市生产安全隐患排查治理办法》等分类普法培训，市级直接培训人员9000余人。抽调各区法制骨干组成规章宣贯讲师团，对基层3.5万人进行宣贯培训。

信息化工作继续深化。按照“优化业务系统用户体验”“统一整合部门应用系统”“搭建数据分析平台”的思路，强化信息化技术应用，谋划项目转型升级。政务外网完成改版并上线运行，行政审批和电子监察系统应用体验有效提升，隐患排查系统完成新老系统数据对接。统筹设计大数据可视化平台，探索安全监管大数据应用模式。推进重点行业领域安全生产综合监管信息管理平台建设，完善综合考核、标准化建设、数据报送等功能。

行政审批、举报投诉和特种作业考核服务不断加强。加大行政审批系统的应用推广及使用管理，实现网上审批“全覆盖”。整合值守应急、行政值班和举报投诉资源，建成举报投诉中心（总值班室），创建举报投诉“一号通”系统平台，开展“百企千人”示范活动，全年接听市民来电5906个，接收举报信息769件，立案查处664件，办结703件，办结率91.42%。深化特种作业考核管理，深化特种作业标准化、信息化、现代化考试点示范工程，修订完善考试远程监控、考试保密、证件制证审批、材料审核等制度，建成考试点35个。

六、强化安全生产基层基础工作

专职安全员队伍建设规范有序。采取“三次考试、两批上岗”的方式，完成1340名区职能部门专职安全员队伍组建工作。强化专职安全员规范化建设，制定安全生产检查队规范化示范创建实施意见、区级职能部门专职安全员资格管理办法等文件。以“四统一、六规范，一创新”为主要目标，在东城区、西城区、朝阳区、丰台区、通州区、顺义区开展乡镇街道（园区）安全生产检查队规范化建设示范区创建，专职安全员队伍建设水平明显提高。

出台《进一步调整规范安全生产专职安全员工资待遇的指导意见》，推动建立专职安全员工资待遇增长机制。采取组织专职安全员检查队队长标兵评定、领军人才选拔培养以及安全检查技能竞赛等系列措施，引导和激励全市6048名专职安全员奋发成才。2016年全市评选出队长标兵84名、领军人才60名、检查能手101名。

宣传教育亮点突出。抓住新媒体时代脉搏，突出“两微一端一报”，拓宽宣传渠道，建成多媒体演播室，开辟“直击安全现场”栏目，刊发“首都安全”专版11期，制作专题访谈节目11期，在省级以上媒体报道安全生产工作4079篇。开展第十五个安全生产月、“2016安监之星·北京榜样”评比、青年安全生产示范岗创建等活动，固化基层文艺巡演、安全文化论坛等特色品牌。完成50家中学安全进校园活动。加强培训工作统筹力度，编写安全培训教材23本，全年举办各类安全生产培训29期。

安全生产专业人才队伍不断壮大。加大注册安全工程师扶持力度，成立注册安全工程师事务所41家，制定《北京市注册安全工程师事务所管理办法》，在京能集团等5个企业集团公司830家企业开展注册安全工程师使用试点。组织开展安全工程专业高级工程师评价工作。“北京市职业病防治领域高层次专业技术人才培养计划”顺利完成。制定完善专家使用登记、管理、聘任等制度，调整优化安全生产专家库。深入开展安全生产领域4个项目的职业技能大赛、“职工技协杯”应急处置员（危险化学品）和专职安全员职业技能竞赛、有限空间作业大比武活动。

市安委会工作

【市政府2号文件发布】 1月6日，《北京市人民政府关于推进安全预防控制体系建设的意见》（京政发〔2016〕2号）正式发布。《意见》以十八大和十八届三中、四中、五中全会精神，以及习近平总书记系列重要讲话和对北京工作的重要指示精神为指导，牢固树立创新、协调、绿色、开放、共享的发展理念，大力实施安全发展战略，强化预防为主，按照“关口前移、重心下移、统筹协调、广泛动员”的原则，坚持政府推动引导、企业全面负责、社会公众参与，从完善安全预防控制运行机制、提升企业安全预防控制能力、强化城市运行安全风险管控、充分发挥社会参与和市场机制作用、保障措施等5个方面，提出建设安全预防控制体系的具体举措，致力于全面提升城市安全生产综合治理能力，为建设国际一流的和谐宜居之都提供坚强安全保障。

（车广杰、赵芬）

【市安委会第一次会议】 1月29日，市长王安顺主持召开市安委会第一次全体会议暨全市安全生产工作电视电话会议。会上，市公安局通报朝阳区孙河乡“1·24”火灾事故处置情况，播放“1·24”火灾事故影像资料。副市长王宁传达习近平总书记等中央领导同志关于加强安全生产工作的重要指示，总结2015年全市安全生产工作，对2016年全市安全生产工作进行部署。王安顺在讲话中指出：要坚决贯彻落实中央决策部署，牢固树立安全生产“红线”意识，以对人民群众生命财产安全高度负责的态度，以最严格的尺度和标准，深入细致地抓好各项安全生产工作；要采取有效措施，全力抓好重点行业领域安全生产工作，要深入推进专项整治，持续开展隐患排查，不断加强执法检查，切实强化事故调查处理；要转变治理方式，深化改革创新，强化依法治理，夯实基层基础，不断健全安全生产长效机制；要严格落实责任，落实好党委和政府领导责任、部门监管责任和企业主体责任，加快形成安全生产齐抓共管的良好格局。

（薛瑞丰）

【副市长隋振江带队安全检查】 2月1日，副市长隋振江、市政府副秘书长朱炎带领市安全监管局、经济信息化委、质监局、公安局消防局等部门主管领导到企业一线检查安全生产工作。检查组一行在北京欢乐谷、北京太阳宫燃气热电有限公司等场所进行检查。隋振江指出：要深刻汲取以往事故教训，提高日常安全管理工作认识，加强管理，春节前要组织开展一次安全大检查，排查隐患问题。针对低温天气要进一步加强安全管理，排除低温干扰和影响。行业管理部门要研究制定有针对性的检查措施，组织开展工业系统安全隐患排查，加强行业系统安全管理工作。

（叶子楠）

【常务副市长李士祥带队安全检查】 2月3日，常务副市长李士祥带领市发展改革委、城市管理委、安全监管局、公安局消防局等部门负责人检查北京燃气集团民族宫调压站、市电力公司长椿街变电站安全生产工作，重点检查设备安全运行情况和应急保障工作。李士祥强调：春节即将来临，越是万家灯火、阖家团圆的日子，越是服务保障人员最辛苦的时候。首都无小事，首都安全责任重于泰山，人民生命财产高于一切，各个服务保障部门要始终绷紧安全这根弦，用辛勤的付出为首都市民提供安全稳定的社会氛围。

（叶子楠）

【副市长王小洪带队检查春运安全】 2月3日，副市长王小洪带领市安全监管局、交通委、公安局消防局等部门负责人到六里桥客运枢纽、六里桥地铁站检查春运安全工作。重点对安检设施、安全通道等进行检查。王小洪指出：长途客运和地铁运输为市民主要出行方式，六里桥客运主枢纽和六里桥地铁站都是人员密集场所，安全工作综合性很强，涉及车辆运行、电气设备运行、消防安全、反恐、治安、人员踩踏等很多方面，需要各个部门、各个单位通力合作，才能保障安全。检查组还对半步桥公租房小区、地坛公园进行检查。

（叶子楠）

【副市长王宁带队检查庙会安全】 2月6日，副市长王宁带领市文化局、安全监管局、公安局消防局、公安局治安总队等部门负责人检查地坛庙会安全工作，重点检查园内视频监控室、临时搭建舞台和展位以及庙会布置等情况。市文化局随行介绍全市庙会总体情况，市公安局治安总队汇报庙会安检工作及控制大人流措施等情况。第31届地坛春节文化庙会园内临时搭建86个展位、4处舞台，东城区安全监管局对上述临时工程实施检查并要求主办单位聘请安全评价机构对全部临时工程进行安全评估。评估结论为，临时建筑物设计承载力、弯距符合安全要求，能够按照要求进行搭建施工，可以安全使用。王宁要求活动期间做好安全工作，不能有丝毫麻痹。

（叶子楠）

【信用体系建设管理办法】 2月22日，市安委会印发《安全生产信用体系建设管理办法》（京安发〔2016〕4号）。安全生产信用体系是社会信用体系的重要组成部分，安全生产信用信息分类、信用信息归集、信用等级评定、黑名单管理、信用激励约束等制度体现企业在安全生产方面的信用程度，为推进本市安全生产领域信用体系建设，创新安全监管方式，促进企业安全生产主体责任落实，奠定坚实基础。

（李保江）

【市安委会第二次会议】 3月18日，副市长王宁主持召开市安委会第二次全体会议暨全市安全生产工作电视电话会议。会上，市政府副秘书长马林传达市委书记郭金龙、市长王安顺重要批示精神。市安全监管局局长张树森通报《2016年度安全生产目标责任书》、油气输送管道隐患整治、专职安全员组建、工业企业专项整治、安全生产信用体系建设、隐患排查治理标准清单编制工作等情况。市政府法制办副主任王荣梅解读《北京市生产安全事故隐患排查治理办法》（市政府第266号令）。通州区政府汇报乡镇街道和区属部门专职安全员组建工作以及在专职安全员队伍中建立党团、工会组织的有关工作；西城区政府汇报隐患排查治理“一企一标准、一岗一清单”编制工作。副市长王宁要求：一是各区、各部门、各单位要全面落实“党政同责、一岗双责、失职追责”的要求，市安委会办公室要定期通报，严格考核，兑现奖惩；二是加大宣传培训力度，推进“一企一标准、一岗一清单”编制工作，贯彻《北京市生产安全事故隐患排查治理办法》；三是加强安全生产信息化建设，加快新一代信息技术与安全生产的融合发展，构建安全生产业务智能监管网络；四是推进高危行业和重点领域安全专项整治，强化高危行业和重点领域安全生产责任保险试点，增强事故预防和善后补偿能力；五是实施安全生产“十三五”规划，加强组织领导，明确实施部门，落实保障措施，推动各项工作有计划、有步骤开展。

（胡静）

【年度安全生产重点任务】 3月28日，市安委会印发《关于做好2016年度安全生产重点工作任务的通知》（京安发〔2016〕5号），明确7大类30项主要任务，提出保障措施和工作要求。实施安全发展战略，健全完善安全生产工作机制，坚持依法治安，强化责任落实，强化综合治理，夯实基层基础，破解安全发展难题，督促企业落实安全生产主体责任，努力减少一般事故，有效防范较大事故和社会影响大的事故，坚决遏制重特大事故，着力构建长效机制，确保“四化三体系双基”总任务有序推进，实现“十三五”时期安全生产工作良好开局。

（赵同立）

【二季度公共安全形势分析会】 4月14日，市政府召开二季度全市公共安全形势分析会，总结一季度全市公共安全工作，对二季度公共安全、安全生产、森林防火安全形势进行分析研判并提出明确要求。副市长王宁指出：一季度以来，全市安全生产形势持续稳定好转，但面临的形势不容乐观。进入二季度，各类生产经营活动频繁，安全生产不利因素增多，各单位要高度重视，重点抓好隐患排查治理和安全预防控制体系建设，强化白酒制造、油气输送管道隐患排查治理等重点行业领域专项整治，启动安全生产信用体系建设。常务副市长李士祥要求：一是深入学习贯彻习近平总书记系列重要讲话精神，增强做好首都公共安全和安全生产工作的责任担当；二是强化主体责任，深入细致地抓好安全生产工作，保证安全投入、安全培训、基础管理、应急救援“四个到位”；三是把握季节性特点，做好人员密集场所安全管理、安全度汛准备、防灾减灾宣传教育等工作。

（郝树亮）

【隐患排查治理项目实施方案】 4月25日，市安委会印发《2016年财政资金支持隐患排查治理体系建设项目实施方案》（京安发〔2016〕7号）。明确任务目标，开展重点行业领域重大事故隐患治理，推进企业安全生产标准化达标创建工作，持续推进隐患排查治理体系建设。确定工作流程，制定实施方案，推进项目实施工作，做好项目验收审核。通过开展安全生产隐患排查治理体系建设，推动企业安全生产主体责任落实，建立健全安全生产隐患排查治理机制，强化属地政府和企业安全生产责任体系和基础建设，推进重点行业领域重大事故隐患治理，实现隐患排查治理工作的网格化、标准化、信息化。

（党少丹）

【隐患整治专题会议】 7月8日，副市长王宁主持召开全市油气输送管道和城镇燃气管道隐患整治专题会议，通报本市油气输送管道和城镇燃气管道隐患整治总体情况，研究分析存在的难点问题，部署下一阶段重点任务。截至6月底，全市排查确认的各类油气输送管道安全隐患1280项，整改完成850项（其中98项危险化学品管道隐患全部整改完成）。全市仍有430项隐患未整改完成（其中石油天然气管道隐患48项、城镇燃气管道隐患382项）。王宁要求：一是高度重视，增强做好隐患整治工作的紧迫感和责任感，做到认识到位、措施到位、落实到位；二是抓住工作重点，确保本市剩余的石油天然气管道隐患按照国务院安委会有关要求及时销账，要将城镇燃气管道隐患中危害最大、特别是涉及群众较多的隐患先行解决，先难后易，对难点问题要定出治理方案、整改期限，定期研究，每月排名通报；三是落实企业主体责任、政府属地责任和部门监管责任；四是严厉打击破坏油气输送管道的非法违法行为，坚决遏制破坏燃气管道引起的事故。

（薛瑞丰）

【区政府安全生产综合考核细则】 7月26日，市安委会办公室研究制定并印发《2016年度区政府安全生产综合考核细则》（京安办发〔2016〕28号）。考核细则明确指导思想，提出基本原则，设置考核等次和奖项，明确考核方式及结果运用，以科学发展、安全发展为指导，强化安全生产目标管理和量化考核，推动落实区政府安全监管责任，促进全市安全生产形势持续稳定好转。

（胡静）

【预防控制体系分工方案】 7月28日，市安委会印发《安全预防控制体系建设重点工作分工方案》（京安发〔2016〕10号）。方案明确各项重点工作的分工，要求相关单位加强组织领导，增强做好安全预防工作的责任感和紧迫感；强化工作落实，研究制定具体实施方案措施；严格工作考核，建立健全责任倒查机制。

（靳玉光）

【“十三五”安全生产规划发布】 8月2日，市安全监管局、发展改革委联合印发《北京市“十三五”时期安全生产规划》，规划突出“重大政策、重点指标、重要项目、重大工程”，兼顾“全面和重点、现实与预期、近期与长远”，分析未来5年安全生产工作面临的形势与挑战，明确指导思想和总体目标，拟定主要工作任务，提出规划目标实现的保障措施。市安全监管局研究制定市安委会成员单位和局属各单位的任务分工方案。全市16个区和北京经济技术开发区有关部门制定“十三五”时期安全生产专项规划，并纳入到本区域国民经济和社会发展总体规划。

（车广杰、赵芬）

【市安委会第三次会议】 8月30日，副市长王宁主持召开市安委会第三次全体会议。会上，市安全监管局局长张树森通报全市安全生产情况，部署安全生产重点工作；市安全监管局副局长李东洲部署集中开展危险化学品安全专项整治工作以及工业企业重点领域事故隐患专项治理工作；市经济信息化委副主任李洪就工业企业专项整治提出要求；房山区副区长刘胜国就遏制重特大事故，建立双重预防工作机制进行发言。王宁要求：一是强化城市运行安全保障，吸取湖北当阳“8·11”电厂管道爆裂事故教训，做好水、电、气、热等城市生命线以及轨道交通、地下空间、高层建筑、人员密集场所安全监管；二是抓好地下管线安全防护工作，确保年底前完成100%油气输送管道和80%城镇燃气管道隐患整治任务；三是强化危险化学品行业安全监管，加大对白酒制造、涉氨和粉尘等专项治理工作；四是强化建筑施工行业安全监管，深入开展预防高空坠落等事故的专项整治，强化建筑物施工作业和挖掘工程安全管理；五是加强其他行业领域安全监管，重点做好淘汰不合格燃气灶具、安装燃气安全辅助设备和独立式感烟火灾探测报警器工作，有效防范居民家庭燃气事故。

（胡静）

【安装燃气安全设备实施方案】 9月21日，市安委会印发《关于淘汰不合格燃气灶具、安装燃气安全辅助设备和独立式感烟火灾探测报警器工作实施方案》（京安发〔2016〕13号），明确实施范围和内容，建立组织机构，确认责任分工，明晰政策措施和实施步骤。按照“政府推动、企业参与、居民自愿、以点带面”的原则，在全市城乡困难居民家庭，淘汰不合格燃气灶具、安装燃气安全辅助设备和独立式感烟火灾探测报警器，通过广泛宣传，引导、鼓励非城乡困难居民，自觉淘汰不合格燃气灶具、安装安全辅助设备，增强全市居民用气安全意识，提高火灾防范能力，有效改善人民群众安全生活环境。

（陈阳）

【副市长王宁带队安全检查】 9月27日，副市长王宁带领市安全监管局、城市管理委、规划国土委、公安局消防局等部门负责人，对房山区、西城区石油天然气管道、城镇燃气管道隐患整治工作和国庆假日安全生产工作进行检查。检查组查看房山区城关街道违法建设房屋和废品收购站占压天然气管道隐患整治情况，检查西城区南礼士路城镇燃气管道占压隐患治理的进度、存在的问题及隐患整治方案制定情况。房山区油气输送管道隐患已经全部治理完毕，占压违法建设被拆除，对相关人员进行妥善安置。王宁在检查中要求：要进一步加快隐患治理进度，落实隐患治理方案，倒排工期，确保隐患如期销账。要采取措施，加强对已整改隐患的监管，加大巡视检查力度，防止已整改隐患反弹。要进一步加强节日期间安全检查力度，落实应急防范措施，确保节日期间安全稳定。

（靳玉光）

【四季度公共安全形势分析会】 9月28日，市政府召开四季度全市公共安全形势分析会。会上，市安全监管局通报全市前三季度安全生产事故情况和特点，分析研判四季度安全生产工作面临形势，并就安全生产工作提出具体要求。副市长王宁指出：全市安全生产形势呈现总体稳定、持续好转的态势，但部分行业领域安全生产事故仍时有发生，责任落实不到位，安全生产基础薄弱等问题依然存在。四季度是做好安全生产的关键时期，各区、各部门、各单位要提高警惕，坚守安全生产“红线”，强化责任担当，全力以赴、精益求精地做好各项工作。常务副市长李士祥要求：全市上下要深入学习贯彻习近平总书记关于安全生产工作的重要指示和李克强总理重要批示精神，以及市委常委会和区委书记会议精神，进一步强化公共安全和安全生产责任意识，时刻保持如履薄冰的工作态度，始终紧绷安全这根弦。要强化担当，各司其职，严格监督，严格问责，落实好属地责任、企业责任、监管责任，确保工作任务层层落实到位。特别是国庆期间，要严格执行节日值班制度，确保信息畅通。

（郝树亮）

【落实市委、市政府21号文件专项督查】 10月至11月，市安委会办公室督查组对《中共北京市委北京市人民政府关于实施安全发展战略促进和谐宜居之都建设的意见》（京发〔2014〕21号）落实情况开展专项督查。此次督查分为自查和抽查两个阶段，全市16个区和北京经济技术开发区以及44个委办局按照要求提交自查报告。在此基础上，督查组重点抽查朝阳区、门头沟区、石景山区和平谷区4个区，听取区政府落实市委、市政府文件情况的专题汇报，查阅会议纪要、文件、方案、检查记录、各类台账等档案资料，并对部分乡镇街道和企业进行随机抽查。对发现的问题，督查组提出整改意见和建议，并以书面形式向各区委、区政府进行反馈。

（李春晖）

【国务院安委会督查组来京督查】 11月15日至18日，国家煤矿安全监察局副局长宋元明带领国务院安委会第10督查组，对北京市安全生产工作进行专项督查。督查组先后听取房山区、昌平区、门头沟区政府关于安全生产大检查工作的汇报，采取“四不两直”方式，随机抽查奥得赛化学股份有限公司、寿春堂医药保健品公司、环六环成品油管道、京煤集团昊华能源大台煤矿等17个生产经营单位（场所）。反馈意见会上，副市长王宁表示，要以国务院安委会此次督查为契机，围绕“十三五”规划和京津冀协同发展规划纲要，把安全生产工作作为推进京津冀协同发展、疏解非首都功能的重要任务，进一步统一思想，提高认识，着眼大局，为明年开展工作打下很好的基础；对于督查组指出的问题，要举一反三，坚决进行整改，年底前要彻底消除隐患；要组织专项督查，推动各级以安全生产大检查为抓手，把各项安全生产工作落到实处，确保首都安全稳定。

（李春晖）

【市安委会第四次会议】 11月25日，市安委会召开安全生产紧急电视电话会议。会上，市政府副秘书长尹培彦传达习近平总书记、李克强总理对江西丰城发电厂“11·24”坍塌事故重要指示精神；市住房城乡建设委通报江西丰城电厂坍塌事故情况，部署全市建筑施工领域安全生产大督查、大检查工作；市安全监管局结合国务院督查组对北京市的督查检查情况，就下一步全市安全生产检查督查情况进行再部署。副市长王宁要求：认真贯彻落实中央领导同志指示批示精神，吸取事故教训，全力做好首都安全生产工作；结合国务院安委会督查精神，切实堵塞安全漏洞，深入开展好安全生产大检查；强化重点行业领域安全检查，加强应急值守，确保岁末年初安全稳定。

（孙娉）

【副市长王宁带队检查北京新机场建设】 11月30日，副市长王宁带领市政府办公厅、安全监管局、住房城乡建设委、发展改革委和大兴区政府有关负责人检查指导北京新机场建设安全生产工作。检查组来到北京新机场航站楼施工现场，沿路听取工程总指挥关于工程和施工进度等情况介绍，查看航站楼主体工程施工安全、工程整体进度、内部交通管理。王宁要求施工单位加强重点项目、起重机械、高处作业安全管理，加强对作业人员的教育培训，佩戴好保护用具，切实保障施工安全。随后，检查组在北京城建集团施工现场会议室召开座谈会，听取建设单位、施工单位、监理单位及属地政府、市住房城乡建设委、发展改革委、安全监管局等单位安全生产监管工作情况汇报。北京城建集团、北京建工集团、北京华城建设监理公司、北京新机场工程建设指挥部汇报安全生产管理工作开展情况、存在的问题和下一步工作措施。大兴区政府汇报新机场建设安全生产属地监管情况。王宁指出：一是各单位一定要统一思想，提高认识，高度重视北京新机场建设安全生产工作；二是严格检查，全面排查，全方位、全过程预防生产安全事故；三是勇挑重担，敢于担当，加大新机场建设安全生产监管力度，筑牢安全生产的防护堤。

（李环宇）

【隐患排查治理体系建设现场会】 12月9日，副市长王宁主持召开隐患排查治理体系建设现场会，总结本市隐患排查治理体系建设成果，交流工作经验，部署全市隐患排查治理体系建设工作。市安全监管局局长张树森通报全市隐患排查治理体系建设情况；市安全监管局副局长唐明明通报本市生产安全事故隐患排查治理信息系统建设情况；顺义区和房山区政府介绍本地区隐患排查治理体系建设经验做法。王宁要求：一是要在安全生产责任落实上“出效果”；二是要在安全生产基础保障上“有突破”；三是要在安全生产执法检查上“显力度”；四是要在重点领域安全监管上“强措施”；五是要在安全生产信息化应用上“谋创新”；六是要在典型示范上“出亮点”。

（孙娉）

【安全生产大检查综合督查】 12月12日至23日，按照市长蔡奇指示要求，市安委会组成8个督查组，对各区及北京经济技术开发区安全生产大检查工作开展情况进行综合督查。27日，副市长王宁专题听取督查组督查情况汇报，要求各区迅速整改督查组发现的问题隐患，举一反三，推进安全生产大检查工作。30日，市安委会办公室分别向各区委、区政府印发《关于抓紧做好安全生产大检查综合督查发现问题隐患整改工作的函》，正式反馈督查意见建议及问题隐患清单，明确整改要求，消除事故隐患。

（李春晖）

【调整市安委会成员单位】 本年，市安委会根据《中共北京市委北京市人民政府关于实施安全发展战略促进和谐宜居之都建设的意见》（京发〔2014〕21号）文件精神，结合工作需要和市政府工作部门及部分成员单位发生变化的实际，经市政府同意，决定对有关成员单位进行相应调整。调整市规划委和市国土局为市规划国土委，调整市市政市容委为市城市管理委。调整后的成员单位48个。

（胡静）

市安全监管局安全监管

综合监管

【部署农机安全生产联合行动】 1月8日，本市农机安全生产联合行动协调小组办公室召开农机安全生产联席会议，总结本市农机安全生产联合行动工作开展情况，围绕六部门《关于印发2014—2016年北京市农机安全生产联合行动实施方案的通知》，研究部署下一阶段农机安全生产联合行动工作重点。市农委、农业局、安全监管局、工商局、质监局、公安局交管局有关负责人参加会议。

（李环宇）

【轨道交通建设工程安全质量工作会】 1月12日，市重大办、安全监管局、住房城乡建设委、城市管理委、公安局消防局等部门联合召开北京市轨道交通建设工程安全质量工作会，通报2015年第四季度轨道交通建设工程安全生产监督执法情况，部署2016安全生产工作。会上，市住房城乡建设委、城市管理委、公安局消防局、公安局轨道治安办分别通报各部门第四季度轨道交通建设安全监督管理工作情况以及存在的问题，就2016年安全生产重点工作提出意见和要求。市安全监管局通报全市安全生产形势，结合2016年工作重点，要求各参建单位完善轨道交通建设安全生产责任体系，落实安全生产责任制，强化施工现场安全管理，推进安全生产标准化工作，加强各级人员教育培训。做好春节和“两会”期间应急值守工作。全市轨道交通建设参建单位负责人和各区有关部门负责人200余人参加会议。

（李环宇）

【危险物品运输车辆安全监管】 1月22日，市安全监管局组织市有关部门召开专题会，落实市长王安顺和副市长王宁在“值班快报”上对“发生一起天然气罐运输车辆起火事故，无人员伤亡”的批示要求。市交通委运管局和执法总队、城市管理委、质监局、公安局交管局、公安局消防局和朝阳区安全监管局有关负责人参加会议。会议分析朝阳区天然气罐运输车辆起火事故的原因，从天然气灌装、运输等环节研讨加强安全监管的措施。一是加强燃气企业安全监管工作，督促企业落实安全生产法律法规，严禁无证非法运输行为；二是完善法规政策和标准，加强压力容器使用安全、天然气充装安全、车辆质量安全监管，加强天然气充装安全监管；三是加大非法违法运输行为的查处力度，集中开展打击非法违法运输专项治理行动；四是各相关部门要分析事故原因，制定整改措施。

（李环宇）

【市政府紧急电视电话会议】 1月26日，市政府召开进一步加强火灾防控工作紧急电视电话会议，通报本市火灾事故情况及存在的消防安全问题，传达市委、市政府领导批示要求，部署火灾防控工作，副市长王小洪参加会议并讲话。会上，昌平区、东城区和朝阳区政府主管领导针对本区发生的火灾事故情况做发言，通报事故处理及事故整改措施情况；市公安局主管领导结合火灾事故暴露的问题，提出加强火灾防控措施。部署本市消防安全工作。会议要求各部门把各项火灾防控工作抓好抓实，落实企业主体责任和部门监管责任，细化和落实消防管理措施，遏制重特大火灾事故的发生，做好春节、元宵节和全国“两会”期间火灾防控工作。

（李环宇）

【西站地区安全生产总结部署会】 1月26日，市安全监管局参加北京西站地区召开的安全生产工作2015年总结暨2016年部署会。会议传达全市安全生产工作会议精神，总结2015年西站地区安全生产工作情况并部署2016年西站地区安全生产重点工作。市安全监管局有关负责人就做好西站地区安全生产工作提出强化安全生产责任制落实、提升企业安全预防控制能力、深化隐患排查治理体系建设、推进安全生产标准化创建、加强作业现场安全管理、做好春节和“两会”期间安全保障工作等具体建议和要求。

（李环宇）

【燃气企业联合检查】 1月27日，市安全监管局组织市交通委运管局和执法总队、城市管理委、质监局、公安局交管局前往延庆区，对东正捷燃气工程有限公司大榆树镇供气站进行联合检查，落实市长王安顺和副市长王宁批示要求，分析查找燃气非法运输上下游环节安全生产问题。延庆区安全监管局、公安消防支队、交通执法队以及属地镇政府负责人参加检查。检查组成员根据职责对企业负责人进行询问和现场检查，指出企业存在的问题：一是未取得危险货物运输许可证，使用非专用车辆从事液化天然气罐运输；二是未建立燃气充装安全管理体系，充装作业现场缺乏安全措施；三是与相关协作单位没有签订安全生产协议，安全生产责任制、管理制度不健全，安全培训不到位，未建立隐患排查制度并开展隐患排查工作等。针对存在的问题，检查组要求企业落实安全生产主体责任，汲取事故教训，整改隐患问题，做好事故预防工作；要求相关部门依照各自职责，加强安全监督管理工作；要求延庆区安全监管局会同区相关部门，对该企业再次进行检查，落实整改措施，确保地区安全稳定。

（李环宇）

【春节前人员密集场所安全检查】 2月2日，市安全监管局对东城区王府井百货大楼、王府井书店进行节前安全生产检查，督促做好春节期间安全生产工作。检查组重点对商市场配电室、中控室、超市卖场等重点场所和部位进行检查，查看春节期间应急值守、大客流应急处置等配套应急预案，现场指出企业存在的应急预案不够完善、部分员工安全生产法规制度不熟悉等问题，并提出有针对性的要求。

（李环宇）

【燃气建设工程安全监管协调会】 2月23日，市安全监管局副局长唐明明主持召开燃气建设工程安全监管工作协调会，市住房城乡建设委、城市管理委有关负责人参加会议。会议就加强燃气工程安全监管工作提出以下意见：一是强化企业安全生产主体责任落实；二是发挥市属企业龙头作用，落实建设单位安全生产职责，加大安全生产管理力度；三是按照安全生产“谁许可、谁负责”原则，市住房城乡建设委、城市管理委要督促企业落实燃气工程安全生产管理责任。

（李环宇）

【轨道交通“安全质量月”正式启动】 3月1日，市住房城乡建设委、安全监管局、重大办联合召开2016年轨道交通“安全质量月”动员会，全面部署全年轨道交通建设安全生产工作。会上，市住房城乡建设委副主任王承军对全年工作提出5点要求：一是强化组织领导，精心统筹安排，深入开展“安全质量月”活动；二是加强教育培训，提高责任意识，大力提高工程管理水平；三是加强质量治理，完善制度机制，助推施工现场标准化建设；四是倡导创新促安，实施示范引领，促进行业整体水平提升；五是做好“两会”保障，严格隐患排查，确保施工现场安全受控。各区住房城乡建设委、轨道交通建设单位、各施工企业负责人参加会议。

（李环宇）

【“道路运输平安年”活动】 3月28日，交通运输部、公安部交管局、国家安全监管总局联合召开2016年第一季度道路运输安全生产分析工作会暨2016年“道路运输平安年”活动动员部署电视电话会，安排部署全国“道路运输平安年”活动。市交通委、安全监管局、公安局交管局相关负责人参加会议。会后，市交通委就贯彻落实会议精神、推动本市2016年“道路运输平安年”活动、做好第二季度安全生产工作，做出专题部署。会议指出：要加强统筹落实，推进2016年“道路运输平安年”活动。各单位要按照国家三部局和市委、市政府工作部署和要求，落实道路运输各项安全保证措施，着力解决道路客运、道路危险货物运输、普货运输安全管理中的突出问题，遏制和减少重特大道路交通事故，确保客货交通运输安全。

（李环宇）

【园林绿化行业标准化座谈会】 4月6日，市安全监管局与市园林绿化局及信息中心、园林绿化工程质量监督站等单位进行专题座谈，研究推进2016年园林绿化行业安全生产标准化工作。座谈会上，各单位就安全生产标准化达标创建奖惩措施、企业达标后安全生产持续改进工作、完善相应管理制度进行深入研讨。推进园林绿化行业安全生产标准化建设工作。

（李环宇）

【全国安全生产综合监管工作现场会】 4月21日至22日，国家安全监管总局在昆明召开全国安全生产综合监管工作现场会。国家安全监管总局副局长孙华山参加会议并讲话。会议全面总结2015年全国安全生产综合监管工作，分析重点行业领域安全生产形势，安排部署下一阶段重点工作。云南、北京、山东、四川等省市安全监管局负责人做典型发言。期间，与会人员深入现场，对昆明市盘龙区金沙社区安全生产“网格化”管理情况、云南省“两客一危”安全动态监控平台联网联控工作情况和农村道路交通安全监管“丘北经验”推广情况进行考察观摩。市安全监管局副局长唐明明参加会议。

（李环宇）

【建筑企业安全生产约谈会】 5月17日，市安全监管局、住房城乡建设委联合召开会议，约谈事故多发的北京城建集团和中铁建工集团负责人。会议通报全市生产安全事故情况，通报北京城建集团和中铁建工集团发生的6起高处坠落事故情况。北京城建集团和中铁建工集团分别汇报事故情况和采取的防范措施。会议要求北京城建集团和中铁建工集团按照市政府217号令组织事故调查工作，深挖事故原因，汲取事故教训；举一反三，强化安全生产管理措施，督促各分公司和下属单位，层层落实安全生产主体责任，强化隐患排查治理，有效防范事故的发生。

（李环宇）

【启动农机安全联合行动】 5月25日，市农业局、工商局、质监局、安全监管局和市农机监理总站等部门在房山区开展“三夏”农机安全生产联合执法行动，启动本市2016年农机安全联合行动。规范本市农机安全生产秩序，强化农机监管，预防农机安全事故的发生。

（李环宇）

【用电安全活动动员部署视频大会】 5月26日，市安委会办公室召开2016年全市生产经营单位用电安全管理暨用电安全警示教育周活动动员部署视频大会。会议通报全市用电安全管理工作情况，重点宣贯解读《变配电室安全管理规范》和《高压电力用户安全用电规范》，并对用电安全警示教育周活动进行动员部署。市安全监管局局长张树森参加会议并讲话。会上，市安全监管局、公安局消防局、发展改革委有关负责人先后通报全市生产经营单位用电安全执法检查、电气火灾事故防范、重要电力用户用电安全管理有关情况。张树森在讲话中指出：用电安全管理工作是一项企业安全生产基础性工作，虽然全市在加强生产经营单位用电安全管理工作取得明显实效，但工作中还存在一些不容忽视的深层次问题。各地区、各部门、各企业、各单位要把用电安全管理作为推动企业安全生产主体责任落实、遏制重特大安全事故、建立隐患排查治理体系的重要抓手和突破口，采取有效措施加大用电安全监管力度，遏制重特大电气安全事故。此次会议分别设立1个主会场和352个分会场，建设、交通、市政、农业、商务、旅游、文化、体育、新闻出版、园林等行业管理部门和西客站管委会有关负责人，各区安全监管局及乡镇街道主管领导，电工特种作业培训考核机构负责人，以及重点企业负责人等近万人参加会议。

（李环宇）

【建设系统安全生产月活动正式启动】 6月1日，北京市建设系统安全生产月活动启动仪式在朝阳区中国尊项目举行。活动主题是“筑牢安全基础，促进协同发展”。市住房城乡建设委、安全监管局、公安局消防局、CBD管委会和各区住房城乡建设委负责人参加启动仪式。市安全监管局有关负责人结合建筑行业特点对安全生产月活动提出工作要求。市属各大建设集团公司、在京主要各大建设集团负责人以及《人民日报》、新华社、中央电视台等17家媒体300余人参加本次活动。

（李环宇）

【游泳场馆联合检查】 6月8日至17日，市安全监管局会同市体育局、卫生计生委、公安局治安总队对东城区、西城区、朝阳区、海淀区、丰台区、通州区、大兴区、延庆区、门头沟区、石景山区游泳场馆开展联合检查。本次检查按照每区随机抽取2至4家的比例，对本市30家游泳场馆进行检查。检查过程中，检查人员通过听取汇报、查阅材料、现场检查等方式，重点对安全生产教育培训、医疗救生器材配备、应急预案制定与演练、消毒药品保存及使用等情况进行检查，体育、公安、卫生等单位结合行业特点对救生员配备、监控设施、浴场水质等进行重点核查。从检查情况看，游泳场馆配备相应的医疗救生器材，组织防溺水等应急演练，消毒药品进行专室存放。检查过程中发现，部分游泳场馆存在应急灯损坏、应急出口指示标识不清、安全教育培训不落实等问题，检查组均予以现场指出，并要求企业立即整改。通过联合检查，使各游泳场馆运营单位及负责人增强责任意识、安全意识和自律意识，加强安全监管（管理）工作。

（李环宇）

【“道路运输平安年”活动督查】 6月15日，市交通委运输管理局、公安局交管局、安全监管局组成3个督查组分赴通州区、房山区、东城区开展专项督查活动，按照交通运输部工作部署，推动2016年“道路运输安全年”活动的有效落实。市安全监管局督查组对房山区北京凯捷风公交客运公司和北京九龙祥和客运公司开展督查活动。督查组首先听取房山区交通局、安全监管局关于开展“道路运输平安年”活动部署情况的汇报，并现场检查按照交通运输部关于开展2016年“道路运输安全年”活动专项督查工作的通知要求，推动活动的有效落实。房山区3个部门对“道路运输平安年”重视程度高，按照市有关部门工作部署，组织召开会议，动员道路运输企业开展自查自纠工作。

（李环宇）

【轨道交通建设工程安全现场会】 6月30日，市安全监管局会同市住房城乡建设委、重大办在北京市政集团承建的地铁16号线20标段，联合主办2016年轨道交通建设工程安全生产观摩交流现场会，市安全监管局副局长唐明明、市住房城乡建设委副主任王承军、市重大办总工程师杨广武出席会议并讲话。全市从事轨道交通建设和施工的20余家单位近百名负责人参加会议。会议听取地铁16号线20标段项目部和市政集团安全生产管理工作经验介绍，组织与会人员深入地铁车站施工现场。本次观摩交流现场会是市安全监管局主动面向企业、面向一线、面向基层转变监管理念、拓展监管方式、主动延伸服务、多种形式宣传的具体体现，也是寓管理于服务、改进工作作风、提升综合监管工作水平的实践。

（李环宇）

【全市工业企业安全生产会议】 7月14日，市安全监管局召开全市机械、冶金、建材、轻纺、烟草等行业市属企业集团安全生产工作会议。市经济信息化委、国资委有关负责人和市属工业企业安全机构负责人参加会议。会议总结上半年安全生产工作情况，研究讨论下半年安全生产重点任务。会议要求各部门、各单位按照全市统一部署，落实《中华人民共和国安全生产法》，保持安全生产形势平稳态势。一是市属企业集团要充分发挥安全生产排头兵作用，带头落实安全生产“党政同责、一岗双责”，做到安全责任到位、安全投入到位、安全培训到位、安全管理到位、应急救援到位。二是落实国家及本市安全生产法律法规及政策文件要求，健全隐患排查和事故预防控制体系，加大涉爆粉尘、涉危使用等重点环节安全管理力度，遏制安全生产事故发生。三是落实安全生产标准化评审组织单位责任，加强政企联动，提升全市安全生产标准化创建工作质量。四是发挥典型示范作用，加强交流互动，创新管理手段，完善安全措施，提高安全生产管理工作水平。

（任社山）

【市公安局消防局工作调研】 7月22日，市安全监管局赴市公安局消防局调研座谈工作合作对接事项，市公安局防火部监督管理处、法制处、技术处、宣传处、信息通信处、情报信息中心、作战指挥中心等处室负责人参加调研座谈。双方分别介绍有关工作沟通对接事项进展情况，并就有关问题进行交流讨论。

（李环宇）

【地下空间综合整治工作会议】 7月28日，市地下空间综合整治工作协调小组办公室召开本市地下空间综合整治工作会议，安排部署地下空间综合整治工作。中直机关人防办、国家机关人防办和市政府督查室、住房城乡建设委、规划国土委、公安局、安全监管局等市地下空间综合整治协调办成员单位以及各区民防局、住房城乡建设委参加会议。会议总结上半年本市地下空间综合整治工作，部署下半年工作任务。专题研讨《本市地下空间安全使用标准（草案）》和清退出地下空间再利用相关政策规定，并由市政府督查室重点说明地下空间综合整治专项督查工作。

（李环宇）

【“两客一危”专项督查】 7月至8月，市安委会办公室督查组对顺义区、怀柔区、大兴区、昌平区交通运输行业“两客一危”安全监管工作进行专项督查，吸取湖南郴州宜凤高速“6·26”特别重大道路交通事故和天津津蓟高速“7·1”重大道路交通事故教训，有效防范和坚决遏制道路运输行业生产安全事故。督查组抽调安全监管、交通运输、公安交管等部门执法力量，组建专家团队，采取听取汇报、查阅资料、随机抽查、现场检查等核查方法深入“两客一危”企业进行督导检查。重点抽查14家运输企业安全生产责任制落实情况、安全培训教育和应急管理情况、营运驾驶人和押运员管理情况、“两客一危”营运车辆GPS动态监控管理情况、营运车辆管理情况等。对发现的隐患，督查组提出整改意见和建议，并以书面形式分别向有关区政府进行反馈。

（李春晖）

【新机场建设调研指导】 8月1日，市安全监管局局长张树森、副局长唐明明带队到北京新机场建设总指挥部安全生产协调小组（筹建）办公室调研指导工作，北京新机场建设总指挥部办公室、安全生产协调小组办公室有关负责人参加调研。北京新机场建设总指挥部介绍新机场建设总体进展情况、安全生产协调小组筹建工作进展情况以及下一步的工作计划。张树森指出：安全生产协调小组要在统筹协调、明确职责、督促检查上下功夫，对行业、属地安全监管职责不替代、不包办；要在做好新机场建设期间安全生产综合协调监管、保障建设期间生产安全这一中心任务的同时，还要探索丰富安全生产综合监管工作方法和手段。在工作方法上，可采用每年以总指挥部的名义印发加强安全管理的工作意见、与参加单位签订安全生产责任书、以政府购买服务的形式聘请专业机构进行安全检查、组织多部门开展联合检查等多种形式。张树森还对安全生产协调小组内部建设提出具体要求。

（李环宇）

【人员密集场所督导检查】 8月9日，市安全监管局组织对东城、西城、海淀等区部分人员密集场所进行督导检查。检查过程中，市公园管理中心负责人向检查组介绍行业基本情况，北海公园、景山公园、中山公园、天坛公园负责人汇报园区安全生产工作的落实情况。重点检查各园区专职和兼职安全生产管理人员编备、旅游旺季大人流应对措施、与驻园单位订立安全生产管理协议及园内施工项目监管等情况。

（李环宇）

【专项整治督导检查】 8月16日，市安全监管局按照《关于开展预防高处坠落、施工破坏燃气管线事故专项整治工作的通知》要求会同市住房城乡建设委、城市管理委组成督查组，对海淀区、朝阳区专项整治工作开展情况进行督导检查。督查组重点听取海淀区城市管理委预防施工破坏燃气管线、朝阳区住房城乡建设委预防高处坠落工作情况的汇报，并在海淀区、朝阳区推荐的工程项目中随机选取施工项目进行现场督查。

（李环宇）

【部门安全监管负责人专题培训】 9月12日至13日，市安全监管局在北京经济管理职业学院举办2016年市政府有关部门安全监管机构负责人安全生产专题培训班，重点讲解典型事故责任追究案例及如何落实好政府部门安全监管职责，宣传贯彻《北京市生产安全事故隐患排查治理办法》，并由市住房城乡建设委、交通委、卫生计生委、规划国土委、商务委介绍本部门安全生产监管（管理）工作情况。通过培训，推动市政府有关部门安全监管履职主动性、积极性、创造性，提高安全监管干部能力和素质。

（李环宇）

【旅游景区玻璃栈道安全调研】 9月19日，市安全监管局副巡视员李振龙带队赴平谷区实地调研旅游景区玻璃栈道安全管理工作。调研组队先后到平谷区天云山和石林峡景区，实地查看玻璃栈道、玻璃大桥、玻璃观景台等设施建设运营状况，重点了解景区玻璃栈道等设施地质勘验、规划设计、建设施工、工程监理、竣工验收、检测评估以及视频监控、游客限流、人员配备、警示标识等情况，并组织旅游、建设、质监、安全监管等部门和山东庄、黄松峪乡镇政府，以及天云山、石林峡、大峡谷等景区有关负责人召开座谈会，专题研究玻璃栈道等旅游设施安全管理工作，围绕玻璃栈道建设环节、安全管理等问题进行研讨。

（李环宇）

【冶金有色行业安全生产调研】 10月24日，市安全监管局组织本市冶金、有色行业安全生产专家专题研究加强本市冶金、有色行业企业安全生产监督管理及检查调研工作。按照国家安全监管总局《关于印发金属冶炼目录（2015年版）的通知》要求，前期对本市冶金有色行业企业基本情况进行统计，本市金属冶炼企业34家，涉及钢铁冶炼企业1家、黑色金属铸造企业13家、铁合金冶炼企业1家、铅锌冶炼企业1家、有色金属合金制造企业10家、有色金属铸造企业7家、铝冶炼企业1家。专家反映，近年大量冶金、有色行业企业陆续退出本市，现存企业大部分属于民营、个体等非公企业。经研究，确定本市冶金、有色行业企业检查调研方案，明确检查重点内容及工作安排。通过检查调研，完善冶金、有色行业企业安全生产情况基本台账。重点查明钢铁企业是否存在安全生产标准化未达到三级及以上等级，吊运钢水铁水与液态渣的起重机是否符合冶金起重机相关要求，炼钢厂吊运高温熔融金属的铸造起重机是否使用固定式龙门钩，人员聚集场所（包括会议室、活动室、休息室、更衣室等）设置在高温熔融金属吊运影响区域内、煤气柜与周边建筑物的防火间距是否符合《建筑设计防火规范》（GB 50016）和《钢铁冶金企业设计防火规范》（GB 50414）标准要求等问题。

（王成刚）

【新机场燃油供应安全协调会】 11月23日，市安全监管局会同新机场建设安全生产协调小组办公室、市机场办、新机场建设工程协调组召开协调会，专题研究北京新机场建设施工中机械设备燃油供应安全管理工作，协调燃油供应可行方案。市住房城乡建设委、城市管理委、交通委、商务委、公安局消防局、北京首都国际机场公安分局和大兴区政府有关负责人参加协调会。

（李环宇）

【市政府行政副中心实地调研检查】 12月6日，市安全监管局副巡视员李振龙带队赴市政府行政副中心实地调研检查工程建设安全管理工作。在实地调研的基础上，与市政府行政副中心工程建设指挥部办公室负责人进行座谈交流，针对政府行政副中心任务重、工期紧、难度大等特点，提出3点工作意见：一是高度重视安全生产工作，通过学习、会议等形式，贯彻落实党中央、国务院以及市委、市政府安全生产工作要求；二是科学合理安排工期，针对工程特点和难点，加大整体协调力度，细致分析、科学统筹，合理安排整体工期，明确有效安全生产措施，确保各项工程有序实施；三是加强安全生产监管工作，集中执法力量，加大巡查检查力度，采取有效措施，督促工程施工、监理相关单位贯彻落实法律、法规的规定和有关文件要求。

（李环宇）

危险化学品安全监管

【春节前储存经营企业安全检查】 1月21日，市安全监管局对大兴区危险化学品储存经营企业进行安全检查。检查组抽查中国石化销售有限公司北京黄村油库、北京城信顺兴气体原料销售有限公司，查阅检查记录、隐患台账，询问标准化达标进展情况、节日期间领导带班值班情况，实地检查油库的罐区、油泵棚以及气体单位充装车间、装卸区、储存区。针对企业存在的油库中控室值班记录不严谨、重大危险源监控系统使用不规范、气体单位充装车间堆放杂物和部分气瓶未配备瓶帽和防震圈、外协单位特殊作业用电不规范、部分安全标识老旧脱落等问题，检查组责令企业整改，责成大兴区安全监管局监督落实。

（刘丽敏）

【“两会”期间危险化学品运输审批】 3月1日至7日，市安全监管局会同市交通委、公安局交管局组成联合审批窗口，对全国“两会”期间保障城市运行的危险化学品运输车辆联合审批核发临时通行证。联合审批窗口受理危险化学品运输需求申请单位46家，其中气体运输14家、成品油运输7家、易燃液体运输6家、腐蚀品运输6家、液化气运输13家。办理危险化学品专线通行证508张，涉及危险化学品运输车辆2110辆。在审批工作中，重点从3方面严格把关：一是严把需求关，申请运输的危险化学品必须是保障城市运行、居民生活和重大生产科研项目等的需求；二是严把源头关，申请运输的危险化学品必须是由取得危险化学品安全生产许可证、经营许可证或危险化学品登记证的企业生产、经营或进口；三是严把安全关，危险化学品运输企业必须制定危险化学品运输安全保障方案和危险化学品事故应急救援预案，确保“两会”期间危险化学品运输安全。

（刘丽敏）

【危险化学品和烟花爆竹系统会】 3月30日，市安全监管局副局长李东洲在北京会议中心主持召开危险化学品和烟花爆竹安全监管系统工作会议，总结2015年全市工作情况并部署2016年重点工作任务。会议要求全系统围绕危险化学品产业结构调整，深化专项整治，加强危险化学品使用安全管理，推动房山区危险化学品管理改革试点，加快危险化学品集中管理体系建设。各区安全监管局主管领导、业务科室负责人以及相关中介机构、科研院所负责人参加会议。

（刘丽敏）

【“五一”前重点企业执法检查】 4月27日，市安全监管局联合房山区安全监管局开展重点危险化学品企业执法检查。检查组检查北京荣晟彬物资有限公司、北京燕脉龙石油销售有限公司2座油库。执法人员重点检查油库液位、可燃气体报警、自动切断和联锁装置使用情况，事故应急预案演练和接卸油防静电管理情况，“五一”假期领导带班、应急物资储备和应急值守落实情况。检查发现北京荣晟彬物资有限公司存在库区可燃气体报警装置损坏、监控室值班员安全自动化控制系统操作不熟练等问题。针对企业存在的问题，房山区安全监管局下达整改指令书，责令企业限期整改。经复查，隐患问题整改完毕。

（刘丽敏）

【危险化学品隐患整改推进会】 5月9日，市安全监管局组织有关企业召开会议，研究解决隐患整改工作中存在的问题，推进隐患整改工作落实。会议听取中石化催化剂（北京）有限公司和北京燕山集联石化公司关于隐患整改情况的汇报，了解工作进展情况和存在的主要问题。会议要求：一是有关企业要按照国家标准进行隐患整改，确保整改后符合安全要求；二是中石化催化剂（北京）有限公司要制定隐患整改方案，组织专家进行研究论证；三是有关企业要加强日常工作的协调配合，组织开展事故应急救援联合演练；四是加强对隐患整改工作的协调和指导，按照时间节点完成隐患整改工作。

（刘丽敏）

【安全风险评估调研】 6月2日，市安全监管局副局长李东洲带队到北京协和医院，开展北京市医疗机构危险化学品使用安全风险评估调研。市卫生计生委和北京协和医院有关负责人参加调研活动。此次调研主要采取听取汇报、实地查看、随机问询、综合反馈的方式进行。重点检查医院药剂库、液氧储罐（氧气站）、检验室药剂室库、医用酒精库等关键部位与环节，以及库室人员岗前培训、业务常识及制度规定掌握情况。通过调研发现，北京协和医院危险化学品使用安全管理方面还存安全管理不到位的问题。李东洲指出：有关方面要区分存在的安全管理问题类型，逐项分解抓好整改；要认真落实责任，强化整改期间的安全管理；要加强人员安全意识、安全技能的教育培训，健全各项制度，完善设施设备；要注重总结，改进工作方式方法，细化明确调研评估内容和对象与范围。

（刘丽敏）

【铁路系统油库隐患治理专题会】 6月15日，市安全监管局组织北京铁路局、有关设计单位和专家召开铁路系统油库隐患治理专题会议，审查铁路系统丰西油库设施改造工程设计方案，听取各油库隐患治理工作情况，部署下一阶段工作。会议听取北京铁路局关于各油库隐患治理进度情况，讨论通过物资供应段丰西油库设施改造工程设计方案，对推进铁路系统油库隐患治理工作提出明确要求。

（刘丽敏）

【危险化学品设施现状调研评估推进会】 6月17日，市安全监管局召开危险化学品设施现状调研评估工作推进会，市安全监管局和市规划院相关负责人参加会议。市规划院通过对本市涉及危险化学品存储的262家企业现状情况进行调研分析，结合周边用地情况、致灾因子等因素对危险化学品企业存在的问题进行梳理，对危险化学品企业规划和监管措施提出建议。会议要求评估工作丰富内容，梳理层次，增加数据，并邀请危险化学品行业专家参与，尽快完成评估报告。要求市规划院参与集中管理体系建设工作。

（刘丽敏）

【“三项”检查活动】 6月20日至7月15日，市安全监管局组织开展危险化学品企业特殊作业、加油站改造、油库自动化设备“三项”检查活动。“三项”检查突出5个特点：一是检查内容清单化，确定23项检查重点内容；二是检查方式为市、区联动，市局制定方案、统一部署，各区负责检查活动的组织实施，落实企业主体责任，全面开展自查自纠；三是突出季节性特点，结合企业防汛、防高温、重大危险源监控等安全管理重点内容，督促企业排查治理事故隐患；四是加强隐患治理，对检查中发现的重大安全生产事故隐患要立即采取措施并及时上报，对隐患闭环式整改；五是强化严格执法，对有违法违规行为的企业，责令立即整改，并予以立案处罚。

（刘丽敏）

【副市长王宁沙河油库调研】 6月28日，副市长王宁到昌平区调研中石化北京石油分公司沙河油库隐患情况，市安全监管局、城市管理委、中石化集团公司、中石化北京石油公司、昌平区政府负责人参加调研。王宁实地查看沙河油库罐区、询问造成北侧安全距离不足违章建筑物情况。调研座谈会上，中石化北京石油分公司、昌平区政府和市城市管理委、规划国土委、公安局消防局分别汇报沙河油库安全距离不足隐患情况和沙河油库隐患治理相关工作，中国安科院专家就隐患现状进行分析并提出消除隐患的建议。王宁指出，隐患的形成既有城市发展过快的客观原因，也有管理没有及时跟上的主观原因，市委、市政府对这一隐患高度重视。一是从长远看，要将沙河油库搬迁，彻底消除安全隐患。二是从现状看，要立即采取措施，确保油库和管线的安全。三是中石化北京石油分公司要继续保持8号储罐的停用状态，研究7号罐整体迁移方案，使安全距离符合标准规范的要求。四是为了保证油品的正常运输和供应，安全监管部门要在保证安全的前提下，进行研究，拿出办法，确保西北部成品油供应网络正常运行，维护社会稳定。王宁要求昌平区政府、市有关部门、中石化北京石油分公司要就沙河油库安全措施认真研究、周密部署，采取超常规手段和方法，确保油库安全隐患彻底消除前的绝对安全。

（刘丽敏）

【医疗机构危险化学品使用安全风险评估】 7月1日至10日，市安全监管局会同市卫生计生委和评估项目承办单位先后赴6家医疗机构，开展危险化学品使用安全风险评估现场调研。重点检查医院药剂库、液氧储罐（制氧站）、检验室药剂室库、医用酒精库等关键部位与环节，库室人员的岗前培训、业务常识及制度规定等情况。通过调研，发现医院在危险化学品使用安全管理方面存在储存使用不符合规范要求，管理制度不健全，相关人员专业知识欠缺等问题。市安全监管局会同市卫生计生委，按计划完成医疗机构现场评估工作，并针对各医疗机构存在的问题，组织专业机构和行业专家，研究论证对策与措施，提出意见与建议，加强全市医疗系统危险化学品安全监管工作。

（刘丽敏）

【加油站改造安全管理】 7月4日，市安全监管局检查朝阳区、丰台区加油站改造安全管理情况。检查组抽查北京市西直河加油站、朝阳区珊瑚桥加油站、朝阳区兴隆石油产品供应站、北京公联京华石油有限责任公司柳村南加油站4个单位，主要检查建设项目设计和施工单位的资质、施工作业前是否开展风险分析、关键岗位职责是否清晰、事故应急预案是否具有针对性和可操作性、特殊作业安全管理落实情况等内容。检查发现，北京市西直河加油站改造安全条件审查报告中储油罐与周边建构筑物安全间距辨识不全面，未对储油罐西南侧高压线安全间距进行辨识；朝阳区珊瑚桥加油站改造项目材料不齐全，未提供规划相关文件；朝阳区兴隆石油产品供应站动火作业票使用不规范。针对发现的问题，检查组要求相关单位立即采取措施进行整改。

（刘丽敏）

【陕京四线输气管道工程安全设施设计审查】 7月5日至6日，国家安全监管总局在京召开陕京四线输气管道工程安全设施设计审查会，市安全监管局和有关区安全监管局代表参加会议。专家组围绕安全预评价、重大变更事项安全评价报告以及安全设施设计进行详细询问。经专家组审查，同意通过安全设施设计，同时提出梳理、补充相关法律、法规、标准规范目录和支撑性文件以及部分系统工艺描述、安全措施、防洪设计等6项意见与建议。

（刘丽敏）

【部署危险化学品专项整治】 7月12日，市安全监管局印发《深刻吸取天津港“8·12”特别重大事故教训　集中开展危险化学品安全专项整治工作方案》，在全市范围内组织开展为期5个月的危险化学品安全专项整治。本次整治主要针对重点品种、重点部位、重点领域三项内容，督促危险化学品企业落实安全生产主体责任，贯彻安全生产法律法规及标准要求，排查治理安全隐患，降低危险化学品生产、经营、运输、使用等环节的安全风险。通过整治，提升一批、整顿一批、关闭一批、退出一批存在严重隐患的企业，有效预防和遏制危险化学品安全事故发生。

（刘丽敏）

【新机场供油工程安全条件审查】 7月12日，市安全监管局组织专家对北京新机场供油工程（航油部分）进行安全条件审查。审查组查看建设项目的现场情况，审阅建设项目有关文件和资料，并重点对建设项目安全评价报告进行讨论审议。经审查，北京新机场供油工程与周边单位以及居民区的安全距离和内部的布局符合国家有关安全生产法律、法规和标准、规范的要求。该项目安全评价报告编制符合《危险化学品建设项目安全评价细则（试行）》（安监总危化〔2007〕255号）的要求，评价依据适当，危险有害因素分析、辨识较为全面。审查组同意北京新机场供油工程通过安全条件审查。

（刘丽敏）

【在京科研院校危险化学品使用风险评估】 7月14日，市安全监管局副局长李东洲带队赴清华大学开展在京科研院校危险化学品使用风险评估调研。市教委和清华大学相关领导及人员参加调研。通过调研发现，清华大学在危险化学品使用安全管理方面存在科研实验室安全管理制度不健全、安全监管不严格，人员安全意识不强、储存使用不符合规范要求等问题。李东洲针对清华大学在危险化学品使用环节存在的问题，提出具体意见：一是认真汲取事故教训，深入查找问题，分析原因，严肃追究事故单位与个人的责任，以起到教育警示效果；二是要认真梳理问题，拿出切实措施，认真落实责任，限期整改落实。要强化整改期间的安全管理，确保不发生任何问题；三是要参照相关标准、规定，在自查的基础上，加强人员安全意识，强化安全技能的教育培训，健全各项制度，完善设施设备。

（刘丽敏）

【企业夏季安全检查】 7月15日，市安全监管局对房山区危险化学品生产和带储存经营企业进行夏季安全检查，防范因高温、降雨、积水等因素引发的各类危险化学品生产安全事故。检查组在检查燕山东联石油化工有限公司混合液化气分离装置时发现，控制室和配电处于防爆区域内、安全评价报告内容不完整、部分储罐围堤设置不规范、部分静电接地不规范或缺少导除装置等7项隐患问题，执法人员向企业下达责令限期整改指令书。7月30日前完成整改工作。

（刘丽敏）

【沙河油库安全保障措施评审会】 7月22日，市安全监管局组织专家组，赴昌平区审查中石化沙河油库安全保障措施。专家组听取北京实华油海工程公司对安全保障措施的评估结果和昌平区政府采取的隐患治理措施的汇报。经专家组现场勘查、问询及讨论研究，认为中石化沙河油库安全保障措施可行，符合实际情况，对油库安全运行有重要作用，能够基本保障油库安全。

（刘丽敏）

【经营企业退出奖励督导】 7月29日，市安全监管局对通州区危险化学品经营企业退出奖励过程中材料审核和现场验收工作进行督导。通州区安全监管局、第三方评审机构参加督导检查。检查组通过对23家完成退出企业申报材料的审核，以及对1家通过验收工业气体企业进行抽查，发现存在材料原件未核实、单位名称和相关数字不一致、材料时间不正确、证明材料无效、库房内个别气体钢瓶未及时清理等问题。针对存在的问题，检查组立即召开现场会，要求通州区安全监管局和第三方评审机构做好3方面工作：一要组织做好退出企业材料申报工作，按照申报材料要求，对企业上报材料进行初审把关，对企业上报材料真实性进行核实和判断。二要严格审查上报材料，高度重视材料评审工作，委派经验丰富、责任心强的评审人员重新对23家企业材料进行评审；要制定各项材料的目录清单，将所有材料装订成册；如评审结果与企业申报情况不一致，应书面说明；相关事项证明材料不应为企业自行出具，应为其上级公司或材料内容涉及的有关政府部门正式出具。三要加强对通过验收企业现场的监督检查工作，一经发现储存、经营危险化学品违法行为，依照无证储存和经营危险化学品的违法行为进行处罚。

（刘丽敏）

【危险化学品仓库安全管理专题会】 8月2日，市安全监管局副局长李东洲主持召开专题会议，加强大兴化工基地危险化学品仓库安全管理工作，明确主体责任，实现集中统一管理。会议提出由北京华腾化工有限公司对仓库进行集中统一管理，负责仓库安全设施、从业人员、危险化学品出入库、应急救援等管理工作，并配备管理机构和从业人员，完善各项管理制度、操作规程和应急预案，建立危险化学品管理信息系统；国药集团化学试剂北京有限公司、北京化工厂、北京化学试剂研究所、北京华腾天海环保科技有限公司不再租用和管理大兴化工基地危险化学品仓库，配合做好工作调整和衔接工作；北京化工集团加强对化工基地内企业的监督管理，协调指导相关企业做好各项调整工作和安全管理工作。

（刘丽敏）

【危险化学品“正面清单”研讨会】 8月5日，市安全监管局副局长李东洲主持召开危险化学品“正面清单”管理工作研讨会。市交通委、公安局交管局相关负责人参加会议。会上，市安全监管局介绍上海中心城区推行危险化学品“正面清单”管控模式的总体思路和相关文件，与会单位就“正面清单”管理工作进行研讨。李东洲指出：一是与市有关部门沟通，了解部门发证审批基本情况；二是完善顶层设计，明确电子运单管理系统在危险化学品监管工作中发挥的作用；三是借鉴上海市做法，研究“正面清单”外危险化学品无法进入中心城区的控制机制；四是严格管理，对五环路内使用“正面清单”外危险化学品的企业，予以退出。

（刘丽敏）

【首都机场油库安全管理专题会】 9月13日，市安全监管局副局长李东洲主持召开专题会议，研究首都机场油库扩建项目安全管理工作。市规划国土委、顺义区安全监管局、中国航空油料有限公司以及相关部门负责人参加会议。会议围绕中航油公司首都机场油库扩建项目安全监管情况和存在的问题进行研讨。会议研究决定，为加强对该项目的安全监管，确保项目现状符合安全要求，由中航油北京公司按照《危险化学品建设项目安全监督管理办法》（国家安全监管总局令第45号）的规定组织项目的安全设施竣工验收。市、区安全监管部门要加强验收工作的监督，确保项目安全设施符合有关法规、标准的规定。

（刘丽敏）

【企业改造项目竣工验收】 9月13日，市安全监管局、房山区安全监管局有关负责人以及项目建设、设计、施工、监理、评价单位的代表，参加北京高盟新材料股份有限公司燕山分公司6000吨/年聚氨酯黏合剂生产装置安全设计诊断问题改造项目安全设施竣工验收专家审查会。与会专家和各单位代表采取听取汇报、现场检查的方式进行审查后认为，该建设项目在设计、设备选型、制造、施工安装等建设全过程贯彻执行国家、地方及有关部门的法律、法规、标准和规范，与主体工程同时设计、同时施工、同时投入使用。专家组同意该建设项目安全设施通过专项验收，并提出相关建议。

（刘丽敏）

【高校实验室安全检查】 9月29日，市安全监管局联合市教委对位于昌平区的中国石油大学实验室危险化学品使用情况进行安全检查。检查组采取听取汇报、查阅资料、实地检查等方式，重点检查危险化学品采购、储存、使用、废弃等环节的安全管理制度及日常管理记录，实验室及危险化学品专用仓库和中转库等部位。检查中发现实验室存在气瓶安全附件不全，防倾倒装置设置不足；危险化学品废弃物处置不及时；实验人员劳动防护用品配备不全，且佩戴不规范等问题。检查组要求中国石油大学制定整改计划，及时消除各项安全隐患，做好国庆期间安全管理工作。

（刘丽敏）

【国庆节前加油站专项检查】 9月29日至30日，市安全监管局对朝阳、石景山、大兴等区加油站开展专项检查。重点检查企业节前安全教育培训、国庆节期间值班安排、应急演练、视频监控、液位监控设备的运行等情况，并对卸油情况进行抽查。要求各加油站做好应急物资的储备、摩托车加油登记等工作，严禁加装散装油。对于检查发现的问题，执法人员对中石油北京销售分公司、北京公联投资管理有限公司负责人进行约谈，并按照有关法律法规的规定立案处理。

（刘丽敏）

【十八届六中全会安全保障】 10月24日至26日，市安全监管局联合市公安局反恐总队、教工委、旅游委开展安全大检查，确保党的十八届六中全会胜利召开。检查组对本市油库、烟花爆竹仓库、高校、星级宾馆的安全防范工作落实情况进行督导检查，涉及海淀区、延庆区、昌平区、大兴区等区域。检查采取明查与暗访相结合的方式。市安全监管局重点对高校危险化学品使用管理情况、生物病毒（病菌）和放射源管理及单位自身防范等方面进行检查督导；对油库和烟花爆竹仓库的安全防范标准实施、应急物资配备、周介防入侵报警设备使用、重点时段领导带班制度落实、突发事件预案制定与演练等内容进行检查。检查组对检查发现的防爆设备摆放不合理、图像监控设备损坏、应急救援物资超期未检等问题，监督有关单位立即整改。

（刘丽敏）

【危险化学品“正面清单”专题会】 10月26日，市安全监管局组织专家召开专题会议，对开展危险化学品“正面清单”管理工作进行部署。会议学习研究上海市有关危险化学品管理工作经验做法，结合本市实际情况对开展危险化学品“正面清单”管理工作进行研究讨论。会议提出3点意见：一是对五环路内实施“正面清单”管理，调研五环路内重点单位危险化学品使用情况；二是会同公安、交通等部门对有关文件进行研究、修改完善，并征求各行业部门意见；三是完成《五环路内允许使用危险化学品目录》编制工作。

（刘丽敏）

【危险化学品生产企业执法检查】 10月28日，市安全监管局对房山区北京燕山新世纪工贸有限公司、北京燕昌石化制品有限公司两家危险化学品生产企业开展执法检查工作。检查组采取查阅材料、现场检查的方式，重点检查罐区管线阀门、机泵、防雷、防静电等安全附件设备设施管理情况，罐区、库区等重点部位人员看护情况，关键岗位从业人员培训教育情况，危险化学品是否按照标准分区、分类、分库存放和是否存在超量、超品种以及相互禁忌物质混放混存现象。经检查，两家生产企业罐区管线阀门、机泵、防雷、防静电等安全附件设备设施均按要求进行维护，罐区、库区等重点部位明确专人进行看护，对关键岗位的从业人员进行培训教育，危险化学品储存按标准分区、分类、分库存放，不存在超量、超品种以及相互禁忌物质混放混存的现象。检查组要求企业强化危险化学品生产装置冬季生产前的巡查、维护工作，根据危险化学品生产工艺特点，针对低温、降雪等极端天气采取有针对性的防护措施，确保安全生产。

（刘丽敏）

【退出企业执法检查】 10月31日，市安全监管局组织检查组对通州区3家年内退出的生产企业（通州工业开发区的北京恒聚化工集团有限责任公司和北京皮姆斯化学有限公司，永乐店镇的北京展辰新材料有限公司）开展执法检查。检查组重点检查企业生产车间和储存场所安全状况、人员安全防护用品配备和使用、应急救援演练、出入库登记管理等情况。通过检查发现，北京恒聚化工集团有限责任公司已全面停产并进行设备拆除，完成反应釜拆除工作，原料储罐和动力系统等待进一步处置。北京皮姆斯化学有限公司和北京展辰新材料有限公司仍处在生产阶段，企业安全管理水平和安全现状较好，但仍存在3方面问题：一是部分生产环节存在管理松懈现象；二是生产车间堆放可燃物，操作人员个人防护不到位；三是原料、成品、半成品码放不规范。针对发现的问题，检查组对北京展辰新材料有限公司下达责令限期整改指令书，10日内进行整改。要求企业在停产前加强对设备的维护保养工作，加强对员工的安全教育，防止“三违”现象发生，对生产区域、罐区的风险再次进行辨识并提出针对性的保障措施，强化应急演练工作，确保退出工作平稳过渡。

（刘丽敏）

【危险化学品仓库检查验收】 11月3日，市安全监管局对大兴化工基地危险化学品仓库集中管理进行检查验收。大兴区安全监管局、北京化工集团、北京华腾化工有限公司、国药集团化学试剂北京有限公司、北京化工厂、北京化学试剂研究所、北京华腾天海环保科技有限公司等单位负责人参加检查验收。检查表明，北京化工集团按照市安全监管局专题会议要求，完成危险化学品仓库集中管理工作，实现仓库管理的“六个统一”（机构统一、培训统一、检查统一、操作统一、标识统一、统计统一），提高危险化学品出入库管理水平。

（刘丽敏）

【许可证核发现场审查】 11月10日，市安全监管局对北京燕山石化液化空气气体有限公司安全生产许可证核发进行现场审查。房山区安全监管局及有关专家参加现场审查。审查组现场检查两个生产车间，听取中安安科（北京）科技发展有限公司（评价机构）关于安全评价情况的汇报。审查组对安全评价提出意见：一是依据有关法规标准和国家安全监管总局重要文件；二是细化企业平面布局和周边关系评价内容；三是增加化工工艺危险辨识的评价内容；四是按照国家安全监管总局令第41号规定的安全生产条件逐条评价并提出评价结论。

（刘丽敏）

【重点企业安全检查】 11月10日、11日，市安全监管局分别对房山区燕山石化储运一厂和位于丰台区大红门地区二商集团下属3座冷库进行安全检查。检查组重点检查制冷机房、救援人员响应和防护服穿戴情况，以及机房内防爆电器等部位。通过检查发现，二商集团3座冷库安全管理存在3个方面问题：一是安全管理不到位，安全培训和例会记录缺失、安全检查人员技能不足、检查内容不规范；二是贯彻《北京市生产安全事故隐患排查治理办法》不到位，责任制未全覆盖，排查频次不明确、公示制度执行不到位、检查未形成闭环；三是机房应急照明、逃生指示和线路穿管不符合防爆要求、阀门手动未进行连锁、罐体没有温度监测、存在使用玻璃液位计的情况。检查组责成丰台区安全监管局对企业下达限期整改指令，督促各企业尽快消除隐患，加快冷媒替代改造工作。

（刘丽敏）

【地方标准专家论证会】 11月23日、25日，市安全监管局召开专家论证会，对《危险化学品常压储罐安全管理规范》《铝合金阻隔防爆材料清洗安全技术规范》《油品运输罐泄漏应急处置规范》3项地方标准送审材料进行预审。专家重点审查标准合法性、可操作性、与立项计划的协调一致性、结构和内容完整性等内容，并形成审查意见。专家组认为：标准对铝合金阻隔防爆材料清洗、危险化学品常压储罐安全管理、油品运输罐泄漏应急处置具有重要指导作用；标准与现行国家法律法规、行业标准、地方标准相协调一致；标准制定过程符合规定程序，形成文本符合GB/T 1.1要求以及北京市地方标准管理有关规定。同意3项地方标准送审材料通过审查。

（刘丽敏）

【危险化学品安全管理分论坛】 11月24日，由市安全监管局主办的第十届北京安全文化论坛危险化学品安全管理分论坛在首都经济贸易大学举行，各委办局、教育医疗机构、企事业单位近400人参加论坛活动。论坛主要从危险化学品生产工艺安全、仪器仪表检测、安全隐患预警、应急救援侦察、执法装备、危险化学品储存与回收设备等40多种科技装备等方面进行展示，围绕特大城市危险化学品风险控制与事故预防方面展开讨论。通过展示装备、集中讨论，拉近生产企业与技术研究企业的距离，强化生产企业技术防范意识，对提升危险化学品安全管理工作产生积极影响。

（刘丽敏）

【学校实验室危险化学品使用专项督查】 12月22日至30日，市安全监管局协助市教工委、教委开展学校实验室危险化学品使用专项督查工作。重点检查危险化学品安全管理组织体系和制度建设，涉及危险化学品使用人员安全培训和教育，危险化学品采购、储存、出入库、废弃处理，实验室使用危险化学品安全管理等内容。抽查16个区的学校24所。经查发现，部分学校危险化学品库房电器未做到整体防爆、危险化学品试剂储存柜未设置警示标识、酒精灯用工业级乙醇储存管理不规范等问题。针对存在的问题，督查组提出强化人员培训、闭环管理、痕迹化管理的要求。

（刘丽敏）

【冬奥会涉氨制冷研讨会】 12月23日，市安全监管局组织技术专家参加冬奥组委专题研讨会，研究北京2022年冬奥会延庆赛区国家雪车雪橇中心氨制冷问题。会上，与会代表和专家围绕氨直接蒸发制冷问题进行讨论，并从安全标准、消防验收、环境评价、压力管道设置等方面提出工作要求。市安全监管局有关负责人和技术专家从加强重大危险源安全管理角度对设计方提出建议：一是研究标准，涉氨的相关设备设施应满足现行重大危险源安全管理的国家标准；二是研究建设地区的微气候，确保制冷机房设置在人员密集区域的下风向并满足相关规范要求；三是专项研究赛道下敷设的焊接管道保护措施以及泄漏应急疏散、抢险方案。

（刘丽敏）

【重点地区加油站安全检查】 12月26日至28日，市安全监管局会同市公安局、商务委、城市管理委对东城区、西城区、朝阳区、海淀区18个加油站进行安全检查。检查组重点检查现场管理、人员配备、隐患排查、教育培训、是否超液位卸油、视频监控系统和散装汽油销售安全管理等情况。检查发现，中石化首农三元加油站整改后未及时制定新的应急预案，未见人员培训档案；中石化羊坊北加油站存在超液位卸油等问题。针对检查发现的问题，执法人员责令企业立即整改。

（刘丽敏）

【危险化学品经营企业有序退出】 本年，市安全监管局制定下发《有储存设施的高风险危险化学品经营企业退出奖励工作方案》。根据方案的要求，组织第三方机构对位于通州、大兴、昌平、怀柔4个区第一批退出的38家企业申报材料进行评审验收，并完成奖励资金的拨付工作。通过政策解读、现场督导、过程管理、严格评审，有序推进危险化学品经营企业退出工作。

（刘丽敏）

烟花爆竹安全监管

【烟花爆竹零售网点设置】 本年，全市许可烟花爆竹零售网点719个，同比下降23.7%。其中二环内1个，同比下降96.3%；三环内39个，同比下降59.8%；五环内222个，同比下降27%。市安全监管局综合利用法制、经济、行政和科技手段，实现烟花爆竹零售网点数量的连年下降，年均下降16.8%。

（刘丽敏）

【烟花爆竹安全部署】 1月7日，市安全监管局副局长李东洲主持召开全市烟花爆竹工作系统会，部署2016年春节烟花爆竹销售（储存）安全管理工作。会议传达全市烟花爆竹安全管理工作部署会议精神，对新修订的《烟花爆竹零售网点设置安全规范》（DB11—834—2015）进行解读，对烟花爆竹行政许可、平台对接、大棚搭建、执法检查、产品回收等相关工作进行部署。李东洲要求：一是按标准设置零售网点，严格执行地方标准，对不符合标准的网点不再异地布设；二是从严检查批发企业，严查人员操作、物联设备、仓储管理、产品渠道；三是按各个时间节点完成选址、许可等各项工作任务；四是做好应急值守和举报投诉查处工作。

（刘丽敏）

【烟花爆竹零售网点安全抽查】 2月1日至3日，市安全监管局成立3个执法检查小组，采取“四不两直”的方式，对朝阳、海淀、丰台、东城4个区三环以内28个烟花爆竹零售网点安全管理情况进行抽查。执法人员重点检查烟花爆竹零售网点销售大棚搭建、周边环境、消防设备、销售人员培训取证、视频监控调试等情况。从检查情况看，各网点较好地落实相关规定，完成销售大棚搭建、视频监控调试、网点货品配送，各项工作开展有序。对在检查中发现的个别网点存在产品码放混乱、可燃物未及时清理、网点用电不符合要求等问题，执法人员现场予以纠正，并通报所在区安全监管局监督整改。

（刘丽敏）

【批发企业突击检查】 2月2日，市安全监管局副局长李东洲带队，采取“四不两直”方式对位于房山区韩村河镇的熊猫烟花、逗逗烟花爆竹储存仓库进行突击检查。检查组重点询问企业在车辆、人员方面采取的安全管理措施、库存以及2家仓库彼此间安全管理协调的情况。实地查看中控室、4个烟花爆竹储存仓库和露天发货区。在仓库检查时随机进行开箱查验，在露天发货场检查时对流向情况进行扫码抽查。针对企业温湿度监控系统数据传输功能损坏、发货区现场管理不够精细化等问题，执法人员责令企业立即整改。

（刘丽敏）

【烟花爆竹零售网点“全覆盖”检查】 2月4日，市安全监管局统一部署，各区安全监管局同时行动，对719个烟花爆竹零售网点开展“全覆盖”安全检查。各区安全监管局统筹组织调配本局及乡镇街道专职安全员等执法检查力量，依照《烟花爆竹零售网点设置安全规范》，在24小时之内完成对辖区内所有烟花爆竹零售网点“全覆盖”检查，重点对零售网点经营许可条件、销售人员持证上岗、产品堆垛、用电安全、消防及视频监控等设备齐备等方面实施检查，强化经营单位主体责任落实。全市出动执法检查人员2105人次、执法车辆347台次，发现并现场纠正隐患问题212项，下达现场执法文书1473份，关停销售网点3家。烟花爆竹售卖期间，市、区和乡镇、街道安全生产执法检查人员对全市烟花爆竹零售网点开展安全检查，全力消减安全隐患，确保首都市民欢乐、平安、祥和过节。

（叶子楠）

【春节前安全检查】 2月5日，市安全监管局副局长李东洲带队，采取“四不两直”方式对丰台区和海淀区7家烟花爆竹零售网点进行检查。检查组重点检查零售网点设置情况、用电情况以及仓储安全情况。检查发现，丰台区部分零售网点存在占用盲道、电力线（通讯线）跨越、销售棚缝隙未封堵、棚内电力线路未穿金属管、烟花产品倒放等问题，执法人员当即通知丰台区安全监管局对存在问题的零售网点依法进行整顿处理。检查组要求各零售网点负责人增强销售高峰期的人员看护力量和巡查力度，发现问题及时向安全监管、公安等部门报告。

（刘丽敏）

【烟花爆竹回收】 2月12日，市安全监管局对烟花爆竹零售网点看护和回收情况进行检查，要求所有零售网点人员在岗值守，确保烟花爆竹回收工作安全有序。春节期间，全市销售烟花爆竹17.7万箱，同比下降9.1%。回收烟花爆竹1.2万箱，整个回收工作于2月14日全部完成。

（刘丽敏）

【烟花爆竹仓库应急处置】 6月21日，市安全监管局赴房山区韩村河镇熊猫和逗逗烟花公司仓库，现场督导极端天气造成仓库进水、局部避雷和物联网设施受损的应急处置工作。经现场勘查，督导组就仓库修缮、仓储安全、施工管理等方面现场提出工作要求。一是在确认受损情况的基础上，派专人负责将受损仓库的烟花爆竹按照是否浸水进行分类，并迅速转移至未受损仓库内。二是对库区进行全面排查，做好库顶、避雷设施、温湿度检测设备及线路的维修和检测工作。三是要重视施工安全，委托有资质的施工单位进行施工作业。四是设备设施检修期间，在仓库周边增派守护员进行24小时应急值守。五是及时联系生产厂家，安排浸水烟花爆竹返厂处置工作，不得将浸水烟花爆竹长期储存在仓库内。六是对未受损仓库顶部进行排查，逐一完善防雨措施。

（刘丽敏）

【烟花爆竹批发企业防汛检查】 6月22日，市安全监管局到大兴区检查北京市烟花鞭炮有限公司防汛工作。检查组抽查4栋仓库产品码放情况、温湿度检测和记录情况、除湿剂使用情况、防雷检测情况、应急值守、应急演练和防汛物资配备情况。检查发现，该企业存在温湿度检测记录未注明日期，部分视频监控无法正常使用，部分烟花爆竹产品破损，无应急演练记录等问题。检查组责成大兴区安全监管局下达限期整改指令书，责令企业按要求规范记录、维护物联网设施、修补已破损烟花爆竹外包装。

（刘丽敏）

【烟花爆竹安全管理知识专题培训】 11月至12月，市安全监管局、北京安联举办全市烟花爆竹主要负责人、专职安全管理人员培训班。强调“三个第一次”、提示两个重要事项、提出“三个切实提升”的工作要求，重点从北京市地方标准、针对烟花爆竹零售单位的安全要求等方面进行培训。共组织4期培训班，培训1000余人。

（刘丽敏）

【许可延期现场审核】 12月8日，市安全监管局参加房山区安全监管局组织的北京市逗逗烟花爆竹有限公司安全生产许可延期现场审核工作。审核组现场检查北京市逗逗烟花爆竹有限公司仓库的安全条件，核查仓库外部最小允许距离。通过查阅相关材料和现场检查，同意逗逗公司通过现场审核环节。

（刘丽敏）

矿山安全监管监察

【煤矿矸石山安全检查】 1月5日至15日，北京煤监局对昊华能源公司大台煤矿、木城涧煤矿、大安山煤矿、长沟峪煤矿矸石山开展安全检查。监察人员重点检查煤矿矸石山现场管理、安全技术管理措施的制定和落实、灾害防范、设置安全警戒区和设立警示标识以及矸石山的开发利用等情况。要求煤矿企业要把矸石山管理纳入煤矿安全生产管理的范畴，组织专业技术人员或评估机构对所辖矸石山进行测量评估，制定有效防范措施，严防矸石山滑坡、坍塌等事故发生。

（庄过兵、董伟）

【国家煤矿安全监察局春节检查】 1月20日，国家煤矿安全监察局副局长杨富带队到昊华能源公司大安山煤矿检查调研安全生产工作，与管理人员进行座谈交流，并深入井下看望坚守岗位的员工。市安全监管局副局长贾太保、副巡视员谢清顺，京煤集团总经理阚兴、昊华能源公司董事长耿养谋参加检查。杨富对京煤集团、昊华能源公司及大安山煤矿安全管理提出要求：一是针对岁末年初事故易发多发的情况，强化“红线”意识和责任担当，要按照习近平总书记“宁可百日紧，不可一日松”的要求，对安全生产工作再检查再落实。二是坚决执行、积极面对结构调整决策，做好资源合理开发利用；要强化预防为主，深刻吸取鸡西杏花煤矿皮带着火重大事故教训。三是强化责任、狠抓落实，促进煤矿安全生产；要高度重视煤矿矽肺病综合防治工作，注重和强化职业健康安全管理。

（潘洪季）

【煤矿安全生产工作会议】 1月26日，北京煤监局召开2016年煤矿安全生产暨“安全·和谐”班组表彰会议，传达全国安全生产工作会议精神，总结2015年煤矿安全生产工作，部署2016年煤矿安全生产任务，并对获得“安全·和谐”称号的班组和优秀班组长进行表彰。市发展改革委、国资委、总工会和京煤集团、昊华能源公司有关负责人，以及各煤矿矿长、安监站长、总工程师，煤矿科段长、班组长等代表100余人参加会议。会议要求全市各煤矿贯彻落实党中央、国务院和习近平总书记等中央领导同志关于煤矿安全生产工作的重要指示精神，以及国家安全监管总局、国家煤矿安全监察局和市委、市政府关于安全生产工作的决策部署，树立“红线”意识，围绕“四化三体系双基”总任务，扎实推进各项煤矿安全生产工作任务。

（崔永杰）

【煤矿春节安全检查】 1月26日至2月3日，北京煤监局对昊华能源公司木城涧煤矿、长沟峪煤矿开展春节前安全管理专项监察以及重点督查。按照昊华能源公司统一安排，煤矿于2月3日中班停产放假，2月16日中班复工。停产期间，各单位安排好值守人员；除抽水、补液人员出入井时需汇报矿调度室外，其余人员没有特殊原因一律不准下井。做到“七不停，两畅通”，即：井下供电（包括高压、低压）不停；主通风机不停；井下局部通风机不停；矿井安全监控系统不停（特别是人员定位系统必须正常）；工作面矿压监测不停；井下排水（临时）不停；矿井水位动态观测监测不停。调度系统畅通；通讯系统畅通。监察人员重点检查煤矿停复工措施的制定、采掘部署及生产计划安排、停产期间应急值守安排、段队技防措施落实等情况，针对发现的段队技防台账填写不及时、不规范，停复工措施个别内容与实际不符等问题，下达责令立即改正的监察指令。

（潘洪季、庄过兵）

【木城涧煤矿“2·17”事故分析会】 2月25日，市安全监管局副局长贾太保主持召开木城涧煤矿“2·17”事故分析会，市发展改革委、国资委、公安局、总工会等事故调查组成员单位，京能集团、京煤集团、昊华能源公司相关领导参加会议。会上，昊华能源公司安监部汇报事故经过、事故基本情况，北京煤监局代表事故调查组介绍事故初步调查情况，分析事故发生的直接、间接原因以及在事故调查中发现的其他问题，提出今后应采取的措施。与会人员针对事故情况，分析煤矿在技术上、管理上存在的深层次问题。贾太保要求：一是加强安全检查指令落实的监督检查力度，强化基层安全监察人员的权威性；二是规范技术管理，严格各项安全技术措施内容的审查标准，严格审批程序，提高安全技术措施的编制质量，确保措施内容科学、严谨，符合井下实际和现场办公会要求；三是对本市煤矿现行回采工艺进行全面评估，对安全生产条件复杂、安全管理难度大、保障能力不足的工作面和回采工艺要坚决停产、淘汰；四是认真部署全国“两会”期间各项安全生产工作，研究制定专项工作方案，确保全国“两会”期间煤矿安全生产无事故。

（崔永杰）

【全国“两会”期间安全保障】 3月1日至10日，北京煤监局对昊华能源公司大安山煤矿、大台煤矿开展“两会”期间安全监察。检查组重点检查煤矿全国“两会”期间安全保障措施的制定、落实和领导带班下井情况，并采用随机抽查的方式，对井下采掘工作面进行检查。经检查，两个煤矿均成立以矿党委书记和矿长为组长的全国“两会”期间安全生产保障工作领导小组，重点加强火工品管理、安全保卫和维稳工作，并制定全国“两会”期间安全管理工作措施、火工品专项治理实施方案、安全保卫和维稳工作实施方案和交通安全工作方案。监察人员针对查出各类隐患问题，下达现场处理决定书，提出具体整改措施和建议。

（崔永杰）

【启动新一轮“谈心对话”活动】 3月2日，北京煤监局按照国家安全监管总局、国家煤矿安全监察局《关于启动新一轮“千名干部与万名矿长谈心对话”活动的通知》（安监总煤行〔2015〕25号）文件要求，正式启动2016年“谈心对话”活动。北京煤监局有关负责人与昊华能源公司大安山煤矿机电科、运输段主要负责人以及大安山煤矿机电、运输专业副总以上管理人员，围绕大安山煤矿在机电运输管理方面存在的问题展开深入座谈，对大安山煤矿开展责任监察以及春节后检查中发现的问题进行剖析，并组织观看《违章作业害人害己》事故案例警示教育片。结合本市煤矿实际，北京煤监局将“谈心对话”对象扩大到煤矿基层段队管理人员，旨在全面提升煤矿管理人员安全意识和法律意识。为巩固活动效果，北京煤监局将监察干部与煤矿管理人员“谈心对话”活动纳入到“安全意识提升工程”，作为2016年重点工作内容之一。

（崔永杰）

【煤矿致灾因素管理与控制培训】 3月7日至8日，北京煤监局邀请北京神龙安科技术服务中心专家，到昊华能源公司大台煤矿、大安山煤矿开展煤矿主要致灾因素管理与控制专题培训，140余名煤矿管理人员参加培训。授课专家根据调研情况，对两个煤矿风险管理现状评估情况进行说明，针对煤矿顶板、放炮、运输、火灾等主要致灾因素，系统阐述风险管控方法和原理，结合事故案例提出加强风险管控的具体措施和建议。本次专题培训贴近煤矿安全生产实际，针对性较强，达到预期效果。

（孙鹏）

【长沟峪煤矿停止煤炭生产】 3月16日，昊华能源公司负责人到长沟峪煤矿传达公司指令：2016年3月底前，各采煤工作面必须回收完毕。自16日夜班开始，全矿5个采煤工作面全部停止采煤，开始进行工作面的设备回收工作。为督促煤矿做好收尾退出时期安全生产工作，北京煤监局对长沟峪煤矿开展专项监察。从检查情况看，长沟峪煤矿能够严格按照“安全、平稳、有序”的工作要求，通过落实“三个一切、三个坚决”，突出风险预控、加强现场管理等手段，妥善处理人员的分流安置工作，各项工作平稳有序。

（孙鹏）

【木城涧煤矿重点监察】 3月21日至24日，北京煤监局对昊华能源公司木城涧煤矿开展重点监察，重点检查煤矿企业安全生产责任制、矿领导下井带班和综采工作面现场管理情况。监察人员采取查阅相关记录、调阅人员定位系统资料和抽查段队的形式，重点检查管理人员“一岗双责”落实情况、煤矿领导带班下井制度建立健全和执行落实情况等，并现场检查综采二段工作面。检查发现综采二段在现场管理、技术管理中存在较多问题。针对存在的问题，检查组组织昊华能源公司主管安全、生产、技术的副总经理和木城涧煤矿矿长及相关人员召开专题研讨会，通报检查中发现的问题，提出具体整改措施。要求木城涧煤矿制定综采二段整改方案实施整改，整改情况由昊华能源公司负责督查验收。

（董伟）

【与长沟峪煤矿负责人“谈心对话”】 4月5日，市安全监管局副局长贾太保到昊华能源公司长沟峪煤矿和该矿矿长、党委书记、安监站长开展“谈心对话”活动。贾太保首先带领大家一起观看北京喜隆多购物广场“10·11”火灾事故警示教育片，并结合大安山煤矿“2·14”事故和木城涧煤矿“2·17”事故教训，与煤矿负责人进行交流座谈。长沟峪煤矿负责人围绕3起事故暴露出的问题，座谈安全生产工作的认识和体会，并针对长沟峪煤矿从煤矿生产阶段转到回收阶段的客观实际，提出保障安全生产具体想法和措施。贾太保指出：长沟峪煤矿领导班子要研判煤矿回收过程中安全管理工作面临的新的形势、新的工作重点和新的隐患风险，增强安全第一意识，加强员工教育培训，强化安全管控力度，确保回收期间安全稳定。

（李瑾）

【煤矿标准化专项监察】 4月6日至15日，北京煤监局对昊华能源公司大安山煤矿、大台煤矿、木城涧煤矿开展安全质量标准化和“一通三防”专项监察。监察人员对照《北京市煤矿安全质量标准化基本要求及评分方法》相关标准，对安全管理、采煤、掘进、机电等专业安全质量标准化月度评分表进行逐条梳理、检查。针对检查发现的问题，监察员下达立即整改的监察指令。

（董伟、崔永杰、孙鹏）

【木城涧煤矿一级标准化验收】 4月11日至12日，中国煤炭工业协会组织有关专家对昊华能源公司木城涧煤矿申报的“2015年度一级安全质量标准化矿井”进行现场检查验收。北京煤监局、昊华能源公司有关负责人参加验收工作。验收专家组对采煤、掘进、地测防治水、通风、机电、运输、安全管理、应急救援、职业卫生、信息调度、地面设施11个专业进行分组分专业检查，对采掘工作面、中央变电所、采区变电所等井下重要部位，以及职工食堂、职工浴室、洗煤厂等地面主要场所进行现场查验；对安全管理制度、各种生产图纸、台账等，对照标准逐条进行查验。通过检查、审核，木城涧煤矿以93.3分综合评价得分，通过一级安全质量标准化标准矿井的验收。

（崔永杰）

【大安山煤矿“4·19”矿震调查】 4月19日至21日，北京煤监局组织专家对昊华能源公司大安山煤矿“4·19”矿震情况进行调查，分析“4·19”矿震动力显现成因。从调查和分析情况看，大安山煤矿“4·19”矿震是一种矿井动力现象，由于矿井所处的特殊地质动力环境、采空区上覆岩层运动、开采工程扰动等多因素耦合作用导致矿震发生。大安山矿采用煤层注水、大钻孔卸压、断底、高强支护、大断面掘进等技术手段及人员安全管控、安全培训等有效管理措施，对本次矿震未造成人员伤亡和其他严重后果起到关键作用。北京煤监局要求大安山煤矿立即封闭发生矿震的工作面，避免次生灾害发生；聘请相关专业机构对矿井冲击倾向性进行鉴定，对矿井冲击地压风险作出评价；加强顶板管理，采取顶板预裂、断顶等防治措施，避免类似现象发生。

（孙鹏）

【煤矿事故风险预防控制座谈会】 4月22日，市安全监管局副局长贾太保主持召开煤矿较大以上事故风险预防控制工作座谈会，京能集团、京煤集团、昊华能源公司等企业领导和相关部门负责人，各煤矿矿长、安监站长、总工程师参加会议。会上，本市4个煤矿以历史事故统计、现阶段安全生产条件特点为基础，汇报可能引发较大以上事故的风险点，提出预防和管控措施，其他参会人员结合各煤矿实际和“4·19”矿震情况分别提出加强风险管控的意见。贾太保提出5点工作要求：一是思想认识到位，煤矿各级领导干部要牢固树立正确的政绩观和安全发展观；二是责任落实到位，针对各煤矿分析总结出的较大以上事故风险，要逐项细化，将责任落实到人；三是措施落实到位，开展冲击地压风险评估工作，加强矿压监测预警等有效预防措施的落实；四是营造安全氛围，加强培训教育，提升员工安全技能，增强员工遵章守纪的安全意识；五是做好“4·19”矿震总结和报告工作，昊华能源公司要落实各项工作措施，认真总结形成书面材料报送北京煤监局。

（孙鹏）

【与木城涧、大台煤矿负责人“谈心对话”】 5月12日，市安全监管局副局长贾太保分别到昊华能源公司木城涧煤矿、大台煤矿开展“谈心对话”活动。按照活动安排，煤矿党委书记、矿长分别做了重点发言，围绕本煤矿历史上发生的典型事故进行反思，认真剖析事故暴露出的安全管理、技术管理、措施落实等方面存在的问题，梳理和总结避免同类事故重复发生的措施制定和落实情况。贾太保带领大家重温习近平总书记关于安全生产工作的一系列重要论述，传达全国煤矿安全基础建设现场会精神，并就抓好安全生产工作提出工作要求。

（崔永杰）

【木城涧煤矿采掘安全专项监察】 5月12日至13日，北京煤监局对昊华能源公司木城涧煤矿开展采掘安全管理专项监察。监察人员采取查阅相关资料、图纸和现场抽查段队工作面的方式，重点检查采掘部署和采掘接替情况、区域应力集中工作面顶板安全管理专项技术措施制定和落实情况、矿压监测及预警情况、转岗人员培训情况等。现场抽查综采一段、综采二段、综采三段、掘进三段等工作面安全生产情况。检查中发现，木城涧煤矿没有设立重大隐患防治专门台账、掘进三段33队工作面临时支护不合格、综采三段工作面支架有个别压力表损坏、安全阀漏液等问题。针对存在的问题，监察员下达立即改正的监察指令，并责令综采三段停产整顿。

（董伟）

【煤矿雨季“三防”定期监察】 5月18日至26日，北京煤监局对昊华能源公司木城涧煤矿、大安山煤矿雨季“三防”及防治水工作开展定期监察。监察人员通过查阅相关资料、台账和对井下中央泵房、水仓等重点场所进行现场检查等方式，逐项排查煤矿防治水制度建立及机构人员配备情况、防治水基础管理情况、井下水害隐患治理情况、地面防治水措施落实情况、矿井排水设备设施配备情况和水害应急处置措施落实情况。针对检查发现木城涧煤矿机电科、材料科防汛专项检查发现的问题到期未闭合，大安山煤矿＋240水平泵房管子道和密闭门之间巷道不通风等隐患问题，监察人员依法下达责令整改的监察指令。

（孙鹏）

【与大安山煤矿负责人“谈心对话”】 5月19日，市安全监管局副局长贾太保到大安山煤矿开展“谈心对话”活动。大安山煤矿党委书记、矿长结合2004年“6·6”事故和2016年“4·19”事件做了深刻反思，剖析事故暴露出的安全管理、技术管理、制度落实等方面存在的问题，提出下一步加强安全生产工作的思路和举措。贾太保带领大家重温习近平总书记关于安全生产工作的一系列重要论述，强调煤矿领导要认真汲取历史教训，坚持行之有效的工作机制、制度，保证安全生产。贾太保还向参与人员传达全国煤矿安全基础建设现场会精神，就抓好安全生产工作提出工作要求。

（董伟）

【煤矿用电安全专项检查】 6月1日至2日，北京煤监局对昊华能源公司大安山煤矿开展用电安全专项监察。监察人员对煤矿35kV变电所、机修车间、坑木场等地面主要用电场所进行现场检查，重点检查操作人员持证上岗情况、用电安全管理制度制定和落实情况、变配电设备设施日常管理等情况。针对发现的35kV变电所《领导干部上岗记录》填写不规范、部分地面配电室缺少挡鼠板、配电箱内存放工具杂物等安全隐患和问题，监察人员依法下达责令立即整改的监察指令。

（孙鹏）

【煤矿安全投入专项监察】 7月25日，北京煤监局对昊华能源公司2015年以来安全生产费用提取和使用情况进行专项监察。检查组采取听取汇报、查看资料和台账记录等方式，重点检查企业安全生产费用提取标准执行情况、安全生产费用使用情况、安全费用内部管理制度建立健全及落实情况、主要生产设备的使用维护及更新情况、灾害治理和安全隐患治理资金落实情况，并抽查大安山煤矿和木城涧煤矿。从检查情况看，昊华能源公司编制年度安全费用提取和使用计划，按照15元/吨标准提取安全费用，使用范围控制在规定的范围之内，做到专户存储、专款专用、专项核算、据实列支，符合《企业安全生产费用提取和使用管理办法》相关规定。

（董伟）

【木城涧、大安山煤矿专项监察】 7月26日至29日，北京煤监局对昊华能源公司木城涧煤矿、大安山煤矿开展隐患排查治理、隐蔽致灾因素普查、安全费用提取使用专项监察和监测监控系统专项监察。监察人员采取查阅相关记录、调阅人员定位系统资料、查看监控系统运行日志和现场抽查的形式，重点检查管理人员“一岗双责”落实情况、煤矿领导带班下井制度建立健全和执行落实情况、安全费用提取使用记录、监测监控系统设备报警、故障维修等内容。从检查情况看，煤矿各级管理人员责任制和安全生产规章制度健全，煤矿安全费用提取和使用符合《企业安全生产费用提取和使用管理办法》的相关规定，对重点隐患按照事故调查处理规定进行调查和追究责任，监测监控系统运行正常。针对检查发现综采工作面部分支架渡铬层有脱落、工作面视频监控位置不合理、未及时记录瓦斯传感器报警等问题，监察人员下达责令立即改正的监察指令。

（董伟）

【大安山煤矿岗位达标考评】 7月28日，北京煤监局监察人员对昊华能源公司大安山煤矿岗位动态达标考评工作进行督导检查。大安山煤矿按照北京煤监局下发的煤矿岗位达标考核标准中9个专业120个岗位工种，通过对比筛选，筛选出与矿实际相符的110个岗位工种，按照要求完成110个岗位达标标准培训工作。副总以上领导集中对分管范围技术员以上管理人员开展分级培训，分级培训13期219人；各单位根据培训计划组织对本岗位主要责任标准、岗位作业口述标准及岗位作业标准考评要点进行培训，培训、考试26期2708人。生产一线段队自5月份开始开展岗位达标自检工作，对本单位员工岗位标准现场落实情况进行检查，一线班组抽检1329人，合格人数为1269人，段内部对不合格人员进行考核。监察人员在矿综采五段、开拓11队、13队工作面现场抽查12名职工，每名职工都能对自己第一岗位主要责任标准、岗位作业口述标准及岗位作业标准考评要点进行简要描述，但对自己所从事第二岗位责任标准、手指口述标准还不能完全掌握。监察人员要求大安山矿按照方案扎实推进岗位动态达标考评工作，特别是要加强对转岗或较多时间从事第二岗位人员培训考核，考核合格后方可上岗作业。

（董伟）

【制订岗位达标有关标准】 8月23日至24日，北京煤监局组织专家及昊华能源公司有关人员专题研讨煤矿岗位风险告知标准和岗位应急处置标准，完善煤矿岗位达标相关内容。与会人员对照煤矿120个岗位责任标准及作业标准，结合工作岗位实际，对120个岗位风险告知标准和应急处置标准进行讨论，分析每一个岗位存在的风险，特别是对岗位人员造成的风险，从中选取风险性较大的列入风险告知标准，对风险可能造成的伤害进行分类，并明确应急处置措施。

（董伟）

【大台煤矿采掘安全专项监察】 9月5日至6日，北京煤监局对昊华能源公司大台煤矿开展采掘安全管理专项监察。重点围绕采掘部署、顶板管理、放炮管理、违章管理等进行检查，抽查采煤六段9013和845工作面。大台煤矿能够落实顶板管理的各项措施，工作面现场支护良好、各系统运行正常。针对检查发现的锚索防护不到位、个别便携式瓦检仪未按期年检等问题，监察人员要求大台煤矿进行整改，对重点问题要严肃查处，追究相关人员的责任。

（董伟）

【煤矿水害防治“回头看”监察】 9月5日至20日，北京煤监局对昊华能源公司大台煤矿、大安山煤矿、木城涧煤矿开展煤矿水害防治“回头看”监察。监察人员采取查阅隐患整改落实措施的编制和井下现场落实双验证的方式，对雨季“三防”及防治水专项监察发现的问题整改落实及煤矿水害防治工作开展情况进行检查。重点查看井下水文地质图纸、台账等资料，现场查看井下采掘工作面防治水工作开展情况和地面采空区塌陷情况。针对发现的木城涧煤矿部分采掘工作面现场安全管理不到位、风门等安全设施不完好等情况，监察人员下达执法文书，责令木城涧煤矿采煤12队和综采三段回采工作面停产整顿。

（崔永杰、孙鹏）

【新版《煤矿安全规程》对标推进会】 9月14日，北京煤监局召开新版《煤矿安全规程》对标工作推进会，昊华能源公司分管安全、技术负责人参加会议。会上，昊华能源公司汇报规程对标梳理和整改方案落实情况，参会人员对新版《煤矿安全规程》部分条款进行研究讨论。要求昊华能源公司从3个方面推进新版《煤矿安全规程》的落实：一是加强对标工作，对存在的问题要制定专项整改方案，明确整改期限和整改措施；二是加大对技术人员、基层管理人员、班组长和一线职工的培训力度，确保新版《煤矿安全规程》落到实处；三是严格落实新版《煤矿安全规程》各项要求，确保本市煤矿安全生产形势持续稳定好转。

（崔永杰）

【“5321”工作法推进会】 9月26日，北京煤监局在昊华能源公司大台煤矿召开煤矿岗位达标“5321”工作法推进会，京能集团、京煤集团、昊华能源公司及各煤矿干部职工350余人参加会议。“5321”工作法的主要内容包括：5项考评内容（岗位职责、岗位作业口述、岗位作业要求、岗位风险告知和岗位应急处置），3项考评要素（考评要点、考评方式和扣分标准），2个考评主体（科段开展自主考评、煤矿抽查考评）和1项考评结果应用。会议传达关于全面推行煤矿岗位达标“5321”工作法的文件要求，总结部署岗位达标工作。会议要求：推行“5321”工作法要做到“四坚持、四到位”。一是坚持统筹联动，做到责任落实到位；二是坚持以知促行，做到全员培训到位；三是坚持从严考核，做到工作推进到位；四是坚持全方位全过程，做到标准执行到位。

（杨庆三）

【煤矿设备安全专项监察】 9月至10月，北京煤监局按照国家煤矿安全监察局《关于开展七个专项监察的通知》要求，结合年度监察执法计划和工作实际制定检查方案，确定大台、木城涧煤矿为设备安全管理专项监察矿井，开展煤矿安全设备专项监察工作。检查组对两个煤矿20余处大型设备设施和重要岗点进行“全覆盖”检查，重点检查机电运输设备检测检验、日常使用、维护情况，对煤矿电气作业特殊工种持证和培训情况进行抽查。检查发现各类隐患问题80余项，其中大台煤矿40余项、木城涧煤矿30余项。检查组要求两个煤矿制定方案和措施，严格落实整改，并将整改情况报北京煤监局。

（董伟）

【木城涧煤矿大检查】 10月25日至27日，北京煤监局集中执法力量，聘请专家组成检查组，对昊华能源公司木城涧煤矿开展安全生产大检查。检查组听取木城涧煤矿关于“10·22”事故整改措施、设备安全管理、职业危害防治等工作情况的汇报。按照检查方案，检查组分为3个小组，通过检查地面资料和井下现场等方式，以煤矿采掘安全管理、机电设备管理为重点，对煤矿安全生产工作进行全面检查，查出各类安全隐患问题74项。检查组召开检查情况通报会，向煤矿通报检查情况，要求煤矿针对通报的问题立即整改，确保安全生产。

（董伟）

【木城涧煤矿岗位达标专项检查】 11月2日，北京煤监局到昊华能源公司木城涧煤矿开展岗位达标专项检查。检查组先听取煤矿2016年以来岗位达标工作的进展情况，重点了解全市煤矿岗位达标“5321”工作法推进会贯彻落实情况，并查看段队自评自查台账记录。木城涧煤矿实现岗位达标检查考评“全覆盖”，岗位达标考评工作推进到生产岗位的每一工种、每一名人员，达标考评合格率99%以上。检查发现煤矿一人多岗位人员，还存在标准掌握不熟练、开展考评不及时等现象。针对存在的问题，监察人员要求煤矿制定专项措施，进行整改。

（董伟）

【木城涧煤矿“10·22”事故分析会】 11月4日，市安全监管局副局长贾太保在昊华能源公司主持召开木城涧煤矿“10·22”事故分析会，市发展改革委、总工会、公安局内保局、国资委，京能集团、京煤集团、昊华能源公司有关负责人参加会议。会上，昊华能源公司安监部负责人介绍事故发生经过，事故调查组通报事故调查情况，分析事故发生的原因，并指出木城涧煤矿及综采四段在安全管理、教育培训、设备管理等方面暴露的问题。与会人员对事故分析材料进行讨论，认为事故调查过程客观，原因分析深刻，一致认定该起事故为责任事故，同意事故调查组对事故直接原因和间接原因的分析。贾太保指出：“10·22”事故过程虽简单，但暴露出木城涧煤矿安全管理、设备管理、教育培训方面还存在诸多问题。要重点做好5方面的工作：一是加强顶板管理，针对每一个工作面的具体条件制定顶板管理安全措施，不具备安全生产条件的坚决停产；二是加强特种作业人员技能培训，着力解决特种作业人员违章作业问题；三是加强设备管理，规范、明确在用设备服务、维修期限，对故障率较高、井下维修困难的设备要及时进行更换；四是加强安监队伍建设，强化对在岗安监员的考核，强化责任心教育，提高安监员检查能力和责任意识；五是加强监督检查，昊华能源公司要对照有关文件开展专项检查，要加大考核力度。

（董伟）

【冲击地压防治专家论证汇报会】 11月14日，昊华能源公司召开大安山煤矿冲击地压防治工作专家论证汇报会，市安全监管局副局长贾太保出席会议。会上，北京煤炭科学技术研究院汇报木城涧煤矿、大台煤矿、大安山煤矿煤岩冲击倾向性鉴定结果，并汇报大安山煤矿+240水平轴10槽工作面冲击危险性评价情况及防治设计；昊华能源公司汇报大安山煤矿“4·19”矿震事件以来公司冲击地压防治工作开展情况、大安山煤矿+240水平轴10槽西部采区工作面冲击地压防治措施落实情况。北京煤炭科学技术研究院、山东科技大学、辽宁工程技术大学专家分别对昊华能源公司、大安山煤矿冲压地压防治工作提出工作建议。贾太保指出：要深刻汲取昊华能源公司木城涧煤矿、大安山煤矿曾经发生的冲击地压事故教训，要从首都的高度充分认识安全生产工作的重要性。开采具有冲击危险性的煤层要正确处理好安全和生产的关系、投入和产出的关系、管理与应急的关系、技防与人防的关系，坚持不安全不生产；要严格落实新版《煤矿安全规程》关于冲击地压防治的有关规定，贯彻落实标本兼治遏制重特大事故的有关要求，做到“依法依规、实事求是、慎之又慎、科学决策”。

（潘洪季）

【标准化和许可证延期现场核查】 11月14日至16日，北京煤监局组织专家对大安山煤矿安全质量标准化和安全生产许可证延期进行现场核查。检查组检查大安山煤矿安全质量标准化各项制度措施落实情况，抽查煤矿对采煤、地测防治水、机电、运输、通风5个专项安全质量标准化自检情况。根据现场检查、查阅相关资料，对采煤、地测防治水、机电、运输、通风5个专业进行标准化评分，均达到一级标准化要求。按照《煤矿企业安全生产许可证实施办法》第六、七、八条规定，对相关材料进行审核，现场抽查综采三段、四段、五段工作面和400水平泵房、压风机房、变电所等机电硐室，符合许可证延期的相关规定。

（董伟）

【煤矿安全管理专题研讨会】 11月16日，北京煤监局召开专题研讨会，讨论制定《煤矿顶板管理五条措施实施细则》和《煤矿基层段队安全生产管理水平评估办法》。会议就两个文件编制情况进行简要说明，《煤矿顶板管理五条措施实施细则》是对顶板管理五条措施的细化和分解，更具有可操作性；《煤矿基层段队安全生产管理水平评估办法》是贯彻落实国家安全监管总局提出的实施分级、分类安全监管的工作要求，有利于提高煤矿安全生产管理水平和巩固煤矿安全管理基础。与会人员对两个文件分别从专业技术知识、现场操作等不同方面提出修改意见。有关专家，昊华能源公司、大安山煤矿负责人和段队管理人员参加研讨会。

（董伟）

【安全生产大检查】 11月21日至25日，北京煤监局对昊华能源公司木城涧煤矿、大台煤矿开展安全生产大检查，落实《国务院安委会办公室关于深入开展安全生产大检查切实加强岁末年初安全生产工作的通知》(安委办明电〔2016〕13号）和《国家安全监管总局　国家煤矿安监局关于深化煤矿安全生产大检查的通知》（安监总煤监〔2016〕115号）文件要求。重点查看木城涧煤矿采掘工程部署、通风系统和“六大系统”运行等方面情况，现场抽查采掘工作面和井下压风机房、变电所等机电硐室。针对检查中发现的隐患问题，检查组向煤矿下达立即整改的监察指令。

（董伟、崔永杰）

【煤矿安全生产专题会】 12月5日，市安全监管局副局长贾太保在昊华能源公司主持召开北京市煤矿安全生产专题会。会议听取大安山、木城涧、大台煤矿和昊华能源公司2016年重点工作汇报和2017年重点工作安排。贾太保传达市长蔡奇关于安全生产批示和12月4日全国安全生产紧急视频会议精神，要求京能集团、京煤集团、昊华能源公司和各煤矿要成立以主要负责人为组长的安全生产检查领导小组，开展自查自纠，确保安全隐患排查治理落实到位。按照标准不降低、投入有保障、考核更严格、管理不放松和安全氛围更浓厚的“五位一体”思路，通过落实安全生产法律法规，提高安全生产标准化水平，确保安全生产投入，严格责任追究，提高精细化管理水平和深入推进全员安全意识提升工程等工作，有效防范和坚决遏制煤矿生产安全事故的发生。

（孙鹏）

【京煤集团安全大检查综合督查】 12月7日，市安全监管局副局长贾太保带领北京煤监局和市城市管理委、国资委有关负责人对京煤集团和昊华能源公司大台煤矿开展安全生产大检查综合督查。督查组通过查阅相关文件、会议记录、会议纪要对安全生产大检查实施方案制定和落实情况、全国安全生产电视电话会议等相关会议精神落实情况、国务院安委会办公室系列文件落实情况进行检查。贾太保在督查中强调：要贯彻落实《国务院安委会办公室关于进一步落实各项安全防范责任和制度措施坚决遏制煤矿重特大事故的紧急通知》等文件，集团公司董事长、总经理是安全生产大检查的第一责任人，要建立包矿检查责任制，带头开展隐患排查治理工作，带动矿长、段队长、班组长加强安全管理特别是现场管控，不留盲区、不留死角。要求京煤集团、大台煤矿吸取事故教训，把安全生产大检查各项部署落实到位，防治措施落实到位，有效防范和遏制事故的发生。

（董伟）

【大安山煤矿专项督查】 12月13日至14日，北京煤监局对昊华能源公司大安山煤矿安全生产大检查自查工作开展情况进行专项督查。检查组首先到矿调度指挥中心查看矿领导井下带班盯岗和地面值守情况，并通过调度指挥系统抽查要害场所、重要岗点和采掘工作面现场安全生产情况。监察人员查看大安山煤矿安全生产大检查工作方案和隐患整改落实情况。检查组针对检查中发现的大安山煤矿部分隐患整改落实不明确等问题，要求大安山煤矿细化安全生产大检查方案，成立以主要负责人为组长的安全生产检查领导小组，建立检查责任制，开展隐患排查治理工作，把安全生产大检查各项部署落实到位，防范和遏制事故发生。

（崔永杰）

【木城涧煤矿“10·22”事故通报会】 12月15日，北京煤监局通过视频会形式召开木城涧煤矿“10·22”顶板事故通报会，主会场设在木城涧煤矿，在大台煤矿、大安山煤矿设置分会场。市安全监管局副局长贾太保参加会议并讲话。与会人员首先观看木城涧煤矿“10·22”事故案例警示教育片，事故调查组通报“10·22”事故调查处理的有关情况，木城涧煤矿矿长就事故中暴露出的问题及如何做好下一步安全生产工作进行发言，昊华能源公司负责人针对企业管理层、特别是公司高管人员如何深刻吸取事故教训、严防事故重复发生进行发言。贾太保在讲话中指出：煤矿各级管理人员要深刻反思，认真吸取事故教训，深入开展煤矿安全生产大检查，全面消除安全隐患，堵塞漏洞。市城市管理委、京能集团、京煤集团有关负责人，昊华能源公司领导班子成员、相关部室负责人，各煤矿副总以上矿领导、科段负责人及班组长代表参加会议。

（崔永杰）

【顺义区地热企业安全检查】 1月12日，市安全监管局对位于顺义区的华人健康俱乐部花水湾度假村进行现场安全检查。检查组听取企业安全管理情况汇报，查看有关安全生产规章制度等，现场检查潜水泵房、工作间安全生产情况。针对企业存在的安全管理制度不完善、未按规定召开安全管理工作会议、抽水泵房管理混乱等隐患问题，执法人员依法下达行政执法文书，责令企业限期整改。经复查，隐患问题于1月22日整改完毕。

（张雷）

【油服企业安全许可核查】 1月15日，市安全监管局对北京微赛思技术有限公司进行安全许可现场核查。依据《非煤矿矿山企业安全生产许可证实施办法》及本市油服企业安全生产许可审查标准，重点审核企业相关证照、人员资质、安全生产责任制、安全管理制度、安全教育培训、工伤保险缴纳、施工项目安全管理、应急预案等申报材料。在核查中，针对企业对许可相关法律法规、标准及条件方面的疑问，核查人员向该企业进行讲解，并就应急预案编制、相关安全制度可操作性进行探讨，增强企业对安全许可工作的认识和理解。

（张雷）

【首钢矿业公司安全督查】 1月26日至28日，市安全监管局聘请地采矿山、尾矿库、排土场6名专家组成督查组，对首钢矿业公司开展安全督查。根据督查方案，专家分为两组，分别指定专人负责。第一组负责检查地采矿山安全管理情况；第二组负责检查尾矿库、排土场安全管理情况。针对检查发现的杏山铁矿井下局部通风机进风口距离出风口过近、风门存在漏风现象，新水村尾矿库浸润线观测记录缺少观测人签字等隐患问题，执法人员依法向企业下达行政执法文书，责令企业限期整改。经复查，隐患问题于2月19日整改完毕。

（张雷）

【“两会”期间非煤矿山安全检查】 3月1日至2日，市安全监管局对中地宝联（北京）国土资源勘查技术有限公司、北京盛锐马科技有限公司和北京华晖盛世技术开发有限公司3家非煤矿山企业进行安全检查。检查组重点检查企业相关证照、安全生产责任制、安全管理制度、安全教育培训、工伤保险缴纳、安全费用提取、施工项目安全管理、应急预案等落实情况。针对检查发现的中地宝联（北京）国土资源勘查技术有限公司、北京盛锐马科技有限公司安全生产责任制未及时修订、安全生产工作例会记录不详细、未提供外包管理制度、安全检查和安全教育培训记录不完整等隐患问题，执法人员依法下达行政执法文书，责令企业限期整改。经复查，隐患问题于3月11日整改完毕。

（张雷）

【非煤矿山综合整治项目专题会】 3月9日，市安全监管局组织密云冶金矿山公司、首云铁矿、凤山矿、威克铁矿等非煤矿山企业主要负责人召开专题会，就如何利用大气污染防治资金开展非煤矿山综合整治进行研讨，并达成共识。申报项目主要内容包括露天矿山、爆破降尘、尾矿库、排土场、无废化处理或绿化降尘、生产环节等。该项目的实施不仅能有效降低向大气中的排尘量，减少大气污染，还能大幅降低粉尘职业危害影响，根除排土场、尾矿库安全风险，能够取得良好安全效益、经济效益和社会效益。

（张雷）

【岗位标准化建设研讨会】 3月18日，市安全监管局在首钢矿业公司召开岗位标准化建设工作研讨会。与会人员对管理岗、操作岗两个岗位标准化开展讨论，确定岗位标准化建设的5个方面内容，并在此基础上明确5个方面的具体建设内容（即岗位责任标准、岗位操作标准、岗位口述标准、应急处置标准、岗位考核标准）。确定各项标准的考核方式、考核内容、考核要点，提出“五定工作法”（定岗位责任标准、定岗位操作标准、定岗位口述标准、定隐患排查治理标准、定考核标准）为纲领的岗位标准化建设方案。

（张雷）

【地质勘探单位安全检查】 4月13日，市安全监管局对北京波特光盛石油技术有限责任公司进行安全检查。北京波特光盛石油技术有限责任公司位于北京经济开发区，地质勘探主要作业地点均在外地。检查组听取企业基本情况和安全生产情况的汇报，检查企业安全机构设置、安全生产培训记录、安全生产应急处理预案、隐患排查及整改记录、安全费用提取使用记录。针对检查发现的安全生产教育培训档案管理不规范、安全隐患排查台账制度未实施、安全费用提取与使用管理不规范等隐患问题，执法人员依法下达行政执法文书，责令企业限期整改。经复查，隐患问题于4月21日整改完毕。

（张雷）

【密云区矿山企业安全检查】 4月26日至27日，市安全监管局会同密云区安全监管局对密云区矿山企业开展安全生产检查。检查组对密云区北京威克冶金有限责任公司、北京建昌矿业有限责任公司两家金属非金属矿山企业进行检查，重点查看两家企业春节后复工安全教育培训记录、隐患排查记录、特殊工种持证情况等相关资料，现场检查露天采矿场，对企业设备设施安全状况、安全警示标识设置情况。针对检查发现的问题，执法人员依法下达责令限期整改指令书，责成密云区安全监管局督促整改，按要求进行检查验收。

（张雷）

【首钢矿业公司防汛安全督查】 5月31日至6月2日，市安全监管局聘请矿山、尾矿库专家组成检查组，赴河北迁安市对首钢矿业公司所属矿山汛期安全工作进行专项督查。督查组听取首钢总公司及首钢矿业公司矿山安全管理、防汛准备及汛前安全生产大检查工作情况的汇报，了解首钢矿业公司各矿采矿场、排土场、尾矿库运行情况、存在的主要问题和采取的措施等。检查组前往水厂铁矿尹庄尾矿库和新水村尾矿库，重点检查尾矿库防汛预案、防汛措施、排洪系统、巡查值守、在线监测数据等情况。针对新水村尾矿库永久排洪系统建设等问题，市安全监管局与首钢矿业公司进行专题研究，提出下一步建设方案。

（张雷）

【闭库、停用尾矿库防汛安全专项检查】 6月15日至16日，市安全监管局对怀柔区前安岭尾矿库（停用）、京冀工贸汤河口尾矿库（再利用）、东岔黄金尾矿库（闭库）、七道梁一号黄金尾矿库（闭库）、七道梁二号黄金尾矿库（闭库）、延庆区大庄科尾矿库（闭库）5座闭库、停用尾矿库进行防汛安全专项检查。重点检查尾矿库管理单位的责任落实、日常安全维护、汛期安全巡查及应急值守、排洪设施和尾矿库安全现状等内容。从检查情况看，尾矿库安全状况较好。

（张雷）

【密云区尾矿库汛期检查】 6月21日，市安全监管局赴密云区检查尾矿库汛期安全生产工作。检查组先后检查密云区放马峪铁矿鞍子沟尾矿库、建昌铁矿新尾矿库、威克铁矿郝家庄尾矿库、首云铁矿和尚峪尾矿库4座运行库，现场检查每座库的基本情况、度汛安排、汛期应急值守、隐患排查治理等情况，查看尾矿库防洪排水设施、防汛物资储备、尾矿库在线监测监控系统、视频监控系统、应急值守情况等内容。针对检查发现的隐患问题，执法人员依法下达执法文书，责令企业限期整改。经复查，隐患问题于6月30日前整改完毕。

（张雷）

【门头沟区非煤矿山企业调研】 6月30日，市安全监管局对门头沟区北京潭龙鑫磊矿业有限公司进行调研检查。听取北京潭龙鑫磊矿业有限公司负责人安全生产工作汇报，对采矿施工现场进行检查。从调研检查情况看，北京潭龙鑫磊矿业有限公司重视安全生产工作，针对专业技术人才数量不足的问题，寻求技术服务公司的技术支持，并与技术服务公司签订技术服务合同，制订矿山企业建设计划，改造升级运输、通风、供电等系统。市安全监管局有关负责人现场就矿井设计、光面爆破、巷道支护等安全技术对企业进行指导。

（张雷）

【怀柔区、平谷区尾矿库汛期检查】 7月19日至20日，市安全监管局赴怀柔区、平谷区对京都黄金冶炼有限公司尾矿库、后安岭1号黄金尾矿库、晏庄金矿老尾矿库进行汛期安全检查，对尾矿库汛期安全生产提出明确要求。针对怀柔区后安岭1号黄金尾矿库下方修建旅游设施的问题，检查组要求建设方立即停止建设活动，并责成怀柔区安全监管局督促整改，确保隐患整改到位。

（张雷）

【3项非煤矿山“地标”专家初审】 8月5日，市安全监管局召开非煤矿山《安全生产等级评定技术规范第28部分金属非金属矿山（露天）》《安全生产等级评定技术规范第29部分金属非金属矿山（地下）》《安全生产等级评定技术规范第30部分尾矿库》地方标准审查会，来自国家安全监管总局、密云区安全监管局、中国恩菲工程技术有限责任公司、国家安全监管总局信息研究院、北京科技大学、北方工业大学、首钢矿业公司、密云冶金矿山公司、云冶铁矿、市劳保所等单位的专家对3项非煤矿山地方标准草案进行审查。3项地方标准顺利通过审查。

（张雷）

【顺义区矿山企业汛期安全检查】 8月9日，市安全监管局检查顺义区北京哲君科技开发有限公司采石场汛期安全生产工作。检查组听取矿山企业安全生产情况汇报，现场对矿山边坡、道路、防排水系统等进行检查。对于北京哲君科技开发有限公司采石场正在整合的问题，检查组要求企业严格按照法律法规规定，重新进行开采设计，并经过安全设施设计审查后方可生产。

（张雷）

【首钢矿业公司三季度安全督查】 9月20日至22日，市安全监管局组织采矿、尾矿库、排土场专家组成督查组对首钢矿业公司开展安全督查。督查组分别对首钢矿业公司水厂铁矿露天采场、东西两个排土场、新水和尹庄两个尾矿库，杏山地下采场，大石河大采尾矿库和孟家冲尾矿库进行安全检查，重点检查安全生产责任制落实情况、尾矿库安全设施运行情况、排土场排放安全情况、露天采场安全监测情况和地采矿山通风、排水、运输提升、顶板管理等情况。21日，督查组听取首钢矿业公司关于矿山汛期安全工作、二季度督查问题整改情况、国庆期间安全生产工作安排和杏山铁矿数字化矿山建设推进情况的汇报，并就推进安全生产重点工作与首钢矿业公司进行交流。

（张雷）

【前安岭铁矿安全设施设计评审会】 11月1日，市安全监管局组织专家对《北京恒泰兴业企业管理有限公司怀柔前安岭铁矿30万吨/年采选技改工程安全设施设计》进行评审。经过质询、讨论，发现该设计存在设计采矿范围超出采矿许可证规定范围、通风系统验算不符合规范、引用文件不符合现行法律、法规的规定，决定该设计不予通过。专家组向建设单位、设计单位签发专家组评审意见书，建议设计单位修改后重新报审。

（张雷）

【首钢鲁家山石灰石矿安全检查】 11月3日，市安全监管局对门头沟区北京首钢鲁家山石灰石矿有限公司进行安全检查。检查组查看矿山作业现场，询问潜孔钻机、挖掘机、运输车等岗位员工操作规程和风险源辨识相关问题，对采场边坡、安全平台、警示标识等进行检查，并对企业“党政同责、一岗双责”制度执行情况、各种安全制度落实情况、安全生产目标责任书签订情况、“一企一标准、一岗一清单”隐患排查制度运行情况以及相关图纸等资料进行检查。针对检查发现的矿山阶段边坡角度较大、采场杂乱，平整度不够等隐患问题，执法人员依法下达行政执法文书，责令企业限期整改。经复查，隐患问题于11月15日整改完毕。

（张雷）

【密云区非煤矿山分级监管专项检查】 11月9日至11日，市安全监管局组织检查组对密云首云铁矿、威克铁矿、云冶铁矿进行分级监管专项检查。检查组采取听取汇报、查阅资料、现场检查、咨询提问等方式，重点对专家“会诊”隐患整改落实情况、执法检查整改落实情况、安全生产分级监管推进落实情况、企业“党政同责、一岗双责”制度落实情况等逐项进行检查。针对检查发现的隐患问题，执法人员分别下达行政执法文书，责令限期整改。经复查，隐患问题整改完毕。

（张雷）

【密云区排土场排查摸底】 12月20日至22日，市安全监管局副局长卞杰成带领排土场专家及有关人员，对密云区安全监管局上报的18个排土场逐一踏勘。组织密云区安全监管局、密云冶金矿山公司及矿山企业负责人就排土场排查摸底情况召开座谈会，通报京津冀协同发展的大形势及目前发展状况，传达中央及北京市有关安全生产的指示精神，推进本市非煤矿山退出工作。

（张雷）

【首钢矿业公司四季度安全督查】 12月26日至28日，市安全监管局组织采矿、尾矿库、排土场专家组成督查组对首钢矿业公司开展第四季度安全督查，并对水厂铁矿新水村尾矿库尾矿安全设施设计变更进行审查。督查组分别对水厂铁矿露天采场和东西两个排土场、杏山地下采场、大石河大采尾矿库进行安全检查，重点检查三季度安全督查问题整改情况、安全生产费用提取情况、尾矿库安全设施运行及安全检查情况、露天采场安全监测情况和地采矿山通风、排水、运输提升等安全管理情况。针对检查发现的水厂铁矿采场回采不规范、采场电铲高压电缆拖地存在漏电风险、采场和排土场缺少安全标识；杏山铁矿未提供安全生产费用年度提取计划、应急演练记录未按要求进行登记管理；大石河铁矿安全生产档案管理不规范、安全生产教育培训未形成闭环、2017 年尾矿库排放计划不够具体等问题，执法人员分别下达执法文书，责令企业限期整改。经复查，隐患问题整改完毕。

（张雷）

隐患排查治理

【白酒制造企业隐患治理培训班】 1 月 15 日，市安全监管局在北京石油化工学院组织 2016 年北京市白酒制造企业安全隐患治理工作培训班。各区安全监管局主管局长、科室负责人和乡镇街道安全监管科室负责人，全市 43 家白酒制造企业主要负责人和安全管理人员 160 余人参加本次培训。市安全监管局要求各单位按照《北京市白酒制造企业安全隐患治理专项行动工作实施方案》，开展隐患治理工作，及时报送工作信息，做好春节期间安全生产工作，防止发生生产安全事故。

（王成刚）

【白酒制造企业隐患整改调度会】 1 月 20 日，市安全监管局副局长李东洲主持召开白酒制造企业隐患整改工作调度会。各区安全监管局主管领导和 10 家白酒制造企业负责人参加会议。会议听取 7 个区安全监管局和 10 家白酒制造企业关于隐患整改工作进展情况的汇报，安排部署下一步工作。针对工作中存在的问题，要求各单位按照专项行动工作部署迅速行动，细化工作方案，严格控制时间节点，采取有效措施，确保隐患整改工作顺利开展。

（王成刚）

【隐患排查治理清单编制试点部署会】 1 月 26 日，市安全监管局局长张树森主持召开全市生产安全事故隐患排查治理“一企一标准、一岗一清单”编制试点工作部署视频会，通报清单编制工作开展情况，对试点工作进行全面部署。各区安全监管局、部分市属国有企业领导及部门负责人，30 家中介服务机构和部分试点企业主要负责人参加会议。会议通报清单编制主要工作开展情况，对《北京市生产安全事故排查治理办法》重要条款进行阐述和说明，并就开展清单编制工作从区安全监管局、中介服务机构、企业 3 个层面提出具体工作要求。北京时尚控股公司介绍清单编制的经验做法；北京联合智业认证有限公司作为中介机构代表做典型性发言。张树森通报朝阳区“1・24”火灾事故，传达市委书记郭金龙、市长王安顺、副市长王宁对此次事故的重要批示精神，并就全力压减事故，全面开展“一企一标准、一岗一清单”编制试点工作提出意见：一是吸取朝阳“1・24”火灾事故教训，充分认清面临的安全生产形势；二是提高认识，增强做好清单编制工作的主动性；三是采取措施，抓实抓细抓好隐患排查治理和安全生产工作。

（陈阳）

【中介机构清单编制培训会】 2月23日至24日，市安全监管局委托市安全生产技术服务协会组织召开中介机构隐患排查治理“一企一标准、一岗一清单”编制工作培训会，30家中介机构80余人参加会议。市劳保所就“隐患排查清单编制指南”“隐患排查通用指导标准”及如何帮扶企业编制标准和岗位清单，对中介机构进行专题辅导。培训采取“边讲解、边答疑”的方式，参会机构工作人员表示对清单编制工作有更加深入的认识，对推动下一步在各区开展编制培训有很大帮助。

（陈阳）

【华都酿酒食品公司调研指导】 2月24日，市安全监管局局长张树森、副局长李东洲带队赴北京华都酿酒食品有限责任公司调研指导工作。昌平区副区长贺军和区安全监管局、国资委负责人，二商集团及二商糖酒集团公司负责人参加调研。调研组实地察看公司生产车间、储罐区、坛酒库等现场，了解白酒生产、储存规模和罐区、酒库等重点部位安全管理情况。北京华都酿酒食品有限责任公司负责人专题汇报隐患整改情况以及下一步工作安排。张树森指出：北京华都酿酒食品有限责任公司要按照白酒制造企业隐患治理专项行动工作实施方案的要求，完成隐患整改工作；二商集团在隐患整改工作中要加强与市安全监管局的工作沟通；市、区两级安全监管部门要做好指导服务，促进企业隐患整改工作的顺利开展。

（王成刚）

【昌平区清单编制工作培训会】 3月9日，市安全监管局委托市安全生产技术服务协会组织召开昌平区隐患排查治理“一企一标准、一岗一清单”编制工作培训会，昌平区100家试点企业的主要领导、安全生产管理人员和相关行业部门负责人参加会议。市安全监管局介绍清单编制试点工作背景和意义，要求各企业高度重视、精心组织、认真开展好清单编制工作，按时保质完成各项工作；各中介机构安排业务骨干指导监督企业开展清单编制工作，严格标准、热情服务；区安全监管局要做好统筹调度，协调好企业与中介机构的关系，按照工作部署和要求，各司其职，强化执法力度，确保工作按照要求和进度全面完成。北京启迪智信注册安全工程师事务所、中国航天建设集团有限公司作为昌平区对口帮扶中介机构，针对《北京市生产安全事故隐患排查治理办法》及清单编制工作的具体内容、方法和步骤向与会人员进行讲解。参会人员表示，按照本次会议要求积极落实清单编制相关工作。

（陈阳）

【隐患排查治理试点工作会】 3月16日，市安全监管局组织召开隐患排查治理体系建设试点工作会议，对2016年全市隐患排查治理体系建设试点工作进行全面部署。东城区、西城区、朝阳区、海淀区、石景山区和昌平区6个试点区安全监管局分管领导及科室负责人参加会议。市安全监管局从任务目标、任务内容、工作标准、工作流程等方面对体系建设试点工作进行全面解读，就各区制定隐患排查治理体系建设方案、建立完善隐患排查治理信息平台等重点工作进行详细部署。与会人员就《2016年隐患排查治理体系建设试点项目实施方案（征求意见稿）》《试点地区隐患排查治理体系建设基本规范（征求意见稿）》等配套指导性文件进行认真研究讨论。会议提出3点要求：一是加强组织领导，高度重视，整体策划，协调推进，加强试点工作的组织领导，及时上报试点工作实施方案、实施进展情况和有关工作建议；二是根据试点工作任务和要求，结合自身实际研究制定细化落实方案，明确各阶段工作目标和工作重点，不断总结吸收其他省市隐患排查治理体系建设经验和做法，结合实际加以运用和实践，丰富和提升试点工作的内涵；三是加强保障和考核，要在人力、物力和财力上加大支持力度，落实专人和专项资金，为试点工作提供保障，确保隐患排查治理体系建设取得成效。

（陈阳）

【油气输送管道隐患整治专项督查】 3月至4月，市安委会办公室组织督查组，对东城区、西城区、海淀区、房山区、丰台区5个区的油气输送管道隐患整治工作进展情况进行专项督查。督查组抽调精干力量，组建专家团队，每次督查均由1名局级领导带队、每个区安排3天时间，先后听取5个区政府专题汇报，查阅会议纪要、油气输送管道隐患台账、整治验收报告等资料，组织召开区相关部门、乡镇街道和管道权属企业参加座谈会，并按照不少于20%的比例实地抽查90多处隐患现场，掌握各区油气输送管道隐患整治攻坚战开展情况。督查组对发现的问题，均逐一指出，并以书面形式向区政府进行正式反馈。

（李春晖）

【白酒企业隐患治理集中调研】 4月14日至19日，市安全监管局副局长李东洲带队赴大兴区、门头沟区、延庆区调研白酒制造企业安全隐患治理工作进展情况。实地查看北京皇家京都酒业有限公司、北京二锅头酒业股份有限公司、北京八达岭酒业有限公司等9家企业储罐区、灌装车间、酿造车间、成品库等，并听取区安全监管局和企业工作情况的汇报。从调研检查情况看，各区按照“治理整改一批存在安全隐患的企业，取缔关闭一批不具备安全生产基本条件的企业，疏解转移一批主动调整退出的企业”要求，组织召开白酒制造企业安全隐患治理专项行动部署会对隐患治理工作进行专题部署，邀请专家深入企业进行现场指导，帮助企业查找安全隐患，按时完成隐患自查及上报等阶段性工作。李东洲对各区安全监管局和企业开展工作给予肯定，并提出工作建议和要求。

（王成刚）

【隐患排查治理体系建设调研】 4月27日至28日，市安全监管局副局长唐明明带队赴西城区、石景山区安全监管局调研隐患排查治理体系建设工作。听取西城区、石景山区安全监管局负责人关于“一企一标准、一岗一清单”编制工作、隐患排查治理体系试点工作等情况的汇报，并提出建议。唐明明对西城区、石景山区安全生产工作给予肯定，并要求各区安全监管局做好隐患排查治理试点建设工作，推进“一企一标准、一岗一清单”编制工作，完善安全生产责任体系建设，形成“各司其职、齐抓共管”的工作机制。

（薛瑞丰）

【隐患整治标准研究项目推进会】 5月9日，市安全监管局召开《北京市工业企业使用危险化学品安全隐患专项整治行动配套技术和管理规范研究》项目推进工作会。中国安科院关磊、北京市工业技术中心綦长茂等7名项目研究人员参会。通过工作梳理、问题分析、对策研究，达到统一思想、明确重点、改进工作、提质增效的目的。会议要求：一是把《工业企业重点领域风险评估》中的调研数据、发现问题、对策建议等评估成果，运用到项目研究当中；二是将企业在执行《建筑设计防火规范》《常用化学危险品贮存通则》《危险化学品仓库建设及储存安全规范》过程中遇到的问题找准，量化细化规范标准；三是坚持安全技术、教育和管理相结合，确保整治既突出重点，又带动全面；四是坚持广泛征求意见与权威专家把关相结合，确保研究成果的普适性。

（李宏良）

【海淀区隐患督办】 5 月 17 日，市安委会办公室对海淀区北京新兴大阳钢结构工程有限公司西侧“渣土堆”安全隐患予以挂账督办，要求海淀区政府在隐患彻底消除前，采取措施确保不发生事故。6 月 14 日，市安委会办公室督查组赴“渣土堆”安全隐患整改现场查看有关情况，并组织召开现场会，要求海淀区政府高度重视，加快制定整改方案，采取必要措施确保汛期不发生事故并每周汇报整改进度，直至隐患彻底消除。海淀区政府多次召开专题会，要求各有关单位按照各自职责，采取人防、技防等措施，组织人员 24 小时盯防，每周上报隐患治理进度，对“渣土堆”西坡进行绿化加固，对东坡进行削坡处理。

（李春晖）

【信息系统企业端培训会】 5 月 24 日，市安全监管局召开隐患排查治理信息系统企业端专题辅导培训会，30 家中介机构相关人员参加会议。系统开发单位采取“边演示、边操作”的培训方式，从系统功能、配置方法和操作流程等方面对各中介机构进行“面对面、手把手”的培训指导。培训过程中，各中介机构踊跃提问，系统开发单位给予认真解答，并对下一步工作中可能出现的问题进行讨论。通过此次培训，各中介机构基本达到会使用、能操作的培训效果。

（陈阳）

【隐患排查治理法规宣贯及清单编制专项督查】 5 月至 6 月，市安委会办公室为掌握《北京市生产安全事故隐患排查治理办法》宣贯效果，以及隐患排查治理“一企一标准、一岗一清单”试点编制进展情况，对大兴区、昌平区和北京经济技术开发区进行专项督查。督查组制定督查实施方案，抽调精干力量，组建专家团队，采取听取汇报、查阅资料，深入企业一线实地检查等形式，对 3 区进行督导检查。期间，分别组织召开区相关部门、乡镇街道、中介机构和试点企业参加的座谈会，实地掌握法规宣贯和清单编制进展情况。督查结束后，对发现的问题以书面形式分别向各区政府进行反馈。

（李春晖）

【涉爆企业隐患治理研讨会】 6 月 16 日，市安全监管局召开涉爆粉尘企业事故隐患治理工作研讨会，北京工业设计研究院、机械科学研究总院、首钢炼铁研究院、首钢国际工程技术有限公司、中国矿业大学、北京石油化工学院、中国中轻国际工程有限公司、北京建都设计研究院、中国昆仑工程公司 9 家科研单位及院校的专家参加会议。参会专家围绕通风除尘设计、爆炸控制、防雷防静电措施等重难点问题进行讨论，对技术指导书和治理方案提出建设性意见。

（饶守国）

【清单编制检查项目调研】 6 月，市安全监管局启动隐患排查治理“一企一标准、一岗一清单”编制检查项目调研工作。一是明确调研对象，从报送的已经完成岗位隐患清单编制的帮扶企业中，挑选出涉及机械加工、商业零售、文化娱乐、家具制造等行业，包括国有大型企业、小微企业、一般企业100家试点单位作为调研对象。二是细化调研内容，组织骨干力量设计《生产安全隐患排查治理“一企一标准、一岗一清单”编制检查调研表》，摸清试点企业隐患排查治理体系建设实际情况。三是借助外力，从中介机构中抽调30余名隐患排查治理工作经验丰富的技术骨干组成调研组，帮扶企业及中介机构调研实际工作开展情况。

（陈阳）

【房山区隐患排查治理体系现场会】 7月20日，房山区召开推广隐患排查治理体系建设工作会议，市安全监管局副局长唐明明和房山区副区长刘胜国出席会议并讲话。与会人员观看房山区企业安全生产管理平台演示，听取房山区隐患排查治理体系建设工作情况介绍，韩村河镇、中煤北京矿机机械有限责任公司介绍本单位体系建设和信息化平台建设情况。唐明明对房山区隐患排查治理体系建设工作给予肯定，并提出5点要求：一是完善机制，落实《北京市生产安全事故隐患排查治理办法》；二是以编制“一企一标准、一岗一清单”为抓手，推进企业主体责任落实；三是加强隐患排查治理体系信息化建设，实现监管手段创新；四是突出风险分级管控，系统推进安全生产预防控制体系建设；五是全面完成重点行业领域隐患治理任务，消除各类安全隐患，防范事故发生。

（薛瑞丰）

【牛栏山酒厂事故隐患整改】 8月1日，市安全监管局对顺义区牛栏山酒厂事故隐患整改工作进行检查。检查组检查牛栏山酒厂罐区“棚一”和勾兑车间施工改造现场。从检查情况看，牛栏山酒厂按照计划推进隐患整改工作，完成勾兑车间隐患整改工程的50%，完成罐区“棚一”隐患整改工程的80%，隐患整改工程计划于2017年10月前全部完成。检查组要求牛栏山酒厂倒排工期，确保隐患全面整改到位；在隐患整改施工过程中，落实施工现场安全管控措施，防范施工过程中发生事故。

（王成刚）

【国企隐患排查治理试点工作会】 8月26日，市安全监管局副局长唐明明主持召开国有企业隐患排查治理体系建设试点工作会议，14家隐患排查治理体系建设试点国有企业负责人参加会议。各试点单位汇报试点工作进展情况，系统开发单位介绍与各试点单位信息系统对接工作事宜。唐明明指出：一是要考虑安全管理的需要，体现各集团的特点；二是要考虑岗位清单全面排查，做到全员参与；三是要考虑系统建设与安全预防控制体系、隐患排查治理体系相衔接；四是要考虑系统建设实用有效，能够发挥系统作用，做到简单方便；五是2015年试点单位要与2016年试点单位加强沟通，互相学习借鉴。

（党少丹）

【隐患排查治理体系高级研修班】 9月19日至23日，市安全监管局、人力社保局共同主办的“构建大数据思维的隐患排查治理体系”高级研修班在京举办。全国17个省市的70余名安全生产领域管理人员、高级专业技术人员参加研修学习。研修班设置隐患排查体系政策解读分析、大数据思维在隐患排查体系构建中应用、城市隐患排查治理体系构建方法等专题内容，采取主题讲座、专题学习、研讨交流与现场教学相结合方式，理论与实践相结合。研修班邀请国家安全监管总局安全监督管理四司副司长尚文启、中国安科院副院长魏利军、北科院院长丁辉以及清华大学教授黄弘等专家作主题报告和专题讲授，组织学员赴清华大学公共安全研究院、朝阳区公共安全馆、北京市轨道交通建设有限公司安全监控应急指挥中心、国家非矿山安全科研实验基地进行现场学习。

（张红玲）

【涉爆粉尘重点企业隐患排查】 10月24日至26日，市安全监管局组织专家对全市粉尘作业场所作业人员30人以上的金属粉尘企业集中开展隐患排查工作。此次排查发现粉尘隐患26项，主要是除尘系统不规范等方面的问题，执法人员责令相关企业按照有关法规标准制定整改方案，落实企业主体整治责任，采取有效防控措施，确保粉尘事故隐患得到有效治理。要求各区安全监管部门加强服务督导，强化执法检查，确保隐患整改取得实效。

（饶守国）

【白酒制造企业隐患整改交流会】 11月18日，市安全监管局参加北京酿酒协会召开的白酒制造企业事故隐患整改工作情况交流会，市经济信息化委和各白酒制造企业负责人参加会议。会议通报白酒制造企业隐患整改工作进展情况、隐患整改工作中遇到的问题及下一步工作安排。市安全监管局有关负责人要求各企业学习研究国家及本市关于疏解非首都功能、淘汰低端产业、推进食品工业优化升级等文件要求，加快隐患整改、停业退出及产业调整进程。

（王成刚）

【全市隐患排查治理工作视频会】 12月6日，市安全监管局、财政局联合召开安全生产隐患排查治理工作视频会议，市安全监管局、财政局有关负责人和各区安全监管局、财政局负责人参加会议。会议通报2017年隐患排查治理项目情况，通报2017年燃气灶具及安全辅助设备安装、“一企一标准、一岗一清单”编制、矿山尾矿库退出、城市安全风险评估4个资金转移项目工作情况。2017年，全市计划安排隐患资金1.67亿元，其中市级资金8500万元，燃气灶具及安全辅助设备安装、“一企一标准、一岗一清单”编制、矿山尾矿库退出、城市安全风险评估4个项目转移支付各区资金8200万元。市财政局通报2016年市对区专项转移支付资金情况，对2017年隐患排查治理项目资金使用工作进行部署，并明确加强资金预算管理、规范资金下达、把握资金支出进度等要求。2017年计划安排市对区专项转移支付8420万元。其中“一企一标准、一岗一清单”编制项目涉及16个区，下达补助资金1870万元；矿山尾矿库及排土场退出项目涉及2个区，下达资金270万元；城市安全风险评估试点项目涉及6个区，下达资金600万元；燃气灶具及安全辅助设备安装为跨年度项目，2016年拨付前期启动资金，待全部工作结束后根据验收结果追加剩余补贴资金。会议要求：一是加强领导，切实增强做好隐患排查治理体系建设的紧迫感；二是强化监督执法，确保隐患排查治理地方政府规章有效落实；三是扩大信息系统应用范围，促使信息系统应用在基层落地生根；四是以隐患排查治理为抓手，强化安全预防源头治理；五是加强领导，强化措施，全面做好隐患资金项目的实施工作。

（薛瑞丰）

【清单编制和标准修订研讨会】 12月15日，市安全监管局召开隐患排查清单编制指南和标准修订研讨会，市劳保所和5家帮扶机构相关专家参加会议。与会人员结合2016年清单编制工作存在的问题，就隐患排查清单编制指南提出意见。通过讨论，会议形成一致意见：一是隐患定义和分类，应与《北京市生产安全事故隐患排查治理办法》相对应；二是将风险辨识前置，调整到调研阶段，使工作流程更加顺畅科学；三是对清单编制流程及一些细节规定进行修改和增删，确保指南切合企业实际，起到指导帮扶作用。

（陈阳）

应急救援

【应急管理示范企业试点验收】 1月7日，市安全监管局赴北京安联，对2015年应急管理示范企业创建试点工作进行验收。北京安联对全市17区88家示范申报企业进行验收工作，达标率40%。北京安联向所有申报企业反馈其应急管理工作存在的不足，向属地安全监管部门通报企业存在的问题。在此基础上，启动2016年应急管理示范企业试点工作。

（黄亮）

【应急救援物资更新】 1月12日至16日，市安全监管局组织专家，赴通州区、朝阳区、大兴区、昌平区和房山区5个区应急救援物资仓库，对部分过期危险化学品应急救援物资进行回收更新，回收各类物资3类、105件套，全部返回厂家进行更新和维护。1月19日至28日，更新物资由市劳保所科技发展有限公司及北京盛佰凯瑞科技有限公司检验后，顺利配送到5个区应急救援物资仓库。专家对5个区应急救援物资的数量、质量、管理进行对账清点检查，检查结果均合格。

（黄亮）

【应急管理地方标准专家评审会】 3月17日，市安全监管局召开《生产经营单位生产安全事故应急预案评审规范》《人员密集场所应急疏散演练导则》《生产安全事故应急避难场所分级管理规范》和《生产经营单位安全生产风险评估规范》4部应急管理地方标准专家评审会，对标准的内容、要素、框架结构和格式等进行研究讨论，并提出修改建议。

（黄亮）

【丰台区应急管理专项检查】 5月6日，市安全监管局赴丰台区开展应急管理专项检查，检查北京盛锐马科技有限公司、北京市南三环玉泉营果菜批发中心和北京市东方友谊食品配送公司应急管理工作情况。经检查，3家企业在应急管理工作方面均存在问题。北京盛锐马科技有限公司未按规定完成应急预案备案工作、未按规定组织应急预案的编制发布工作、未按规定制定年度应急演练计划；玉泉营果菜批发中心未按规定对液氨重大危险源登记建档并制定专门的应急预案；北京市东方友谊食品配送公司未按规定完成应急预案备案工作，未提供风险评估、应急能力评估和应急资源调查登记工作证明材料，未按规定开展应急演练和应急培训工作。检查组对北京盛锐马科技有限公司依法下达责令限期整改指令书，责令北京盛锐马科技有限公司对相关问题于5月23日前整改完毕；要求北京市南三环玉泉营果菜批发中心主要负责人于5月9日到市安全监管局接受约谈；对北京市东方友谊食品配送公司依法下达责令限期整改指令书，责令北京市东方友谊食品配送公司对相关问题于5月31日前整改完毕。

（黄亮）

【“5·14”矿山盗采事件应急救援】 5月14日10时55分，平谷区金海湖黑水湾村一废弃金矿有5个人盗采金矿时被困。接到事故报告后，市安全监管局立即调度昊华矿山救护队赶赴事故现场开展救援，并与平谷区安全监管局联系了解情况。15时左右，昊华矿山救护队赶到事发现场，在了解情况后，制定抢险救援方案并开展救援。19时20分，昊华矿山救护队逐一将5名被困人员（已无生命迹象）运出井外，救援人员全部安全返回地面。

（黄亮）

【京津冀应急联动机制启动】 6月13日，京津冀安全生产应急联动机制工作会在天津市召开。国家安全监管总局副局长孙华山、天津市副市长何树山，国家安全生产应急指挥中心副主任王海军，北京市、天津市、河北省安全监管局局长、主管副局长，以及中石油、中石化、中海油等大型中央企业有关负责人和部分企业专职救援队负责人参加会议。京津冀三地安全监管局局长共同签署关于建立区域安全生产应急联动工作机制的协议，标志着三地安全生产应急联动机制正式启动。

（黄亮）

【应急管理专项执法检查】 6月至11月，市安全监管局根据《国务院安委会办公室关于印发标本兼治遏制重特大事故工作指南的通知》和《国家安全监管总局生产安全事故应急预案管理办法》文件精神，制定并印发《2016年安全生产专项执法检查方案》，在全市范围内开展安全生产应急管理专项执法检查，着力解决企业长期存在和沉淀的应急预案实用性和针对性不强、应急培训和应急演练不到位、应急响应不及时、应急资源准备不足、应急队伍管理不规范等突出问题。重点对全市84家危险化学品重大危险源单位和23家非煤矿山企业进行定向执法检查，依托应急管理执法检查清单，试行表格化执法检查方式，规范应急管理执法行政处罚过程，增强应急管理执法检查实效。针对检查中发现企业存在的安全生产违法行为，执法人员下达责令限期整改指令书43份，对10家企业的安全生产违法行为进行立案调查，罚款19万元。

（黄亮）

【朝阳区应急管理专项执法检查】 7月18日，市安全监管局对北京华晖盛世能源技术股份有限公司进行执法检查，发现该单位没有按照规定开展企业生产安全事故应急预案备案工作。执法人员依据《生产安全事故应急预案管理办法》（国家安全监管总局令第88号）第四十五条第一款第三项规定，对该企业处罚款2万元的行政处罚，并责令该企业15日内整改完毕。

（黄亮）

【应对“7·20”强降雨极端天气】 7月20日，本市经历自2012年“7·21”特大暴雨以来降雨量最大的一次降雨过程。20日市气象台陆续发布暴雨黄色预警与暴雨橙色预警，市防汛抗旱指挥部启动Ⅱ级应急响应。市安全监管局值班室（局防汛指挥部办公室）在接到预警通知后，第一时间通过市级安全生产信息平台向局内各处室、各区安全监管局和各重大危险源、高危企业发布暴雨黄、橙色预警安全提示信息，部署工作应对强降雨极端天气。暴雨期间未发生因强降雨引发的突发事件和生产安全事故。

（黄亮）

【应急管理专项执法现场教学】 8月11日，市安全监管局受国家安全生产应急救援指挥中心的委托，在北京蒙牛乳业公司开展应急管理专项执法检查现场教学，国家安全监管总局应急预案专题研讨班80余名学员（各省、直辖市、自治区安全监管局和煤监局应急管理机构负责人）参加现场教学。本次现场执法检查现场教学的主要内容包括企业重大危险源专项应急预案演练、问题清单核实、应急物资储备和应急培训实施情况。

（黄亮）

【重大危险源企业应急管理检查】 8月19日，市安全监管局赴大兴区开展危险化学品重大危险源企业应急管理现场检查，检查中石化大兴黄村油库和北京天金石油销售有限公司2家企业。重点检查企业应急管理机构建立及专兼职人员配备、应急管理制度制定与落实、应急演练与应急培训记录、重大危险源监控检测遇紧急情况处置、值守应急与信息报告、应急物资储备与管理等工作。检查发现中石化大兴黄村油库应急物资储存卡的相关内容不完善、应急物资维护保养不到位、未建立应急管理机构并配备专兼职应急管理人员、应急演练信息传递不规范；北京天金石油销售有限公司应急救援物资配备不符合标准、使用应急物资器材培训演练不到位、未建立应急管理机构并配备专兼职应急管理人员、企业风险评估不规范。针对2家企业存在的问题，执法人员依法向2家企业下达责令限期整改指令书，责令2家企业于8月30日前整改完毕。

（黄亮）

【参加全国应急救援技术竞赛】 8月23日至26日，由国家安全监管总局、中华全国总工会、共青团中央、黑龙江省人民政府共同主办，中国石油天然气集团公司承办的第二届全国危险化学品救援技术竞赛在黑龙江省大庆市举行。市安全监管局带领北京燕山石化应救援队参加救援技术竞赛。本次竞赛，全国29个省（自治区、直辖市）以及相关中央企业的30支代表队240名队员参加。竞赛设置理论考试、综合体能、单兵破拆救人、带压快速堵漏4项个人项目和大流量移动炮储罐火灾扑救、化工装置初期火灾处置、危险化学品工艺管线带压堵漏、危险化学品运输槽车泄漏处置4项集体项目。北京市代表队获得团体优胜奖二等奖、大流量移动炮储罐火灾扑救团体单项三等奖、危险化学品工艺管线带压堵漏二等奖。1人获得单兵破拆救人二等奖、4人获得个人全能优秀奖。2人还被共青团中央拟授予“全国青年岗位能手”荣誉称号。

（黄亮）

【“8·28”施工坍塌事故应急救援】 8月28日16时，朝阳区来广营红星美凯龙商场正在施工中的两栋楼之间连廊倒塌，造成4人受伤。事故发生后，市委、市政府高度重视，副市长王宁要求全力抢救伤员，查明事故原因，控制工地现场，防止发生次生灾害，加强工地管理。17时40分，市安全监管局有关负责人赶赴现场。北京建工救援大队进行事故现场救援。8月29日2时11分，救援现场指挥部宣布救援结束，确认现场没有发现遇难者。

（黄亮）

【应急管理专项检查】 9月6日，市安全监管局对北京二商集团有限责任公司西郊食品冷冻厂开展应急管理专项执法检查。为确保执法检查取得实效，局执法监察总队、应急处与相关专家前期研究确定以检查重大危险源专项预案的启动程序、应急体制机制、应急响应程序和处置措施为重点的现场执法检查内容，对企业的安全管理机构设置、隐患自查自报系统使用情况等主体责任落实情况开展检查。检查中，执法人员现场设置液氨储罐泄漏的应急演练场景，演练结束后，专家指出该厂在应急演练过程中存在应急处置人员穿戴劳动防护用品不熟练、重点岗位及人员未佩戴应急处置卡、应急人员在演练中信息汇报内容不准确等问题。针对检查发现的问题，执法人员下达执法文书责令立即整改。

（叶子楠）

【应急处置员职业技能竞赛】 10 月 27 日、28 日，市安全监管局、总工会在中国石化集团北京燕山石油化工有限公司教育培训中心联合主办 2016 年北京市“职工技协杯”应急处置员（危险化学品）职业技能竞赛决赛。国家安全监管总局和北京市应急办、安全监管局、总工会、职工技术协会和燕山石化公司负责人出席开幕式。大赛动员 594 人参赛，经过初赛和复赛的激烈角逐，选拔出 99 名选手进入最后总决赛。设个人奖项及团体奖项，个人奖项产生一等奖 1 名、二等奖 2 名、三等奖 7 名；团体奖项产生团体优胜奖、团体优秀奖、应急救援技术团体奖、现场应急处置团体奖、优秀组织奖等奖项。按照成绩排名，获个人奖项的选手分别纳入北京市安全专业技术人才库和北京市职工技术协会技能人才库，并获得相应的安全技能人才称号。本次竞赛是北京市首届应急处置员（危险化学品）职业技能竞赛，对于提升危险化学品应急救援从业人员安全技能、促进全市安全生产工作有着积极的现实意义。

（黄亮）

【“10·30”交通泄漏事故应急救援】 10 月 30 日 3 时 50 分，六环路内环 97.5 公里处（房山境内）发生一起交通事故。一辆载有石脑油的罐车与一辆大货车发生剐蹭，造成油罐车石脑油泄漏，面积约 200 平方米左右，未造成人员伤亡。事故发生后，市安全监管局、公安局消防局、环保局和房山区政府、金隅集团、燕山石化公司相关负责人赶赴现场，成立临时应急指挥部，及时采取分流、限行、环境监测等措施，未造成较大泄漏，避免衍生灾害发生。上午 11 时，未泄漏的油品由安全监管部门转移到北京亚兴奇岚商贸中心，道路现场清理完毕，交通全面恢复。下午 5 时，泄漏到路基外的石脑油由北京燕山燕洁环保工程有限公司处理完毕，未造成环境污染。

（黄亮）

【印发尾矿库及烟花爆竹预案】 11 月 15 日，市生产安全事故应急指挥部分别印发《北京市尾矿库事故应急预案》《北京市烟花爆竹生产安全事故应急预案》，从建设国际一流的和谐宜居之都需求出发，建立“统一指挥、反应灵敏、运转高效、科学规范”的生产安全事故应急体系，增强本市两类事故的综合处置能力，提高应急救援反应速度和水平，预防和控制次生、衍生灾害的发生，保障人民群众生命安全。

（黄亮）

【应急管理示范试点工作总结会】 11 月 24 日，市安全监管局召开 2016 年度安全生产应急管理示范试点工作总结会。各区安全监管局和北京安联相关负责人以及两家重点地区加油站负责人参加会议。会议总结全市安全生产应急管理示范试点工作，指出全市示范试点工作引起各方面对应急管理的重视，凝聚应急管理统一向上的工作合力，并强调全市在工作推动和主责单位落实应急管理责任方面存在一些突出问题。通过开展应急管理示范试点工作，把应急准备、应急响应、应急处置和善后恢复 4 项工作内容贯穿于安全生产应急管理工作全过程，夯实企业安全生产应急管理基础，提升企业安全生产应急管理水平。

（黄亮）

【京津冀协同联席会议在京召开】 11 月 25 日，第一次京津冀协同应对事故灾难联席会议在北京万方苑酒店召开。国家安全监管总局、北京市应急办、京津冀三地安全监管局和技术支撑单位有关负责人参加会议。会议通过《京津冀协同应对事故灾难工作纲要》，讨论《京津冀协同应对事故灾难 2017 年重点工作》《京津冀协同应对事故灾难试点工作方案》《京津冀危险化学品道路运输事故应急联动信息通报管理办法（试行）》，明确京津冀三地应急联动建设的重要事项。

（黄亮）

【首钢矿业公司应急管理检查】 12 月 1 日，市安全监管局副局长李东洲带队赴河北迁安地区，对首钢矿山公司进行安全生产应急管理专项执法检查。检查组分别听取水厂铁矿、大石河铁矿负责人关于企业风险评估、应急资源调查登记和应急能力评估情况的汇报，并就应急预案编制及组织实施情况，应急培训、应急演练、应急管理制度执行情况和应急管理机构建立与人员配备情况进行检查。检查组还对首钢矿业公司专职救护队进行检查，重点检查各矿山救护队组织机构、管理体制、运行机制、领导班子配备、主要装备配备和培训情况。检查组针对首钢矿业公司在应急培训和应急演练工作中存在的问题，提出具体整改要求。

（黄亮）

【典型事故应急救援评估】 本年，市安全监管局委托市安全生产工程技术研究院对“5·14”平谷区盗挖废弃矿山矿产资源事件、“8·28”朝阳区来广营红星美凯龙二层连廊坍塌事故、“10·17”大兴区京开高速甲醛罐车泄漏事故、“10·30”南六环危险化学品道路运输车辆泄漏事故开展应急处置评估工作，编制应急处置评估报告，报告内容包括：事故应急处置基本情况、应急处置评估结论、应急处置经验总结、应急处置问题分析以及相关工作建议。

（黄亮）

执法监察

【二十国集团峰会安全保障】 1 月 13 日至 15 日，2016 年二十国集团峰会第一次协调人会议在北京国际饭店举行。根据市委、市政府工作部署，市安全监管局制定安全生产监管工作方案，明确市、区两级安全监管职责，明确任务时限和工作要求。会议期间，市、区两级安全监管部门上下联动、突出重点，对会场周边生产经营单位保持严查严管态势，出动执法人员 144 人次，检查生产经单位 52 家次，下达责令限期整改指令书 16 份，查处安全隐患 22 项，立案处罚 1 起。为会议顺利举行营造良好的安全环境。

（叶子楠）

【道路运输企业执法检查】 1月14日，市安全监管局会同朝阳区安全监管局对四惠长途客运站、四惠交通枢纽和八王坟长途客站春运安全生产工作进行联合执法检查。在检查中执法人员询问各企业安全生产规章制度的执行落实情况和企业隐患排查整治情况，对消防中控室、配电室等重点部位及单位应急反应、特种作业人员值班值守等情况进行重点检查。通过检查发现各运输企业安全生产工作整体情况较好，安全生产管理制度健全，配电室、中控室等重点部位设施设备完好有效，应急物资储备齐全。四惠长途客运站在模拟检验应急预案效果时，各岗位职责清楚，应急人员迅速到达指定岗位，能够熟练操作应急设施设备，表现出较高的安全应急工作水平。检查组要求运输企业针对春运期间客流量增加、极端天气影响等情况加强对长途客运车辆驾驶人员和重点岗位值班人员安全教育，强化配电室、中控室等重点岗位值班值守和检查工作，及时发现和消除安全隐患，确保春运安全。

（叶子楠）

【中央农村工作会议安全保障】 1月，市安全监管局组织对中央农村工作会议会场、驻地周边生产经营单位进行安全检查，做好会议的安全生产保障工作。检查过程中发现北京金莎苑餐饮管理有限责任公司羊坊路店隐患问题较为突出，主要是用餐场所违规使用多个15千克液化石油气气瓶，一处安全出口长期锁闭，后厨操作间、安全出口等多个重点部位未设置应急照明灯等隐患问题。经责令整改后，市安全监管局执法监察总队按期赴该企业进行复查。经复查，安全隐患全部整改完毕。

（叶子楠）

【第二批专职安全员上岗】 1月，全市来自东城区、西城区、朝阳区、海淀区、通州区的899名第二批乡镇街道（园区）专职安全员经过笔试、面试、体检、政审、岗前考试等层层考核，正式上岗履行安全检查职责。至此，全市344个乡镇街道全部配备专职安全员，队伍规模接近5000人，主要承担辖区内日常安全生产检查、基础信息采集、协助事故应急救援等重要职责。

（叶子楠）

【烟花爆竹零售网点突击抽查】 2月5日，市安全监管局执法监察总队对东城、朝阳、海淀、丰台、石景山、门头沟、房山、大兴等区烟花爆竹零售网点实施突击抽查。执法监察总队随机选取30家烟花爆竹零售网点分别于上午、下午、晚间实施3个次抽查。检查发现各受检单位在销售人员持证上岗、产品堆垛码放、用电安全、消防设施以及监控设备方面基本能够按照《烟花爆竹零售网点设置安全规范》逐一落实。部分零售网点有产品堆垛超高、垛距不足、销售区域存放杂物、销售人员未穿防静电服等现象，执法人员现场开具执法检查文书，并指导销售人员立即纠正问题，消除安全隐患。

（叶子楠）

【全国“两会”安全保障】 2月22日至3月6日，市安全监管局按照市委、市政府工作部署，做好全国“两会”安全保障工作。市安全监管局组建由局长张树森任组长的全国“两会”安全生产保障工作领导机构，制定《2016年全国“两会”安全生产监管工作方案》，明确“保内、控外”总体工作思路及任务，召开视频工作会对全市安全监管系统进行动员部署。市、区安全监管执法检查队伍迅速行动，形成“三强化、三实现”的工作特点，开展安全生产执法检查工作。一是实现底数清，全市安全监管系统对会场和驻地周边200米范围内的生产经营单位全面摸排，统计涉及生产经营单位1264家，其中规模以上生产经营单位46家、加油加气站及其他危险化学品企业9家、人员密集场所20家、建筑工地2家，全部企业相关信息纳入台账并完成数据统计分析。二是实现“全覆盖”检查，全国“两会”29个会场及驻地所在的东城区、西城区、朝阳区、海淀区、石景山区、顺义区安全监管局按照全市工作部署迅速展开行动，组织力量对“两会”涉及的生产经营单位以及加油站、油库、烟花爆竹仓库开展执法检查。6区出动执法人员1486人次，检查生产经营单位1890家，发现隐患1179项，对7家企业实施行政处罚。其他区安全监管局也对重点危险化学品生产企业、烟花爆竹仓库、非煤矿山、工业企业和人员密集场所开展不间断检查和盯守。三是实现无死角，落实《2016年全国“两会”安全生产监管工作方案》“高质量、高标准”工作要求，市安全监管局由执法监察总队牵头组建3个督导检查组，深入各区开展不间断抽查检查，重点督促企业落实安全生产主体责任，监督属地政府落实属地监管责任。督查检查组抽查重点企业17家，查出隐患问题33项，并对隐患问题立即整改。确保各项监管工作横向到边、纵向到底，实现安全检查工作“无死角”，保质保量完成全国“两会”安全生产保障任务。

（叶子楠）

【电影节临建设施安全工作会】 3月29日，市安全监管局会同怀柔区安全监管局召开第六届北京国际电影节开闭幕式临建设施安全生产工作会，针对电影节开闭幕式临建设施搭建总量庞大及搭建项目多、施工周期短，作业难度高、风险因素多，监管难度大的问题，研究部署安全监管工作，确保开闭幕式临建设施搭建安全。电影节组委会办公室（市新闻出版广电局）和怀柔区宣传部、广电局、公安消防支队有关领导，北控置业（场地提供方）、北京壹贰叁舞台艺术有限公司负责人参加会议。会上，市安全监管局执法监察总队就搭建工程的设计安全、风险评估、监管重点、施工人员岗前培训、特种作业管理、载荷试验等向承办单位和搭建单位提出明确要求，向组委会办公室转交加强电影节临建设施安全监管的监管建议函，要求落实安全风险评估等工作。会上还向各搭建单位发放《第六届北京国际电影节临建设施搭建安全十项要求》，要求各个搭建单位严格落实。

（叶子楠）

【创意城市北京峰会安全保障】 6月6日至8日，第二届联合国教科文组织创意城市北京峰会在北京饭店举办。按照市政府要求，市安全监管局迅速联系峰会临建设施搭建单位，了解搭建项目、施工难度、作业人数等基础信息，第一时间向搭建单位（中青旅联科〔北京〕公关顾问有限公司）提出安全监管要求。重点检查北京饭店金色大厅搭建作业现场，发现部分灯箱电源线有多处接头、灯光架稳定性不足、LED大屏背部支撑刚性不够、通道不畅4项隐患问题。针对检查发现的隐患问题，执法人员依法下达执法文书。隐患问题于6月6日零时前整改完毕。

（叶子楠）

【中美气候城市峰会安全保障】 6月7日至8日，第二届中美气候智慧型/低碳城市峰会在京举办。按照市政府工作要求，市安全监管局迅速制定工作方案，有序启动各项服务保障工作，与组委会沟通了解主要临建设施的搭建规模、搭建时间、作业人数、施工难度等，在第一时间向搭建单位（中艺星宇舞台设备有限公司）提出搭建作业的安全监管要求，通知东城区安全监管局指导建国门街道、东华门街道对北京国际饭店、北京饭店周边200米范围内生产经营单位开展“全覆盖”安全生产检查，督促整改安全隐患。市安全监管局执法监察总队派员对北京国际饭店内部搭建进行检查并与东城区安全监管局及有关街道密切协作，落实各项安全保障措施，为峰会提供良好的安全环境。

（叶子楠）

【亚投行首届年会安全保障】 6月23日，市安全监管局按照市委、市政府工作要求，制定安全保障工作方案，统一部署会场内临建设施及周边生产经营单位的安全生产保障工作。组织专家对亚洲基础设施投资银行首届年会开幕式及晚宴活动场所进行安全生产检查。朝阳区安全监管按照方案分工对活动场所周边27家生产经营单位进行“全覆盖”检查，下达执法文书29份，整改安全隐患28项。确保亚洲基础设施投资银行首届年会顺利召开。

（叶子楠）

【建党95周年大会安全保障】 6月27日，市安全监管局执法监察总队召开现场办公会，向场馆业主和搭建单位提出安全监管工作要求，责成各参建单位报送搭建方案、加强特种作业人员安全管理、严格审核验收和聘请第三方机构出具安全评价报告。聘请结构专家对搭建现场施工安全进行全程监督指导，20时现场搭建工作基本完成。为确保北京市庆祝中国共产党成立95周年大会顺利召开，市安全监管局按照市委办公厅工作要求，对活动现场搭建工程进行全程监管。

（叶子楠）

【昌平区工业企业安全检查】 7月6日，市安全监管局采取“四不两直”的方式，对位于昌平区的北京铁科首钢轨道技术股份有限公司、北京市第五肉类联合加工厂、稳恩佳力佳（北京）石油化工设备有限公司进行安全检查。检查发现北京铁科首钢轨道技术股份有限公司存在室外袋式除尘器风机位置不规范、除尘器无泄爆装置等问题；北京市第五肉类联合加工厂存在液氨制冷机房浓度、压力、温度报警器未远传至中控室，机房应急装备未集中存放等问题；稳恩佳力佳（北京）石油化工设备有限公司存在存储测试液的废品库未安装可燃气体报警等问题。针对检查出的隐患问题，检查组责令3家企业立即整改，落实涉爆粉尘安全管理标准规范要求，并责成昌平区安全监管局督促企业隐患问题整改到位。

（饶守国）

【印刷企业粉尘防爆安全检查】 7月22日，市安全监管局组织相关专家赴北京隆达公司及其北京印刷二厂检查粉尘防爆安全管理工作。检查组重点对企业安全生产标准化创建和可燃性粉尘防爆治理进行检查，现场检查企业生产车间和票据车间通风除尘设备设施安全管理情况。对于检查发现的未建立粉尘清扫作业制度、教育培训不到位、用电管理不规范、部分通风设施未开启等隐患问题，检查组要求企业迅速采取整改措施，及时消除事故隐患。经复查，隐患问题整改完毕。

（饶守国）

【申冬奥活动安全保障】 7 月 31 日，北京冬奥组委在八达岭长城脚下望京广场隆重举办“从长城发出的邀请”活动，面向全球征集 2022 年冬奥会会徽和冬残奥会会徽设计方案。为做好此次活动保障工作，7 月 27 日，市委办公厅专门召开协调会，部署活动现场临建设施安全监管工作，市安全监管局制定保障方案。7 月 28 日，市安全监管局执法监察总队聘请建筑结构专家对活动现场灯光桁架、演出舞台、LED 大屏幕、音响架体、灯光网幕等进行重点检查。7 月 29 日，市安全监管局副局长李东洲带队赴八达岭施工现场，再次对灯光架体、LED 大屏等临建设施的加固情况进行检查，要求坡上的脚手架搭设一定要规范，要留出足够的安全系数，承办单位要安排专业的计算，确保施工和使用安全，要对临建设施的风载受力进行科学估算，确保使用安全，做好临建设施拆除期间的安全监管，防止事故发生。此项活动在 31 日晚顺利结束。

（叶子楠）

【少数民族文艺会演安全保障】 8 月 16 日至 9 月 14 日，第五届全国少数民族文艺会演在京举办。市安全监管局根据市政府的有关要求，组织市、区两级安全监管力量开展安全保障工作。本次汇演有 34 家代表团（演出团）驻地和 12 家演出剧场，涉及东城区、西城区、朝阳区、海淀区和丰台区。7 月 25 日起，各级安全生产监管部门对驻地、剧场周边 200 米范围内生产经营单位开展“全覆盖”检查。8 月上旬第一轮安全检查覆盖率 100%，各区安全监管局抽查覆盖率 20%。8 月 11 日，市安全监管局执法监察总队对丰台区内的代表团驻地鸿坤国际酒店进行重点督查，指导相关单位抓紧、抓实安全管理工作，指导相关乡镇街道加大工作力度，持续对驻地、剧场周边生产经营单位进行安全检查，及时发现、整改安全隐患，确保文艺汇演顺利举办。

（叶子楠）

【部门专职安全员集训】 8 月 16 日至 9 月 29 日，市安全监管局会同首钢技师学院举办 2016 年北京市、区职能部门专职安全员集中培训。此次集中培训分 3 个批次开展，先后有 1168 名市、区职能部门专职安全员接受培训。为做好组织工作，市安全监管局执法监察总队完善组织管理、优化培训内容，从严管理学风学纪。承办集训教学工作的首钢技师学院安排多次试讲，要求教师结合实际调整教案，编制适合专职安全员学习的复习题库，提升课堂培训与课后复习的衔接有效度。为实现“三培养、三达到”工作目标，集训学员每天学习、训练、日常操课全部按照军事化标准实施管理，学习的专业知识内容包括安全生产法律法规、安全生产应急志愿者基础培训、隐患排查治理规章解读、危险化学品生产经营储存单位检查重点、烟花爆竹零售点及仓库检查重点、电气安全检查重点、工业企业检查重点、人员密集场所和物业单位检查重点、燃气安全检查重点、有限空间和职业卫生安全检查重点、事故应急救援等内容。集训整体节奏紧凑，学员精神饱满，达到“练思想、练作风、练本领”的工作预期。

（叶子楠）

【安全生产检查队伍调研】 8 月 19 日，市安全监管局局长张树森、副局长李东洲带队赴通州区调研乡镇街道（园区）安全生产检查队规范化建设工作。局执法监察总队和朝阳区、通州区、顺义区安全监管局负责人参加调研。调研组实地查看玉桥街道、潞城镇、漷县镇安全生产检查队规范化建设情况，重点了解检查队在组织管理、制度规范、党团组织和后勤保障等方面的建设情况。随后的座谈会上，朝阳区、通州区、顺义区安全监管局分别汇报专职安全员队伍规范化建设情况，就规范化建设内容提出意见。张树森指出：要高度重视乡镇街道（园区）安全生产检查队规范化建设试点工作，结合实际制定实施方案，确保工作推进有序。执法监察总队要深入各乡镇街道（园区）实地调研安全生产检查队工作情况，根据不同区域条件，对安全生产检查队规范化建设有关政策标准进行细化完善，鼓励各区创新管理手段，有针对性地解决专职安全员工作中存在的困难和问题。要在全市范围内开展乡镇街道（园区）安全生产检查队规范化建设工作，不断提升安全生产工作水平。

（叶子楠）

【造纸和酱腌菜企业有限空间作业安全检查】 9月13日，市安全监管局采取“四不两直”的方式，随机检查北京鑫宏鹏纸业有限公司、北京蓉山食品有限公司和北京绿源食品有限公司3家企业有限空间作业安全。3家企业均不同程度地存在有限空间辨识不清、作业场所警示标识设置不全、有限空间台账不准、用电管理不规范等问题。执法人员对北京鑫宏鹏纸业有限公司和北京蓉山食品有限公司下达行政执法文书，责令限期整改。经复查，隐患问题整改完毕。

（李宏良）

【工业企业安全检查】 9月21日，市安全监管局会同朝阳区、顺义区安全监管局采取“四不两直”方法，对北京西贝伦服装有限公司、北京博亮木业有限公司、易兰德（北京）印务有限公司、查维斯机械制造（北京）有限公司4家工业企业进行安全检查，重点检查生产车间、配电室、仓库等，详细询问企业安全生产规章制度、教育培训、操作规程制定落实情况。检查发现，北京西贝伦服装有限公司制作、裁剪、成衣、充绒等设备车间通道被占压，易兰德（北京）印务有限公司印刷包装车间、化学品储存间较为混乱、存放数量较多，查维斯机械制造（北京）有限公司车间存在货架较高的问题。针对存在问题，检查组要求企业立即整改，消除隐患，加强安全生产管理工作。经复查，隐患问题整改完毕。

（任社山）

【城乡结合部专项整治督查】 10月10日，市安全监管局执法监察总队赴门头沟区开展城乡结合部重点地区安全生产专项整治督查工作。门头沟区有关部门根据《城乡结合部重点地区安全生产专项整治暨清理整治违法违规排污及生产经营行为专项行动工作方案》工作要求，对生产条件恶劣、隐患问题多的企业实施查封处理，对存在严重安全隐患的小作坊式企业予以劝退，对餐饮企业违规使用燃气的问题开展重点检查，要求专职安全员将供气和气瓶作为重点检查部位，严防安全事故发生。督查组肯定门头沟区整治工作成效，要求区有关部门和单位围绕年初制定的目标，完成好四季度的整治任务，巩固整治成果。

（叶子楠）

【“双创活动”安全保障】 10月12日至18日，第二届全国大众创业万众创新活动周在京举行。市安全监管局执法监察总队与海淀区安全监管局密切联系，分步骤、有重点地对活动会场周边200米生产经营单位开展安全生产执法检查，消除安全隐患，确保活动顺利进行。期间，执法监察总队多次组织执法人员和专家对场馆内临建设施进行安全检查，对现场发现的安全隐患立即进行整改，通过复查确保所有隐患问题整改到位，为“双创活动”提供安全稳定的外部环境。

（叶子楠）

【十八届六中全会安全保障】 10月24日至27日，党的十八届六中全会在京召开。市安全监管局按照市委、市政府工作部署，对会场及驻地周边生产经营单位实施安全生产监管工作。组织海淀区安全监管局及街道建立京西宾馆及北京铁道大厦周边200米范围内102家生产经营单位工作台账，并实施“全覆盖”执法检查。会议召开期间，市安全监管局执法监察总队对会场及驻地周边生产经营单位开展不定期抽查，会同海淀区安全监管局开展隐患排查，保障大会顺利召开。

（叶子楠）

【专职安全员协调指导工作会】 10月25日，市安全监管局副巡视员贾秋霞主持召开全市安全生产专职安全员协调指导办公室工作会。市安全监管局有关处室和直属事业单位、各区安全监管局及首钢技师学院相关负责人参加会议。会议通报专职安全员“职工技协杯”业务技能竞赛决赛工作部署情况，部署关于成立区专职安全员管理机构、推进乡镇街道（园区）安全生产检查队规范化建设、推动专职安全员工资待遇规范等9个方面工作，介绍决赛各项具体工作流程。会议要求各区安全监管局要把专职安全员队伍规范化建设工作放在首要位置，用科学的理念指导队伍建设，努力建设一支政治坚定、业务精通、作风扎实、纪律严明的专职安全员队伍。

（叶子楠）

【建材企业粉尘防爆安全检查】 10月26日，市安全监管局组织专家对北京琉璃河水泥有限公司粉尘防爆工作进行安全检查。检查组重点查看煤粉制备系统的设计、防爆泄爆抑爆等措施落实情况及监测预警情况，实地检查监测预警中心、原料车间和煤粉制备车间立式辊磨机、除尘设备及防爆设施。针对企业防爆区电机不防爆、接线柱及接头没有密封、除尘器清扫不规范（用空气代替惰性气体）等隐患问题，执法人员责令企业立即整改。

（饶守国）

【第十一届文博会安全保障】 10月27日至30日，第十一届中国北京国际文化创意产业博览会在京召开。为确保会议期间的生产安全秩序稳定，市安全监管局会同海淀区安全监管局建立西苑饭店周边200米范围内生产经营单位基础台账，并开展执法检查。期间，市安全监管局执法监察总队从台账中随机抽取两家企业开展执法抽查。从检查情况看，两家单位较好地落实安全生产主体责任，企业负责人安全意识较强，安全设施设备配置齐全，常用的重要设备维护保养及时，但仍存在安全出口处堆放杂物、配电间存放易燃品等隐患问题，执法人员现场下达执法文书，责令该单位立即整改。在会议召开期间总队持续对会场及驻地周边生产经营单位进行安全抽查，督促属地单位做好会场及驻地周边企业的隐患整改工作，为会议提供良好安全生产环境。

（叶子楠）

【全国政协会议安全保障】 10月31日至11月1日，十二届全国政协第十八次常委会议在京召开。按照市政府工作部署，安全监管部门主要承担会场及驻地周边200米范围内企业安全生产执法检查工作。市安全监管局制定市、区两级安全监管工作方案，明确检查重点和完成时限，并指导东城、西城、海淀等区安全监管局开展安全生产保障工作。会议召开期间，市安全监管局执法监察总队按照工作方案，对会场及驻地周边企业进行安全抽查，督促属地单位做好会场及驻地周边企业隐患整改工作。

（叶子楠）

【科技创新部长会议安全保障】 11月3日至5日，G20科技创新部长会议在京举办。市安全监管局制发会议安全生产监管工作方案，明确市、区两级安全监管部门的职责分工和工作安排，要求怀柔区安全监管局完善雁栖湖国际会议中心、日出东方酒店、雁栖酒店等会场驻地及周边200米范围内生产经营单位的基础台账，组织力量进行安全检查，重点关注配电室、消防站等要害部位的值守，加强应急预案的完善与演练工作。会议期间，市安全监管局执法监察总队和属地安全生产检查队持续对会场驻地及周边生产经营单位进行安全生产检查，及时发现、整改安全隐患，确保会议顺利举办。

（叶子楠）

【“职工技协杯”职业技能竞赛决赛】 11月16日，市安全监管局、总工会和首钢技师学院举办2016年北京市“职工技协杯”职业技能竞赛检查人员（专职安全员）比赛决赛开幕式。市安全监管局局长张树森、市总工会副主席韩世春与首钢总公司、市职工服务中心、首钢技师学院的领导出席开幕式。全市17个区396名专职安全员进入决赛阶段比赛。参加第一天比赛的西城、海淀、丰台、昌平、开发区等区专职安全员及比赛裁判员、竞赛组委会工作人员、新闻媒体记者等近500人参加开幕式。本次决赛赛期设置工业、危险化学品、职业卫生3个比赛场景，通过模拟安全生产检查工作，对参赛选手的检查礼仪、隐患识别、专职安全员信息化系统使用等方面做全面考量。裁判组按照初赛成绩、团体总成绩等各个单元的评分，最终决出优秀个人奖10个、优秀区安全监管局10个、优秀组织奖33个。获奖的单位和个人在全系统予以通报表彰。

（叶子楠）

【新机场建设专项执法检查】 11月30日，市安全监管局联合大兴区安全监管局，聘请建筑行业专家组成联合执法检查组，对新机场在建施工项目开展安全生产专项执法检查。检查发现，各施工单位存在一定数量的隐患问题，执法人员依法下达执法文书，责令企业限期整改。检查结束后，市安全监管局组织民航建设指挥部及11家施工单位项目负责人参加执法通报会，从文件资料管理及现场执法情况两个方面通报检查情况。要求各施工单位按照“新机场建设要建成世界一流工程、安全生产工作也要达到世界一流水平”的要求，对检查发现的安全隐患问题进行整改，举一反三，开展安全生产大检查和隐患自查自纠工作，确保新机场建设顺利进行。

（叶子楠）

【专职安全员领军人才选拔】 12月1日，北京市安全生产专职安全员领军人才选拔的笔试工作在首钢技师学院进行，来自全市16个区及北京经济技术开发区161名专职安全员参加。根据活动安排，13时30分笔试正式开始，参加选拔161名专职安全员准时到位，闭卷答题。市安全监管局执法监察总队、首钢技师学院以及各区领队在现场分别开展笔试的组织、监考以及各项服务工作。笔试成绩于当日晚间公布，产生77名专职安全员参与次日举行的演讲环节比拼。市安全监管局执法监察总队、各区安全监管局有关人员和部分安全生产专职安全员作为观众参加演讲活动。最终有60名专职安全员成绩突出，在全市安全监管系统通报表彰。

（叶子楠）

【中央经济工作会议安全保障】 12月14日至16日，中央经济工作会议在京召开。市安全监管局制定市、区两级安全监管工作方案，明确检查重点和完成时限，安排会议涉及的海淀区安全监管局建立京西宾馆周边200米范围内企业基础台账，并按照方案开展执法检查。会议期间，市安全监管局执法监察总队和属地安全生产检查队持续对会场驻地及周边生产经营单位进行安全生产检查，整改安全隐患，为会议召开提供良好安全生产环境。

（叶子楠）

【“跨年灯光秀”临时设施安全检查】 12月26日，市安全监管局按照市委宣传部下达的北京电视台“跨年灯光秀”保障任务，对灯光塔、纱幕等临时设施搭建工作进行安全检查。通过资料审查、现场踏勘，发现极限风载验算、配重荷载计算、安全评价报告方面存在问题，要求承办单位加强安全管理，隐患问题整改完毕后，临时设施方可投入使用。活动期间，市安全监管局执法监察总队全过程监管，确保安全监管要求落实到位。

（叶子楠）

【“新年倒计时”安全保障】 12月29日，市安全监管局副巡视员贾秋霞带队赴2017北京新年倒计时活动现场（奥林匹克公园），对舞台、灯光架、音响架、LED大屏幕等临建设施搭建情况进行安全检查。贾秋霞要求承办单位做好每一项工作，抓住每一个细节，确保活动安全。要关注大风低温等极端天气，严格高处作业现场管理，做好安全防护和应急准备工作。

（叶子楠）

【全国政协新年茶话会安全保障】 12月30日，全国政协2017年新年茶话会在全国政协礼堂召开。按照市政府工作部署，市安全监管局主要承担全国政协2017年新年茶话会会场周边企业安全生产执法检查，监督属地政府及行业部门落实监管责任。市安全监管局执法监察总队及时制定市、区两级安全监管工作方案，明确检查重点和完成时限。市安全监管局执法监察总队随机抽查企业安全生产情况，落实企业安全生产主体责任，执法人员要求各单位举一反三进行安全自查，确保安全生产。

（叶子楠）

【重点企业执法检查】 本年，市安全监管局执法监察总队提升安全生产执法检查质量和效能，落实执执法工作“四个转变”“两个充分”的要求，按照年度执法计划，对重点企业开展安全生产执法检查。执法人员在前往企业执法检查前充分了解企业的基本情况，与企业安全生产部门负责人面对面沟通，调阅企业安全生产管理资料，了解企业规模、经营范围、安全管理状况等情况。邀请专家集体梳理审阅，对企业安全管理资料进行研讨、制定方案。在此基础上，与专家充分沟通研讨，制定执法方案和现场检查项目，确定将组织机构、安全制度等19项作为重点检查内容，增强现场方案的针对性和有效性。这一方式贯穿全年重点企业执法检查工作，提升执法的精准度和实际效果。

（叶子楠）

【生产安全事故调查处理】 本年，市安全监管局查处生产安全事故128起，结案125起，移送司法机关追究刑事责任45人，给予党政纪处分4人，罚款3833.43691万元。

（车广杰、赵芬）

职业卫生监督检查

【技术改造项目专家组审核会】 1月7日，市安全监管局召开中石化北京燕山分公司《废碱液处理设施项目》《制苯装置二段加氢单元节能改造项目》技术改造项目专家组审核会，市职业病防治研究院、市劳保所3位专家和中石化北京燕山分公司、燕山石化职业病防治所有关负责人参加会议。会上，专家组对新建2.4万吨/年废碱液处理设施和制苯装置二段加氢单元节能改造项目装置进行审核并原则通过。

（石逸超）

【赴总局职业安全卫生研究中心调研】 1月19日，市安全监管局副局长阎军带队赴国家安全监管总局职业安全卫生研究中心调研职业卫生工作。该中心是国家安全监管总局直属事业单位，是市安全监管局职业卫生技术支撑单位，拥有职业危害检测分析与研究、职业卫生评价、职业健康监护、职业病诊断、职业卫生技术研究与咨询6个中心，集科研、医疗、教学、职业卫生技术服务为一体的科研机构，主要开展职业病防治和技术研究工作。双方针对北京市职业危害的特点、职业病发病情况、新型职业危害防控、职业卫生技术服务机构的发展方向等问题进行交流。

（石逸超）

【职业卫生监管工作视频会议】 1月26日，市安全监管局召开2016年安全生产行政审批及职业卫生监管工作视频会议。会议对2015年全市职业卫生监管工作进行总结通报，部署2016年全市职业卫生监管工作。重点突出职业卫生监管执法和宣传培训两个核心；重点突出有限空间作业大比武和夜查两个重点。

（杜金颖）

【耐火材料制造企业执法检查】 2月23日，市安全监管局采取“四不两直”方式，对位于昌平区的北京西普耐火材料有限公司、北京利尔高温材料股份有限公司2家耐火材料制造企业进行执法检查。检查发现职业卫生隐患问题4项，下达责令限期整改指令书2份。经复查，2家企业分别按照责令限期整改指令书要求，落实工作场所与生活场所分开要求、采取有效措施指导督促劳动者进行个体防护、按照规定健全职业卫生档案、安排从事接触职业病危害作业的劳动者进行上岗前职业健康检查。

（石逸超）

【职业病防治评估研讨会】 2月24日，市安全监管局召开职业病防治评估工作研讨会，东城区等7个区安全监管局和市安科院等5家职业卫生技术服务机构负责人参加会议。东城区等7个区安全监管局结合职业病防治评估情况，对评估指标设置、评估标准把握、评估企业抽取等问题进行交流，提出建设性的意见。

（杜金颖）

【第一次有限空间作业夜查行动】 3月1日，市安全监管局采取“四不两直”方式，开展第一次有限空间作业安全夜查。检查发现1家井下铺设电缆单位违规作业，未配备持证的现场监护人、无任何防护设施、未采取检测通风等措施。执法人员责令该单位立即停止作业，并于2日约谈该单位负责人。

（石逸超）

【第二次有限空间作业夜查行动】 3月2日，市安全监管局采取“四不两直”方式，对城区部分重点街道开展第二次有限空间作业安全夜查。检查发现北京自来水集团机械项目部作业人员下井未佩戴安全绳、安全带等问题。执法人员责令北京自来水集团机械项目部立即停止作业。并于3日约谈该单位相关负责人，要求该单位按照要求整改并提交整改报告。

（石逸超）

【职业病防护设施竣工验收】 3月8日，市安全监管局组织专家对北京西北热电中心京能燃气热电项目职业病防护设施进行竣工验收。北京燕山石化职业病防治所、国家安全监管总局职业安全卫生研究中心、北京中瑞环泰科技有限公司有关专家和北京京西燃气热电有限公司、北京中职安康科技有限公司负责人参加验收。专家组认为该项目工作场所职业病防护设施运行正常，主要职业病危害因素检测结果符合国家职业卫生标准，同意该项目职业病防护设施通过验收。

（石逸超）

【汽修调漆场所专项整治研讨会】 3月11日，市安全监管局副局长阎军主持召开汽修行业调漆工作场所专项整治工作研讨会，中国安科院、北京市劳保所、北京汽车维修行业协会、北京云帆沧海安全防范技术有限公司专家参加会议。与会人员围绕汽修行业调漆喷漆工作场所职业病防护问题进行讨论交流，并针对职业卫生工程防护措施提出具体意见建议。专家建议，要针对汽修企业不同现状，制定有针对性治理措施，明确技术标准、验收要求和管理措施。阎军指出：要充分发挥行业协会的作用，积极参与专项整治工作，促进用人单位落实职业卫生管理主体责任。

（石逸超）

【蔻凯恒安咨询公司资质认可】 3月15日至16日，市安全监管局组织5名专家，按照有关文件，采取查阅资料、现场查看、理论笔试、现场口试、现场实操、盲样考核、编制模拟报告等形式，对北京蔻凯恒安咨询有限公司组织机构、人员、工作场所及实验室、仪器设备、职业病危害因素检测能力、建设项目职业病危害评价能力和质量管理体系运行情况7个考核要素、99项考核内容进行现场评审。考核评审结果为整改后通过。专家组根据评审结果提出3点建议：一是加强人员培训，强化专业技术人员实际操作能力；二是加强过程管理，规范原始记录和检测数据的溯源性；三是加强实验室管理，规范标准物质的使用。完成北京蔻凯恒安咨询有限公司乙级职业卫生技术服务机构资质认可工作。

（石逸超）

【职业卫生技术服务机构工作会】 3月22日，市安全监管局副局长阎军主持召开全市职业卫生技术服务机构工作会，全市30家甲级、乙级、丙级检测机构分管领导和技术负责人70人参加会议。会议总结2015年职业卫生技术服务机构年度评估检查工作，并对2016年职业卫生工作进行部署。阎军指出：一是充分肯定技术服务机构在职业卫生工作中技术支撑作用，形成“政府引导、公立和民营互补、业务齐全、工作有序”的工作格局；二是市安全监管局将着力培养、扶持、打造职业卫生技术服务机构行业规范环境氛围，并履行监管责任；三是技术服务机构要增强法律意识、树立诚信规范意识、强化基础工作，提高技术服务的能力和水平。

（石逸超）

【房山区职业卫生执法检查】 3月24日，市安全监管局赴房山区，对北京国电富通科技发展有限责任公司、北京艾尔有限公司2家用人单位进行职业卫生执法检查。经检查，2家单位存在未按规定实行工作场所与生活场所分开、健全职业卫生档案、及时变更职业病危害申报项目、组织离岗职业健康检查、实施职业卫生培训等问题。针对2家单位存在的职业卫生管理问题，执法人员要求企业立即整改，并责成房山区安全监管局监督落实。

（石逸超）

【丰台、昌平区职业卫生执法检查】 3月29日，市安全监管局采取“四不两直”的方式，对丰台区、昌平区用人单位职业卫生管理情况进行执法检查。检查发现，北京华林特装车有限公司存在现场管理混乱、未进行职业病危害因素申报、未建立职业卫生管理制度、结构件车间和组装车间劳动者未佩戴劳动防护用品等问题；北京昆仑轴承有限公司未进行职业病危害因素申报、未对劳动者进行职业健康检查、未进行工作场所职业病危害因素检测。检查组要求北京华林特装车有限公司、北京昆仑轴承有限公司2家用人单位落实职业病防治主体责任，针对存在问题下达责令限期整改指令书，并约谈企业单位负责人。经复查，2家企业分别按照责令整改指令书要求，健全职业卫生管理制度及档案，采取有效措施督促劳动者进行个体防护，安排接触职业病危害作业的劳动者进行职业健康检查。

（石逸超）

【《职业病危害预评价报告》审核会】 3月31日，市安全监管局组织召开中石化北京燕山分公司80万吨/年航煤加氢装置完善项目、260万吨/年柴油加氢改为蜡油加氢装置项目、二催化烟气脱硝治理项目、中压加氢装置改为直馏柴油裂化项目《职业病危害预评价报告》专家审核会。北京市化工职业病防治院、中国铁道科学研究院和北京中瑞环泰科技有限公司专家和中石化北京燕山分公司、北京燕山石化职业病防治所有关负责人参加会议。4个项目均属“精炼石油产品类”项目。其中属于改造项目3个、新建项目1个，属于职业病危害严重项目3个、职业病危害较重项目1个。审核组听取建设单位对4个建设项目的介绍，随后就4个建设项目《职业病危害预评价报告》评价依据、评价方法、类比调查、职业病危害分析预评价等内容与评价单位进行质询和讨论，同意通过审核。

（石逸超）

【平谷区新发职业病实地调查】 4月6日，市安全监管局赴平谷区动物卫生监督管理局实地调查新确诊8例职业病病例。经查，8例职业病病例均为布鲁氏菌病。平谷区动物卫生监督管理局基层一线人员近300人，常年从事牲畜免疫、采血、检测、检疫等重大动物疫病防控工作，频繁接触牛羊等牲畜。在日常工作中，由于防护不到位，出现一线人员感染布鲁氏菌病情况。病情出现后，平谷区动物卫生监督管理局及时组织被感染职工进行治疗和申请工伤认定，制定《平谷区兽医工作人员生物安全防护指导意见》，申请职业病防护用品专项经费，配发至一线职工，加强实操演练等措施，科学防控职业病危害。市安全监管局要求平谷区动物卫生监督管理局，加强与卫生部门沟通协作，强化职业卫生管理，组织全员进行职业病防治培训，提供合格个人防护用品，保障劳动者职业健康合法权益。

（石逸超）

【朝阳、昌平区职业卫生执法检查】 4月13日，市安全监管局采取“四不两直”的方式，赴朝阳区、昌平区对有限空间作业管理单位和汽车4S店进行执法检查。检查组通过查阅资料、现场实地检查的方式，检查企业有限空间作业管理单位安全管理制度建设、一线作业人员培训、持证上岗、作业人员防护及应急救援设备配备情况；检查汽车4S店调漆间安全管理情况。检查发现，北京市合力电信集团金盏乡工程处、北京市电信工程局有限公司昌平工程处2家有限空间作业管理单位存在安全生产制度建立不健全、相关制度落实不到位等问题；北京金时帮达汽车贸易有限公司、北京国机丰盛汽车有限公司2家企业存在调漆间通风设施不完善等隐患问题。针对检查发现的隐患问题，执法人员下达责令限期改正指令书。经复查，隐患问题整改完毕。

（石逸超）

【四川省安全监管局来京交流】 4月14日，四川省安全监管局副局长文卫平带领省局职业卫生处、省安科院负责人来京交流职业卫生监管工作。市安全监管局介绍北京市职业卫生工作及监管现状和职业卫生培训体系、监控体系、“地标”建设、职业卫生评估、会议制度、职业病防治联合会特色工作；介绍职业卫生监督执法工作及技术服务机构监管情况；解读职业卫生评估指标的评分原则和操作细则。双方就职业卫生监督检查工作进行交流讨论。

（杜金颖）

【两项地方标准完成终审】 4月20日，市质监局召开《金属制品业职业卫生技术规范》和《低温作业职业卫生技术规范》两项地方标准终审会。专家组对《金属制品业职业卫生技术规范》和《低温作业职业卫生技术规范》两项地方标准，通过逐条审议的方式，对标准进行审查。专家组一致同意《金属制品业职业卫生技术规范》和《低温作业职业卫生技术规范》两项地方标准通过审查。

（杜金颖）

【赴市环保局工作研讨】 4月20日，市安全监管局副局长阎军带队赴市环保局进行工作研讨，市环保局副局长姚辉、市环境监察总队有关负责人参加研讨会。市安全监管局介绍关于开展机动车维修企业调漆室和清洗喷枪工作场所职业危害专项治理行动的工作背景、工作目标、治理内容、工作部署、相关要求等内容，并听取市环保局关于机动车维修企业环保专项行动的情况介绍。双方针对专项治理、联合执法、建立联动机制进行研讨，研究讨论联合开展工作的具体措施，以达到“一内一外、协同配合、共同治理”的目标。双方表示，在今后的工作中要加强联系，将部门监管工作有机联系起来，协同配合、共同治理，为本市的可持续发展贡献力量。

（石逸超）

【职业病危害预评价报告审核】 4月22日，市安全监管局组织专家，召开中石化北京燕山分公司3个建设项目职业病危害预评价报告审核会。中石化北京燕山分公司、北京燕山石化职业病防治所相关负责人，中国石油集团安全环保技术研究院、北京市工业技术开发中心和北京中瑞环泰科技有限公司专家参加会议。3个项目分别为2＃蒸馏装置原油适应性改造项目、140万吨/年延迟焦化装置清洁高效除焦技术开发与工业应用项目、Ⅱ套常减压装置换热网络优化节能项目。3项目均属精炼石油产品行业，均为职业病危害严重的改造项目。审核组听取建设单位对3个项目工程概况的介绍，以及评价单位对3个《预评价报告》的汇报。审核组就3个《预评价报告》评价依据、评价方法、类比调查、职业病危害分析预评价等内容与评价单位进行质询和讨论。针对3个《预评价报告》存在的问题，审核组分别提出规范评价依据、完善类比工程内容、核实检测数据、完善工作现场工时调查内容等修改建议，并同意3个《预评价报告》通过审核。

（石逸超）

【《职业病防治法》主题宣传日活动】 4月25日至5月1日，市卫生计生委、人力社保局、安全监管局、总工会联合组织2016年《职业病防治法》宣传周活动，宣传周的主题是“健康中国，职业健康先行”，主题宣传活动分为4个版块，分别为“拒绝尘肺，给肺洗个澡”“降低噪音，换耳朵一个清净”“防治中毒，守护者也需要被守护”“放射，隐形的伤害”，每个版块围绕一类职业病进行讲解。

（杜金颖）

【联合部署家具行业治理行动】 5月5日，市安全监管局、环保局召开会议，联合部署家具行业专项治理行动。各区安全监管局、环保局及60余家家具企业负责人参加会议。会上，市环保局讲解《木质家具制造业大气污染排放标准》。市安全监管局针对家具行业职业危害点多、企业职业卫生管理不平衡、从业人员职业卫生意识差等特点，提出专项治理工作要求：一是要求家具企业落实环境保护和职业危害防治主体责任，实现职业卫生和环境保护双达标；二是强化职业卫生管理工作，做好职业危害申报、职业危害因素检测、职业健康监护等职业卫生基础工作；三是加大职业卫生投入，完善除尘装置、排毒通风等工程防护设备设施，加强技术改造，推进产业结构调整和优化升级，从本质上防控职业危害，为劳动者提供安全健康的工作环境。

（石逸超）

【第三次有限空间作业夜查行动】 5月17日，市安全监管局对东城区、西城区、朝阳区等道路主干道进行有限空间作业执法检查。在位于张自忠路地铁站附近道路等5处地下管网井口处，先后发现北京城区供电开发总公司、热力集团输配分公司管网一所等5家单位正在作业。现场检查发现，5家作业单位中只有北京城区供电开发总公司作业现场管理规范，设置警示牌、告知牌和应急救援设施，作业人员能够按照“先检测后作业”的要求，持证上岗、防护到位、规范操作。其余4家单位分别存在：未按要求进行气体检测、作业人员未佩戴安全绳安全带、未摆放警示牌、通风不到位、监护人员不携带特种作业操作证等问题。针对检查发现的问题，执法人员责令作业单位停止作业，对4家单位分别进行约谈，并予以行政处罚。

（石逸超）

【第四次有限空间作业夜查行动】 5月23日，市安全监管局开展第四次有限空间夜查行动。此次夜查重点对城区部分重点街道进行拉网式巡查，发现5家作业单位，分别为北京市电信工程局有限公司工程一处、北京北排建设有限公司、北京华林建业市政建筑工程有限公司、北京市热力集团输配分公司2个作业队。检查发现，北京市电信工程局有限公司工程一处监护人员未在作业现场，其余4家作业现场管理规范，现场监护人员均持有特种作业证，作业现场设置有限空间作业警示标识和信息公示牌，配备气体检测和机械通风设备，为作业人员配备安全绳、安全带等防护设备，按规范操作。针对北京市电信工程局有限公司工程一处存在的问题，执法人员要求该单位在现场监护人员到达作业现场前必须停止作业。

（石逸超）

【职业卫生评价验收审核启动】 5月30日，受市安全监管局委托，国家安全监管总局职业卫生研究中心验收组正式启动职业卫生基础建设和职业病危害现状评价验收审核工作。职业卫生基础建设工作为期3年，职业病危害现状评价工作为期1年，此次验收审核将两项工作有机结合，通过综合验收的方式，引导用人单位对照要求，查找差距，逐步整改，全面强化用人单位职业卫生基础建设，推动用人单位落实职业病防治主体责任，改善劳动者工作环境和条件。验收审核分4个组，每个区随机抽取10家用人单位，采取查阅文件资料、审核评价和检测报告、实地现场检查的方式，对全市17个区、170家用人单位职业卫生基础建设和职业病危害现状评价工作完成情况、技术服务机构规范服务及报告质量、用人单位现场管理及整改落实情况逐个验收审核，并形成验收审核报告。验收审核工作结束后，由市安全监管局通过书面形式，统一向各区和职业卫生技术服务机构反馈存在的问题。

（石逸超）

【第五次有限空间作业夜查行动】 5月31日，市安全监管局执法人员沿城区两广路、长安街、平安大街主干道两侧，开展第五次有限空间作业夜查行动。检查发现，长安街南池子路口、平安大街等4处地下管网井口处，北京特欣市政公用工程有限公司、市热力集团输配分公司管网二所等4家单位正在作业。北京特欣市政公用工程有限公司、市热力集团输配分公司管网二所、北京排水集团建设有限公司3家作业现场管理规范，均设置警示牌、告知牌和应急救援设施，作业人员能够按照“先检测后作业”要求进行操作，监护人员持证上岗、持续监护，下井作业人员佩戴各种防护用品规范操作。在朝阳门南小街与朝阳门内大街相交路口，执法人员发现某作业单位正在进行通信井人孔的在建施工，现场管理混乱，未配备任何应急救援设备和个体防护用品、监护人员不携带特种作业操作证等违法问题。针对违法违规问题，执法人员责令作业单位立即停止作业，并约谈通信井的产权单位。

（石逸超）

【全市有限空间安全生产工作视频会】 6月2日，市安全监管局召开全市有限空间安全生产工作视频会。市发展改革委、住房城乡建设委、城市管理委、交通委、农委、水务局、广电局、通信管理局安全生产部门负责人，电力公司、燃气集团、热力集团、市政路桥公司、北京排水集团、歌华有线公司、中国移动北京分公司等17家企业集团安全管理部门负责人在主会场参加会议；各区相关委办局安全生产部门负责人、安全监管局主管领导、相关企业安全管理部门负责人在分会场参加会议。会议部署2016年有限空间安全生产工作，要求各单位增强有限空间作业安全生产重要性的认识和履职尽责责任感，落实企业主体责任，严格有限空间作业日常管理和现场作业要求，加大宣传力度，扎实推进有限空间安全生产工作。

（石逸超）

【奔驰公司《预评价报告》审核会】 6月7日，市安全监管局组织专家，召开北京奔驰汽车有限公司发动机二厂区建设项目职业病危害预评价报告审核会。北京奔驰汽车有限公司、北京德康莱健康安全科技股份有限公司相关负责人和中国铁道科学研究院节能环保劳卫研究所、北京市化工职业病防治院专家参加会议。会上，审核组就《预评价报告》评价依据、评价方法、类比调查、职业病危害分析预评价等内容与评价单位进行质询和讨论。针对《预评价报告》存在的问题，审核组分别提出完善总体布局和设备布局的分析与评价、完善类比调查分析与评价、完善防护设施及个人使用防护用品的合理性分析等修改建议，并同意《预评价报告》通过审核。

（石逸超）

【职业病防护设施设计专篇审核】 6月15日，市安全监管局组织专家，召开中石化北京燕山分公司废碱液处理设施、2＃蒸馏装置原油适应性改造、Ⅱ套常减压装置换热网络优化节能项目、80万吨/年航煤加氢装置完善4个建设项目职业病防护设施设计专篇审核会。中石化北京燕山分公司、北京燕山玉龙石化工程有限公司、北京海淀中京工程设计软件技术有限公司设计负责人和中国职业健康协会、中国铁道科学研究院节能环保劳卫研究所专家参加会议。审核组就4个项目《设计专篇》编制内容、工程中职业病危害因素辨识以及主要职业病危害因素职业病防护措施设计与设计编制单位进行质询和讨论。针对4个项目《设计专篇》存在的问题，审核组分别提出补充施工过程中防护措施的设计内容、补充密闭空间作业的相关要求、核定硫化氢报警值的设置、分析完善职业病防护设施设计的合理性等修改建议，并同意《设计专篇》通过审查。

（石逸超）

【通州区职业卫生联合检查】 6月21日，市安全监管局、环保局环境监察总队对通州区家具制造企业开展职业卫生与环境联合执法检查。检查组突击抽查通州区台湖镇秦达木业、大正家具、恒丰文仪3家家具厂。检查发现，恒丰文仪家具厂未进行职业危害申报，职业卫生管理体系与环保管理制度及运行记录均不健全，职工体检与环境监测报告缺失，喷漆、粉尘、噪声等危害告知警示标识不清，现场管理混乱。执法人员责令企业停止作业，责成区安全监管、环保及台湖镇政府监督其整改。

（石逸超）

【房山区职业卫生联合检查】 6月22日，市安全监管局、环保局环境监察总队对房山区家具制造企业开展职业卫生与环境联合执法检查。检查组随机抽取北京京华伟业硬木家具有限责任公司、北京新发盛家具有限公司两家企业进行检查，重点检查企业职业卫生管理机构和人员配备、职业卫生管理制度建立、职业健康检查实施、职业卫生投入、宣传教育培训等工作的开展情况和大气污染排放相关管理情况。检查发现，北京新发盛家具有限公司未按照规定组织离岗职业健康检查，执法人员责令其立即整改，并责成房山区安全监管局监督落实。

（石逸超）

【职业卫生技术人员培训班】 6月23日，市安全监管局在北京经济管理职业学院安全生产培训基地举办2016年度北京市职业卫生技术服务机构专业技术人员培训班，16家乙级、丙级、检测机构81名专业技术人员参加培训。本次培训以2016年职业卫生重点工作和2015年度评估中发现的问题为导向，设置《职业病危险因素识别与控制》《职业卫生技术服务机构检测工作规范》《职业卫生技术服务机构监管相关法律法规》《职业卫生通风技术》等培训内容，授课老师分别为中国疾病预防控制中心、中国安科院、北京市化工职业病防治院的专家，授课主要采用讲解、交流、座谈、答疑等方式对学员进行全方位培训，实现“机构有提高，人人有收获”。

（石逸超）

【职业病防护设施设计专篇审核】 6月27日，市安全监管局组织专家，召开中石化北京燕山分公司制苯装置二段加氢单元节能改造项目、260万吨/年柴油加氢改为蜡油加氢项目、140万吨/年延迟焦化装置清洁高效除焦技术开发与工业应用项目、中压加氢装置改为直馏柴油裂化4个建设项目职业病防护设施设计专篇审核会。中石化北京燕山分公司、中国石化工程建设有限公司设计负责人，中国职业健康协会、北京市化工职业病防治院、北京中瑞环泰科技有限公司专家参加会议。审核组就4个项目《设计专篇》编制内容、工程中职业病危害因素辨识以及主要职业病危害因素职业病防护措施设计与设计编制单位进行质询和讨论。针对4个项目《设计专篇》存在的问题，审核组分别提出依据标准核实硫化氢报警值设置、细化个体防护用品设计要求、补充完善个人使用职业病防护用品、补充外围作业人员个人职业病防护用品配置要求等修改建议，并同意《设计专篇》通过审查。

（石逸超）

【通州、丰台区职业卫生联合检查】 6月28日至29日，市安全监管局、环保局环境监察总队对通州区、丰台区木质家具制造企业和汽车维修企业开展职业卫生与环境联合执法检查。检查组采取“四不两直”的方式，对北京世纪京泰家具有限公司、北京加达汽车服务有限公司、北京上汽丰华汽车销售服务有限公司3家用人单位进行突击检查。检查发现，北京世纪京泰家具有限公司未对板式车间工人进行岗前职业健康检查，未对2015年职业健康检查结果异常的5名工人组织复查；北京上汽丰华汽车销售服务有限公司调漆室通风设备设置不合理。执法人员责令企业针对问题立即整改，并约谈北京世纪京泰家具有限公司负责人。

（石逸超）

【企业防暑降温监督检查】 7月6日至13日，市安全监管局采取“四不两直”的方式，先后检查朝阳区、顺义区、通州区部分高温作业企业、建筑工地，重点对企业单位贯彻落实《防暑降温措施管理办法》规定、建立健全防暑降温工作制度、制定高温中暑应急预案、合理安排和调整作业时间、组织劳动者进行职业健康检查、落实各项防暑降温措施、发放高温津贴和防暑降温药品等情况进行检查。经检查，大多数单位均落实防暑降温责任，加大防暑降温经费投入，合理调整安排作业时间，组织劳动者进行职业健康检查。检查发现：北京首钢冷轧薄板有限公司存在高温中暑应急预案操作性不强、未组织开展应急演练、警示标识和警示说明不足等问题；北京顺义建筑企业集团公司东方嘉禾建筑五金国际产业园建筑工地存在防暑降温饮料供应点较少、未组织开展高温中暑应急演练、建筑工人高温津贴发放不规范等问题；中国建筑一局集团通州区运河核心区Ⅸ-9、Ⅸ-10地块项目存在气温超过37℃时不能合理调整工作时间、防暑降温药品发放不到位等问题。针对存在的问题，检查组要求有关单位立即整改。

（石逸超）

【建设项目职业卫生检查】 7月7日，市安全监管局组织专家对燕化公司3家企业建设项目职业卫生许可条件保持情况进行检查。检查组采取听取汇报和实地查看的方式，重点检查企业劳动者职业健康检查情况、主要负责人接受职业卫生培训情况、职业卫生管理措施、许可验收项目职业病防护设施安全运行情况和专家提出整改意见落实及保持情况。检查组认为，燕化公司及所属相关各厂对验收期间专家组提出的整改意见进行整改，在生产作业区域补充完善职业病危害因素告知卡和警示标识，完善职业健康档案和职业病个体防护用品发放管理，建立设备设施维修保养制度，加强职业病防护设备设施日常维护保养工作。检查组建议，燕化公司作为行业龙头企业，在做好建设项目职业卫生管理工作的同时，要加大安全投入，加强从业人员教育培训，强化日常监督检查和隐患消除工作，确保国家相关法律法规有效落实。

（石逸超）

【第六次有限空间作业夜查行动】 7月7日，市安全监管局开展第六次有限空间作业夜查行动。此次夜查重点对城区部分重点街道进行拉网式巡查，检查发现4家作业单位，分别为北京北排建设有限公司3个作业队、北京热力集团有限责任公司输配分公司管网二所。4家作业单位作业现场管理规范，现场监护人员均持有特种作业证，作业现场设置有限空间作业警示标识和信息公示牌，配备气体检测和机械通风设备，为作业人员配备安全绳、安全带等防护设备，并按规范操作。

（石逸超）

【第七次有限空间作业夜查行动】 7月12日，市安全监管局开展第七次有限空间作业夜查行动。执法人员沿城区多条主干线和两侧辅路进行有限空间作业执法检查，先后发现热力集团输配分公司管网二所、北京排水集团、北京电力华商远大公司、皇城根电话局等6家单位正在施工作业。经检查，热力集团输配分公司管网二所（6班、2班）、北京排水集团、北京电力华商远大公司4家作业现场管理规范，均设置警示牌、告知牌和应急救援设施，作业人员能够按照“先检测后作业”要求进行操作，监护人员持证上岗、持续监护，下井作业人员能够佩戴防护用品规范操作。在位于车公庄桥东南辅路上，执法人员发现一家“六无作业单位”（现场人员无法说清单位名称、无作业审批单、无检测通风、无特种作业监护、无告之警示牌、无个体防护和应急救援设备）正在通信管井进行穿线作业，安全管理混乱。执法人员责令作业单位立即停止作业。在位于安定门内大街204号门前管井处，发现皇城根电话局正在进行井下电话线维修作业，作业现场无监护、无监测、无防护。执法人员制止其施工作业，对违规单位进行约谈。

（石逸超）

【远郊区职业卫生执法检查】 8月2日至12日，市安全监管局先后对大兴区、房山区、门头沟区、延庆区、昌平区、北京经济技术开发区、通州区、顺义区、怀柔区、密云区、平谷区11个远郊区企业进行有限空间作业、职业卫生执法检查。经检查，大多数单位主体责任落实较好，职业卫生管理档案完备、职工教育培训及职业健康检查得到较好落实、作业场所管理较为规范、工程防护设施运行良好，有限空间现场管理比较规范。但也发现个别用人单位和作业场所职业卫生管理制度不完善、职工健康档案不规范、没有为职工提供独立休息区、危害警示标识张贴不明显、数量少等问题。针对存在的问题，执法人员责令用人单位立即整改，并责成所在区安全监管局给予相应的行政处罚。

（石逸超）

【第八次有限空间作业夜查行动】 8月22日，市安全监管局开展第八次有限空间作业夜查行动。此次夜查重点对城区部分重点街道进行拉网式巡查，检查发现北京排水集团承建道桥公司、北京热力集团金光眼特种设备检测公司、北京自来水集团禹通市政工程有限公司第三项目部、北京市特欣市政公用工程有限公司4家单位正在施工作业。4家作业单位作业现场管理规范，现场监护人员均持有特种作业证，作业现场设置有限空间作业警示标识和信息公示牌，配备气体检测和机械通风设备，为作业人员配备安全绳、安全带等防护设备，按规范操作。

（石逸超）

【职业卫生评估工作研讨会】 8月31日，市安全监管局副局长阎军主持召开2016年职业卫生评估工作研讨会。经过研讨，在原有指标基础上增加“街乡镇职业病防治工作推进情况”，将“年终评估与日常监测数据匹配情况”列为附加指标。2016年职业卫生评估工作主要有3大亮点：一是形成具有北京特色的评估体系，将年终评估与日常监测数据融合评估，将专项工作纳入评分内容；二是依靠评估带动各区强化相关工作，将专职安全员在职业卫生方面的工作情况纳入评分内容；三是将日常管理中发现的薄弱环节予以引入，督促各区加以强化，将督促申报情况与执法频次力度等内容纳入评判标准。阎军要求：评估工作要在持续改进的过程中越来越科学合理，越来越反映本市实际；评估工作的指标体系，要突出“导向性”，在宏观上要反映全市职业卫生工作的政策方向；要尽快完成方案的修改工作，正式开展工作。

（杜金颖）

【热力管井职业卫生调研】 9月5日，市安全监管局会同市劳保所专家赴热力集团输配分公司调研热力管井有限空间作业场所职业卫生管理工作。调研组与企业就热力管井有限空间作业场所存在的苯等化学毒物，矽尘、高温高湿等危害因素的防治措施等进行广泛讨论，建议热力集团输配分公司建立职业卫生管理体系。一是在劳动合同中明确作业场所职业病危害内容；二是对工人的培训教育要增加职业病危害防治内容；三是配备符合井下作业实际的职业卫生防护用品并监督使用；四是对老工艺、新材料使用要定期进行检测；五是做好对接触职业病危害职工的岗前、岗中、离岗体检；六是与职业卫生中介机构协作，解决工作中的疑难问题。

（石逸超）

【职业卫生监管工作视频会】 9月23日，市安全监管局召开全市职业卫生监管工作视频会，各区安全监管局主管领导、职安科全体人员，部分街乡安全科职业卫生管理人员和部分专职安全员参加会议。会议通报职业卫生基础建设达标验收及职业病危害现状评价评查工作情况，宣贯《关于加强本市存在职业危害用人单位劳动者职业卫生培训工作的指导意见》，对2016年职业病危害防治评估工作进行部署。房山区、大兴区安全监管局做经验交流发言。会议要求各单位夯实职业危害申报工作，开展职业卫生教育培训，强化职业病防治评估和职业卫生监督执法工作。

（杜全颖）

【大兴区职业卫生信息化调研】 10月8日，市安全监管局赴大兴区，对职业卫生信息化工作开展调研。大兴区安全监管局汇报大兴区职业卫生监管人员基本情况、职业卫生监管工作开展情况，以及2016年职业卫生重点工作情况。重点介绍大兴区职业安全协会发展情况，大兴区职业卫生工作信息系统建设使用情况。市安全监管局对大兴区运用信息化手段，实现申报管理、执法检查、评比考核的自动化，加强职业卫生监管工作的做法给予肯定。

（杜全颖）

【丰台车辆段职业卫生突击检查】 10月19日，市安全监管局通过“北京市职业卫生管理系统”随机抽取北京铁路局丰台车辆段，对丰台车辆段双桥车辆维修厂区进行职业卫生突击执法检查。经检查，丰台车辆段双桥车辆维修厂区在落实企业职业卫生管理主体责任方面存在较多问题。丰台车辆段与其双桥维修厂区管理脱节，存在职业卫生管理制度不完善，维修车间粉尘、苯、噪声、电焊烟尘等职业危害因素未申报，工作场所职业危害警示标识设置不全，刷漆工、电焊工工作场所无通风防护措施，作业现场工人不佩戴防噪耳塞、防尘防毒口罩，职业卫生管理负责人和管理人员证书和监护档案管理不规范等问题。针对存在的问题，检查组执法人员当场下达责令限期整改指令书，并约谈丰台车辆段负责人。

（石逸超）

【职业卫生技术服务机构检查】 10月21日，市安全监管局对北京德康莱安全卫生技术发展有限公司、北京华测北方检测技术有限公司2家乙级职业卫生技术服务机构进行实地检查。检查组按照《职业卫生技术服务机构监督管理暂行办法》《职业卫生技术服务机构工作规范》，通过检查实验室、查看检测和评价报告等材料、工作人员访谈、听取机构汇报的方式，重点检查技术服务机构质量管理体系、资质技术服务范围、专职技术人员管理、实验室运行情况。从检查情况看，职业卫生技术服务机构能够按照资质许可范围开展技术服务工作，实验室设备运行良好，职业病危害因素现场调查记录内容翔实，检测分析报告结论正确。检查中发现，北京德康莱安全卫生技术发展有限公司出具的检测分析报告存在现场采样图片不完整、检测标准物质未标定有效期限 2 个问题；北京华测北方检测技术有限公司出具的检测分析报告目录与文件序号不符。根据检查结果，检查组要求 2 家机构树立“服务意识第一、服务能力第一、服务质量第一”宗旨，做好职业卫生评估检查各项准备工作，面对问题，采取措施，积极整改。

（石逸超）

【全市职业病防治工作联席会议】 10 月 23 日，市安全监管局副局长阎军主持召开全市职业病防治工作联席会议。市发展改革委、经济信息化委、财政局、人力社保局、国资委、民政局、卫生计生委等联席会成员单位有关负责人参加会议。会上，市安全监管局通报职业卫生监管工作情况；市卫生计生委通报职业病鉴定、体检机构管理工作情况；市人力社保局通报工伤保险等工作情况。各部门对职业卫生数据共享机制建设问题、职业健康体检机构分布问题、职业病诊断有关问题、工伤保险待遇落实问题、2018 年第二次职业危害普查工作、职业卫生监督执法工作及联席会议制度运行等工作交换意见。

（杜金颖）

【“职防联”技术服务机构成立】 10 月 31 日，市职业病防治联合会职业卫生技术服务机构专业委员会成立。在成立大会上，选举 7 位具有丰富职业卫生工作经验、较高专业水平和学术水平的专家担任主任、副主任委员。职业病防治联合会会长李珏介绍成立专业委员会的目的意义。专业委员会主任孙伟表示，该专业委员会成立后，将发挥行业协会的作用，加强行业自律，为职业卫生技术服务发展营造规范的竞争环境，开展职业卫生技术研究和相关培训，加强各机构之间的合作。职业卫生技术服务机构专业委员会的成立，将为促进本市职业卫生技术服务工作的规范发展、推动职业卫生技术研究和实践创新注入新的动力，提供新的平台。

（石逸超）

【全国职业健康工作座谈会】 11 月 10 日，国家安全监管总局在湖北武汉召开职业健康工作座谈会，各省级安全监管局、煤矿安全监察局，国家安全监管总局和国家煤矿安监局相关司局，部分直属事业单位和社团组织有关负责人参加会议。北京、湖北、重庆、山东、甘肃、河南分别作典型发言。北京市安全监管局局长张树森就职业卫生队伍建设、完善机制、推进社会化等方面系统介绍职业健康体制机制建设情况。一是将机构队伍建设摆在重中之重的突出位置，建立市、区、乡三级职业健康监管队伍。通过理论培训、实操演练、专家示范、信息化手段支撑等多种方式，加强队伍业务能力建设，有效提高监管效能。二是把强化部门协同作为理顺监管机制的关键，建立部门联席会议制度，发挥相关部门自身优势，开展“职业病患者关爱工程”、实现职业病病人调查处理的“闭环管理”，建立齐抓共管的良好监管机制。三是把促进社会共治作为监管能力建设的重点，成立北京市职业病防治研究院和职业病防治联合会，充分调动企业、技术服务机构、科研院所参与职业健康工作的主动性、创造性，形成社会共治的良好局面。四是把职业健康与安全生产主体业务紧密结合，将职业健康工作纳入安全生产综合考核体系，安全生产标准化评分指标增加职业健康权重，将职业卫生违法违规行为纳入安全生产信用“黑名单”管理等。做到职业健康与安全生产各项工作同时部署、同步推进、同时考核。

（石逸超）

【部署全市职业卫生执法检查】 11月22日，按照国务院《关于深入开展安全生产大检查 切实加强岁末年初安全生产工作的通知》要求，市安全监管局结合工作实际，制定计划，调派人员，选定专家，利用近一个月时间，在全市范围内开市、区两级职业卫生联合执法检查。重点检查市属、区属或较大型合资企业，以点带面，加强本市职业卫生管理工作。

（石逸超）

【建筑行业职业卫生监管研讨会】 12月29日，市安全监管局副局长阎军主持召开建筑行业职业卫生监管工作研讨会，围绕《北京市东城区建筑工地职业卫生与健康调研报告》，就建筑领域职业卫生监管工作进行研讨。东城区安全监管局、北京化工大学相关负责人和专家代表参加研讨会。2016年，东城区结合城区特点，探究职业卫生监管重点，开展建筑工地职业卫生调研工作，初步掌握本区建筑领域职业卫生工作现状，在全市率先迈出将建筑领域纳入职业卫生监管视线的第一步。会上，北京化工大学专家介绍调研的目的、方法及结果，提出建议对策。阎军肯定东城区的做法并提出意见：一是东城区应继续深入调研，按照不同施工阶段、不同作业环境进行分类调研；二是围绕《中共中央国务院关于推进安全生产领域改革发展的意见》中有关职业健康的内容，会同有关单位研究建筑工地监管重点，提出《关于加强建筑工地职业卫生监管工作的暂行意见》，与区住房城乡建设委联合联动，通过宣传、培训等方式，加强企业职业卫生管理；三是市安全监管局要做好该领域职业卫生监管的探索研究，对东城区先行调研给予支持和政策解读。在《中华人民共和国职业病防治法》宣传周系列活动中将建筑施工予以纳入。在2018年“地标”申报中研究建筑施工相关技术标准。

（杜金颖）

【非医疗机构职业危害摸底调查】 本年，市安全监管局开展非医疗机构放射职业危害摸底调查工作，印发《关于开展全市非医疗机构放射职业危害基本情况摸底调查的通知》，开展全市非医疗机构放射职业危害基本情况摸底调查工作。摸清掌握本市放射作业职业危害基本情况，全市有287个非医疗机构用人单位存在放射危害，接害人员5520名。

（杜金颖）

【全市有限空间作业大比武活动】 本年，市安全监管局将有限空间作业大比武纳入全市“职工技协杯”职业技能竞赛体系，探索“交叉举办”模式，由各区和行业部门分别举办。在各区、行业部门、企业集团精心组织，社会力量广泛参与下，有限空间作业大比武活动取得预期效果。全市有16个区、3个委办局分别开展有限空间作业大比武，在层层选拔基础上，372支队伍1860人参加决赛，114支队伍570人分别受到各区和所属行业的表彰奖励，推荐70支队伍和350名个人获得市级表彰。

（石逸超）

宣传培训

【隐患排查治理办法新闻发布】 1月8日，市安全监管局联合市政府法制办举行新闻发布会，公布《北京市生产安全事故隐患排查治理办法》，对重点法条进行解读，介绍全市隐患排查治理工作开展情况。新华社、中新社、北京电视台、《中国日报》《北京日报》《文汇报》《大公报》等20余家媒体受邀参会，千龙网和首都之窗对本次发布会进行全程视频播出。

（杨红）

【非高危行业负责人培训座谈会】 1月13日，市安全监管局在首钢技师学院召开非高危行业主要负责人培训工作座谈会，西城区、海淀区、大兴区安全监管局和市安科院、北京公交培训中心有关负责人参加会议。会议通报《关于进一步加强非高危行业主要负责人培训工作指导意见》基本思路，从如何组织培训、提高质量、加强督查等方面听取意见建议。与会单位分别介绍开展安全生产培训的具体做法、存在的问题和下一步工作，从扩展培训内容、创新培训方式、加强师资建设、组织考核验收等方面提出建议。

（孙建军、李向东）

【专职安全员微信培训】 3月30日，市安全监管局举办全市专职安全员微信公众号第一期培训班。本期培训突出重点，创新形式，强调理论与实操相结合，微信编辑以《中国安全生产报》、市安全监管局及各检查队微信信息为事例，从平台定位、主题选择、内容撰写等方面，讲解微信公众号创建运维方法和信息采编发布技巧。通过上机实操演练，参训人员在线模拟编辑一篇图文信息，实现会建、会使、会用微信公众号的目的。此次培训主题突出、内容充实、讲解生动，对开展专职安全员微信宣传工作具有很强的指导性，提升专职安全员微信公众号信息质量和宣传效果。

（唐冉）

【安全监管干部执法资格培训班】 4月11日，全市安全监管干部执法资格培训班在北京经济管理职业学院正式开班。市安全监管局副巡视员谢清顺出席开班仪式并做动员讲话。培训班为期两周，首次开设实操和现场教学，以及结构化研讨交流等内容。为加强管理，培训班设班主任1名，小组长3名，分别由培训机构教师和学员担任。

（孙建军、李向东）

【市属国有企业安全生产培训班】 4月21日，市安全监管局与市国资委在北京经济管理职业学院联合举办市属国有企业安全生产专题培训班。市安全监管局副巡视员谢清顺、市国资委副主任钱凯和北京经济管理学院副院长彭彧华出席开班仪式并讲话。市属各集团公司及其下属子公司有关领导330余人参加培训。本次培训以市属国有重点企业安全管理培训实际需求为依据，在课程的安排上既突出《北京市生产安全事故隐患排查治理办法》重点解读，又有“一企一标准、一岗一清单”编制试点工作授课辅导，还兼顾企业隐患排查系统建设经验介绍。通过培训，强化市属国有企业负责人安全意识和责任意识，提升市属企业的安全生产管理水平。

（孙建军、李向东）

【报刊宣传报道】 4月至9月，市安全监管局结合《北京市生产经营单位安全生产主体责任规范》、安全生产责任保险推进工作、《北京市“十三五”时期安全生产规划》等重要文件、重点工作，协调《北京日报》开辟专题版面进行宣传报道。围绕市职业病防治联合会获批启动首个“职业病患者关爱工程”公益活动、安全生产社会化建设工作等内容，编辑制作多个《中国安全生产报》“首都安全”专版。依托《北京晚报》《新京报》《法制晚报》《北京晨报》《劳动午报》等主流媒体，宣传报道安全生产重点工作进展、重要政策文件、重大活动动态，拓宽安全生产宣传工作覆盖面和影响力，营造全市安全稳定的舆论氛围。

（唐冉）

【拉萨市安全监管干部培训班】 5月4日，由市安全监管局主办的拉萨市安全监管干部培训班在首钢技师学院正式开班。市安全监管局副局长贾太保、副巡视员谢清顺出席开班仪式并讲话。拉萨市安全监管局负责人及培训班全体学员、首钢技师学院相关负责人参加开班仪式。为确保培训质量和效果，市安全监管局与拉萨市安全监管局多次进行沟通，会同首钢技师学院就培训地点、课程设置、相关保障等问题进行专题研究。课程设置上重点围绕安全监管中心工作，突出安全隐患排查治理、危险化学品监管、应急救援、矿山监管、信息化建设等内容，安排13次专业讲座、3次工作座谈、4次参观见学、1次现场实操教学。培训班为期8天，设班主任1名，联络人员2名，分别由培训机构教师和学员担任。市安全监管局明确专人全程跟踪督导。

（孙建军、李向东）

【安全社区建设指导手册】 5月15日，市安全监管局联合市安全文化促进会开发并制作《北京市安全社区创建指导手册》《解码安全社区——安全社区创建指导光盘》《北京市安全社区创建宣传折页》等系列宣教品，为乡镇街道开展安全社区工作提供便利。

（郭退晖）

【安全文化建设示范企业培训】 5月17日，市安全监管局召开北京市安全文化建设示范企业创建工作培训及现场经验交流会，总结2015年工作并对2016年工作进行部署。会议邀请全国安全文化建设示范企业评审组专家授课，并前往全国安全文化建设示范企业北京燃气高压管网分公司实地参观学习。全市各区安全监管局、创建及复评企业安全文化建设负责人200人参加会议。

（郑羽莎）

【十堰市安全监管干部培训班】 5月24日，由市安全监管局主办的十堰市安全监管干部培训班在北京经济管理职业学院正式开班。市安全监管局副局长贾太保出席开班仪式并讲话。十堰市安全监管局负责人及培训班全体学员、北京经济管理职业学院和北京市支援合作办负责人参加开班仪式。市安全监管局高度重视此次培训工作，前期与北京市支援合作办和十堰市安全监管局进行沟通，召开专题会议研究接洽事宜，并责成专人到北京经济管理职业学院，商定培训的地点、课程的设置、相关保障等工作。按照十堰市安全监管局培训需求，确定采取专家授课与座谈交流、工作介绍与交流互动相结合的方式，在课程设置上做到有针对性、有实效性，重点围绕安全监管中心工作，突出安全隐患排查治理、应急救援、矿山监管、行政执法、综合监管、信息化建设等内容。此次培训班为期一周，设班主任 1 名，联络人员 2 名，分别由培训机构教师和学员担任。市安全监管局明确专人全程跟踪督导。

（孙建军、李向东）

【安全文艺巡演活动】 5 月至 7 月，北京市安全文艺基层巡演活动以“生命无价 平安是福”为主题，分别在通州区、大兴区、顺义区、西城区、丰台区演出，观众 2000 余人。巡演以“北京市安全生产月”活动为平台，以安全生产寓教于乐的创新形式，丰富工业园区一线职工和普通百姓的业余生活，让大家在观看节目的同时，感受安全生产的点点滴滴，体会安全生产重要意义。

（郭遐晖）

【安全生产宣传咨询日活动】 6 月 16 日，2016 年北京市安全生产宣传咨询日活动在北京市地铁运营三分公司太平湖车辆段举行。本次活动由市安全监管局、交通委和市志愿服务联合会主办，北京地铁公司、北京京港地铁公司承办。国家安全监管总局副局长徐绍川、北京市副市长王宁等领导出席活动。活动以“强化安全发展观念，提升全民安全意识”为主题，设 1 个主会场和 19 个分会场。向市民展示地铁起复演练、消防机器人、浓烟逃生袋、列车模拟驾驶、安检成果等内容。分会场活动在全市各区、乡镇街道、企业、行业部门、所有地铁线路和地铁站点同时开展，面向企业职工、社会公众举办安全生产宣传咨询活动。

（郭遐晖）

【安全生产月活动】 6 月，市安全监管局组织开展以“筑牢安全基础 促进协同发展”为主题的第十五个安全生产月活动。安全生产月分为四周，分别以用电安全警示教育周、事故隐患排查治理周、法治宣传周、特色活动展示周为主题。期间，开展安全生产宣传咨询日、百家楼宇安全服务计划活动、青年安全生产管理大师赛、青年安全生产示范岗、“2016 安监之星 · 北京榜样”评选、安全文艺基层巡演等活动。

（车广杰、赵芬）

【印发安全社区五年规划】 7 月 15 日，市安委会印发《北京市安全社区建设五年规划（2016—2020）》，结合全市安全社区建设实际情况，进一步提高全市安全基层基础建设水平，为未来安全社区建设发展指明方向。

（郭遐晖）

【延庆区永宁镇帮扶活动】 7 月 19 日，市安全监管局聘请安全用电方面的专家，赴延庆区永宁镇，就安全生产用电知识展开专项培训帮扶活动。永宁镇领导成员和治安管理人员、驻镇企业相关人员 120 余人参加活动。此次培训帮扶活动结合基层实际需求，旨在提高镇村领导成员和治安管理人员安全用电的意识，整改用电方面隐患、预防用电事故发生。安全用电专家从用电基础知识、电量负荷标准、日常注意事项、用电作业程序、易发事故案例等方面作详细解读。培训帮扶收到良好效果。

（孙建军、李向东）

【安全社区建设工作培训】 7 月 25 日，市安全监管局联合市安全文化促进会组织召开 2016 年北京市安全社区建设培训及现场交流会。全市 16 个区和经济技术开发区安全监管局负责人、120 家涉及安全社区建设的乡镇街道负责人、新华社等媒体记者参加本次培训交流会。

（郭遐晖）

【“十三五”安全生产规划新闻发布】 9月26日，市安全监管局举行《北京市“十三五”时期安全生产规划》新闻发布会，对《北京市“十三五”时期安全生产规划》重点内容进行解读。新闻发布会上，市安全监管局有关负责人就“十三五”时期北京市安全生产工作面临的挑战、如何推动经济存量中高危险和高职业危害生产企业转移或退出、提升城市安全风险防控能力举措、促进京津冀安全生产协同发展举措等问题回答记者提问。新华社、《北京日报》《北京晚报》《北京青年报》、千龙网等10余家新闻媒体参加会议。

（杨红）

【“青安岗”创建活动工作会】 10月17日，2016—2017年度北京市青年安全生产示范岗创建活动工作会召开，市安全监管局局长张树森、团市委副书记郭文杰参加会议并讲话，全市各区安全监管部门，中央在京和市属大型企业有关负责人，以及一线职工代表参加会议。“青安岗”活动是团市委和市安全监管局共同主办的安全生产宣传活动，自活动发起后，数百个企业基层青年集体参与其中，百余个青年岗位、班组被授予“青安岗”称号。

（邢小鹿）

【安全社区创建“一对一”指导】 11月16日，市安全文化促进会按照计划，启动安全社区创建“一对一”现场指导工作，赴全市9个区41家申报创建备案单位开展现场指导及培训工作。指导过程中，市安全文化促进会专家对安全社区建设目的、理念、原则进行介绍，并结合多年工作实践，重点解读如何建立安全社区组织机构及制定安全社区建设方案，为各乡镇街道启动安全社区工作提供初期指导。

（郭遐晖）

【新闻通讯员培训】 11月16日至18日，市安全监管局在顺义区举办为期3天的安全生产新闻业务研讨交流会。市安全监管局各处室新闻通讯员、各区安全监管局新闻通讯员参加本次会议。本次新闻业务研讨交流会体现理论学习、实地采访和互动讨论的深度融合。在理论学习环节，有多位“安全大咖”分享“采写经”。在实地采访环节，有两家“企业大亨”提供“采风地”。会议选定北京恩布拉科雪花压缩机有限公司和中石油昆仑燃气有限公司液化气分公司顺义气联作为通讯员“采风地”。在互动讨论环节，会议设置分组讨论，与会人员围绕新闻通讯员管理办法、新闻通讯员工作面临的难题等议题展开讨论。通过多方参与、积极互动，为安全生产新闻宣传工作出谋划策。

（唐冉）

【第十届北京安全文化论坛】 11月24日，由市安全监管局主办，首都经济贸易大学和市安全文化促进会、职业病防治联合会、安全生产青年人才促进会协办，中建一局承办，以“创新　协同　安全　发展”为主题的第十届北京安全文化论坛在首都经济贸易大学召开。国家安全监管总局人事司（宣教办）监察专员杨占科、国家安全监管总局宣教中心主任何国家，市安全监管局局长张树森出席论坛开幕式。各区安全监管局、街道、市（区）属企业相关负责人，河北省、天津市安全监管局相关负责人及中建一局企业员工、科研院所、安全生产专家、部分首都高校的学生、新闻媒体人员1500余人参加本届论坛。安全文化论坛以“主题展览＋开幕式＋主论坛＋7个分论坛”的模式开展，会期一天。主题展览中，首次推出包括危险化学品安全科技装备展览、职业健康防护用品展览、安全文化展板等实物主题展览，丰富文化论坛的展示形式，帮助参会者近距离了解安全装备用品、学习安全知识常识。

（郭遐晖）

【安全社区评审】 11月30日，市安全监管局组织召开2016年北京市安全社区创建综合评审会。全市各申报市级安全社区创建评审的乡镇街道经过工作报告评审、现场评审、综合评审等流程，初步确定西城区陶然亭街道等12家单位为2016年北京市安全社区。在综合评审会上，专家对12家创建单位进行说明，通报各单位在开展安全社区建设工作中的亮点、不足及后期整改情况，并提出最终评审意见。

（郭遐晖）

【“安装燃气安全设备”新闻发布】 12月27日，市安全监管局联合城市管理委、公安局消防局及相关单位举行淘汰不合格燃气灶具、安装燃气安全辅助设备和独立式感烟火灾探测报警器新闻发布会，介绍相关工作整体安排和实施进展，并就淘汰不合格燃气灶具、安装燃气安全辅助设备和独立式感烟火灾探测报警器实施范围、时间安排和补助政策进行通报。新华社、北京电视台、北京广播电台、《中国安全生产杂志》《北京晚报》等新闻媒体受邀参会，市安全监管局官方微信和官方微博对此次新闻发布会同步推广宣传。

（杨红）

【官方微信、微博】 本年，市安全监管局启动官方微信改版工作，围绕“宣传＋服务”功能定位和“整合＋集群”宣传构架，开发4大宣传模块，包括“安监新闻”“安全杂谈”“安监有力量”“微视界”；开发“我要举报”服务模块，实现手机举报安全隐患；完成各区、乡镇街道安全生产检查队、局属社团三级“安监矩阵”，建设全市微信宣传体系。“北京安监”微博及新闻发言人微博活跃度进一步提升，粉丝量达80万，发布博文365篇，收到网友转发、评论1794条。

（邢小鹿、朱亮）

【安全生产舆情监测】 本年，市安全监管局开展安全生产舆情监测工作。重点对海淀区红联南村小区内发生燃气管道爆燃事件、平谷区金海湖镇黑水湾村非法盗采金矿事件、北京八达岭野生动物园“7·23”东北虎致游客伤亡事件等进行舆情监测，关注舆情发展过程和事件影响。制作舆情周报53篇，舆情月度分析12篇，舆情专题报告7篇，安全生产半年汇编2册。及时推送预警信息255条。

（杨红）

【宣传品开发制作】 本年，市安全监管局制作发放5大类、12种安全生产宣传品8.9万件，其中包括烟花爆竹海报、落实企业主体责任手册、“安责险口袋书”等。完成安全生产相关拍摄任务69次，视频总时长约20小时，拍摄照片约1300张。利用安全生产演播室制作视频10部。

（朱亮）

【安全文化建设示范企业评定】 本年，市安全监管局组织开展2016年北京市安全文化建设示范企业工作，经过各区和市属集团企业推荐，本市有90家企业提交示范企业创建申请、29家企业提交示范企业复评申请。最终命名中国中铁航空港建设集团有限公司等27家企业为“2016年北京市安全文化建设示范企业”，北京水泥厂有限责任公司等25家企业通过复评。

（郑羽莎）

【“大师赛”创建活动】 本年，市安全监管局、团市委联合主办第三届北京市青年安全生产管理大师赛活动。全市各区安全监管部门、中央在京和市属大型企业一线青年职工约300人围绕“安全管理项目创新”“安全实践活动创新”和“安全网络宣传创新”3个项目进行构思和实施操作。通过“大师赛”活动激发安全生产领域青年工作者的创新意识，展现个人风采。活动经过申报、创建、初审、复评和决赛，评出金奖3名，银奖6名，铜奖9名。

（邢小鹿）

【“安监之星·北京榜样”评选活动】 本年，市安全监管局联合首都精神文明办开展“2016安监之星·北京榜样”主题活动。评选出100名“周安监之星”、20名“月安监之星”和10名“年安监之星”。“年安监之星”评选设置网络投票环节，活动期间，千龙网“安监之星”栏目访客量370万人次，总点击量突破830万次。各网络媒体累计发布信息200余条，社会公众参与热情持续高涨，取得良好宣传效果。

（郭遐晖）

法制建设

【安全生产法制人员培训班】 11月10日至11日，市安全监管局在北京经济管理职业学院举办安全生产法制人员培训班，各区安全监管局主管领导、法制科室负责人，以及市安全监管局执法处室兼职法制人员，共100余人参加培训。此次培训邀请国家安全监管总局和市政府法制办业务能力强、实践经验丰富的领导授课，提高全市安全监管系统法制人员业务能力和水平，提升全市安全生产法治建设水平。

（马小伟）

【年度立法】 本年，市安全监管局稳步推进立法工作，做好《北京市安全生产条例》修订工作。编写《北京市安全生产条例修订法律法规及重要文件汇编》（上、下册）和《其他省市地方法规特色条款摘编》，召开论证会，完成立法可研报告和条例实施5年评估报告，明确条例修订需要重点研究的问题和方向。

（马小伟）

【规范性文件】 本年，市安全监管局按照法定程序制修规范性文件，制定《北京市安全生产监督管理局　北京煤矿安全监察局关于进一步加强本市安全评价、安全生产检测检验机构规范运行的通知》（京安监发〔2016〕33号）、《北京市安全生产行政处罚自由裁量基准》（京安监发〔2016〕49号）、《北京市生产经营单位生产安全事故隐患排查治理信息系统应用管理办法（试行）》（京安监发〔2016〕60号）、《北京市安全生产监督管理局　北京市人民政府国有资产监督管理委员会关于市属国有企业外埠项目生产安全事故管理办法》（京安监发〔2016〕64号）4件规范性文件。

（马小伟）

【年度执法工作计划】 本年，市安全监管局根据国家安全监管总局《安全生产监管监察职责和行政执法责任追究的暂行规定》（国家安全生产监督管理总局令第24号）及《关于印发安全生产监管年度执法工作计划编制办法的通知》（安监总政法〔2010〕183号）要求，在总结执法计划编制实施工作的基础上，编制2016年度执法工作计划。执法工作计划经市政府批准后，上报国家安全监管总局备案，并组织实施。

（马小伟）

【安全生产地方标准】 本年，市安全监管局批复立项安全生产地方标准18项，报送首都标准化委员会组织地方标准专家审查24项，报请市质监局审查批准5项，正式发布3项。推动地方标准京津冀协同，从“百部地标”中选取总则、通用要求等10项作为首批京津冀三地协同标准。

（马小伟）

【安全生产自由裁量基准制度】 本年，市安全监管局按照市政府法制办《关于规范实施行政处罚裁量基准制度的若干指导意见》（京政法制〔2015〕16号）文件要求，积极推进行政处罚裁量基准制度工作，编制涉及34部法律法规的《北京市安全生产行政处罚自由裁量基准》，为全系统提供明确、清晰的行政处罚标准。

（马小伟）

【行政处罚案卷评查】 本年，市安全监管局按照市政府法制办要求组织完成全系统2016年度行政处罚案卷的评查工作，规范安全生产行政执法行为，提高行政执法水平，提升本市安全生产行政处罚案卷制作水平。本次案卷评查抽取152件案卷参加评查，案卷合格率100%。其中，优秀卷143卷，占94.1%；合格卷9卷，占5.9%，满分卷68件，占45%。

（马小伟）

【安全生产普法培训】 本年，市安全监管局以《北京市生产安全事故隐患排查治理办法》《北京市安全生产行政处罚自由裁量基准》《安全生产监管执法手册》等为主线开展安全生产普法工作，组织2次安全监管系统视频培训、16次区级专场培训、8场重点行业领域培训和5期专职安全员培训，培训9980余人。发放《隐患排查治理规章》单行本及释义1.8万份、资料光盘1万套；发放《北京市安全生产行政处罚自由裁量基准》5000份、《北京市安全生产条例修订法律法规及重要文件汇编》300套。

（马小伟）

【行政复议诉讼】 本年，市安全监管局办理行政复议案件3件，行政诉讼案件3件，全部做到依法依规办理。在复议案件和诉讼案件办理过程中，办案人员强化与市政府法制办和司法机关的沟通，认真研究案情，确保当事人合法权益不受侵害，提高案件办理工作质量。

（马小伟）

【中介机构监督管理】 本年，市安全监管局依法开展安全评价、安全生产检测检验机构监管工作，全年完成2家新申、1家申请延期乙级安全评价机构现场审查。按照年度执法计划安排对全市39家安全生产评价机构进行执法检查，实现对安全评价机构执法检查“全覆盖”。完成37家安全评价机构及8家安全生产检测检验机构年度考核工作。为进一步规范机构管理，印发《北京市安全生产监督管理局 北京煤矿安全监察局关于进一步加强本市安全评价、安全生产检测检验机构规范运行的通知》（京安监发〔2016〕33号）。

（马小伟）

【规范中介服务事项】 本年，市安全监管局根据《北京市人民政府办公厅关于清理规范本市行政审批中介服务的通知》要求，对本市安全生产行政审批中介服务事项进行梳理。经与市政府审改办研究会商，市安全监管局9项行政许可中的12项中介服务事项予以保留，列入《北京市人民政府决定保留的政府部门行政审批中介服务事项目录》。

（张德武）

【执法人员资格管理】 本年，市安全监管局对全市各区安全监管局执法证件持有情况进行全面调查，加强对离岗人员证件注销工作，全年办理新申、复审、补办区级安全监管执法证353个，注销65个。为加强对全市安全生产执法人员资格情况动态管理，开发北京市安全生产执法人员资格管理系统。

（马小伟）

【行政许可及电子监察系统】 本年，市安全监管局制发《关于做好新行政许可系统应用推广工作的通知》（京安监办发〔2016〕27号），规范行政审批及电子监察系统推广使用工作，杜绝线下审批、越权审批、超时限审批、超范围审批，并建立行政许可系统日常维护联系人制度。

（张德武）

【行政许可及政务服务办理】 本年，市安全监管局办理行政许可111件，其中非煤矿矿山类55件、危险化学品类29件、职业卫生类23件、安全评价机构4件；办理特种作业人员操作资格申请10批次90239人。受理企业《无重大安全生产事故证明》申请221件，向申请企业送达《无重大安全生产事故证明》216份；补办、变更特种作业操作资格证6192件；接受各类咨询电话4355人次。所有事项均在承诺时限内按时办结，未发生超时办理情况。

（张德武）

【行政许可企业监督检查】 本年，市安全监管局制定实施《行政许可企业安全生产条件保持情况检查工作方案（试点）》，组织检查组，开展危险化学品、非煤矿山许可企业许可条件保持情况监督检查，完成职业卫生竣工验收建设项目许可条件保持情况检查。指导督促企业落实国家相关规定、强化企业主体责任，收到明显成效。

（张德武）

科技与信息化

【信息化运维项目验收】 1月6日，市安全监管局召开“2015年度信息化基础设施运维服务项目”和“2015年度物联网线路租用项目”终验会。会议认为项目满足市安全监管局的信息化运维需求，能够完成运维工作目标及合同要求，项目文档完整齐全，同意通过验收。

（欧阳燕南）

【信息化升级改造项目终验】 1月21日，市安全监管局召开“信息化升级改造项目配套安全验收测评项目”终验会。信息化专家、局纪检监察和财务负责人查阅相关终验文档，对项目实施情况进行质询，同意该项目通过验收。

（欧阳燕南）

【隐患排查信息化项目座谈会】 2月27日，市安全监管局副巡视员高士虎主持召开隐患排查数据采集分析平台建设项目座谈会。会议肯定前期信息化需求调研成果和安全生产条件普查工作成效，对下一步工作提出要求。一是充分认识企业安全生产主体责任落实工作的重要性；二是该项目为生态涵养区开发的区级平台，局信息中心要将行业监管部门纳入平台使用范围，实现企业台账、隐患、执法等数据的共享；三是抓紧抓实安全监管工作，为全国“两会”顺利召开营造良好环境。

（陆金周）

【行政审批系统建设项目终验】 3月21日，市安全监管局召开安全生产行政审批及电子监察系统建设项目终验会。信息化专家组听取承建单位关于项目建设情况的汇报，审阅项目建设文档资料，各业务处室反馈系统的试用情况。专家组认为建设项目完成合同的建设内容，达到项目建设目标，同意通过终验。

（张乳燕）

【2016年“双百工程”启动工作会】 3月24日，市安全监管局组织召开“双百工程”启动工作会，部署2016年工作。市有关部门和企业集团、各区安全监管局、市安全生产科学技术促进会、部分“注安师”事务所负责人和各区专家组组长参加会议。结合2016年全市安全生产重点工作，“双百工程”活动增加宣讲《北京市生产经营单位安全生产主体责任规范》《北京市生产安全事故隐患排查治理办法》和“一企一标准、一岗一清单”编制试点工作等内容。在市教委、人力社保局、民政局和燃气集团的支持下，“双百工程”专家服务活动增加“三进”服务部分，即专家服务进社区（行政村）、进学校实验室、进养老（福利）院。

（孙建军、李让）

【“注安师”试点工作部署】 3月30日，市安全监管局副巡视员谢清顺主持召开注册安全工程师试点工作会，顺义区、房山区、昌平区、北京经济技术开发区安全监管局主管领导，市属企业集团安全机构负责人以及部分注册安全工程师事务所负责人参加会议。会议总结分析2015年工作情况，部署2016年工作任务。部分试点单位和注册安全工程师事务所通报工作开展情况。谢清顺指出，2015年注册安全工程师试点工作主要体现出3个特点：一是试点单位积极引导，报考人数大幅增加；二是试点单位积极探索，激励保障机制初步形成；三是试点单位主动服务，注册安全工程师事务所作用显著提升。但存在试点工作进展不平衡、部分企业试点工作进展缓慢、注册安全工程师配备比例不均衡等问题。要求各单位要认真总结分析，结合实际情况，研究制定切实可行的试点方案。

（李建中、刘自杰）

【隐患排查信息化专题会】 3月30日，市安全监管局副巡视员高士虎主持召开隐患排查信息化系统建设专题会。会上，局信息中心介绍项目总体进展情况，重点汇报系统业务流程，企业端、政府端的主要功能和安全生产条件普查数据如何为系统提供数据支撑。安宏睿业科技公司对隐患排查系统进行功能演示。与会人员就系统功能设计和系统演示汇报思路进行研讨。会议要求：一是加快推进隐患排查系统建设，充分听取地区和企业提出的意见建议，确保系统功能设计与用户需求紧密贴合；二是加快推进地区端系统功能建设，针对各区信息化建设程度、特色业务需求，系统建设应具备可定制、可嵌入、易对接的特点；三是在系统建设过程中要做好与执法检查、标准化、举报投诉等业务系统的数据衔接，在企业机构管理功能中要重点区分企业层级概念，为小微企业提供简易标准，简化小微企业填报程序。

（陈超）

【科技项目座谈会】 4月22日，市安全监管局赴市科委就《撞击流式餐饮油烟净化设备开发与示范应用》等相关项目推进工作进行座谈。市安全监管局有关负责人介绍由市科委批准的《撞击流式餐饮油烟净化设备开发与示范应用》等绿色通道项目的进展情况。此项目在首旅集团所属大型餐饮企业推广应用成效明显，基本消除烟道油烟引发的火灾隐患，烟气排放指标低于排放标准。市科委有关负责人表示，市科委重视安全生产领域的科技项目研发、推广工作，将继续支持、鼓励围绕安全生产领域中心工作的项目申报和经费支持。希望督促项目承担单位总结经验、降低成本，着手研发换代产品，争取产品能为更多的中小企业的安全生产服务。双方还就共同关心的问题进行深入交流。

（李建中、刘自杰）

【信息共享交换平台建设调研】 4月26日，市安全监管局信息中心赴市政务信息资源管理中心调研，学习政务信息资源共享交换平台建设经验。市政务信息资源管理中心介绍全市政务信息资源共享交换平台整体框架、建设情况、重大应用及成效等情况，通过公务员门户实际查看全市共享交换体系可视化建设成果。该平台2006年4月上线，与全市63个市级部门和16个区实现互联互通，支撑984类跨部门、跨层级信息共享交换，涉及100多项部门业务。双方还对共享交换平台建设中遇到的问题进行研讨，从系统对接、网络使用、共享交换机制等方面提出意见建议。

（李东侠）

【行政执法系统项目初验】 5月5日，市安全监管局召开安全生产行政执法系统升级改造项目初验会。信息化专家组和局有关处室负责人参加会议。专家组认为：建设项目完成合同的建设内容，达到项目建设目标，同意通过初验。

（陈银良）

【市发展改革委项目评审】 5月17日，市发展改革委评审组来市安全监管局开展北京市安全生产隐患排查数据采集分析平台项目初步设计和概算评审工作。项目评审组专家进行现场勘察和询问，实地了解项目相关设备到货情况，核对设备型号、参数和使用管理等事项，并听取局信息中心关于项目建设背景、初步设计方案和投资概算情况汇报。项目初设编制单位北京市工程咨询公司就搭建北京市安全生产隐患排查数据采集分析平台，建立事故隐患排查治理体系等方面的设计和建设情况进行介绍。评审组认为该项目目标明确、设计清晰，技术方案和经济合理性较好。北京市安全生产隐患排查数据采集分析平台项目初步设计和概算通过评审。

（陈超）

【大数据应用建设调研】 6月7日，市安全监管局信息中心赴清华大学调研安全生产大数据应用建设工作。清华大学副教授陈涛重点介绍大数据需求分析和大数据项目建设情况。双方就大数据支撑体系、数据标准规范体系、大数据可视化平台建设和硬件设备采购等进行交流研讨，明确下阶段工作思路，推进安全生产大数据应用建设工作。

（李东侠）

【信息化对接共享】 6月14日，市安全监管局信息中心赴西城区安全监管局调研安全生产信息化工作。西城区安全监管局介绍信息化工作开展情况，双方就市、区两级数据共享对接、安全生产条件普查数据应用等工作进行研讨，要求系统建设单位按照企业编码规则对西城区企业台账进行编码，汇总整合全市安全生产企业台账和业务数据，实现市、区“一本账”，为安全生产大数据分析使用打下基础。

（梁伟光）

【政务网站建设工作会】 6月20日，市安全监管局召开政务网站建设工作会。会议通报政务网站升级改版建设背景、现状及存在问题，并重点汇报改版的依据、整体思路，网站总体定位以及本次改版的亮点。对现有网站的点击量进行详细分析，阐述改版的栏目规划，并设计两版首页，分别从建设服务宣传并重型网站、建设服务型网站两种角度展示新版首页内容。会议就网站的栏目设计、创新点以及安全防护等方面内容进行研讨，要求有关单位加快推进政务网站改版建设，按照宣传服务并重的总体定位，完善页面设计工作；做好各方面意见征集工作，充分听取局相关处室提出的意见建议，确保网站的设计与用户需求紧密贴合；建立例会制度，强化过程督导，跟进项目进展。

（张乳燕）

【市应急办信息化调研】 7月8日，市应急办副主任徐懿带队来市安全监管局，就协同办公、信息化项目管理和运维等工作进行调研。会上，局信息中心演示市安全监管局协同办公系统的公文管理、信息发布、行政管理和绩效考核等重点功能，介绍信息化项目“1＋5＋N”整体运维工作流程，并就收发文流程、电子签章、党建“一书一标”等内容进行讲解。双方就信息化项目申报、招投标等工作进行研讨。

（梁伟光）

【安全生产条件普查总结部署会】 7月15日，市安全监管局召开全市第一次生产经营单位安全生产条件普查总结表彰暨工作部署会议，局长张树森，副局长唐明明、卞杰成参加会议并讲话。各区安全监管局主要领导和科室负责人、300余家乡镇街道安全生产工作分管领导和有关人员在分会场参加会议。会议通报表扬在普查工作中做出突出贡献的125个先进单位和545名先进个人，交流普查工作开展、普查数据分析使用和动态更新等方面的具体措施和工作经验，对普查工作进行总结部署。本次普查，市、区落实普查资金近4000万元，选聘普查员1.3万余人，最终登记有实际生产经营行为的企业56.7万余家，采集各类数据项1000余万条，基本摸清本市生产经营单位的数量、结构、分布和安全生产条件情况。张树森指出：要做好普查数据的及时更新和有效利用，把专职安全员队伍和中介机构力量利用起来，围绕普查数据的开发利用，构建适合本地特点的信息化管理体系。

（梁伟光）

【“注安师”事务所托管签约仪式】 8月2日，市安全监管局副局长贾太保出席北京经济技术开发区“注安师”事务所同企业托管签约仪式并讲话。北京经济开发区安全监管局和2家“注安师”事务所、8家汽修企业负责人参加签约仪式。北京经济开发区安全监管局重点介绍汽修行业安全托管工作的有关情况，2家“注安师”事务所代表分别同4家企业代表进行签约，2家企业代表进行签约发言。贾太保在讲话中，肯定北京经济技术开发区围绕“四化三体系双基”总任务所取得的成绩，在“注安师”培养、使用等方面开展大量卓有成效的实践活动。此次签约仪式，又一次在安全生产社会化方面进行有益探索。贾太保指出：一要加强探索，促进社会化工作有序开展；二要加强引导，促进事务所作用有力发挥；三要加强督导，促进企业主体责任有效落实。“注安师”事务所要抓住机遇，树立自己的品牌，成为安全生产管理和技术支撑的中坚力量。

（李建中、李向东）

【行政执法系统实施方案座谈会】 8月26日，市安全监管局召开安全生产行政执法系统优化提升实施方案座谈会，东城区、西城区、朝阳区、房山区、通州区、顺义区、大兴区安全监管局分管局长、主管科室负责人和市安全监管局有关处室负责人参加会议。会议通报系统前期建设情况和《安全生产行政执法系统优化提升实施方案》编制情况，并进行系统功能演示。与会人员围绕《安全生产行政执法系统优化提升实施方案》具体内容及推进专职安全员系统建设进行研讨。

（陈银良）

【西城区社会化专题调研】 8月31日，市安全监管局副局长贾太保、副巡视员谢清顺带队赴西城区安全监管局，专题调研安全生产社会化工作。西城区安全监管局重点介绍围绕“四化三体系双基”总任务、按照“五位一体”总部署，在安全生产社会化方面所作的工作和进行的有益尝试。贾太保肯定西城区安全监管局在政府监管、中介服务、行业自律、社会监督、职工参与等方面社会化工作所取得的成绩，特别是对安全生产大培训、“安责险”投入使用、专职安全员队伍管理、安全生产协会管理等工作给予高度评价。贾太保希望西城区安全监管局探索安全生产社会化工作要有创新有举措，总结提炼培训成果要有经验可推广，充分发挥社会服务、社会治理优势，促进企业主体责任有效落实。

（李建中、李向东）

【各区信息化建设调研】 8月至12月，市安全监管局副局长卞杰成带队先后到朝阳区、西城区、通州区、密云区、延庆区调研安全生产信息化建设工作，听取乡镇街道工作人员介绍安全监管信息平台相关业务功能及建设现状，重点围绕系统对接、台账更新和执法系统建设等工作进行研讨。调研过程中，卞杰成指出，市安全监管局将坚持“全市一盘棋”建设思路，做好支持、帮扶工作，希望各区总结吸收信息化建设试点经验，做好顶层设计，形成可推广、可复制的模式。

（陆金周、陈银良、范开花）

【煤炭科学技术研究院工作调研】 9月7日，市安全监管局副局长贾太保带队赴中国煤炭科工集团煤炭科学技术研究院采育科技园区进行调研。调研组听取煤炭科学技术研究院负责人对煤炭科学技术研究院历史发展，硕士、博士、院士科研人才队伍建设，科研成果、课题研发、国家级重点实验室建设、经济效益、社会贡献整体情况的介绍。听取煤化分院、节能分院、检测分院、油品分院、安全分院和装备分院科学技术研究情况的介绍，现场参观采育园区建设、国家安全技术支撑体系实验室、国家能源煤炭高效开采与洁净利用重点实验室建设和国际、国内领先的技术设施设备。双方将围绕科研项目联合申报、实训基地建设、执法检查装备的开发应用、防爆电气安全检测、重大危险源监测、职业卫生粉尘防治、数字化矿山建设等多个领域进行合作，发挥各自优势，本着需求服务、业务合作、互惠共赢的原则加强业务联系。

（李建中、刘自杰）

【系统等级保护定级专家评审】 9月8日，市安全监管局组织信息系统等级保护定级专家对局14个业务系统初步定级情况进行评审，来自公安部等级保护评估中心、国家信息中心、北京市公安局网安总队的专家参加会议。与会专家认为，市安全监管局依据国家等级保护相关标准和要求，结合信息系统承载业务重要程度、系统受到破坏时所侵害客体以及系统受到破坏后对侵害客体的侵害程度对14个业务系统进行定级，定级方法规范、定级流程合理、定级结果准确，建议补充完善资料后申报实施。

（周仁清）

【安全工程高级职称评审答辩】 9月11日至12日，市安全监管局组织2016年北京市工程技术系列（安全工程）高级职称评审现场答辩工作。优化评审工作程序，调整评审工作环节，补充完善候答室纪律要求。从会议组织，专家安排，到答辩题目确定、现场协调等各个环节进行严密部署。为让所有申报人都能按时参加答辩，评委会采取网站公告、一对一短信及电话抽样等方式进行全方位通知，参加答辩率100%。本次答辩工作顺利完成。

（李建中、刘自杰）

【新版政务网站正式上线运行】 10月10日，市安全监管局新版政务门户网站通过专家组验收，正式上线运行。改版后的网站在内容上更加简洁，首页为扁平化设计，设置“政务公开”“办事服务”“政民互动”“宣教之窗”4个栏目。在网站风格设计方面，注重运用流行元素，增强网站亲和力和认知度。首次采用云化部署，提升系统稳定性和安全性。

（张乳燕）

【“注安师”使用试点工作调度会】 10月18日，市安全监管局副局长贾太保主持召开注册安全工程师试点工作调度会。各区安全监管局主管领导和市属企业集团安全生产机构负责人参加会议。会上，各区安全监管局汇报辖区内企业注册安全工程师试点工作基本情况和下一步工作思路。企业集团汇报注册安全工程师使用情况、存在的问题以及工作建议。贾太保指出：各单位要按照试点工作指导意见的要求，继续推进注册安全工程师试点工作，发挥注册安全工程师事务所以及注册安全工程师的作用；各区要继续支持、扶持区内注册安全工程师事务所健康发展，研究各单位建议，适时制定相关管理制度。

（李建中、刘自杰）

【隐患排查信息化项目初验】 11月3日，市安全监管局召开隐患排查数据采集分析平台建设项目初验会。会上，局信息中心介绍项目建设背景，承建单位汇报项目建设内容和实施情况，监理单位汇报项目监理工作情况及监理验收意见。专家组检查项目技术文档，对建设情况进行质询。专家组认为：建设项目完成合同的建设内容，达到项目建设目标，同意通过初验。

（陈超）

【协调安全工程教授级高工评审】 11月12日，市安全监管局赴市人力社保局，专题研究推进安全工程教授级高工评审工作。双方就安全工程专业教授级高级职称评价工作单独设立的基础、人员数量、专业划分、评审条件及程序等相关问题进行研究讨论。做好启动安全工程专业教授级高级职称评价工作单独设立的调研和论证工作，对全市从事安全生产相关工作的符合教授级高级工程师评审年限的人员数量、专业分布，论证评审条件和程序进行调查摸底，推进安全生产高端人才队伍建设工作。

（李建中、刘自杰）

【软件正版化检查验收】 11月23日，市版权局版权保护中心根据市版权局《关于开展2016年全市国家机关软件正版化检查工作的通知》要求，对市安全监管局2016年度软件正版化工作完成情况进行检查验收。检查组听取市安全监管局信息中心软件正版化工作完成情况的汇报，对关于软件正版化会议纪要、使用正版软件工作统计信息表、计算机软件授权使用证明、采购合同、软件资产管理制度等相关书面材料逐一检查。抽查局内正在使用的办公计算机及服务器，逐一开机检查。经过检查，市安全监管局正版化软件使用率100%，通过验收。

（马林燕）

【“机械化换人、自动化减人”经验交流会】 11月29日至12月1日，国家安全监管总局在河南省郑州市召开“机械化换人、自动化减人”经验交流会暨单班下井超千人矿井科技减人工作动员会。北京市安全监管局副局长贾太保和处室有关负责人参加会议。会议通报“机械化换人、自动化减人”工作情况，总结交流“机械化换人、自动化减人”先进经验，对科技项目、中介机构管理、信息化等项工作进行动员部署。北京首钢矿业公司等9家单位作经验介绍。会议还就2017年单班下井超千人矿井科技减人工作，以及科技规划、装备、信息化、中介机构管理等相关工作进行研讨。

（李建中、刘自杰）

【移动检查系统试点培训】 12月1日，市安全监管局在首钢技师学院举办专职安全员移动检查系统试点应用培训班，朝阳区、丰台区、房山区等乡镇街道专职安全员参加培训。培训过程中重点介绍安全生产执法检查系统改造技术和业务背景，解读《北京市安全生产专职安全员检查系统管理办法》，讲解专职安全员移动检查系统中常规检查和规范化检查的操作流程，指导专职安全员通过移动终端开展检查。

（陈银良）

【第二届“注安师”主题论坛】 12月22日，北京经济开发区安全监管局举办第二届注册安全工程师主题论坛。参加论坛的有在开发区从业的注册安全工程师、重点企业、注册安全工程师事务所等单位负责人，市安全监管局副局长贾太保出席论坛。论坛邀请开发区重点企业、“注安师”事务所等多家单位的“注安师”代表撰写论文并集结成册。论坛上，博世力士乐（北京）液压有限公司、北京京东方显示技术有限公司等企业代表进行主题发言，就如何做好工业聚集区域的企业联动应急进行探讨和展望。贾太保做了题为《应急联动与救护志愿者》的讲话，以案例对比分析应急处置失败与成功导致的后果。贾太保高度评价北京经济技术开发区“注安师”队伍建设情况，肯定“注安师”试点的推进工作。强调指出注册安全工程师工作的目标是建立“三个机制”实现“一个提高”，即建立“注安师”培养、使用、管理机制，建立发挥“注安师”作用的机制，建立“注安师”事务所服务中小企业机制，不断提高企业“注安师”配备比例。

（李建中、刘自杰）

【安全专家服务社区（行政村）】 本年，按照“双百工程”活动总体部署，由市安全生产科学技术促进会承担50个社区（行政村）服务工作。通过组织专家向居民讲解安全用电用气常识，向居民发放社区安全宣传折页《安全用电常识》《安全用气常识》《以生命的名义Ⅱ》等宣传资料，普及社区安全用电用气常识，提高居民安全意识，打造安全社区。选取石景山 4 家社区为试点，统一组织，其余 46 家社区由 15 家“注安师”事务所分别承担，组织实施，每家社区邀请 2 至 3 名安全专家进行授课和指导。截至 9 月 13 日，50 家社区（行政村）安全服务活动全部完成。

（孙建军、李让）

【安全专家服务养老（福利）院活动】 本年，按照“双百工程”活动总体部署，市安全生产科学技术促进会承担民政系统 50 家养老（福利）机构安全服务工作。按照“统筹规划、抓住重点、分工合作、专家参与”工作原则，为养老（福利）机构提供全方位的安全服务，评估安全管理规章制度完善程度、设备设施运行维护情况，排查治理隐患，提高养老（福利）机构安全意识、落实安全要求、提高安全管理水平。截至 10 月 28 日，50 家养老（福利）机构服务活动全部完成。

（孙建军、李让）

【安全专家服务学校实验室活动】 本年，按照“双百工程”活动总体部署，市安科院承担 50 所中学“安全专家进实验室”活动，覆盖全市 16 个区和燕山地区。市安科院、疾控中心及市劳保所出动专家 181 人次，深入 50 所学校，现场服务化学、物理、生物及通用技术实验室 200 余间，化学品存放场所 120 余个，发现安全隐患 500 余项；与 150 余位专兼职实验员进行交流。借助活动平台，宣贯《实验室危险化学品安全管理规范》等法规规范标准，普及实验室安全知识、传播安全文化、弘扬安全理念，进一步认识实验员岗位在教育教学中的重要性。利用本次活动，调研本市中学实验室安全管理现状；掌握化学品在校园的储存、使用和处置情况，安全设施运维情况，以及学校和实验室教职员工在安全知识、应急能力等方面的需求。首次实现安全生产专家走进校园、走近实验教学一线的重大跨越。

（孙建军、李让）

【“优秀青年工程师评选”奖项】 本年，市安全监管局整合科技资源，推进科技人才队伍建设。在市科学技术协会、人力社保局支持下，并经北京市委批准，确定在“北京优秀青年工程师评选活动”奖项中表彰名额由 200 名增加至 250 名，奖项中增加 50 个名额全部用于表彰本市安全生产领域注册安全工程师和安全工程师等科技人才，标志着本市以搭建平台、典型引路的方式，取得科技人才队伍建设工作的重大突破。由市科学技术协会、人力社保局共同开展的“北京优秀青年工程师评选活动”是一项面向企（事）业单位基层青年科技工作者的传统活动，现为每两年评选一次。自 1989 年开展评选活动以来，评选出近 4000 名优秀青年工程师和百名优秀青年工程师标兵，培养造就一大批活跃在科技前沿的青年领军人物和技术带头人，成为促进企业创新发展的重要力量。

（李建中、刘自杰）

【高级职称申报及资格审查】 本年，市安全监管局按照《关于 2016 年度北京市职称评价工作安排的通知》（京人社专技发〔2016〕1 号）总体安排，本着公平公正、认真负责的原则，依据《北京市工程技术系列（安全工程）高级专业技术资格评价试行办法》（京人社专技发〔2015〕168 号）和职称评审相关政策规定，在对所有申报人员提出的各种问题进行耐心解答的基础上，完成对所有申报人员的资料网上初审和现场审核工作。一是积极协调市人力社保局抽取专家组建评价组，召开答辩预备会，签署保密协议；二是组织专家对申请材料进行评价；三是组织完成答辩工作，汇总评价情况提请审定。年内咨询1500余人次，同比增长15.4%；网上初审、现场审核、网上复核500余次，同比持平。

（李建中、刘自杰）

【“绿色通道专项”课题】 本年，市安全监管局组织申报的2017年“绿色通道专项”《基于VR技术的安全生产典型场景隐患排查实训系统关键技术研发》和《北京市地下矿山减员增效关键装备及工程示范》两项课题获市科委初审通过。《基于VR技术的安全生产典型场景隐患排查实训系统关键技术研发》课题是安全生产科学技术研究院为提升安全生产执法人员和企业安全管理人员专业技能水平，利用VR技术模拟安全生产典型场景解决安全检查、隐患排查实训系统关键技术的研究课题，课题研究经费900万元，申请科委支持经费450万元。《北京市地下矿山减员增效关键装备及工程示范》课题是由首钢矿业公司和中国安全生产科学研究院共同研发，以落实国家安全监管总局“机械化换人、自动化减人”科技强安专项行动，重点研究突破井下大型固定设施无人值守系统等关键技术，有效利用信息技术改造提升矿业传统产业开采方式，实现矿山本质安全，课题申请科委支持经费为490万元。

（李建中、刘自杰）

标准化建设

【安全生产地方标准工作会】 1月6日，市安全监管局召开安全生产百项地方标准工作会，听取修改情况汇报，指导编制进程，督导编修工作。市劳保所、标准起草单位及行业专家30余人参加会议。会议通报市质监局对安全生产百项地方标准编写的架构与内容，形式、总则、通则与行业对接方式等修改意见，明确集中修改的工作内容、方式方法及安排、注意事项等。集中修改后的25项地方标准，报市质监局审定。

（任社山）

【危险化学品标准化复评检查】 1月19日，市安全监管局组织专家对位于顺义区的中国航油集团北京石油有限公司、北京住海石油销售有限公司标准化复评情况进行核查。检查组重点检查两家油库的自评报告、隐患台账、检查记录、领导值班带班、重大危险源备案情况以及特殊作业工作票，油库罐区、中控室、发油棚、油气回收装置、消防设施等部位。检查发现，两家企业存在6方面问题：一是罐区防火堤出现裂缝；二是油泵房与配电间距离按新规范要求执行还有不足；三是管道末端未做接地，管道间未做等电位连接；四是消防水池未采取防冻措施；五是中控室值班人员对重大危险源监控系统操作不熟练；六是罐区内发现有铁质工具。针对企业存在的问题，检查组要求企业立即整改，由顺义区安全监管局跟踪复查，监督落实。

（刘丽敏）

【标准化专题会议】 2月26日，市安全监管局组织市安科院、北京安联、技术服务协会和安全生产信息中心召开安全生产标准化复核核查专题工作会，听取3家机构关于工业企业安全生产标准化（二级、三级）现场复核、核查工作情况，研究标准化系统建设情况，筹划下一步核查、复核工作。会议指出，本市标准化工作进入“加速提质，规范可持续”阶段，各相关单位要加大工作力度，提高安全生产标准化核查复核工作水平。

（任社山）

【“三标合一”研讨会】 3月22日，市安全监管局副巡视员高士虎主持召开“百项地标”研讨会，重点研究“百项地标”与标准化评审标准、执法检查标准、事故隐患排查标准的对接融合，“百项地标”在小微企业达标创建工作中的应用等问题，石景山区、朝阳区、顺义区、北京经济技术开发区安全监管局和市劳保所、石油化工学院、惠诚律师事务所有关负责人参加会议。会议通报“百项地标”工作进展情况和下一步工作计划，与会人员就标准内容、法律地位、实际操作等问题进行讨论，并提出建设性意见和建议。高士虎要求各单位按照方案既定的工作计划，稳步推进配套文件起草工作，协调解决“三标合一”工作中出现的问题，使“百项地标”和相关配套文件兼具科学性、实用性和指导性。

（王燃然）

【“百项地标”编制培训会】 6月6日，市安全监管局组织召开“百项地标”编制工作培训会，中国安科院等22个标准起草单位项目负责人，以及市劳保所各标准联络员参加会议。培训会上，市安全监管局有关负责人介绍安全生产“百项地标”进展情况，并从沟通协调、计划制定和落实、质量把控等方面提出工作要求；市标准化研究院专家从标准评审的角度，讲解标准基础知识和地方标准编制的要求及程序；市劳保所项目负责人对安全生产“百项地标”结构框架、编写技巧以及通用要求与行业要求如何衔接等问题进行讲解。通过培训讲解，解决起草单位遇到的问题；通过沟通交流，解答编写过程中存在的疑问。

（王燃然）

【“百项地标”总则、通用部分通过审查】 7月7日，市质监局组织召开《安全生产等级评定技术规范　第1部分：总则》与《安全生产等级评定技术规范　第2部分：安全生产通用要求》地方标准审查会。审查会专家组由北京化工协会等单位的7名专家组成，市安全监管局和市劳保所、标准化研究院负责人参加会议。会议听取《总则》和《安全生产通用要求》的起草情况汇报。专家组一致同意《总则》《安全生产通用要求》通过审查。

（王燃然）

【各区标准化建设检查调研】 7月19日至8月17日，市安全监管局先后赴密云区、怀柔区、房山区、朝阳区、东城区、顺义区、平谷区、昌平区、海淀区、延庆区、丰台区、石景山区、门头沟区、北京经济技术开发区、西城区安全监管局，对安全生产标准化工作进行检查调研。检查调研旨在了解标准化工作进度，掌握标准化工作情况，及时发现和解决工作中的有关问题，推进全市标准化创建工作深入开展。检查调研组肯定各区安全监管局在推进工作中所做的努力、所取得的成绩，要求各区积极研究标准化创建工作中出现的新情况、新问题，结合实际，提早筹划，不断改进工作。

（任社山）

【“百项地标”危险化学品专题研究】 7月20日，市安全监管局组织召开“百项地标”编制工作研讨会，专题研究危险化学品安全管理的一般要求、危险化学品的使用、专用仓库、专用储存室和气瓶间、专柜、重大危险源等编制内容，市质监局、标准化研究院和市劳保所地方标准编制负责人和专家参加会议。与会人员分别就危险化学品储存量、储存条件、科研单位危险化学品安全管理等重点问题进行研讨。会议决定，《通用要求》中删除科研单位相关要求，补充完善危险化学品混存管理要求，以及其他编辑性修改内容。

（王燃然）

【“百项地标”编制工作推进会】 7月22日，市安全监管局组织召开安全生产“百项地标”编制工作推进会，中国安科院、北京市安科院、北京石化学院、北京化工协会、兵器工业研究所、市劳保所、邮政科学研究院、电子控股公司等起草单位负责人参加会议。会议通报安全生产“百项地标”编制工作进展情况，以及下一阶段征求意见稿报送时间、标准格式和编制说明、征求意见相关程序等工作要求。

（王燃然）

【2017年“百项地标”启动培训会】 9月9日，市安全监管局组织召开2017年“百项地标”启动培训会，明确相关单位职责和标准起草各阶段时间要求，对标准立项申报书填写以及标准草案编写进行培训。市发展改革委等9个市相关部门、市劳保所等13个起草单位的项目负责人参加会议。会后，市相关部门和起草单位与市劳保所进行工作对接。

（王燃然）

【标准化评审机构专项检查】 11月3日至7日，市安全监管局会同北京安联，分两组对北京中经科环质量认证有限公司、中国建材检验认证集团股份有限公司等16家安全生产标准化评审机构开展专项检查督查工作。检查发现有的评审机构编制的管理制度和工作程序比较简单、操作性不强，有的评审机构评审过程痕迹化管理不够、内部培训计划方案等相关记录缺失、档案不能反映整个评审工作过程。检查组要求存在问题的机构依据《北京市企业安全生产标准化评审单位管理办法》，开展整改工作并提交整改情况报告。

（任社山）

【二级标准化企业评审抽查】 11月28日，市安全监管局组织专家对北京奥瑞金包装股份有限公司和北京施必安华兴开关厂2家申请二级安全生产标准化的企业进行抽查。检查发现企业在涉爆、涉危、用电、有限空间作业等安全管理上存在隐患问题。针对检查发现的问题，检查组要求企业立即组织整改，并责成平谷区安全监管局监督落实。

（司伟光）

【标准化评审工作专题会】 12月2日，市安全监管局副局长李东洲主持召开安全生产标准化评审工作专题会议，通报安全生产标准化评审抽查以及安全生产检查发现的问题，明确下一步安全生产标准化评审工作要求。一轻控股公司、电子控股公司、时尚控股公司、北京控股公司4家市属企业集团评审机构和北京联合智业认证有限公司等16家安全生产标准化评审机构负责人参加会议。会议通报北京施必安开关厂、一轻食品集团、北京长城机床附件公司、北京环九科技有限公司存在的隐患问题，对负责企业评审的北京国泰民康安全技术中心、北京安科研培技术有限公司、北京中经科环质量认证有限公司、一轻控股公司评审单位提出通报批评。会议要求评审单位严格开展评审，加强能力建设，认真履行职责，强化过程管控。

（任社山）

机关人事

【安科院机构设置及职责调整】 9月12日，市编办印发《关于同意从北京市化工职业病防治院向北京市安全生产科学技术研究院划转事业编制的函》（京编办事〔2016〕79号），同意将北京化学工业集团有限责任公司所属北京市化工职业病防治院的8名财政补助事业编制划转至市安全监管局所属北京市安全生产科学技术研究院。调整后的北京市安全生产科学技术研究院财政补助事业编制从58名增至66名。10月27日，市安全监管局办公室印发《关于北京市安全生产科学技术研究院内设机构设置及职责调整方案》（京安监办发〔2016〕111号），根据北京市安全生产科学技术研究院的主要职责，内设综合办公室、人事政工部、科研管理部（政策研究中心）、城市运行安全研究中心、事故预防研究中心（危化品登记注册办公室）、职业健康研究中心、考试管理部、培训教研部和职业能力建设部9个科室。调整后，内部机构由原来8个部门增加至9个部门，科级领导干部职数由原来8正12副增至9正15副。

（孙雷、庄蕊）

【宣教中心机构设置及职责调整】 7月6日，市编办印发《关于同意为市安全监管局所属事业单位增加编制的函》（京编办事〔2016〕53号），同意为市安全监管局所属事业单位2014年度接收军队转业干部共增加财政补助事业编制14名，其中北京市安全生产宣传教育中心4名。调整后，市安全监管局所属事业单位财政补助事业编制总数从109名增至123名，其中北京市安全生产宣传教育中心财政补助事业编制从18名增至22名。12月5日，市编办印发《关于同意调整北京市安全生产（12350）举报投诉中心机构编制事项的函》（京编办事〔2016〕96号），同意为北京市安全生产举报投诉中心增加财政补助事业编制6名、副处级领导职数1名，所属编制从北京市安全生产宣传教育中心调剂4名。调整后，市安全监管局所属事业单位财政补助事业编制总数不变。其中，北京市安全生产宣传教育中心财政补助事业编制从22名减至18名。

（孙雷、庄蕊）

【信息中心机构设置及职责调整】 7月6日，市编办印发《关于同意为市安全监管局所属事业单位增加编制的函》（京编办事〔2016〕53号），同意为市安全监管局所属事业单位2014年度接收军队转业干部共增加财政补助事业编制14名，其中北京市安全生产信息中心5名。调整后，市安全监管局所属事业单位财政补助事业编制总数从109名增至123名，其中北京市安全生产信息中心财政补助事业编制从18名增至23名。12月5日，市编办印发《关于同意调整北京市安全生产（12350）举报投诉中心机构编制事项的函》（京编办事〔2016〕96号），同意为北京市安全生产举报投诉中心增加财政补助事业编制6名、副处级领导职数1名，所属编制从北京市安全生产信息中心调剂2名。调整后，市安全监管局所属事业单位财政补助事业编制总数不变。其中北京市安全生产信息中心财政补助事业编制从23名减至21名。12月28日，市安全监管局办公室印发《关于北京市安全生产信息中心内设机构设置及职责调整方案》（京安监办发〔2016〕133号），根据信息中心的主要职责，内设综合办公室、运行管理部、应用研发部、数据管理部和规划发展部5个部室。调整后，内部机构由原来4个部门增加至5个部门，科级领导干部职数由原来4正3副增至5正3副。

（孙雷、庄蕊）

【举报投诉中心机构设置及职责调整】 7月6日，市编办印发《关于同意为市安全监管局所属事业单位增加编制的函》（京编办事〔2016〕53号），同意为市安全监管局所属事业单位2014年度接收军队转业干部共增加财政补助事业编制14名，其中北京市安全生产举报投诉中心5名。调整后，市安全监管局所属事业单位财政补助事业编制总数从109名增至123名，其中北京市安全生产举报投诉中心财政补助事业编制从15名增至20名。12月5日，市编办印发《关于同意调整北京市安全生产（12350）举报投诉中心机构编制事项的函》（京编办事〔2016〕96号），同意为市安全监管局所属北京市安全生产举报投诉中心加挂北京市安全生产督查事务中心牌子，增加“承担本市安全生产督查的辅助性、事务性工作”职责。同意为北京市安全生产举报投诉中心增加财政补助事业编制6名、副处级领导职数1名，所属编制从北京市安全生产宣传教育中心调剂4名、从北京市安全生产信息中心调剂2名。调整后，市安全监管局所属事业单位财政补助事业编制总数不变。其中：北京市安全生产举报投诉中心财政补助事业编制从20名增至26名，处级领导职数从1正2副增至1正3副。

（孙雷、庄蕊）

【局部分内设机构调整】 2月17日，市编制办印发《关于同意为市安全监管局增加行政编制的函》（京编办行〔2016〕38号），同意为市安全监管局2014年度接收军队转业干部增加行政编制3名。调整后，机关行政编制从96名增至99名。3月11日，市编制办印发《关于同意为市安全监管局独立设置财务处的函》（京编办行〔2016〕58号），同意将财务处独立设置，为局内设机构，核定行政编制5名，其中处级领导职数1正1副。调整后局机关设15个内设机构和机关党委、工会，处级领导职数从16正17副增至17正17副，另设安全生产监察专员3名（正处级）。

（孙雷、庄蕊）

【局级干部任免】 5月20日，中共国家安全监管总局党组《关于卞杰成、陈清同志职务任免的通知》（安监总党任〔2016〕16号）决定，卞杰成任中共北京煤矿安全监察局党组成员，免去陈清同志的中共北京煤矿安全监察局党组成员职务。7月19日，市政府《关于李振龙同志任职的通知》（京政任〔2016〕174号）决定，李振龙任北京市安全生产监督管理局副巡视员。8月30日，市政府《关于高士虎同志免职的通知》（京政任〔2016〕211号）决定，免去高士虎的北京市安全生产监督管理局副巡视员职务。10月9日，市政府《关于贾秋霞同志任职的通知》（京政任〔2016〕255号）决定，贾秋霞任北京市安全生产监督管理局副巡视员。

（孙雷、孙文雯）

【处级干部任免】 1月7日，第1次局党组会研究决定，王雷任安全监督管理三处副调研员职务。2月14日，第5次局党组会研究决定，栗晋春调出到市老干部局工作，免去其人事教育处副处长职务；安全监督管理一处时会佳交流至安全生产宣传教育中心工作，任安全生产宣传教育中心副主任，免去其安全监督管理一处副处长职务；法制处仲俊生交流至安全监督管理一处工作，任安全监督管理一处副处长，免去其法制处副处长职务；会议确定安全生产宣传教育中心车广杰为研究室副调研员考察对象；赵同立、任忠、时会佳、靳大力、张鹏、赵玉辉、薛映宾、陆金周为正处级后备干部考察人选；戴贺霞、李东侠、侯占杰、何明明、徐阳、唐亮、张帮锋、陈震西、王燃然、饶守国为副处级后备干部考察人选。2 月 22 日，第 6 次局党组会研究决定，赵同立、任忠、时会佳、靳大力、张鹏、赵玉辉、薛映宾、陆金周为正处级后备干部人选；戴贺霞、李东侠、侯占杰、何明明、徐阳、唐亮、张帮锋、陈震西、王燃然、饶守国为副处级后备干部人选；车广杰任研究室（科技处）副调研员（试用期一年），免去其安全生产宣传教育中心副主任职务。3 月 9 日，第 9 次局党组会研究决定，杜雷任安全生产执法监察总队副调研员，免去其事故调查处副调研员职务。3 月 16 日，第 10 次局党组会研究决定，安洪卫任职业卫生监督处副调研员职务。4 月 6 日，第 13 次局党组会议研究决定，田志斌任财务处副处长，免去其办公室（财务处、督查室）副主任职务；叶柏杉任财务处副调研员，免去其办公室（财务处、督查室）副调研员职务；李振龙任办公室（督查室）主任，免去其办公室（财务处、督查室）主任职务；任忠任办公室（督查室）副主任，免去其办公室（财务处、督查室）副主任职务；吴振宇任办公室（督查室）副调研员，免去其办公室（财务处、督查室）副调研员职务；孙国盛任办公室（督查室）副调研员，免去其办公室（财务处、督查室）副调研员职务。4 月 27 日，第 16 次局党组会研究决定，刘丽调出到国家安全监管总局工作，并免去其安全监督管理三处处长职务；孟庆武任安全监督管理三处处长，免去其安全监督管理一处处长职务；魏丽萍任安全监督管理一处处长，免去其安全监督管理二处处长职务；曹柏成任安全监督管理二处处长，免去其事故调查处处长职务；路韬任安全生产监察专员，负责安全生产督查组工作，免去其研究室（科技处）主任职务，田志斌不再负责安全生产督查组工作；贾秋霞任研究室（科技处）主任，免去其安全生产科学技术研究院院长、职业卫生综合处调研员职务；季学伟任安全生产科学技术研究院院长；丁大鹏任职业卫生综合处调研员，免去其职业卫生综合处处长职务；高云飞、张震国、魏志钢分别为事故调查处处长、职业卫生综合处处长、安全监督管理三处副调研员的调任考察对象。5 月 4 日，第 17 次局党组会研究决定，高云飞任事故调查处处长（试用期一年），免去其安全生产宣传教育中心主任职务；张震国任职业卫生综合处处长（试用期一年），免去其安全生产信息中心主任职务；季学伟任安全生产信息中心主任（兼）；魏志钢任安全监督管理三处副调研员（试用期一年），免去其安全生产举报投诉中心副主任职务。5 月 26 日，第 20 次局党组会研究决定，周德厚任安全监督管理三处副处长（挂职），挂职时间为 2016 年 6 月至 11 月。6 月 15 日，第 24 次党组会研究决定，推荐李振龙同志为副巡视员职位考察人选。6 月 27 日，第 25 次局党组会研究决定，推荐季学伟、张鹏、陆金周、孙晶晶、王晓杰、闵绍辉、王雷、徐杰立为优秀年轻处级干部。7月6日，第26次局党组会研究决定，免去田志斌财务处副处长职务，继续主持财务处工作；康勇任财务处副处长职务，免去其办公室（督查室）副主任职务；朱凯任办公室（督查室）副主任、调研员职务。8月22日，第30次局党组会研究决定，康勇继续在安全生产信息中心挂职副主任1年；田志斌等6名同志结束试用期，田志斌任安全生产监察专员职务；李怀冰任应急工作处（值班室）处长职务；王晓杰任事故调查处副处长职务；孙晶晶任职业卫生综合处副处长职务；闵绍辉任安全生产执法监察总队副队长职务；赵争春任矿山安全监督管理处副调研员职务；免去杨拯民安全生产科学技术研究院调研员职务，并办理退休手续；田志斌任财务处处长职务，免去其安全生产监察专员职务。9月8日，第32次局党组会研究决定，推荐贾秋霞为副巡视员职位考察人选。9月26日，第33次局党组会研究决定，免去孙雷兼任的机关工会专职副主席职务，免去王中堂行政审批处处长职务，提名王中堂为机关工会专职副主席人选；吴强调任职业卫生监督处副调研员（试用期一年），免去其安全生产举报投诉中心副主任职务；刘丽纯调任安全生产执法监察总队副调研员（试用期一年），免去其安全生产宣传教育中心副主任职务；张鹏调任安全生产举报投诉中心副主任（主持工作），免去其安全生产科学技术研究院副院长职务；李刚调出到国家应急救援指挥中心工作，免去其法制处处长职务，戴贺霞临时负责法制处日常工作。10月12日，第35次局党组会研究决定，免去李振龙兼任的办公室（督查室）主任职务，免去贾秋霞兼任的研究室（科技处）主任职务，免去孙雷兼任的机关工会专职副主席职务，免去王中堂行政审批处处长职务，王中堂任机关工会专职副主席；办公室（督查室）副主任任忠主持办公室（督查室）工作，研究室副调研员车广杰主持研究室工作，行政审批处副处长冯印辉临时负责行政审批处工作；王勇任安全监督管理二处副调研员职务；同意吴振宇、孙国盛、李建中、赵英然、李东明、安洪卫、赵跃平、多化龙、王俊玲为局机关调研员职位的考察人选；同意胡俊松为安全生产执法监察总队副调研员的考察人选；同意牛捷为安全生产科学技术研究院调研员的考察人选，王世平和张艳娜为安全生产科学技术研究院副调研员的考察人选；同意秦永生为安全生产宣传教育中心副调研员的考察人选。11月28日，第42次局党组会研究决定，免去吴振宇办公室（督查室）调研员职务，责成人事教育处为其办理提前退休手续。

（孙雷、孙文雯）

【科级干部任免】 1月7日，第1次局党组会研究决定，钟杰任办公室（财务处、督查室）主任科员，熊潇凌任安全生产执法监察总队副主任科员。1月29日，第4次局党组会研究决定，录取李赫楠、陈银良到安全生产信息中心工作。2月29日，第8次局党组会研究决定，涂志文晋升为主任科员职务；李春晖晋升为主任科员职务，借调至安全生产督查组工作；雷阳晋升为主任科员职务，借调至安全生产督查组工作；张玉昆晋升为主任科员职务；周圆晋升为主任科员职务；赵琳晋升为主任科员职务；马林燕晋升为主任科员职务；郭霞晋升为副主任科员职务。3月9日，第 9 次局党组会研究决定，侯廷卫任安全生产执法监察总队主任科员，徐双任安全生产举报投诉中心主任科员，继续借调机关党委（工会）办公室工作。4 月 6 日，第 13 次局党组会议研究决定，李佳任财务处主任科员；刘琨任财务处主任科员；施博任财务处副主任科员；李怀峰任办公室（督查室）主任科员；邵柏任办公室（督查室）主任科员；钟杰任办公室（督查室）主任科员；侯雨君任办公室（督查室）主任科员。4 月 27 日，第 16 次局党组会研究决定，周宁调出到东城区王府井地区建设管理办公室工作，免去其安全生产举报投诉中心主任科员职务；安全生产科学技术研究院办公室副主任科员孙文雯借调人事教育处工作；静国佳任事故调查处主任科员，李子扬任人事教育处主任科员，叶楠任安全生产执法监察总队主任科员，杨梅任安全生产执法监察总队主任科员。5 月 26 日，第 20 次局党组会研究决定，李晓妮任安全生产执法监察总队副主任科员；姜二峰任安全生产举报投诉中心主任科员，借调机关党委办公室工作；邵柏任办公室（督查室）主任助理（挂职）；戴贺霞任法制处处长助理（挂职）；何明明任法制处处长助理（挂职）；张聪任监督管理二处处长助理（挂职）；陈震西任安全监督管理三处处长助理（挂职）；侯占杰任安全生产执法监察总队总队长助理（挂职）；王博任安全生产科学技术研究院院长助理（挂职）；吴爽任安全生产宣传教育中心主任助理（挂职）；焦文霞任安全生产宣传教育中心主任助理（挂职）；李东侠任安全生产信息中心主任助理（挂职）。挂职的时间为 2 年（2016 年 5 月 26 日至 2018 年 5 月 25 日）。推荐市安全监管局第 7 批援藏干部何虎啸作为拉萨市安全监管局副局长的选派人选，继续参加第 8 批援藏工作。6 月 14 日，第 23 次党组会研究决定，免去李怀峰办公室（督查室）主任科员职务，金绪平任事故调查处主任科员职务，刘曦任安全生产执法监察总队主任科员职务。6 月 14 日，第 5 次局长办公会研究决定，解除金绪平在参加 2015 年 5 月局机关党委组织的赴河南兰考焦裕禄干部学院培训期间私自旷课外出逾 12 个小时的记过处分。6 月 27 日，第 25 次局党组会研究决定，党喜红任办公室（督查室）主任科员；王海波晋升为安全生产举报投诉中心主任科员职务，借调至职业卫生综合处工作；范慧晋升为安全生产举报投诉中心主任科员职务，借调至安全监督管理一处工作。7 月 27 日，第 28 次局党组会研究决定，周轶等 3 名同志试用期满转正。周轶任安全生产科学技术研究院研发部主任科员，定为二十二级；杨琳任安全生产科学技术研究院检测部主任科员，定为二十二级；翟晓雁任安全生产科学技术研究院技术部主任科员，定为二十二级。陈骧君等 3 名同志晋升上一级科级非领导职务。陈骧君任安全生产信息中心系统建设科主任科员；周仁清任安全生产信息中心运行管理科主任科员；王静伟任安全生产举报投诉中心办公室副主任科员。8 月 22 日，第 30 次局党组会研究决定，刘安琪结束试用期，任安全生产信息中心办公室科员，定为二十五级。9 月 26 日，第 33 次局党组会研究决定，朱亮任安全生产宣传教育中心网络宣传科副主任科员职务；孙旭任安全生产科学技术研究院办公室副主任科员，免去其安全生产信息中心副主任科员职务；张玉娟任安全生产科学技术研究院协调部副主任科员，免去其安全生产举报投诉中心副主任科员职务；罗旋调出到国家安全监管总局办公厅工作，免去其安全监督管理三处主任科员职务。10月25日，第38次局党组会研究决定，胡俊松等13名同志结束试用期，胡俊松任安全生产执法监察总队三支队支队长，李莉莉任安全生产科学技术研究院宣教部部长，刘伟宏任安全生产科学技术研究院协调部部长，张鑫任安全生产科学技术研究院证件部部长，李菲任安全生产科学技术研究院办公室（财务部）副主任，贾娜莉任安全生产科学技术研究院宣教部副部长，吴爽任安全生产宣传教育中心新闻宣传科科长，刘友强任安全生产宣传教育中心社会宣传科科长，田雍雍任安全生产信息中心运行管理科科长，陈超任安全生产信息中心系统建设科副科长，蔡燊任安全生产举报投诉中心受理科科长，李阳春任安全生产举报投诉中心协调科科长，焦宁任安全生产举报投诉中心办公室副主任，陈靖晋升主任科员职务。11月4日，第40次局党组会研究决定，王博任综合办公室副主任科员，临时负责综合办公室工作；翟晓雁任综合办公室主任科员；孙旭任综合办公室副主任科员；王梅、田红梅任综合办公室主任科员，借调局财务处工作；马雪薇同志任副主任科员，借调局财务处工作；王罡任人事政工部部长，免去其办公室（财务部）主任职务，主持人事政工部、职业能力建设部工作；李菲任人事政工部副部长，免去其办公室（财务部）副主任职务；孙文雯任人事政工部副主任科员，借调局人事教育处工作；张鑫任科研管理部（政策研究中心）部长，免去其证件部部长职务；郝靖任科研管理部（政策研究中心）主任科员；吴爱枝任城市运行安全研究中心主任，免去其研发部部长职务；周铁任科研管理部（政策研究中心）主任科员；张慧、刘倩任科研管理部（政策研究中心）副主任科员；赵若虚任科研管理部（政策研究中心）副主任科员，借调局办公室（督查室）工作；刘艳任科研管理部（政策研究中心）主任科员，借调局研究室工作；薛瑞丰任科研管理部（政策研究中心）主任科员，借调局安全生产协调处工作；时德铁任事故预防研究中心（危化品登记注册办公室）主任，免去其技术部部长职务；杨茹任事故预防研究中心（危化品登记注册办公室）副主任、主任科员，免去其技术部副部长职务；李颖任事故预防研究中心（危化品登记注册办公室）主任科员；嵇征、侯焜祎任事故预防研究中心（危化品登记注册办公室）副主任科员；郝树亮任事故预防研究中心（危化品登记注册办公室）主任科员，借调局安全生产协调处工作。刘冰冰任职业健康研究中心主任，免去其检测部部长职务；杨琳任职业健康研究中心主任科员；张维任职业健康研究中心副主任科员；万力、潘正宇任职业健康研究中心副主任科员，借调局机关党委（工会）办公室工作；苏湘生任考试管理部部长，免去其考务部部长职务；陆芳任考试管理部副部长、主任科员，免去其考务部副部长职务；钱浩明任考试管理部副部长、主任科员，免去其证件部副部长职务；黄斌、陈靖任考试管理部主任科员；张玉娟任考试管理部副主任科员；李莉莉任培训教研部部长，免去其宣教部部长职务；贾娜莉任培训教研部副部长、主任科员，免去其宣教部副部长职务；郭宇飞任培训教研部主任科员；李惠任培训教研部副主任科员；刘伟宏任职业能力建设部部长，免去其协调部部长职务，主持安全生产科学技术促进会工作；范立娜任职业能力建设部主任科员。11 月 17 日，第 41 次局党组会研究决定，王龙由副主任科员晋升为主任科员职务；免去申永文安全生产科学技术研究院宣教部副部长、主任科员职务，责成人事教育处为其办理退休手续；同意肖江辞职，免去肖江危险化学品集中管理体系信息化建设高级主管职务。11 月 28 日，第 42 次局党组会研究决定，孙文雯任安全生产举报投诉中心副主任科员，借调人事教育处工作；同意李佳、王成刚作为局机关 2 名副调研员职位的考察人选。12 月 26 日，第 44 次局党组会研究决定，陈阳、石大亮、孙文雯由副主任科员晋升为主任科员职务，陈阳任安全生产协调处主任科员，石大亮任安全生产执法监察总队三支队主任科员，孙文雯任安全生产举报投诉中心主任科员，借调局人事教育处工作。

（孙雷、孙文雯）

【协会人员任免】 1 月 7 日，第 1 次局党组会研究决定，杨春雪不再担任安全生产技术服务协会会长职务，提名首都经济贸易大学安全与环境工程学院院长王勇毅担任会长职务；李刚不再担任安全生产技术服务协会法人代表、秘书长职务，提名法制处主任科员白晓鸣担任法人代表、秘书长职务；张晋伟不再担任安全技术服务中心法人代表职务，任命安全生产科学技术研究院技术部部长时德轶担任法人代表职务；张鹏不再担任安全生产职业技能鉴定所法人代表职务，任命安全生产科学技术研究院协调部部长刘伟宏担任法人代表职务。1 月 13 日，第 2 次局党组会研究决定，推荐安全生产科学技术研究院党总支书记季学伟担任北京市电气安全技术研究所副理事长，推荐安全生产科学技术研究院副院长张鹏担任北京市电气安全技术研究所理事；同意由北京城市系统工程中心副研究员尤秋菊博士作为北京安全工程学会秘书长、法定代表人选。6 月 6 日，第 22 次党组会研究决定，林长军担任职业病防治联合会秘书长兼法人代表职务，免去牛东升职业病防治联合会秘书长兼法人代表职务。8 月 22 日，第 30 次局党组会研究决定，推荐职业卫生综合处调研员丁大鹏兼任安全科学与工程学会会长。9 月 26 日，第 33 次局党组会研究决定，安全生产科学技术研究院协调部部长刘伟宏作为安全生产科学技术促进会秘书长和法人代表人选，郝靖不再担任秘书长、法人代表。10 月 12 日，第 35 次局党组会研究决定，安全生产科学技术促进会秘书长刘伟宏兼任安全生产联合会副秘书长职务。

（孙雷、孙文雯）

【军转干部安置】 8 月至 10 月，市安全监管局按照市委、市政府军队转业干部安置工作要求和计划，结合局内人才建设需要，依据北京市军转干部安置政策，对通过资格审核的 80 名军转干部，先后分 3 批组织面试、考察、体检等工作。经第 34 次局党组会决定，接收安置军转干部 16 名，其中团职军转干部 7 名，营职军转干部 9 名。10 月 12 日，第 35 次局党组会研究决定，桂胜华任办公室（督查室）主任科员职务，朱云志任办公室（督查室）主任科员职务，司伟光任安全监督管理一处主任科员职务，黄亮任应急工作处（值班室）主任科员职务，余云飞任安全监督管理二处主任科员职务，张晶智任人事教育处主任科员职务，牛广义任行政审批处副主任科员职务，李勤智任安全生产宣传教育中心主任科员职务，郭遐晖任安全生产宣传教育中心副主任科员职务，王善维任安全生产宣传教育中心主任科员职务，杨颖任安全生产信息中心主任科员职务（借调研究室工作），陈利明任安全生产信息中心副主任科员职务，杨青任安全生产宣传教育中心科员职务（借调安全生产协调处工作），张世杰任安全生产举报投诉中心副主任科员职务（借调安全生产联合会工作），王勋任安全生产举报投诉中心副主任科员（借调共青团北京市安全生产监督管理局委员会工作）。

（孙雷、陈浩）

【直属事业单位干部招录】 本年，市安全监管局直属事业单位招录干部6人（程芳、步志昊、苏希鹏、杨腾越、宋运晶、董山）。12月26日，第44次局党组会研究决定，程芳、步志昊作为安全生产科学技术研究院行政管理岗的拟录用人选，苏希鹏作为安全生产科学技术研究院实验室管理岗（检测评价）的拟录用人选，杨腾越作为安全生产科学技术研究院科研管理岗的拟录用人选，宋运晶作为安全生产科学技术研究院项目技术岗（危险化学品）的拟录用人选，董山作为安全生产信息中心数据分析岗的拟录用人选。

（孙雷、陈浩）

【民主推荐】 本年，市安全监管局民主推荐处级干部17人（吴振宇、孙国盛、李建中、赵英然、李东明、安洪卫、赵跃平、多化龙、王俊玲、牛捷、胡俊松、王世平、张艳娜、秦永生、李佳、王成刚、李东侠）。10月25日，第38次局党组会研究决定，同意吴振宇、孙国盛、李建中、赵英然、李东明、安洪卫、赵跃平、多化龙、王俊玲晋升调研员职务，吴振宇、孙国盛任局办公室（督查室）调研员，李建中任研究室（科技处）调研员，赵英然任安全监督管理二处调研员，李东明、安洪卫任职业卫生监督处调研员，赵跃平、多化龙任行政审批处调研员，王俊玲任机关党委（工会）办公室调研员。11月4日，第40次局党组会研究决定，同意牛捷任安全生产科学技术研究院调研员，胡俊松任安全生产执法监察总队副调研员，王世平、张艳娜任安全生产科学技术研究院副调研员，秦永生任安全生产宣传教育中心副调研员。12月26日，第44次局党组会研究决定，同意李佳任财务处副调研员，王成刚任安全监督管理一处副调研员，李东侠任安全生产信息中心副调研员。

（孙雷、陈磊钢）

▲ 11 月 30 日，市经济信息化委安全生产工作部署会

▲ 6 月 17 日，2016 年军工企业安全生产宣传咨询日活动现场

▲ 5 月 12 日，全国“防灾减灾日”市环保局宣传活动现场

▶ 11 月 3 日，2016 年北京市突发环境事件应急演练

◀ 10 月 30 日，六环路油罐车泄漏事故处置现场

6月1日，北京市建设系统2016年“安全生产月”活动启动仪式

5月12日，防汛应急演练现场

7月，建设工程施工体验式安全培训现场

▲ 3 月，市城市管理委员会系统公共安全形势分析会

◀ 12 月 12 日，市城市管理委检查企业安全生产工作

▲ 12月30日，市交通委主任周正宇（右一）检查地铁安全生产工作

▲ 7月，市交通委开展道路客运安全专项整治行动

▲ 12 月 15 日，京津冀冰雪灾害天气交通保障应急联动综合演练现场 ▼

▲ 2月19日，2016年度全市商务行业安全生产工作会

▲ 11月29日，市商务委委员丁剑华（中）带队检查餐饮企业安全工作

1 月 19 日，2016 年春节假日暨旅游行业安全与应急工作总结部署大会

6 月 16 日，2016 年旅游行业安全生产宣传咨询日活动现场

11 月 9 日，北京市旅游行业 2016 年消防宣传月启动仪式

11月14日，市工商局开展成品油商品质量检验工作

11月8日，朝阳工商分局开展消防器材专项检查

7月4日，大兴工商分局查处无照涂料加工厂

市质监局组织开展2016年“质量月”电梯维保企业公开承诺服务质量活动

9月27日，“质量月”质量安全知识进社区主题宣传服务活动

8月17日，北京市第四届职业技能大赛电梯检验员竞赛现场

▲ 1月27日，市体育局部署春节期间安全管理工作

▲ 11月11日，市体育局检查体育场馆安全工作

6月29日，市园林绿化局安全生产标准化工作推进动员会

7月29日，市园林绿化局开展2016年度防汛应急演练

“5·12防灾减灾日”宣传活动现场

12 月 20 日，市民防局召开全市地下空间综合整治工作会议

5 月 23 日，市民防系统 2016 年跨区支援通信演练

7 月 16 日，市级人防工程事故抢险队防汛应急支援拉动演练

6月16日，北京市农机安全生产宣传咨询日活动现场

市农机监理总站“机手之家”农机安全大讲堂

4月20日，市农业局农机事故处理员培训现场

3 月 4 日，市城管执法局副局长马惠民（中）带队检查京沪高铁桥下违建现场

7月，海淀区违法建设检查现场

9月28日，西城区城管执法人员检查燃气安全生产工作

4月1日，朝阳区气象局气象执法人员向施工工地负责人讲解气象法规知识

8月5日，通州区气象局组织开展重点单位防雷安全检查工作

11月16日，朝阳区气象局开展加油站防雷安全检查工作

▲ 6月26日，武警北京市总队、市公安局消防局重点目标消防应急处置联勤联动实战演练

▲ 11月9日，第26届“119”消防宣传月活动小型消防站揭牌仪式现场

▶ 5 月 12 日，市公安局交管局开展全市交通安全夜查

◀ 10 月 25 日，市公安局交管局通州支队开展大货车安全检查

▲ 5 月 31 日，第一届北京市时尚阳光少年交警队交通安全会操活动决赛现场

▲ 5 月 24 日，中国铁路总公司北京特派办辖区安全风险管理现场会

▲ 4 月 26 日，冀欧国际铁路货运班列开行仪式现场

2月29日，2016年华北区域电力安委会工作会议暨“两会”保电动员会

7月28日，京津冀大面积停电应急协同联动工作专题研讨会

6月21日，华北能源监管局开展企业防汛安全检查

重点行业领域安全生产工作

北京市经济和信息化委员会

2016年，市经济信息化委不断完善“党政同责、一岗双责、齐抓共管”工作体系，贯彻《北京市生产安全事故隐患排查治理办法》，启动全市工业企业事故隐患“三项行动”，督促企业落实安全生产主体责任。制订《北京市软件和信息服务业企业安全指导意见》，编制《北京市鼓励发展的高精尖产品目录》和《北京市工业企业技术改造指导目录》，推进相关行业领域安全生产条件的改善，提升企业本质安全水平。

【安全生产指导及检查专项行动】 11月，市经济信息化委贯彻落实党中央、国务院领导同志关于安全生产工作的重要指示批示精神，以及市委、市政府关于全市安全生产工作的具体部署，深刻吸取江西丰城电厂“11·24”冷却塔施工平台特大坍塌事故教训，开展安全生产指导及检查专项行动。一是结合全市安全生产大检查有关要求，制定《北京市经济和信息化委员会关于开展安全生产指导及检查的工作方案》，明确安全生产指导及检查工作的时限、任务分工和工作要求。二是召开岁末年初安全生产工作部署会，传达习近平总书记、李克强总理、马凯副总理关于安全生产工作重要指示精神，部署安全生产指导及检查工作，明确安全指导、安全检查、委内办公区域排查、综合协调与宣传四个方面的具体任务。三是开展军工、民爆领域安全生产督查检查，督促企业完善安全管理工作，深刻吸取江西“11·24”事故教训，注重岁末年初安全生产及火灾防控工作。四是做好工业和软件信息服务业安全生产指导工作，督促相关企业开展岁末年初隐患自查工作，完善内部安全管理制度，落实安全生产主体责任。五是全面开展办公场所自查工作，切实做好委机关、各直属单位办公场所的“水电气热”平稳运行、火灾防控及反恐防暴工作。六是根据市安委会办公室统一安排，市经济信息化委会同市安全监管局，对房山区岁末年初安全生产工作开展了为期5天的督查工作，查阅房山区相关行业部门的安全生产工作台账，对17家生产经营单位开展抽查工作，现场核验4处油气管道隐患治理情况。

【落实安全生产责任】 本年，市经济信息化委每月召开专题调度会，每季度召开系统调度会，通报安全生产形势，部署安全生产工作，督促各区经济信息化部门正确履行安全生产职责。组织落实《北京市生产安全事故隐患排查治理办法》《进一步加强火灾事故预防和处置工作》《生产经营单位安全生产主体责任规范》等文件要求，根据法定职责，从行业指导、行业监管和委内安全管理3个方面制定年度安全生产、火灾防控工作计划，编制安全工作考核任务分工。开展安全生产日常指导工作，搭建市、区经济信息化部门安全工作交流平台，明确安全生产工作思路，解决安全生产工作突出问题。

【安全生产诚信管理制度】 本年，市经济信息化委印发《关于贯彻落实全国社会信用体系建设会议精神的通知》，要求安全生产主管部门建立行政许可和行政处罚7日公示制度，将信息及时归集到企业信用信息公示系统。开展2016年企业诚信创建活动，推进军工、民爆企业安全生产诚信制度建设。

【军工民爆领域安全监管】 本年，市经济信息化委强化军工、民爆领域安全生产动态监管。一是督导企业建立安全生产标准化运行考核机制，通过落实《北京地区民爆行业安全生产标准化考评指导意见》《北京市国防科工办民用爆炸物品安全监管手册》等安全管理制度，健全标准化运行管理保障制度，细化具体落实措施；二是采取联合检查、专项督查、日常检查等方式，重点检查企业落实《中华人民共和国安全生产法》等法律法规情况；三是在军工、民爆企业生产、销售和安全生产许可环节中，依法细化安全生产条件，指导企业严格执行相关法律法规；四是依托高校、科研院所，深入军工、民爆企业开展风险评估预测工作，加强政企风险管理联动机制建设；五是引导企业应用信息化手段，建立全程监控系统，实现危险品全天候动态监控。针对北京地区军工、民爆企业的特殊性和高危性，坚持“标本兼治、综合治理、源头管控”的原则，采取“双随机”的检查方式（随机抽查民爆企业、随机委托民爆专家），既按计划开展重大节假日和重要活动期间的专项督查，又注重日常监管和暗查暗访。对于发现的安全隐患和问题，督促企业按照人员、责任、措施、时限和预案“五落实”要求逐一整改。

【整治违法违规排污及生产经营行为】 本年，市经济信息化委根据市政府办公厅《关于集中开展清理整治违法违规排污及生产经营行为有关工作的通知》精神，制定相关实施细则和专项工作方案。按照工作要求，在全市范围内开展环境污染执法、整治无证无照违规经营、打击违法用地违法建设、安全生产整治等专项行动。计划到2017年底，完成全市50个重点区域、200个重点行政村和5000家以上违法违规企业的清理整治目标。

【应急救援演练】 本年，市经济信息化委推进军工、民爆企业应急处置水平的提升，组织全员应急演练，有效检验各部门、各抢险队伍应对突发情况的处置能力和协作能力，督促企业把岗位应急演练作为日常管理的重要内容。全年先后组织军工领域安全生产应急联合演练、反恐防爆和消防演练、办公场所及餐厅应急演练等活动。

【安全生产宣传教育】 本年，市经济信息化委贯彻市安委会办公室安全生产月活动方案的要求，及时制定《市经济信息化委2016年安全生产月活动方案》，组织开展安全生产月动员会、核应急科普宣传进校园、军工与民爆领域安全生产月专题培训、军工安全生产宣传咨询日等多项宣传教育活动。定期举办安全生产培训班，邀请行业专家对我市军工、民爆企业进行专题培训。参加中国爆破器材行业协会组织安全生产培训30余次，全市军工、民爆企业参报60余人次。

市经济信息化委周燚供稿

北京市规划和国土资源管理委员会

2016年，市规化国土委按照全市安全生产工作部署，结合规划管理工作实际，以“强化依法治安意识，建设安全规划”为目标，在城乡规划编制、规划实施、规划监督、行业监管和标准制定等方面，强化安全生产监管责任的落实，制定安全隐患排查机制。以法制化、标准化、规范化、系统化的创新模式，推进安全生产工作，发挥安全生产在保证城市运行和维护社会安全稳定方面的保障作用。

【落实安全生产职责】 本年，市规划国土委按照“谁主管、谁负责”“管行业必须管安全”“管业务必须管安全”“管生产经营必须管安全”和“分级负责、属地为主”的原则，在城乡规划管理和行业监管工作中，履行安全生产管理职责和监管职责。制定全委年度安全生产工作要点，明确重点任务，提升安全生产“党政同责、一岗双责、齐抓共管”的工作新格局。将安全生产责任分解落实到各级党组织和成员单位，坚持科学发展、安全发展，坚守“红线”、强化责任，注重预防、狠抓治本，从部门管理职责和综合监管职责两个层面着手，做好安全生产各项工作。

【完善安全生产工作体系】 本年，市规划国土委发挥安委会在城乡规划管理和行业监管工作中的统筹协调作用，完善安全生产工作体系，明确安全生产管理职责和监管职责。一是落实“一岗双责”责任制，建立健全安全生产工作机制。二是加强规划领域安全生产标准的制定和发布。三是建立安全生产宣传教育培训体系和培训制度。四是发挥城乡总体规划在城乡建设中的引领作用，做好城乡规划与安全生产规划的衔接，落实城乡规划建设环节安全监管。五是配合并参与全市安全生产专项整治行动。六是强化规划系统内部安全生产制度完善和责任落实。

【勘察设计行业监管】 本年，市规划国土委加强勘察设计行业监管工作。一是发布《关于进一步做好2016年建设工程勘察设计安全生产工作的通知》，要求各勘察设计单位依照《北京市生产安全事故隐患排查治理办法》，组织开展自查整改，明确各岗位人员隐患排查职责要求，建立健全事故隐患排查治理制度。二是开展房屋建筑工程施工图设计文件质量抽审，抽取包括保障房、商品房、学校及医院等类型建筑42项，抽审查出违反工程建设强制性标准问题8项、违反审查要点问题15项，下发整改通知书15份。在各单位自查整改的基础上，组织开展轨道交通工程勘察设计质量抽审，抽取10个项目，涉及8号线三期、燕房线、6号线西延以及16号线等线路，覆盖全市及外埠9家勘察设计单位。组织开展2016年北京市测绘资质单位成果质量监督抽查工作，重点对地形测量、变形形变与精密测量、规划测量相关项目进行抽检，抽取65家单位的60个项目，确保测绘地理信息产品质量。三是按照国家测绘地理信息局的部署，开展“测绘地理信息行政执法证”的换发和年度注册工作，120余人参加执法培训，90多名执法人员换领新的测绘地理信息行政执法证并进行年度注册。四是组织开展北京地区工程勘察设计单位2016年度资质监督检查工作，对单位资质达标情况进行核查。五是对北京地区地图出版、地图产品对外加工、互联网地图服务单位开展地图市场大检查，对北京地区各类地图市场、文化用品市场、展览（展会）、纪念馆、博物馆、有关互联网服务网站等进行现场执法检查，对存在问题的单位责令整改。

【轨道交通施工暂设清理专项行动】 本年，市规划国土委加强轨道交通建设管理，规范管理临时占地施工暂设，优化轨道交通周边城市环境，保障轨道交通建设安全生产。针对已运营地铁线路部分逾期未拆施工暂设及临时用地未腾退问题，组织开展北京市轨道交通逾期施工暂设清理专项行动。召开北京市轨道交通施工暂设清理专题会，督查地铁建设单位开展自清自查，上报地铁线路逾期未拆施工暂设及临时用地移交情况。会同地铁建设单位对已运营地铁线路进行摸底检查，建立健全轨道交通逾期施工暂设台账。完成对地铁6号线、7号线、8号线、9号线、10号线、14号线二期、昌平线二期、15号线等线路逾期施工暂设及临时用地情况摸底清查工作，检查地铁线路12条，检查地铁站点及区间235个，梳理逾期未拆施工暂设31处，施工围挡及临时用地未拆除30处。检查市政基础设施项目17项，梳理逾期未拆施工暂设1处。年内拆除11处，拆除建筑面积13420平方米。

【拆除违法建设】 本年，市规划国土委深化“打非治违”专项整治工作。全年在拆除既有违法建设方面，拆除违法建设15000处3012万平方米。在控制新生违法建设方面，全市下发核查单、督办单654处，其中拆除217处；按照督办项目分类处理原则办结412处；未按期处理到位，转入新生挂账督办25处。

【应急演练】 本年，市规划国土委制订完善安全生产应急预案，对可能出现突发事件及环节，制定重点防控措施。模拟“机房突发市电供应中断”“负载均衡设备宕机”“应该服务器宕机”“数据库服务器宕机”4类事故，组织多次用电、防火应急演练，细化应急响应工作流程步骤及职责分工，增强应对突发事故快速反应、协同配合、应急恢复能力。

【宣传教育】 本年，市规划国土委有计划地组织开展安全生产宣传教育工作，督促指导企业开展安全生产培训教育工作。细化标准宣贯方案，以重点标准和图集的发布为契机，加大涉及安全强制性标准的宣贯培训工作力度。全年组织20次大型宣贯培训活动，相关管理部门、百余家设计单位和施工图审查机构2500余名技术人员参加培训，提高行业人员的安全意识；对建筑节能和雨水控制等重点标准，进行实施情况的跟踪检查，将发现的问题汇总后，以问题为导向开展有针对性培训讲解。

【规划编制与专题研究】 本年，会同市公安局消防局编制《北京城市消防规划》，对公共消防设施进行系统规划，完善全市消防安全体系，提高首都预防和抵御火灾的能力，提高消防队伍应急处置灾害事故、抢险救援的综合能力，保障城市安全运行。完成《北京市油气管线走廊规划》修订工作和《北京市危险化学品设施现状调研评估》专题研究。开展《通州区警务基础设施建设专项规划》《通州区潞城镇棚户区改造土地开发项目（含行政办公及生活配套区）综合防灾专项规划》编制工作。

市规划国土委吕延秋供稿

北京市环境保护局

2016年，北京市环境安全管理工作以突发环境事件应急处置为核心、以环境风险防控为重点，开展环境安全风险源和污染源的综合监管，规范突发环境事件应急处置职责任务和响应流程，加强应急演练与培训工作，环境应急管理能力和突发环境事件应对能力得到进一步提升。

【昌平区未来科技城氨气泄漏事件查处】 2月6日，市环保局接“12369”环保热线平台通报，有群众反映，昌平区小汤山未来科技城北侧500米华都肉鸡加工厂有刺鼻性气味排出，希望环保部门尽快调查处理。接报后，市环保局迅速启动应急预案，立即组织人员赶赴现场，令昌平区环保局赶赴现场开展先期处置。经查，该厂于6日下午委托氨气回收厂家将存放在氨气罐中的氨气全部抽空回收。该厂家抽气结束后，其中有一个罐体内仍残存部分残渣，工作人员便将该罐体残渣引至厂区内应急池放空。由于氨气不能完全被吸收，通过应急池口逸出，致使厂区内外有刺激性气味出现。现场应急处置人员迅速关闭放空罐体阀门，防止了氨气继续逸出，同时向应急池喷洒水吸收，将应急池内的氨水做无害化处置。处置完毕后，经检测厂区内氨气浓度均在环境标准允许的范围内。

【“5·12”防灾减灾日宣传活动】 5月12日，市环保局以“减少环境灾害、建设美丽北京”为主题，参加市应急委在奥林匹克公园下沉广场主会场举办的全国第八个“防灾减灾日”宣传活动。国务委员王勇、市长王安顺等领导莅临会场参观指导。主会场开设北京市环境保护局展区，就环境应急管理工作体系、环境应急监测、环境应急演练与培训、空气重污染应急、辐射与反恐应急、环境应急装备等内容进行展示。市环保局副局长姚辉就环境应急工作开展情况向国务委员王勇、市长王安顺等领导进行汇报讲解，各位领导不时驻足观看、认真聆听，对市环保局在环境应急工作中取得的成绩给予肯定并提出要求。现场为市民发放宣传资料，解答部分群众关心的环境热点问题。

【大兴区大广高速甲醛运输车泄漏事件查处】 10月17日，市环保局接市应急办通报：大广高速出京方向求贤收费站北2公里处，一小型厢式货车追尾一辆运输甲醛溶液的罐车，造成甲醛泄漏，请市环保局核查。接报后，市环保局立即启动应急预案，令大兴区环保局立即进行先期处置，应急处置小组随即赶赴现场。经查，发生事故为一辆载有约11吨甲醛溶液的卧槽罐车，该车被一辆小型厢式货车追尾，造成罐体阀门破裂，导致甲醛溶液泄漏，泄漏量约1吨。现场应急处置人员迅速对事故车辆进行了堵漏，防止甲醛溶液继续泄漏，同时，消防人员对泄漏甲醛溶液进行稀释处理，消防退水全部得到控制并收集处理。经监测，现场大气环境中未检出有毒有害物质。事件未对周边环境造成污染。

【房山区六环路油罐车泄漏事件查处】 10月30日，接市应急办通报，在六环路内环97.5公里处发生一起大货车与油罐车剐蹭事故，造成油罐车泄漏。接报后，市环保局立即启动应急预案，令房山区环保局先期处置，应急处置小组随即赶赴现场。经查，油罐车装载30.4吨石脑油从保定运往燕山，在南六环内环东向西方向，房山长阳收费站与良乡收费站之间，被一大货车撞击，导致油罐车罐体破损，石脑油泄漏，面积约200平方米，含有石脑油的消防水从排水缺口流到路的边沟中，事故发生地周边没有水源地和敏感建筑物。事后，紧急调度燕化东方工贸公司对现场进行处置，清理14吨含油废物和废水。

【北京市突发环境事件应急演练】 11月3日，由市环保局牵头，在通州区某企业联合通州区环保局、北京金隅红树林环保技术有限责任公司组织开展2016年突发环境事件应急演练。市环保局有关领导、河北省环境应急与重污染天气预警中心和天津市环境应急与事故调查中心领导以及各区应急主管领导，在北京市环保局应急指挥大厅观摩演练过程。各区环保局应急指挥员、联络员在现场观摩演练。演练以北京市环境风险管理与应急指挥系统和4G无线通讯网络技术为支撑，利用语音、短信、定位、信息查询、图像和视频传输等多种信息交互形式，实现市、区两级对事故现场作业的远程调度指挥，以及市、区两级指挥大厅的全程同步观摩，达到环境风险源管理与应急指挥流程规范化、可视化，前方作业终端移动化、便携化的要求。市环保局、区环保局、金隅红树林专业应急处置队伍和参演企业的参演成员在1小时内顺利完成突发环境事故的先期处置、信息上报、应急启动与响应、应急处置等科目，所有参演单位和成员密切配合、协同作战，达到检验和展示本市环境应急信息化建设成果、强化市区环境应急的远程联动调度、提高全市环境应急快速指挥响应和应对处置实战能力的目标。

【集中式饮用水水源地专项检查】 本年，市环保局结合《水污染防治行动计划》及本市水污染防治工作方案，组织开展集中式饮用水水源地专项检查。对丰台、昌平、大兴、平谷等12个区专项检查情况开展督查，并抽查部分水源地环境风险源企业。本次专项检查，全市出动执法人员1200余人次，排查集中式饮用水水源地环境风险源单位490余家，发现存在环境安全隐患企业30余家，对发现的问题均依法进行查处。

【环境应急预案备案管理】 本年，市环保局推进环境应急预案备案管理工作。一是抓好企事业单位环境应急预案备案管理工作，确定年度应备案企事业单位名录，开展宣传和培训，督促和指导企业按要求开展预案的编修和报备工作。实行分级动态管理，规范突发环境事件应急预案备案管理制度，本市企事业单位突发环境事件应急预案备案率92%。二是指导督促各区环保局做好政府环境应急预案的修订和备案工作。3月底，市环保局组织环境应急管理工作领导小组办公室成员单位主管领导、各区环保局主管局长、应急负责人、应急联络员70余人参加应急预案的专题培训。门头沟、顺义、大兴、昌平、平谷、开发区等区完成修订并备案。

【环境风险调研】 本年，市环保局联合大兴、通州、延庆和怀柔区环保局分别对龙河、凤河西支流域北京段和白河流域北京段开展现场风险调查，收集流域相关基础资料，掌握流域的基本情况和环境风险状况。组织对南水北调（北京段）工程重点风险段的调研，制定调研方案，查阅南水北调（北京段）工程建设相关资料，与北京市南水北调工程建设委员会办公室、团城湖管理处、大宁调压池管理处等部门沟通联系，并进行走访调研及实地勘察，掌握南水北调（北京段）环境风险源信息，提出有针对性的防控对策，形成南水北调（北京段）环境安全风险调研报告。

【应急装备摸底调查】 本年，市环保局对全市各区环保局应急装备开展摸底调查及仪器操作使用抽查工作。检查组听取各区环保局应急装备有关情况的介绍，对应急装备的种类、数量、用途、使用及运行维护情况进行现场检查，对区环保局的应急仪器现场操作运用进行抽查。检查发现应急仪器设备老旧、运维不及时、实际会操作的人员较少等问题。对于各区的具体问题，检查组现场向各区环保局提出应急装备、器材的日常维护及保养要求。

市环保局魏军武供稿

北京市住房和城乡建设委员会

2016年，全市建设系统发生生产安全事故26起，死亡26人。从事故的类型来分析，高处坠落事故18起，死亡18人，占事故总数的69%；起重伤害事故5起，死亡5人，占事故总数的19%；坍塌事故2起，死亡2人，占事故总数的8%；触电事故1起，死亡1人，占事故总数的4%。全年未发生较大及以上事故，安全生产形势总体稳定。

【体验式安全培训】 3月7日，市住房城乡建设委印发《关于推广体验式安全培训教育的通知》（京建发〔2016〕73号），在全市建设工程施工现场推广体验式安全培训。中建一局、新兴建设、天恒建设、中北华宇、北京经济技术开发区建设局等20余家单位建成专门的建筑工程安全培训体验基地。全年参与体验式安全培训30余万人次。

【建设系统安全度汛】 3月，市住房城乡建设委印发《2016年北京市建筑工程防汛工作要点》，在上汛前对全市在施的389项深基坑工程进行摸排，开展防汛隐患排查，明确责任人，对汛期的重大危险源采取部分停工措施。5月12日，在通州区商务中心区项目工地举办以汛期基坑坍塌为背景的防汛应急演练，组织抢险队员80名、动用各类机械车辆设备30台开展演练。“7·20”暴雨期间，全市建设系统30万人在岗值守，市、区住房城乡建设委出动检查人员2823人次，对2800余项工地进行巡查，确保2016年汛期未发生防汛安全事故。

【和谐宜居之都建设】 4月27日，市住房城乡建设委印发《落实〈中共北京市委 北京市人民政府关于实施安全发展战略促进和谐宜居之都建设的意见〉的实施方案》（京建发〔2016〕157号）。按照市委、市政府的总体部署，以安全发展理念引导建筑施工行业转变发展模式，推动行业结构调整。调动建筑市场准入、安全质量监管、材料设备使用、劳务人员管理等建筑施工各环节、各领域的监管力量，建立健全安全发展长效机制，为疏解非首都功能和京津冀一体化建设保驾护航。

【安全生产月活动】 6月1日，市住房城乡建设委在"中国尊"项目施工现场举行建设系统安全生产月启动仪式，中央电视台、北京电视台等媒体对活动进行报道。在安全生产月活动中，组织开展"北京市建筑施工安全生产知识竞赛"和"青年安全生产大讲堂"活动，各集团公司及一线人员积极响应并踊跃参加，参赛人数10万余人。

【隐患排查治理制度】 7月11日，市住房城乡建设委依据《北京市生产安全事故隐患排查治理办法》（市政府266号令），出台建筑施工领域《生产安全事故隐患排查治理管理办法》，规定参建各方事故隐患排查治理责任及监督管理措施，根据事故隐患危害和整改难易程度对事故隐患进行分类，规范事故隐患排查治理信息记录及事故隐患报告工作。

【安全生产执法检查】 本年，市、区住房城乡建设委检查工地30876项次，对施工安全管理不到位，存在安全隐患的工地责令限期整改3699项，责令停工整改251项，依法处罚2529起，罚款725.631万元。对发生生产安全事故的施工单位，依法暂扣安全生产许可证21起；暂停43家施工企业在京投标资格15至60天。

【规范建筑起重机械租赁市场】 本年，市住房城乡建设委针对建筑起重机械危险系数大、准入门槛低的特点，组织全市建设系统启动起重机械租赁企业信用评价工作。通过开展信用评价，淘汰安全管理落后的租赁企业，强化建筑起重机械的安全使用管理。全年411家租赁企业填报备案申请，259家企业通过备案并启动信用评价工作；市建设工程安全质量监督总站开展8次建筑起重机械安全专项执法检查，检查工程72项次，涉及起重机械350台（塔式起重机240台，施工升降机110台），实施一般程序立案处罚24起。

【安全质量测评】 本年，市住房城乡建设委在施工安全、工程质量、绿色施工、监督执法、现场管理5个方面对房建、市政、轨道交通、起重机械、材料检测、预拌混凝土行业开展安全质量状况评估，实现对在建项目、施工企业及注册人员安全状况全市季度排名。企业在此基础上，实现差别化安全管理；市、区监督机构在掌控安全状况全局的情况下，实现差别化安全监管，市监管机构也对区监管机构实现有针对性差别化指导；通过建设、施工、监理等企业主体及时动态评价和全市监督机构监管评价，在工程项目安全状况上，及时掌握全市在施房建工程3429项，16442个单体；在企业主体上，掌握全市施工总承包企业672家、监理企业227家、建设开发企业1215家，注册人员2687名的在施项目管理现况。

【百日绿色安全施工活动】 本年，市住房城乡建设委按照"四不两直"的方式对17个区住房城乡建设委、25家建筑施工企业、城市副中心、新机场等重点工程"百日绿色安全施工活动"及安全生产大检查开展情况进行督查，检查各区住房城乡建设委1156个子项，1054项符合，符合率为91.2%；检查各集团公司606个子项，548项符合，符合率90.4%。

【强化政府购买服务】 本年，市住房城乡建设委申请财政资金1000余万元，委托专业能力强的单位对在施轨道交通工程开展安全状况评估。每季度对轨道交通工程安全检查和隐患排查，全年评估检查530项次，发现5611个不符合项。通过委托评估与政府监督执法联动，实现全市轨道交通建设连续8年杜绝较大及以上事故，有效遏制一般事故。通过政府购买服务的方式，拨付73.5万元用于委托第三方检测机构对全市700台建筑起重机械实体情况进行检查。对检测中发现的68台整机不合格的机械全部停机整改，对机械实体存在安全隐患的39家责任单位依法实施立案处罚，并责令拆除4台存在严重安全隐患的施工升降机。

【安全生产标准化考评】 本年，市住房城乡建设委结合安全生产许可证续期，对2893家建筑施工企业开展安全生产标准化考评。各区住房城乡建设委根据日常监督情况、行政处罚情况以及安全生产事故等情况，结合项目自评情况对所辖区域工程项目进行安全生产标准化考评。全年258项建筑施工项目经考评确定为合格或优良，另有261项工程通过标准化考评确定为“北京市绿色安全工地”，88项工程申报创建“北京市绿色安全样板工地”。

市住房城乡建设委于剑供稿

北京市城市管理委员会

2016年，市城市管理委在市委、市政府和市安委会的统一领导下，坚持以科学发展观为统领，本着安全生产管理无底线的原则，牢固树立“红线”意识，坚持“党政同责、一岗双责、齐抓共管”，努力提高监管水平，保障全系统安全生产形势平稳。

【党政同责，一岗双责】 本年，市城市管理委领导班子和各级领导干部践行安全生产“党政同责、一岗双责”，安全生产重要事项第一时间向主要负责人汇报，第一时间在党组会上传达，并多次研究部署重点难点工作。党政“一把手”全年四次主持召开主任办公会研究部署安全生产工作，研究制定2016年安全生产检查工作计划、安全生产综合考核、城镇燃气占压隐患整治，部署十八届六中全会期间全市公共安全和应急管理工作。

【贯彻安全生产法】 本年，市城市管理委向各区、各专业企业发放《中华人民共和国安全生产法》单行本，要求系统各单位开展培训，特别对其中强化企业主体责任部分进行重点部署，要求各专业企业做到安全生产“五落实五到位”；在市城市管理委第一届有限空间作业大比武活动中将《中华人民共和国安全生产法》的内容作为理论考试的重点；安全生产月活动期间，各区、各专业企业分别以集中学习、发放单行本等形式对《中华人民共和国安全生产法》进行集中学习和宣传贯彻。

【规章制度建设】 本年，市城市管理委推进燃气、热力、环卫“百项地标”编制工作。编制发布《燃具连接用软管应用技术规程》，为推广新技术、新产品提供依据。修订完善《餐饮服务单位使用瓶装液化石油气安全条件》，列为强制性标准。积极推进《北京市瓶装液化石油气供应和使用安全管理办法》政府规章立法工作，发布《北京供热老旧管网改造技术规范》等。

【安全形势分析】 本年，市城市管理委每季度召开委系统公共安全形势分析会议，学习传达党中央、国务院和市委、市政府关于安全生产工作的重要指示和文件精神，总结上一季度安全生产工作，分析研判下一季度安全形势，并印发季度工作要点，综合部署安全生产、应急管理、反恐防范、消防、交通安全、防汛等安全工作，确保行业各项安全工作有序推进。

【重大活动保障】 本年，市城市管理委制定重大活动保障工作方案，组织相关区和专业企业对会议驻地、会场周边燃气、供热设施及环境卫生进行全方位检查，确保燃气、热力稳定供应，市容环境干净整洁。完成全国“两会”、党的十八届六中全会、G20峰会等32次重要会议、重大活动服务保障任务，驻会保障43天。

【安全生产专项整治】 本年，市城市管理委按照“全覆盖、零容忍、严执法、重实效”的总要求，制定年度检查计划，重要节日、敏感时期，由委领导带队以“四不两直”和现场检查、听取汇报、检查台账等形式对各区、各专业企业开展安全检查和落实安全生产责任情况进行督导检查。一是推进油气输送管道隐患整治攻坚战，499项石油天然气管道占压隐患整改任务全部完成。681项城市燃气管道占压隐患治理完成585项，治理率85%，完成市政府下达的任务目标。二是开展燃气场站防火间距隐患治理，103项防火间距不足隐患已组织各区消除30项，针对尚未消除的隐患要求各区加强监控并督促其尽快消除。三是开展易燃易爆危险品场所消防安全专项整治工作，排查治理消防安全隐患340余项。四是开展供热行业设施隐患排查整改工作，排查解决问题项目586个，对180个小区、200余公里供热主管线进行老旧供热管网改造。五是开展环卫电动车安全隐患排查，对全市2152台环卫电动车进行安全隐患排查，形成《环卫电动车安全隐患排查报告》并督促落实整改。六是组织开展全市高速路、环路沿线大型年久失修户外广告设施的大、中修更新改造，改造设施131处，并建立专门队伍，加强市管道路大型户外广告设施安全巡检和维护。

【烟花爆竹安全管理】 本年，市城市管理委制发工作方案，签订责任状，要求各单位在烟花爆竹集中燃放时段在岗值守，层层落实岗位责任，33支共1200人供热应急队伍、1900余名燃气应急保障人员、320余名城市照明运行维护抢修人员及环卫职工坚守岗位，确保气热稳定供应、城市照明安全和市容环境干净整洁，22006个禁放点安全。

【防汛安全】 本年，市城市管理委制发《2016年度市城市地下管线防汛专项分指挥部工作方案》，组织各成员单位修订防汛预案、开展汛前隐患排查、防汛物资和应急队伍准备，明确汛期预警响应机制；成立检查组，对市燃气集团、市热力集团、北京移动、北信基础等单位地下管线防汛准备落实情况开展专项督导检查；配合市防汛办对东城区、西城区、通州区、大兴区开展防汛督导检查；组织城六区环卫力量配合开展220条城市道路雨水箅子清理工作，降雨期间，开展雨前、雨中、雨后管线设施巡查，有效应对汛期强降雨过程，保障市政管线设施安全稳定运行。

【应急预案管理及演练】 本年，市城市管

理委开展《北京市燃气突发事件应急预案》和“垃圾处理设施”“城市照明设施”“户外广告设施”三部部门预案修订工作；组织油气输送管道企业在攻坚战中加强隐患防控，做到“一隐患一预案”，保障设施运行安全；制定应急演练计划，组织市燃气集团开展城市道路燃气管线“双盲”应急演练和液化石油气长输管线泄漏事故应急演练，组织市热力集团开展供热设施抢修及防汛应急演练，指导、督促各专业企业开展消防、有限空间作业等其他演练44次。

【安全生产举报投诉】 本年，市城市管理委会同北京市安全生产（12350）举报投诉中心研究相关问题，完善举报案件办理工作，按要求参加安全生产举报投诉工作会议和业务培训。依据工作职能，及时处理举报投诉事项，反馈举报人，并协调解决涉及多部门管辖的疑难问题。年内，接收举报投诉事项8件，全部按期办结，特别是关于市民反映房山区长阳镇葫芦垡村天然气管道焊接施工作业时存在安全隐患的问题，本着对市民安全负责的原则，指派专人赴现场核查并与施工单位沟通，使该问题得到及时妥善处理。

【安全生产教育培训】 本年，市城市管理委加强安全生产教育培训工作。一是以赛代培，组织开展市政市容系统第五届有限空间作业大比武活动，全系统燃气、供热、环卫行业22支作业队伍、110名一线职工参赛。二是组织市、区两级燃气管理干部和全市燃气供应单位主要负责人开展培训，对新发布的《城镇燃气设施运行、维护和抢修安全技术规程》和《液化石油气供应工程设计规范》两项国家行业标准进行全面解读和宣传贯彻。三是组织各专业企业开展各类安全管理岗位培训，其中市燃气集团组织开展以《中华人民共和国安全生产法》《北京市生产安全事故隐患排查治理办法》为主要学习内容的系列培训活动50余场次，培训各级领导岗位人员245人次，安全管理岗位职工近万人次；市热力集团举办主要负责人及安全管理人员共59人参加的上岗培训班，组织423人参加有限空间作业、压力容器操作和压力管道巡检3个工种取证培训、考试；北京环卫集团对420余名安全管理人员进行集中培训。

【安全生产月和防灾减灾宣传周】 本年，市城市管理委印发《北京市城市管理领域2016年安全生产月活动方案》，要求各区、各专业企业分别成立安全生产月活动组织机构，有计划地开展各类形式的宣传教育活动。市燃气集团为营造安全生产氛围，在活动期间悬挂相关标语220条，张贴宣传海报2000余张，深入街道、社区、学校、养老院、小微企业开展安全咨询、宣传活动236场次，发放宣传材料75000余份，制作燃气安全宣教视频《我用心，你安心》观看逾4万人次。市热力集团举办2016年“热力杯”安全生产知识竞赛和“安全文化”摄影比赛，向职工发放《中华人民共和国安全生产法》单行本及各类宣传材料1898套。北京环卫集团组织观看《2016年全国安全生产月警示教育片》和《用电安全警示录》等警示教育片，举办“安全固心中，幸福伴我行”主题演讲比赛和“挥动手中笔、画出安全福”原创漫画作品征集活动。市城市管理委召开会议对系统各单位开展“5·12”防灾减灾日系列宣教活动进行安排部署，系统各单位结合“减少灾害风险，建设安全城市”防灾减灾宣传周活动主题，开展丰富多彩的宣教活动；积极组织系统单位参加“2016安监之星·北京榜样”主题活动，丰台区市政市容委、市热力集团、市燃气集团、北京环卫集团相关安全管理干部获得“周安监之星”荣誉称号，市热力集团被评为优秀组织单位。

【安全生产标准化建设】 本年，全市取得燃气经营许可证的218家燃气供应企业中，199家通过标准化三级达标，市燃气集团等19家大型燃气供应企业达到燃气供应企业二级安全生产标准化企业标准。全市1321家供热单位中，413家通过标准化三级达标，190家规模以上供热单位达到二级标准。

【投保“安责险”】 本年，市城市管理委推进行业企业投保安全生产责任保险工作，反复进行动员部署，要求市燃气集团、市热力集团、北京环卫集团和安全生产标准化二级达标企业发挥龙头企业的模范带头作用，率先投保“安责险”。年内，全市燃气、供热、环卫行业191家单位投保“安责险”。

市城市管理委张浩供稿

北京市交通委员会

2016年，市交通委以“创安全、保稳定、促发展”为工作目标和方向，以改革创新、依法治理、基础建设、专项整治为重点，以完善法规制度、安全责任、预防控制、宣传教育、支撑保障体系为基础，以扎实推进“十三五”期间“基础建设年”各项任务为抓手，加强交通领域安全工作的法治化、标准化、信息化、社会化建设，构建责任“全覆盖”、管理全方位、监管全过程的交通安全应急现代化保障体系，安全预防与应急处置能力逐步提高，实现交通行业整体安全稳定。市交通委被市安委会评为“安全生产工作先进单位”和“安全生产工作成绩突出单位”。

【京津冀应急联动综合演练】 12月15日，市交通委联合天津、河北首次举办京津冀冰雪灾害天气交通保障应急联动综合演练。京津冀三地应急部门、交通部门、公安交管部门、气象部门、宣传部门、消防部门、医疗部门直接参演人员201人，直接参演车辆、设备59台套，涉及交通、公安交管、消防、卫生等54家部门或单位。京津冀三地从信息互通、会商决策到联动处置，展现京津冀三地交通一体化应急联动机制，完善京冀两地冬奥交通应急保障联动机制和三地跨区域重要交通通道突发事件处置机制，搭建京津冀交通部门应急协同互联互通平台，建立京津冀应急队伍装备物资协同共享数据库，完善武警与交通、警航与交通、消防与交通、医疗与交通等交通应急联动机制，在军地、警地、空地综合立体交通协同应急处置方面做了首次尝试。

【安全生产五年规划】 本年，市交通委制定《北京市“十三五”时期交通行业安全应急发展规划》。规划提出“一降一控三提升”总体目标：较大以上等级道路运输交通行车事故死亡人数有所下降；一般灾害情况下应急保障抢通平均时间得到控制；安全排查防控能力大幅提升，应急响应能力持续提升，信息化管理能力显著提升。规划按照“一年抓好几件事、几年干好一件事、确保逐年有提升”的思路，科学合理确定“十三五”期间年度行动计划，提出10大类、33小类、160项任务。

【安全生产“党政同责”实施办法】 本年，市交通委依据《北京市安全生产“党政同责”规定》，结合交通行业实际，制定《北京市交通委员会安全生产“党政同责”实施办法（试行）》，并以市交通委党组和市交通委名义联合下发，完善安全生产党政责任体系。《办法》坚持“党政同责、一岗双责、齐抓共管”“管行业必须管安全、管业务必须管安全、管生产经营必须管安全”和安全生产监管责任“横到边、纵到底、全覆盖”的原则，主要规定委系统各级党委（支部）、各单位（部门）对安全生产工作共同负有领导责任，领导班子成员按照职责分工分别承担相应的安全生产工作职责，适用市交通委及其路政局、运输管理局、交通执法总队，委各直属（挂靠）事业单位、委机关各相关处室。

【党组安全生产工作会议制度】 本年，市交通委落实“党政同责、一岗双责、失职追责”总要求，落实《北京市安全生产“党政同责”规定》《北京市交通委员会安全生产“党政同责”实施办法（试行）》关于党组安全生产工作有关要求，强化市交通委党组安全生产责任落实，健全党组安全工作组织制度。市交通委党组印发《党组安全生产工作会议制度》，将安全生产工作纳入党组议事平台。

【“千分制”考核评价】 本年，市交通委研究出台“千分制”考核管理办法，以“千分制”量化考核形式，促进安全生产责任有效落实。在行业监管部门考核方面，与交通运输部“平安交通”指标考核体系相结合，编制路政、运输、执法、轨道“千分制”指标。在企业考核方面，深度融合标准化创建指标体系，制订“千分制”考核管理办法，以“千分制”量化考核形式，深入排查“两低”问题（低分事故、低级错误）。企业考核方面，采取政府购买服务方式，委托专业第三方机构对企业进行打分考核，按照年初制定计划、日常监管、定期通报方式以及分季度随机抽取、整年“全覆盖”考核、年底排序奖评方式进行。在结果运用上，与监管力度和频次倾斜挂钩，探索与企业相关准入（如诚信体系、招投标条件、保险费率等）挂钩，与企业隐患排查周期、分级复评周期、监管部门执法周期相挂钩；对于监管单位，由市交通委安全督查部门会同“两局一队一办”及其下属单位进行，出台量化评分标准和通报、评比、排名、干部任免交流等配套细则，推动纳入干部职工的绩效考核。年内，按照“试点先行、总结经验、全面实施”的工作原则，完成行业企业和监管部门2个“千分制”考核管理办法、公交等10类行业企业考核指标、路政等5类监管部门考核指标编制，完成207家危货企业、21家公交企业和路政局10个公路分局及城养中心监管责任“千分制”试点考核。

【隐患排查治理】 本年，市交通委完善隐患排查治理体系建设，加强隐患排查治理工作。实行分级分类管理，制定《交通行业安全隐患分级规范总则》和路政、运输、执法、轨道等分行业分则，建立“总则＋分则”的一整套隐患治理制度体系。实行台账化管理，梳理行业安全隐患308项，并由委主要领导分别与局、队、办主要领导签订隐患排查治理责任书，实行动态治理、动态销账。出台《北京市交通行业重大隐患管理办法》，制定《北京市交通行业安全生产事故隐患排查治理体系建设三年行动计划（2015—2017）》，组织交通各单位、各企业开展隐患排查治理行动和工程。强化科技信息支撑，依托信息化平台全流程监管企业隐患排查治理情况，首发集团、市政路桥养护集团、公交集团、祥龙公交等交通行业骨干企业，建立安全隐患管理信息化系统。

【道路运输平安年活动】 本年，市交通委、安全监管局、公安局交管局联合印发《北京市2016年“道路运输平安年”活动实施方案》。《方案》明确指导思想、目标任务、组织机构、活动内容、责任分工、活动安排和工作要求，细化20件任务、52项具体措施。市交通委、安全监管局、公安局交管局联合成立北京市“道路运输平安年”活动领导小组，负责活动的组织指导工作。加强执法检查维护交通运输环境秩序，查处运输车辆违法违章11443起，查扣各类“黑车”4016辆。开展“危爆物品寄递物流清理整顿专项行动”，对全市11家货运站（场）、360家危险品运输企业进行执法检查，要求其对所寄递货物100%开箱验视、100%核对并登记托运单位的有效证明和有效身份证件。推进危险货物运输电子运单试点，将房山区和燕山辖区内所有危化运输企业全部纳入危险货物道路运输电子运单试点。加大道路安全隐患排查治理力度，治理完成313项道路安全隐患点、段。组织“道路运输平安年”活动专项督查，市交通委、安全监管局、公安局交管局成立3个督查组，分赴东城区、通州区、房山区开展专项督查，随机检查“两客一危”典型企业。

【安全专项整治和大检查活动】 本年，市交通委加强交通运输安全管理，部署开展道路客运安全专项整治行动，严厉打击交通运输领域非法违法经营行为。运输管理部门重点对省际、旅游企业营运资质等情况进行全面检查，省际客运行业出动检查组19组，检查客运站12家、客运公司7家。旅游客运行业出动检查组33组，检查客运公司35家。交通执法部门加强省际客运、旅游客运执法检查以及“黑长途”、“黑旅游”集中治理，出动执法人员720余人次，检查道路客运车辆3500余台次，查处旅游业内违章14起（“黑旅游”36辆）、省际业内违章21起（“黑长途”13辆）。安全督查部门开展客运安全专项督查，检查客运站8家、客运公司32家。按照国务院安委会部署要求，市交通委组织开展交通行业安全生产大检查活动。查出各类隐患问题229项，均严格落实整改。轨道交通系统开展15次检查，检查80余座车站，排查治理隐患问题560项。交通执法系统出动执法人员1.8万余人次，检查各类运输车辆8万余台次，查处行业违章5417起，查扣非法运输车辆2537台，查处无照经营汽修业户40家。

【安全文化建设】 本年，市交通委组织开展安全生产月、防灾减灾日等宣传教育活动，营造良好交通安全生产氛围。与市安全监管局联合举办全市安全生产宣传咨询日活动，咨询日活动首次走进行业、走进企业。印发《2016年北京市交通行业安全生产月活动方案》，要求交通行业各单位举办安全生产月宣传咨询日、安全生产月百项示范推选申报活动。开展防灾减灾日活动，制定《开展防灾减灾日期间宣教活动的实施方案》，成立以市交通委主任周正宇为组长的交通行业防灾减灾日活动领导小组，组织交通行业各单位开展形式丰富多样的宣传教育活动。路政局组织36个单位近200余人次，开展以“平安交通、让生活更美好”为主题的安全生产知识竞赛活动。运输管理局开展以“强化安全法治，建设平安交通”为主题的宣传咨询日活动，设立宣传咨询点18个，发放宣传环保袋2000个，宣传折页1万册。交通执法总队在北京站、北京西站、北京北站、赵公口省际客运站、奥林匹克公园等11处重点场站和旅游景区开展宣传咨询日活动，悬挂横幅10余条、发放宣传品2000余份，接待咨询千余人次。安全督查事务中心申请并创立“交通督查”微信公众号，为社会公众认识和了解交通安全生产工作提供交流平台。

【行业安全度汛】 本年，市交通委按照从严从实从细的标准，立足于应对极端天气和局地强降雨，狠抓工作落实，保证全市交通行业平安度汛。5月下旬，市交通委召开全行业防汛动员部署会议，学习贯彻市委、市政府关于本市防汛工作的指示要求，“7·20”等强降雨期间多次进行阶段性动员部署，调度部署防汛工作。成立以市交通委主要领导为总指挥，路政局、运输管理局、交通执法总队、轨道办以及各交通企业主要领导参加的市交通行业防汛指挥部，印发《本市交通行业防汛应急预案》，成立16个防汛分指挥部。市交通委主要领导与交通行业各单位主要领导、行业单位与各基层单位逐一签订防汛责任书，实现防汛责任体系“全覆盖”。路政部门对768处公路沿线地质灾害制定治理措施，运输管理部门针对165处易积滞水点段逐个制定公交绕行方案，轨道部门排查治理防汛隐患55项。完成排水泵站清淤28座、涵洞清理8200余座、排水管线清掏约115公里、盖板沟清理240公里、路基边沟清理和疏挖2560公里、雨水口和雨水篦子清掏34200个、桥梁泄水孔清理1.79万个。组建由7600余人组成的62支抢险救援队伍，筹建由230辆公交车、60辆旅游客车、100辆20吨以上货运车、5辆15吨以上吊车、5辆70吨以上吊车、10辆30吨平板半挂车、10辆危险品罐车组成的市级应急运输保障队伍。配备战备钢桥43座/1332.6延米、水泵347台、发电机98台、排水单元44台，以及各种机械设备600余台。组织开展防汛演练500余次，60余万人次参与。

【铲冰除雪】 本年，市交通委修订《本市交通行业雪天保障工作应急预案》，细化铲冰除雪作业方式和标准，坚持“即时除雪、随下随清”的要求。组建由9300余人、185部公交客运保障车辆和840余部铲冰除雪机械设备组成的雪天交通保障队伍。11月21日本市出现降雪天气，市交通委立即启动应急预案，指挥部各成员单位做好应急准备，地面公交科学调整运营时间，及时调整运营线路，保障道路安全畅通。各道路管养单位出动扫雪铲冰人员8271人次，扫雪设备744套，施撒融雪剂4437吨，确保五环路、高速公路以及一般公路雪后全部畅通。

市交通委杨广岳供稿

北京市商务委员会

2016年，全市商务部门和单位突出党政领导作用和齐抓共管效果，周密部署、加强检查、强化教育、夯实基础，圆满完成大型活动和节日等重要时期行业安全保障任务。出动检查 20781 人次，检查企业 7198 家次，督促整改隐患、问题 2956 项。市商务委被市安委会评为“安全生产工作先进单位”并授予“安全生产改革创新奖”等荣誉称号，为“十三五”开局之年安全生产工作打下坚实基础。

【隐患排查治理办法专题培训】 6 月 16 日，市商务委组织《北京市生产安全事故隐患排查治理办法》贯彻落实专题培训活动。各区商务委和开发区商务局、市商务执法监察大队主管领导和科室负责人，各商业零售和餐饮连锁集团安全生产负责人参加培训。此次培训从立法背景、主要特点、法条含义等方面，对《北京市生产安全事故隐患排查治理办法》（北京市政府 266 号令）进行解读释义，明确强化“两个责任”、注重构建隐患排查治理体系，是提升安全生产工作水平，防止和减少生产安全事故有效途径。会议对商务行业安全专项督查进行部署，并现场发放安全宣传光盘、书籍、海报等宣传用品。

【安全生产月活动】 6 月，全市商务行业开展以“强化预防治本，防控安全风险”为主题的安全生产月活动。一是开展用电安全警示教育活动周，市、区两级商务部门在全行业开展以用电安全为重点的安全生产宣传教育培训活动，夯实用电安全管理基础。二是开展隐患排查治理周，通过联合执法、“四不两直”检查等形式，推动经营单位开展拉网式安全生产隐患排查整治活动，消除大量安全隐患。三是开展了法制宣传周，在集中宣贯《北京市生产安全事故隐患排查治理办法》的基础上，各区商务部门结合辖区特点开展形式多样、针对性较强的教育培训活动。四是开展具有行业特点的特色活动展示周，活动主题鲜明，内容丰富多彩，有效促进商务行业安全生产水平和技能的提升。安全生产月活动期间，全市商务行业出动执法检查人员 1329 人次，检查经营单位 433 家，发现并消除各类安全隐患 150 个。设置电子显示屏 200 余块，张贴海报 1.4 万余张，发放宣传材料 5 万余张，开展各类安全生产集中培训 350 次，培训人数 3.5 万人次，取得良好社会效果。

【区级商务部门专职安全员培训】 8 月 11 日，市商务委组织全市区级商务部门 100 多名专职安全员培训会。根据商务行业安全生产工作的特点和要求，结合专职安全员岗位目标，逐一解读相关法律法规和标准规范，具体讲解巡查、督查工作要领和方式方法。与会人员普遍认为培训内容贴近安全实际工作需求，对商务行业安全管理工作和专职安全工作检查谁、查什么、怎么查、用什么方式方法有了全新的认识和理解，表示将更加自觉学习掌握和宣传贯彻相关法律法规，开展安全巡查、督查工作，推动企业主体责任落实。

【联合执法检查】 9 月 23 日，市商务委联合市安全监管局、公安局消防局等部门，对部分重点经营企业开展联合执法检查。商务、安全监管、消防等部门根据职责分工，对企业消防安全、生产安全和经营安全进行检查督查，针对企业违规占用消防通道、配电箱未连接地线、后厨灭火毯放置位置不合理、电器线路老化等隐患问题，责令企业当场进行整改。在部署国庆节期间行业安全工作的基础上，市商务委启动系统内联合执法检查机制，推动各区商务委及企业落实属地监管责任和企业安全生产主体责任，加大风险防控力度，消除安全隐患。

【安全生产责任体系】 本年，市商务委党组定期听取安全生产工作汇报，研究解决安全工作重大问题。在签订“一岗双责”责任书，实行安全生产“一票否决”的基础上，始终把“管行业必须管安全、管业务必须管安全、管生产经营必须管安全”和“党政同责、一岗双责、齐抓共管”要求指标化，纳入各单位年度工作考核，实现行业安全生产与业务工作同部署、同推动、同考核验收。

【重点时期安全保障】 本年，市商务委做好全市重要节日和重大活动期间安全保障工作。元旦、春节、“五一”、国庆等节日期间，市商务委领导轮流带队，组织开展节日安全生产、规范促销检查督查。全市商务部门以繁华商业街区、城乡结合部、高层建筑、地下空间和大型综合楼宇内经营单位为重点，督促经营单位落实安全生产主体责任，做好安全生产、应急演练和事故防范工作，营造节日期间“安全、稳定、祥和”的商务运行环境。全国“两会”期间，市商务委主要领导深入一线开展安全生产检查调研，其他领导也亲自到生产经营单位检查督查。全市商务部门发扬连续作战作风，经常停止轮班倒休和周末假日休息，对会场和代表驻地周边200米范围内重点经营单位开展检查排查。区商务部门发挥属地监管作用，每日上报辖区安全生产执法检查情况及安全生产状况。市商务委将检查信息、督查情况通报区商务部门，督促落实属地监管责任，消除安全隐患和问题，实现信息互通、工作联动。

【隐患排查治理】 本年，市商务委开展专项工作督查，以“全覆盖、零容忍、严执法、重实效”和“一企一标准、一岗一清单”的要求，在全市商务行业开展安全生产大检查、深化火灾防控、地下空间整治等隐患排查治理专项行动。市商务委组成隐患排查治理专项督查组，对16个区商务部门40项行业监督管理任务进行督查，实地抽查企业100家次，检查监管档案材料1000余份，并及时向所属区通报督查情况。

【火灾隐患专项治理】 本年，市商务委加强专项治理，针对春季火灾多发的特点，组织经营单位加强可燃物清理和烟花爆竹安全管理，会同相关部门对规模以上餐饮经营单位预防煤气中毒工作进行联合检查，强化落实火灾防控措施。通过集中检查、领导带队督查、联合检查等形式，集中对大型综合型楼宇、地下空间和高层建筑等人员密集区域内生活服务业聚集的经营单位开展检查，始终保持对重点商圈内经营单位安全监督管理的高压态势，收到良好效果。

【安全监管综合评价】 本年，市商务委成立综合评价工作领导小组，印发《区商务部门安全生产监管工作综合评价方案实施细则》，对区级商务部门安全生产工作完成情况进行综合考核。考核项目设10个大项49个子项以及1个工作创新加分项，对发生有影响的安全事故的部门实施“一票否决”。综合评价结果及时通报全市商务部门和各区政府，纳入年度区政府绩效考核行业安全生产考核项，激发和调动各区商务部门安全生产监管工作的积极性、主动性和创新性，保证属地行业安全生产监督管理时间、内容、效果三落实。

【安全生产责任保险】 本年，市商务委指导各区商务部门将“安责险”和隐患治理、应急处置、事故处理等工作有机融合，使企业多头收益、全面提高，保障餐饮行业安全稳定。年内，全市新增“安责险”投保企业1338家，其中餐饮经营单位投保1234家，逐步在全市餐饮行业建立起责任保险与安全生产工作相结合的良性互动机制。

【标准化建设】 本年，市、区商务部门通过标准化评审指导和达标示范作用，将经营单位安全生产责任制、安全管理规章制度和应急预案等文件资料进一步规范。市商务委组织专家组对首旅集团、城乡建设集团所属10家经营单位进行二级标准化评定，全程对标、逐项检查、精确打分。各区商务部门指导企业开展三级标准化工作，实现“一企一标准、一岗一清单”，提升企业本质安全管理水平。全市2600余家商业零售和餐饮经营单位达到安全生产标准化水平。

市商务委陈玉全供稿

北京市旅游发展委员会

2016年，市旅游委以“十三五”行业安全工作总体规划为目标，落实市委、市政府和国家旅游局关于安全生产工作部署和要求，强化4种意识（统筹意识、主责意识、标准意识、创新意识），推进行业安全管理体系建设，加大隐患排查治理，开展安全生产执法检查，提升安全生产教育培训质量，有效处置应急突发事件，保障假日旅游及大型活动安全，开创旅游行业安全工作的新局面。市旅游委被市安委会评为“安全生产工作先进单位”，授予“安全生产工作成绩突出单位”。

【安全生产总结部署大会】 1月19日，市旅游委（假日办）召开“2016年春节假日暨旅游行业安全与应急工作总结部署大会”，市假日旅游工作领导小组成员单位、各区旅游委主任，全市四星及五星级饭店、四A及五A级景区和旅行社总经理近千人参加大会。市假日旅游工作领导小组副组长、市旅游委主任宋宇参加大会并讲话。宋宇指出：各区、各单位要发挥假日旅游工作机制作用，强化大局意识、协作意识和服务意识，强化节日安全管理，重点突出旅游节庆活动、游客交通运输、游客疏导等安全工作，做好安全隐患排查和各项应急准备工作。会议对行业安全与应急工作进行总结部署，要求全市旅游行业以“十三五”行业安全工作总体规划为指导，着重在强化安全监管职能、提升安全与应急服务能力和加强综合协调等方面持续发力，创新监管模式，深化体系建设，提升行业安全生产能力和管理水平。

【春节安全大检查】 1月至2月，市旅游委组织行业专家对全市80家四A及五A级旅游景区开展节前安全检查。检查前，市旅游委结合春节假日工作特点，研究制定检查方案，并对检查专家组成员进行专题培训。检查发现个别企业存在临时施工现场管理不规范、应急发电设备不足、消防中控室灭火设备不齐全、安全巡查登记不及时、监控室堆放杂物等257项问题。检查组对存在问题的企业下发整改通知单，明确整改时限和标准，并对做好春节假日安全服务保障提出具体要求。

【委领导带队检查全国“两会”驻地】 3月3日，市旅游委主任宋宇带队对全国“两会”驻地饭店进行检查。宋宇在检查中要求：一是加强组织领导，抓好服务细节，高标准、高质量地完成服务接待保障工作；二是要把好安全关，安全应急预案要细致全面，消防工程、设施设备责任到人，全体安保人员要以高度的紧张感和责任感对待安保工作；三是加强沟通交流，学习他人在服务上的优点，聆听代表的意见，在服务中总结经验教训，提升服务工作水平；四是要体现北京服务的亮点，宣传北京，讲政治，树立大局观念，向全国代表展示高水平的北京服务。

【旅馆业安全防范视频会】 4月8日，市旅游委召开旅馆业安全防范工作视频会。各区旅游委主管领导、全市四五星级酒店组长单位参加会议。会议通报旅馆业安全防范情况，传达市政法部门相关工作要求。会议要求：牢固树立没有安全就没有旅游的思想，按照“管行业必须管安全、管业务必须管安全、管经营必须管安全”“党政同责、一岗双责、齐抓共管”“谁主管、谁负责、谁经营、谁负责”的原则，落实各级旅馆业安全管理责任制，建立健全单位应急机构和制度，定期开展突发事件应急演练，严格落实旅游突发事件报告制度。

【安全生产工作部署会】 5月17日，市旅游委召开视频会，部署全市旅游行业安全生产月活动、防汛安全和《北京市生产安全事故隐患排查治理办法》宣贯等工作。各区旅游委主管领导及相关科室负责人，等级旅游景区、四五星级宾馆饭店组长单位安全工作负责人参会。市旅游委副主任于德斌参加会议并讲话。会议要求各单位统筹安排安全生产月活动期间各项安全工作，做到组织领导到位、宣传发动到位、责任落实到位、工作结合到位、督查考核到位，提高行业隐患排查治理和事故预防能力。

【旅游行业安全培训】 5月31日，市旅游委举办“2016北京市旅游行业防汛暨景区地质灾害防治工作培训班”。各区旅游委分管防汛工作的领导，有关景区主要负责人，委有关处室相关人员80余人参加培训。培训班邀请原北京市地质研究所总工程师、国土资源部和北京市地质灾害应急专家及地质灾害危险性评估专家授课，专家围绕地质灾害形成的原因和给旅游带来的危害、景区突发地质灾害评估及防治等基本知识深入浅出地给大家作了详细讲解，用大量案例分析可能引发泥石流、山体崩塌、滑坡等地质灾害的主要诱因，提出相应的防治建议及处置方法。培训还从做好项目施工监理单位招标遴选以及治理方案技术交底、落实区级配套资金、组织好工程施工与竣工验收、落实工作信息月报制度、配合相关部门的监督检查等方面，对地质灾害隐患点的治理工作提出具体要求。培训期间，与会人员现场观摩怀柔区青龙峡景区组织的突发地质灾害应急疏散演练。

【旅游安全生产宣传咨询日】 6月16日，“2016旅游安全生产宣传咨询日”活动在前门大街举办。此次活动由国家旅游局主办，北京市旅游委承办，东城区旅游委协办。国家旅游局政法司司长张吉林，北京市旅游委委员邹伟南，东城区副区长王中华以及部分旅游行业企业参加宣传咨询活动。咨询日活动现场，工作人员向游客和市民发放《旅游突发事件应急手册》《北京一日游提示手册》《文明旅游从我做起》《旅行社业风险白皮书》、旅游保险等10余种资料1万余份（册），内容涵盖旅游安全注意事项、警示信息及应急自救常识。市旅游委通过短信、政务微信、官网、宣传屏等多种形式向广大游客和市民开展旅游安全宣传活动，受众群众90余万人。

【假日旅游暨旅游市场综合监管工作会议】

9月9日，市假日旅游工作领导小组召开2016年“中秋、国庆”假日旅游暨旅游市场综合监管工作会议，公安、交通、安全监管、城管等部门，各区政府主管领导和重点旅游企业负责人200余人参加大会，市政府副秘书长到会并讲话。会议通报全市旅游市场秩序治理工作情况，部署全市“中秋、国庆”假日旅游工作。徐志军指出：一是落实安全责任，按照安全管理“三个必须”（管行业必须管安全、管经营必须管安全、管业务必须管安全）和“党政同责、一岗双责、失职追责”的要求，把安全责任落实到实处；二是严格开展隐患排查治理工作，各部门、各区、各单位在节前要对旅游安全开展一次全面检查，认真查找隐患和事故苗头；三是各相关单位和旅游企业要建立健全假日期间旅游安全应急机制，完善旅游突发公共事件应急预案，增强预防监控能力，提高应急管理水平，及时处置各类旅游突发事件；四是做好假日值班工作，落实好假日值班制度，单位负责人和值班人员要坚持24小时在岗在位，及时处置出现的突发情况和问题。

【消防宣传月启动仪式】 11月9日，市旅游委、公安局消防局、首旅集团联合主办的北京市旅游行业2016年“119”消防宣传月启动仪式活动在王府井大街南口举行。市旅游委委员赵广朝、市公安消防总队副总队长孔凡全、首旅集团副总裁高飞，以及东城区旅游委、消防支队等单位负责人出席活动。活动现场播放旅游消防安全提示和消防安全宣传片，发放消防安全宣传资料6000余份。设置消防器材装备展示、讲解及体验互动环节。此次消防宣传月启动仪式活动拉开2016年至2017年北京市旅游行业冬春季火灾防控工作大幕。

【安全生产大检查工作再部署】 11月28日，市旅游委主任宋宇主持召开安全生产大检查工作部署会。会议传达全国安全生产电视电话会议和市政府贯彻落实全国安全生产电视电话会议精神。会议要求各单位迅速成立工作领导小组，周密部署工作，细化保障措施，落实安全责任，开展行业安全生产自查、督查；宾馆饭店要以消防（防火）、治安反恐、食品卫生、水电气热等为重点，景区（点）要以大型游乐设备（特种设备）、消防（冬防）、用电安全、地质灾害、安全警示、游客提示等为重点，旅行社要以旅游包车行车安全、行前教育、旅游突发事件处置等为重点，制定安全检查表，逐项对照检查。同时要求市、区两级旅游委依托A级景区复核、行业标准化达标建设、构建行业安全风险分级管控和隐患排查治理双重预防工作机制建设等载体，把企业安全生产大检查主体责任落实作为重点进行督查。宋宇强调指出：各级、各单位要吸取“11·24”事故教训，举一反三，提高认识，落实安全生产责任，采取有效措施，迅速在行业开展安全生产大检查工作，确保效果落实，确保行业安全稳定。

市旅游委陈学友供稿

北京市工商行政管理局

2016年，市工商局按照市委、市政府安全生产工作要求，在市安委会的指导下，不断完善安全生产工作制度，落实安全生产“党政同责、一岗双责”要求，推动隐患排查治理体系建设，立足工商职能开展各类专项整治，严厉打击无照经营等违法经营行为。配合相关部门开展安全生产专项行动，通过部门协作共同打击违法行为，使安全生产各项工作落到实处，营造首都安全有序的市场环境。

【烟花爆竹安全管理】 1月12日，市工商局制发《关于做好2016年度烟花爆竹安全管理工作的通知》（京工商发〔2016〕4号），落实市委、市政府相关文件精神，强化工作组织领导，明确部门监管职责，维护春节期间北京市良好的市场经营秩序和首都生态环境。健全与安全监管部门之间的许可联动机制，严格审核经营范围，办理烟花爆竹销售营业执照717户，其中短期670户，长期47户；五环内219户，五环外498户；直营点414户，一般点303户。参与属地安全监管、公安、城管、消防等部门组织的联合执法行动，形成监管工作合力，2016年烟花爆竹安全管理工作期间，全市工商系统出动执法力量9598人次，检查烟花爆竹销售网点11160户次。

【地下空间整治】 1月至10月，市工商局组织执法力量对全市地下空间内的经营主体进行排查整治，会同相关部门研究辖区地下空间无照经营治理措施，加大打击力度，维护地下空间的使用安全，全市工商系统出动执法力量14319人次，检查经营主体27397户次。

【市场监管】 2月至12月，市工商局采取“协、管、打”的综合措施，加快转变监管理念、创新监管方式，建立健全市场监管档案，实行“一市一档”，全面及时掌握辖区商品交易市场主办单位及市场内商户两级主体的基本情况。严厉打击市场主办单位和市场内商户的违法经营行为，全市工商系统办结商品交易市场内案件9349件，罚款863.51万元，其中市场主办单位案件87件，罚款70.46万元；市场内商户案件9216件，罚款793.05万元。

【城乡结合部重点地区专项整治】 3月至12月，市工商局开展城乡结合部重点地区专项整治行动。制定并下发《全市城乡结合部重点地区无证无照违法经营专项整治工作方案》，将整治工作方案下发到各区政府和区总指挥部，明确工作目标、工作任务、工作阶段、工作措施、分指挥部组织架构，同时与各区政府相关部门加强沟通，做好整治工作的统筹安排，并选派干部到总指挥部和重点地区开展工作。组织协调卫生、城管、质监、环保等部门以及属地乡镇街道社会面防控力量对城乡结合部地区开展全面排查，结合辖区实际开展综合治理，组织联合执法行动，强化对违法建设拆除，全面挤压无证无照经营的生存空间。年内，城乡结合部地区（四环外）消除挂账无证无照经营26105户，其中停止经营16041户，强制取缔7228户，经营场所拆迁984户，引导办照1006户，临时管控189户，其他措施657户。100个市级挂账城乡结合部重点地区挂账无证无照经营 7205 户，销账 6892 户。

【安全生产目标任务】 6 月 6 日，市工商局制发《关于做好 2016 年安全生产工作的通知》（京工商发〔2016〕35 号），明确 2016 年安全生产工作的总体要求、工作目标、主要任务和保障措施，要求全市工商系统提高安全生产意识，加强内部风险防范，强化市场风险防控，开展安全生产宣传教育活动，做好社会治安重点地区排查整治以及无证照经营治理、打非治违、打击传销、治理违法群租房等各项社会管理综合治理工作，全力维护首都良好市场秩序与社会和谐稳定。

【房地产经纪机构专项整治】 10 月 13 日至 11 月 25 日，市工商局开展房地产经纪机构定向抽查，检查企业 9551 户，核查企业公示信息及实际经营情况，制发行政提示单 1081 份，行政约谈 66 户，将存在问题的 3751 户企业依法列入企业经营异常名录，并向社会公示，查办房地产经纪案件 36 件，罚款 73.67 万元。针对拖延支付客户资金问题，启动专项整治，检查经纪机构 2517 户，行政约谈 35 户，将 217 户通过登记地址无法取得联系的企业列经营异常名录，责令改正 39 件，查办案件 75 件，罚款 104 万元。通过专项整治，全市对房地产经纪机构的投诉量同比下降 19.45％。

【危险化学品管理】 本年，市工商局运用大数据分析技术，立足监管职责，进行风险研判，提高抽查的风险导向性。抽查经营范围中明确含有“危险化学品”字样的企业 6589 户，列入经营异常名录的 1450 户，规范“危险化学品”企业的生产销售行为。

【无证无照治理】 本年，市工商局发挥牵头作用，依托属地政府无证无照经营行为治理工作联席会议办公室工作平台，继续坚持依法管理和源头治理，加大无证无照经营行为的查处取缔力度，通过开展信息公示公布无照经营主体的相关信息，进一步挤压无照经营的生存空间。全市消除挂账无证无照经营 32207 户，销账率为 80.24％。查处无证无照经营案件 9852 件，涉及罚款 1814 万余元。在北京市企业信用信息网上公示无证无照经营处罚信息 2 万余条。

【成品油市场监管】 本年，市工商局落实市政府《北京市 2013—2017 年清洁空气行动计划》及重点任务分解要求，全市工商部门认真履职，依照北京市地方标准要求（即 DB11/238—2012、DB11/239—2012 检测标准），加大成品油商品质量抽查检验力度，打击销售不符合北京地方标准车用燃油的违法行为。检查加油站 1278 座次，抽检油样 2642 组，其中汽油 2004 组、柴油 638 组，合格率 99.82％。工商部门立案调查 5 件、办结 4 件，罚款 63.54 万元。

市工商局任宝健供稿

北京市质量技术监督局

2016 年，北京市特种设备安全监察与节能监管工作以习近平总书记视察北京重要讲话精神为指导，按照“创新发展、真抓实干、稳中求进”基本要求，坚守安全底线，加强隐患治理，创新监管方式，强化基础工作，完成“电梯安全攻坚战”“油气输送管道隐患攻坚战”“燃煤锅炉节能减排攻坚战”3 大战役各项工作任务，实现“十三五”首都特种设备安全监察与节能监管工作的良好开局。全市质监系统对特种设备使用单位实施日常监督检查4054家，对特种设备生产单位实施监督检查186家，对重点单位和场所实施重点监督检查809家，责令整改各类问题936项。实施特种设备监督检验54471台（套），定期检验226143台（套），发现并督促企业处理质量安全问题7809项。

【特种设备服务保障】 本年，市质监局完成全国“两会”、电影节、京交会等重要会议、重大活动特种设备服务保障工作32次，其中涉及中央单位保障任务30次。各相关区局、检验机构克服时间紧、任务重的困难，周密部署、严格检查检验，加班加点开展工作，确保保障活动顺利进行。结合元旦、春节、清明、“五一”“十一”等节假日特种设备服务保障工作要求，督促企业组织自查，开展重点监察、检验，做好应急值守和突发事件情况工作。参与城市轨道交通、冬奥会、世园会、新机场和城市“副中心”建设工作，梳理工作职责，提出工作要求，跟踪工程建设进展。

【特种设备动态监管】 本年，市质监局加强特种设备动态监管工作。一是做好特种设备信息化系统运行维护保障，建立“内+外”信息化技术服务支撑体系。二是建立特种设备信息化管理制度，明确各级信息化管理负责人，及时上报、会商系统运行问题，有效应对突发状况，确保业务工作有序开展。三是组织开展超期未检设备专项整治工作，组织各区局、分局、全市检验机构对超期未检特种设备进行全面核查清理，建立定期通报督促机制。经过全系统努力，超期未检率从13.7%下降到4.72%，排查清理超期设备约3万台（套），工作效果显著。

【电梯安全监管】 本年，市质监局采取多项措施，加强电梯安全监管工作。一是开展电梯安全隐患排查治理，发现电梯安全隐患512项，立案处罚36起，隐患消除率100%。二是巩固住宅专项维修资金应急使用政策和政府救济制度两项制度成果，拓宽电梯隐患整治资金渠道。全年使用专项维修资金用于电梯更新、改造、修理4615台，动用资金2.46亿元，资金使用量同比增长19%；通过政府救济方式更新、改造“三无”电梯149台，动用资金3288万元。三是开展高风险电梯安全评估和风险预警，组织起草北京市地方标准《高风险电梯安全评估规范》，开展4000部老旧住宅等高风险电梯安全评估工作。四是落实属地政府及部门电梯安全责任，由市安委会办公室印发《关于进一步加强电梯安全监管工作的意见》，明确属地政府、政府监管部门和行业管理部门的电梯安全职责。五是开展电梯维保行业状况调查和维保质量抽查，完成电梯维保行业状况调查及电梯维保工时定额测算。开展60家电梯企业维保质量抽查，提高电梯维保工作组织化、专业化水平。

【气瓶安全监管】 本年，市质监局开展对全市气瓶充装单位的专项治理，通过采用全面检查、监督抽查以及“双随机”检查相结合的方式，联合相关部门严厉打击违法行为。完成《混合气体充装规定》和《车用气瓶电子标签应用管理规范》两项京津冀区域标准的编制工作，做好区域标准与行政许可、检验检测的工作衔接。以危险化学品集中交易体系建设为抓手，完善技术标准，推进工业气体充装、检验单位信息化建设。

【油气输送管道隐患整治】 本年，市质监局实施《2016年油气输送管道隐患整治工作方案》，督促油气管道权属单位按照进度要求开展压力管道定期检验工作。协调各检验检测机构，做好与压力管道权属企业的沟通协调，开展检验工作，保证检验质量。全年完成长输油气压力管道定期检验885公里，城镇燃气压力管道定期检验1858公里。

【行政许可辅助中心】 本年，市质监局筹建北京市特种设备行政辅助中心，按照简政放权、放管结合、优化服务的总体要求，明确辅助中心对单位类行政许可的实质性审查工作职责。一是制定完善《北京市特种设备单位类行政许可工作规则（试行）》等一系列管理规范，规定许可实施机关、行政辅助中心、鉴定评审机构各自职责。二是建立许可实施的分级审核、督查督办、“双随机”、人员查重等管控制度。三是组织对鉴定评审手册和鉴定评审指南进行系统的梳理、修订，规范许可程序、时限、具体要求等基础内容。

【宣传教育】 本年，市质监局组织开展安全生产月、“质量月”“防灾减灾宣传周”等宣传教育活动。加强监察、检验人员培训工作，贯彻《固定式压力容器安全技术监察规程》《特种设备事故处理导则》等6个新修订的安全技术规范，增强特种设备监察、检验人员的业务能力。举办质检所转入人员入职培训班，分别就法律法规、检验分工和考核规则进行宣讲、释疑，提高新进入特检机构人员的工作能力。

【燃煤锅炉节能减排】 本年，市质监局完成57台（10吨/时）在用燃煤工业锅炉的能效普查工作，确保锅炉的安全和能效指标达标。提高运行人员操作技能，开展标杆锅炉房建设，提高全市锅炉房标准化管理水平。配合环保部门做好新增高污染燃料锅炉管控工作，完成燃煤锅炉清洁能源改造8400蒸吨，淘汰燃煤锅炉1891台。做好锅炉低氮燃烧改造工作，保障低氮燃烧改造后锅炉的安全性符合要求，全年完成锅炉低氮燃烧改造5300蒸吨。

【特种设备生产单位和特种设备数量】 本年，全市特种设备生产（含设计、制造、安装、改造、维修）和充装单位持证总数874件。其中，设计许可47件、制造许可116件、安装改造维修许可620件、气瓶和移动式压力容器充装许可150件。办理特种设备行政许可337件（其中，设计许可17件、制造许可35件、安装改造维修许可209件、充装许可76件）。全市特种设备342093台。其中，锅炉16561台、压力容器60537台、电梯209779台、起重机械32983台、大型游乐设施454台、客运索道116条、场（厂）专用机动车辆21663台（另有气瓶218万只，压力管道3976千米），同比增加11533台，增幅为3.5%，其中电梯数量增加14064台，增幅7.2%。全市特种设备作业持证人员23.5万人，同比下降8.2%（其中起重机械持证人员同比减少10115名，下降18.6%）。新发换发证书3.7万件。

市质监局郭昱供稿

北京市体育局

2016年，市体育局以党中央、国务

院和北京市有关安全生产工作指示精神为指导，加强和规范体育运动项目经营单位（以下简称体育经营单位）和局系统单位安全管理基础、安全保障能力建设，以科学发展、安全发展为总要求，围绕“四化三体系双基”安全管理工作总体思路，狠抓责任落实，增强“红线”意识，强化属地监管责任，确保体育行业领域安全生产安全规范有序。

【冬季体育经营单位安全管理专项检查】 1月，市体育局制定下发《关于做好冬季体育运动项目经营单位安全生产工作的通知》，成立由主管副局长陈杰为组长的检查领导小组，开展对滑雪场等冬季体育经营单位安全管理专项检查。加强对全市滑雪场、滑冰场等冬季体育经营单位安全管理工作，确保经营单位运营安全规范。通过检查活动的开展，指导和督促冰雪运动经营单位完善各项应急预案和安全保卫方案，明确安全责任及岗位职责，增强安全意识，有效防止各类安全事故的发生。

【安全管理工作现场会】 2月21日，市体育局在市射击学校召开安全管理工作现场会。局各直属单位主管安全工作的领导、负责安全管理工作的干部、局机关各处室负责人50余人参加会议。会议听取市射击学校《用严的作风、实的要求，全面推进平安单位建设》的经验介绍，实地观摩该校库室管理、监控系统和办公秩序等，为推动全局系统安全管理工作发挥示范引领作用。

【体育经营单位安全管理工作部署】 3月11日，市体育局召开全市体育产业和体育市场管理工作会议，部署安全管理工作。各区体育局、北京经济技术开发区社会发展局主管局长和业务科室负责人参加会议。市体育局印发《2016年体育经营单位安全生产重点工作任务》，明确2016年体育经营单位安全管理工作要全面贯彻落实国务院和北京市安全生产电视电话会议要求，以强化落实体育经营单位安全管理主体责任为主线，加大各项法规制度和政策措施落实力度，加强体育经营单位安全管理基础和安全保障能力建设，依法治理、提升水平，履行好体育行政部门安全工作监管职责。

【安全管理工作培训班】 4月14日至15日，市体育局举办局系统安全管理工作培训班。局直属单位主管安全工作的领导、安全保卫部门负责人和局机关各处室负责人50余人参加培训。培训班特邀市公安局内保局、公安局消防局、市委610办公室的领导讲授内部安全保卫、防火安全及消防中控室建设、敏感期防范工作等内容。通过培训，强化干部群众“红线”意识，筑牢安全工作的思想防线，提高做好安全工作的能力。

【夏季游泳场馆安全管理】 5月，市体育局印发《关于加强游泳场馆安全管理工作的通知》，部署全市游泳减溺工作。6月，联合市公安局、卫生计生委、安全监管局对各区组织减溺工作情况进行督查，对游泳场馆经营单位进行抽查。督查组分别对东城区、西城区、朝阳区、海淀区、丰台区、密云区等区的游泳减溺安全工作进行督查。各区对游泳减溺工作高度重视，制定游泳场馆联合检查方案，开展了对游泳场馆的安全检查。在对部分游泳场馆实地抽查中，发现有的游泳场馆救生人员管理不到位、安全标识不清楚、救生观察台摆放不合理等问题。督查组要求相关部门对存在问题的游泳场馆进行跟踪复查、落实整改。

【安全生产月活动】 6月，市体育局按照市安委会统一安排，结合体育经营单位特点，制定安全生产月活动方案，组织16个区体育局和开发区社发局开展安全生产月活动。参加安全生产月活动的体育经营单位1200余家，发放各类宣传材料11万余份，张贴宣传海报2万余张，参加安全生产宣传咨询日活动16余万人。在安全生产月活动期间，开展安全检查300余次，下发整改通知书80余份，消除安全隐患60余项。组织体育经营单位举办应急演练500余次，开展安全教育培训100多场次。

【经营场所安全生产条件检测】 本年，市体育局委托权威机构分别于6月、12月依据国家标准GB 19079—2013《体育场所开放条件与技术要求 第1部分：游泳场所、第6部分：滑雪场所》，抽取北京市22家游泳场馆和11家滑雪场进行安全检测。本次检验检查以国家强制性标准为依据，主要包括从业人员资格、场地设施设备条件管理要求、安全保障制度和措施等4个方面的内容。检测结果表明，在市、区两级体育部门监管下，受检单位在安全条件的“硬件”方面做得比较好，但在安全意识、安全文化等“软件”方面有待加强。

【安全生产大检查】 11月30日，市体育局召开冬季体育运动安全工作会，部署安全生产大检查工作。各区体育局主管领导和相关负责人，全市冰雪运动经营单位负责人参加会议。会议传达习近平总书记、李克强总理关于“11·24”江西丰城发电厂坍塌事故重要批示、指示精神，传达北京市安全生产电视电话会议精神，对开展冬季体育运动项目经营单位安全大检查工作进行动员部署。会议对做好安全生产工作提出明确要求：一要认清形势，深刻汲取各类安全事故惨痛教训；二要高度重视，加大安全生产培训教育工作力度；三要强化责任，确保安全工作贯彻落实；四要预防为主，积极开展隐患排查；五要严格执法检查，认真抓好整改落实。市体育局全面启动隐患排查整治工作，从11月下旬开始利用一个多月的时间，由领导带队深入基层一线，对全局系统安全管理工作进行全面检查。

【防火安全】 本年，市体育局筑牢全局系统消防安全屏障，按照全域覆盖、注重细节、铲除火患的思路，以问题为导向，加强丰台区光彩北路1号院和4号院局属单位消防安全工作，推进冬春季节防火管理和中控室消防体系建设，打造消防安全环境，提升火灾防控水平。市体育局荣获“2016年度北京市消防工作优秀单位”。

市体育局祝伟民供稿

北京市园林绿化局

市园林绿化局安全生产工作以“管行业必须管安全、管业务必须管安全、管生产经营必须管安全”为指导，以推进安全生产标准化建设为主线，以安全生产月活动等阶段性工作为重点，紧紧围绕市委、市政府和市安委会的工作部署，加强组织领导，狠抓工作落实，确保全市园林绿化行业安全生产工作平稳有序，完成各项服务保障任务。市园林绿化局被市安委会评为“安全生产工作先进单位”，授予“安全生产工作管理创新奖”。

【制度建设】 本年，市园林绿化局开展《安全生产督查工作规范》编制工作，在征求行业部门和专家意见的基础上，进行修改完善。《安全生产督查工作规范》明确市、区两级监管部门督查、检查方法和要求，量化工作指标，从管理、技术和操作层面对安全生产督查做出规定，解决怎么查、查什么、谁的责任谁承担的问题，加强全市园林绿化行业系统安全生产督查工作，推动符合园林绿化行业特点的安全监管机制建设。

【安全检查】 本年，市园林绿化局加强全市主要公园风景区、园林绿化在建工程工地安全生产执法检查。4 月至 5 月，各区园林绿化局和市局直属单位按照全市执法检查统一安排，检查公园风景区 470 家、园林绿化在建工地 200 个，市园林绿化局会同市安全监管局等部门对海淀园外园工程环玉泉山片区工地、延庆世园会绿化施工工地和八达岭野生动物园进行安全生产重点执法检查，排查整改安全生产隐患 100 余项。通过执法检查，实现市安全监管局综合执法检查与市园林绿化局行业重点执法督查的衔接互动，带动各区园林绿化部门开展自查自纠，整改一批安全隐患，有效防范安全生产事故。

【安全度汛】 本年，市园林绿化局加强汛期安全生产管理，确保安全度汛，及时有效应对强降雨天气过程，确保全市园林绿化成果和城区交通运行畅通。汛期强降雨极端天气造成倒伏树木 42715 株、折枝断枝 12415 株，倒树砸车 38 辆，倒树压房 11 间，倒树压电线 35 处，倒树堵路 96 处。未发生因倒树折枝伤人事故。全市园林绿化系统 127 支共 3810 人应急抢险专业队伍值守备勤，出动抢险人员 7000 人次。

【应急演练】 本年，市园林绿化局组织指导全市园林绿化行业企业建立健全应急预案体系，规范处置程序、应急队伍和应急物资保障措施，落实年度应急演练计划。市园林绿化局在黄垡苗圃举办以道路树木倒伏险情处置为主要内容的防汛抢险演练，动用工程车、运输车、吊车、铲车、油锯、锥桶、安全绳等机具，局直属各单位主管领导和有关科室负责人观摩演练。通过演练，检验防汛抢险应急预案的针对性和可操作性以及应急抢险队伍应急处置能力和应急保障水平，全面提高防汛的实战性。全年全系统组织各类应急演练 90 次。

【宣传活动】 本年，市园林绿化局结合安全生产月活动和防灾减灾日活动，精心安排，开展安全生产宣传教育活动。各区园林绿化局、各生产经营单位以不同形式开展培训教育和宣传咨询活动，宣传“以人为本、安全发展”理念。制作宣传展板 110 块，悬挂横幅 25 条，张贴主题宣传画 264 张，发放宣传品 5520 份，组织各类应急演练 90 次。

【教育培训】 本年，市园林绿化局举办 3 次安全生产标准化建设业务培训。邀请安全生产标准化领域专家围绕安全生产标准化基础知识、评审标准解读、评审信息平台使用、企业文化和评审管理业务交流咨询等内容进行专题辅导讲座，全市园林绿化行业系统党政主要领导、分管安全生产工作的领导、安全生产管理人员、基层生产经营单位负责人、园林绿化行业协会管理人员、评审机构技术人员 350 人参加培训。通过培训，提高基层单位对安全生产标准化建设的认识，加快创建工作进程，实现“突出行业特点，制定质量高操作性强的标准，稳步全面推进，力争全行业达标”的第一阶段工作目标。

【标准化创建】 本年，市园林绿化局编制完成3个园林绿化行业安全生产标准化评审标准：《北京市园林绿化施工企业安全生产标准化评审标准》《北京市公园风景名胜区安全生产标准化评审标准》《北京市野生动物驯养繁殖利用企业安全生产标准化评审标准》，基本涵盖本市园林绿化施工、林场、苗圃、公园、风景名胜区、野生动物驯养繁殖利用等业态，5月正式印发全市行业系统及各直属单位施行。

【标准化评审信息平台】 本年，“北京市园林绿化局安全生产标准化管理评审系统”正式在首都园林绿化政务网上线运行，为全市园林绿化行业系统生产经营企事业单位安全生产标准化创建工作搭建平台。管理评审系统按照简单方便的原则，操作流程分为参评单位、评审单位、评审组织单位和行业监管部门4个模块，行业管理部门和参评单位可在线开展评审和申报工作，简化评审工作流程，方便企事业单位开展安全生产标准化建设工作。

【森林防火】 本年，市园林绿化局坚持高压防火态势，加强组织领导，科学制定防控方案，全面提高火灾预警、应急指挥和扑救处置等综合防控能力，抓好春节、元旦、全国“两会”、清明节、国庆节等重点时期森林火灾预防工作。全市成功处置各类火情报警45起、一般火灾4起，实现“确保不发生重特大森林火灾和人员伤亡事故”的目标。

市园林绿化局郭杨供稿

北京市民防局

2016年，市民防局结合首都人民防空特点，重点加强组织指挥体系建设，完善疏散掩蔽和应急避难场所，推进重要经济目标防护落实，完善各类行动方案计划，开展实战化训练演练，实施人防工程管理科技创安和前端技防设施建设。始终将人防工程安全管理工作放在突出位置，狠抓工作落实，确保人防工程安全。

【民防系统跨区支援通信演练】 5月23日至27日，市民防局组织开展跨区支援通信演练。按照《关于做好京津冀人民防空工作协同发展的意见》，针对自然灾害和战争破坏范围常常超出行政区，波及较大区域的特点，履行“战时防空，平时服务，应急支援”任务。此次演练成立8个小组，76人参与，跨区支援通信分队先后抵达秦皇岛、唐山等演练地域，行程730余公里。依托民防自有装备建立通信联络，克服阴雨、烈日等不利条件，圆满完成快速集结、长途开进、通信枢纽和指挥所开设、通信综合组网、单车组派出支援等全部预定演练科目。北京市、天津市、河北省三地人防部门协同默契、组织严密、区域一体、联演联训。通过演练，提高京津冀联合处置突发事件的协同支援能力。

【贯彻全国人民防空会议精神】 6月8日，市民防局组织召开全市民防系统座谈会，传达学习第七次全国人民防空会议和市委常委会议主要精神，研究讨论贯彻落实会议主要精神的具体举措，安全部署重点工作任务。要求全市民防系统切实把思想和行动统一到中央、市委的决策部署上来，狠抓各项目标任务的落实，营造良好的社会发展环境。

【汛期应急支援拉动】 7月16日，市民防局以北京局部地区发生强降雨，造成某地下人防工程发生雨水倒灌，部分工程受损为背景，对部分区民防局和市城建集团抢险大队、市市政路桥管理养护集团抢险队进行防汛应急支援拉动。抢险队人员集结迅速，组织流程清晰、装备操作规范、作业安全措施到位，展现市级人防工程事故抢险队应对处置突发事件的整体水平。市民防局明确各抢险队防汛抢险的职责和组织指挥流程，为及时应对人防工程突发事件奠定基础。

【防空警报试鸣】 9月17日，市防空警报试鸣领导小组发出试鸣指令，本市五环路以外区域预先警报、空袭警报、解除警报依次响彻北京上空。五环路以外的各个警报器终端鸣响警报声，警示人们居安思危，和平时期更需增强国防观念和防空防灾意识。据各区反馈的消息和监测的数据看，警报试鸣时，广大市民保持正常的工作和生活秩序，没有产生惊慌失措的现象；各个警报器终端技术状态良好，辖区防空警报按计划鸣响，达到检验设备的目的，为下一步科学布设警报器提供了数据基础。各媒体采取多种传播方式宣传防空警报试鸣工作，向市民普及宣传防空防灾知识，营造广大市民关心民防、支持民防、共建民防的良好氛围，增强市民国防观念和人民防空安全意识。

【地下空间综合整治】 本年，全市民防部门、建设部门站在消除安全隐患、疏解非首都功能和人口调控的高度，推进挂账隐患整治任务的完成。2016年全市计划完成挂账整治任务1127处，其中普通地下室721处、人防工程406处。截至12月底，综合整治地下空间1489处、102.56万平方米，清出居住人员76651人。其中人防工程540处、40.52万平方米，清出居住人员29092人；普通地下室949处、62.04万平方米，清出居住人员47559人。朝阳区提前完成人防工程3年挂账整治任务，东城区、丰台区、海淀区超额完成年度人防工程挂账任务，西城区、海淀区、丰台区、大兴区超额完成年度普通地下室挂账整治任务。

【专项检查行动】 本年，市民防局组织开展安全生产大检查、专项执法检查、安全保障督导检查及巡查等专项检查行动，落实人防工程消防工作要求，完善防汛工作责任制，开展夏季防汛、冬春季火灾防控专项行动，确保人防工程安全。落实重点时间、敏感时期安全管理检查。市民防局由局领导带队组成8个督导检查组，对全市人防工程安全生产大检查开展情况进行督导检查。全市民防系统出动人员7800人次，重点检查4843处人防工程，发放告知通知书396份，排查安全隐患583项，立即整改540项，限时整改43项，关停人防工程81处。

市民防局田志华供稿

北京市农业局

2016年，全市农机安全生产工作紧紧围绕“十三五”规划、京津冀协同发展以及首都农业“调转节”要求，依法行政，全面履职，创新管理，深化服务，推进农机监理各项工作有序开展并取得实效。全市农业机械安全生产形势稳定。

【法规建设】 本年，市农业局起草修订的《北京市农业机械安全监督管理办法》通过市政府法制办的立项论证。在充分征求意见基础上，印发《关于进一步加强区级农业机械安全生产监管工作的意见》，明确区级农业机械安全生产10项职责和16项法律依据。编制完成《北京市农业机械事故处理程序规定》《北京市农业机械事故现场勘查程序规范》《北京市农业机械事故现场痕迹物证的勘验技术规范》《北京市农业机械事故勘验照相规范》《北京市农机事故现场测绘技术规范》5项制度，规范农机事故处理程序。

【联合执法行动】 本年，市农业局会同市安全监管、公安交管、工商、质监等部门召开联席会议，制定《2016年北京市农机安全生产联合行动计划》，确定围绕“农机维修零配件门店、农机专业合作社、农机作业环节、农机交通安全、农机及配件产品生产企业”五方面的安全整治开展联合执法检查。联合印发《2017—2019年北京市农机安全生产联合行动实施方案》，明确联合行动中市级各部门的工作重点。市、区两级农机、安全监管、公安交管、工商、质监等部门开展联合行动243次，排查整改事故隐患156项，对全市农机生产、销售、使用等环节开展联合执法检查，强化全程监管，形成农机安全监管合力，营造农机联合执法的震慑力。

【督导检查和行政许可】 本年，市农业局落实农机安全执法检查任务，规范执法文书和执法程序，强化督导检查。全市农机监理机构出动执法人员7998人次，同比提高63.5%；执法检查总量13441件，同比提高123.3%。发现安全隐患并责令改正482次，作出行政处罚147起，其中一般程序51起、简易程序96起，罚款6580元。全年完成行政许可业务14539件，审核档案8624份，归档档案9450份，满意率99%。农机监理流动服务大厅上门办理业务1299件，同比增长10.5%。

【农机事故应急演练】 本年，市农业局组织农机事故应急演练。根据《北京市农业机械事故应急预案》，选取青贮玉米收获机伤人事故为演练背景，组织市级农机事故处理演练现场观摩会，43名区级农机事故处理员参加观摩会。组织区级农机事故应急演练12次，参加演练258人次，强化应急实战技能。依照《农业机械安全监理机构装备建设标准》，安排专项资金购置13类22种242件事故处理装备，装备水平在全国各省级农机监理机构中处于领先地位。

【农机业务培训】 本年，市农业局制定《北京市农机安全监理证证件管理办法（试行）》，强化农机安全监理证证件申领、发放、使用和管理，规范农机安全监理人员持证上岗。开展农机监理市级骨干培训，将分时、分散培训改为集中、分类培训，强化培训工作的内部统筹，对市、区两级124名业务骨干开展两期农机监理业务培训大讲堂。根据各区培训需求，重点对农机安全法律法规、事故处理勘查程序、拖拉机移动检测装备使用以及行政许可业务等内容进行培训和专题研讨，提升业务骨干综合业务能力。开展区级全员培训，各区农机监理机构围绕行政许可、行政处罚、事故处理等业务知识，对区、镇两级监理人员开展培训115期1821人次，覆盖率100%。开展乡镇相对人培训，各区农机监理机构对辖区乡镇的农机合作社、农机大户、机手等监管相对人，开展农机维修、安全生产、日常管理等内容的培训，培训10925人次，覆盖率76%。

【宣传方式创新】 本年，全市各级农机监理部门开展各类宣传咨询活动110次，接待群众咨询5000余人，印发各类宣传资料4万余份，利用各种媒体发表新闻稿件1016篇（次）。市农业局在传统宣传模式的基础上，拓展宣传方式。一是聚焦微信公众号，开发并正式启用“平安农机北京”微信公众号，农机手可以快速了解到业务办理指南、联系方式、农机保险、农机服务组织、政策法规、工作动态等农机监理相关信息，推送信息10次40篇。二是制作宣传纪录片，制作《情系农机二十载，永当安全守护神》的北京市农机监理宣传纪录片，围绕农机监理6大职能职责及“十二五”期间全市农机监理工作成效，展现农机监理工作，更好地认识、理解、认同、支持农机监理事业。三是加强重点区域安全宣传，发布以“三秋作业，安全第一”“秸秆禁烧，人人有责”等主题的户外广告31块，强化重点农时安全生产宣传。四是开展平安农机示范单位创建活动，评选出3家农机服务组织和1家设施农业园区作为市级平安农机示范单位，以“平安农机”示范创建为平台，开展“机手之家”创建活动，开展“安全用电知识讲座”“最美机手”评选和机手技能大赛3项活动。其中“最美机手”评选，通过微信公众号投票，从42名机手中选出3名“最美机手”；机手技能大赛，分理论考试和实际操作两部分，题目全部来自生产作业实际，既有趣味性，又有实用性。

【安全技术检验】 本年，市农业局印发《关于做好2016年全市农业机械安全技术检验工作的通知》和《2016年农业机械安全技术检验指标任务分解表》，明确检验范围、时间、标准和工作要求，加强对各区农机检验工作阶段检查和督导考核，确保农机检验“底数清、情况明、数字准”。全年全市拖拉机保有量6857台，检验率88.57%；联合收割机保有量1401台，检验率96.07%。出动农机监理检验人员2581人次，同比提高18%。在“春耕”“三夏”“三秋”等重要农时之前，组织全市农机检验员深入基层，通过“集中检验”“送检下乡”“电话催检”的服务方式，对注册登记的农业机械进行免费实地安全技术检验，及早排除事故隐患，确保作业机具以良好技术状态投入作业。联合中国农业大学对4家生产厂家及54名微耕机操作人员调研，对20台大中小型微耕机的工况进行安全性能测试，对30项实验数据进行统计和分析，并经过专家研讨，确定微耕机外观检查、运转检验、烟度检验、噪声声级检验等4大类检验项目、指标、类别、技术要求及方法，编制完成《北京市微耕机安全检验技术规范》。

【标准化建设】 本年，市农业局、安全监管局联合印发《关于开展农机专业合作社安全生产标准化建设的通知》。按照《考评标准》要求，选取北京兴农天力农机服务专业合作社进行标准化试点建设，针对安全生产存在的问题，实施老旧电路设施改造、储油设施改造等8项整改，建立41部安全生产管理制度，初步建成符合安全生产标准化要求的市级达标单位。

市农业局王科程供稿

北京市城市管理综合行政执法局

2016年，市城管执法局根据市委、市政府和市严厉打击违法用地违法建设专项行动指挥部办公室、市安委会、市防火委关于打击违法建设与燃气安全监管工作部署，组织全市城管执法系统开展违法建设与燃气安全监管两个专项执法工作。全市城管系统检查各类燃气供应和使用单位98204家，同比上升2.3倍；规范存在燃气安全隐患问题单位10194家，同比上升2.8倍；立案563起，同比上升36%；罚款合计106.32万元，同比上升26%。全市城管执法系统作为执法主体参与拆除违法建设8133处，同比下降4.18%；拆除面积1580万平方米，同比上升16.26%。

【市“两会”及春节燃气安全检查】 1月至2月，市城管执法局开展北京市“两会”、春节期间餐饮服务单位燃气安全保障检查工作。各级城管部门周密组织，细化方案，抽调精干力量，全面开展执法工作，加强春节重点景区和人员密集场所、市“两会”驻地和会场周边餐饮服务单位燃气安全保障工作。通过全面摸排，掌握辖区大型餐饮服务单位燃气使用安全情况和餐厨垃圾管理情况，加大执法力度，严厉查处违法违规行为。全市城管系统出动执法人员16709人次、执法车辆8878台次，检查各类燃气单位8246家，规范存在问题单位888家，立案48起，罚款14.81万元。

【燃气安全专项执法月】 6月，市城管执法局贯彻《国务院关于进一步加强企业安全生产工作的通知》和《北京市人民政府关于进一步加强企业安全生产工作的通知》精神，组织全市城管执法系统对燃气公服用户开展燃气安全专项执法月活动。全市城管执法系统在燃气安全执法检查月中科学统筹、持续发力，依法依规完成对辖区内燃气供应企业、餐饮公服用户、使用液化石油气气罐的街面摊贩、居民居住室内等执法检查工作。出动执法人员22017人次、执法车辆8079台次，检查各类燃气供应和使用单位9571家，规范存在燃气安全隐患问题单位1161家，立案85起，罚款13.4万元。

【少数民族文艺汇演安全保障】 8月16日至9月15日，市城管执法局组织开展第五届全国少数民族文艺汇演期间燃气安全专项执法检查，做好演出驻地、演出场所、购物场所、旅游景区等重点场所市政安全保障工作。全国少数民族文艺汇演期间，全市城管系统在各辖区开展全面排查工作，重点对代表团、演出团驻地及周边，演出场所及周边进行专项执法检查。出动执法人员20625人次、执法车辆6296台次，检查各类燃气供应和使用单位8801家，规范存在燃气安全隐患问题单位765家，立案32起，罚款14.48万元。对检查中发现的燃气安全方面的违法问题，依据《城镇燃气管理条例》和《北京市燃气管理条例》的有关规定予以查处，并根据检查情况及时更新北京城管综合巡查系统燃气用户台账。

【国庆期间燃气安全专项执法检查】 10月1日至7日，市城管执法局组织开展国庆期间全市燃气安全专项执法检查工作。依据燃气安全有关职责，全市城管执法系统对本市范围内涉及燃气供应、使用的各个环节开展燃气安全专项检查，开展重点景区和人员密集场所燃气安全保障专项整治工作。出动执法人员16237人次、执法车辆5075台次，检查各类燃气供应和使用单位5802家，规范存在燃气安全隐患问题单位514家，立案30起，罚款46650元。

【指导基层燃气执法检查】 本年，市城管执法局深入一线，履行燃气执法“三主动”：一是主动为基层城管执法队开展执法示范，为执法人员讲解燃气技术规范方面的知识，得到区城管部门好评。二是主动赴燃气使用单位开展燃气执法检查，通过可燃气体检测仪等检测仪器，及时为燃气使用单位发现隐患问题，使燃气隐患得到及时整改。三是主动编制“三类八项五十查”执法流程，规范执法人员对燃气使用单位的执法步骤，为城管执法人员指明执法重点和各环节的关键点。市城管执法局先后前往东城区、西城区、海淀区、朝阳区、大兴区和延庆区等辖区城管执法队开展餐饮企业燃气联合执法检查，在执法工作中帮助基层城管解决一线执法中存在的实际困难，对检查时发现的疑难问题与技术问题进行现场解答，并使用新型可燃气体检测仪进行实操示范。

【“打非治违”专项行动】 本年，市城管执法局督导全市城管执法系统开展“打非治违”专项行动。围绕市委、市政府中心工作，结合全市打击违法用地违法建设专项行动，印发《2016年北京市城管执法系统违法建设专项执法工作方案》，对全市城管执法系统查处违法建设工作统一部署、统一协调，整体推进，依法履行查处违法建设的职责，按照“市级统筹、属地落实、加强协调、依法履职”的原则，加大违法建设执法力度，重点查处存在严重安全隐患的违法建设，包括影响人身安全、财产安全、生产安全的违法建设。各区城管执法局细化查处违法建设专项行动方案，明确工作职责，确定阶段任务，提出工作要求，并根据违法建设新动态及时组织相应专项行动，为开展违法建设专项执法工作夯实基础。依托城市管理综合行政执法协调平台，加强与市、区两级规划国土、建设等部门协调联系，在组织开展查处地下室违法建设等7个专项执法基础上，按照市委、市政府疏解非首都核心功能的总体部署，继续组织全市城管执法系统强化地下室违建、占道违建、占压管道等违法建设专项执法工作。

【违法建设专案办理】 本年，市城管执法局落实违法建设专案办理及群众举报突出问题办理工作。重点落实专案办理，着重解决社会影响大、反映强烈的违法建设案件。一是对领导批示、媒体曝光、建设和规划国土等部门转来的违法建设专案，按照“市局督导、属地核查”的原则，通过督办单的形式由属地城管部门开展查处工作，对存在执法困难的违法建设专案进行督导。二是抓好“96310”城管热线违法建设举报件的办理工作，每月底对部分“96310”热线受理的举报件进行核查，属实且影响较大的新生违法建设列入市城管执法局督办，督促指导区、街两级城管部门及时报告属地政府予以拆除，消除安全隐患。市城管执法局收到违法建设专案76件，其中市领导批示41件、相关部门移送14件，涉及东城区等12个区城管执法部门，督促属地政府和城管部门在规定时限内100%现场核查、100%立案查处。

市城管执法局范志红供稿

北京市气象局

2016年，市气象局采取“六查六纠六落实”安全工作措施，将安全隐患整治制度化；制定“安全生产检查清单”，提升安全防范针对性和有效性。通过开展安全生产大检查和安全生产月系列活动，树立科学发展和安全发展的理念，加大安全生产管理力度，北京气象部门安全生产形势总体平稳。市气象局被市安委会评为“安全生产工作先进单位”。

【落实安全生产责任】 本年，市气象局强化“红线”意识和“底线”思维，成立安全生产工作领导小组，明确小组成员的任务和清晰职责，局办公室负责综合协调、减灾处负责人工影响天气作业安全管理、预报处负责探测设备安全巡检、法规处负责雷电防护行业和施放气球安全监管、机关服务中心负责院落安全技术防范和水电气热安全。建立安全生产目标管理和“一票否决”制度，落实安全生产“一岗双责”。完善安全生产管理制度，健全隐患排查整治三级管理及人工影响天气作业、制氢用氢、防雷工程施工、施放气球等安全管理制度和规定。重点强化“低慢小”航空飞行器安全管控工作，组织施放系留气球安全管理例会，与全市15家具有升放无人驾驶自由气球、系留气球单位资质的单位签订责任书，落实安全生产主体责任。

【全国“两会”安全保障】 全国“两会”期间，市气象局制定《2016年全国“两会”期间施放气球巡查方案》，部署全市施放气球安全监管工作，要求全市各气象执法单位加强辖区内施放气球活动安全巡查。市气象局组成执法小组，对全市放球公司库房进行封存处理，从源头消除气球升空可能。对代表和委员驻地、会场、活动场所及其他重点地区开展安全巡查，严控未经许可擅自施放气球的行为。

【防雷安全专项检查】 本年，市气象局组织力量对东城区、西城区加油站防雷年检情况开展专项检查。重点对各加油站是否完成年度防雷装置检测、是否安排专人日常维护防雷装置和是否制定防雷安全相关管理制度等进行检测。对存在安全隐患的单位提出责令改正要求，并及时跟踪整改督查。经复查，全部受检单位均完成整改工作。

【人工影响天气安全管理】 本年，市气象局推进人工影响天气安全管理各项工作，完善安全管理制度。联合市农委、安全监管局、公安局等市人工影响天气指挥部成员单位组成联合检查组，开展人工影响天气作业点安全等级评定和安全检查行动。从规章制度、环境设施、装备弹药、人员管理等方面，对全部固定和流动作业点进行安全等级评定。应用物联网技术，建立人工影响天气装备弹药、作业站点、作业实施的全过程实时监控系统；为作业点统一配置炮弹、火箭弹存储保险箱，确保作业点储存弹药安全。落实人工影响天气安全属地责任，与昌平、延庆等7个人工影响天气作业区气象局负责人签订安全责任书；各区气象局负责人与人工影响天气作业点管理单位签订安全生产责任书。加强人员培训，提高素质，汛前组织全市防雹、增雨、高山地基等作业人员培训，并进行考核、登记。全面固化人工影响天气作业安全工作纳入重大活动安保体系，完善市、区两级“部门分工落实，属地化负责，地方政府为责任主体”的安保工作机制。

【应急管理】 本年，市气象局制订完善应急救援预案，加强日常安全培训和演练。组织交通安全、消防安全培训4次，开展消防演练、应急救援演练9次，组织和参加应急气象演练12次。检验预案，梳理流程，提升应急救援管理水平和操作技能。修订完成《北京市气象局应急响应预案》，在汛期、秋冬雾霾应对以及大型活动保障中发挥积极作用，年内启动应急响应13次共22天，响应期间做好组织协调和督促检查。

【安全生产教育】 本年，市气象局加强气象安全生产宣传教育工作，印发《2016年气象部门普法工作要点》，明确指导思想和主要任务。组织制作以系留气球安全施放及气象信息传播为背景的《系留气球不能这么玩》和《这个玩笑开不得》两部动漫作品，丰富气象法治宣传教育形式，提高广大市民群众安全意识。

【气象预报预警服务】 本年，市气象局发布各类信息313条（包括：预警、提示性信息及预警解除）。其中：发布预警信息175次、重要通知11次、市级提示15次。预警中心第一时间通过电台、电视台、门户网站、官方微博微信、公交地铁移动终端、楼宇电视、户外显示屏、手机短信、手机APP等10类22种渠道向社会广泛发布预警和提示信息，取得良好服务效果，为政府科学决策防御各类灾害以及百姓的生产生活安全提供有力支持。

市气象局王翌供稿

北京市公安局消防局

2016年，市公安局消防局立足“维护政治安全、政权安全，确保党中央安全、首都安全”首要任务，强化部门联动、警种联勤、社会发动，统筹推进全市冬春火灾防控、夏季消防检查、春夏平安行动等专项整治，圆满完成各项重大活动消防安全保卫任务，成功处置“7·20”强降雨灾害和多起较大规模火灾、燃气爆炸事故，为首都经济社会发展和人民安居乐业创造良好的消防安全环境。

【政府主导】 本年，市公安局消防局组织编制并发布实施《北京市“十三五”时期消防事业发展建设规划》，推动市、区两级政府和各行业、部门，以及乡镇街道签订消防工作责任书，召开会议900余次，印发文件、方案500余份，层层动员部署，形成消防工作齐抓共管合力。市、区政府主要领导、分管领导先后百余次听取消防工作汇报，对消防安全工作作出重要指示；每逢重大节日、重要活动，市、区政府召开专题会议部署消防安全工作，主要领导、分管领导带队检查消防安全600余次。特别是市政府第133次常务会议专题研究消防工作，审议通过《关于提升本市消防综合应急救援能力工作方案》，提出加强本市消防队站、消防水源、高精尖装备、消防训练基地和战勤保障基地建设，以及招录政府合同制消防员等软硬件措施。

【部门监管】 本年，北京市公安局印发《公安派出所消防监督工作要点》，明确“三查两清一发动”即“321”工作法，强化公安派出所消防监督管理职能。深化落实学校、社会福利机构、旅游行业、文化娱乐场所、医疗机构、电影放映场所、文博单位消防安全标准化管理，推动行业单位达标建设。市安全监管局组织开展生产经营单位用电安全专项整治；市住房城乡建设委将消防安全防范作为重要评价内容，纳入物业管理区域安全生产标准化评审全过程；市质监局部署加强生产环节消防产品及电动自行车充放电设备、低压电器、开关等易发生电气火灾的产品质量监督，加大抽查频次和监管力度；市交通委、重大办、公安局公交总队联合开展地下交通及地铁施工现场专项整治。期间，各级安全监管、质监、工商、教育、文化、旅游、卫生、建设、文物、城市管理、交通执法等部门开展联合检查1200余次，督促整改隐患问题2100余项。

【创新管理】 本年，市公安局消防局狠抓政治中心区“立体化”防控，以市防火委名义出台《首都中心区立体化火灾防控体系建设意见》，落实“三无三有”（无火灾隐患，无违规行为，无安全重点人居住；有常态化排查行动，有专职消防队伍，有监督追责制度）和“不起火、不冒烟”工作要求。深化重点单位“标准化”管理，针对10793家重点单位，督促落实专职管理人、设施维保、自我评估“三项报告制度”“6+1”措施和“火灾事故1、3分钟应急处置程序”，出台标准化建设细则推动微型消防站升级改造。围绕“三类人员”（责任人、管理人；控制室值班人员等重点工种人员；单位员工）、“两个重点”（1、3分钟应急处置；消防设施完好率）和“一个中心”（消防控制中心），全面推进“六位一体”标准化建设，提升消防安全“四个能力”。推进薄弱环节“常态化”治理，出台突出火灾隐患整治“项目化”管理实施意见，实行“项目化”推进、“账单式”管理，将1128件突出隐患抄告属地政府、移送行业部门，提请政府挂牌督办180件（其中4件以公安部名义挂牌督办），予以整改落实。借力市政府违法建设专项治理“五年行动”，推进城乡结合部重点地区、违建出租大院源头治理，集中整治海淀区马连洼“板房村”等一批历史遗留重大隐患。全年，检查单位20.1万余家次，同比增加24.1%；督改隐患25.9万余处，同比增加62.2%。夯实基层防控“网格化”管理，联合首都综治办、市社会办出台实施意见，将消防安全“网格化”纳入城市服务管理“网格化”工作体系和首都治安综合治理信息系统，分3期对全市600余名基层网格骨干开展消防业务培训。推动16个区与327个乡镇街道逐一签订责任状，将消防管理纳入“一村一格一警”建设内容，建立完善“网格巡查、视频巡控、夜间巡更、区域联防”工作机制，推动消防网格防控在乡镇街道、社区实体化运行。

【消防保卫】 本年，市公安局消防局执行政治性消防勤务1124场次，各类大型活动勤务459场次，投入现场执勤警力36788人次、消防车4296辆次。圆满完成全国“两会”、重要外国元首访华在京活动、中央领导集体植树、全国宗教会议、中央军委扩大会、“五一”“十一”天安门广场升旗仪式、烈士纪念日向人民英雄纪念碑敬献花篮仪式、十八届六中全会等重要政治性活动和北京国际电影节、马拉松赛、中超联赛、警博会以及节日游园、庙会、展览展销、觐香朝拜等大型群众性活动消防安保任务。

【火患整治】 本年，市公安局消防局突出政治中心区、城乡结合部、易燃易爆场所、高层地下建筑、超大综合体建筑、轨道交通、文物保护单位、社会福利机构、劳动密集型企业、商市场、社区、学校、医院、社区应急车通道、电气火灾等重点区域和场所开展集中治理行动，落实消防监督员“每日一查”制度，强化“一般隐患立等整改、突出隐患限期整改、重大隐患挂牌整改”的分类整改措施应用，提高执法质量和数量。全市消防机构检查单位196605家，同比上升24.6%；发现督改隐患25.76万项，同比上升64.5%；三停查封2838家，同比上升37.4%；罚款4546.8万元，同比上升10%；拘留1648人，同比下降7.3%。推动对衍生火灾隐患的违法建设、非法经营、低端业态等问题的综合治理、系统治理、源头治理，拆除违法建设6938处、1270万平方米。丰台区政府、街道、社区上下联动、分级负责，彻底整改久敬佳园小区重大火灾隐患；房山区9部门联合清理危险化学品非法涉危企业89家和无照经营的黑工厂、黑作坊、黑窝点400余家，区政府及公安分局主管领导先后两次集中对全区257家易燃易爆企业及街乡镇负责人进行约谈，签订消防安全“责任状”和“承诺书”；通州区明确标准，推进公寓房、群租房、工业大院综合整治，对宋庄镇管头村的绿康公寓、启航公寓、华美特公寓依法予以临时查封。

【科技支撑】 本年，市公安局消防局搭建首都消防大数据中心，构建数据收集、分析决策、火灾防控、灭火救援、行政办公一体化信息系统，推进消防工作数字型、智能型、预测型、扁平化发展。研发全新改版的“掌上119”手机APP“我的SOS”功能，拓宽消防手续办理主体范围，消防诚信平台网上办理事项实现一证通认证等7项措施。通过城市管理网、社会服务管理网、社会治安网“三网”融合，推动将消防安全网格化管理纳入城市服务管理网格化工作体系和首都社会治安综合治理信息系统，结合“掌上119”手机APP将火灾隐患排查检查、消防宣传教育培训等内容纳入平台推进工作开展。按照火灾高危单位接入率不低于60%的标准，建设消防安全重点单位物联网消防设施远程监控系统。

【舆论引导】 本年，市公安局消防局针对城乡结合部、老旧平房区、餐饮、人员密集、彩钢板、易燃易爆等重点区域场所，以及电动自行车和消防车道等薄弱环节，组织媒体开展系列宣传，及时反映典型做法、曝光火灾隐患。联合主流媒体记者随警工作230余次，与北京电视台《科教频道》联合制作“平安119”专题栏目13期，在中央及市属媒体刊播夏季消防检查相关新闻、专题3781篇。加大科普知识宣传普及力度，协调新闻媒介集隐患曝光、案例解析、知识普及于一体，形成全媒体、全方位、立体化的消防公益宣传品牌“矩阵”。全年，各级媒体刊播、转载涉及北京消防信息6.2万条次，实现宣传效果和社会效果的“双赢”。

【教育培训】 本年，市公安局消防局以市防火委名义下发《北京市防火宣传发动五要点》，采取“以会代训、专家授课、实操体验”等方式开展防火教育培训。一是走进中央党、政、军机关，对中央办公厅130名消防安全主管领导和专兼职干部、国家机关老旧小区综合整治100名部门负责人、军委政治工作部60名消防安全主管领导，提供消防安全培训服务。二是组织中直机关事务管理局、各区（地区）政府、市属行业部门和国有企业126名主管消防安全负责人，采取“专题授课＋分组讨论＋实操体验”的方式集中开展消防培训。各区组织对所属相关部门、乡镇街道、和区属国有企业主管消防安全负责人同步开展培训。三是采取“边检查、边培训”模式，培养重点单位10816名消防安全管理人员，带动150余万名员工实现“一懂三会”（懂本场所火灾危险性，会报警、会灭火、会逃生）。

市公安局消防局张菁供稿

北京市公安局公安交通管理局

2016年，全市交管系统立足首都“四个中心”战略定位，按照“事故少、秩序好、道路畅通、群众满意”的奋斗目标，提升交通决策智能化、管理精细化、服务精准化水平，确保城市交通安全稳定、正常运行。全年发生1次死亡3人以上事故，同比减少1起、8人，未发生重大敏感交通事故。实现“十三五”良好开局。

【道路交通安全保障】 本年，市公安局交管局全力维护首都安全稳定，圆满完成系列重大保卫和专项维稳任务。一是坚持“万无一失、一失万无”的工作标准，围绕全国“两会”、建党95周年、十八届六中全会、中美战略与经济对话等重大交通保卫任务，精心组织，科学谋划，提升交通警卫能力和实战水平。投入警力43.6万人次，确保1.5万次、累计行程9.3万公里交通警卫任务“零差错、零失误”，勤务交通与社会交通和谐运转。二是建设立体化交通防控体系，立足管车、管路、管驾驶人“三项职能”，深化检查核录、路面卡控、视频巡检、摩托巡逻等工作机制，提升重点敏感部位、人车密集场所的路面管控力度和主动发现、主动防范能力。处置刑事、治安等各类路面突发事件2110起，查处网上在逃和红色、黄色警示人员209人，为维护首都安全稳定发挥重要作用。三是做好维稳交通保障，完善情行一体、等级防控、备勤处突等工作措施，细化明确处置流程。直接参与专项维稳处突196次，拉动警力2.2万人次，圆满完成系列维稳交通保障任务。

【交通环境整治】 本年，市公安局交管局全面整治路面秩序，加大执法力度，净化交通环境，查处各类交通违法1619万起，同比提升20％，确保全市交通安全稳定运行。一是持续推进执法整治，依托“平安行动”和交通秩序大整治，开展严整动态秩序、严管静态秩序、严控非机动车“三大攻坚行动”，紧密围绕122处秩序乱点、10条示范街，对“一牌、两闯、三乱”等严重违法精准发力、重拳出击，并建立“6＋N”工作机制，落实常态化打防管控，巩固管理成效。现场处罚交通违法318万起，同比提升24％；全市122处乱点全部销账，涉牌、货车闯禁行等显性违法得到有效遏制。二是强化停车秩序管理，围绕150条严管大街，推出“拖车配叉车”执法举措，加大清拖整治力度，处罚违法停车408万起、拖车2万辆，同比分别提升25.2％和3.3倍。推动落实差别化停车管理“加减法”，增设挖潜社区、医院等刚需地区停车位1.3万个，削减购物、餐饮、娱乐等非刚需地区停车位300余个，并会同市交通委完成城六区 4.2 万个路侧车位“一位一编号”，有效优化停车供给。三是深化多警协同治乱，协调巡警、派出所民警处罚违法停车 8.6 万起，社区民警走访居民 21.7 万户、征集意见 7.3 万条，会同治安、公交总队开展治理黑车黑摩的、长途客运乱象等专项行动，取得“多赢”效果。四是强化安全监管和隐患治理，规范农村“两站两员”交通安全基础建设，通过约谈、问责、限期整改等多种方式，加强“两客一危”等重点企业监管，发放限改、禁驶通知书 3.1 万份，检查运输企业 5970 余次，联合路政、道路产权单位排查并治理道路隐患、事故黑点 313 处。

【缓解城市交通拥堵】 本年，市公安局交管局按照市委、市政府部署，统筹牵动缓堵行动计划落实。一是优化交通组织，推进核心区缓堵、重点地区优化等工作，实施缓进快出、单停单行、可变车道等优化措施 434 项，完成上地等 20 个区域、36 条道路微循环建设。二是多方推动社会共治，积极争取市、区两级党政支持，充分发挥属地主责，整合调动各方资源，从源头上解决交通问题。各区全部建立主管区长负责的缓堵领导小组，出资 3.6 亿元，加大人财物力投入，通过完善设施、购买服务、扩招协管员等方式，推动缓堵工作开展。三是全面加强宣传发动，依托“一区一警”拓展宣教范围，大力营造“全民缓堵”声势氛围，开展“向交通陋习说不”“缓堵治乱、文明出行”等主题活动 3200 余场，发放宣传材料 273 万份，在媒体刊发各类稿件 6 万余篇。特别是组织全市 50 万小学生开展交通安全会操比赛，广泛传导文明出行理念。全市交通拥堵指数均值同比下降 5.3%，“122”拥堵报警下降 53%，高峰时段流量、流速分别提升 4.7%、1.9%，核心区和主干道拥堵有所缓解。

【科技手段应用】 本年，市公安局交管局加强科技信息化应用，提升交通管理服务水平。一是研发推出“北京交警”手机 APP，运用“互联网＋”科技手段，搭建交管信息服务、业务办公和警民互动平台，开通事故处理、进京办证、违法查缴等 15 大功能，截至年底注册用户达 380 万，访问量 2.3 亿次，日均办理业务 30 余万笔，方便办事群众、缓解了窗口压力和路面拥堵。二是深化与互联网公司合作，结合假日安保、大型活动等警务需求，在交管指挥系统接入奇虎 360 视频资源和高德路况平台，为精确路面指挥提供了决策支持。优化交通信息发布模式，与高德和百度地图加强合作，技术人员直接入驻交管信息发布中心，在导航系统中同步标注、主动推送实时路况，发布信息 109.2 万条次，直播路况 9200 余次，广受市民好评。三是创新媒体宣传形式和传播手段，与腾讯、新浪微博、水滴直播等新媒体平台合作，通过开展“网红交警”敖翔执法直播、聘请交通安全宣传形象大使等系列活动，设置话题、引发热议，相关主题网络浏览量达 8000 余万次，赢得各界广泛支持。四是推进重点科技系统应用，升级互联网交通安全综合服务平台，并与公安部“交管 12123”手机 APP 对接；深化“交管综合数据平台”建设，开发多个数据分析趋势预警子系统，整合 14 个业务系统 98 项数据资源；推动分局视频资源共享和区违法监测设备自建，新接入视频监控 782 处、新建监测设备 756 套，有效拓展管理触角。

【交管警务改革】 本年，市公安局交管局深化交管警务改革，交通管理警务效能进一步提高。一是推动警务模式和机制创新，建立交警合成上勤、空地联勤指挥联动执法、“6＋X”重要敏感舆情应对等机制，警务实战效能进一步提升。改革勤务模式，将传统的“人定＋车巡”调整为“科技巡逻＋定点执勤”，以警力针对性打击管控堵点乱点、依托信息化手段及时发现处置路面警情，切实提高路面见警率、管事率，“122”处警平均用时缩短2.7分钟，其中城六区缩短5.6分钟。推行“即查即办、侦审一体”执法办案机制，由路面民警负责现场查缉取证、专业民警负责案件办理，提高办案效率，加大打击力度，醉驾、行政拘留案件同比分别增长83％和50％。二是推进京津冀警务协同发展，与天津、河北交管部门签订《框架协议》，建立联席会商、联动指挥、三级对接等工作机制，优势互补、资源共享，在进京车辆管控、高速公路管理等方面取得实效。三是深化简政放权，落实公安部139号令，释放驾考改革红利，简化车驾管业务审核手续，推进机动车号牌监制规范落实。在全市新增16处4S店检验发牌服务站，增设“十选一”选号、临牌核发、驾驶证换证等6项业务，实现注册登记、驾照换领“一站式”服务，有效拓展便民服务渠道。

市公安局交管局于友群供稿

北京铁路局

2016年，北京铁路局坚持“安全第一、预防为主、综合治理”方针，以安全管理规范化、现场作业标准化、检查整治常态化为抓手，推进安全风险管理，强化安全基础建设，开展安全专项整治，围绕“春暑运、小长假、黄金周”等关键时期和防洪防汛、防寒、军专运以及反恐防暴、安检查危、护路联防、治安综治等重点工作，细化安全控制措施，狠抓各项工作落实，确保铁路运输安全基本稳定。全年未发生铁路交通较大及以上事故，实现安全生产年。

【安全风险管理现场会】 5月，北京铁路局在天津地区承办中国铁路总公司北京特派办辖区安全风险管理现场会，现场观摩天津车务段杨柳青站、天津动车客车段曹庄动车所、天津机务段培训基地和安全信息中心、天津工务段生产调度中心及辖区3个铁路局安全风险管理建设实物成果，有关单位作典型经验发言。中国铁路总公司安监局领导，太原、呼和浩特铁路局和中铁快运、中铁集装箱、中铁特货公司主管领导及专业处室、站段主要负责人参加会议，参会代表利用这次学习交流机会，各局之间、各公司之间、各专业部门之间进行广泛交流，取得较好效果。

【安全生产月活动】 6月1日，北京铁路局举行全局安全生产月活动与“安全万里行”活动启动仪式，对获得2015年度安全生产月和“安康杯”竞赛活动获奖单位进行表彰。6月16日，北京铁路局在北京站主会场和天津、石家庄分会场开展安全生产月宣传咨询日活动。工人代表向全局干部职工发出积极参与安全生产月与“安全万里行”活动倡议书，国家铁路局领导宣读“安康杯”先进单位表彰决定，塘沽站站长代表全局基层单位宣读《安全生产承诺书》，向参加活动单位发放安全法规、安全知识书籍、图册，部分站段干部职工进行自编创作安全文艺节目表演。国家安全监管总局、国家铁路局、首都护路办公室、中国铁路总公司安监局、北京站地区管委会、北京铁路局机关和部分站段干部职工300余人参加北京站主会场活动。安全生产月活动期间，全局各部门、各单位制作安全警示教育片94部、制作安全知识教育片107部，张贴安全挂图9714张，举办安全演讲会371场参加14348人，编印安全月报刊宣传报道215期，编发安全月宣传专刊资料、报纸5290份，举办安全知识竞赛273场19324人，参加安全宣传咨询日活动38316人，应急安全演练1979场25798人。

【安全管理体系】 本年，北京铁路局推进安全管理规范化、现场作业标准化、检查整治常态化，建立全局安全管理体系。体系对指导和规范全局安全生产工作的相关制度文件进行集成和规范，由基础建设、过程控制、应急处置、责任落实4部分组成，纳入有效文件134个。其中，基础建设分为基本管理制度，教育培训管理，站段三级管理3个章节，纳入有效文件34个；过程控制分高铁客车安全，施工安全管理，防洪安全管理，劳动安全管理，运输安全环境，特种设备、交通、消防、食品6个章节，纳入有效文件56个；应急处置分行车安全，公共安全2个章节，纳入有效文件24个；责任落实分职责标准，监督检查，评估评价，履责落责，安全激励5个章节，纳入有效文件20个。

【安全制度建设】 本年，北京铁路局修订《安全生产委员会工作制度》，制定《作业人员伤亡事故报告与综合应急救援预案》《关于站段安全科标准化建设的指导意见》《标准化安监室建设实施办法》《模拟事故分析管理办法》《关于加强客运枢纽地区作业及设备管理工作的通知》《加强路外单位责任行车事故综合管理工作的规定》《北京铁路局办公室（党委办公室）关于加强安全信息管理的通知》，规范、加强安全基础管理。

【安全风险分析预警】 本年，北京铁路局针对全路及管内发生的各类事故，结合日常气候、人员、规章、设备及现场作业环境等变化因素研判安全风险，发布涉及行车、施工、人身、防洪、防火和行车设备质量的安全风险预警提示。其中《安全风险日分析预警报告》365期，《安全基础管理周分析报告》52期，通报安全风险问题2613个，发布安全风险预警提示1207条，为领导决策和各系统、站段防控安全风险提供依据。

【安全检查】 本年，北京铁路局安全监察系统组织“春运、安检查危、道口安全、两会运输、客运机车、动客车运用、站车乘降组织、公众聚集场所消防、暑专运、作业人身、防洪、危险化学品运输、自轮运转设备、营业线施工、防寒过冬”等安全专项检查28项次，出动监察27891人次，盯控作业1061人次，施工1731项次，添乘5959列次，检查作业岗点83394个，发现各类问题137974项，下达《安全监察（检查）通知书》3379份。第四季度，按照国务院及中国铁路总公司部署，针对岁末年初安全生产特点，局主要领导亲自组织，分析全局安全生产形势，结合季节性重点工作，明确安全大检查的总体要求、检查安排、检查重点和工作要求。根据中央领导关于安全工作的重要批示指示精神，局主要领导主持召开“应对雨雪冰冻恶劣天气确保行车安全和运输畅通”专题安委会，对安全生产大检查进行专题布置，局各专业部门、各运输站段第一时间行动，由主要领导亲自组织，研究制定深化安全生产大检查活动方案，排查整治安全隐患。

【客运枢纽设备整治】 本年，北京铁路局下发《关于加强客运枢纽地区作业及设备管理工作的通知》，明确全局客运枢纽分级管理、设备整治、应急处置以及检查评价标准，组织对全局客运枢纽设备设施质量开展专项检查，重点检查客技站、客整所、客车存车场、动车所以及客车、动车组和客运机车走行径路设备设施质量，动态掌握设备状态，科学评定设备质量，集中开展设备整治。

【运输环境综合治理】 本年，北京铁路局综治、环治部门在京、津、冀政法委、综治委支持下，加强外部安全环境整治、综合治理、护路联防、反恐防暴等工作，就铁路沿线“三违”整治、京哈通道整治、爱路护路宣传以及护路工作站建设等与三省市政府部门进行对接。建立“高铁安防常态联络机制和组织机构”，与北京、天津、河北、山西等省市护路部门进行对接；与省市综治部门建立涉路警情通报制度，在治安复杂地区建立“村居联防护路站”“护路联防大队”，年内高铁危行案件降至3起，同比下降28%。

【消防监督检查】 本年，北京铁路局按照《中国铁路总公司办公厅转发国务院安全生产委员会关于深刻吸取天津港“8·12”特别重大事故教训集中开展危险化学品安全专项整治的通知》（铁总办运〔2016〕65号）文件要求，组织局管内单位开展危险化学品隐患整治工作，协调有关单位油库隐患整改和油库周边外部环境隐患问题，增强油库安全管理基础。以落实设计规范、技术资料交接、设备设施管理、操作规程编制和应急处置救援5项内容为重点，开展高铁站房设备设施隐患专项排查工作，督促整治高铁站房防火安全隐患。组织开展消防隐患排查整治，以公众聚集、重点行车、物资集中、易燃易爆、施工工地及生活办公等防火重点场所为重点，突出异地车间、工区和偏远岗点监督检查，消除一批火灾隐患，促进干部职工防火安全意识提升，规范用电及燃气使用管理。全局未发生较大火灾事故。

【道路交通安全管理】 本年，北京铁路局制定《交通防火检查评价考核办法》及评价项点，组织专项检查组，全年完成局内运输站段及运输辅助单位“全覆盖”监督检查，促进道路交通安全基础工作的提高。组织全局122个单位道路交通管理专职干部培训班，印制发放《道路交通安全文件汇编》及道路交通安全宣传海报2100册。全局未发生道路交通安全责任事故，北京铁路局被评为“2016年度北京市交通安全先进单位”。

北京铁路局田永力供稿

国家能源局华北监管局

2016年，在国家能源局的坚强领导下，在北京市政府有关部门大力支持和配合下，华北能源监管局认真贯彻落实党中央、国务院关于安全生产工作的决策部署，创新监管方式、丰富监管手段、强化履职尽责，突出企业安全生产主体责任落实监管，在辖区电力行业共同努力下，华北区域电力系统安全稳定运行，电力安全生产事故稳中有降，电力安全生产工作取得新成效。

【政治保电】 本年，华北能源监管局将保障全国政治中心首都北京的供电安全作为全局工作的一条主线，强化政治保电任务。局主要负责人带队走访政府和企业，达成“各负其责、综合治理”的共识，形成合力；准确把握首都地区重要用户及其供电方式，遵循监管实践中确立的“四早两多”（早谋划、早部署、早准备、早落实和多协调、多帮助）保电理念，提前动员部署，精心编制保电方案，加强对重要厂站和输电通道的安全监管，每逢重大活动前，局领导都带队开展多轮次的督导检查，督促电力企业落实保电方案，细化保电措施，加强保电期间值守，及时处置突发事件。通过政企团结协作、共同努力，圆满完成全国“两会”、天津达沃斯论坛、秦皇岛暑期、长征胜利80周年纪念活动、十八届六中全会等重大政治活动的电力安全保障工作，确保各项重大活动供电的万无一失。

【落实企业主体责任制度】 本年，华北能源监管局强化企业安全生产主体责任，打造全面覆盖的监管“抓手”，对所属辖区内发输供电持证企业实施有效监管。及时总结华北区域电力企业及其主要负责人安全生产主体责任落实情况，定期报告制度执行的经验和问题。积极探索运用非现场监管模式，化有限监管为有效监管，创新实施工程建设安全告知制度。

【电网安全风险管控监管】 本年，华北能源监管局在开展《特高压接入华北电网对电网安全运行影响》研究成果基础上，督促、指导电网企业提高大电网安全重要性认识，综合分析全年北京交直流混合运行、自然灾害频发以及局部地区网架薄弱等因素给电网安全稳定运行带来的风险，加强源头治理，制定应对措施并付诸实施，在系统规划、建设、运行风险管控等方面积极落实有关保障措施，防患于未然。根据输电设施与在运和规划建设的公共交通设施矛盾突显的特点，分析跨高铁和高速路高压线安全问题，督促有关运行部门制定有效的防事故措施，加强巡视检查，做到有备无患。应用《市场建设环境下电力保障研究》等成果，拓展安全监管视野，提高电网风险管控能力。抓好电网安全风险管控，确保北京电力系统安全稳定运行。

【年度监督检查计划】 本年，华北能源监管局根据《中华人民共和国安全生产法》，按照分级、分类原则，采用“双随机”方式确定全年检查重点和备查企业，编制年度区域电力安全生产检查计划，明确检查的指导思想和工作目标，并将检查计划分解到地区和季度，分步实施。全年组织开展燃煤机组超低排放改造安全、并网电厂涉网安全、迎峰度夏、迎峰度冬以及施工安全和质量“回头看”等专项检查，在检查过程中，规范检查程序和行为，形成检查全过程的闭环化和留痕化。做到“三个一律”，即检查一律留整改通知书，对检发现问题的企业一律跟踪整改情况，发现重大隐患一律约谈并挂牌督办。突出问题导向，针对监管工作中发现的问题，对电力公司从法规落实、信息报送、值班联络等六方面试点开展安全监管提升工程。

【提升电力应急处置能力】 本年，华北能源监管局落实“坚持华北保京津唐，京津唐保北京的原则”，开展“京津冀电力市场建设对‘京津唐保北京’电力保障原则的影响”和“大面积停电背景下的京津冀应急协同联动策略”课题研究。推动地方健全电力应急联动机制，组织召开京津冀三地政府参加的京津冀应对大面积停电协同处置机制专题研讨会，确立“平时保安全稳定供应，应急保重点供电、快速恢复系统”的目标。

【电力建设施工安全大检查】 本年，华北能源监管局吸取江西丰城电厂“11·24”事故教训，落实国务院安委会、国家能源局关于组织开展安全大检查的各项工作要求。一是及时转发国家能源局开展全国能源领域建设施工安全大检查的通知，对辖区内电力建设施工安全大检查工作进行部署。二是排查辖区内河北亿能烟塔工程有限公司承建的项目，向有关建设单位发出通知，要求涉及项目立即停工整改。三是局党组成员分别带队赴北京市、天津市、蒙西地区，召开电力企业安全生产座谈会，现场督导企业安全生产大检查工作。四是结合隐患排查治理专项行动和电力迎峰度冬等工作，对16家重点单位进行安全督查。

华北能源监管局赵颖供稿

1 月 11 日，东城区安委会 2016 年第一次全体会议

7 月 1 日，东城区安全生产条件普查数据动态更新部署会

5 月 12 日，东城区餐饮行业应急救援演练

6 月 16 日，东城区安全生产宣传咨询日微信有奖答题活动现场

3 月 10 日，西城区 2016 年安全生产工作大会

9 月 8 日，西城区 2016 年“安责险”工作推进大会

6 月 16 日，西城区安全生产宣传咨询日活动现场

12 月 30 日，西城区专职安全员 2016 年度总结培训大会

6 月 28 日，朝阳区危险化学品事故应急救援演练

7 月 20 日，朝阳区安全监管局执法人员检查加油站防汛安全工作

1 月 25 日，朝阳区呼家楼街道专职安全员检查企业消防安全

▲ 11 月 29 日，海淀区区委书记崔述强（右二）带队检查企业安全生产工作

▲ 4 月 21 日，海淀区 2016 年度安全生产标准化动员部署培训会

▲ 6 月 27 日，海淀区加油站泄漏事故应急演练现场

▲ 7 月 18 日，海淀区安全监管局与企业负责人开展“对话谈心” 活动

6月12日，丰台区安全监管局、住房城乡建设委举办建筑工地防汛应急演练

6月16日，丰台区安全生产宣传咨询日活动现场

7月19日，丰台区安全监管局与企业负责人开展“对话谈心”活动

▶ 3 月 18 日，石景山区 2016 年安全生产暨消防安全工作大会

◀ 11 月 16 日，石景山区第四季度安全生产工作会暨安全生产大检查工作部署会

▶ 5 月 28 日，石景山区非医疗机构放射职业危害单位工作会

◀ 6 月 7 日，石景山区安全监管局执法人员检查汽修企业安全生产工作

3月9日，门头沟区2016年安全生产工作会

5月14日，门头沟区代区长付兆庚（右二）带队检查在施工程安全生产工作

6月2日，隐患排查治理体系建设宣贯专题培训班

8月10日，门头沟区首届有限空间作业大比武实操比赛现场

1 月 27 日，房山区 2016 年安全生产大会暨春节“两会”期间安全生产工作部署会

2 月 29 日，房山区安全监管局查处非法储油行为

11 月 10 日，房山区职工家庭安全用电知识竞赛活动现场

安全员之家

安全生产寻影

房山安全生产报

曾赞荣陈清等参加“安全生产月”活动

7 月 18 日，《房山安全生产报》创刊

12月13日，通州区区委书记杨斌（左一）带队检查建筑施工现场安全生产工作

12月12日，通州区区长张力兵（左二）带队检查油库安全生产工作

11月16日，通州区2016年安全生产监管干部第一期培训班

2月22日，通州区2016年安全生产“十进万家”启动仪式现场

6月16日，通州区安全生产宣传咨询日活动现场

10月26日，通州区2016年“安康杯”职工安全卫生与消防应急知识竞赛

▲ 3月8日，顺义区“一企一标准 、一岗一清单”编制试点工作培训暨动员部署会

▲ 6月16日，顺义区安全生产宣传咨询日活动现场

▲ 6月16日，顺义区危险化学品泄漏事故应急救援演练现场

▲ 9月28日，市级安全社区评审会

2月24日，大兴区2016年安全生产暨消防安全工作会

6月13日，大兴区职能部门安全生产专职安全员岗前培训班

6月29日，大兴区危险化学品事故应急救援演练

9月13日，“平安大兴”宣传活动现场

3月2日，昌平区2016年度安全生产大会

6月16日，昌平区安全生产宣传咨询日活动现场

6月17日，昌平区第一届有限空间作业大比武开幕式

9 月 27 日，平谷区区委书记王成国（右五）带队检查交通客运单位安全生产工作

1 月 26 日，平谷区常务副区长姚忠阳（前右二）带队开展春节前安全检查

11 月 25 日，平谷区副区长吴小杰（前左二）带队检查企业安全生产工作

12 月 13 日，市安委会第五督查组督查平谷区安全生产大检查工作

▶ 1月28日，怀柔区副区长任武军（前右四）带队检查春节前安全生产工作

◀ 2月3日，怀柔区安全监管局执法人员检查烟花爆竹零售网点安全生产工作

▶ 5月5日，怀柔区2016年安全生产标准化动员培训会

◀ 6月7日，怀柔区第一届有限空间大比武暨应急演练现场

1月27日，密云区安全监管局2015年年终总结暨2016年重点工作部署会

6月7日，密云区《北京市生产安全事故隐患排查治理办法》培训会

6月16日，密云区安全生产宣传咨询日活动现场

9月23日，密云区安全监管系统安全文艺汇演暨“安康杯”竞赛颁奖典礼现场

▶ 6 月 16 日，延庆区副区长刘瑞成（前右二）检查企业安全生产工作

◀ 11 月 15 日，延庆区安全监管局执法人员检查建筑工地安全生产工作

▶ 9 月 21 日，延庆区安全生产宣讲团到企业开展培训活动

▶ 6月16日，北京经济技术开发区安全生产宣传咨询日活动现场

◀ 10月10日，国家安全监管总局省际互查组检查开发区安全生产工作

▶ 12月22日，第二届北京经济技术开发区注册安全工程师主题论坛

区安全监管

东 城 区

概 述

2016年，东城区安全生产工作以“四化三体系双基”总任务为目标，以重大政治活动和节假日安全保障为重点，以全力压减事故为主线，以安全生产责任体系建设、重点领域安全隐患排查治理和在重点行业推广“安责险”的“东安工程”为抓手，落实安全生产“党政同责、一岗双责”，围绕中心服务大局，通过开展扎实有效的工作，确保全区安全生产形势持续稳定。

综合监管

【安委会第一次会议】 1月11日，东城区安委会召开第一次全体会议，区长李先忠，副区长朴学东、陈之常、张立新、王中华、张健、颜华、许汇、暴剑、刘朝晖及区安委会62家成员单位主要负责人参加会议。会议传达习近平总书记、李克强总理指示批示精神，通报全国安全生产电视电话会议精神，宣布调整后的区安委会成员名单。区安全监管局通报2015年安全生产工作情况，部署2016年安全生产重点工作。李先忠要求：一是强化警钟长鸣、预防为主、全员参与3种安全意识。二是狠抓政府部门监管责任落实、“党政同责、一岗双责、失职追责”责任落实，建立安全生产学习培训机制、执法检查和隐患排查常态化机制、追责机制。三是集中抓好春节期间烟花爆竹领域安全监管，以消防、燃气安全整治为重点开展餐饮经营单位安全生产大检查，加强节日期间应急值守。

（刘旭）

【油气输送管道隐患整改调研】 1月27日，东城区副区长许汇对油气输送管道安全隐患整改工作进行调研，区城管委、安全监管局负责人参加调研。区城管委汇报油气输送管道隐患整改工作进度、现存问题和整改工作方案。许汇指出：要按照市、区“三年任务，两年完成”要求，加快占压隐患整改工作，年底前必须完成任务；要细化工作方案，明确相关部门职责；要结合天坛周边简易楼拆迁工程，集中力量拆除该地区占压违建，消除安全隐患；要加强沟通协调，促进整改工作顺利开展。

（刘旭）

【区领导春节前安全检查】 2月5日，东城区区委书记张家明带领区有关部门负责人检查春节安全生产工作。在新世界百货商场，实地检查中控室运行、应急疏散通道设置、特种设备安全、节日商品供应等情况。在龙潭公园，实地检查庙会环境布置、车流引导、突发事件应对、临建搭设安全等情况。张家明指出：要高度重视春节期间安全稳定工作，始终绷紧安全稳定这根弦，切忌轻信经验、麻痹大意，做好反恐防暴、火灾事故预防和突发事件应对等工作，确保全区人民过一个欢乐、祥和的节日。2月1日至7日，区委、区政府领导分别带队检查企事业单位安全生产工作，要求各单位高度重视安全工作，履行好安全职责，整改安全隐患，加强应急值守，确保节日期间安全有序。

（刘旭）

【“两会”安全再部署】 3月14日，东城区副区长许汇主持召开安全生产工作会，对“两会”期间安全保障工作进行再安排、再部署。会议传达市长王安顺“提高安全意识，做好公共安全工作，确保两会顺利召开”指示精神和市政府秘书长李伟对大型会议安保工作的具体要求，通报“3·13”幸福南里10号楼火灾情况，传达区委书记张家明和区长李先忠在火灾现场会上提出的工作要求。会议要求各单位吸取教训，举一反三，再安排、再部署“两会”安全保障工作；明确重点，把握关键，深化隐患排查整治措施；强化宣传，加强教育，发动全社会力量开展安全检查。许汇强调：街道、社区要加强巡逻，发挥微型消防队作用；相关部门要加大拆除违法建设力度，发现一起，严肃处理一起；各单位要高度重视安全生产工作，将各项措施真正落到实处，确保全区安全稳定。

（刘旭）

【建筑工地安全工作会】 3月24日，东城区安委会办公室召开建筑工地安全生产工作会，区住房城乡建设委、城管委等30家成员单位主管领导参加会议。会上，区住房城乡建设委通报全区建筑安全形势，部署下一步工作，其他行业及属地部门对本行业、本辖区建筑施工安全工作进行交流。副区长许汇就建筑工地安全工作提出要求：一是监管部门要责任到人，签订安全责任书，明确安全设施、人员培训、消防通道等安全要求；二是开展建筑施工行业安全大检查，增强执法检查力度，加大检查频次，发现问题坚决不能放过，检查不走过场，注重检查实效。

（刘旭）

【“安责险”推广部署会】 4月5日，东城区安委会召开安全生产责任保险推广动员部署大会，全区43个部门主要领导、31家推广责任单位相关负责同志参加会议。会议就安全生产责任保险制度推广“东安工程”工作进行动员部署，对责任单位组织领导、宣传培训、统筹协调等提出明确要求。会议传达区长李先忠对“安责险”推广工作的指示精神：一是提高思想认识，将“东安工程”定为2016年安全生产领域的一号工程，高标准开展推广工作；二是明确任务目标，结合任务分解尽可能多地进行推广；三是加强组织领导，各单位党政主要负责人亲自挂帅，组织精兵强将开展工作；四是落实推广责任，各单位要各司其职，各负其责，将工作落到实处。

（刘旭）

【安委会第二次会议】 4月18日，东城区安委会召开第二次全体会议。区长李先忠，副区长陈之常、张立新、王中华、张健、颜华、许汇、暴剑、刘朝晖及区安委会62家成员单位主要负责人参加会议。会议通报一季度全区安全生产和消防工作情况，分析二季度安全生产形势，部署下一阶段重点工作。区长李先忠对二季度安全生产工作提出4点要求：一是要高度重视“安责险”制度推广工作，统一思想认识，落实推广责任，11个重点行业年底前完成推广任务不低于2000家；二是要加大对简易楼、筒子楼的安全监管工作，理清相关单位工作职责，各司其职，开展安全隐患排查治理；三是要注重建筑施工安全，二季度是工程施工旺季，针对各地发生的事故情况，建立健全建筑施工安全应急反应机制，施工单位要健全事故处置预案；四是要强化安全生产执法检查和专项整治工作，注重执法检查法制化、常态化建设，确保二季度全区安全形势平稳。

（刘旭）

【区领导“五一”前安全检查】 4月26日，东城区区长李先忠带领区有关部门负责人开展“五一”前安全生产检查，先后检查嘉德艺术中心建筑工地、北京液化气沙滩供应站安全生产措施和相关规章制度落实情况。4月27日至28日，区领导张立新、王中华、许汇、暴剑分别带队检查企业安全生产工作情况，要求相关单位高度重视安全生产工作，认真开展安全隐患排查整治，落实各项安全生产制度，确保工作部署落实到位。

（刘旭）

【油气输送管道隐患整治调度会】 5月18日，东城区副区长许汇主持召开油气输送管道安全隐患整治调度会，区城管委、安全监管局、城管执法局、教委、国资委和东华门街道、建国门街道、崇外街道以及燃气集团第一分公司相关负责人参加会议。会上，区城管委汇报全区城镇燃气管道占压隐患整治总体情况；区城管执法局汇报占压管道违建的拆除情况；相关部门汇报本系统、本辖区整治工作进展情况以及遇到的问题。许汇要求：一是高度重视，把人民群众的生命安全放在首位，落实政府工作职责；二是加快节奏，各单位要倒排工作时间表，对消除隐患工作做到能快则快，确保按期完成整治任务；三是加强协调，特别是针对中央和市属产权占压问题，要兼顾服务工作，妥善解决。

（刘旭）

【“安全生产明白人”培训动员】 6月7日，东城区安委会办公室召开《北京市生产安全事故隐患排查治理办法》宣教工作暨“安全生产明白人”专项培训动员部署大会，全区45个部门主管领导、近百家生产经营单位主要负责人参加会议，市安全监管局副局长贾太保、东城区副区长许汇出席会议。会议对有关责任单位职责分工、“安全生产明白人”专项培训方案、生产经营单位落实事故隐患排查治理主体责任等提出明确要求。一是各单位要从全局的高度，充分认识做好《北京市生产安全事故隐患排查治理办法》宣贯的重要性，在具体工作中加以深化，做到以点带面、点面结合，稳步推进隐患排查治理体系建设，提升安全生产管理水平，实现政府监管责任和企业主体责任的双落实。二是各单位、各部门要结合工作职责部署《北京市生产安全事故隐患排查治理办法》宣贯和“安全生产明白人”培训工作，做到领导到位、组织到位、责任到位、任务到位。三是狠抓“安责险”制度推广工作和城镇燃气管道占压整改等重点工作，完成年度安全生产目标任务。

（刘旭）

【安委会第三次会议】 7月4日，东城区安委会召开第三次全体会议。区长李先忠，副区长陈之常、张立新、王中华、张健、颜华、许汇、暴剑、陈本宇、杨东宁、孔宁及区安委会62家成员单位主要负责人参加会议。会议宣布调整后的区安委会成员名单，通报上半年全区安全生产工作情况，分析三季度面临的安全生产形势，部署下一阶段重点工作。区长李先忠对下半年安全生产工作提出3点要求：一是认清安全生产形势，针对上半年安全事故情况，认真总结暴露出的问题，采取相应的防范措施，遏制事故发生；二是强化安全生产责任意识，在领导责任、政府监管责任、企业主体责任三个层面抓好落实，贯彻安全生产“党政同责、一岗双责、失职追责”和“管行业必须管安全、管业务必须管安全、管生产经营必须管安全”的要求；三是完成安全生产重点工作，9月底前必须完成油气输送管道安全隐患整治任务，加快安全生产责任保险制度推广工作，充分发挥保险的社会化治理作用，加强安全生产宣传教育，通过“安全生产明白人”培训，夯实安全生产基层基础，推进企业主体责任落实。

（刘旭）

【“安责险”制度推广调度会】 7月15日，东城区安委会办公室召开安全生产责任保险制度推广工作调度会，区安委会14家成员单位以及人保财险东城支公司相关负责同志参加会议。会议通报全区“安责险”推广进度、存在问题及下一步工作计划，就推广任务计算方式、保险费率等相关问题做出解答。许汇要求：一是各责任单位要加快工作进度，树立“比学赶超”意识，完成年度推广任务；二是要通过交流提高对“安责险”的认识，各单位要发挥主观能动性，全力开展推广工作；三是通过沟通解决推广中遇到的实际问题，对于保险的政策性问题，要向上级反映，争取政策支持；四是通过协调形成条块结合的推广模式，使行业和属地形成工作合力，确保“安责险”推广工作取得实效。

（刘旭）

【区领导国庆节前安全检查】 9月30日，东城区区委书记张家明带领区有关部门负责人检查国庆节安全生产工作。检查组现场检查中央歌剧院工地安全防控和安全管理情况，检查来福士购物中心和雍和宫中控室视频监控以及配电室、疏散通道、消防设施等应急管理工作情况。张家明要求各单位提高安全意识，加大隐患排查力度，将安全隐患消除在萌芽状态；制定并完善应急预案，强化节日期间应急值守工作，确保安全。9月29日，区长李先忠带队检查王府井品牌中心工地、北京apm购物中心安全管理、设备设施和消防应急情况。李先忠要求各单位加强节前和节日期间消防安全检查，落实安全生产工作责任和各项安全管理制度，对安全隐患再排查，确保各项整改措施落到实处，全力保障节日期间平稳运行。9月27日至29日，区委、区政府领导分别带队检查企事业单位安全生产情况，要求各单位认真履行安全主体责任，加强行业安全监管，消除安全生产隐患，营造平安、和谐的节日氛围。

（刘旭）

【安委会第四次会议】 10月31日，东城区安委会召开第四次全体会议。区长李先忠，副区长陈之常、张立新、李莉、王中华、张健、颜华、许汇、陈本宇、陈献森、杨东宁、孔宁以及区安委会62家成员单位主要负责人参加会议。会议通报三季度全区安全生产工作情况和存在的主要问题，通报全区煤气中毒和火灾预防工作情况，对四季度安全生产形势进行预判，部署下一阶段重点工作。李先忠提出3点要求：一是预防为主，主动作为，坚决遏制较大以上事故，确保一方平安；二是做好安全生产收尾工作，紧扣非首都功能疏解中心任务，强化措施，强调务实；三是全面推进街道安全生产检查队规范化建设，在全区建立起稳定、专业、务实、高效的基层安全生产检查队伍，夯实安全生产工作基础。

（刘旭）

【区领导带队安全督查】 11月28日至12月5日，东城区区委书记张家明、区长李先忠以及其他区领导分别带队，组织17个督查组，对全区各属地安全生产大检查工作开展督查。区委书记张家明带队检查督查前门东区大江胡同南侧工地、前门B14地块项目工地、前门东区三里河河道恢复整治项目工地；区长李先忠带队检查督查东四地区发小翅吧、鑫苹果网吧、淑惠超市、诚泰商务酒店；区领导宋铁健、周永明、毛炯、陈之常、汤钦飞、徐文熬、张立新、种磊、周家雷、王中华、张健、颜华、许汇、陈本宇、陈献森分别带队开展检查督查。督查组重点检查安全生产制度管理、应急预案和应急值守、从业人员安全生产培训、消防安全管理、作业现场安全管理、特种人员管理及特种设备安全、有关行业安全标准规范执行等情况。区委书记张家明指出：一要清醒认识安全生产形势的严峻性，增强做好安全生产大检查的自觉性，绷紧安全生产这根弦，守住安全生产这条“红线”；二要组织开展辖区安全生产大检查，突出建筑施工等重点行业领域安全整治，开展全覆盖、无盲区、零死角彻查治理，全方位解决安全生产隐患；三要规范执法检查和责任追究，确保安全隐患整改到位，推动安全生产大检查有效开展。区长李先忠肯定前期各项工作并要求：一要坚守目标、不退不让，高位协调、靠前指挥，突出重点、务实创新；二要夯实基础，建章建制，要把基础台账建立起来、工作机制建立起来、政策制度建立起来，确保求长效、管长远。

（刘旭）

【启动“安责险”推广“东安工程”】 本年，东城区安委会启动安全生产责任保险制度推广“东安工程”，推进以保险为主要载体的社会化治理模式，强化企业安全责任意识，有效分担事故风险，保障从业人员合法权益。在危险化学品经营、经营性教育机构、建筑施工、营利性医疗机构、经营性体育运动项目、文化娱乐场所、宾馆饭店、交通运输、商市场、地下空间、餐饮经营单位11个重点行业领域进行推广，建立起责任保险与安全生产工作相结合的良性互动机制。区财政局拨款62万元，作为“安责险”推广宣传经费，保障宣传工作顺利开展。全年“安责险”成功推广2016家（含公共责任险150家），超额完成市级下达推广1500家的工作任务。

（孙溪之）

【综合考核】 本年，东城区安委会办公室印发《东城区2016年安全生产综合考核实施方案》，对属地街道和政府工作部门进行考核。考核采取区安委会、交通安全委员会、防火安全委员会分别进行专项考核、综合考核领导小组办公室进行评议、综合考核领导小组审定的方式进行，客观评价被考核单位落实安全生产监管职责及安全生产重点工作情况。各考核单位均评定为优秀以上档次。

（孙溪之）

【安全生产形势分析】 本年，东城区安委会办公室按照季度、半年、全年3个层面对全区安全生产形势进行分析和总结，通过事故指标控制、形势分析预测、存在问题及下一步工作重点等方面对全区安全生产形势进行系统、全面的分析，并向区政府常务会报告。针对存在的问题和薄弱环节，强化措施，有重点地开展工作。

（孙溪之）

危险化学品安全监管

【部署危险化学品专项整治】 8月12日，东城区安全监管局制定《关于深刻吸取天津港“8·12”特别重大事故教训，集中开展危险化学品安全专项整治工作方案》《吸取天津港“8.12”特别重大事故教训，集中开展危险化学品安全专项整治督查方案》《危险化学品重点使用单位专项整治督查方案》，召开全区危险化学品安全专项整治工作会和危险化学品重点使用单位专项整治督查工作会，全面部署危险化学品安全专项整治工作及重点使用单位专项整治督查工作。专项整治涉及的12个行业部门按照工作方案时间节点要求报送整治台账、工作进度及工作总结。此次专项整治对规范危险化学品的经营、使用管理起到积极作用。

（郑惟）

【危险化学品专项整治督查】 10月，东城区安全监管局会同消防、公安等部门对13家加油站、3家剧毒化学品经营单位、8家易制爆化学品单位以及在账的危险化学品使用单位（医院、学校）进行安全专项整治督查。检查中发现医院普遍存在未建立应急预案、药品出入库登记不规范、药房未达到“三铁一器”（铁门、铁窗、铁柜，报警器）要求，学校实验室存在药品放置不规范、台账建立不规范、危险化学品出入库登记不准确等问题。督查组责令有关单位或以函告的方式要求相关行业部门立即整改，及时消除存在的安全隐患。

（郑惟）

【危险化学品行政许可】 本年，东城区安全监管局受理危险化学品行政许可到期换证20家，变更申请11家，注销危险化学品经营许可证5家（含3家异地经营的成品油库），注销易制毒化学品经营备案1家，劝退危险化学品企业经营申请11家。

（郑惟）

【加油站应急救援物资管理】 本年，东城区安全监管局督促辖区各加油站配备沙子、防爆球、手提干粉灭火器、消防桶、铁锹等25类应急救援物资，提升加油站应对各类突发事件的应急响应、现场处置和自救能力。

（郑惟）

【危险化品生产经营单位管控】 本年，东城区安全监管局针对元旦、春节、“两会”

“五一”等重点时段，制定安全生产保障计划，对加油站进行“全覆盖”安全检查，督促加油站做好散装油销售管理，加强重点时段安全巡查，加强应急值守，落实市反恐防范标准各项要求，确保重点时期、重大节日期间不发生安全事故，有效维护首都社会治安和公共秩序。

（郑惟）

【危险化学品执法检查】 本年，东城区安全监管局出动执法人员312人次，检查危险化学品经营单位156家次，整改隐患问题25项，下达限期整改指令书21份，行政处罚3起，罚款11.1万元。

（郑惟）

烟花爆竹安全监管

【烟花爆竹零售网点设置】 本年，东城区安全监管局对烟花爆竹零售网点继续实施总量控制，在2015年基础上大幅缩减。区安全监管局分街道对全区烟花爆竹销售单位数量进行规划，召开专门会议向有关街道和部门就网点总量控制、行政许可、安全监管各项措施要求等进行部署。行政许可严格按照申请、受理、公示、审核、复核、审定、告知7个程序进行，报区烟花办、工商局备案，在区安全监管局对外网站上进行公示。2016年东城区批准设置烟花爆竹零售网点5家。

（郑惟）

【物联网视频监控系统】 本年，东城区安全监管局监督建设单位落实烟花爆竹零售网点视频监控设备安装和调试工作，协调区信息办做好烟花爆竹零售网点数据、视频汇总上传工作，按时完成市、区两级烟花爆竹图像平台对接工作，制定春节期间视频监控运行应急预案，保证烟花爆竹销售高峰期间系统运行正常。

（郑惟）

【烟花爆竹管理人员培训考核】 本年，东城区安全监管局组织烟花爆竹从业人员系统学习烟花爆竹安全管理法律法规、事故预防及应急救援、典型事故案例等，特别将公安部门的“三禁止、三报告、一登记”，以及空气重污染橙色、红色预警的停售措施纳入培训内容，以此提高烟花爆竹零售单位负责人和从业人员的安全生产意识和安全管理水平。

（郑惟）

【烟花爆竹销售】 本年，东城区烟花爆竹销售总额121.24万元，同比下降22%，销售总数1905箱，同比下降25%。未发生因烟花爆竹经营引发的安全生产事故。

（郑惟）

隐患排查治理

【安全生产大检查】 11月，区委、区政府领导分别带领17个督查组，对各街道安全生产检查工作落实情况进行督查。自大检查开展以来，全区发现并整改各类生产安全隐患3503项，消除重大隐患1项（非法储存51个液化气钢瓶）。

（孙溪之）

【燃气管道隐患整改调度会】 3月10日，东城区安委会办公室召开占压城镇燃气管道安全隐患整改调度会，区城管委、城管执法局、燃气集团第一分公司相关负责人参加会议。会议总结燃气管道隐患整改工作，提出工作要求：一是由区城管执法局联合街道办事处，对占压建筑产权单位进行告知，指出存在的安全隐患，要求其与燃气集团商洽整改事宜；二是加强沟通协调，及时研究解决工作中存在的问题，推进整改工作；三是每月至少召开一次调度会，促进相关工作落实，确保挂账38项占压隐患年内整改完毕。

（刘旭）

【隆福寺早市专项整治】 5月9日至31日，东城区安全监管局按照区政府统一部署，每天出动1个执法检查组，参加隆福寺早市专项整治行动。检查组针对取得营业执照、有固定经营场所的商户进行摸底排查，配合相关部门清理、取缔无照游商。期间，出动执法人员187人次，检查商户摊位101个，发现隐患问题57项。对于检查中发现的隐患问题，督促有关负责人及行业主管部门及时整改。经复查，隐患全部整改完毕。

（王慧）

【油气输送管道隐患整治】 本年，东城区挂账油气输送管道安全隐患48项，均为占压城镇燃气管道隐患（无危险化学品输送管道和长输油气管道）。东城区政府成立油气输送管道安全隐患整改工作领导小组，区财政局安排专项资金1000万元，采取拆改结合的方式进行消隐，拆除占压建筑1012平方米，改移管线6处。截至年底，48项安全隐患全部销账，实现“三年任务，两年完成”的工作目标。

（孙溪之）

应急救援

【人员密集场所应急演练】 5月12日，东城区安全监管局联合区商务委、公安消防支队等部门，在鲜鱼巷烤鸭店开展以突发火情为背景的综合应急演练活动。演练内容包括紧急疏散、应急救援、伤员救助、危情上报、灭火器材使用等。通过此次演练，有效增强相关企业危情处置能力，提高反应速度，理顺处置程序。

（关宏建）

【机动车维修行业应急演练】 6月29日，东城区安全监管局联合东城运管处、公安消防支队、永外街道办事处在北京龙昊翔汽车维修中心开展机动车维修行业安全应急演练活动，34家重点机动车维修企业安全生产管理人员60余人现场观摩。通过演练，提高机动车维修行业安全生产事故应急响应和处置能力，达到预期目的。

（关宏建）

【应急示范企业试点】 本年，东城区安全监管局开展应急示范企业试点工作，督促企业落实安全生产应急管理主体责任。东城区试点企业达标率100%，为全市首个所有试点单位实现达标的区。北京站加油站作为东城区试点单位代表，在全市应急示范企业试点工作大会上做典型发言，从应急试点工作措施、应急管理经验、安全生产标准化等方面介绍工作经验。

（关宏建）

【应急预案备案】 本年，东城区安全监管局按照《生产安全事故应急预案管理办法》，办理生产经营单位生产安全事故应急预案备案28件。备案单位以危险化学品经营单位为主，为开展危险化学品经营许可工作打下基础。

（关宏建）

执法监察

【G20峰会期间执法检查】 1月4日至16日，东城区安全监管局开展“G20峰会第一次协调人会议”安全生产保障工作。成立专项检查组，重点对会议驻地国际饭店周边生产经营单位进行“全覆盖”执法检查，开展检查施工工地、人员密集场所等重点行业专项执法检查，建立安全生产基础台账和隐患排查台账。期间，出动执法人员162人次，检查生产经单位67家次，下达责令限期整改指令书16份，排查治理安全隐患22项，立案处罚2起，罚款2万元。会议期间，全区未发生安全生产事故，安全生产形势稳定。

（王慧）

【餐饮单位安全大检查】 1月8日，东城区安委会办公室向区商务委、城管委等7个职能部门、20个街道及地区管理机构印发《关于开展餐饮经营单位安全大检查的通知》，开展为期1个月的餐饮经营单位安全大检查。要求各单位主要负责人挂帅，加强组织领导，坚持联合执法机制，坚持严管重罚，对全区餐饮经营单位进行“全覆盖”安全检查，确保全区安全生产形势平稳。各部门、街道制定工作方案，召开专题部署会，责任到岗、任务到人，组织开展检查。全区检查餐饮经营单位3392家次，下达执法文书354份，排查治理隐患2073项，罚款6.59万元，停产停业7家。

（刘旭）

【春节庙会安全检查】 1月25日至2月13日，东城区安全监管局开展春节庙会安全生产检查，每天出动2个执法组，对地坛、龙潭庙会的临时搭建物进行现场安全检查。检查中，发现部分展板配重不够、展区临建支架固定不牢固等多项安全隐患，检查组依法下达责令整改指令书，要求搭建单位立即整改，并向区园林绿化中心发出告知函，督促搭建单位整改。2月1日，执法人员进行复查，隐患问题全部整改完毕，各项安全工作落实到位。

（王慧）

【春节觐香活动安全检查】 1月25日至2月22日，东城区安全监管局开展雍和宫春节觐香活动安全检查，重点检查用电设施设备安全、疏散通道标识、应急预案、防止各类事故发生措施等落实情况。出动执法人员26人次，发现隐患7项，均现场整改完毕。确保觐香活动安全有序开展。

（王慧）

【“两会”期间执法检查】 2月22日至3月16日，东城区安全监管局组织开展全国“两会”安全保障执法检查行动，开展涉会场所周边安全、消防安全、餐饮场所燃气使用安全检查、建筑工地安全4项重点执法检查。出动执法人员966人次，检查生产经营单位450家，发现各类隐患问题152项，下达责令限期整改指令书72份，立案处罚6起，罚款9万元，采取临时强制措施2起。经复查，隐患全部整改完毕。

（王慧）

【春季建筑工地复工专项检查】 3月17日至4月10日，东城区安全监管局组织开展春季建筑工地复工专项检查，以新开工建筑工地为重点，对在施工地安全生产相关制度建立、施工人员开展三级教育培训档案、用电安全、特种作业人员持证上岗情况进行抽查。执法人员抽查21处在施建筑工地，发现隐患问题52项，下达责令限期整改指令书29份，立案处罚17起，罚款13.45万元。经复查，隐患全部整改完毕。

（王慧）

【全员执法“大练兵”】 3月24日至10月7日，东城区安全监管局利用节假日及夜间时间，采取“白加黑”“5加2”的模式，由局领导带队，逐个街道（地区）开展安全隐患大排查、大检查行动。组织“大练兵”行动45次，出动执法人员137人，检查生产经营单位167家，发现隐患141项，下达责令限期整改指令书57份，立案处罚15起，罚款9万元。经复查，隐患全部整改完毕。

（王慧）

【用电安全专项检查】 6月25日至7月6日，东城区安全监管局结合夏季用电高峰期的特点，按照“严查、严防、严罚”原则，组织开展以综合楼宇、建筑施工、商市场、宾馆饭店等行业为重点的用电安全专项执法行动，督促企业落实用电安全主体责任，排除各类安全隐患，确保安全运行。期间，抽查生产经营单位16家，发现隐患20余项，下达责令整改指令书11份，立案处罚5起，罚款6.9万元。经复查，隐患全部整改完毕。

（王慧）

【建筑工地防汛专项检查】 7月7日至18日，东城区安全监管局组织开展建筑工地防汛安全专项检查，以在建工地防汛安全情况、用电安全情况为重点，抽查在施工地13处，排查治理隐患问题39项，下达责令整改指令书7份，立案处罚2起，罚款2万元。

（王慧）

【少数民族文艺汇演安全保障】 7月22日至9月14日，东城区安全监管局组织开展第五届全国少数民族文艺汇演安全生产保障工作。7月22日，制定下发《东城区2016年第五届全国少数民族文艺汇演安全生产保障工作方案》，部署会议运行保障工作。7月22日至31日，对辖区内10个驻地及2个演出场地周边200米范围内393家生产经营单位全面普查并建立基础台账。7月31日至8月10日，采取属地街道全面检查与区安全监管局重点抽查相结合的方式，完成“全覆盖”检查，督促生产经营单位落实安全生产主体责任。区安全监管局领导带队对餐饮、燃气使用、地下空间、综合楼宇等行业进行重点督查。8月11日至9月14日，每天派出4个执法组，对重点区域、重点企业、重点场所进行巡查。全区共检查生产经营单位479家，发现各类隐患128项，下达责令限期整改指令书42份，立案处罚7起，罚款11万元。经复查，隐患全部整改完毕。

（王慧）

【十八届六中全会安全保障】 10月20日至26日，东城区安全监管局组织开展十八届六中全会安全生产保障工作。由局领导带队，每天出动6个检查组，对涉会场所周边及人员密集场所进行安全生产执法检查，督促生产经营单位迅速整改安全隐患，加强巡查，落实安全生产主体责任。检查生产经营单位126家次，发现安全隐患79项，下达责令限期整改指令书40份，立案处罚3起，罚款1.1万元。经复查，隐患全部整改完毕。会议期间，未发生安全生产事故，全区安全生产形势稳定。

（王慧）

职业卫生监督检查

【有限空间夜查行动】 3月至9月，东城区安全监管局实施有限空间每周不间断夜查。组织开展有限空间夜查行动29次，出动执法人员65人次，排查治理各类隐患19项，现场纠正各类违章行为10余起，立案查处3起，罚款5万元。

（李娟）

【有限空间安全生产工作会】 5月19日，东城区安全监管局召开有限空间安全生产工作会。会议通报2015年全市有限空间事故情况及2016年东城区有限空间夜间巡查工作方案。会议要求区有关部门和单位加强领导，建章建制，实现有限空间作业管理的精细化、规范化、程序化、标准化。加大安全生产资金投入，加强事故隐患排查治理工作，加强应急演练，提高有限空间安全监管（管理）水平，防患于未然。

（李娟）

【职业危害专项治理现场会】 11月7日，东城区安全监管局召开机动车维修企业调漆室和清洗喷枪工作场所职业危害专项治理行动工作现场会，各街道职业卫生专、兼职安全员和11家机动车维修企业负责人参加会议。会议要求各单位学习典型单位职业危害防治工作经验，根据专项治理行动要求，开展自查自纠，针对本单位调漆室和清洗喷枪工作场所存在问题，进行认真整改，完善职业卫生基础工作，对作业人员进行培训，对职业病防护设备设施进行升级改造。

（李娟）

【建筑行业职业卫生专项调研】 本年，东城区安全监管局会同中职康安（北京）安全技术研究中心开展建筑行业职业卫生专项调研工作，分析建筑施工现场劳动者接触职业病危害因素有关情况，系统识别各类职业病危害因素的种类，以及接触人员所患生理疾病和心理健康问题，提出政府监管、企业管理、建筑工人自身预防等方面的对策和建议。经过发放调查问卷、现场检查、讨论修改报告提纲等工作阶段，完成调研报告撰写工作。

（李娟）

宣传培训

【微博、微信宣传互动】 5月至8月，东城区安全监管局利用新媒体平台，开展安全生产微博、微信宣传互动活动。组织“安全文化伴我行”微信有奖互动、“安全在我身边”微博答题赠书等宣传活动3次18期，吸引微博粉丝和微信用户参与和分享，宣传普及《中华人民共和国安全生产法》《北京市生产安全事故隐患排查治理办法》《北京市生产经营单位安全生产主体责任规范》等法律法规知识。

（曹宝姝）

【宣传咨询日】 6月16日，东城区安全监管局与崇外街道在国瑞城购物中心广场举办安全生产月宣传咨询日活动。活动现场设置企业座谈区、宣传体验区、微信互动区和安全宣讲区4个活动区。其他19个街道（地区）设置安全生产月宣传咨询日分会场，面向辖区企业负责人及一线员工开展形式多样的安全生产宣传教育活动。活动当天，官方微博“东城安全监管局”启动“安全在我身边”系列答题赠书线上活动，每周1期，为期8周。宣传咨询日活动中，各街道（地区）深入企业开展宣传培训，注重实效，组织保障有序，受到广泛好评。

（曹宝姝）

【安全生产培训】 本年，东城区安全监管局根据安全监管系统和企业单位实际需求，联络专家进行授课。组织开展“安全生产大讲堂”及行政执法培训13次，培训

2300余人；组织新入职部门专职安全员岗前培训及考核，培训40余人；组织全区安全社区创建培训活动，开展红十字会应急救援培训工作。

（曹宝姝）

【“安全生产明白人”专项培训】 本年，东城区安全监管局创新形式，启动“安全生产明白人”专项培训工程。组织区商务委、房管局、文化委、民防局、住房城乡建设委等部门举办8期集中培训班，培训1500余人，合格率100%；在17个街道和3个地区同步开展“安全生产明白人”在线培训，4000余人参加在线学习，3700余人完成培训通过考试，合格率93.83%。“安全生产明白人”培训深受各部门和企业欢迎，荣获“2015—2016年度北京市安全生产监管监察工作改革创新奖”。

（曹宝姝）

【安全生产月系列活动】 本年，东城区安全监管局推进安全生产月宣传教育系列活动，开展安全文化建设示范企业建设、“双百工程”实施和“2016安监之星·北京榜样”评选等多项宣传教育活动。利用新媒体平台组织互动，吸引微博粉丝和微信用户参与和分享，普及安全生产法律法规。收集全区安全生产各项工作图文资料，总结业务经验，集中制作安全生产宣传展板29张、业务宣传栏31块，直观体现东城区安全生产工作成果。制作宣传条幅200条、宣传挂图1万余张；采购安全生产书籍、手册1.3万册，安全生产宣传品1.6万余份。安全生产月活动中，各部门、企业召开动员部署会议353余次，参与活动单位10720家，发放宣传材料35万余份。2万余人参加安全生产宣传咨询日，同比增加33%。

（曹宝姝）

【“绿舟”安全文化宣讲团】 本年，东城区安全监管局组织“绿舟”安全文化宣讲团，宣传贯彻《北京市生产安全事故隐患排查治理办法》。组织大型宣传活动3次，深入安委会成员单位及重点企业宣讲4次，受众2000余人。通过宣讲活动，既提高安全监管干部业务水平，增强法制意识，也使“绿舟”安全文化深入基层，打造安全生产宣传品牌。

（曹宝姝）

【执法资格培训考核】 本年，东城区安全监管局为15名证件到期的执法人员重新复审办理执法证，组织14名新入职人员参加执法资格培训与考核。制定《东城区安全监管局落实安全生产监督检查随机抽查工作方案》，按月在政务网站上公布安全生产执法处罚情况，完善行政处罚信息公开，做好行政执法监督及行政诉讼工作。

（曹宝姝）

【安全文化建设示范企业创建】 本年，东城区安全监管局指导区属7家企业参加市安全文化建设示范企业创建工作，选送的3家单位获得“2016—2019年北京市安全文化建设示范企业”称号。3家企业中，北京建工环境修复股份有限公司、北京中建华通建设集团有限公司通过综合考核初次获评，北京市便宜坊烤鸭集团有限公司通过复评。

（曹宝姝）

标准化建设

【评审单位工作例会】 3月18日，东城区安全监管局召开安全生产标准化评审单位工作例会，北京全方略咨询有限责任公司、北京联合智业认证有限公司等4家评审单位负责人参加会议。会议从宣传动员、人员调配、行业支持、企业配合等方面部署三级安全生产标准化达标创建工作，听取各评审单位工作思路和保障措施。会议要求各评审单位加强对安全隐患整改工作的跟踪问效，严格评审程序，按照达标标准逐项逐条进行核查，提升企业安全意识和达标质量。

（王湘辉）

【三级标准化达标企业抽查复评】 4月1日至7月8日，东城区安全监管局联合区文化委、旅游委、商务委、体育局等行业部门，对全区三级安全生产标准化达标企业进行抽查复评。抽查工作按照“四不两直”和随机抽取方式确定抽查企业，抽查企业100家。抽查复评组对照《安全生产标准化实地核查标准》重点检查评审报告扣分项整改落实、安全生产标准化运行、评审单位评审程序等内容。区安全监管局对抽查复评情况进行汇总分析，通报抽查复评结果，要求有关单位加强达标创建管理，严格评审质量，消除安全隐患。

（王湘辉）

【民办学校标准化培训】 4月27日，东城区安全监管局联合区教委召开民办学校安全生产标准化动员培训会，标准化评审单位、民办学校负责人60余人参加会议。培训会上，重点讲解开展安全生产标准化的重要意义、基本流程和达标创建相关优惠政策，下发《关于开展民办学校安全管理标准化达标创建工作的通知》，明确工作目标、达标范围和工作步骤。会议要求民办学校主动开展达标创建，做好人力、物力、资金保障，按照民办学校达标标准，开展对标自评，排查整改安全隐患。加强与区教委、评审单位的协调沟通，及时反馈达标创建过程中的问题，按照要求完成标准化达标创建工作。

（王湘辉）

【医疗机构达标创建培训】 6月3日，东城区安全监管局联合区卫生计生委召开营业性卫生医疗机构安全生产标准化动员培训会，对90余家医疗机构有关负责人140余人进行达标创建培训。会议从标准化创建工作的开展背景、意义、主要原则、创建流程、优惠政策等方面进行宣传动员，要求营业性卫生医疗机构与区卫生计生委、安全监管局和评审单位加强沟通，及时反馈达标创建过程中的问题，按照要求完成标准化达标创建工作。

（王湘辉）

【标准化评审工作会】 7月13日，东城区安全监管局组织召开安全生产标准化评审单位工作会，北京全方略咨询有限责任公司、北京联合智业认证有限公司等6家安全生产标准化评审单位负责人参加会议。会议通报抽查复评情况，指出评审单位在评审组织、评审步骤、评审内容等方面存在的问题。要求评审单位：一是针对存在问题，进行自查自纠，规范评审程序，加强评审业务能力建设；二是以隐患排查治理为核心，提高企业安全生产基础管理工作；三是强化服务意识，主动配合行业管理部门和达标企业；四是统筹安排评审力量，有序推进评审工作；五是严格评审质量，不允许出现降低达标标准的现象。

（王湘辉）

【行业标准化协调会】 7月13日，东城区安全监管局召开行业安全生产标准化工作协调会，区教委、卫生计生委、城管委、商务委、旅游委、文化委、体育局、房管局等行业主管部门有关负责人参加会议。会上，区安全监管局从组织领导、宣传培训、现场督导等方面总结行业标准化工作开展情况，要求各单位加强评审管理，规范评审流程，有序推进各项标准化工作，按时保质完成达标创建任务。

（王湘辉）

【三级标准化达标企业核查】 8月15日至18日，市安全监管局联合东城区安全监管局、商务委、文化委、园林绿化中心对东城区三级标准化达标企业进行抽查复核。抽查企业27家，涉及商业零售、文化娱乐、物业管理企业。此次核查组织3个标准化核查小组，出动检查人员130人次，填写核查记录27份。现场核查发现企业存在安全标准化不符合项130余项。针对存在问题，由行业主管部门和属地街道（地区）监督企业整改落实到位。

（王湘辉）

【企业标准化达标创建】 本年，东城区安全监管局按照“政府推动、行业指导、企业落实、社会参与”的工作原则，结合地区特点和监管重点，在商贸、文化、旅游、体育、房管等重点行业（领域）开展企业安全生产达标创建的基础上，启动供热、民办培训机构、民办医疗机构等行业标准化创建工作，深入开展安全生产标准化创建工作，基本实现重点行业领域“全覆盖”。全区三级标准化达标企业576家，占年度计划的144%；小微岗位达标企业4045家，占年度计划的202%。

（王湘辉）

西　城　区

概　　述

2016年，西城区安全生产工作坚持“安全第一、预防为主、综合治理”方针，树立“红线”意识，强化安全监管，深化隐患排查治理，推进安全生产改革创新，各项工作成效显著。

一、完善安全生产责任体系。建立以安委会季度例会为传达部署平台、部门联席会和街道联席会为沟通桥梁的会议制度；区领导与68家安委会成员单位签订年度安全生产责任书，各部门、街道逐级签订责任书。建立“1＋7”安全生产责任体系，明确党政部门在安全生产工作中的责任。开展安全生产重大决策专项督查。区安委会办公室联合区政府督查室开展安全生产重点项目督查3次，涉及15家单位；施行“一对一”考核制度，对49个部门开展绩效考核，以考核促管理，保障全区安全生产形势持续稳步好转。

二、深化安全预防控制体系建设。严肃事故查处，严格责任追究，生产安全责任事故全部按期调查处理结案，罚款28.2万元，行政拘留2人，事故办结率100%。制发《关于做好西城区生产安全事故统计联网直报工作的实施意见》，明确事故直报流程、内容和时限，建立事故统计信息共享机制。确立10家企业为应急管理示范单位，通过发挥示范单位的带动作用，提高应急管理工作水平，建立“高效运转、规范有序、反应迅速、处置科学”的应急管理体制机制。

三、推进安全生产标准化工作。落实标准化建设工作要求，在区教委、房管局等部门和15个街道开展达标创建工作。开展企业培训，发放隐患自查自报手册、小微企业岗位手册4800份。完成对34家三级达标企业、218家小微达标企业的专项抽查复核工作。

四、提升安全监管信息化水平。建立以隐患排查治理为支撑、执法检查为重点、综合考核为载体、风险分析为保障的安全生产综合监管平台，升级改造执法检查系统和隐患自查自报系统，实现隐患排查标准、执法检查标准、标准化评审标准“三标合一”。建立专职安全员管理信息化平台，100%录入日常执法检查记录，配发执法移动终端，开展移动执法检查和网上办公业务。将安全生产执法检查、条件普查、行政处罚等数据与市安全监管局、工商分局、城管执法局进行对接和共享。

五、依法行政，推行政务公开。确权明责，编制权力清单，按照“三定方案”进行梳理和编目，确保职权准确、有效、一致。丰富政务公开内容，对机构设置、部门职能、申请材料、办事流程等进行说明，并试行公开执法情况。拓宽政务公开的平台网络，更新升级官方网站，增加公开模块，拓宽与群众互动渠道，推动行政权力的公开透明运行。全年公开信息270条，其中行政处罚30条、执法检查215条、行政许可20条、事故快报1条、事故调查信息1条、应急预案3项。

六、提高公众安全生产意识。开展安全生产大培训，委托第三方培训机构通过集中授课、网络远程教育等方式，以事故易发、多发领域为重点，开设33个培训班次，培训企业主要负责人和安全管理人员4155人，培训满意度99%。开展“夯实安全基础、推动协同发展”为主题的安全生产月系列活动，全区近万名职工群众参加活动。通过开展安全生产宣传活动，安全发展的科学理念深入人心，全社会对安全生产关注程度得到提高。

七、加强专职安全员队伍建设。打造特色管理制度体系，首创专职安全员队长述职制度，制发《西城区专职安全员管理办法》《西城区专职安全员绩效考核管理办法》等9项管理制度，在全市率先搭建专职安全员绩效考核管理平台，将专职安全员队伍建设作为督查考核项目之一。落实装备配备保障，将部门专职安全员所需装备纳入部门预算管理，构建专职安全员队伍建设“四个一工程”，打造装备配备标准化、制度建设标准化、业务培训标准化的“一支队伍、一套制度、一个平台、一个标准”的一体化专业队伍。全区在职专职安全员445人，其中街道专职安全员306人，部门专职安全员139人。全年出动检查人员14.67万人次，检查单位7.33万家次，覆盖率156.7%。检查发现隐患7.94万项，下达限期整改文书20332份。

综合监管

【安全生产大会】 3月10日，西城区安委会召开安全生产大会，总结2015年安全生产工作，部署2016年重点工作。区委书记卢映川、区长王少峰参加会议，市安全监管局局长张树森出席会议。各安委会成员单位以视频会议形式召开。会上，区领导与行业部门和属地代表签订安全生产责任书。区委书记卢映川指出：一是强化首都意识，增强做好安全生产工作的责任感和紧迫感；二是强化首善意识，把安全生产工作抓深入、抓扎实；三是强化责任意识，履行安全生产监管职责；四是强化“红线”意识，筑牢安全生产防线，形成全社会共建共治新格局。

（杨琴）

【部门联席会】 6月17日，西城区安委会组织27个安委会有关成员单位的主管领导召开2016年度第一次部门联席会，实施部门安全生产工作联席会议制度。区安委会每季度组织29个行业部门召开部门联席会，搭建交流平台，解决安全生产工作突出问题，促进各行业部门工作顺利开展。

（杨琴）

【“十三五”安全生产规划】 本年，西城区安委会制定《西城区“十三五”时期安全生产发展规划》，提出2016年至2020年安全生产工作的指导思想、基本原则、规划目标、主要任务和保障措施，明确落实地方标准、安全生产综合应急救援体系建设、安全监管执法能力建设、重大项目安全监管、“互联网＋”安全生产应用、安全生产责任保险推广、人员密集场所预警系统推广、城市火灾风险评估和隐患排查整治等重点工作，对“十三五”时期全区安全生产工作做出总体部署。

（杨琴）

【安全监管机构建设】 本年，西城区安委会对37个区政府工作部门和15个街道安全生产监管机构建设情况进行调查梳理，确定26个工作部门的相关科室为本部门安全生产监管（管理）牵头科室，编制及领导职数保持不变，承担安全生产年度或阶段性重点工作方案制定、协调督促、统计汇总、信息报送等工作，其中23个部门的相关科室加挂“安全生产办公室”牌子。

（杨琴）

【重点项目专项督查】 本年，西城区安委会联合区政府督查室对78个部门、15个街道开展3次安全生产重点项目专项督查。收集督查反馈意见15份，印发督查专刊4期，对“和谐宜居”之区建设、“党政同责、一岗双责”、安全生产监管（管理）职责转化等“1＋7”安全生产责任体系落实情况进行“一对一”交流，分解任务1096项，确保安全生产各项工作取得实效。

（杨琴）

【安全生产形势分析】 本年，西城区安委会根据全区安全生产工作情况，编制12期安全生产事故情况分析及工作数据统计报告。从数据分析、事故预测、形势分析3个方面提出意见和建议；从原因、时间和空间3个维度分析全区生产安全、道路交通和火灾事故的发生规律；采用各种预测模型（时间序列、马尔科夫、灰色预测）预测火灾和道路交通事故；采用数据聚类法（最优分割法）划分安全风险等级，在数据统计基础上，多角度分析行业监管和属地监管特点、成果以及管理薄弱环节，归纳全区安全隐患排查工作特点，提出具体隐患排查建议。

（杨琴）

【为民办实事专项工程】 本年，西城区安委会办公室根据《北京市西城区2016年为群众拟办重要实事》（西政办发〔2016〕3号）文件要求，组织各街道为老旧小区和平房困难居民检测液化石油气罐、更换软管，有效预防燃气火灾爆炸事故。全年实际检测 29530 万户，实际更换 16032 户，超额检测 357 户，完成为民办实事专项工程。

（靳交瑞）

【安全管理人员公示】 本年，西城区安全监管局根据《北京市生产经营单位安全生产主体责任规范》（京安监发〔2016〕18号）要求，结合工作实际，联合区科信委、商务委、文化委、体育局和旅游委 5 个负有安全生产监督管理职责的部门，在全区 73 家中等规模（100 人至 300 人）的人员密集场所生产经营单位（商市场、文化娱乐场所、星级宾馆、饭店）制作安全管理机构及专职安全管理人员公示牌，以此推动企业安全管理水平提升，强化企业主体责任落实。

（杨琴）

【安全生产责任保险】 本年，西城区安全监管局推动企业落实安全生产主体责任，在全区各行业开展安全生产责任保险工作。全区投保安全生产责任保险企业 3648 家，占全市总数的 19%，保费 1054 万元，占全市保费总额的 31%。投保企业数和保费居全市第一。

（颜伟）

危险化学品安全监管

【危险化学品专项治理】 7 月至 11 月，西城区安全监管局按照《北京市安全生产委员会关于深刻吸取天津港“8·12”特别重大事故教训，集中开展危险化学品安全专项整治工作方案》（京安办发〔2016〕26 号）部署要求，开展危险化学品专项整治工作，梳理 86 家危险化学品经营企业的经营品种，摸排部分行业使用危险化学品的情况，掌握学校、医院、科研机构及工业企业使用和储存危险化学品的情况。专项治理期间，检查危险化学品生产经营单位 70 家次，排查整改安全隐患 10 项。

（潘海燕）

【油气输送管道隐患整治】 本年，西城区安全监管局根据市安委会《关于深入开展油气输送管道隐患整治攻坚战的通知》文件要求，开展油气输送管道隐患整治工作。一是在区委常委会、人大常务会、政府常务会上通报有关情况，督促有关单位和街道办事处落实；二是主管副区长带队检查，进行专项调度；三是区安委会定期对区有关部门和街道办事处开展督查；四是在部门联席会、街道联席会上通报工作进展情况；五是组织区市政、城管、消防、卫生及相关街道对相关企业开展联合执法检查；六是区安委会向隐患单位致函、发布隐患告知书、张贴公告。截至年底，整改治理城镇燃气管道隐患 67 项，占隐患总数的 82.7%。

（潘海燕）

【行政许可】 本年，西城区安全监管局办理危险化学品经营许可证延期、变更及新增企业 51 家，办理第二类、三类易制毒化学品经营备案 3 家。

（潘海燕）

烟花爆竹安全监管

【烟花爆竹禁售】 本年，西城区安全监管局加强烟花爆竹零售管理，无符合条件的烟花爆竹零售网点提交申请，未设置烟花爆竹零售网点，率先在全市实现禁售烟花爆竹。

（潘海燕）

隐患排查治理

【隐患排查治理清单编制试点】 本年，西城区安全监管局制定《西城区开展生产安全事故隐患排查“一企一标准、一岗一清单”编制试点工作实施方案》，分两次召开108家试点企业和相关行业部门管理人员350人参加的动员部署暨培训会，通过动员培训、入户走访、确定标准、清单编制、上网登录5个程序及“一对一”企业指导，完成108家企业编制试点工作。超额完成市安全监管局下达的编制任务。

（宋志娟）

【企业隐患自查自报】 本年，西城区安全监管局将隐患自查自报工作与标准化工作相结合，明确生产经营单位安全生产主体责任，定时召开协调会，组织企业负责人开展安全生产隐患自查自报培训工作。截至年底，全区5302家企业完成隐患自查自报工作，上报隐患251项。

（宋志娟）

【举报投诉】 本年，西城区安全监管局接到安全生产举报投诉141件，受理市“12350”举报投诉45件，城管举报平台74件，信访平台10件，其他12件，办结率100%。举报投诉反映问题集中在高处悬吊、有限空间、人员密集场所、特种作业、建筑施工和电力方面。其中，高处悬吊作业31件，占总数的22%；有限空间作业28件，占总数的20%；人员密集场所20件，占总数的14%；特种作业19件，占总数的13%；建筑施工18件，占总数的13%；电力13件，占总数的9%；其他12件，占总数的9%。

（李家麟）

应急救援

【应急演练】 6月24日，西城区安全监管局会同区应急办、广安门外街道在京华茶叶大世界举办人员密集场所生产安全事故应急处置综合演练。区人大代表、政府相关部门、各街道办事处、物业公司和部分生产经营单位负责人200余人观摩演练，《北京晚报》《西城报》、千龙网等多家媒体对演练活动进行采访报道。演练按照预案有序进行，各参演部门紧密配合、协调运行，疏散紧张有序，救援及时到位。通过演练，增强从业人员风险防范意识，提高生产经营单位应急处置能力和政府有关部门协调配合能力，演练达到预期效果。

（颜伟）

执法监察

【亚投行活动保障工作】 1月15日至18日，西城区安全监管局对亚洲基础设施投资银行开业仪式现场（钓鱼台国宾馆）周边及主要行车路线的15家生产经营单位进行执法检查。一是向活动区域内的生产经营单位告知活动开展时间及内容；二是对生产经营单位应急救援预案及演练、安全警示标识的设置与使用、活动期间经营场所的人员配备等情况进行检查。检查中发现个别单位存在电气设备损坏、堵占疏散门等情况，执法人员责令其立即整改完毕。

（丁峥）

【交通枢纽专项保障】 2月4日，西城区安全监管局执法三队对北京北站、北京西站周边12家生产经营单位开展专项执法检查。执法监察员重点对生产经营单位应急救援演练工作、巡查工作、安全警示标识的设置与使用等情况进行检查。针对发现的问题，区安全监管局要求做好经营场所内“全覆盖”巡检工作，保证各类设备设施运行正常；针对春节期间可能发生的盗抢、火灾、电梯故障等突发事件，做好专项应急救援工作。

（丁峥）

【全国“两会”安全保障】 3月，西城区安全监管局根据市政府关于重大会议安全生产监管工作的指示精神和方案部署，对辖区全国“两会”会场、行车沿线、驻地周边200米范围内的生产经营单位开展“全覆盖”检查。对驻地周边500米范围内生产经营单位实施全面监控，以建筑施工、地下空间、文化娱乐场所、商市场等人员密集场所为重点领域，有效预防安全生产事故。全国“两会”期间，建立会场、驻地周边200米生产经营单位基础台账，检查覆盖率和隐患整改率100%。出动执法人员2095人次、执法车辆105台次，检查生产经营单位3875家，下达现场检查记录2673份、整改指令书530份，整改隐患2688项，罚款5万余元。

（刘笑）

【特种作业“双打”专项行动】 4月26日，西城区安全监管局在全区集中开展为期一个月的打击特种作业、特种设备作业人员“持假证上岗、无证上岗”专项执法行动。一是制定《西城区“双打”专项执法行动方案》，分为部署准备、集中执法和总结提高3个阶段开展。二是针对辖区重点区域、重点沿线的建筑施工、人员密集场所等电气隐患较多的重点行业领域，以突击抽查和“回头看”检查的方式，集中力量打击违法违规行为。三是统筹联动，区安全监管局执法队和街道执法分队开展联合执法检查。四是加强舆论宣传，运用各种宣传手段和新闻媒体，营造安全生产氛围。专项行动期间，出动执法检查人员24人次，检查生产经营单位33家次，下达责令期限整改指令书22份，检查特种作业及特种设备作业人员66人，发现假证、无证上岗2人，整改各类安全隐患45项，行政处罚1起，罚款2万余元。

（刘笑）

【“动批”综合整治行动】 5月18日，西城区安全监管局联合公安消防支队、西直门管委会、展览路街道执法分队对北展地区生产经营单位进行执法检查。制定《西城区安全监管局“动批”环境秩序综合整治百日行动工作方案》，明确工作职责和计划，确定重点监管单位，全面排查重点管控设备设施、安全用电、安全管理、应急疏散等方面存在的安全隐患，以安全监管高压态势将各类安全生产隐患消灭在萌芽状态。综合整治行动期间，检查生产经营单位85家次，下达责令限期整改指令书27份，排查整改安全隐患50余项，立案3起，罚款3万元。

（张迪）

【“六小单位”专项执法检查】 9月20日，西城区安全监管局开展“六小单位”专项执法检查。检查生产经营单位10家，下达责令限期整改文书6份。检查中发现，个别单位存在私自搭接临时线路、未设置应急照明设备、堵占疏散门等问题。针对上述隐患，执法监察员责令各单位限期整改，并进行追踪复查。

（丁峥）

【“一周一报”执法检查】 本年，西城区安全监管局落实第111次区政府常务会精神，开展安全生产执法检查情况“一周一报”工作。全年出动执法检查人员27万人次，监督检查企事业单位和场所24.16万家，发放宣传材料93.18万份，发现隐患9.94万项，隐患整改8.67万项，责令改正、限期整改、停止违法行为1.65万起，责令停产、停业、停止建设581家，罚款245.2万元，关闭非法违法企业498家，帮扶特殊群体11.5万人。

（张峥）

【餐饮安全示范街创建】 本年，西城区安全监管局采取6项行政执法措施开展餐饮安全示范街创建工作。一是制定专项执法行动计划，合理分配具体承办科室职责；二是配合相关部门开展目标街区餐饮企业联合执法行动，检查餐饮企业20家；三是严格审核企业安全生产责任制落实情况，指导企业整改现场安全隐患；四是向相关企业发放宣传材料；五是将相关企业纳入年度安全生产大培训计划；六是依托区安全生产隐患自查自报系统，督促企业将生产安全事故隐患排查治理工作标准化、常态化。

（刘笑）

【专职安全员队伍建设】 本年，西城区安全监管局启动街道安全生产检查队规范化建设示范区创建工作，采取5项措施加强专职安全员队伍管理，提升专职安全员队伍整体素质。一是制定发布《专职安全员绩效考核管理办法》等9项制度，规范专职安全员队伍管理；二是开展专职安全员队伍建设调研，收集整理街道专职安全员队伍建设现状，研究提升队伍管理水平的对策；三是建立专职安全员管理平台，促进管理工作标准化、信息化；四是定期召开专职安全员检查队队长述职培训会，交流日常管理经验，提升队长管理能力；五是制定专职安全员简报，定期推广街道优秀管理经验，展示专职安全员风采。截至年底，完成街道安全生产检查队规范化建设自查、初评、复评工作，15个街道实现整体达标。全区为专职安全员队伍建设投入资金1763.75万元，主要用于办公场所、办公用品、检查装备和服装配备、交通工具及用餐保障等，为全区在编专职安全员配备检查执法记录仪230台。

（刘林婧）

职业卫生监督检查

【有限空间作业管理】 3月17日，西城区安全监管局印发《关于加强街道有限空间作业管理工作的通知》（西安监发〔2016〕6号），要求全区各街道将有限空间安全作业纳入街道安全生产管理。全年各街道开展有限空间作业夜查30余次，日常入户宣传检查1100户次。

（王之波）

【非医疗机构放射职业危害申报】 4月15日，西城区安全监管局印发《关于开展西城区非医疗机构放射职业危害基本情况摸底调查的通知》（西安监发〔2016〕11号），开展非医疗机构电离辐射专项治理工作。27家存在放射危害的用人单位完成职业病危害因素申报工作，纳入西城区职业卫生管理。

（王之波）

【有限空间作业大比武】 8月4日，西城区安全监管局组织7支参赛队伍前往北京市市政管理学校参加西城区有限空间作业大比武。区安全监管局对报名的11支参赛队55人进行考前培训，培训内容分为理论知识讲解和实操演示两个部分。经过层层选拔考试，最终由7支参赛队伍参加有限空间作业大比武比赛。区安全监管局被市安全监管局评为优秀组织奖。

（王之波）

【有限空间网格化监管】 9月20日，西城区安全监管局与区城管监督指挥中心召开会议，对有限空间作业网格化管理程序进行梳理优化。总结分析“城市管理互联网平台＋有限空间作业管理”工作模式在运行中发现的问题，进行针对性改进，实现街道接报案件、派人现场处置、处理结果反馈的有限空间作业案件处置流程，增加案件查处反应时间、查处结果统计及案件调查处理审核功能。该项工作获得“2015—2016年度北京市安全生产监管监察工作改革创新奖”。

（王之波）

【职业病危害防治管理】 本年，西城区安全监管局印发《关于将职业病危害防治工作纳入各街道安全生产工作的通知》，推进全区职业病危害防治工作。明确各街道职业卫生管理员，配备职业卫生专业书籍。召开职业卫生管理员培训会7次，培训内容包括职业卫生管理知识、电离辐射防护等。全区239家用人单位通过平台审核，150家用人单位纳入职业卫生管理，涉及餐饮、医疗、干洗、园林等行业。

（王之波）

宣传培训

【宣传咨询日】 6月16日，西城区安全监管局在展览馆南广场组织开展以“强化依法治安意识，建设安全和谐西城”为主题的安全生产月宣传咨询日活动。区安全监管局、商务委、卫生计生委等25家单位设置展台、展板，向广大职工群众进行主题宣传和安全知识咨询。宣传咨询日活动接待咨询6000余人次，摆放展板150块，发放宣传材料21万余份。

（张效芳）

【安全生产培训】 本年，西城区安全监管局举办33个班次安全生产大培训，4155人参加，涉及餐饮、商业零售、物业和标准化创建企业2000余家。培训对象主要为企业负责人、安全生产管理人员，其中继续教育2230人，初次培训1925人，培训满意度99%。结合不同行业安全生产特点，培训从安全生产法律、安全管理和技术标准3个方面进行授课，满足生产经营单位需求。

（张效芳）

【特种作业培训考试】 本年，西城区安全监管局开展10期特种作业人员安全技术培训及考试，参加特种作业理论考试10570万人次，实操考试9116人次。为确保考试顺利进行，一是在考点主入口处悬挂横幅，院内、楼内设置引导指示牌；二是设立候考室，安排专门疏导人员；三是指派专人负责技术问题，解决考试中出现的网络链接故障和系统问题；四是领导对考点进行巡查。

（张效芳）

【“双百工程”专项行动】 本年，西城区安全监管局按照全市“双百工程”动员部署会议和市安全监管局《关于开展“双百工程”活动的通知》要求，开展“百名安全监管干部与万家企业主要负责人对话谈心”和“百名安全生产专家服务万家企业”活动。通过开展“双百工程”专项活动，宣传安全生产方针政策和法律法规，帮助企业查找安全隐患，落实安全生产主体责任。全年与304家企业开展“双百工程”，培训安全员165人次，查处安全隐患1210项，提出整改建议906条。

（何姝瑾）

【宣传创新】 本年，西城区安全监管局安全生产宣传方式新颖，亮点频出。一是加强与电视、报刊及网络等主流传媒合作，通过北京电视台、《中国安全生产报》《西城报》、千龙网和首都之窗等媒体渠道发布安全生产新闻报道63篇。二是制作完成《安全生产月活动》《楼宇逃生安全知识》《我要学法》等7部安全生产公益广告片，在西单等人员密集区和街道户外电子显示屏进行播出，全年播放120多个小时。三是在全区开展“新安全生产法比赛”“家庭燃气知识竞赛”“安全是永恒的旋律情景剧”等活动，推动安全生产知识的普及。

（张效芳）

【安全生产网络平台培训】 本年，西城安全监管局推进网络平台安全生产培训工作，400余人参加远程在线培训，培训对象包括安全生产执法检查人员、街道专职安全员。对参加在线培训人员进行培训工作检查、督导并及时掌握培训情况，对培训工作进行验收通报，为安全生产培训工作提供新助力。

（张效芳）

【安全社区创建】 本年，西城区安委会制发《关于进一步推进开展安全社区建设工作的实施意见》，明确3年工作目标，深化理论研究、培训体系和应用体系建设，力争2018年年底安全社区建设实现“全覆盖”。牛街、椿树、广内、天桥、大栅栏5个街道完成北京市级安全社区建设启动、备案工作，陶然亭街道通过北京市级安全社区建设评审工作。

（张效芳）

法制建设

【首聘法律顾问】 3月21日，西城区安全监管局正式聘用北京颐合中鸿律师事务所作为单位法律顾问，为全局各项涉法事务提供法律支持。一是对全局重大决策、规范性文件、合同签订等重要事项进行合法性审核并出具法律文书。二是为复议、诉讼、执行等案件提供法律服务，协助调查处理安全生产事故，提供专业法律咨询意见。三是为全局工作人员安排《中华人民共和国行政诉讼法》、行政诉讼案例、证据规则等方面的知识培训，并为行政管理工作提供法律咨询意见。四是参与信访、调解、维稳案件的调查处理工作以及其他涉法事务。五是制定《西城区安全生产监督管理局法律顾问工作制度（试行）》，明确法律顾问工作职责及程序，为科学决策、依法执政提供法律支持。

（张效芳）

【行政处罚案卷评查】 本年，西城区安全监管局向区法制办报送行政处罚案卷3卷，评查结果均为优秀。向市安全监管局报送行政处罚案卷9卷，评查结果7卷为满分，2卷99.5分，所有案卷均达到优秀标准。区安全监管局把行政执法案卷评查工作作为提高行政执法水平的重要手段，每季度组织1次案卷评查，坚持自查与集中评查、评查分析与整改提高相结合，发现典型问题认真总结，及时修正行政执法过程中的程序和实体问题，实现对具体行政执法行为的监督。

（张效芳）

标准化建设

【企业达标创建】 本年，西城区完成安全生产标准化三级达标企业249家、小微岗位达标企业4542家，超额完成年度工作目标。3年完成安全生产标准化三级达标企业1073家、小微岗位达标企业10090家，实现全区企业安全生产标准化达标创建“千万工程”（即：三级标准化达标企业超过“千家”，小微企业岗位达标超过“万家”）。

（宋志娟）

【部门安全检查装备配备】 本年，西城区财政局、安全监管局印发《关于区政府职能部门安全生产检查装备配置标准的通知》，明确将部门专职安全员所需装备纳入部门预算管理，配置标准参照街道专职安全员装备配置标准，填补北京市此项工作的空白。

（刘林婧）

朝　阳　区

概　　述

2016年，朝阳区的安全生产工作围绕“重基层、打基础、强监管”和“四化三体系双基”总任务，强化安全发展理念，实施安全发展战略，狠抓安全责任落实，健全工作体制机制，圆满完成年度安全生产重点任务，全区安全生产形势总体平稳。

一、以实施安全发展战略为统领，落实党委政府领导责任。加强组织领导，区委、区政府召开8次区委常委会和5次区政府常务会，召开4次区长办公会和1次书记专题会，定期研究解决安全生产重点难点工作，就烟花爆竹、职能部门专职安全员队伍、“十三五”规划、燃气隐患占压整治补助资金等安全生产议题进行专题研究。区级财政安排安全生产工作经费48312.38万元，加大安全生产投入力度。区政府出台《进一步完善和加强区政府部门以及街道办事处、地区办事处（乡政府）安全监管（管理）职责的意见的通知》，完善和加强区政府系统各部门安全监管（管理）职责。制定《2016年度安全生产重点工作任务》，对各项重点工作任务进行分解，明确各项工作的牵头单位、主责单位、配合单位以及完成时限。按照“党政同责、一岗双责、失职追责”的要求，区安委会办公室组织各部门、各街乡党政主要领导与区委、区政府签订《2016年安全生产目标管理责任书》，强化对各街乡和各部门安全生产的履职检查和考核。

二、以遏制较大以上事故为目标，构建双重预防机制。制定《标本兼治防范遏制重特大事故工作实施方案》，构建形成点、线、面有机结合，区、街乡、社区（村）无缝对接的安全风险分级管控和隐患排查治理工作体系。推进安全预防控制体系建设，从完善安全预防控制运行机制、提升企业安全预防控制能力、强化城市运行安全风险管控、充分发挥社会参与和市场机制作用4个方面开展35项具体工作。推进隐患排查治理体系建设，开展隐患排查治理体系建设试点工作。

三、以重点行业领域专项整治为突破口，消除隐患堵塞漏洞。重点开展危险化学品、易燃易爆物品、粉尘涉爆、白酒酿造、消防、道路交通和运输、建筑施工、人员密集场所、特种设备、机动车维修企业工作场所职业危害、有限空间、地下空间、排污企业、城乡结合部等行业领域专项整治活动。重点推进249处城镇燃气输送管道挂账隐患整改工作，建立新增占压隐患快速督办机制，督促各街乡和相关部门及时整改和拆除占压物，坚决杜绝新增占压隐患。

四、以规范执法检查为手段，推进安全生产依法治理。科学合理制定年度执法计划，推广“双随机”抽查检查，区政府安排300万元财政资金改进安全生产综合监管信息平台，为执法人员配备PDA执法终端。做好事故统计直报和事故调查处理工作，要求各街乡、各部门使用安全生产综合统计信息直报系统，做到应统尽统。

五、以深化改革创新为动力，释放安全生产新活力。制定《疏解非首都功能工作方案》《城乡结合部重点地区安全生产专项整治方案》和《开展清理整治违法违规排污及生产经营行为安全生产专项整治行动工作方案》等一系列工作方案，加快推进非首都功能疏解工作。建立企业安全生产信用评价机制、信用信息披露和通报机制、安全生产守信激励和失信惩戒机制，对严重违法失信的企业实行市场禁入制度。推动安全生产社会化试点工作，实施安全生产“双百工程”。

六、以夯实基层基础为保障，健全安全监管体制机制。推进工业、餐饮、文化娱乐、人员密集场所等行业（领域）安全生产标准化创建工作。加强职业卫生和有限空间安全监管，完善监管台账，开展非医疗机构放射职业危害基本情况摸底调查，推进职业卫生基础建设和职业病危害现状评价工作。积极开展淘汰不合格燃气灶具、安装燃气安全辅助设备和独立式感烟火灾探测报警器装置工作。强化安全生产管理机构和队伍建设，做好街乡安全生产队伍建设和专职安全员招聘管理工作。加强安全生产宣传教育培训，将安全生产纳入党委整体工作，构建大宣教工作格局。强化应急管理工作，做好企业应急预案的修订备案和应急管理示范企业试点创建工作，通过演练提升政企联动应急能力和企业自救互救、避险逃生及综合应急救援能力。

综合监管

【区领导春节期间安全检查】 1月25日至2月5日，朝阳区区委、区政府领导带领区相关委办局负责人，组成9个检查组，采取“四不两直”方式对辖区人员密集场所、建筑工地、出租大院、旅游项目、宾馆、餐饮和易发生煤气中毒场所进行安全检查。检查生产经营单位25家，排查整改安全隐患百余项。区领导要求各相关部门、属地街乡加大节日期间安全检查力度，确保各项工作平稳有序，让全区人民过一个安全、祥和的春节。

（潘蔚然）

【安全监管系统工作大会】 3月24日，朝阳区安全监管局召开2016年全区安全监管系统工作大会，43个街乡主管领导、安监科（队）全体人员、专职安全员检查队队长参加会议。会议总结2015年安全生产重点工作完成情况，交流工作经验，剖析存在的问题，分析京津冀协同发展和疏解非首都功能背景下安全生产工作面临的新机遇新要求，全面部署2016年安全生产重点工作任务。一是编制安全生产“十三五”规划并组织实施；二是推进隐患排查治理体系试点建设；三是夯实安全生产基层基础；四是加强安全生产社会共治体系建设。本次大会旨在进一步动员全区安全监管系统干部职工，振奋精神，开拓创新，努力开创“十三五”时期安全生产工作新局面。

（潘蔚然）

【有限空间安全监管工作会】 4月21日，朝阳区安委会办公室召开有限空间安全监管工作会，区市政市容委、发展改革委、住房城乡建设委、信息办、房管局、水务局等16个部门有关负责人参加会议。会上，区安全监管局通报2015年度北京市地下有限空间作业安全事故情况，通报在执法检查中发现的施工作业单位违规违章问题（一是普遍存在没有施工资质或未经审批擅自作业；二是现场未使用配备的安全设备和应急装置；三是监护人员没有持证上岗或监护人员的特种作业证到期没有复审；四是作业过程中没有进行通风检测、没有警示标识和信息公示；五是未对施工人员进行安全教育培训），提出2016年有限空间安全监管工作要点。会议要求：2016年有限空间安全监管工作要以“打牢基础、强化监管”为主线，以落实生产经营单位主体责任为中心，强化“红线”意识，加强协调联动，增强监管合力，遏制有限空间中毒窒息事故的发生，切实保护从业人员生命安全。

（姜南）

【安全生产半年工作大会】 8月11日，朝阳区安委会办公室组织召开2016年安全生产上半年工作大会，49个安委会成员单位主管领导、43个街乡主管领导和安全监管部门有关负责人180人参加会议。会议总结2016年上半年全区安全生产工作情况，并就下半年重点工作任务进行部署，部署安排“安责险”推广、安全社区创建和安全生产信用体系建设等工作内容。副区长杨树旗参加会议并讲话。杨树旗重点强调3点意见：一是坚守安全生产“红线”，保住安全生产底线，筑牢安全生产防线；二是提升安全生产监管能力，严格落实监管责任，全面落实企业主体责任，夯实基层基础工作；三是确保年度工作任务顺利完成，重点从安全生产责任体系落实、城乡结合部重点地区专项整治、重点行业领域专项整治、隐患排查治理体系建设、安全生产信用体系建设、安全生产社会共治和专职安全员队伍建设等7个方面狠抓落实。

（潘蔚然）

【安全生产大检查】 11月至12月，朝阳区安委会办公室在全区范围内组织开展安全生产大检查。集中开展以危险化学品、烟花爆竹、建筑施工、交通运输、消防、特种设备、油气输送管道、工业与粉尘作业、城市运行、地下空间、人员密集场所等行业领域为重点的大检查工作。本次大检查组织检查组 6534 个，检查企业 32368 家，排查整改安全隐患 24476 项，打击非法违法行为 138 起，整治违规违章行为 630 起。

（潘蔚然）

【编制《朝阳区“十三五”时期安全生产规划》】 “十二五”时期，朝阳区安全生产事故总量、死亡人数明显下降，圆满完成党的十八大、APEC、世锦赛、纪念中国人民抗日战争暨世界反法西斯战争胜利 70 周年等多项重大活动安全生产保障工作，完成“十二五”规划确定的各项目标任务，安全生产形势继续保持平稳。在此基础上，区安委会办公室根据国家和北京市“十三五”时期安全生产规划以及《朝阳区国民经济和社会发展第十三个五年规划纲要》总体要求，结合朝阳区安全生产工作实际，编制《朝阳区“十三五”时期安全生产规划》。规划实施期限为 2016 年至 2020 年，计划到 2020 年，安全生产事故隐患排查治理体系全面建成，安全预防控制和社会共治体系基本建立，执法监察、教育培训、科技支撑、应急救援体系和综合考评体系更加完善，公众安全素质明显增强，责任“全覆盖”、管理全方位、监管全过程的安全生产现代化治理体系基本形成，企业整体本质安全水平和重点行业（领域）安全生产状况明显改善，事故总量持续下降，各项综合指标达到市级要求，安全生产状况实现持续稳定好转。

（余慧云）

【监察检查】 本年，全区安全生产监管（管理）部门监督检查生产经营单位 26 万家次，排查整改隐患 31 万项，立案 2700 余起，罚款 2800 万元。其中，安全监管系统检查生产经营单位 27613 家次，下达各类执法文书 21722 份，立案 803 起，罚款 1369.99 万元。

（潘蔚然）

【企业安全生产条件普查数据】 本年，朝阳区安全监管局通过普查，全区有生产经营单位 25.2276 万家。其中：实有生产经营单位 14.0310 万家，核销生产经营单位 11.1966 万家。在实有的 14.0310 万家单位中，有照单位 11.0461 万家，无照单位 2.9849 万家。区安全监管局对普查数据进行动态更新，为保证普查数据的时效性和准确性，以 2 个街道和 2 个乡镇作为试点，开展数据动态更新及系统建设工作。4 个街乡分别选取不同的研发单位，在总体框架的基础上，结合工作实际，研发各自的系统平台。

（杨毅）

【建立职能部门专职安全员队伍】 本年，朝阳区安全监管局会同有关部门根据市政府办公厅相关文件要求，经过发布公告、组织报名、网上验资、笔试、现场验资、面试、体检、政审、岗前培训、取证考试、人员分配、合同签订、组织报到等工作，第一批 139 名职能部门安全生产专职安全员于 7 月 1 日正式入职上岗。

（张强）

危险化学品安全监管

【危险化学品执法检查】 本年，朝阳区安全监管局加大执法力度，对危险化学品生产经营单位开展执法检查467家次，行政处罚20起，罚款37.5万元（其中重大案件3起，罚款17.5万元）。协助指导黑庄户、孙河、大屯等街乡开展非法储存仓库违法行为查处工作，安全监管部门立案处罚3起，移交公安拘留8人。

（夏旭昀）

【危险化学品行政审批】 本年，朝阳区安全监管局办理完成危险化学品建设项目安全条件及安全设施设计审查6家、危险化学品经营许可139家、易制毒备案21家，严格按照“法定条件、法定程序、法定时限”要求办理，未发生许可复议、申诉。涉及有储存企业许可事项由局长办公会研究决定，上会研究13次56家。梳理规范许可监管“七个一”措施，即一卡（事项办理告知卡）、一册（审批业务手册）、一查（现场核查）、一会（局长办公会）、一公示（办理结果公示）、一谈（约谈企业主要负责人）、一档（许可材料及执法记录档案），提升法治化、规范化水平。

（夏旭昀）

【引导危险化学品企业退出】 本年，朝阳区安全监管局根据全市疏解非首都功能总体要求，通过严格进行延期审查、申请市级退出奖励资金、约谈企业法人代表等多种形式，鼓励建材市场、工业气站等高风险企业退出。通过积极协调引导，有4家企业申请全部退出、4家企业转为无储存经营。督促有关企业按要求准备申请资料，并对退出情况进行验收。按要求将申请资料移交第三方评估机构审核，并筹划奖励资金70万元。全区危险化学品企业总数已从424家压减至379家。

（夏旭昀）

【加油站贯标改造】 本年，朝阳区安全监管局发挥专家、行业协会等专业性社会力量作用，确定加油站贯标改造不同类型改造项目全过程的监管模式以及理清流程和标准。先后组织召开专家审查会16次，对6家需要变更储存设施改造项目、32家不变更储存设施施工方案进行专家审查。通过施工前审查方案、进场时组织安全培训和应急演练、制作下发“施工改造十严禁”提示牌、施工期间加强检查、在清罐及吊装等重点作业到现场监护和施工结束汇总验收，全年完成改造加油站38座，未发生安全事故，保证改造全过程的安全。

（夏旭昀）

烟花爆竹安全监管

【烟花爆竹零售网点设置】 本年，朝阳区审批许可烟花爆竹零售网点81家，提货点1家。零售网点位于五环以外28家、四至五环26家，三至四环18家，二至三环9家。零售网点总数同比减少22%，其中三环以内网点减少35%、五环以内网点减少27%，零售网点减少幅度为历年最大。

（夏旭昀）

【安全宣传培训】 本年，朝阳区安全监管局组织烟花爆竹零售网点申请单位主要负责人82人、从业人员537人参加全员安全培训。对培训合格人员，专门委托第三方制作全塑封、打印电子照片的上岗证，防止私自调换从业人员。确保从业人员上岗前掌握必备的安全知识和操作技能。编制《朝阳区2016年烟花爆竹销售网点安全监管手册》《烟花爆竹销售网点应急救援预案》《销售区域安全提示》下发至烟花爆竹零售网点，明确安全管理规定及措施要求。制作《烟花爆竹购买及燃放安全提示》宣传材料4万份，销售烟花爆竹时一并发放，引导广大市民安全购买燃放烟花爆竹。

（夏旭昀）

【烟花爆竹安全条件审核】 本年，朝阳区安全监管局会同区公安、消防、交通、市政、工商等部门严格对照新修订的北京市地方标准《烟花爆竹零售网点设置安全规范》(DB11/834—2015)，审核确认烟花爆竹网点安全条件。在网点设置完成后，组织进行复查验收，验收不合格的，一律暂缓发放许可证。整改合格前，一律不允许配送。共督促29家零售网点完成94项隐患整改。

（夏旭昀）

【烟花爆竹零售网点安全检查】 1月20日至2月13日，朝阳区安全监管系统出动执法人员2160人次，检查烟花爆竹网点1425家次，发现并督促网点整改隐患902项，责令停业整顿网点3家。烟花爆竹销售期间，属地街乡安排专人负责，对辖区网点每天至少检查一次，除夕、初五等重点时段开展燃放高峰期夜间检查。区安全监管局领导带队，分6路包片负责对网点检查，及时发现和消除安全隐患。对外公布24小时举报电话，所有举报全部做到24小时内查处回复完毕。核查处理群众对网点举报12件，涉及网点7家，同比下降30%。

（夏旭昀）

【烟花爆竹销售回收】 2月3日至12日，朝阳区烟花爆竹销售量25012箱，同比去年31500箱下降20.6%。2月12日24时销售结束后，区安全监管局立即组织批发单位按照“先里后外”的顺序，从城市中心区开始回收剩余烟花爆竹。截至2月13日21时，朝阳区网点剩余烟花爆竹产品回收工作全部完成。全区81家销售网点、1家提货点回收剩余烟花爆竹7825箱，回收进度为历年最快。

（夏旭昀）

隐患排查治理

【隐患排查治理体系建设】 本年，朝阳区安委会办公室制定《朝阳区安全生产事故隐患排查治理体系建设工作实施方案》，配套印发《朝阳区生产经营单位事故隐患排查治理工作机制》和《朝阳区街乡和部门事故隐患排查治理工作机制》。被市安委会确定为全市试点区后，制定下发《关于印发〈朝阳区2016年隐患排查治理体系建设试点工作实施方案〉的通知》，开展隐患排查治理体系建设试点工作，修订完善隐患排查治理制度体系，建设朝阳区隐患排查治理信息平台，开展重点地区重点领域风险评估和隐患排查治理“一企一标准、一岗一清单”编制工作，宣传贯彻《北京市生产安全事故隐患排查治理办法》，推进朝阳区隐患排查治理体系建设工作。

（唐璐）

【隐患排查治理清单编制试点】 本年，朝阳区安委会办公室在三级以上安全生产标准化达标企业中重点选择309家企业开展隐患排查治理“一企一标准、一岗一清单”清单编制试点工作。以企业需求为导向，编制符合企业实际的隐患排查清单和岗位操作规程，提高生产经营一线职工安全意识和隐患排查能力。截至6月23日，309家企业全部完成清单编制工作，试点企业开始运用全市生产安全隐患排查治理信息系统平台进行日常隐患排查治理工作。

（唐璐）

【挂账隐患整改督办】 本年，朝阳区安委会办公室对北京SKP商业中心、中外运长航北京外运物流中心和北京祥龙通宝农副产品市场有限公司3家挂账隐患单位整改情况进行督办，通过约谈负责人、致函其上级管理部门督促整改等方式，推进企业落实主体责任，加大投入，完成隐患整改。并组织相关部门及属地街乡召开专题会议，研究解决措施。督促消防、房管、商务等有关部门和八里庄、金盏、来广营等街乡履行监管责任，加大执法检查力度，确保隐患按期完成整改。3家单位完成隐患整改并通过验收销账。

（唐璐）

【分级动态管理试点工作】 本年，朝阳区安全监管局在大屯、八里庄街道、将台、平房乡开展以安全生产条件普查数据为基础的分级分类动态管理试点工作。并结合试点街乡的试点经验，通过动态更新机制实现全区企业台账一本账，实现全区统一的分类分级标准、安全生产管理检查标准规范、安全生产知识库和在线学习课件库等统一的数据中心，为各个业务系统提供基础数据服务。

（杨毅）

【白酒制造企业专项整治】 本年，朝阳区安全监管局按照“治理整改一批存在安全隐患的企业，取缔关闭一批不具备安全生产基本条件的企业，疏解转移一批主动退出的企业”的工作要求，完成白酒制造企业专项整治工作。全区3家白酒制造企业属于整治范围，其中北京市朝阳区酿酒厂、北京京宫城酒业技术发展公司按要求完成改造；北京双庆和酒业有限责任公司从朝阳区退出。

（陈京）

应急救援

【应急管理示范企业试点工作会】 4月27日，朝阳区安全监管局召开应急管理示范企业试点工作会，全区43个街乡安监科科长、专职安全员队长和示范企业试点单位负责人参加培训。会议通报《朝阳区安全生产应急管理示范企业试点工作方案》，确定试点企业数量及范围，明确组织领导及责任分工，要求各单位加强组织领导，强化监督检查，做好沟通及经验交流，推动应急管理示范企业创建工作的开展。

（甘建玮）

【5·12防灾减灾安全生产宣传活动】 5月12日，朝阳区安全监管局等部门在朝阳区元大都城垣遗址公园公共安全馆开展“5·12”防灾减灾安全生产宣传活动。举办“5·12”防灾减灾动员仪式、防灾减灾宣传、自救互救现场体验、应急产业装备物资及模拟示范社区展示、火灾救援示范演练、公益献血等6个主题活动，以天津东疆保税港区瑞海国际物流有限公司所属危险品仓库爆炸事故案例、青岛市黄岛区中石化输油管线破裂事故案例为背景制作案例展板，设置宣传展台。发放宣传材料3000多份，受教育人数6000多人。

（甘建玮）

【危险化学品预案修订部署会】 9月22日，朝阳区安全监管局召开危险化学品事故应急救援预案修订工作部署会，区应急办、中国安科院、安全生产应急指挥部成员单位负责人，以及部分重点企业负责人参加会议。会上，中国安科院介绍预案修订的整体思路，对修订工作的必要性进行说明，讲解各部门需要提供的资料内容，为预案修订工作做准备。区应急办负责人对预案修订工作提出要求。

（甘建玮）

【应急救援演练】 本年，朝阳区安全监管局结合实际开展安全生产应急救援演练活动。5月16日，会同南磨房地区办事处、北京欢乐谷有限公司在北京欢乐谷开展大型游乐设备故障应急救援演练。6月28日，在北京益利精细化学品有限公司开展危险化学品事故应急救援演练。9月28日、10月18日，分别在大兴防化团训练基地及三间房危险化学品应急救援物资储备库、北京市朝阳区三间房东路加油站开展预备役防化团应急救援队伍集结和实战演练。

（甘建玮）

执法监察

【用电安全专项执法检查】 4月29日至5月8日，朝阳区安全监管局制定《朝阳区建筑施工领域生产经营单位用电安全专项执法检查行动方案》，在全区范围内开展以建筑施工领域为重点的用电安全专项执法检查行动。此次行动出动执法检查人员947人次，检查生产经营单位336家，排查整改安全隐患710项，下达责令限期整改指令书159份、现场处理措施134份，对存在违法行为的8家生产经营单位进行处罚，“用电安全”专项行动取得显著成效。

（刘宁）

【国际科技产业博览会安全保障】 5月9日至16日，第十九届中国北京国际科技产业博览会在中国国际展览中心老馆举行。朝阳区安全监管局前期对“科博会”展场周边200米内生产经营单位进行了拉网式排查，对涉及的170家单位全部检查完毕。出动执法检查人员118人次，检查生产经营单位179家，排查整改安全隐患185项，下达行政执法文书77份，确保“科博会”顺利举行。

（刘宁）

【世界旅游发展大会安全保障】 5月18日至21日，首届世界旅游发展大会在北京举行。朝阳区安全监管局按照全市工作部署对驻地周边200米的生产经营单位进行拉网式排查。出动执法检查人员239人次，检查生产经营单位94家，排查整改安全隐患297项，下达行政执法文书94份，行政处罚2起，罚款1.6万元。

（刘宁）

【亚投行首届理事会年会安全保障】 6月24日至26日，亚洲基础设施投资银行2016年首届理事会年会在中国大饭店举行。朝阳区安全监管局摸排建立会场及周边200米范围内生产经营单位基础台账，并迅速对所涉及的18家生产经营单位开展安全生产执法检查。出动执法人员72人次，检查生产经营单位35家次，排查整改安全隐患46项，下达行政执法文书44份，保障会议顺利举行。

（刘宁）

【G20峰会期间安全检查】 8月31日，朝阳区安全监管局制定《朝阳区G20峰会安全生产保障工作方案》，开展朝阳区G20峰会期间安全生产检查工作。成立8个检查督导组，制定《朝阳区2016年G20峰会期间安全检查安排表》，对直接监管单位和重点单位开展安全检查。出动执法检查人员1866人次，检查生产经营单位1641家，排查安全隐患2311项，下达责令限期整改指令书681份、现场处理措施683份、其他执法文书312份，安全隐患均督促整改到位。

（刘宁）

【十八届六中全会检查】 10月24日至27日，朝阳区安全监管局按照区委、区政府工作部署，制定《十八届六中全会安全生产保障工作方案》，在全区范围内开展安全生产大检查。出动执法人员78人次，检查生产经营单位共101家，排查整改安全隐患109项，下达责令整改指令书23份、现场处理措施78份。确保十八届六中全会顺利举行。

（刘宁）

职业卫生监督检查

【非医疗机构放射职业危害摸底调查】 6月，朝阳区安全监管局会同区环保局和各街乡对全区范围内医疗机构之外存有放射源（含放射性同位素和射线装置）的所有用人单位（包括工业企业、大专院校实验室、动物医院，不含机场、火车站、地下轨道交通）进行摸底统计。朝阳区有放射非医疗机构放射用人单位63家，接触放射劳动者683人。

（姜南）

【机动车维修企业专项治理行动】 7月1日，朝阳区安全监管局启动全区机动车维修企业调漆室和清洗喷枪工作场所职业危害专项治理行动。通过摸底调查，确定全区有147家机动车维修企业。治理内容主要是依照《工作场所防止职业中毒卫生工程防护措施规范》（GBZ/T 194—2007），完善企业职业卫生基础工作和改造职业病防护设备设施。通过开展专项治理行动，提升机动车维修企业调漆室和清洗喷枪工作场所职业卫生基础工作，规范职业卫生管理制度和操作规程、职业健康监护、个人防护用品配备等安全管理工作。

（姜南）

【职业病危害防治评估】 12月22日至27日，由国家安全监管总局职业安全卫生研究中心和北京市安科院5名专家组成的评估组，对朝阳区2016年度职业病危害防治工作进行评估。评估组在全区476家职业病危害项目申报单位中随机抽取查阅42家单位职业卫生档案和职业健康监护档案资料，并选取7家用人单位进行现场检查。对金盏乡、酒仙桥街道、大屯街道3个街乡职业卫生工作开展落实情况进行核查。评估组认为朝阳区职业病危害防治工作领导重视、组织严密、成效显著。

（姜南）

【职业卫生监管台账】 本年，朝阳区安全监管局健全完善全区职业卫生监管台账，建立新发职业病、疑似职业病病例台账，及时掌握企业职业卫生管理情况。2016年全区职业病危害项目申报单位477家。按照行业划分：汽车维修企业206家，危险化学品企业143家，建筑企业31家，电子加工企业21家，家具制造企业14家，印刷企业20家，制药企业8家，其他行业企业34家。

（姜南）

宣传培训

【微信公众号】 4月25日，“朝阳安监”微信公众号开通。年内发布图文220篇，有2136人关注，访问阅读量103891次，访问人数49856人次。取得较好宣传效果。

（梁博文）

【地下有限空间作业大比武】 6月8日，朝阳区安全监管局组织辖区电力、污水处理、污水管线维护、热力、物业等行业10支代表队50名有限空间作业人员，在高碑店北京排水集团有限空间作业培训中心举行2016年朝阳区地下有限空间作业大比武竞赛。北京排水集团高碑店污水处理厂和北京排水集团第二管网运营分公司及10名参赛队员，获得市安全监管局授予的“优秀参赛队伍奖”和“北京市安全生产技术能手”称号。

（姜南）

【宣传咨询日活动】 6月16日，朝阳区安全监管局组织全区20余家单位在朝阳公园南门广场举办安全生产月宣传咨询日活动，副区长杨树旗和区有关部门负责人参加活动。咨询日活动现场设置4个区域。宣传展板区，设置120余块宣传展板，面向社会公众宣传消防、用电、用气等安全科普知识；现场咨询区，设置文化娱乐场所安全咨询、职工权益保护咨询等18个现场咨询台，接受职工群众的咨询；装备展示区，设置火灾现场模拟逃生应急体验以及红十字现场急救项目，公众可亲身体验设备的操作使用，掌握安全知识；互动体验区，有关部门不仅将专家请到现场，还就百姓生活息息相关的安全常识、职业健康等进行现场讲解，并通过转盘互动有奖答题的方式寓教于乐，提高公众安全生产意识，收到良好的社会宣传效果。

（罗鹏）

【与企业负责人“对话谈心”活动】 7月7日，朝阳区安全监管局领导与朝阳区9家涉及人员密集场所的大型商市场、体育场馆经营单位主要负责人开展“对话谈心”活动。向企业主要负责人发放《中华人民共和国安全生产法》《北京市生产安全事故隐患排查治理办法》等法规规章宣传册，听取各企业简要情况介绍、企业安全生产状况以及对政府监管工作的意见和建议。通过“对话谈心”活动，增进沟通联系，在做好安全监管工作的同时为企业提供服务，推动落实企业主体责任。

（刘宁）

【安全生产宣传教育活动】 本年，朝阳区各部门、各街乡围绕“强化安全隐患治理，携手共建安全朝阳”的活动主题，以宣传贯彻《中华人民共和国安全生产法》和《北京市生产安全事故隐患排查治理办法》为主线，秉持“大宣教”和“分类宣教”的理念，推动“四化三体系双基”总任务的落实，先后组织开展安全生产月、暑期消防安全宣传教育行动和“安全法规我知道”知识竞赛、“我与安全同行”摄影比赛等一系列安全生产宣传教育活动，取得明显效果，达到预期目标。安全生产月活动期间，组织对1835家单位开展安全生产检查，排查隐患1576项，整改1572项。在全区道路、社区、企事业单位悬挂大型宣传横幅1630条，张贴宣传海报7305张，发放宣传材料143620份，设置专栏园地718处。

（罗鹏）

【安全生产大培训】 本年，朝阳区安全监管局制定实施《2016年朝阳区安全生产培训工作方案》，在全区分行业、分属地，有重点、有计划地开展安全生产大培训工作。各部门、各属地街乡高度重视安全生产培训工作，通过完善体制机制保障，构建安全生产培训工作格局；部门、属地联动，扩大安全生产培训覆盖面；采取多样化形式，丰富安全生产培训内容；注重培训效果，提高培训针对性，逐步实现安全培训从注重形式到注重效果、从要我培训到我要培训的转变。2016年全区培训17.52万人次。

（余捷）

【安全生产法规规章专题培训】 本年，朝阳区安全监管局组织开展《北京市生产安全事故隐患排查治理办法》和国家安全监管总局《安全生产执法程序规定》专题培训活动，聘请专家讲解，全区安全监管系统全体执法人员和专职安全员参加培训。

（余捷）

【特种作业培训考核】 本年，朝阳区10家特种作业培训机构开展电工作业、焊工作业、建筑脚手架拆装、高处悬挂建筑物表面清洗、制冷与空调作业、地下有限空间作业等特种作业人员培训考核工作。在市安科院的指导下，10家培训机构全年培训、考核特种作业人员22271人次。

（余捷）

【职业卫生宣传培训】 本年，朝阳区安全监管局加强职业卫生宣传培训工作。一是采取“互联网＋职业卫生培训”新模式，使用“安全100”职业卫生培训远程教育学习平台，为辖区用人单位主要负责人和职业卫生管理人员提供职业卫生培训服务。二是开展“职业病防治宣传周”活动，并以“5·12防灾减灾宣传日”及安全生产宣传月活动为平台，多层次、多角度、全方面宣传职业病防治工作。

（姜南）

标准化建设

【安全生产标准化核查通报会】 7月14日，朝阳区安全监管局组织标准化评审单位召开安全生产标准化核查工作通报会，加强对标准化评审工作的管理，提高评审质量，促进标准化创建工作规范有序开展。会议通报企业标准化达标核查中发现的问题，要求各评审单位高度重视核查中发现的问题，认真进行核实，开展已评审单位“回头看”工作，杜绝同类问题的发生。

（陈京）

【工业企业安全生产工作部署会】 8月17日，朝阳区安全监管局召开工业企业安全生产工作会，全区43个街乡安监科负责人和近500家企业负责人、管理人员参加会议。会议重点部署安全生产标准化工作，重点完成辖区内所有工业企业标准化达标创建工作。根据企业分布情况将43个街乡划分成6个片区，由6家评审单位分别负责评审。要求评审组织单位对评审人员进行培训考核，合格人员颁发评审人员工作证。

（陈京）

【标准化工作协调推进】 10月9日至13日，朝阳区安全监管局先后组织召开5次会议，协调调度安全生产标准化创建工作。评审组织单位和6家评审机构、35个街乡安监科负责人参加会议。会议确定由各街乡为各评审机构提供辖区内企业台账，与已达标企业进行核对后根据实际情况确定本地区计划达标企业台账。要求各评审机构严格执行评审程序，严把评审质量关，对不符合标准的企业一律不予评审。推进安全生产标准化达标创建工作，按期完成标准化创建任务。

（陈京）

【非公有制企业标准化工作会】 11月17日，朝阳区安全监管局组织部分非公有制企业主要负责人召开安全生产标准化工作会议。会议要求各企业的主要负责人认清新形势下企业安全生产标准化创建工作的重要性和紧迫性，落实安全生产主体责任，抓好标准化建设和现场管理，提升安全管理水平，为构建和谐社会、创建“平安朝阳”做出贡献。会上还就企业“安责险”、安全生产大检查等工作进行动员部署。

（陈京）

海　淀　区

概　　述

2016年，海淀区安全生产工作围绕核心区建设工作主线，以压减事故总量为目标，以加强队伍管理建设为根本，推进安全生产法制化、标准化、社会化、信息化建设，着力构建安全生产责任体系、隐患排查治理体系和安全预防控制体系，夯实基层基础，提升安全生产总体保障能力，确保全区安全生产形势总体平稳。

坚持综合协调，督促安全生产责任落实。海淀区区委2次召开常委会专题研究安全生产工作，区政府先后10次召开常务会、专题会、安委会全会等全区性安全生产会议，专题研究部署安全生产工作、总结阶段性工作进展情况、分析预测安全生产形势、部署各时期重点任务，推动各项重点工作的落实。区安委会有针对性地指导全区安全生产工作，协调全区各部门、各街镇、各区属单位落实安全生产监管（管理）责任，健全“党政同责、一岗双责、齐抓共管”安全生产责任体系，推动辖区内企业安全生产责任体系“五落实、五到位”。

坚持预防为主，夯实安全生产双基建设。推进基层安全生产专职安全员队伍建设，招聘相关委办局安全生产专职安全员31名，充实安全生产检查力量。组织专项培训22期，培训人员1011人次，组织验收三级标准化达标企业600家，小微企业标准化达标2510家，超额完成全年工作任务。完成“一企一标准、一岗一清单”编制试点工作，指导行业和中介机构帮扶企业制订通用标准、编制岗位清单，清单编制任务完成率达100%，提升企业本质安全。

坚持突出重点，加大安全监管力度。开展烟花爆竹销售、危险化学品罐区、涉氨非制冷、危险化学品道路运输行业企业专项整治；更新工业企业台账数据库，对辖区企业实施分类分级安全监管；开展涉爆粉尘事故隐患排查治理、工业企业较大危险因素辨识管控、工业企业涉危使用事故隐患治理3项专项行动，排查整改安全隐患。建立317家职业病危害因素申报用人单位台账，对19家职业病危害严重的用人单位进行现状评价，督导全区各街镇对768家次用人单位进行职业卫生检查，消除职业危害安全隐患。

坚持严格执法，提升安全生产监管监察水平。区安全监管部门协调区建设、文化、商务、旅游等14个部门，会同29个街镇在建筑施工现场、人员密集场所、地下空间等行业领域开展26个专项联合执法检查行动，消除大批事故隐患。开展以建筑施工、文化娱乐场所、体育运动项目、电气使用安全暨特种作业、特种设备作业人员“双打”专项、商业零售、餐饮、宾馆饭店、综合楼宇（物业管理）9大重点行业领域为主的专项执法检查，促进综合监管工作有效落实。全年执法检查生产经营单位826家次，排查整改各类安全隐患593项，下达执法文书466份，罚款48.9万元，隐患整改率100%。查处群众举报的生产安全隐患92件，办结率100%。

坚持教育为本，提高全社会安全生产意识。开展安全生产培训教育，有效提升安全监管人员和企业安全管理人员的安全监管（管理）水平。落实“双百”工程，开展“安监干部对话谈心”和“专家服务小微企业”活动。开展安全生产月宣传活动，组织用电安全警示教育、宣传咨询日、隐患集中排查治理、普法宣传、地区特色等5大类特色活动，开展系列应急演练950次，宣传教育培训37万余人次，张贴、发放各类宣传材料（宣传品）37万余份，发布安全生产月新闻、安全生产常识500余条，全区1.4万余家单位、44万名群众参加安全生产月活动，全社会安全意识明显提升。

综合监管

【贯彻全国安全生产会议精神】 1月6日，海淀区安委会召开会议，区长于军、副区长王际祥以及区安委会成员单位负责人参加会议。会议传达习近平总书记、李克强总理重要指示批示精神，通报全国安全生产电视电话会议精神，部署春节、“两会”及年度重点工作。于军指出：全区各单位、各街镇要紧绷安全生产这根弦，切实落实责任，提高防范各类生产安全事故水平和事故应急处置能力。

（张亚楠）

【部门安全员队伍建设推进会】 1月19日，海淀区安全监管局召开职能部门安全生产专职安全员队伍建设推进协调会。区编办、财政局、人力社保局、发展改革委、市政市容委、城管执法局等25个部门主管领导参加会议。会议对专职安全员队伍建设提出建设性意见，对部门安全生产专职安全员配备的形式、安全员职责、人员数量、经费来源提出建议，推动职能部门专职安全员队伍建设工作。

（张亚楠）

【安全大检查电视电话会】 1月24日，海淀区安委会召开消防安全和安全生产大检查电视电话会议，区长于军、副区长王际祥和区有关部门、各街镇主要负责人以及安全生产主管领导参加会议。会上，公安消防支队通报全市较大以上火灾情况并部署消防安全大检查工作；区安全监管局和区应急办部署春节期间安全生产大检查、节假日值班和信息报送工作。于军在讲话中要求各部门、各街镇和各单位吸取火灾事故教训，以超常的思维紧绷安全生产这根弦，以超常的措施保持安全生产高压态势，以超严谨的态度抓好各个环节，采取果断措施，开展“全覆盖、零容忍、高标准”的安全隐患排查治理工作。

（张亚楠）

【区主要领导检查烟花爆竹销售安全】 1月24日至2月12日，海淀区区委书记崔述强、区长于军、人大常委会主任关成启、政协主席彭兴业分别带队检查烟花爆竹销售安全管理情况。区长于军要求烟花爆竹零售网点负责人提高安全意识，遵守烟花爆竹管理各项规定，确保烟花爆竹销售期间的安全；各职能部门要加大查处力度，开展烟花爆竹专项整治，保证春节期间烟花爆竹销售安全。区委书记崔述强指出，企业要落实安全生产主体责任，遵守各项规章制度，加强对重点部位的巡检；属地街镇要加强监督管理，把安全责任落到实处，做好安全生产各项工作，严防各类事故发生；有关部门要加大春节期间检查力度，确保烟花爆竹销售期间安全稳定，让全区人民过一个安全祥和的春节。

（席晓敏）

【全区安全生产工作会议】 2月1日，海淀区安委会召开全区安全生产工作会议，区长于军，副区长孟景伟、陈双、徐永全、龚宗元、王际祥和区安委会成员单位主要领导参加会议。会议传达习近平总书记、李克强总理等中央领导关于安全生产的重要指示精神，总结2015年全区安全生产情况，围绕推动企业主体责任落实、健全安全生产责任体系、深化隐患排查治理和预防控制体系建设、强化执法检查、提高安全生产保障能力和安全生产信息化水平等工作，全面部署2016年重点任务。区长于军对做好全年工作提出3点要求：一是以超常的思维，统一思想认识，增强做好安全生产工作的责任感和紧迫感；二是以超严谨的作风，采取有效措施，抓好重点行业领域安全生产工作；三是以超常的措施，严格责任落实，夯实“党政同责、一岗双责、齐抓共管”责任体系。

（张亚楠）

【春节及“两会”安全保障会议】 2月1日，海淀区安委会召开春节及全国“两会”安全保障工作会议，落实节日及会议期间安全生产措施。区长于军、副区长孟景伟、陈双、徐永全、龚宗元、王际祥和区安委会成员单位主要领导参加会议。会议要求各级领导干部树立“红线”意识和底线思维，狠抓道路交通、烟花爆竹、油气管线、危险化学品和易燃易爆物品、建筑施工、特种设备、人员密集场所、城市运行等重点行业安全生产工作，开展拉网式检查，严防发生各类安全生产事故。严格责任落实，做好应急值守，加强对安全生产应急工作的督查、检查和自查，加强监测监控和预警工作。

（张亚楠）

【贯彻市安委会会议精神】 3月18日，海淀区副区长王际祥主持召开会议，贯彻市安委会第二次全体会议精神，区安委会成员单位及区属重点企业参加会议。会议要求全区各部门、各街镇、各单位认真贯彻市安委会会议精神，落实党中央、国务院和北京市领导同志关于安全生产的系列指示和批示精神，落实党委、政府领导责任、部门监管责任和企业主体责任，开展安全生产隐患排查治理，有效防范各类安全生产事故，确保全区安全生产形势稳定向好。

（张亚楠）

【部门专职安全员招聘】 3月30日，海淀区安全监管局对职能部门专职安全员招聘工作进行部署，要求各单位以多种形式开展招聘宣传，营造出良好的报名氛围。按照全市统一部署和“公开、平等、竞争、择优”原则，通过笔试、面试、体检、岗前取证考试，确定录用32名职能部门专职安全员，于7月1日正式上岗。

（刘学国）

【年中总结部署会】 7月20日，海淀区副区长王际祥主持召开上半年安全生产工作总结部署会，区安委会成员单位主管领导参加会议。会议总结上半年主要工作成效，并对下半年推进隐患排查治理体系试点建设、重点行业领域隐患排查治理、城乡结合部安全生产专项整治、安全生产责任保险、安全生产综合绩效考核、专职安全员队伍建设及标准化建设进行部署。王际祥对做好下半年安全生产工作提出4点要求：一是认清严峻形势，全力压减各类安全事故；二是落实责任，全面消除各类事故隐患；三是推进安全生产责任保险工作，加快安全生产预防控制体系和企业安全生产责任体系建设；四是加强应急值守，确保平安度汛。

（张亚楠）

【永丰产业基地安全管理调研】 8月11日，海淀区安全监管局与区经信办联合调研永丰产业基地安全生产管理工作。调研过程中，永丰产业基地服务中心和西北旺镇政府有关负责人介绍基地基本情况、基地内工业企业数量规模与经营状况，以及西北旺镇政府对基地内工业企业安全生产监管情况。调研组通报全市安全生产情况，要求永丰产业基地督促基地内工业企业及时设置安全生产管理机构、配备安全生产管理人员，落实企业安全生产主体责任。

（刘辉）

【第197次区政府常务会】 8月29日，海淀区政府召开第197次常务会，专题研究部署安全生产工作。会议通报1月至8月安全生产工作情况及下一步工作重点。区长于军要求：要加强对安全生产事故的督查通报力度，严格责任追究，做到“发生一起，严查一起，通报一起”；相关部门、各属地街镇要严看死守油气输送管道和燃气管道“安全线”，开展油气输送管道和燃气管道安全专项整治；推进安全生产责任保险工作，确保完成市安委会下达的新增投保企业不低于1000家的指标任务，并摸索总结经验；强化“红线”意识，全面落实“党政同责、一岗双责”安全生产责任制，杜绝重特大事故发生。

（张亚楠）

【中秋、“十一”安全保障工作会】 9月6日，海淀区副区长王际祥主持召开全区中秋、“十一”期间安全生产保障工作会，区安委会成员单位负责人参加会议。会议对节日期间安全生产工作进行部署，明确各部门、各街镇、各单位安全生产工作责任和任务。一是针对节日期间安全生产工作特点，开展自查，查找本行业、本区域、本单位存在的薄弱环节，及时消除安全隐患。二是以安全生产大检查“护航”行动为抓手，对检查出的问题制定措施、限时整改。三是加强安全教育，利用各种宣传途径，提高各类人员安全意识和遵章守纪的自觉性。四是做好应急值守工作，一旦发生突发情况，确保妥善处置。

（张亚楠）

【安全生产大检查电视电话会】 11月8日，海淀区安委会办公室召开全区安全生产大检查动员部署电视电话会。会议要求各街镇、各有关部门和单位结合冬季安全生产特点，加大对危险化学品、烟花爆竹、建筑施工、交通运输、地铁运营、油气管道、工业与粉尘作业和人员密集场所等重点行业领域的安全生产执法力度，狠抓各项工作措施和制度落实，遏制安全生产事故的发生，确保全区安全生产形势稳定。

（张亚楠）

【街镇安办主任工作会】 11月15日，海淀区安委会办公室召开全区街镇安办主任工作会，专题部署企业安全生产信用等级评定、隐患排查治理体系建设、“安责险”、安全社区创建及安全生产年终考核等重点工作。区安全监管局主要负责人和29个街镇安办主任参加会议。

（张亚楠）

危险化学品安全监管

【危险化学品安全生产工作会】 1月29日，海淀区安全监管局召开危险化学品安全生产工作会，全区危险化学品生产经营单位负责人参加会议。会上，区安全监管局总结2015年度危险化学品经营单位三级达标复评工作，部署春节期间安全管理工作。公安分局反恐办通报防恐安全形势。会议要求企业负责人加强安全生产管理，做到思想认识、经费投入、防恐措施、应急演练、应急值守和各项工作落实“六到位”。

（席晓敏）

【危险化学品联合检查】 3月9日，海淀区安全监管局联合区公安分局对辖区4家重点危险化学品生产经营单位进行抽查，重点检查企业员工的教育培训、应急值守制度落实、应急预案编制及演练、应急物资储备、反恐防恐措施落实和作业场所安全管理等内容。检查发现个别企业对作业现场安全管理不够重视，存在违规行为。针对发现的隐患问题，执法人员向相关企业下达执法文书，责令立即整改。经复查，隐患问题全部整改完毕。

（席晓敏）

【加油站贯标改造施工专项检查】 3月至11月，海淀区安全监管局开展加油站贯标改造施工专项检查，重点对施工单位资质、施工人员入场前安全生产教育培训、特种作业人员管理、临时用电安全、油罐拆除安全措施进行检查。检查发现个别加油站在施工期间存在特种作业人员上岗未按规定配戴劳动防护用品、相关安全生产档案记录不全等问题。针对检查中发现的问题，执法检查人员要求施工单位立即整改，并要求加油站及监理单位加强日常管理，确保改造施工期间生产安全。经复查，隐患问题全部整改完毕。

（席晓敏）

【易制毒化学品安全管理会议】 5月11日，海淀区安全监管局召开易制毒化学品安全管理工作会议，区内35家易制毒化学品经营单位主要负责人参加会议。会议要求相关企业加强安全管理，做好易制毒化学品经营备案工作，及时准确报送相关销售信息，健全“一书一签”等易制毒化学品安全管理制度并完善易制毒化学品销售台账。

（席晓敏）

【城乡结合部危险化学品专项整治】 6月至12月，海淀区安全监管局集中开展城乡结合部重点地区危险化学品安全隐患专项整治。重点检查危险化学品生产、经营、存储企业安全隐患排查整治以及资质证照、设备设施管理、安全生产规章制度、应急演练、相关销售台账记录等内容。针对检查发现的隐患问题，执法人员责令有关单位限期整改。经复查，隐患问题全部整改完毕。

（席晓敏）

【重点企业夏季安全大检查】 7月1日至14日，海淀区安全监管局开展加油站、气体经营企业夏季安全生产大检查。重点检查培训教育、预案演练、隐患排查治理、应急物资配备、现场安全管理等情况。出动执法人员64人次，检查企业32家次，发现隐患18项。针对检查发现的隐患问题，执法人员向有关企业下达整改指令书，责令限期整改。经复查，隐患问题全部整改完毕。

（席晓敏）

【危险化学品运输企业专项检查】 7月4日至10日，海淀区安全监管局联合区交通部门对辖区11家危险化学品运输企业进行专项检查。重点检查企业安全生产责任制、安全生产管理机构设置和专职人员配备、安全生产规章制度和安全操作规程是否建立，安全生产教育培训考核、安全生产投入是否足额到位，隐患排查、应急救援演练是否建立并发挥作用，特种作业人员管理、单位经营许可备案资料、安全评估报告、事故整改落实情况。现场检查配电室、GPS中控室等重点部位安全管理情况，以及安全标志设置、安全设施设备管理、压力容器和运输车辆管理情况。专项检查出动执法检查人员72人次、车辆36台次，发现安全隐患8项，下达责令整改指令书3份。经复查，隐患问题全部整改完毕。

（席晓敏）

【危险化学品生产企业安全检查】 8月28日至9月5日，海淀区安全监管局对重大危险源企业和危险化学品生产企业进行“全覆盖”检查，加强G20峰会期间安全监管工作。重点检查企业重点区域和重点设备的安全管理、教育培训、剧毒化学品购买凭证查验制度、涉氨设备设施检修维护、领导带班和应急值守落实情况。针对发现的隐患问题，执法人员下达限期整改指令书，责令相关企业整改。经复查，隐患问题全部整改完毕。

（席晓敏）

【危险化学品经营许可】 本年，海淀区安全监管局规范危险化学品经营许可行为，严格行政许可流程，严把危险化学品经营受理关、审核关、复核关、审定关。按照《危险化学品经营许可管理办法》规定，把握许可时限，做到许可工作标准不降低、时间不延迟，确保许可证发放及时。全年向94家危险化学品经营单位发放危险化学品经营许可证，向16家易制毒化学品经营单位发放易制毒化学品备案证明。

（席晓敏）

烟花爆竹安全监管

【烟花爆竹执法检查】 1月24日至2月12日，全区安全监管系统对辖区烟花爆竹零售网点开展全面安全检查。重点检查零售网点烟花爆竹存放量、电源线路、大棚周边安全环境、消防器材、警示标识、监控摄像头设置等内容。出动执法检查人员1266人次、检查车辆576台次，查出各类隐患问题252项，下达行政执法文书83份，整改率100%。实现“不爆炸、不燃烧、保安全、零事故”的目标。

（席晓敏）

【烟花爆竹安全管理会议】 1月28日，海淀区安全监管局召开2016年烟花爆竹销售安全管理会议，区工商分局、公安分局、公安消防支队和北京市熊猫烟花公司等81家烟花爆竹经营（零售）负责人参加会议。会上，区安全监管局对烟花爆竹新规范进行讲解，区工商分局、公安分局、公安消防支队分别提出工作要求。会议要求烟花爆竹零售网点提高安全意识，落实安全规章制度，确保烟花爆竹经营销售安全。

（席晓敏）

【烟花爆竹经营许可与销售】 本年，海淀区安全监管局向81家烟花爆竹经营（零售）单位发放许可证，其中五环内51家、五环外30家，同比减少38家，下降31.2%。烟花爆竹销售期间，全区81个零售网点配送烟花爆竹19520箱，销售17435箱，退货回收2085箱。烟花爆竹销量同比减少5948箱，下降25.4%。

（席晓敏）

隐患排查治理

【清单编制动员部署会】 3月2日，海淀区安委会召开“一企一标准、一岗一清单”编制动员部署会，部署全区隐患排查清单编制试点工作，各街镇、行业主管部门、重点企业和安全生产中介机构负责人参加会议。会议要求各单位加强领导、严密组织、注重实效，把隐患清单编制工作作为强化安全生产基础、实施安全发展战略的重要手段，建立长效机制，为全区安全生产工作持续稳定做出新贡献。

（刘辉）

【隐患清单编制试点培训会】 3月21日至23日，海淀区安全监管局召开“一企一标准、一岗一清单”编制培训会，各街镇专职安全员、试点企业负责人及清单编制人员200余人参加培训。会上，培训专家从隐患排查、危险源辨识等方面讲解清单编制要求、程序、方法和标准。会后，区清单编制试点工作领导小组会同有关单位深入企业，加强与企业负责人沟通，掌握企业基本情况，分层次对企业员工进行培训，开展清单编制工作，确保试点工作任务圆满完成。

（刘辉）

【隐患排查治理体系建设推进会】 5月20日，海淀区安全监管局召开安全生产隐患排查治理体系建设推进会，29个街镇安全生产负责人参加会议。会上，区安全监管局通报全市隐患排查治理体系试点建设现场会精神，传达市安全监管局关于隐患排查治理体系建设有关工作要求，解读《北京市生产安全事故隐患排查治理办法》，并重申《海淀区隐患排查治理体系试点工作实施方案》有关时间节点和工作要求。

（张亚楠）

【安全生产大检查“护航”行动】 9月至12月，海淀区安全监管局联合区环保局、质监局、公安消防支队等部门在全区范围内开展安全生产大检查“护航”行动，深化安全生产隐患排查工作。重点检查加油站管理制度和应急救援预案落实情况、施工安全管理、加卸油安全管理、设备设施管理等安全管理情况；液氨使用单位是否逐条对照《液氨使用与储存安全技术规范》进行自查并整改；气瓶销售企业气瓶库房安全管理是否符合安全要求；销售剧毒化学品、易制爆化学品的单位是否按照《危险化学品管理条例》建立销售记录，相关许可证及证明文件是否完备。出动执法人员170人次，检查企业87家次，排查整改安全隐患27项。

（席晓敏）

【清河中街39号院安全检查】 10月18日，海淀区安全监管局、市政市容委、清河城管执法队、清河街道办事处、燃气公司等部门和单位，对群众反映的清河中街39号院1号楼南侧6家餐饮企业燃气使用安全隐患问题进行检查。检查组对餐饮单位用电、人员安全培训、燃气供应协议、气罐气瓶间安全设施、私搭乱建等情况进行检查，发现隐患问题8项，现场整改3项，责令限期整改5项。经复查，隐患问题全部整改完毕。

（王文涛）

【油气管道安全隐患整治督查】 本年，海淀区监察局、政府督查室、安委会办公室、市政市容委组成督查组，对全区油气输送管道和城镇燃气管道安全隐患整治工作进行督查，加大对羊坊店街道、万寿路街道、甘家口街道、北下关街道城镇燃气管道安全隐患整治工作的现场督查力度，督促相关单位启动改造施工。全区油气输送管道在账安全隐患整改全部完成，整改率100%；城镇燃气管道在账安全隐患整改93项，整改率83%。

（张亚楠）

应急救援

【应急管理示范企业现场验收】 2月19日，海淀区安全监管局组织专家对4家加油站进行应急管理示范试点企业现场验收。专家对企业应急预案管理、机构建设、应急救援体系、应急管理制度建设等工作落实情况进行检查，并针对管理机制、预案内容、教育培训和演练实效性存在的问题，提出整改意见。通过指导验收，提高企业应急管理工作水平。

（刘瑭）

【突发事件协调处置工作会】 3月17日，海淀区安全监管局参加由区应急办召开的公共设施突发事件协调处置工作会，区发展改革委、市政市容委、水务局等相关单位负责人参加会议。会上，各单位介绍部门职责及发生突发事件的响应处置程序，并就水、电、气、热、通讯突发事件处置过程中存在的问题进行讨论。会议要求建立海淀区水、电、气、热、通讯突发事件处置长效沟通机制，并对处置程序进行梳理，为全区公共设施突发事件高效处置打下基础。

（刘瑭）

【市政工程综合应急演练】 5月20日，海淀区生产安全事故应急指挥部在市政工程三标段翠湖南路施工现场举行市政工程综合应急演练，副区长王际祥和区安全监管局、公安消防支队等部门负责人观摩演练。本次应急演练设置施工现场房屋发生火灾、基坑施工中发生人员遭受物体打击以及防汛3个模拟场景。在多个部门通力配合、多重力量协调联动下，演练活动体现针对性强、实战性强、示范性强的特点，实现“检验预案、锻炼队伍、磨合机制、宣传教育、完善准备”的目的，演练取得圆满成功。

（刘瑭）

【加油站事故应急演练】 6月27日，海淀区安全监管局联合公安分局、公安消防支队在北京众生永丰加油站开展事故应急演练。辖区各加油站相关人员90余人观摩演练。此次演练模拟3个事故预案：一是加油站防恐怖袭击；二是油罐区卸油车辆，发生油品泄漏，静电引燃发生火情；三是站房超市因夏季温度高、用电量大，造成电线短路，引起货物起火。加油站采取“一分二定”工作方法（即“一分”是分班次，不管人员如何变化，班次任务不变，有利于落实预案；“二定”是定任务、定器材，根据预案设定不同明确任务和携带的器材）实施演练。区安全监管局负责人对此次演练给予高度评价，要求各加油站结合安全生产月活动，对本单位应急预案进行修订完善，提高单位领导的组织和应急救援能力，提高员工安全防范意识，确保在突发事件发生后，能迅速有效处置。

（席晓敏）

【情景构建项目专家评审会】 12月13日，海淀区生产安全事故应急指挥部召开“西郊食品冷冻厂液氨泄漏事故”情景构建项目专家评审会。专家组听取项目成果汇报，经过质询和讨论，对该项目梳理出的应急处置任务清单及应急能力现状分析给予肯定，认为情景构建项目的工作成果对提升区生产安全事故应急指挥部应急管理能力具有指导意义。根据专家意见建议，指挥部完善情景构建项目中应急准备和应急响应相关内容，达到预期效果。

（刘瑭）

【生产安全事故应急预案备案】 本年，海淀区安全监管局以培训、宣传等方式要求企业开展生产安全事故应急预案备案工作。全年完成生产经营单位生产安全应急预案备案65家。

（刘瑭）

执法监察

【中纪委六次全会安全保障】 1月13日至14日，十八届中央纪委第六次全会在京西宾馆召开，海淀区安全监管局组织力量对会场周边200米生产经营单位进行检查，落实综合监管职能，确保会议期间安全稳定。会议期间，出动检查人员162人次，检查生产经营单位81家，排查整改安全隐患210项。圆满完成安全生产保障任务。

（王文涛）

【人密场所安全生产督查】 1月26日至27日，海淀区政府督查室、安全监管局和公安消防支队组成督查组，会同区商务委、旅游委对人员密集场所进行安全生产督查。督查组先后前往北京物美综合超市北洼路店、北外宾馆、北京万年青宾馆，通过现场检查、查阅资料等形式，对生产经营单位安全责任落实、事故隐患排查治理等情况进行检查，对发现的隐患问题责令有关单位进行整改。经复查，隐患问题全部整改完毕。

（王文涛）

【春节前安全生产联合检查】 2月2日至4日，海淀区安全监管局联合区旅游委、文化委、公安消防支队、公安分局、工商分局等有关部门成立检查组，对文化娱乐场所、旅游景区、烟花爆竹销售点等行业领域开展安全生产联合检查。联合检查组重点对生产经营单位的安全生产管理、用电安全、消防设施设备、应急救援预案、节日应急值守进行检查，要求企业落实安全生产主体责任，加强安全管理，执行24小时值班制度，开展隐患排查治理，确保春节期间安全稳定。

（王文涛）

【混凝土制造企业专项检查】 2月22日，海淀区安全监管局对混凝土制造企业开展专项检查。出动执法人员15人次，检查混凝土制造企业6家，发现安全隐患3项，下达责令限期整改指令书3份。区安全监管局在检查中要求企业强化管理，遵守操作规程，加强职工安全生产教育培训工作。经复查，隐患问题全部整改完毕。

（刘辉）

【“两会”安全检查】 2月26日，海淀区安全监管局联合区商务委、旅游委、公安消防支队和属地街道对全国“两会”驻地周边生产经营单位进行安全检查。检查发现个别企业存在配电间内配电箱门未上锁、未如实记录从业人员安全生产教育培训情况等问题，针对发现的问题，执法人员下达限期整改指令书，责令企业整改，消除隐患。经复查，隐患问题全部整改完毕。

（王文涛）

【“两会”安全督查】 3月8日，海淀区安全监管局对北太平庄街道“两会”安全保障工作进行督查。检查组听取北太平庄街道重点时期安全生产保障工作部署及落实情况的汇报。随后，检查组到超市发北太平庄店、北京翔天畅海上网服务中心，重点对生产经营单位安全管理、库房、应急救援预案、应急值守情况进行检查。针对检查发现的问题，执法人员下达限期整改指令书，责令相关企业整改，消除隐患。经复查，隐患问题全部整改完毕。

（王文涛）

【物美集团北太平庄店安全检查】 3月10日，海淀区安全监管局对北京物美商业集团股份有限公司北太平庄店进行现场执法检查，重点检查该单位从业人员安全生产教育培训档案、紧急疏散通道、库房等。经检查发现，该单位存在经营场所紧急疏散通道被杂物堵塞等隐患问题。执法人员下达责令限期整改指令书，并对该单位安全负责人进行安全生产相关法律法规的宣传教育。经复查，隐患问题全部整改完毕。

（王文涛）

【住宅项目建筑工地安全检查】 4月13日，海淀区安全监管局对四川省裕林建筑劳务有限公司承建的北京大学肖家河教工住宅项目-J地块进行安全检查，重点检查该单位从业人员安全生产教育培训档案、特种作业人员持证上岗、从业人员安全防护、劳动防护用品发放等情况。针对检查发现的隐患问题，执法人员下达责令限期整改指令书，并对企业安全负责人进行教育。经复查，隐患问题全部整改完毕。

（王文涛）

【第十九届科技博览会安全保障】 5月19日至22日，海淀区安全监管局开展第十九届中国北京国际科技产业博览会安全生产保障工作。会议期间，区安全监管局组织力量对会场周边200米内生产经营单位进行“全覆盖”执法检查，及时消除事故隐患，圆满完成安全生产保障任务。

（王文涛）

【文化娱乐场所联合检查】 6月6日至8日，海淀区安全监管局联合区文化委、公安消防支队等部门组成检查组，对文化娱乐场所经营单位进行安全生产联合检查。重点检查经营单位安全生产规章制度、文化娱乐场所经营许可证、从业人员安全生产教育培训记录、用电安全、消防设施设备、应急照明等情况。出动检查人员18人次，执法车辆9台，检查文化娱乐场所经营单位6家。针对检查中发现的问题，执法人员下达限期整改指令书，责令相关单位整改，消除隐患。经复查，隐患问题全部整改完毕。

（王文涛）

【在建施工项目举报核查】 12月13日，海淀区安全监管局根据群众举报，对中关村软件园二期东软研发中心办公楼项目承建方——大连建工机电安装工程有限公司安全生产违法行为进行现场核查。经检查，举报情况属实，该项目存在电焊工未取得特种作业证件上岗作业的安全生产违法行为。执法人员依法对该公司进行立案调查，责令其限期整改，罚款5000元。经复查，隐患问题整改完毕。

（王文涛）

【老宅门永泰店举报核查】 12月15日，海淀区安全监管局根据群众举报，对老宅门永泰店（餐饮）安全问题进行现场核查。检查发现该单位教育培训内容不健全、无安全生产应急预案。执法人员依法下达限期整改指令书，并对安全负责人进行相关法律法规教育。经复查，隐患问题全部整改完毕。

（王文涛）

职业卫生监督检查

【职业病危害现状评价工作会】 2月24日，海淀区安全监管局组织16家职业病危害严重的用人单位，召开全区职业病危害现状评价工作会。会议通报职业病危害现状评价工作情况，并就后续重点任务进行部署，要求用人单位落实职业病危害现状评价活动方案的各项工作，对照《现状评价报告》中提出的问题逐项进行整改，并按要求报送整改情况。

（王晰）

【非医疗机构职业危害调查部署】 3月14日，海淀区安全监管局组织全区各街镇召开非医疗机构放射用人单位摸底调查工作会。会议明确调查对象、时间、内容和方法。要求各街镇明确职责分工，对辖区内非医疗机构放射职业危害基本情况进行全面调查摸底，并按时上报调查信息。

（王晰）

【汽车维修企业职业危害专项治理】 6月，海淀区安全监管局启动全区机动车维修企业调漆室和清洗喷枪工作场所职业危害专项治理行动。对专项治理行动进行部署，明确专项治理方案中的治理对象、工作目标、治理内容和具体工作步骤。会同各街镇和职业病危害检测评价机构对企业密闭排毒柜的设置进行检验检测，提出存在的问题并进行指导，帮助企业达到调漆室和清洗喷枪环节的工厂防护要求。召开全区汽修行业专项治理密闭式排毒柜推介会，由成品排毒柜使用企业和技术服务机构分别对自制排毒柜、成品排毒柜使用情况进行技术介绍和交流，并对一些关键问题进行提示，着力改善企业安全生产条件。

（王晰）

【陶瓷生产企业专项督查】 8月，海淀区安全监管局组织专家对陶瓷生产企业粉尘危害专项治理工作进行督查。重点从用人单位职业病危害申报，粉尘危害定期检测率，劳动者职业健康检查率，企业负责人、职业卫生管理人员培训情况，劳动者个人防护用品配备率，职业病危害因素告知率和职业卫生管理制度7个方面进行督查。截至12月底，对辖区内2家陶瓷生产企业进行执法检查，对存在问题的用人单位下达责令限期整改指令书2份、当场处罚决定书2份。经复查，两家单位隐患问题全部整改完毕。

（王晰）

【有限空间大比武】 本年，海淀区安全监管局制定并印发《北京市海淀区安全生产监督管理局关于在全区开展2016年地下有限空间作业大比武活动方案》，将大比武活动分为筹备、报名、培训、比赛和总结表彰5个阶段。3月3日，印发《北京市海淀区安全生产监督管理局关于在全区开展2016年地下有限空间作业大比武活动的通知》；6月14日，举行地下有限空间大比武初赛；6月30日，举行地下有限空间大比武决赛，北京实创高科技发展有限责任公司代表队和北京排水集团第三管网分公司2队获得一等奖，北京自来水集团禹通市政工程有限公司1队和北京排水集团第三管网分公司1队获得二等奖，北京自来水集团禹通市政工程有限公司2队和海淀区水务局2队获得三等奖。

（王晰）

宣传培训

【职业病危害防治评估培训会】 2月24日，海淀区安全监管局召开职业病危害防治评估工作培训会，全区42家用人单位及相关街镇安全生产管理人员参加培训会。培训会对评估内容进行讲解，并对用人单位提交的评估材料逐项进行说明。通过此次培训，为做好职业病危害防治评估的准备工作打下基础。

（王晰）

【市政工程企业安全培训】 3月3日，海淀区安全监管局组织北京海融达投资建设有限公司26个项目经理、安全负责人、监理单位负责人等90余名管理人员，开展安全生产教育培训。培训以市政工程典型事故案例为切入点，通过事故原因分析市政工程安全管理常见漏洞，明确各管理岗位安全职责，促进在施项目安全管理工作。

（刘瑭）

【安全监管干部业务培训】 4月6日至5月5日，海淀区安全监管局组织全区29个街镇安全监管干部及全体执法人员，在区委党校开展4期业务培训。培训邀请国家安全监管总局、市安全监管局和区法制办有关领导，就安全生产工作要点、新修订的法律法规等内容开展专题讲座，培训32学时480人次。通过培训，提高全区安全监管干部业务水平。

（王蕊）

【燃气安全教育培训】 4月20日，海淀区安全监管局分2期对北京市液化石油气公司200余名干部职工进行安全教育培训。培训通过分析典型生产安全事故案例，对燃气产权单位与施工单位，在施工配合过程中存在的安全问题进行分类汇总，对配合过程中易造成燃气管线定位偏差，进而引发施工破坏事故环节进行梳理，并提出针对性整改建议。通过对事故责任分析和认定，从发生事故后的法律责任及其后果，使参加培训人员能够“知其因、晓其果、识其理、明其行”，增强安全生产意识。

（刘瑭）

【职业病防治法宣传周】 4月25日至29日，海淀区安全监管局组织29个街镇开展第14个《中华人民共和国职业病防治法》宣传周活动。通过张贴宣传海报、观看宣传片、现场讲解等形式，向用人单位和社会群众宣传《中华人民共和国职业病防治法》及相关规章和标准。活动期间，发放宣传手册《职业病防治知识100问》《职业卫生法律法规汇编》等宣传材料1500余份。通过此次活动，增强广大职工群众职业病防治意识。

（王晰）

【企业安全生产培训】 5月10日至12月15日，海淀区安全监管局委托专业培训机构对全区重点企业和市属国有企业（不含矿山、危险化学品、烟花爆竹、燃气等企业和特种作业人员）负责人和专（兼）职安全管理人员开展分期分批安全生产培训，全年共培训1200人次。

（王蕊）

【市政府规章宣传培训】 6月7日，海淀区安全监管局在北京邮电会议中心开展《北京市生产安全事故隐患排查治理办法》宣传培训活动，以安全生产政策法规为重点内容，对《北京市生产安全事故隐患排查治理办法》原文及重点条款进行解读。区相关委办局、街镇及重点企业约400人参加培训。通过此次培训，推进企业主体责任落实，促进全区安全生产形势稳定好转。

（王蕊）

【安全生产宣传咨询日】 6月16日，海淀区安全监管局联合紫竹院街道和有关委办局在紫竹院公园东门广场前设立安全生产宣传咨询日活动主会场，宣传《中华人民共和国安全生产法》、《北京市生产安全事故隐患排查治理办法》及相关法律法规。活动以发放宣传品、现场咨询、液化气罐安全灭火演示、消防设施展示、现场灭火器灭火体验、烟热环境逃生体验等形式向市民群众宣传安全知识。展出主题展板40余张，发放宣传品1万余份，解答咨询职工群众200余人次。全区各街镇根据辖区特点，设立咨询分会场，以播放教育影片、发放宣传材料等多种形式开展安全教育宣传工作。全区发放各类宣传材料20万份，30余万人参加现场咨询活动。

（王蕊）

【工业企业粉尘防爆培训会】 6月30日，海淀区安全监管局、经信办联合召开全区工业企业粉尘防爆专项培训会，各相关街镇和工业企业有关负责人参加培训。培训专家就企业粉尘防爆的风险点、日常监管要点进行讲解培训，学习贯彻国家安全监管总局《严防企业粉尘爆炸五条规定》。

（刘辉）

【“职工技协杯”竞赛】 9月29日，海淀区安全监管局在海淀区职业技术学校举办市“职工技协杯”安全生产专职安全员检查技能竞赛海淀赛区初赛活动，全区482名安全生产专职安全员参加初赛。10月19日，区安全监管局在石景山首钢技师学院和海淀区百旺绿谷汽车园分设两个复赛考场，组织初赛理论考试成绩前50名选手参加市“职工技协杯”安全生产专职安全员检查技能竞赛复赛，选拔24名选手参加市级决赛。11月16日，海淀区参赛选手按照“全覆盖、零容忍、严执法、重实效”要求，完成市“职工技协杯”职业技能竞赛决赛任务，3名选手获得“北京市安全生产检查业务能手”称号，田村路街道、羊坊店街道获得优秀组织奖。

（刘学国）

【加油站安全教育培训】 10月17日，海淀区安全监管局结合加油站贯标改造工作，对辖区80家加油站主要负责人进行培训。此次培训根据安全监管（管理）工作重点，讲解《汽车加油加气站设计与施工规范》、站内平面布置、加油工艺及设施、危险化学品事故应急救援预案的制定与修订等内容，明确相关安全规定和要求。

（席晓敏）

【“双百工程”活动】 本年，海淀区安全监管局开展“百名安全监管干部与万家企业主要负责人对话谈心”和“百名安全生产专家服务万家企业”活动。通过企业主要负责人（董事长、总经理）培训班，安全生产标准化工作等平台开展“对话谈心”活动。市、区安全监管部门领导与100家企业负责人开展对话谈心活动19次，其中市安全监管局开展5次、40家企业参与，区安全监管局开展14次、60家企业参与。区安全生产专家组和注册安全工程师事务所服务小微企业450家，排查隐患2291项，提出整改建议2242条。并在4个行政村开展社区大讲堂活动，发放宣传材料2150余份。通过“双百工程”活动，提升企业安全管理水平。

（王蕊）

【安全生产宣传教育短片】 本年，海淀区安全监管局制作《守护生命》安全生产宣传教育短片，并汇集建筑施工、特种作业、有限空间、危险化学品等警示教育片18部，发至全区29个街镇及行业主管部门。利用海淀有线、各街镇有线电视以及社区、企业、商市场电子屏滚动播放，全年播出6000余条次，形成安全生产宣传教育良好氛围。

（王蕊）

标准化建设

【安全生产标准化工作会】 1月20日，海淀区安委会办公室召开全区安全生产标准化工作会，区有关行业部门、各街镇和评审机构有关负责人参加会议。会议总结2015年安全生产标准化工作，交流工作经验，讨论培训工作方案。会议要求各单位提高认识，梳理确定本行业、本辖区标准化企业名单，推进企业标准化创建和隐患排查治理“一企一标准、一岗一清单”编制工作。

（刘辉）

【标准化创建大会】 4月20日，海淀区安委会办公室召开安全生产标准化创建工作大会，区有关行业部门、各街镇和评审机构有关负责人和管理人员160人参加会议。会议部署2016年安全生产标准化建设、规范三级达标企业培训等工作。安全生产专家向与会人员讲解安全生产标准化政策法律法规、评审流程、评定标准等内容。要求各单位多措并举，确保完成2016年标准化创建工作任务。

（刘辉）

【标准化工作协调会】 9月6日，海淀区安委会办公室召开“安全生产标准化工作协调会”，参与全区标准化创建工作的9个行业部门、14家安全生产评价机构负责人参加会议。会议通报全区标准化工作整体情况，各行业部门、安全生产评价机构汇报标准化工作进展情况。会议研究部署下一阶段标准化重点任务，并提出工作要求。

（刘辉）

丰台区

概述

2016年，丰台区安全生产工作围绕安全生产“四化三体系双基”总任务，加大执法检查力度，开展专项整治，全面推进安全生产工作。

一、抓统筹，综合监管能力不断增强。依据《丰台区“十三五”社会经济发展规划》编制完成《丰台区“十三五”时期安全生产规划》。在编制《丰台区“十三五”时期安全生产规划》过程中，聘请专家参与和广泛征求区安委会成员单位意见建议，对规划内容中的9项重大任务和8大保障措施进行7次修改，增强“十三五”规划的指导性、可操作性。积极发挥安委会办公室组织协调功能。通过召开全区安全生产大会、安办例会、联席会、专题会、形势分析会等，协调解决安全生产工作中的问题。区安委会与区属各单位签订《责任书》，制发《安全生产工作意见》、《宣传教育工作方案》、《行政执法工作计划》等文件，对全年重点工作进行统筹部署，推动安全生产各项任务开展。

二、抓监管，明责履职作用明显。按照安全生产“党政同责、一岗双责”的要求，认真落实以“1+7”文件为主要依据的安全生产责任体系，推进各职能部门安全监管机构建设，明确安全监管责任，协调区编办在重点职能部门加挂安全科牌子等事宜。制定宣贯《北京市生产安全事故隐患排查治理办法》和《北京市生产经营单位安全生产主体责任规范》方案，组织编印《北京市生产安全事故隐患排查治理办法》和《北京市生产经营单位安全生产主体责任规范》解读释义4万余册下发各企业。开展“双百工程”，完成111家“一企一标准、一岗一清单”编制试点工作，强化企业的目标管理，有效的促进企业主体责任的落实。

三、抓整治，隐患整改成效突出。制定《关于开展工业企业涉危使用事故隐患治理专项行动方案》《关于大红门地区三家企业列为市级挂账生产安全隐患专项整治工作方案》《关于吸取天津8·12特别重大事故教训集中开展危化品专项整治方案》《关于深刻吸取事故教训进一步加强安全生产工作的紧急通知》，组织、协调、推动开展各项安全整治工作。开展工业气体经营单位专项整治，按照新标准，对全区60家存在隐患的单位逐一进行整改。开展加油站贯标改造专项检查，组织专家对改造期间全过程审查，严格把关。开展重点行业领域生产经营单位用电安全专项执法检查行动，对全区范围内的商市场进行用电安全方面的重点执法检查。开展城乡结合部专项整治，制定方案，明确任务，摸排建账，逐一整治。开展陶瓷生产和耐火材料制造企业粉尘、非医疗机构放射职业危害、机动车维修企业调漆室和清洗喷枪工作场所职业危害专项治理，结合职业病申报工作，分类健全治理工作台账和基础档案。

四、抓重点，重点时期保障有力。针对春节、全国“两会”期间的特点，区安委会对安全生产社会面防控进行全面部署，组织各层级的安全检查和隐患排查治理。区委、区政府领导春节、“五一”“十一”等重大节日前分路带队开展安全生产检查，组织完成“北京国际风筝节”“园博园戏曲文化周”“园博园中东欧论坛”“端午节花开丰台”“纪念全民族抗战爆发79周年”“国际铁人三项赛”“卢沟晓月中秋赏月会”等20多项重要活动安全保障工作，确保重大节日和重要活动时期安全稳定。

五、抓素质，宣传教育氛围浓厚。制定全区《2016年安全生产宣传教育工作意见》和《安全生产月活动方案》，组织区职能部门、各街乡镇、重点行业企业开展《北京市生产安全事故隐患排查治理办法》和《北京市生产经营单位安全生产主体责任规范》集中宣传培训，开展安全文化示范企业建设专题培训。在全区范围内开展以“筑牢安全基础，促进协同发展”为主题的安全生产月活动，举办安全生产月宣传咨询日，开展“2016安监之星·北京榜样”评选，组织“丰台区第二届有限空间大比武”“职业病法宣传周”“用电安全警示周”和安全生产文艺巡演等活动，营造良好的安全氛围。

综合监管

【副区长春节前带队安全检查】 1月22日，丰台区副区长张婕带领区旅游委、商务委、食品药品监管局、安全监管局、北京南站管委会、右安门街道等部门和属地负责人，检查右安门地区春节前安全生产工作。检查组重点对北京南站、丰台物美大卖场、北京商务会馆等单位安全生产、反恐维稳、消防安全、隐患排查治理、疏散通道、人员培训教育、应急管理和食品安全等工作进行检查。张婕在检查中要求：一是节日期间要高度重视安全工作，把安全工作与其他各项工作同安排、同部署，全面落实领导责任制，明确任务，责任到人。二是对检查中发现的问题要立即整改到位，确保节日期间安全。三是要加强节日期间值班人员的安全意识，值班期间不得脱岗，做好值班记录，发现安全隐患，妥善处置，并及时向有关部门汇报。

（李颖）

【安全生产大会】 2月3日，丰台区政府召开2016年全区安全生产大会暨安全生产委员会第一次全会。区长冀岩、常务副区长刘宇、副区长高峰，以及区安委会、防火委成员单位、各街乡镇和区属有关单位负责人参加会议。会议传达习近平总书记、李克强总理对安全生产工作的重要指示和批示精神，传达全国和北京市安全生产会议精神，通报2015年全区安全生产情况，部署2016年及第一季度安全生产工作。冀岩在讲话中要求：要吸取全市及全区各类事故教训，牢固树立“红线”意识，提升标准，强化责任，突出重点，狠抓落实，确保春节期间平稳有序。

（李颖）

【清单编制试点部署大会】 3月2日，丰台区安全监管局在马家堡街道召开隐患排查治理“一企一标准、一岗一清单”编制试点工作动员部署大会。111家试点企业负责人、中介服务机构专家、属地街乡镇和相关行业330人参加此次会议。会议传达全市“一企一标准、一岗一清单”编制试点工作会议精神，部署全区隐患排查清单编制工作方案，并就试点编制工作提出了具体要求。北京原祓注册安全工程师事务所专家介绍隐患排查清单编制工作的实施步骤和操作流程，对相关政策和服务内容进行解答。4家中介机构在现场与街乡镇、试点企业完成对接工作。会议要求：一要充分认识隐患排查清单编制是生产经营单位开展隐患排查治理的基础和具体内容，是丰台区隐患排查治理体系建设中最基本的工作之一；二要加强组织领导，相关属地、行业部门及中介机构要与试点企业紧密联系，突出行业特点、关键环节时段，制定工作方案，确定完成试点任务的时间节点，确保试点任务按时完成；三要创建典型示范，结合属地实际情况，培养、树立和发现试点工作的典型企业和先进事例，形成学习典型、超越典型、互帮互助的学习局面。

（单冬兰）

【“两会”期间安全保障】 3月，丰台区安全监管局采取3项措施加强“两会”安全生产保障工作。一是制发《全国两会安全生产保障工作方案》，对全国“两会”安全生产保障工作进行部署，提出具体要求。二是强化对重点行业领域安全监管，要求各行业部门和街乡镇加强危险化学品、烟花爆竹、工业企业、人员密集场所、交通运输、燃气使用、地下空间等重点行业领域执法检查。三是加强安全生产应急管理，制定“两会”安全生产应急措施，落实应急值守等工作制度。

（牛玉杰）

【区长“五一”节前带队安全检查】 4月28日，丰台区区长冀岩、副区长高峰带领区政府办、安全监管局、质监局、食品药品监管局等部门负责人对金安健医药有限公司和区食品药品监管局一层指挥大厅进行安全检查。在检查金安健医药有限公司时，冀岩听取企业负责人对安全生产工作的汇报，实地检查该公司仓库管理情况，察看半自动化分拣设备运行情况。冀岩指出：安全生产无小事，要把安全摆在生产经营前面，提高安全意识，完善制度、设备及消防措施，分清职责的同时确保责任到位；企业要制定安全生产相关知识的培训计划，加强培训演练，每个岗位都要细化安全责任、承担安全责任，把安全工作落到实处。在区食品药品监管局一层指挥大厅检查时，查看并了解指挥大厅运行及建设情况。冀岩强调：要高度重视食品药品安全生产监管工作，对突发事件要做到快速反应、及时处置；要继续加大对食品药品安全监管工作的力度，不断创新监管理念，完善工作机制，充分发挥食品药品监管机构职能，有效保障群众饮食用药安全。

（李颖）

【副区长督查挂账隐患整改】 6月20日，丰台区副区长钟百利带领区安全监管局、市政市容委、公安消防支队、质监局、公安分局、城管执法局及相关管道权属单位负责人对王佐镇王家大院、新村街道帝京花园别墅区油气输送管道挂账隐患治理情况进行督查。王佐镇和新村街道的主要领导分别就隐患整改进展情况、存在的问题以及拟采取的整改措施进行汇报。督查组对存在的隐患进行查看，并了解下一步采取的措施。钟百利指出：在推进石油天然气和城镇燃气管道隐患整治攻坚战工作中，各职能部门和属地要按照市、区政府要求积极进行组织协调，按时限要求进行整改，违法建设要坚决拆除，隐患要彻底消除。

（李颖）

【区政府安全生产专题会】 7月29日，丰台区政府召开第85次区政府常务会议，专题研究安全生产工作。区安全监管局汇报全区二季度安全生产工作情况和三季度重点工作。会议要求：全区各部门、各街乡镇要从思想上重视起来，全面做好安全生产工作。做好事故预防工作，抓好重点领域、重点行业、重点区域的安全生产，在突出建筑施工、道路交通、火灾和特种设备事故预防的基础上，要做好汛期安全。落实企业的主体责任，明确安全生产工作的主体责任，各街乡镇要在区安全监管局的指导下，督促企业发挥主体作用，落实主体责任。加强监督、监管，加大执法力度，加快油气管道隐患整改、安全生产标准化和“安责险”试点工作，加强宣传和舆情引导。全区各单位要结合安全生产月系列宣传教育活动，做好演练、职业技能大赛、安全社区和安全文化建设示范企业创建工作，营造“人人参与安全、人人关注安全”的良好社会氛围。

（李颖）

【隐患整治行动】 8月9日至11月15日，丰台区安全监管局组织开展安全生产隐患整治行动。重点对建筑工地、各类商品批零市场、出租大院、再生资源回收单位、拆迁腾退区域，易燃易爆单位，仓储物流单位，高层建筑、学校、幼儿园、养老院、地下空间和人员密集场所等高危区域进行隐患排查。隐患“百日”整治行动采取“四个结合”的工作措施：一是坚持把隐患排查治理工作与深化重点行业（领域）安全专项整治结合起来；二是坚持把隐患排查治理工作与日常安全监管监察执法结合起来；三是坚持把隐患排查治理工作与加强企业安全管理和技术进步结合起来；四是坚持把隐患排查治理工作与加强应急管理结合起来。通过整合资源，开展联合执法和集中整治行动，查处取缔非法违法生产经营行为，消除事故隐患，做到不留死角。检查生产经营单位2.2万家次，排查整改安全隐患1.3万项，关停取缔3051处，罚款1113.2万元，拘留22人。

（李颖）

【涉爆粉尘企业督查】 8月18日，市安全监管局对丰台区涉爆粉尘企业和三级标准化达标企业进行安全生产检查。检查组首先来到北京京日正山食品有限公司，对面粉加工车间和配电室进行检查，有关专家对面粉除尘系统须加口袋除尘和建立清扫制度提出建议，对配电室因地面沉积造成地面不平、配电室内配备的安全标识牌不符合规范要求提出整改要求。随后检查组来到北京中大蓝天玻璃有限公司，对车间内部分电器设备未安装漏电保护器和个别电器线路敷设在地面穿管保护不符合规范等问题提出责令改正，要求企业强化主体责任落实，加强安全生产管理，落实各项安全生产规章制度，开展安全生产检查，排查安全隐患，严防事故发生。

（刘凤英）

【推进“安责险”试点】 本年，丰台区安全监管局制发《关于进一步推进安责险制度试点工作的通知》，对全区1000家“安责险”企业试点任务进行分解，涉及13个行业部门、21个街乡镇和园区管委以及3家保险公司。通过动员部署，安排各属地、行业部门和保险公司进行业务对接，完成“安责险”试点工作任务。期间，组织召开各层级动员部署培训会20余场次，参加企业1500余家。

（李颖）

危险化学品安全监管

【危险化学品行政许可】 本年，丰台区安全监管局采取“领导带队、专家诊断”的做法，在审核现场安全条件的同时，加强对评价机构评价工作质量的评估，确保审核结果真实可靠。从受理到颁证，按照“受理、审核、复核、审定、发证”的流程，逐步、逐级审批，相关纸质材料归档装订成册，专柜保存，现场审核照片、申请材料等电子文档输入存储介质保存。受理危险化学品经营许可证行政许可85家，其中加油站延期及变更换证40家，工业气体经营单位延期换证及首次申请6家，票据首次申请、变更申请加延期申请换证36家，油库首次申请1家，不予批准2家。完成危险化学品生产经营单位事故应急预案备案58家。危险化学品改建项目安全条件、设备设施审查11家，加油站改造备案23家。

（李建鹏）

【经营单位执法检查】 本年，丰台区安全监管局检查危险化学品经营单位218家次，发现并督促企业整改隐患156项，下达责令限期整改指令书93份，强制措施决定书1份，行政处罚16起，罚款17万元。查处举报投诉案件29起（其中“96005”举报投诉9起，市“12350”举报投诉4起，其他举报投诉16起）。

（陈勇）

【加油站贯标改造】 本年，丰台区安全监管局根据《汽车加油加气站设计与施工规范》（GB 50156—2014），对辖区内82家加油站（其中2家停业）及相关施工单位的资质、设计、施工方案进行前期审核，完成35家加油站贯标改造工作。主要改造内容是单层管线改为双层管线，部分加油站单层油罐改成双层油罐，设置防渗罐池。

（田会）

烟花爆竹安全监管

【烟花爆竹零售网点设置】 本年，丰台区安全监管局按照统筹规划、全力压减辖区内烟花爆竹零售经营单位数量的原则，采取街乡镇初审、安全监管局现场审核的程序，从严审查零售网点安全条件，确保春节期间安全稳定。全区设立99个烟花爆竹销售网点，同比减少12.3%。

（陈勇）

【烟花爆竹从业人员安全培训】 1月21日至22日，丰台区安全监管局开展烟花爆竹安全生产培训工作。培训采取安全知识宣讲与现场实操相结合，实施闭卷笔试的办法，分三批组织500余名烟花爆竹销售网点负责人及从业人员进行安全知识和安全技能培训，全部通过培训资格考试。

（陈勇）

【零售网点安全检查】 2月3日至12日，丰台区安全监管局和各街乡镇加强烟花爆竹零售网点安全检查工作。出动执法检查人员1980人次、车辆248台次，检查烟花爆竹零售网点1345家次，排查整改安全隐患198项。未发生烟花爆竹安全事故。

（陈勇）

【零售网点安全监控】 本年，丰台区安全监管局给每家烟花爆竹零售网点安装6个摄像头，建立监控系统平台，对网点及周围环境进行"全覆盖"安全监控。区安全监管局值班室安排领导带班值守，24小时保持800兆电台及网上监控平台开通，全方位掌控烟花爆竹零售网点安全情况；由局领导带队，分8个专项执法检查小组对99个烟花爆竹零售网点进行全覆盖安全检查，重点检查零售网点安全管理、消防器材及安全标识配备、烟花爆竹流向登记等情况。各街乡镇、社区选派督导员对零售网点进行监督检查。零售网点实行值班巡逻看守，每个网点销售人员24小时看守（夜间2人以上）。

（陈勇）

【零售网点销售】 本年，丰台区烟花爆竹零售网点烟花爆竹订货数为17600箱，累计销售16897箱，与2015年同期销售的16350箱相比，上升3.3%。

（陈勇）

隐患排查治理

【涉爆粉尘企业专项整治行动】 9月至12月，丰台区安全监管局在全区范围内开展涉爆粉尘企业隐患治理专项行动。此次专项治理行动依据有关粉尘防爆安全生产规章和标准规定，突出金属制品、木制品、农副产品加工等重点行业领域，注重除尘系统、防火防爆、粉尘清理等关键环节，提升涉爆粉尘企业安全生产条件和管理水平。通过开展专项行动，健全涉爆粉尘企业基础信息台账，基本做到"一街乡镇一台账、一企一方案、一隐患一措施、一验收一报告"，实现所有粉尘涉爆企业的全面整改，消除事故隐患。

（刘凤英）

【大型市场安全专项整治】 10月，丰台区安全监管局制定《大型市场专项执法检查行动方案》，对全区存在安全生产隐患的大型市场开展为期一个月的安全生产专项整治。此次专项行动主要针对岳各庄批发市场、新发地批发市场、京深海鲜市场（包含大红门南郊冷冻厂）、玉泉营东方家园建材城等大型市场。区安全监管局执法队采取全队出动、集中整治、分类检查的方式，对大型市场危险化学品储存及使用情况、安全生产规章制度建立情况、从业人员安全生产教育情况、变配电室管理情况、特种作业人员管理情况等方面进行全方位的检查。检查发现隐患20项，均责令被检单位立即或限期整改，并监督整改落实。行政处罚4家单位，罚款10.95万元。

（牛玉杰）

【锅炉隐患专项检查】 10月，丰台区安全监管局对辖区锅炉使用环节安全隐患进行专项检查。一是检查供热单位落实安全生产主体责任情况；二是对供热锅炉运行情况进行实地查看；三是对特种设备年检情况进行检查。检查供热企业42家、锅炉102台。对检查中发现的问题，执法人员及时下达限期整改通知书，对2家单位锅炉用压力表、安全阀等安全附件存在超期未校验情况进行实时监督，并督促企业整改落实。

（牛玉杰）

【隐患排查治理清单编制试点】 本年，丰台区安全监管局按照《北京市安全生产委员会关于开展安全生产事故隐患排查治理"一企一标准、一岗一清单"编制试点工作的通知》要求，制定全区隐患排查治理清单编制试点工作方案，明确编制范围、目标、职责任务、工作步骤等；对市安委会下达的100家编制任务进行分解，涉及17个街乡镇、8个部门及17个行业领域。设立"月例会"和联席会制度，定期通报工作进度、研究解决存在的问题，部署阶段性工作。全年完成111家"一企一标准、一岗一清单"编制试点工作，超额完成目标任务。

（李颖）

应急救援

【加油站应急救援演练】 4月3日，丰台区安全监管局联合中石化北京分公司在丰台悦实达加油站举办加油站应急救援演练。区安全监管局和中石化北京分公司负责人、中石化丰台区域加油站站长和安全管理人员80多人参加现场演练。演练模拟加油站作业过程中汽油泄漏造成成品油起火，火势蔓延，加油站立即启动应急预案，作业人员迅速按照各自职责分工现场警戒、疏导、抢险，使用灭火器、灭火毯等进行扑救，第一时间把汽油泄漏引发的明火扑灭。演练结束后，区安全监管局有关负责人和专家对此次演练执行情况、应急指挥人员指挥协调、参练人员处置能力、演练目标实现以及预案合理性、可操作性进行点评，提出改进意见。通过演练，提高加油站管理人员处置生产安全事故的能力。

（王金泉）

【大型游乐设施应急演练】 6月29日，丰台区安全监管局、质监局在欢乐水魔方嬉水乐园组织大型游乐设施应急救援演练。事故模拟游客从龙卷风设备滑降后溺水，欢乐水魔方嬉水乐园管理部门启动应急救援预案，组织相关人员进行现场急救并加强警戒工作。通过应急救援演练，检验该单位应急预案的可操作性，增强大型游乐设施应急处理能力。

（王金泉）

【重大危险源应急管理示范试点】 本年，丰台区安全监管局推进丰台区重大危险源应急管理示范企业试点工作（中石化长辛店油库、北京铁道物资公司、北京西南郊食品冷冻厂、北京玉泉营批发中心、北京二商健力食品科技有限公司、北京月盛斋清真食品有限公司、北京市北水嘉仑水产品市场有限责任公司）。规范试点企业应急预案、物资装备、救援队、教育培训、报告、响应、现场处置等应急准备工作。企业生产安全事故应急预案备案率100%。

（王金泉）

执法监察

【全国“两会”安全保障】 2月23日至3月18日，丰台区安全监管局联合有关部门对全国“两会”驻地、会场周边200米范围内的单位进行摸排建档。联系属地街乡镇，加强社会面防控；实行“日报告”制度，上报有关信息和执法数据，开展不间断执法检查和督导抽查，确保“两会”期间安全稳定。出动执法人员50余人次、车辆46台次，检查企业23家，排查安全隐患45项，下达行政执法文书23份。经复查，隐患问题全部整改完毕。

（牛玉杰）

【抗战纪念日活动安全保障】 7月，丰台区安全监管局开展“纪念全民族抗战爆发79周年活动”安全生产保障工作。区安全监管局组成4个执法检查组，开展以宛平城及周边为重点的安全生产执法检查行动。全面开展安全生产检查和隐患排查；对存在隐患的单位，增大执法检查的频次和力度；协调宛平街道、卢沟桥乡和有关部门加强对宛平城及周边生产经营单位社会面管控力度，全力消除隐患和死角盲区。严格执行24小时值班制度，确保监管不断档、各类信息渠道畅通、遇有紧急情况及时处理。

（牛玉杰）

【执法夜查专项行动】 8月5日至11日，丰台区安全监管局对辖区内人员密集场所、加油站等单位开展为期一周的安全生产执法夜查专项行动。出动执法人员69人次，检查企业单位76家，排查隐患问题30项，下达执法文书19份。对于检查中发现的隐患问题，执法人员责令企业立即整改。

（牛玉杰）

【国际铁人三项赛安全保障】 9月10日至11日，2016北京国际铁人三项比赛在北京园博园举行。丰台区安全监管局提前谋划部署，采取措施加强赛事期间安全生产保障工作。逐一摸排园博园、长辛店镇、王佐镇等重点区域，巡查主要点位4个、重点大街9条。清理无照游商16起，规范“门前三包”43起，排查整改安全隐患26项。制定完善应急预案，做好突发事件的应急值守，在赛道周边增设安保力量和急救专用通道，投入工作专用车服务赛事需求。

（牛玉杰）

【“卢沟晓月中秋赏月会”安全保障】 9月14日至16日，丰台区按照区政府要求，加强“卢沟晓月中秋赏月会”晚会期间安全生产保障工作。区安全监管局24小时坚守活动现场，对现场施工方单位资质、搭建方案、现场管理制度和操作规程、特种人员证件、安全管理力量投入、现场施工等进行全面检查，发现隐患立即全面整改，确保临建设施结构安全。聘请建筑结构专家对活动现场灯光桁架、演出舞台、LED大屏幕、音响架体、灯光网幕等进行检查，确保现场演出活动顺利进行。

（李颖）

【专职安全员检查】 本年，丰台区街乡镇（园区）专职安全员检查生产经营单位45824家次，发现隐患58327项，下达《安全生产责令改正通知书》13513份。完成年度检查任务。

（任满生）

【专职安全员队伍建设】 本年，丰台区安全监管局加强专职安全员队伍管理，推进基层安全生产检查队规范化建设。完成全区2016年补录招聘专职安全员113人，其中职能部门安全员上岗75人、街乡镇（园区）安全员上岗38人。制定《丰台区安全生产检查队规范化标准》，建立《丰台区专职安全员动态信息电子报刊》，对形象标识、办公秩序、档案建设等提出明确要求，做好经费、装备各相关福利保障，按要求配备电脑、照相机、执法仪、自行车、防护服等设备，通过技能竞赛、网络授课、轮岗锻炼方式开展业务培训，研究解决专职安全员的实际问题。对22个街乡镇和园区的安全员队伍工作现状进行实地调研，通过召开座谈会、查看软硬件条件，个别谈心等方式了解专职安全员队伍建设情况，谋划安全员队伍建设及发展方向。

（任满生）

职业卫生监督检查

【职业危害防治培训及检查】 4月至5月，丰台区安全监管局先后3次组织辖区4S店、加油站和其他工业企业进行职业危害防治专题培训，300余人参加培训。聘请专家对存在职业危害的186家企业进行检查，逐条逐项整改存在的问题。通过检查，加强企业职业卫生基础工作，改善工作场所安全生产条件，提升企业职业危害防治水平。

（郭卫平）

【职业危害调查摸排】 本年，丰台区安全监管局在全区范围内摸排涉及职业危害的用人单位228家，涉及石油和天然气、石化等12个行业。督促用人单位填报职业卫生统计数据，根据工作实际研究分析职业卫生监管和职业病危害预防控制措施。

（郭卫平）

【职业卫生执法检查】 本年，丰台区安全监管局对辖区内50家生产经营单位进行执法检查，下达执法文书28份，排查整改安全隐患94项，对3家违反职业卫生法律法规的企业实施行政处罚，罚款7万元。

（郭卫平）

宣传培训

【依法行政培训会】 5月20日，丰台区安全监管局组织依法行政培训会，重点讲解《北京市安全生产行政处罚自由裁量基准（一）》及2016年行政处罚案卷评查新标准，全局60名执法人员参加培训。培训专家以案说法，就自由裁量基准起草背景、基本原则、主要内容、编制方法和框架结构以及案卷评查规范与制作等进行讲解，并就执法人员正确使用行政处罚自由裁量权等问题现场展开讨论。

（刘凤英）

【职业病防治法宣传活动】 4月，丰台区安全监管局开展职业病防治法宣传活动。宣传《中华人民共和国职业病防治法》《中华人民共和国职业病防治法释义》《有限空间安全作业五条规定》，并向街乡镇专职安全员发放职业病防治法法律法规书籍300余套、有限空间作业宣传图册300余册。促进生产经营单位对职业病防治的重视，强化检查人员及从业单位对职业病防治法律法规的认识。

（郭卫平）

【专职安全员岗前培训】 5月30日，丰台区安全监管局举行2016年专职安全员岗前培训班开班仪式，全区126名专职安全员参加培训。培训班为期10天，设置安全生产法律法规、执法检查实务、电气安全专项检查、危险化学品安全监管、突发事件应对和应急管理、有限空间和职业卫生监管、特种作业安全知识和专项检查要点等多项业务课程，为此次专职安全员集中培训提供教学支撑。

（任满生）

【安全生产宣传咨询日活动】 6月16日，丰台区政府在中车北京二七机车有限公司厂区举办以“筑牢安全基础，促进协同发展”为主题的安全生产月宣传咨询日活动。活动中，区安委会办公室向企业和属地社区、村代表发放安全生产法律法规、安全生产知识书籍和事故案例光盘等宣传材料。各相关职能部门和中介机构为参加活动职工群众现场发放各类宣传品。活动现场摆放安全生产标准化、隐患排查治理、特种设备安全、消防安全、食品安全等展板百余块。全区各街乡镇在本地区重点企业或繁华路段同时组织开展宣传咨询日集中宣传活动。

（李颖）

【安全生产宣传月活动】 6月，丰台区安委会组织开展安全生产宣传月活动。安全生产月期间，举办安全生产培训班50多期，组织应急演练30余次，向社会发放各类宣传品10万余份。制作《安全生产知识手册》2万册，发放给重点企业和社区（村）居民。分别开展“2016安监之星·北京榜样”、用电安全警示周、文艺巡演等形式多样的安全生产宣传活动，并将活动贯穿全年。

（李颖）

【涉爆粉尘安全管理专题培训】 11月3日，丰台区安全监管局举办涉爆粉尘安全管理专题培训班，区经济信息化委、农委、商务委、环保局、规划局、食品药品监管局、公安消防支队和各街乡镇（园区）有关负责人和工作人员，以及涉爆粉尘企业负责人参加培训。培训专家重点讲解涉爆粉尘基础知识、涉爆粉尘认定、涉爆粉尘场所隐患排查治理要领，对《北京市涉爆粉尘企业事故隐患治理技术指导书》进行解读，并就安全检查中的问题进行答疑。

（刘凤英）

标准化建设

【小微企业标准化台账梳理】 4月5日，丰台区安全监管局启动2016年度小微企业标准化达标创建台账梳理工作。根据生产经营单位安全生产条件普查数据台账，对全区不少于2200家企业标准化达标创建任务进行分解，下达各街乡镇（园区）任务基数，并要求各街乡镇（园区）于5月15日前完成摸排并建立小微企业安全生产标准化创建单位台账。按照《丰台区2016年度小微企业安全生产标准化建设工作实施方案》时间进度要求完成达标创建的培训、指导、创建等工作。

（窦爱国）

【工业企业标准化建设部署会】 7月29日，丰台区安全监管局、经济信息化委联合召开三级工业企业安全生产标准化建设部署会，全区31家参与标准化创建的工业企业主要负责人、安全生产机构负责人参加会议。会议通报全区三级企业安全生产标准化建设工作的整体情况和有关注意事项，并提出工作要求，从法律法规、政策要求、创建工作安排以及工作要求等方面进行全面部署，并邀请专家就三级工业企业安全生产标准化建设的工作流程和方法，进行详细讲解。

（李颖）

【标准化达标创建】 本年，丰台区安全监管局制定安全生产标准化工作方案，明确目标任务，组织区有关部门和属地街乡镇推进企业标准化创建工作。组织标准化培训班35期，培训4500人，投入标准化建设专项资金260万元，编印3000册小微企业标准化工作指导手册发至各街乡镇及相关企业，核查达标企业326家（其中三级标准化企业100家、小微企业226家）。全年完成标准化达标企业2835家，其中三级标准化达标企业546家、小微达标企业2289家，超额完成市安委会办公室下达的工作任务。

（李颖）

石景山区

概　　述

石景山区安全生产工作围绕“四化三体系双基”总任务，落实“党政同责、一岗双责、齐抓共管、失职追责”等相关制度要求，注重抓部署、抓督查、抓落实、抓培训，保持思想不松、标准不降、力度不减的工作常态，较好完成年度各项工作任务，全区安全生产形势保持总体平稳发展的态势。

一、加强安全生产组织领导。区委先后2次召开常委会，专题研究分析安全生产工作，强调安全生产工作是民生大事，要牢固树立安全生产“红线”意识，树立“为官一任、保一方平安”的理念，严格落实安全生产工作要“立足于平时，立足于防范，立足于法治，立足于责任落实”的要求，通过最严格的法治和责任落实，实现安全生产争优创先的目标，使全区安全生产工作走到全市的前列。区政府先后6次专题研究部署安全生产工作，要求各行业主管部门和街道办事处以对全区人民高度负责的态度，严格落实综合监管、行业监管、专业监管和属地监管责任，全力维护安全生产的良好形势。区领导通过“四不两直”方式，先后26次带队深入到72家企业开展安全检查，督导企业整改各类安全隐患160余项。

二、落实安全生产责任制。围绕安全生产责任体系建设，加强督导检查，促进石景山区安全生产“1＋7”责任体系文件以及政府工作部门安全生产监管（管理）职责等制度的有效落实。全区各行业主管部门和街道落实党政“一把手”直接分管安全生产工作，贯彻落实“党政同责、一岗双责、齐抓共管、失职追责”要求，层层签订安全生产目标责任书，安全生产责任体系实现“全覆盖”。

三、保持执法检查高压态势。吸取江西丰城“11·24”特别重大事故教训，在全区10个重点领域开展安全生产大检查，检查生产经营单位6879家次，排查隐患4206项，责令限期整改、停止违法行为1209项，责令停产停业122家，关闭违法企业67家，行政拘留5人，罚款46.8万元。在西黄村、北辛安、衙门口、何家坟、铸造村、石府村等城乡结合部地区，开展安全生产隐患专项治理，检查生产经营单位8528家次，整治非法违法、治理纠正违规违章安全生产行为5961起，拆迁、关停企业300家，清退从业人员1505人，行政处罚49起，罚款31.2万元。

四、夯实安全生产基础工作。推动企业开展安全生产标准化创建工作。全区完成1668家企业标准化达标创建工作，其中三级标准化达标企业201家，小微标准化达标企业1467家。全区累计5128家企业完成标准化创建工作。其中，一级标准化达标企业1家，二级标准化达标企业67家，三级标准化达标企业628家，小微标准化达标企业4432家。为14个行业主管部门选配20名专职安全员，行业主管部门安全监管力量得到有效补充。按照政府推动、企业自愿和市场化运作的模式，在各行业领域和小微企业中积极推进安全生产责任保险制度，有916家企业参加安全生产责任保险投保工作，占全区法人企业的14.2%。61家企业完成隐患排查治理“一企一标准、一岗一清单”编制工作。建成石景山区安全监管信息门户网站，开通微信平台和微信公众号，宣传安全生产常识，发布安全生产信息。

五、开展安全生产宣传教育培训。推进安全生产社会化建设，充分发挥注册安全工程师事务所等安全生产行业中介机构在安全生产领域的服务保障作用。组织安全生产宣传月和安全生产咨询日活动，先后组织安全生产各类培训班30余次，参加培训人员3000余人次，培训特种作业操作人员4538人。协调组织安全生产专家为500余名企业负责人、社区民众开展安全生产咨询服务活动。老山公园、古城公园、八角雕塑公园和玉泉公园作为安全生产宣传阵地，结合安全生产重点工作，制作宣传橱窗300块，实现宣传教育社会化、群众化，有效营造良好社会氛围。

综合监管

【“春节”“两会”安全监管工作会】 1月26日，石景山区安委会办公室召开2016年“春节”和全国“两会”安全生产监管工作会。会议传达北京市第一季度公共安全形势分析会有关会议精神，通报朝阳“1·24”火灾事故；对“春节”、全国“两会”期间安全监管工作以及2016年烟花爆竹安全监管工作进行部署；对落实市安委会办公室《关于近期生产安全事故通报》的要求提出具体工作措施，明确一季度全区安全生产监管工作重点。会议要求各单位落实行业监管、属地监管、专业监管和综合监管责任，通过强化组织领导、深入开展宣传、注重协同配合和开展执法检查等手段，抓好“春节”和全国“两会”期间安全生产监管工作。要求各单位针对“春节”和全国“两会”期间安全生产监管工作特点，加大人员密集场所、建筑施工、危险化学品、烟花爆竹、交通运输及水、电、气、热等重点行业领域生产经营单位的执法检查力度，及时整治安全隐患，有效防范和坚决遏制各类安全生产事故发生。

（颜惠军）

【区委常委会传达市领导批示】 3月2日，石景山区区委书记牛青山主持召开第138次区委常委会，传达学习《中共中央、国务院关于给中共天津市委、天津市人民政府通报批评的通知》精神和市委主要领导关于安全生产的批示要求，并对全区安全生产工作提出要求。一是痛定思痛举一反三，全面强化安全生产工作。要把习近平总书记提出的“一厂出事故、万厂受教育，一地有隐患、全国受警示”要求落到实处，进一步强化安全责任，注重安全监管，落实防范措施。二是时刻保持清醒头脑，牢固树立“生命安全高于天”的政治意识。区委、区政府和各级监管部门要进一步落实立足平时、立足防范、立足法治、立足责任的工作要求，全力杜绝各类安全生产事故。三是突出工作重点，加大隐患整改治理力度。把危险化学品、交通运输、管道燃气、罐装燃气和地下管网的安全隐患作为整治重点，深入开展安全大检查，做到“全覆盖、零容忍、严执法、见实效”。四是严明责任落实，建立安全生产失职追责机制。各单位要坚持人民利益至上、牢固树立安全生产“红线”意识，切实落实好党委、政府领导责任、部门监管责任和企业主体责任，并且不断探索建立在安全生产领域失职追责的工作机制。

（颜惠军）

【安全生产暨消防安全工作大会】 3月18日，石景山区安委会召开2016年安全生产暨消防安全工作大会。全区38个行业部门以及重点企业负责人参加会议。会议传达全国和北京市2016年安全生产、消防安全工作会议精神，总结2015年安全生产及消防工作并部署2016年重点任务。区长夏林茂、副区长富大鹏分别与行业部门、街道办事处代表签订《2016年安全生产责任书》《2016年度防火安全责任书》。夏林茂在讲话中强调指出：2016年安全生产和消防工作要贯彻落实党中央、国务院和北京市领导关于安全生产的系列指示和批示精神，坚持人民利益至上、牢固树立安全生产“红线”意识、政治意识和责任意识，落实党委政府领导责任、部门监管责任和企业主体责任，把工作重点和重心放在立足平时、不断强化安全发展理念，立足法治、大力整治各类安全生产隐患，立足责任、狠抓安全生产责任落实，立足防范、不断夯实安全生产基础上，深入开展安全生产隐患排查治理，有效防范各类安全生产事故，继续促进全区安全生产形势稳中向好，为全区全面深度转型、高端绿色发展保驾护航。

（颜惠军）

【安全生产工作会】 4月8日，石景山区副区长肖平主持召开安全生产工作会，30个行业部门、9个街道办事处的主管领导和部分企业负责人参加会议。会议对《北京市生产安全事故隐患排查治理办法》《石景山区安全生产隐患治理资金管理暂行办法》进行解读学习，分析安全生产工作形势，总结第一季度安全生产工作，对年度重点工作任务、重点安全隐患整治和安全生产责任保险推进工作进行部署。会议强调：要围绕大规模转型调整、开发建设等实际情况，认真分析安全生产形势，保持清醒认识，增强安全工作的忧患意识；要按照“党政同责，一岗双责，齐抓共管、失职追责”的要求，严格落实好行业监管、专业监管、综合监管和属地监管责任；要针对季节性特点，加强各行业领域安全监管和执法检查，及时排除安全隐患，杜绝安全生产事故发生。

（颜惠军）

【夏季安全监管工作部署会】 5月24日，石景山区安委会办公室组织区住房城乡建设委、商务委、旅游委、城管委、民防局、公安消防支队等部门和街道办事处，召开夏季汛期安全监管工作部署会。会议要求：一是各单位要按照管行业必须管安全，管业务必须管安全，管生产经营必须管安全的要求，加强组织领导，层层落实监管责任，充分发挥行业和属地的监管职能作用，加强协同配合，形成监管合力，做好夏季和汛期的安全生产监管工作；二是以防暑降温、防雨防汛、防火防爆、防高处坠落、防触电、防火灾和防食物中毒等为重点，加强建筑施工、人员密集场所、危险化学品、交通运输、燃气工程建设、有限空间作业等领域安全监管，做到早计划、早部署、早落实，努力减少和控制各类事故发生；三是结合工作实际，加强对安全生产重点行业（领域）、重要设施、重点单位和部门以及人员密集场所各项汛期应急准备工作的检查，督导生产经营单位完善应急预案，加强应急演练，确保应急组织机构、应急队伍、应急装备、应急物资落实到位。

（颜惠军）

【组建部门专职安全员队伍】 6月，石景山区安全监管局按照《北京市人民政府办公厅关于建立区县职能部门安全生产专职安全员队伍的通知》要求，结合本区实际，首期招收19名职能部门专职安全员，分配到区国资委、住房城乡建设委、商务委、旅游委、城管委、教委等14个政府职能部门，全程参与安全生产监督检查工作。

（王树伟）

【街道安全监管督导检查】 7月25日至27日，石景山区安委会办公室组成3个督导组，采取听取汇报、查阅档案资料、实地检查等形式对辖区内9个街道办事处落实汛期安全监管、标准化达标创建等安全生产重点工作开展情况进行督导检查。督查中，对各街道存在的不足提出改进意见，对后续工作提出具体要求。

（颜惠军）

【上半年安全生产工作会】 7月28日，石景山区副区长田利跃主持召开全区第三季度暨半年安全生产工作会。会议传达中央领导关于安全生产工作指示和全国安全生产电视电话会议精神，分析总结上半年安全生产工作，对下半年重点工作任务、危险化学品专项整治、城乡结合部重点地区安全生产专项整治工作以及安全生产责任保险推进工作进行部署。会议要求：一是认真分析安全生产形势，针对汛期安全和各种生产安全问题相互交织的实际，强化日常监督检查和应急值守，坚持守土有责、履职尽责；二是强化“党政同责、一岗双责、失职追责”的责任意识，落实专业监管、综合监管、行业监管、属地监管“四个监管”责任；三是结合行业和属地监管实际，围绕重点领域安全生产专项整治工作，加强各行业领域安全监管和执法检查，及时排除安全隐患，杜绝各类安全生产事故发生。

（颜惠军）

【“安责险”推进会】 7月28日，石景山区安全监管局召开安全生产责任保险工作推进会，对推广安全生产责任保险制度进行再动员再部署，31个行业主管部门和9个街道办事处的主要领导、主管领导及部分企业负责人参加会议。会议通报《石景山区推进安全生产责任保险工作方案》，明确组织领导和责任分工，根据全市年度目标任务，对相关委办局和街道办事处进行指标分解，并就落实年度指标任务提出具体要求。

（栾松）

【第16次区长办公会】 8月3日，石景山区区长夏林茂主持召开第16次区长办公会，听取区安全监管局关于全区上半年安全生产工作情况的汇报，研究部署下半年安全生产工作。会议要求：一是强化隐患专项排查。要与“拆违治乱建高端”紧密结合，重点在建筑施工、燃气、有限空间、人员密集场所、危险化学品等重点领域强化隐患排查。要坚持严字当头，对安全隐患多、安全管理薄弱的单位，依法关停、约谈、处罚，并采取有效措施及时整改。二是强化过程管理。坚持安全管理不放松，采取人防、物防、技防相结合，确保每一个环节的安全管理措施到位，预防各类安全事故的发生。三是强化督查检查。区安委会办公室组成督查组，对安全生产工作落实情况进行督查。对工作落实不到位、责任落实不到位的部门和企业，加大追责问责力度，确保政府监管职责和企业主体责任落实。四是强化教育培训。要在开展好安全生产日常教育培训的基础上，组织生产一线员工开展体验式培训，切实增强一线从业人员的安全意识和安全技能。

（颜惠军）

【安全生产标准化推进会】 8月26日，石景山区安全监管局组织相关行业部门召开安全生产标准化推进会。会议听取各行业主管部门安全生产标准化创建工作进展情况，以及下一步工作的计划安排。会议强调：一要做好安全生产标准化的宣传工作，切实提高企业的认识；二要在做好标准化工作的同时谋划2017年标准化工作，进一步完善台账内容，提早安排好标准化创建的各项工作；三要明确人员、明确时限，及时发现解决存在的问题，对于一时难以解决的问题，要及时上报共同研究解决。工作要落到实处，确保达到既定目标。

（李强）

【安全生产大检查动员部署】 11月16日，石景山区区长夏林茂主持召开安全生产工作会，对安全生产大检查进行部署。副区长田利跃、亢军以及全区32个行业部门、9个街道办事处的主要领导、12家重点企业负责人参加会议。会议通报全区安全生产和消防安全工作，对在全区人员密集场所、建筑施工、交通运输、工业企业、危险化学品、烟花爆竹、燃气使用、食品药品、特种设备等重点领域开展安全生产大检查工作进行动员部署。会议强调：一要认清形势、找准问题，有针对性地把工作抓紧抓实抓出成效；二要严密防范，强力执法，抓好岁末年初安全监管工作；三要强化职责、勇于担当，落实行业和属地安全监管责任。会议要求各单位落实安全生产“党政同责、一岗双责、齐抓共管、失职追责”的要求，在思想上要防麻痹、工作上要防松懈，保持和发扬连续作战的精神，突出重点，落实责任，强化监管，为全区经济转型和高端绿色发展提供坚强保障。

（颜惠军）

【安全生产大检查再动员、再部署】 12月1日，石景山区区长夏林茂主持召开安全生产大检查再动员、再部署工作会，汲取江西丰城“11·24”特大安全生产事故教训，推进安全生产大检查工作。区委书记牛青山、区委副书记（政法委书记）李文起，副区长田利跃、富大鹏以及区委、区政府46个部门、9个街道办事处的党政主要领导、驻区大企业、首钢二级企业、建筑施工、商务行业、旅游行业、危险化学品企业等行业领域主要负责人270余人参加会议。会议传达习近平总书记、李克强总理关于安全生产工作的指示、批示精神和国务院、北京市安全生产电视电话会议精神，对在全区人员密集场所、建筑施工、交通运输、工业企业、危险化学品、烟花爆竹、燃气使用、食品药品、特种设备等重点领域开展安全生产大检查工作进行再动员、再部署。夏林茂在讲话中要求各单位认清安全生产形势的复杂性、严峻性，强化安全生产“红线”意识和底线思维，要以对区委、区政府和对全区人民高度负责的态度，强化行业监管、专业监管、属地监管和企业主体责任落实，在思想上防麻痹、工作上防松懈，扎实开展安全生产大检查工作，全力维护辖区安全生产良好形势。牛青山围绕强化认识、落实责任、注重日常监管、狠抓隐患整治和严肃追究责任5个方面提出具体要求，要求各单位树立“为官一任、保一方平安”的理念，对全区各个领域来一次彻底的拉网式隐患排查，做到思想认识上高度重视、落实制度上坚决彻底、监督检查上严格细致、执法处罚上严肃认真，以最严格的尺度和标准，做好安全生产大检查工作。

（颜惠军）

【安全生产大检查推进会】 12月6日，石景山区安委会办公室组织22个行业部门、9个街道办事处主管领导，召开安全生产大检查工作推进会。会议通报全区安全生产大检查工作进展情况，对落实全区安全生产大检查再动员、再部署工作会议精神和做好市安委会督导检查及石景山区开展的综合督查工作进行安排部署。会议要求：各单位要落实行业监管、专业监管和属地监管责任，围绕国务院安委会对北京市督查时指出的4个方面问题和市安委会督导检查重点，组织精干力量、采取随机抽查、突击检查、反复排查的方式，加强行业领域和属地企业的安全监管，及时发现并督促整改安全隐患，对安全隐患一定要紧盯不放，确保整改到位。要求相关单位加大人员密集场所、建筑施工、交通运输、危险化学品、水电气热等领域的安全检查力度，及时发现整治各类安全隐患，坚决堵塞漏洞，确保隐患整治不留死角、不留盲区。

（颜惠军）

【领导干部带队安全检查】 本年，石景山区区委、区人大、区政府、区政协18位区领导带队检查安全生产工作26次，检查单位156家，发现并整改安全隐患168项。各行业监管部门和街道办事处主要领导带队检查安全生产工作215次，检查生产经营单位765家，排查整改各类隐患1689项。落实“党政同责、一岗双责、齐抓共管、失职追责”和“管行业必须管理安全、管业务必须管安全、管生产经营必须管安全”的要求。

（刘同明）

【安委会办公室督导检查】 本年，石景山区安委会办公室结合“两节、两会、国庆”等敏感时期和年度重点任务，先后3次组织9个安全生产综合督导组，对全区18个行业部门和9个街道办事处开展综合督导检查，推动“管行业必须管安全、管业务必须管安全、管生产经营必须管安全”要求的贯彻落实，促进年度安全生产重点工作有序推进。

（刘同明）

【应急管理】 本年，石景山区安全监管局聘请安全生产中介机构指导3家商务行业企业开展安全生产应急预案编制与评审，完善应急体系建设。指导3家危险化学品企业和1家印刷企业开展安全生产应急演练。

（刘同明）

危险化学品安全监管

【危险化学品安全培训】 4月，石景山区安全监管局在首钢技师学院组织全区危险化学品企业70名安全管理人员开展安全培训。培训内容包括危险化学品法律法规、技术标准、应急救援和安全管理等，强化企业负责人及安全管理人员安全意识和管理能力。

（栾松）

【安全生产条件普查】 6月至7月，石景山区安全监管局组织力量进行生产经营单位安全条件普查数据核录工作，更新数据3000余条，确保安全条件普查数据准确无误。在数据更新的同时，区安全监管局还充分利用普查成果，对五环内生产经营单位危险化学品使用情况进行摸底调查，建立工作台账，完善基础管理工作。

（栾松）

【反恐防暴知识讲座】 8月11日，石景山区安全监管局会同区公安分局集中对危险化学品企业安保人员进行反恐防暴知识讲座，组织反恐防暴器材基础训练，掌握反恐防暴基本知识，增强危险化学品企业的反恐防暴意识和应对突发事件的能力，

（栾松）

【重点时期危险化学品管控】 本年，石景山区安全监管局制发《G20会议期间危化企业安全生产督查工作方案》《国庆期间反恐防恐工作方案》《六中全会期间反恐防恐工作方案》，由局领导带队对危险化学品单位进行“全覆盖”检查。采取停止经营剧毒及易制爆危险化学品、停止危险化学品生产经营单位检修施工和对危险化学品生产厂区进行封闭管理等7项安全管理措施，保障重大节日和重要活动期间危险化学品领域安全稳定。

（栾松）

【危险化学品专项检查】 本年，石景山区安全监管局组织相关部门先后开展“危险化学品储罐专项检查”“危险化学品运输专项检查”“易制毒危险化学品专项整治”“危险化学品应急管理专项检查”“危险化学品无证无照专项检查”“危险化品环保专项检查”“非经营性加油站专项检查”等18次危险化学品专项检查。区安全监管局对危险化学品企业进行全面检查及不定期的抽查，对存在隐患问题的企业做到“曝光一批、处罚一批、关停一批、追究一批”，依法对6家存在安全隐患的危险化学品企业进行行政处罚，确保危险化学品生产安全。

（栾松）

烟花爆竹安全监管

【烟花爆竹安全部署会】 1月8日，石景山区安全监管局在首钢职业技术学院召开2016年春节期间烟花爆竹零售网点安全工作部署会，对从业人员安全培训、零售大棚搭建和销售期间安全监管进行全面部署。区烟花办、工商分局、城管执法局、公安

消防支队、公安交通支队等部门主管领导，街道办事处（鲁谷社区）有关负责人以及烟花爆竹零售网点负责人参加会议。

（栾松）

【从业人员安全培训】 1月14日至15日，石景山区安全监管局在首钢技师学院举办培训班，对全区120余名烟花爆竹从业人员进行岗前安全培训。培训主要从烟花爆竹基本知识、法规规范、安全管理制度、应急预案和应急救援、典型事故案例剖析6个方面进行讲解，提高烟花爆竹从业人员安全管理水平和操作技能。

（栾松）

【物联网音视频监控系统】 1月16日至18日，石景山区安全监管局督促建设单位做好烟花爆竹零售网点音视频监控设备安装和调试工作，协调区经济信息化委做好烟花爆竹零售网点数据、视频汇总上传工作，按时完成市、区两级烟花爆竹图像平台对接工作。制定春节期间音视频监控运行应急预案，保障烟花爆竹销售高峰期间系统运行正常。

（栾松）

【烟花爆竹执法检查】 1月19日至2月2日，石景山区安全监管局落实日常执法及重点时段安全监管工作方案，对30家烟花爆竹零售网点采取分片包干、属地检查、责任到人的方式，开展执法检查。检查烟花爆竹网点132家次，排查整改安全隐患33项，下达责令限期整改指令书22份。圆满完成烟花爆竹安全监管工作。

（栾松）

【烟花爆竹零售网点审批】 本年，石景山区安全监管局对各街道上报初审烟花爆竹零售网点进行经营许可行政审批，办理风险抵押金收缴，安全生产责任保险投保审核确认，组织签订安全生产承诺书等工作。按照申请、受理、公示、审核、复核、审定、告知7个程序，严把行政许可关。在行政许可工作结束后，将辖区零售网点许可结果报区烟花办、工商局备案，并及时上报市安全监管局。全区审批烟花爆竹零售网点30家。

（栾松）

隐患排查治理

【隐患排查治理体系建设】 本年，石景山区安全监管局组织制定《石景山区推进安全生产隐患排查治理体系建设的意见》《石景山区隐患排查分级分类管理办法》《石景山区安全隐患挂牌督办制度》《石景山区隐患排查治理体系建设基本规范》《石景山区隐患排查治理资金使用办法》《石景山区旅游行业隐患排查工作规范》等12个规范性文件，完成63家企业隐患排查治理“一企一标准、一岗一清单”编制工作。

（刘同明）

【城乡结合部重点地区治理】 本年，石景山区安委会办公室组织行业主管部门和属地街道在西黄村、北辛安、衙门口等城乡结合部重点地区开展安全生产隐患专项治理。检查单位8528家次，整治非法违法、治理纠正违规违章安全生产行为5961起，拆迁、关停企业300家，清退从业人员1505人，行政处罚49起，罚款31.2万元。

（刘同明）

【城镇燃气管道占压隐患整治】 本年，石景山区安委会办公室加强与燃气安全主管部门的沟通协调，推进燃气管道占压隐患整治工作。整改消除市级挂账城镇燃气管道占压隐患64项，整改率82%。其中重大隐患61项、较大隐患2项、一般隐患1项。

（刘同明）

【重点行业领域专项整治】 石景山区安委会办公室组织开展建筑施工、道路交通、危险化学品、人员密集场所等重点行业领域安全生产专项整治，打击非法违法生产经营建设行为。开展建筑施工专项整治，检查建筑施工单位488家次，排查整改安全隐患1653项，处罚38起，罚款15.2万元，停产企业9家。开展道路交通专项整治，检查单位721家次，对325家单位下达限期整改指令，排查整改安全隐患803项。在极端恶劣天气情况下，采取禁止机动车上路行驶的管控措施，涉及单位102家次。开展危险化学品专项整治，检查单位176家次，排查整改安全隐患113项，处罚企业1家。完成8家加油站贯标改造工作，协调1家液氨使用企业退出市场。开展人员密集场所防火安全整治，检查单位1358家次，督促整改火灾隐患1620项，下达责令改正通知书671份，查封7家，关停2家，拘留5人，罚款21.9万元。

（刘同明）

执法监察

【安全生产大检查】 11月至12月，石景山区安委会在全区人密场所、交通运输、建筑施工、地下管线、餐饮燃气、危险化学品、食品药品、“五小企业、六小场所”、工业企业、特种设备10个重点行业领域组织开展安全生产大检查活动，检查生产经营单位6879家次，排查整改安全隐患4206项，责令限期整改、停止违法行为1209起，责令停产停业企业122家，关闭违法企业67家，行政拘留5人，罚款46.8万元。

（刘同明）

【安全生产执法检查】 本年，石景山区安全监管局采取定期检查和临时检查相结合、全面检查和重点检查相结合、专项检查和联合检查相结合等形式，对危险化学品、有限空间、存在职业危害场所、人员密集场所、工业企业等领域加强执法检查。检查生产经营单位845家，排查整改安全隐患742项，下达执法文书387份，立案处罚25起，罚款125.98万元。组织安全生产检查队检查生产经营单位8796家次，下达检查文书3261份，排查整改安全隐患7584项。

（左万前）

【大型活动临建设施安全检查】 本年，石景山区安全监管局分别对八大处公园新年祈福庙会、北京清明诗会、八大处茶节、游乐园洋庙会等多项大型活动的临建设施进行安全检查，确保各项大型活动安全举办。

（李强）

【安全生产权利清单】 本年，石景山区安全监管局根据市安全监管局和区法制办工作要求，对安全生产监督权力清单进行梳理。区安全监管局安全生产执法权力清单12项，其中行政强制5项、行政检查5项、其他2项。安全生产行政许可事项2项。编制执法岗位目录，其中A类执法岗位27个。

（王树伟）

【生产安全事故调查处理】 本年，石景山区安全监管局依法对本区发生的生产安全事故（5 起事故，死亡 5 人）进行调查处理。在生产安全事故调查处理过程中，对 15 家生产经营单位及相关 70 名人员进行询问调查，搜集证据材料 600 余份，制作询问笔录 76 份 18 万余字，组织召开 5 次事故调查小组工作会。由于证据收集及时、原因分析准确、适用法规得当，5 起生产安全事故调查处理完毕，事故发生单位均按照政府批复要求进行隐患整改和反馈，事故罚款 150.68 万元。

（李杰）

【安全生产举报投诉】 本年，石景山区安全监管局受理市“12350”举报投诉 29 件，同比增长 190%。其中：建筑业 6 件，制造业 7 件，居民服务及其他服务业 5 件，公共管理和社会组织 3 件，住宿餐饮业和批发零售业各 2 件，文化体育、娱乐业、房地产业、教育各 1 件。依法对安全生产举报投诉进行调查处理，经核查 29 件举报投诉内容属实 13 件，占举报投诉数量的 44%；不属实举报投诉 16 件，占举报投诉数量的 56%。全年举报投诉办结率 100%。

（李杰）

职业卫生监督检查

【职业危害项目申报及变更审核】 1 月，石景山区安全监管局在全区范围内对存在职业危害用人单位开展职业危害项目申报及变更审核工作。全区申报存在职业危害用人单位 100 家、作业场所 305 个、接害人数 5425 人。其中古城街道、八角街道、广宁街道、八宝山街道等 4 个街道企业 65 家，作业场所 229 个，接害人员 4848 人，分别占全区存在职业危害企业的 65%、75%、89%。

（李美娟）

【非医疗机构放射职业病危害调查】 5 月，石景山区安全监管局开展全区非医疗机构放射职业病危害情况调查工作。制发《石景山区关于开展全区非医疗机构放射职业危害基本情况摸底调查的通知》，召开由相关用人单位负责人和街道办事处有关负责人参加的非医疗机构放射职业危害基本情况摸底调查部署会，传达相关文件精神，开展网上申报培训。通过调查，全区非医疗机构放射职业危害单位 12 家，除 3 家停业以外，9 家单位全部完成职业危害项目网上申报。

（李美娟）

【机动车维修职业危害专项治理】 5 月，石景山区安全监管局开展机动车维修企业调漆室和清洗喷枪工作场所专项治理工作。制发《石景山区关于开展机动车维修企业调漆室和清洗喷枪工作场所职业危害专项治理行动的通知》，召开会议，动员部署机动车维修企业调漆室和清洗喷枪工作场所职业危害专项治理工作。全区 50 家汽车维修单位，除 12 家因拆迁关停外迁，38 家单位全部完成安装排毒柜改造工作。

（李美娟）

【有限空间大比武活动】 11 月 4 日，石景山区安全监管局开展全区有限空间大比武活动。全区 6 支队伍参加大比武活动。经过理论考试，北京排水集团第四管网分公司、北京吉友佳检测技术有限公司、北京联通中心八区管线局 3 支队伍进入决赛，进行有限空间作业实操擂台竞技赛。经过理论考试和实操考核，北京排水集团第四管网分公司、北京吉友佳检测技术有限公司、北京联通中心八区管线局分别获得一二三等奖。

（李美娟）

宣传培训

【“双百”活动推进会】 4月26日，石景山区安委会办公室召开“双百活动”推进会，对专家服务企业活动进行动员部署。会议听取各街道第一阶段活动开展情况汇报，对专家服务企业工作中的问题进行交流，并对“五一”期间安全检查和安全生产月活动期间的检查服务活动进行部署。会议要求：“双百活动”要注重结合，确保质量，要把专家服务企业活动同安全生产月活动、小微企业标准化达标建设、专职安全员业务培训、隐患排查治理、安全生产大检查紧密结合，合理安排相关工作进度，加强隐患排查治理，注重检查服务质量，确保活动取得实效。

（颜惠军）

【安全生产月部署会】 5月24日，石景山区安全监管局召开安全生产月活动部署会，落实区安委会办公室《石景山区2016年“安全生产月”活动方案》。会议对安全生产月宣传咨询日主会场活动进行部署，协调区有关部门和单位做好安全生产月宣传咨询日活动各项工作。

（王树伟）

【安全生产月活动】 6月，石景山区安委会组织开展安全生产月及宣传咨询日活动。组织安全生产各类培训班30余次，培训2900余人次。62家安委会成员单位召开近百次动员部署会议，张贴各种宣传画2万余张，悬挂横幅、标语等3000余幅，发放各种宣传材料近100万份。设置专栏、板报等宣传园地1000余个，设置专题（栏）50余块。检查生产经营单位500余家，排查整改各类安全隐患（问题）1800余项，开展安全生产应急演练56次。

（王树伟）

【专职安全员培训】 7月11日至21日，石景山区安全监管局对新入职的职能部门专职安全员进行为期10天的培训。培训内容涉及安全生产法律法规和标准、基层安全生产监管、安全生产现场检查实务、典型事故案例评析等，为职能部门专职安全员上岗奠定基础。

（王树伟）

【安全生产社会化建设】 本年，石景山区安全监管局在老山公园、古城公园、八角雕塑公园和玉泉公园建设安全生产宣传阵地，先后制作7期300余块宣传橱窗，推进安全生产宣传教育社会化、群众化。通过石景山电视台、《石景山报》、石景山信息网、街道以及社区宣传栏、临街LED显示屏和宣传横幅等载体，宣传安全生产知识，营造安全生产氛围。每季度组织一次大型安全生产公开培训，培训860余人次。依托首钢技师学院，举办特种作业培训班9期，培训4500余人，取证率90%。

（王树伟）

标准化建设

【标准化建设部署会】 5月24日，石景山区安全监管局召开全区企业安全生产标准化建设工作部署会，25个行业主管部门、9个街道（社区）主管领导和科室负责人以及各行业部门企业代表150余人参加会议。会议通报《2016年石景山区推进企业安全生产标准化建设工作方案》，明确任务目标。会议要求各单位发挥安全生产中介机构作用，落实属地责任，加大行业推动力度，将标准化建设与隐患排查治理紧密结合，推动落实企业主体责任上新台阶，规范安全行为，有效防范事故发生。

（李强）

【街道有序推进】 本年，石景山区各街道组织推进属地企业开展安全生产标准化达标创建工作。各街道按照标准化创建工作目标，结合安全条件普查，对标准化建设工作做出具体安排，指导督促企业认真开展标准化创建工作，在中介机构的配合下推动属地企业开展标准化达标创建工作。

（李强）

【达标企业核查】 本年，石景山区安全监管局成立由咨询评审单位、街道安全科负责标准化的工作人员组成的企业安全生产标准化工作抽查考核组，按照20%和10%的比例对全区安全生产标准化三级达标企业和岗位达标的小微企业进行抽查核查。核查三级标准化达标企业43家、小微岗位达标企业100家，圆满完成市安全监管局下达的核查任务。

（李强）

【企业标准化创建】 本年，石景山区1668家生产经营单位完成安全生产标准化达标创建工作，其中三级标准化达标企业201家，小微企业岗位达标1467家，超额完成市安委会下达的任务。

（李强）

门头沟区

概　　述

2016年，门头沟区安全生产工作围绕“四化三体系双基”总任务，实施安全发展战略。相继出台《门头沟区安全生产“党政同责，一岗双责”暂行规定》《门头沟区政府工作部门、属地镇街（园区）安全生产监管（管理）职责分工》《关于落实和推进北京市安全发展战略促进和谐宜居之都建设的意见》《门头沟区安全生产隐患排查治理体系建设工作实施方案》《门头沟区安全预防控制体系建设工作方案》《门头沟区开展标本兼治防范遏制重特大事故工作实施方案》《关于认真执行〈北京市安全生产信用体系建设管理办法〉和〈北京市企业安全生产承诺和信用报告制度〉做好试点企业安全生产信用等级评定工作的通知》等系列文件，印发《门头沟区安全发展“十三五”规划》《关于进一步加强区政府部门、属地安全生产监管机构建设的通知》，落实安全生产责任、提升安全保障能力、夯实安全生产基础、深化重点领域监管、强化宣传教育培训。

利用市场机制和社会力量加强安全生产综合治理。全区“安责险”投保企业442家，实现标准化二级达标企业27家，三级达标企业285家，小微达标企业2200家，在全市率先完成第一轮全行业标准化达标创建。通过明察暗访、交叉检查、突击夜查、“回头看”督查等形式开展20余项安全专项整治工作，开展安全生产大检查工作，全区各行业领域检查生产经营单位11251家次，发现并消除各类安全隐患7796项。隐患自查自报系统企业使用率90%以上。安全监管系统检查各类生产经营单位1177家次，发现并整改安全隐患2309项，下达责令限期整改指令书634份，行政处罚60起，罚款424.35万元。全区安全生产形势持续稳定。

综合监管

【全区领导干部会】 2月1日，门头沟区区长张贵林主持召开全区领导干部会，传达全市安全生产电视电话会议精神。张贵林指出：全区各部门、各镇街和各单位要做到“党政同责、一岗双责、失职追责”，层层落实责任，层层传导压力，全力维护安全稳定。要开展“全覆盖”安全生产大检查，对重点领域不定时、不定次、反复查、经常查，提高执法检查实效，确保隐患查得准、改到位。要彻查水、电、气、热等城市“生命线”工程，全面检查人员密集场所、危险化学品、烟花爆竹、交通运输和建筑施工等领域，加强应急值守，确保突发事件处置及时，做好城镇运行安全保障。会上，区委副书记付兆庚、副区长张满仓对春节期间安全生产工作进行专题部署。

（林劲北）

【区领导春节前安全检查】 2月3日至5日，门头沟区区委书记韩子荣，区长张贵林，副区长陈国才、张永等区领导带领相关部门，分8组重点对危险化学品、烟花爆竹、商市场、饭店、医院、敬老院、景区、工业企业、文化娱乐等人员密集场所及水电气热等市政设施进行安全检查。区领导要求各部门、各单位采取有效措施强化监督管理，狠抓责任落实、源头管理和应急处置工作；加大监督检查力度，消除各类安全隐患，维护重点时段烟花爆竹燃放秩序；区有关部门和属地镇街要加强巡查，有效防范森林火灾事故；要修订完善应急预案，落实应急物资及应急救援队伍建设，强化应急值守，确保及时有效处置突发事故，保障节日安全。

（林劲北）

【安全生产工作会】 3月9日，门头沟区政府召开全区安全生产工作会，区长张贵林参加会议并讲话。区安委会成员单位主要领导参加会议。会议通报“十二五”时期安全生产工作情况，部署2016年安全生产重点工作；表彰安全生产先进单位和先进个人并进行颁奖；区市政市容委、潭柘寺镇、北京城建集团有关领导就安全生产工作情况进行交流发言。张贵林在讲话中，对“十二五”时期安全生产工作予以肯定，要求全区上下再接再厉，坚持高标准、严要求，全面提高安全生产工作水平。

（林劲北）

【建筑施工及监理单位约谈会】 3月11日，门头沟区安全监管局、住房城乡建设委、公安分局治安支队、公安消防支队等单位召开会议，约谈全区121家建筑施工和监理单位。会议通报3月9日门头沟区第二再生水厂工程事故情况，要求各单位汲取事故教训，开展安全隐患排查，及时消除各类安全隐患，确保建筑施工领域安全稳定；落实安全管理制度，健全安全管理机构，按要求配备专职安全员；加强安全教育培训，提高管理人员和施工作业人员安全生产意识。

（陈观刚）

【落实市安委会电视电话会议精神】 3月18日，门头沟区副区长张满仓主持召开安全生产工作会，全区56个部门、13个镇街主要领导参加会议。会议传达市安委会安全生产工作电视电话会议精神，要求各单位学习贯彻《北京市生产安全事故隐患排查治理办法》，落实2016年安全生产工作要点，做好油气输送管道隐患治理、专职安全员队伍组建、工业企业专项整治、安全生产信用体系建设等工作。通报“3·9”生产安全事故情况，要求各单位汲取事故教训，加强安全生产工作，确保安全生产形势稳定。

（林劲北）

【雁翅镇专职安全员队伍调研】 3月22日，门头沟区安全监管局对雁翅镇专职安全员队伍建设和安全生产管理工作情况进行调研。调研组与雁翅镇专职安全员进行座谈，查阅安全生产检查相关文书档案，实地检查专职安全员办公条件、安全生产检查相关设备设施使用和管理情况。调研组对雁翅镇安全生产整体工作给予肯定，要求雁翅镇围绕全区安全生产重点工作，发挥属地监管职责，采取有效措施，严防各类事故发生。

（林劲北）

【二季度安全生产工作会】 4月22日，门头沟区安委会办公室召开第二季度安全生产工作会，总结第一季度全区安全生产工作，部署安全生产重点工作。副区长张满仓参加会议并讲话。会上，区安全监管局对安全生产责任保险试点工作进行动员部署；区住房城乡建设委、公安分局分别对全区建设施工领域专项治理、道路交通和消防安全管理工作进行部署。张满仓要求：各部门、各镇街吸取事故教训，完善安全生产工作计划，强化重点工作任务的组织落实，有效防范和遏制各类安全生产事故。

（林劲北）

【落实企业主体责任工作动员会】 5月5日，门头沟区代区长付兆庚主持召开落实企业安全生产主体责任工作动员会。会上，区安全监管局通报安全生产形势及重点工作；区住房城乡建设委、市政市容委、水务局、采空棚户区改造建设中心和永定镇，以及6家重点企业代表作大会发言。付兆庚指出：各单位要提高认识，本着对全区人民群众生命财产安全高度负责的态度，开展隐患排查治理工作，采取有效措施，推动企业安全生产主体责任落实到位，确保全区安全生产形势持续稳定好转。

（林劲北）

【代区长带队检查在施工程安全】 5月14日，门头沟区代区长付兆庚、副区长张满仓带领区有关部门和属地政府对部分在施工程进行安全生产检查。检查组采取“四不两直”的方式对中昂小时代项目、第二再生水厂项目、屹泰四季怡园项目的安全防护、环境卫生、消防保卫等情况进行检查，对发现的安全隐患责令施工单位立即停工整改。区领导要求各单位增强安全生产管理意识，强化安全生产责任制，确保建筑施工安全生产，预防各类安全事故的发生。经复查，隐患问题全部整改完毕。

（林劲北）

【副区长带队检查施工工地】 5月17日，门头沟区副区长李昕带领区安全监管局、教委、卫生计生委、住房城乡建设委、公安消防支队负责人，检查大峪二小新建工程、北京八中门头沟校区新建工程、京煤医院改建工程等施工工地安全生产情况。

李昕要求各有关单位从细节抓起，认真落实主体责任，建立健全各项安全管理制度，加大宣传教育力度，提高职工安全意识，确保安全稳定。

（林劲北）

【三季度安全生产工作会】 7月28日，门头沟区副区长张满仓召开第三季度安全生产工作会。会上，区安委会成员单位集体学习习近平总书记关于加强安全生产和汛期安全防范工作重要指示精神以及7月20日全国安全生产电视电话会议精神；区安全监管局通报全区上半年安全生产工作情况，专题部署下半年安全生产工作，并对推进安全生产责任保险工作进行部署；公安消防支队总结分析全区消防安全形势，对夏季消防安全整治进行动员部署。会议要求各部门、各单位落实安全生产“党政同责、一岗双责、失职追责”要求，做到安全第一、预防为主、综合治理、齐抓共管，确保全年安全生产工作目标顺利实现。

（林劲北）

【区领导国庆节前安全检查】 9月28日，门头沟区区委书记张贵林带队对小园3A地块安置房项目、物美大卖场、双峪菜市场等重点单位和场所开展安全生产检查。代区长付兆庚，副区长陈国才、陈卫东、张兴胜、张满仓以及区委办、政府办、安全监管局、住房城乡建设委、商务委、采空棚户区改造建设中心、公安分局、食品药品监管局、工商分局和公安消防支队负责人参加检查。张贵林要求各部门结合安全生产大检查，加强组织领导，周密安排部署，层层落实责任；人员密集场所、建筑工地、加油站等重点领域生产经营单位要落实主体责任，建立健全各项安全管理制度，开展隐患自查自纠，提高整体安全生产条件。并强调，各部门、各单位要重视国庆节期间的值班值守工作，落实关键岗位24小时值班、领导干部到岗带班和事故信息报告制度，确保通信联络和信息渠道畅通。

（林劲北）

【四季度安全生产工作会】 11月15日，门头沟区副区长张满仓主持召开第四季度安全生产工作会，研究讨论门头沟区安全生产“十三五”规划，通报安全生产责任保险工作情况，部署安全生产百日大检查和安全生产综合考核工作。会议要求各单位认真开展安全生产百日大检查，重点开展危险化学品、烟花爆竹、建筑施工、交通运输、地铁运营、油气管道、工业与粉尘作业、矿山、城市运行和人员密集场所等重点行业领域隐患整治；要结合部门职能和工作实际，为全区安全生产“十三五”规划编制工作建言献策；要做好市、区两级安全生产综合考核，确保安全生产考核工作顺利完成。

（林劲北）

【区委书记带队检查建设工程项目】 12月2日，门头沟区区委书记张贵林带队检查S1线西端工程项目、北京双吉制药有限公司、棚户区改造城子D地块安置房建设项目、北京鑫华源机械制造有限责任公司、北旅广场建设项目安全生产大检查工作开展情况。副区长张满仓、赵北亭和区委办公室、政府办公室、安全监管局、住房城乡建设委、采空棚户区改造建设中心、环保局、公安消防支队负责人参加检查。张贵林要求：各单位从意识上重视安全生产工作，始终绷紧安全生产这根弦，建立健全各项安全管理制度，开展安全生产隐患自查自纠，及时发现和消除各类安全生产隐患，改善安全生产条件。

（林劲北）

危险化学品安全监管

【“两会”期间危险化学品安全检查】 3月4日，门头沟区安全监管局对部分危险化学品经营单位和烟花爆竹长期零售网点在全国“两会”期间的安全管理工作情况进行检查。经检查，2家烟花爆竹长期零售网点按要求停售并完成封存工作。个别危险化学品经营单位存在危险化学品储存间有杂物、部分氧气瓶未安装安全帽等安全隐患。针对存在的隐患问题，执法人员下达责令限期整改指令书，要求有关单位整改。经复查，隐患问题全部整改完毕。

（王磊）

【危险化学品运输联合执法】 3月，门头沟区安全监管局组织区市政市容委、交通局、质监局、公安消防支队等部门对门头沟区液化气站、北京天龙燃气有限公司进行联合执法检查。重点检查企业及人员资质、安全管理制度、危险物品车辆管理、液化气瓶检测、消防设备设施、站区现场安全。检查组针对检查发现的液化气瓶存放区存有杂物、缺少安全警示标识等安全隐患，责令相关企业立即整改完毕。检查组要求企业在“两会”期间加强对重点部位安全巡查，落实站点应急值守，做好各项环节安全生产工作。

（白璐）

【危险化学品安全生产工作会】 4月29日，门头沟区安全监管局组织票据贸易类危险化学品经营单位召开安全生产工作会，传达北京市安全生产工作会议精神，部署2016年安全生产工作。会议要求各单位依法规范购置、运输、销售等行为，采取有效措施防范事故发生。督促各单位在规定期限内提出延期或变更申请《危险化学品经营许可证》。

（王磊）

【液化石油气事故应急演练】 6月28日，门头沟区安全监管局在北京天龙燃气有限公司举办液化石油气泄漏事故应急演练。演习内容主要有：应急处置充装台气罐和装车压缩机泵液化气泄漏事故，配送液化气的车辆途中与社会车辆发生追尾，导致液化气罐泄漏，启动应急预案组织应急抢险救援队到事故现场检修。演练过程中，应急救援队成员分为警戒疏散员、通讯联络员、抢险检修员、货物运输员，各小组相互配合、各尽其责，及时处置应急突发事件，演练达到预期效果。区市政市容委、交通局、质监局等部门参加演练。

（白璐）

【危险化学品安全管理专题会】 8月29日，门头沟区安全监管局召开危险化学品安全管理专题工作会，15家危险化学品经营单位参会。会议传达市安全监管局关于G20峰会期间危险化学品行业安全管理工作要求，通报对2家加油站安全检查情况。会议要求各单位落实各项安全管理措施，特别是摩托车加油登记、散装油停售、反恐工作要求；将危险化学品专项行动与G20峰会期间安全管理有机结合，做好隐患排查治理工作，加强周边巡查，强化应急值守，确保G20峰会期间安全稳定。

（王磊）

【制药企业专项检查】 10月12日，门头沟区安全监管局对辖区3家制药企业进行专项检查。执法人员重点对各制药企业危险化学品安全管理制度落实情况、危险化学品储存情况、应急管理工作落实情况等进行检查。3家制药企业均无酒精罐，酒精均为小瓶包装且使用及储存量较少。检查发现企业易制毒化学品未单独储存、易制毒化学品“双人双锁”制度不完善。针对隐患问题，执法人员下达责令限期整改指令书。经复查，隐患问题全部整改完毕。

（王磊）

烟花爆竹安全监管

【烟花爆竹零售网点执法检查】 1月25日至2月12日，门头沟区安全监管局对全区22家烟花爆竹零售网点进行执法检查。重点检查各项安全生产责任制、管理制度、货物码放、视频监控、消防设施配备和安全警示标识设置等情况。针对个别零售网点存在烟花爆竹码放与墙距离不足、流入流出未记录登记等问题，执法人员责令其立即整改并监督落实。

（白璐）

【烟花爆竹安全检查】 2月3日，门头沟区烟花办、工商分局、安全监管局对烟花爆竹销售安全和禁放工作进行检查，重点检查各零售网点安全警示标识设置、人员培训、巡视检查、应急值守、消防器材配备等情况。检查发现各网点均能按照相关法律法规要求，完善安全生产条件，有序开展烟花爆竹经营活动。区相关部门在烟花爆竹销售期内对全区烟花爆竹零售网点开展“不间断、全覆盖”专项执法检查行动，各镇街配合做好禁放点秩序维护工作，遏制烟花爆竹安全事故。

（王磊）

【烟花爆竹销售和回收】 2月3日至12日，门头沟区烟花爆竹批发2800箱，各零售网点销售1871箱，销售收入101.93万元，批发数、销售数、销售收入同比分别减少348箱、947箱、12.76万元，下降11.05%、33.61%和11.13%。销售期结束后，烟花爆竹批发单位开展烟花爆竹回收工作。截至2月18日，回收烟花爆竹433箱。

（王磊）

【非法销售储存烟花爆竹核查】 9月26日，门头沟区安全监管局会同公安治安支队现场核查“双峪菜市场东门附近一家商店违法销售烟花爆竹”群众电话举报问题。现场查获烟花爆竹6箱，随后在店主租住房中查获31箱烟花爆竹。经查，该商户未申办烟花爆竹零售许可证，所销售烟花爆竹为非本市允许销售产品。公安分局治安支队依法暂扣烟花爆竹，并对店主处以7日行政拘留。龙泉镇政府加强出租房屋安全管理和检查，消除出租房屋安全隐患，严防同类事件发生。

（王磊）

矿山安全监管监察

【中介机构负责人座谈会】 2月26日，门头沟区安全监管局召开矿山安全中介机构主要负责人及专家组长工作座谈会。会上，区安全监管局通报“一企一标准、一岗一清单”编制试点企业基本情况；中介机构负责人介绍帮扶企业工作思路及主要步骤。双方就各项工作时间节点、标准、首批开展帮扶企业名单等具体工作进行商讨，达成一致意见。一是培训和帮扶过程中向企业说明“一企一标准、一岗一清单”编制与标准化工作的联系及区别，帮助企业做好编制工作；二是注重企业现场实际，保证清单编制针对性、实用性；三是开展隐患排查治理，发挥清单对企业安全生产的实际作用。

（杨岳）

【非煤矿山企业防汛调研】 6月21日，门头沟区安全监管局对2家非煤矿山企业进行实地调研。检查组查看企业现场安全生产情况、企业防汛应急预案、应急演练、防汛物资储备、领导带班值守和隐患排查治理等各项工作，并就防汛相关工作提出要求：一是非煤矿山企业要密切注意天气变化，强降雨极端天气情况下停止开采、掘进等作业活动，严防透水、滑坡等事故发生；二是矿领导必须按照企业汛期值班安排认真值守，严禁脱岗、离岗；三是加大巡查力度，发现隐患及时处理，并确保防汛物资齐全、有效。

（刘爱雪）

【涉爆粉尘企业专题培训】 12月2日，门头沟区安全监管局邀请北京石油化工学院安全工程学院副院长庞磊，举办涉爆粉尘专题培训，相关行业主管部门、镇街和涉爆粉尘企业负责人参加培训。培训从北京市涉爆粉尘企业隐患专项整治现状入手，结合国内发生的系列重特大粉尘爆炸事故案例，讲解粉尘防爆基础知识、技术指导书及隐患治理问题等内容。通过专题培训，提高相关负责人对涉爆粉尘专项治理工作的重视程度，明确专项治理工作的整改技术标准。

（刘爱雪）

隐患排查治理

【清单编制启动大会】 3月3日，门头沟区安全监管局召开全区“一企一标准、一岗一清单”编制工作启动大会。印制下发《北京市生产安全事故隐患排查治理办法》及释义单行本，并由中介机构专家为50家试点企业进行初始培训。专家对《北京市生产安全事故隐患排查治理办法》和“一企一标准，一岗一清单”编制工作的意义、要求及目标等内容进行讲解。通过培训，提高企业对本项工作的认知水平。

（杨岳）

【隐患清单编制工作调研】 4月21日，市安全监管局对门头沟区企业“一企一标准、一岗一清单”编制工作进行调研，指导企业开展信息系统企业端平台试运行工作。调研组听取试点企业工作汇报，并与企业和中介机构负责人就确保清单质量、清单落实等问题进行交流。现场走访企业，了解企业隐患清单编制工作进度。现场指导门头沟区污水处理厂、欧玛嘉宝安瑞吉（北京）电气设备有限公司2家试点企业，开展信息系统企业端平台试运行工作。调研组对门头沟区试点企业工作进度及质量表示肯定，并强调：一是企业清单编制要突出针对性和实用性；二是落实清单编制工作，做好全员推广培训，企业落实主体责任，中介机构做好引导督促，政府部门做好监督检查；三是通过清单编制工作创新监管方式，逐渐过渡“企业自查整改—行业监督检查—安监综合督导”的工作模式。

（杨岳）

【隐患排查治理法规专题培训会】 6月2日，门头沟区召开《北京市生产安全事故隐患排查治理办法》专题培训会，各部门和镇街安全监管人员、专职安全员及重点监管企业主要负责人和安全管理人员300余人参加培训会。区安全监管局介绍《北京市生产安全事故隐患排查治理办法》立法背景和主要特点，并对全篇34条规定进行讲解，加深与会人员的认识和理解。

（杨岳）

【房屋拆除现场安全隐患排查】 6月7日至15日，门头沟区安全监管局联合区住房城乡建设委、房屋征收中心、公安消防支队等单位对棚户区7平方公里拆除项目进行安全隐患排查，出动执法人员64人次、执法车辆16台次。经排查，16家拆除公司、26个标段，除未签约房屋、工作人员临时占用房屋外，其他基本拆除完毕。拆除作业现场主要存在施工人员未佩戴安全帽、拆除现场未设置明显警示标识、废弃砖头等杂物未及时清理、临时用电不规范等隐患问题。针对隐患问题，执法人员责令拆除公司限期整改。经复查，隐患问题全部整改完毕。

（陈观刚）

【副区长带队安全检查】 8月5日，门头沟区副区长张满仓带领区安全监管局、流动人员管理服务办公室、公安分局治安支队、公安消防支队、城管执法局、环保局、城乡环境办、食品药品监管局、工商分局、住房城乡建设委和龙泉镇政府负责人实地检查大峪化工厂北侧地区安全隐患整治情况。检查组重点从该地区违法建设、治安秩序和消防安全等方面开展检查。检查发现，该地区整治工作整体开展顺利，违法经营商户已经搬离。针对外来人口租用房屋用电、消防方面存在的安全隐患，检查组要求龙泉镇政府和公安消防部门排查统计，采取有效措施，消除安全隐患。经复查，隐患问题全部整改完毕。

（林劲北）

【在施工程专项整治行动】 8月9日至12日，门头沟区安全监管局联合区住房城乡建设委、市政市容委根据《关于开展预防高处坠落、施工破坏燃气管线事故专项整治工作的通知》（京安监发〔2016〕38号）要求，开展在施工程专项整治行动。检查组检查企业7家，下达整改指令书3份。存在的隐患问题主要是基坑马道防护不到位、个别临边防护滞后、存在单板作业现象、应急预案制定不细致等。经复查，隐患问题全部整改完毕。通过专项整治行动，落实建设单位、监理单位、施工单位等参建各方安全生产主体责任，强化建筑施工作业和挖掘工程安全生产管理，提高从业人员遵法守规意识和安全技能，有效遏制高处坠落和施工破坏燃气管线等事故发生。

（陈观刚）

应急救援

【应急管理示范企业达标验收】 2月19日，北京安联专家组对门头沟区金福龙加油站、滨河路加油站安全生产应急管理示范企业达标工作开展现场验收。经专家组评估，金福龙加油站和滨河路加油站分别获得93分和95.5分的成绩，通过市安全生产应急示范企业达标验收。

（刘春光）

【加油站应急救援演练】 6月27日，门头沟区安全监管局组织综地加油站开展应急救援演练，演练设置油罐车卸油过程中漏油和人为破坏加油站两个情形。加油站工作人员分别采取洗消漏油、拉闸断电、灭火、报警、疏散人员等应急处置措施。演练结束后，区安全监管局进行点评，要求企业提高安全防范意识，加强反恐应急能力建设，将应急方案落实到具体行动，提高可操作性，及时有效处置突发事件。演练达到预定目标。

（刘春光）

【叶腊石矿应急救援演练】 6月28日，门头沟区安全监管局组织北京潭龙鑫磊叶腊石矿开展应急救援演练。演练主要围绕井下塌方、被困人员自救、井上人员报警、救援队实施救援等项目展开。在近1个小时的应急救援演练中，参加人员按照应急救援预案，协调配合、各环节井然有序，圆满完成演练任务。

（刘春光）

【危险化学品救援演练桌面推演】 10月31日，门头沟区安全监管局组织危险化学品应急救援演练桌面推演。演练模拟加油站突发漏油并被引燃起火，接到报警后迅速启动应急救援预案，派遣救援人员赶往事发地点成立现场指挥部开展救援工作，现场指挥部根据情况，部署有关单位按照工作职责做好应急救援工作，并向市安全监管局请求支援派遣加油站应急救援专家进行指导。此次演练检验门头沟区危险化学品应急救援预案，检验单位之间相互配合能力，夯实应急管理基础。

（刘春光）

执法监察

【卫生医疗场所执法检查】 1月28日，门头沟区安全监管局、卫生计生委、质监局、公安分局内保处、公安消防支队对区医院、中医院开展联合执法检查。重点检查两家医院安全管理、高（低）压配电室、消防中控室等重点部位人员配备、值守及消防安全、用电安全、电梯安全等情况。针对检查发现的8项隐患问题，执法人员下达责令限期整改指令书。经复查，隐患问题全部整改完毕。

（刘艳峰）

【辐射源使用单位安全检查】 2月22日至23日，门头沟区安全监管局会同区环保局，对北京东西分析仪器有限公司、东方大源非织造布有限公司等6家辐射源使用单位进行安全检查，未发现安全隐患。检查组要求辐射源使用单位制定“两会”期间安全保障工作方案，强化内部管理，重点部位和岗位落实专人值守，落实领导带班应急值守工作。

（王磊）

【建筑行业春季开复工安全检查】 3月7日至25日，门头沟区安全监管局联合区住房城乡建设委等单位，对建筑工地春季开复工情况进行检查。全面检查施工安全防护设施、起重设备、电气线路、机械设备等部位，重点检查工人生活区生活用电、临时用电以及建筑工人岗前安全生产知识和防护技巧培训制度落实情况。检查发现各类安全隐患28项，下达责令限期整改指令书11份。经复查，隐患问题全部整改完毕。

（陈观刚）

【建筑施工单位负责人约谈会】 3月11日，门头沟区安全监管局联合区住房城乡建设委、公安分局治安支队、公安消防支队、公安分局内保处等单位召开会议，约谈全区121家建筑施工、监理单位负责人。

会议通报门头沟区第二再生水厂工程事故情况，要求各单位汲取事故教训，贯彻《北京市生产安全事故隐患排查治理办法》。严格落实安全管理制度，健全安全管理机构，按照要求配备专职安全员。加强安全教育培训，强化施工现场巡查管控力度，遏制安全生产事故发生。

（林劲北）

【旅游景区执法检查】 3月30日，门头沟区安全监管局、旅游委、交通局（海事处）、公安分局治安支队、公安消防支队和斋堂镇政府对珍珠湖景区、双龙峡景区开展联合执法检查。重点检查景区安全用电、安全用火、安全用气、开业前设备设施维护保养及现场安全管理状况。检查发现安全隐患8项，下达责令限期整改指令书2份。经复查，隐患问题全部整改完毕。

（刘艳峰）

【清明节安全检查】 4月2日至4日，门头沟区安全监管局对危险化学品、人员密集场所等重点领域开展安全检查。重点检查生产经营单位安全责任制落实、作业人员安全培训、特种作业人员持证上岗、消防器材配备等情况。检查危险化学品经营单位5家、商场（超市）7家，下达责令限期整改指令书3份，查出各类安全隐患7项。经复查，隐患问题全部整改完毕。

（王磊）

【“五一”期间安全检查】 4月30日至5月2日，门头沟区安全监管局对危险化学品、人员密集场所、施工工地等重点领域开展安全检查。检查危险化学品经营单位6家、商场（超市）6家、建筑工地9家，发现各类安全隐患12项，下达责令限期整改指令书6份。经复查，隐患问题全部整改完毕。

（王磊）

【医疗机构安全联合检查】 5月9日，联合检查组对德坤瑶医医院、永定卫生院及潭柘寺卫生院进行消防及安全生产专项检查。重点检查三家医疗机构消防和安全生产工作的部署情况、各项安全管理制度的落实情况、安全隐患排查与整改情况。三家医疗机构对消防安全和安全生产工作均高度重视，对检查中发现的安全隐患做详细记录，并及时整改安全隐患，确保不发生火灾事故和安全事故。

（林劲北）

【汛前深基坑专项检查】 6月1日至29日，门头沟区安全监管局联合区住房城乡建设委、工程服务中心等部门采用联合检查和重点巡查相结合的方式，检查全区在施工地深基坑施工工程。重点检查基坑支护是否严格按照方案进行、现场应急抢险设备物资准备情况、基坑周边安全防护情况、各项安全措施落实情况。检查企业25家次，下达责令限期整改指令书14份，整改各类安全隐患32项。检查组要求施工企业落实各项规章制度，做好汛前各项准备工作，加强日常监测，确保安全生产。

（陈观刚）

【重点挂牌督办整治】 8月25日至26日，门头沟区安全监管局按照《门头沟区2016年社会治安问题突出的街道（乡镇）重点挂牌督办整治工作办法》要求，会同永定镇对永定冯村嘉园广场两侧底商、北京冯村嘉园商贸中心（冯村市场）及冯村商业街底商进行安全检查。检查各类生产经营单位107家（户），发现各类隐患123项并登记上账，清理“三合一”场所一处。

（刘艳峰）

【G20峰会期间执法检查】 9月1日，门头沟区安全监管局、旅游委、公安消防支队和妙峰山镇政府对嬉水湾旅游观光园、门头沟虎山居农业园旅游观光处等4家农家乐和北京浩达通盛物资供销有限公司加油站开展安全生产联合执法检查。针对检查发现的11项隐患问题，执法人员下达责令限期整改指令书。经复查，隐患问题全部整改完毕。

（刘艳峰）

【中秋节期间安全检查】 9月15日至17日，门头沟区安全监管局对危险化学品、烟花爆竹、人员密集场所、施工工地等重点行业领域开展中秋节期间安全检查。检查危险化学品单位6家，商场（超市）5家，建筑工地4家，查处各类安全隐患9项，下达责令限期整改指令书4份。经复查，隐患问题全部整改完毕。

（王磊）

【棚改安置房项目专项执法检查】 11月7日至16日，门头沟区安全监管局联合区采空棚户区改造建设中心，对全区在施13家棚户区改造安置房项目进行拉网式专项执法检查。检查发现，一些项目存在二级配电箱无防雨防砸措施、临电线缆未按规定进行架空绝缘防护、高空作业人员未系安全带等问题。发现安全隐患18项，下达责令限期整改指令书5份；对小园4、5号地安置房2标和曹各庄A地块安置房1标2家施工单位负责人进行约谈，并立案处罚。经复查，隐患问题全部整改完毕。

（陈观刚）

【冰雪季安全保障】 11月10日，门头沟区安全监管局采取“四不两直”方式，对第三届北京市民快乐冰雪季启动仪式的京浪岛施工现场进行安全检查。检查组查看施工资质、设计方案，了解施工进度，并对冰场大棚搭建、制冷剂存放使用、施工现场安全管理、人员教育培训等情况进行现场检查，确保活动成功举办。

（陈观刚）

【建筑施工安全执法检查】 本年，门头沟区安全监管局检查建筑施工工地264个次，下达责令限期整改指令书171份，整改消除安全隐患611项。对北京兴安幕墙装饰有限公司、北京中建华辰建筑安装有限公司、北京建兴泰建设科技有限公司等15个单位存在的违法行为依法给予行政处罚，罚款20万元。

（陈观刚）

【建筑行业举报投诉案件核查】 本年，门头沟区安全监管局按照有报必查、有报速查的要求，做好安全生产举报投诉案件核查工作。接到群众建筑施工安全隐患举报投诉案件8件，调查处理8件，办结率100%，举报人满意率100%。

（陈观刚）

【城乡结合部专项整治情况】 本年，门头沟区安全监管局组织召开城乡结合部重点地区安全生产专项整治工作部署会，对城乡结合部安全生产专项工作进行部署。会同公安消防支队、龙泉镇对城乡结合部梨园地区开展安全生产联合执法检查。由主管局长带队，抽调执法人员及镇街专职安全员12名，分成6个检查组，对市级挂账地区龙泉镇西老店、梨园地区，军庄镇杨坨车站地区各类生产经营单位进行排查。执法人员和专职安全员对查出的132项安全隐患整改情况进行登记，建立台账。全区城乡结合部专项整治工作顺利完成。

（刘艳峰）

职业卫生监督检查

【职业卫生工作协调会】 3月16日，门头沟区安全监管局召开职业卫生工作协调会，区卫生计生委、人力社保局、总工会等部门的主管领导参加会议。会议总结各部门2015年职业卫生监管情况，对2016年职业卫生监管工作进行部署。

（赵轩）

【第一届有限空间作业大比武】 3月至10月，门头沟区安全监管局开展2016年有限空间作业大比武活动。经过广泛动员，积极报名、初步筛选，确定参加有限空间作业大比武的6支队伍。通过理论知识考试和实际操作比赛的层层选拔，北京华源热力管网有限公司门头沟分公司获得第一届有限空间作业大比武的第一名，并获得市级优秀参赛队伍奖。

（白璐）

【隐患排查治理体系建设培训班】 7月27日至29日，门头沟区安全监管局举办生产经营单位隐患排查治理体系建设宣贯专题培训班，50家试点企业负责人、安全管理人员及专职安全员130余人参加培训。培训采取集中授课形式，邀请专家对安全生产法律法规、用电安全、危险化学品安全、有限空间作业安全、劳动防护用品使用等内容进行讲解，并就企业关心的问题进行互动交流。此次培训注重针对性和实操性，引用大量真实案例，提高企业学习积极性，培训效果良好。

（王磊）

【防暑降温专项检查】 7月至9月，门头沟区安委会办公室贯彻国家安全监管总局《防暑降温措施管理办法》，组织有关部门对全区大型建筑工地、露天作业场所、高温作业车间进行安全检查。检查建筑工地、高温作业企业28家次，发放防暑降温宣传材料300份，下达责令限期整改指令书11份，整改安全隐患43项。

（赵轩）

【企业粉尘危害专项治理】 本年，门头沟区安全监管局开展陶瓷生产和耐火材料制造企业粉尘危害专项治理行动。制定专项治理工作方案，对照职业病危害申报管理系统，开展企业排查摸底工作，建立两类企业监管台账。

（赵轩）

【机动车维修企业职业危害专项治理】 本年，门头沟区安全监管局开展机动车维修企业调漆室和清洗喷枪工作场所职业危害专项治理行动。制定专项治理工作方案，检查企业39家次，强化全区汽修行业高毒物品安全使用管理工作，提升机动车维修企业作业环境管理水平。

（赵轩）

【职业病危害现状评价专项活动】 本年，门头沟区安全监管局开展职业病危害现状评价专项活动，对存在职业病危害严重企业进行现状评价达标专项检查。检查企业10家次，下达行政执法文书5份，整改安全隐患16项。完成全区存在职业病危害严重企业现状评价工作达标率100%的工作目标。

（赵轩）

【企业负责人和安全管理人员培训】 本年，门头沟区安全监管局组织企业负责人和安全管理人员参加北京市职业卫生培训班，全区160名企业负责人和安全管理人员通过考试并取得资质证书。

（赵轩）

【举报投诉案件核查】 本年，门头沟区安全监管局协调相关部门对职业卫生举报投诉案件进行核查，对举报投诉案件做到件件有落实，事事有回音，全年核查职业卫生举报投诉案件105起，接待上访群众149人次，案件回复率100%。

（赵轩）

宣传培训

【职业病防治法宣传活动】 5月10日，门头沟区安全监管局会同区卫生计生委、人力社保局、总工会、疾病预防控制中心和京煤集团，在昊华能源公司木城涧煤矿、大台煤矿开展以“健康中国职业健康先行”为主题的大型职业病防治宣传活动。此次宣传，发放职业病防治法百问、职业病防治问答、预防食物中毒宣传册、职业病防治法宣传画等宣传材料2600多份，设置宣传展板10块。昊华能源公司木城涧煤矿、大台煤矿800余名干部职工参加活动。

（赵轩）

【“5·12”防灾减灾宣传活动】 5月11日，门头沟区政府开展“5·12”减少灾害风险建设安全城市主题系列宣传活动，副区长张满仓出席活动并讲话。活动现场演示无人飞机搜救项目，与会人员观看“5·12”防灾减灾主题展览。区民防局、地震局、公安消防支队等单位在属地镇街开展现场解说、发放宣传折页、悬挂宣传标语等系列活动。张满仓要求有关单位围绕主题，开展应急管理与防灾减灾系列宣传活动，普及公共安全知识和技能，提升全区应急管理与防灾减灾能力。

（谷征）

【安全生产宣传咨询日】 6月16日，门头沟区安委会办公室在石龙开发区明航科技发展公司举办全区安全生产宣传咨询活动。副区长张满仓和市安全监管局有关负责人参加主咨询站活动。区委宣传部、安全监管局、总工会、应急办、综治办、住房城乡建设委、市政市容委、公安分局、人力社保局等22个部门在主咨询站设立展台、展板，发放宣传品，并针对企业职工关注的劳动作业、道路交通、燃气、用电、消防、工伤保险等内容，提供现场咨询服务。区供电公司和人保财险门头沟分公司也设置展台，对用电安全和安全生产责任保险制度进行宣传。此次活动全区设立安全宣传咨询站21个，设置安全宣传展板334块，发放宣传材料12万余份，悬挂横幅236幅，张贴标语、宣传画7300余张，设宣传栏、板报2000余块，受教育人数10万余人，营造浓厚安全氛围。

（谷征）

【有限空间作业安全生产培训会】 7月，门头沟区安全监管局组织有限空间作业安全生产培训会，全区有限空间安全负责人、监护及作业人员参加培训会。市劳保所专家结合事故案例讲解有限空间安全常识、责任意识、防护用品使用等内容，调动一线作业人员的学习积极性。会上，发放有限空间作业宣传材料及有限空间作业大比武活动流程。通过培训，增强企业员工安全生产责任意识，明确自身法定责任，履行有限空间作业规范。

（白璐）

【村“两委”干部安全生产培训】 9月8日，门头沟区安全监管局组织新任360

余名基层“两委”干部开展“村居是基础、安全靠大家”主题安全生产培训。区安全监管局结合有关安全生产事故案例，宣讲国家、市、区对安全生产工作指示精神，明确政府“五级五覆盖”“五落实五到位”安全生产责任体系、“党政同责、一岗双责”的工作要求；重点讲解行政村（社区）隐患排查和安全管理要点，指导“两委”干部开展安全生产基层基础工作；对安全生产责任保险、安全社区创建、更换不合格炉灶具摸底等安全生产重点工作进行提示，为配备村居安全巡视员工作奠定基础。

（谷征）

标准化建设

【安全生产标准化部署会】 4月22日，门头沟区副区长张满仓主持召开专题会议，部署安全生产标准化工作。区安委会成员单位参加会议。会议通报全区安全生产标准化工作进展以及推进过程中存在的问题，明确各阶段时间节点和重点内容。张满仓指出：安全生产隐患排查治理体系是结合首都经济社会发展实际，涵盖安全生产方方面面的一项系统工程，安全生产标准化和“一企一标准、一岗一清单”编制是建设隐患排查治理体系有力抓手。二者之间是相互补充、相互完善的关系，各单位要做好统筹安排部署，让各项工作有机结合起来，实现相互促进、共同提高。要围绕《北京市生产安全事故隐患排查治理办法》，督促企业落实主体责任，以清单编制和标准化创建为契机，促进隐患排查治理规范化、标准化，督促企业实现隐患排查治理全过程管理，形成长效工作机制。要加强宣传培训，发挥示范引导作用，创造可学、可复制的典型经验做法。

（杨岳）

【标准化专题培训会】 5月11日，门头沟区安全监管局召开安全生产标准化专题培训会，全区百余家企业及相关行业部门、镇街有关负责人参加培训。标准化评审机构专家为企业说明标准化达标的意义及创建流程，并结合工业企业三级考评标准讲解电气、消防、特种设备、工业气瓶、密闭空间、职业健康及应急处置等关键岗位及环节的创建要点。要求企业落实“一把手”责任，开展标准化自评及隐患整改工作，确保如期达标；标准化评审机构要严格企业评审，属地政府、区安全监管局要对评审工作进行监督检查，确保企业达标质量；已达标企业要以标准化工作为载体，做好安全隐患清单编制等相关工作，提升安全管理水平。

（杨岳）

【标准化研讨会】 8月12日，门头沟区安全监管局召开安全生产标准化研讨会，5家标准化专业服务机构负责人及专家参加研讨会。会上，各单位总结开展标准化咨询、评审等工作，阐述对标准化创建工作的意见，并就安全生产标准化工作的发展方向、工作创新及如何保持达标成果等问题进行交流。

（杨岳）

房 山 区

概 述

2016年，房山区安全生产工作围绕“四化三体系双基”总任务和全区中心工作，以促进安全发展为前提，以整治隐患为重点，以加强执法为手段，以减少事故为目标，全面加强安全生产工作。全区安全生产形势总体平稳，实现“十三五”时期安全生产良好开局。

一、以安全生产责任制为抓手，增强各级安全监管责任。区委、区政府8次听取安全生产汇报、审议部署重点工作，区安委会5次召开安全生产形势分析会、工作推进会，与各乡镇街道、安委会成员单位签订《安全生产目标管理责任书》。出台《房山区安全生产工作综合考核管理办法》，依托房山区安全生产综合考核信息化系统，实行过程监督，构建房山区安全生产工作综合动态考评体系。开展“千名领导干部联系千家重点企业”活动，实施领导干部包乡督查机制。

二、以夯实基础为着力点，提升安全生产监管水平。区政府常务会议审议通过并发布《房山区“十三五”安全生产规划》。在安全生产标准化创建工作中，完成工矿商贸三级企业、小微企业百分之百达标的目标任务。在隐患排查治理体系推广工作中，完成全区生产经营单位分类分级，完成全区300家试点企业隐患排查治理“一企一标准、一岗一清单”编制工作。在信息化建设工作中，完成“一个中心、两个平台、三方应用、九大系统”的房山区安全生产综合监管信息平台，实现政务工作电子化、业务功能“全覆盖”、区乡村企四级监管信息一体化。在安全生产行政许可审查工作中，坚持现场核查与专项整治工作相结合，与重点工作落实相结合，与隐患排查治理相结合，推动企业落实主体责任，消除安全隐患。

三、以隐患排查为重点，加强重点行业（领域）安全监管。安全监管部门检查生产经营单位1251家，下达责令限期整改指令书689份，排查整改各类安全隐患1984项，立案76起，罚款212.7万元。乡镇街道专职安全员检查生产经营单位47099家，下达责令整改通知书14063份，排查整改各类安全隐患75395项。开展城乡结合部重点地区安全生产整治工作，组织安全生产执法行动，开展危险化学品专项整治和白酒制造企业、涉爆粉尘企业、涉危工业企业隐患治理专项行动，整改消除事故隐患。

四、以宣传教育为纽带，提高全民安全防范意识。举办“安全发展永远在路上”大型主题安全文化纪实展，展示全区在创建“首都安全发展示范区”过程中所做的各项工作。开展安全生产宣传月等宣传教育活动，为职工群众提供安全生产动态、事故预警、监管资讯、法律法规宣传、安全文化和安全常识。创办《房山区安全生产报》，及时、全面宣传安全生产工作，提升社会关注度，改善安全生产宣传环境。

综合监督

【副区长隐患排查治理体系调研】 1月8日，房山区副区长刘胜国到区安全监管局调研隐患排查治理体系建设工作，并听取项目进展情况汇报。刘胜国对隐患排查治理体系建设项目取得的成果给予肯定，并指出：隐患排查治理体系建设工作影响深远，区安全监管局要结合实际，克服困难、全力以赴、勇于创新，高标准完成隐患排查治理体系建设工作，服务企业安全生产，推动区域经济发展。

（安东）

【制造业基地联合大检查】 1月21日，房山区安全监管局联合公安消防支队、北京高端制造业基地管理委员会等部门，对位于房山区窦店镇的北京高端制造业基地投产企业进行安全生产大检查。联合检查组现场检查企业生产车间、危险品库房、中控监控及配电室等重点部位。通过联合检查，消除事故隐患，为基地年度安全生产“零事故”目标奠定基础。

（傅星铭）

【安全生产大会】 1月27日，房山区政府召开2016年安全生产大会暨春节、“两会”期间安全生产工作部署会。区长曾赞荣，副区长刘胜国，区安委会成员单位负责人、各乡镇街道党政领导和安全生产部门负责人以及91家重点企业负责人参加会议。会议总结2015年全区安全生产情况，部署2016年安全生产重点工作。会上，区安全监管局、商务委、住房城乡建设委、交通局、公安消防支队分别部署春节、“两会”期间安全生产保障工作。

（安东）

【区委党委会专题汇报】 1月29日，房山区区委书记刘伟主持召开常委会，听取春节期间安全生产工作汇报。春节期间，全区按照“早谋划、敢担当、重实效、保安全”的原则，采取严密手段和措施，确保安全稳定。刘伟强调指出：各单位要重视节日期间安全生产工作。“四大部门”全体领导带队开展春节前检查，指导各部门做好春节期间安全生产保障工作，营造安全稳定的节日氛围。

（安东）

【区领导带队安全检查】 2月2日至4日，区长曾赞荣、常务副区长吴会杰和副区长赵军、刘胜国，区人大副主任郭志族、任正宽，区政协副主席赵永祥和区委常委、统战部长吕守军等区领导，带领区安全监管、质监、工商、消防等部门负责人到韩村河镇、窦店镇、长沟镇、佛子庄乡、史家营乡等乡镇街道，对加油站、烟花爆竹网点、燃气公司、人员密集场所等重点行业领域进行安全检查。检查组听取各单位春节前安全生产工作汇报，现场检查重点部位安全情况和应急值守各项安全保障措施落实情况。要求各单位提高认识，树立安全生产“红线”意识，狠抓日常管理，提高处置突发事件能力，加强节日期间应急值守工作，确保全区人民群众度过一个欢乐平安的节日。

（安东）

【副市长春节前安全检查】 2月3日，副市长王宁带队到房山区检查春节期间安全生产工作，并慰问安全生产和消防一线工作人员。检查组到中石化北京燕山分公司，实地查看公司应急指挥中心，询问企业安全管理和应急救援等有关工作情况，看望并慰问燕化公司专业应急救援队。到城关街道办事处慰问专职安全员，了解专职安全员队伍的管理模式、检查系统和日常工作等情况。到北京市熊猫烟花有限公司听取企业负责人安全生产工作汇报，并实地查看烟花爆竹仓库管理情况。市政府副秘书长马林、市安全监管局局长张树森、房山区区长曾赞荣等参加检查。

（安东）

【春节期间安全监管部署会】 2月5日，房山区安全监管局召开安全监管工作部署会，总结2015年安全监管工作，传达2月4日全区领导干部大会精神和区纪委节日期间党风廉政工作有关要求，部署春节期间执法检查、领导带班、应急值守等工作。会议要求全体安全监管人员正确认识春节期间安全生产的特殊形势，加强节日期间执法检查和应急值守等各项工作，突出夜查暗访，确保春节期间安全稳定。

（安东）

【副区长安全生产调研】 2月17日，房山区副区长刘胜国到区安全监管局调研，听取2015年重点工作情况汇报和2016年安全生产工作思路。刘胜国强调：要以创建“首都安全发展示范区”和“全国安全发展示范城市”为抓手，明确努力方向，把创新作为工作核心，抓好各项工作的落实、应用和推广，学习借鉴其他地区的先进经验，结合房山实际，创新工作思路，促进全区安全生产工作迈上新台阶。

（安东）

【强化春季安全生产措施】 2月29日，房山区安全监管局制定实施5项措施，做好春季安全生产工作。一是强化企业主体责任，督促辖区企业落实安全生产责任制，完善安全生产、消防安全、应急疏散等制度和预案，定期开展演练。二是强化安全隐患排查治理，开展以安全疏散通道、消防设施设备、用火、用电、用气、用油等环节为主要内容的隐患排查治理工作，及时整改消除隐患。对一时难以消除的隐患，要做到整改责任、措施、资金、时限和预案“五落实”。三是强化应急处置，做好安全生产应急值守工作，执行领导干部到岗带班和24小时值班制度。四是强化监督检查，严格执法，加强安全生产综合监管，发挥乡镇街道专职安全员作用，及时发现、反馈、整改检查中发现的安全生产和消防安全隐患。五是强化宣传教育，结合日常检查，重点针对消控中控室、电气焊、危险化学品车辆等岗位操作人员，宣传安全用火、用电、用气、用油和灭火、逃生自救等安全知识。

（安东）

【隐患排查治理体系推进会】 3月23日，房山区副区长刘胜国主持召开安委会工作会议，推进隐患排查治理体系建设工作。区安委会成员单位和乡镇街道主管领导、安全生产部门负责人和部分重点企业主要负责人150余人参加会议。会上，专家介绍房山区隐患排查体系建设情况，解读《房山区生产经营单位安全生产分类分级监督管理办法》，讲解隐患排查治理体系信息化系统；区安全监管局负责人重点部署隐患排查治理体系建设有关工作及第二季度安全生产重点工作。刘胜国指出：全区各级、各部门要树立安全生产“红线”意识和“底线”思维，充分认识隐患排查治理体系建设的重要意义，明确任务、全力推进，抓好安全生产各项工作的落实。

（安东）

【推动专职安全员队伍建设工作】 4月21日，房山区安全监管局组织召开座谈会，研讨交流专职安全员队伍建设工作。各乡镇街道主管领导参加会议。座谈会上，与会人员深入交流，收集有关队伍培训、管理、考核等10个方面的意见和建议。区安全监管局负责人表示，专职安全员队伍的成长和进步，离不开各乡镇街道的大力支持，希望各单位继续保持与区安全监管局密切沟通，加强专职安全员队伍管理，为全区安全生产基层基础工作发挥更大的作用。

（安东）

【部门专职安全员上岗工作会】 7月1日，房山区安全监管局召开职能部门专职安全员上岗工作会，区文化委、住房城乡建设委等16个职能部门主管领导参加会议。会议传达《北京市人民政府办公厅关于建立区县职能部门安全生产专职安全员队伍的通知》文件精神，通报部门专职安全员招聘和上岗情况。本批上岗的85名部门专职安全员通过公开招聘和经过报名、资格审查、笔试、面试、体检、岗前培训、考证取证等多个环节招录，分配至全区16个职能部门，用以协助开展安全生产监督管理有关工作。会议明确指出，85名区职能部门专职安全员全部正式上岗，对所辖行业的生产经营单位安全生产情况开展监督检查，包括检查各项安全生产法律法规在本行业领域内贯彻执行情况，并针对具体事项对本行业领域内生产经营单位安全生产情况开展专项检查督查。

（敖俊华）

【安委会工作会议】 7月12日，房山区副区长刘胜国主持召开安委会工作会议。区安委会成员单位、乡镇街道主管领导和安全生产部门负责人160余人参加会议。会议通报安全生产工作情况，部署隐患排查治理体系建设和信息化推广应用、人员密集场所电梯安全、棚户区和保障房改造建设工程安全生产等重点工作，总结交流城乡结合部专项整治工作经验。刘胜国要求：各单位要树立“红线”意识，坚持齐抓共管理念，做好首都安全发展示范区创建、隐患排查治理体系建设、标准化创建等重点工作；强化安全生产执法检查和专项治理工作，坚决遏制事故，为“一区一城”新房山建设做出积极贡献。

（安东）

【区政府安全生产专题会】 8月3日，房山区代区长陈清主持召开区政府常务会议，专题研究部署安全生产工作。会议通报2016年上半年安全生产形势，并审议通过《房山区安全生产现状调查评估报告》和《房山区“十三五”时期安全生产规划》，明确生产安全事故总量显著下降、创建国家安全发展示范城市等“十三五”时期安全生产规划目标及创新安全监管、强化源头控制等9项主要任务和重点工程。会议强调：全区上下要树立安全发展理念，落实企业主体责任和政府监管责任；通过评估调查摸清全区危险源，掌握安全监管重点，实现安全生产科学监管、创新监管和风险精准预防，有效促进全区安全生产形势持续稳定。

（安东）

【区委常委会安全生产部署】 8月8日，区委书记曾赞荣主持召开区委常委会，听取全区2016年上半年安全生产形势汇报。曾赞荣指出：上半年安全生产工作成效显著，但是形势不容乐观。各有关单位一是要采取有效措施，降低道路交通事故；二是要提高建筑施工从业人员素质，提升安全意识，严防事故；三是要加强危险化学品行业监管力度，严格许可标准，坚决取缔无证无照的生产经营单位；四是加大宣传力度，充分发挥群众监督作用，让广大人民群众更多的参与进来，促进全区安全生产形势稳定向好。

（安东）

【中秋、国庆“两节”安全保障】 9月，房山区安全监管局采取措施，加强中秋、国庆“两节”期间安全保障工作。一是加强大型活动安全工作，执行审批备案制度，落实安全防范、应急救援和风险防控等各项措施。二是加强危险化学品、建筑施工等重点领域安全监管工作，打击各类违法违规行为，严防生产安全事故。三是强化景区、景点安全管理，对大型娱乐设施、用电设备等进行全面检修、维护，消除隐患。四是针对节日特点，开展人员密集场所夜查行动，全时段防控事故风险。五是做好供电、供水、燃气、交通等行业应急保障工作，确保城市安全运行。

（安东）

【区领导国庆节前安全检查】 9月29日，房山区区委书记曾赞荣、代区长陈清带队，对辖区重点行业企业、重点人员密集场所开展节前安全检查。区委副书记李江，区委常委吕守军，副区长卢国懿、刘胜国，区政协副主席李惠英参加检查。检查组先后到国泰百货良乡店、家乐福良乡店，听取企业负责人节日期间安全工作情况汇报，现场检查消防安全设施和应急通道，查看值班记录，询问值守人员接报警流程。曾赞荣要求：各单位要坚持安全第一理念，时刻绷紧安全生产这根弦，营造安全良好的节日氛围，为地区经济社会发展保驾护航。

（安东）

【区政府专题听取安全形势汇报】 11月11日，房山区代区长陈清主持召开政府常务会议，听取第三季度全区安全生产形势汇报。第三季度，全区安全生产各项工作稳步推进，未发生较大事故，但一般事故同比上升，安全生产形势不容乐观。陈清强调指出：第三季度生产安全、交通、消防事故死亡人数上升，应引起警惕。要贯彻执行习近平总书记系列重要讲话精神，做到“党政同责，一岗双责，齐抓共管，失职追责”。会议要求各单位警钟长鸣，落实责任，齐抓共管，加大对危险化学品、建筑施工、人员密集场所等重点行业领域安全检查力度，消除安全隐患。

（安东）

【安全生产大检查工作会】 11月29日，房山区安委会办公室召开安全生产大检查再动员再部署工作会，区安委会成员单位和乡镇街道有关负责人参加会议。会上，区安全监管局对工业企业安全生产大检查、“安责险”工作、危险化学品（烟花爆竹）安全监管工作进行部署；区住房城乡建设委、交通局、市政市容委分别对建筑施工行业、道路运输、燃气、输油气管道及市政工程安全生产工作进行部署。会议要求各成员单位主要领导亲自挂帅，加强组织领导，开展重点地区、重点行业、重点企业安全生产大检查督查工作，把安全生产大检查各项措施落实到位。

（安东）

危险化学品安全监管

【危险化学品安全大检查】 1月18日至22日，房山区安全监管局联合有关属地乡镇政府，对全区危险化学品生产、油库、工业气体和烟花爆竹批发单位进行安全大检查。此次检查，区安全监管局抽调业务骨干，组成3个执法检查组，每组配备2名专家，对11个重点乡镇的58家危险化学品生产经营单位进行检查。重点检查各单位落实冬季安全管理措施、反恐防暴、安全生产教育培训、设备设施操作规范、原料和产品库房安全管理、节日期间应急值守和安全保障等工作情况。检查出动执法人员432人次、车辆54台次，排查隐患123项，下达执法文书36份。区安全监管局组织对生产经营单位隐患问题整改情况进行复查，隐患问题全部整改完毕，确保春节、“两会”期间安全稳定。

（李杰）

【危险化学品专题培训会】 4月11日，房山区安全监管局召开《北京市危险化学品企业装置设施处置安全管理规定》专题培训会，全区危险化学品企业负责人、乡镇街道专职安全员检查队队长参加会议。培训会通报全区危险化学品安全生产形势，要求参会人员认清危险化学品安全监管重要性，明确安全职责，学习危险化学品相关法律法规和行业标准，提高执法检查能力。

（李杰）

【重大危险源管控和备案】 本年，房山区安全监管局根据《危险化学品重大危险源监督管理暂行规定（修订）》，采取3项措施，规范辖区危险化学品行业重大危险源管控和备案工作。一是组织全区重大危险源单位召开安全管理工作专题会，讲解重大危险源评审内容和备案程序。二是督促重大危险源单位按照评审和备案要求，组织一次全面自查自改，并对重点岗位职工进行一次教育培训。三是结合安全生产月应急演练周活动，组织一次重大危险源应急预案演练活动，增强员工应急处置能力。

（李杰）

【危险化学品专项执法检查行动】 4月26日至5月20日，房山区安全监管局在全区范围开展危险化学品（烟花爆竹）行业执法检查专项行动（即“飓风二号”行动）。此次执法检查行动坚持问题导向，吸取国内危险化学品行业事故教训，通过严格执法，迅速排查和整改消除危险化学品安全隐患。为确保行动取得实效，区安委会办公室制定工作方案，协调区安全监管、公安、消防、工商、市政、环保、质监、交通等职能部门以及有关属地政府，对分管及所辖危险化学品（烟花爆竹）生产、经营、储存、运输、长输管道、液氨使用等行业企业进行“全覆盖”执法检查。对非法违法行为和重大安全隐患采取停产、停建、停电、停供、扣押、关闭等强制执法措施予以打击。此次执法检查行动充分发挥专职安全员基层延伸作用，扩大巡查范围，不留死角；充分发挥媒体宣传引导作用，树立先进典型，曝光反面案例，确保全区危险化学品（烟花爆竹）行业安全稳定。

（安东）

【危险化学品企业汛期安全检查】 7月21日，房山区安全监管局检查北京燕山东炼石油化工有限公司汛期安全工作。检查组听取企业负责人汛期安全管理工作汇报，现场检查厂区安全环境、生产装置和监控室，了解企业应急值守等重点工作情况。要求企业加强隐患排查治理工作，完善防汛、防雷、防高温等措施。针对企业生产工艺，强化风险因素监控，严防生产安全事故的发生。

（安东）

【危险化学品专项整治工作会】 8月12日，房山区安全监管局组织召开危险化学品专项整治工作会，25个乡镇街道安全生产部门负责人参加会议。会议要求各单位按照专项整治工作要求，针对危险化学品企业现场管理、应急处置等方面，组织摸排、建立工作档案、排查整改安全隐患。加大宣传力度，依托房山区安全生产综合监管信息平台推进各项工作开展，确保整治工作取得实效。

（李杰）

【危险化学品专项整治】 8月12日至24日，房山区安全监管局组织开展危险化学品专项整治工作。专项整治期间，出动执法人员31人次，检查企业33家，下达执法文书11份，排查整改各类隐患问题18项。针对检查中发现的问题，区安全监管局要求企业落实主体责任，加强安全管理，依托安全生产信息化系统，做好隐患排查治理及标准化运行工作。

（李杰）

【油库在施工程现场督查】 8月24日，房山区安全监管局对辖区2家油库在施工程进行现场督查。现场检查施工方案、施工单位资质以及施工现场安全管理情况，要求2家油库按照《化学品生产单位特殊作业安全规程》（GB30871—2014）狠抓施工环节安全保障措施，并按照审查的设计方案进行改造，保证施工过程的安全、质量和进度。

（马振）

【油品项目安全条件专家评审会】 8月29日，房山区安全监管局召开中石化北京燕山分公司连续重整联合装置油品升级改造项目安全条件专家评审会。与会专家对项目现场进行勘察，听取项目评价单位对《连续重整联合装置油品升级改造项目安全条件评价报告》的介绍。经过讨论和审议，专家组同意该项目通过安全条件审查，并要求中石化北京燕山分公司强化项目原有装置设施拆除过程中施工现场安全管理，完善项目对策措施，为该项目安全设施设计提供依据。

（马振）

【G20峰会期间安全管控】 8月29日至9月7日，房山区安全监管局采取3项措施，加强G20峰会期间危险化学品安全管控工作。一是要求涉危企业执行危险化学品流向管控制度，采取人防、物防和技防措施，落实反恐防范标准，加强企业内部应急值守和隐患排查工作，及时发现并消除安全隐患。二是各乡镇街道结合本地区实际，制定G20峰会期间危险化学品专项检查工作方案，并依托专职安全员检查队，对辖区涉危企业进行“全覆盖”安全检查。三是运用短信平台、微信公众号等信息化手段，加强部门、属地政府和涉危企业三方沟通，形成协调、有序的安全氛围。

（李杰）

【重大危险源单位安全检查】 9月26日至10月14日，房山区安全监管局对全区重大危险源（油库）单位的自动化控制系统运行情况进行安全检查。检查发现，部分单位存在设施设备不能正常使用、紧急切断装置不能正常连锁和自动化控制系统功能不完善等隐患问题。针对存在的隐患问题，检查组建议：一是加强对重大危险源单位的日常检查力度和频度；二是在现有自动化控制系统的基础上，增加实时监控企业动态的平台或设备；三是借助“物联网”“大数据”“云处理”等信息化技术和手段，对企业关键数据进行实时监控。10月21日，区安全监管局组织专家对18家重大危险源（油库）单位的自动化控制系统运行情况进行评审。18家危险化学品重大危险源（油库）评审情况良好。

（李杰）

【危险化学品贸易单位安全检查】 3月15日至4月10日，房山区安全监管局联合城关街道办事处对危险化学品贸易单位（北京石油交易所在册会员单位）开展安全检查。本次检查坚持“四见”原则：一是见法人见安全员，保证企业安全管理人员掌握本单位安全生产工作；二是见资质见证照，保证企业合法经营；三是见票据见流向登记册，保证企业无超范围经营行为；四是见培训见制度，保证企业培训到位。检查危险化学品贸易单位120家，发现超范围经营单位2家，执法人员依法对其进行行政处罚。

（马振）

烟花爆竹安全监管

【烟花爆竹从业人员培训考核】 1月19日至20日，房山区安全监管局组织全区108家烟花爆竹零售网点从业人员220余人进行烟花爆竹储存销售全员培训，并进行考核。通过培训考核，使烟花爆竹零售网点从业人员掌握烟花爆竹储存和销售安全知识，确保全区烟花爆竹销售期间安全生产。

（马振）

【烟花爆竹零售网点审批】 本年，房山区烟花爆竹零售网点设置继续增加乡镇街道初审环节，在2015年网点规划设置工作的基础上，将拟设置网点名单、网点布设标准规范下发到各乡镇街道，充分发挥属地监管作用，促进零售网点布局更加合理。设置烟花爆竹零售网点108家，其中长期网点14家、临时网点94家，分布在全区16个乡镇街道，史家营、霞云岭、大安山、南窖、蒲洼、佛子庄、新镇、燕山、大石窝9个乡镇街道未设置烟花爆竹零售网点。

（马振）

【烟花爆竹销售和储存安全管理】 本年，房山区安全监管局采取措施加强烟花爆竹销售和储存安全管理工作。一是明确“严格标准，杜绝新增，适当压减”的网点规划设置工作思路，对安全条件、安全距离、大棚质量不符合要求的网点一律不予许可，且不得异地设置。二是开展长期零售网点风险评估工作，从源头预防、减少和消除烟花爆竹长期零售网点对公共安全造成的影响，实现安全技术与安全管理的标准化和科学化。三是应用物联网技术，加强对批发企业流向登记监管，确保流向可追溯、责任可倒查。四是要求各零售网点配备专职安全管理人员，在配送和销售期间负责现场安全管理工作。五是做好安全生产责任保险工作、销售网点大棚搭建审查、烟花爆竹流向登记管理、“风险抵押金”缴纳、规范检查日志等“五个规定动作”，有效提高烟花爆竹销售网点防范事故抵御风险的能力，杜绝违规经营销售非法烟花爆竹。

（马振）

隐患排查治理

【白酒制造业隐患治理专项行动】 2月23日，房山区安全监管局召开会议，对全区白酒企业隐患治理专项行动进行具体部署。此次专项行动分为动员部署、隐患治理和总结验收3个阶段，针对白酒制造业在安全生产工作中存在的突出问题，组织有关部门和专家，对全区的白酒制造企业进行全面的检查，对于安全隐患严重的企业，责令停产停业整顿，并进行挂账。区安全监管局按照治理整改、疏解转移、主动退出3条路线，落实安全生产法律法规和标准规范，排查治理安全隐患，改善安全条件，促进白酒制造企业的安全发展、科学发展。

（贾建飞）

【隐患排查治理清单编制培训班】 3月7日至8日，房山区安全监管局举办隐患排查治理“一企一标准、一岗一清单”编制工作培训班，各乡镇街道有关负责人和300家编制工作试点企业参加培训。培训班上，由中介机构专家对隐患排查治理“一企一标准、一岗一清单”编制工作的意义、内容、方法等进行讲解，区安全监管局对隐患排查治理清单编制工作进行具体部署，要求各单位认真学习，推进隐患排查治理体系建设，按时完成清单编制工作各阶段任务。

（刘爽）

【试点企业清单编制】 9月，房山区安全监管局完成300家试点企业隐患排查治理“一企一标准、一岗一清单”编制工作任务。在清单编制过程中，指导企业通过安全生产管理平台“岗位清单内容”开展安全生产隐患排查治理工作。组织5家安全生产中介服务机构的37名专家帮扶指导，培训试点企业1388家次，培训乡镇街道专职安全员及企业员工1815人次。

（韩佳琪）

【“消隐工程”推进会】 10月13日，房山区安全监管局召开“消隐工程”推进会，落实区安委会办公室《关于推进2016年“消隐工程”工作的通知》要求。有关乡镇街道和企业参加会议。会议要求有关企业整改消除隐患，确保整改彻底，不留死角。属地乡镇街道要充分发挥监管职能，督促企业在12月15日前完成整改。会议强调：一要加强组织协调，强化跟踪问责，及时掌握工作动态，组织对重大事故隐患整改进展情况督查、验收，确保重大隐患按时整改到位；二要健全立案、指导、跟踪、督办和验收等工作台账，完善重大事故隐患整改工作档案。

（陈莉莉）

【房山区隐患排查治理实施办法】 11月1日，房山区政府印发《房山区生产安全事故隐患排查治理实施办法》（房政发〔2016〕45号）。《办法》明确要求生产经营单位落实安全生产主体责任，每半月至少登录一次房山区企业安全生产管理平台开展隐患排查治理工作，及时将排查情况录入信息系统，并形成电子档案。鼓励企业主动排查治理隐患，使房山区安全生产隐患排查治理体系建设工作取得实效。

（刘爽）

【隐患排查治理体系信息化建设】 本年，房山区安全生产隐患排查治理信息化建设运用系统化思维，采用信息化手段，一体化设计政府端和企业端，以隐患排查治理体系带动全区安全生产工作。融合“法治化、标准化、信息化、社会化”要求，建成政务工作电子化、业务功能“全覆盖”、区乡村企业四级监管信息一体化的房山区安全生产监管平台和企业安全生产管理平台，实现“互联网+”安全理念。同步推出政府端、企业端移动终端（政安通、企安通），通过对重点部位张贴二维码标签，利用手机APP扫码功能，和GIS系统的网格化应用，实现线上、线下均可查报隐患。系统纵向贯穿区安全监管局、25个乡镇街道和1.8万家生产经营单位，横向扩展到26个行业管理部门和2个专项监管部门，初步建成“一个中心、两个平台、三方应用、九大系统”。

（刘爽）

应急救援

【安全生产应急志愿者服务队成立】 4月21日，房山区安全监管局、团区委举行安全生产应急志愿者服务队成立仪式，应急志愿者代表在仪式上作表态发言，应急专家对应急志愿者进行培训。房山区依托300名乡镇街道专职安全员组建安全生产应急志愿者服务队，应急志愿者服务队下辖18个大队，队内设立应急知识宣教员、事故信息报送员、事故先期处置协作员和事故灾后服务疏导员。建立安全生产应急志愿者服务队，是构建应急救援体系的重要举措，有利于增强本区应急知识宣传和事故处置能力，为安全生产应急救援工作发挥积极作用。

（安东）

【危险化学品事故应急预案演练】 7月1日，房山区危险化学品应急指挥部在中石油北京销售有限公司石楼油库组织危险化学品生产安全事故应急救援演练。演练主要模拟石楼油库一处储罐泄漏起火，启动房山区危险化学品应急预案，各成员单位立即赶赴现场，在现场指挥部统一指挥下，成功将大火扑灭。通过实战应急演练，改进和完善应急预案，普及危险化学品防护知识，增强应对突发事件和风险的意识，提高危险化学品事故快速反应能力和抢险救援能力。

（李杰）

【油库冬季防火演练】 11月9日，房山区安全监管局联合中石油销售有限公司石楼油库开展冬季防火演练，公安消防支队、公安分局指导此次演练。演练模拟油库罐口、罐区等部位由于泄漏造成火灾，油库应急人员采取自备干粉灭火器、消防泡沫系统灭火，灭火毯罐口封堵灭火等方式对初期火灾进行扑救。技术人员在救援现场展示部分应急救援设备的使用方法及功能。通过演练，为油库扑灭初期火灾提供实战基础。

（李杰）

执法监察

【专职安全员队伍建设座谈会】 4月21日，房山区安全监管局组织召开座谈会，研讨专职安全员队伍建设工作，各乡镇街道主管领导参加会议。会议交流专职安全员队伍建设工作、收集有关队伍培训、管理、考核等10个方面的意见建议，希望加强专职安全员队伍建设，为全区安全生产基层基础工作发挥更大作用。

（傅星铭）

【"长走大会"专项检查】 5月5日，房山区安全监管局与长沟镇政府组成3个联合检查组，对"绿色北京·基金小镇"2016年春季北京国际长走大会赛场周边生产经营单位开展安全生产专项检查。联合检查组出动执法检查人员16人，检查"长走大会"沿线人员密集场所、建筑施工工地、加油站等11家企业，排查整改各类安全隐患20项，下达责令限期整改指令书7份、现场处理措施决定书1份。检查组要求各单位落实安全生产主体责任，遵守各项规章制度，强化企业安全管理，确保"长走大会"顺利举办。

(傅星铭)

【乡镇街道专职安全员工作会】 5月16日，房山区安全监管局召开乡镇街道专职安全员工作会，总结专职安全员工作情况，部署下阶段工作任务。会议要求：完善专职安全员队伍制度建设，强化内部管理，加强业务学习，建立科学的考核机制，提高整体管理水平，提升队伍战斗力。

(傅星铭)

【清理违法违规排污专项行动】 6月至10月，房山区安全监管局组织开展清理整治违法违规排污及生产经营行为专项行动。一是加强组织领导，成立由局长任组长的专项整治工作领导小组，提前部署，层层分解工作任务。二是加大执法检查力度，依法严厉查处安全生产违法行为。截至10月18日，完成重点整治生产经营单位121家（其中关停80家）。

(傅星铭)

【处置非法储存工业气体】 8月9日，房山区安全监管局联合良乡镇政府对良乡镇城乡结合部地区进行执法检查。检查发现2个未经许可、擅自储存工业气体的单位，区安全监管局执法人员当场采取强制措施，责令停止非法储存和销售行为，向当事人宣讲危险化学品安全生产法律法规，并要求立即整改，消除安全隐患。经复查，2家单位非法储存的工业气体已妥善处置。

(李杰)

【旅游旺季"双随机"安全检查】 8月25日，房山区安全监管局对十渡镇8家"双随机"企业进行安全生产执法检查。检查发现，企业普遍存在从业人员安全生产教育培训计划制定不规范、安全生产教育培训记录不完善等问题。针对存在的隐患问题，执法人员下达责令限期整改指令书，责令企业按期整改。经复查，隐患问题全部整改完毕。

(陈莉莉)

【移动执法终端使用培训】 8月25日，房山区安全监管局召开安全生产移动执法终端使用培训会，各乡镇街道安全生产管理人员和专职安全员参加培训。重点解读安全生产移动终端的使用管理办法并介绍房山区"企安通"各功能模块的作用及操作使用方法。会议要求参会人员掌握手持移动执法终端的操作使用，在日常工作中应用移动终端开展安全生产检查、采集企业地理信息等工作。并按照《房山区安全生产综合监管信息平台执法移动终端管理暂行办法》相关规定，明确负责部门和人员，加强设备管理。

(刘爽)

【非法储油储气"回头看"检查】 9月20日，房山区安全监管局根据《关于全面清退疏解低端产业切实加大环境综合整治的工作方案》，联合阎村镇政府对焦庄工业区北京燕山顺安福盛润滑油有限公司进行“回头看”检查。经检查，该企业主要经营润滑脂、润滑油，于2015年年底拆除全部储存设施，未发现非法储油储气行为。

（李会健）

【重大危险源自动化系统安全监管】 9月26日至10月14日，房山区安全监管局组织专家对全区危险化学品企业（重大危险源）进行自动化系统专项检查。检查18家油库和1家烟花爆竹仓库。针对检查发现的问题，对危险化学品重大危险源企业自动化系统使用进行专题培训。加大对企业自动化系统（PLC、DCS）日常管理的执法检查力度，确保企业自建系统有效应用，预防事故发生。

（李杰）

【专职安全员队伍规范化管理】 本年，房山区安全监管局制定《房山区乡镇（街道）专职安全员管理办法实施细则（试行）》《房山区乡镇（街道）安全生产专职安全员工作例会制度》《房山区乡镇（街道）安全生产专职安全员请销假规定》《房山区乡镇（街道）安全生产检查专用章管理规定》和《房山区安全生产专职安全员轮岗交流管理办法》等制度规范，印发各乡镇街道、有关职能部门实施。定期召开专职安全员工作例会，研究落实“职业卫生月”“1—5月检查情况通报”“全区安全员轮岗交流工作”“安全生产检查队队长述职”“技协杯竞赛”等39项议题，为安全生产工作开展提供保障。7月，根据《轮岗交流管理办法》，对22个乡镇街道68名专职安全员进行轮岗交流，其中队长4人、副队长18人。

（敖俊华）

【安全生产举报投诉】 本年，房山区安全监管局建立完善安全生产举报投诉受理查处机制，做好举报投诉工作。全年受理举报投诉60件，其中市安全生产举报投诉中心（12350）分办33件，区安全监管局受理27件（其中直接来电26件，群众来访1件），按市安全生产举报投诉中心规定的办理程序办理，办结率100%。

（陈秀清）

职业卫生监督检查

【有限空间作业大比武动员会】 5月12日，房山区安全监管局召开有限空间作业大比武活动动员会，25个乡镇街道、有关部门和4个有限空间作业企业的负责人参会。会议通报《2016年房山区有限空间作业大比武活动方案》和《关于加强2016年夏季有限空间安全生产工作的通知》，要求与会单位发动广大从业人员参与大比武活动，增强安全意识，提高安全技能，做好夏季有限空间安全生产工作。

（杨雪峰）

【职业病防治工作检查】 6月21日，房山区安全监管局主要负责人带队，检查北京奥之旅汽车销售服务有限公司和北京晋京坊古典家具有限公司职业病防治工作。重点检查企业作业现场职业病防护设施及警示标识，查阅职业卫生相关档案。检查组要求：生产经营单位要落实职业病防治主体责任，突出抓好职工上岗、离岗前职业健康体检，加强在岗期间防护工作，形成闭环管理。同时，结合安全生产月活动，加强职工教育培训，宣传职业病防治工作，加大安全生产投入，特别注重劳动保护用品和职业危害津贴发放等工作，保障安全生产和职工职业健康。

（安东）

【职业卫生突击夜查】 8月4日，房山区安全监管局对中煤北京煤矿机械有限公司、北京富凯玻璃有限责任公司、北京新发盛家具有限公司和北京重兴酒店家具有限责任公司4家涉及职业危害企业开展夜间突击检查。针对检查发现的未按规定佩戴劳动防护用品、职业卫生警示标识不足、职业卫生告知卡不符合要求三个方面的5项问题，执法人员对有关企业依法下达责令整改通知书，并在规定时间内进行复查。通过建立职业卫生夜间突击检查制度，依法严厉打击违法违规行为，保障劳动者合法权益。

（杨雪峰）

宣传培训

【“安全发展永远在路上”主题展】 3月23日，房山区安全监管局在区政府第三办公区举办“房山区创建首都安全发展示范区纪实”展览。此次展览以“安全发展永远在路上”为主题，用纪实图片和文字说明的形式，客观展示房山区在创建首都安全发展示范区过程中所做的各项工作，以及全区各界对创建工作的支持。

（郑德雨）

【安全生产宣传咨询日活动】 6月16日，房山区安全监管局举办2016年安全生产月宣传咨询日活动，区委书记曾赞荣以及孔庆远、刘胜国、翟东、李惠英等区领导出席拱辰街道、长阳镇和燕山办事处3个主会场宣传咨询日活动。安全生产月活动主题为“夯实安全基础，创建首都安全发展示范区”，各乡镇街道、有关安委会成员单位及各行业企业结合自身实际开展形式多样、内容丰富、特色鲜明的宣传活动，吸引大批群众前来观看和咨询。曾赞荣在活动现场指出：要加强领导，落实安全监管责任，强化安全生产基层基础，以安全生产月活动为契机，围绕全区清退低端工作，完成安全生产各项任务。

（安东）

【专职安全员系列教育培训】 7月到12月，房山区安全监管局在乡镇街道安全生产专职安全员队伍中开展“强业务、转作风、精服务”教育培训活动。教育培训采取学分制，分必修课和选修课两类，每周开设2期课程，围绕专职安全员岗位所涉及的专业知识、能力素质、沟通技巧、心理健康等内容开展。专职安全员结合自身实际，选择上课时间和课程。培训3期21天1677人次。通过培训，提升专职安全员整体业务水平。

（敖俊华）

【启动专项整治网上培训】 8月25日，房山区安全监管局根据房山区安委会办公室《关于印发深刻吸取天津港“8·12”特别重大事故教训集中开展危险化学品安全专项整治方案的通知》文件精神，组织对全区25个乡镇街道专职安全员进行网上培训督导。要求乡镇街道强化专项整治检查监督工作，全面排查事故隐患，落实整改措施，按时上报相关检查数据至房山区安全生产综合信息平台，确保专项整治工作顺利开展。

（李杰）

【燃气灶具入户调查人员培训会】 9月22日，房山区安全监管局组织各乡镇街道入户调查人员召开培训会，聘请北京公用事业科学研究院专家，利用PPT和实物讲解如何辨别不合格燃气灶具。会议要求入户调查人员按照确定的摸排范围进行入户调查，应统尽统，不能遗漏，保证摸排数据翔实准确，为下一步工作深入开展奠定基础。

（陈莉莉）

法制建设

【依法行政】 本年，房山区安全监管局从7个方面推进依法行政工作，提升依法行政水平。一是制定领导干部会前学法计划，利用周一局长办公会，采取科长主讲、主管领导点评的方式开展领导干部学法工作；二是明确专门法制员，负责执法科室行政处罚案件的评查管理工作；三是制定《2016年依法行政工作实施方案》，明确各职能科室依法行政的重点工作及责任分工；四是建立“两库一清单”（执法人员名录库、抽查对象名录库、抽查事项清单），推进安全生产监督检查“双随机”抽查工作；五是清理行政许可、行政处罚、行政检查、行政强制等行政权力，并通过门户网站向社会公开；六是疏理行政处罚裁量基准并公示，结合执法实际情况，梳理安全生产行政处罚裁量基准，并向社会公布；七是开展法制宣传，依托“安全生产月”“职业病防治宣传周”“法制宣传日”等活动建立普法阵地。

（杨茹）

【“双随机、一公开”】 本年，房山区安全监管局创新监管方式，推进安全生产监督检查随机抽查工作，规范监管行为。一是成立由局长任组长的随机抽查推进工作领导小组；二是制发《推进安全生产监督检查随机抽查工作的实施方案》，确定具体分工和完成时限；三是建立由具有执法资格的27名执法人员组成执法名录库和专项执法名录库；四是按照不同行业领域和监管重点，确定818家生产经营单位总名录库，其中危险化学品专项库149家、烟花爆竹专项库76家、综合专项库255家、工业专项库194家和职业卫生专项库144家；五是编制随机抽查事项清单20项，明确抽查主体、依据、抽查方式，确定抽查检查所确定的行业和抽查比例不低于总任务量的30％等相关内容；六是根据“谁执法、谁确定”“谁执法、谁抽取”的原则，先行确定由执法科室自行随机确定抽查对象和执法检查人员的方式，在监管行业领域开展随机抽查工作；七是每月向社会公开随机抽查情况。

（杨茹）

【领导干部学法常态化】 本年，房山区安全监管局从提高领导干部依法决策、依法行政和依法管理的能力入手，在保持一线执法人员学法常态化的基础上，将领导干部学习法律法规列入周工作计划，每周1次组织科级以上干部统一学习。采取全员备课、随机抽取主讲人、各主管领导点评的形式，以《中华人民共和国安全生产法》为学习主线，每周学习5至10条。对于新出台或新修订的法律法规，采取相同形式，穿插于主线之间学习。

（杨茹）

标准化建设

【安全生产标准化创建】 本年，房山区安全监管局采取措施推进安全生产标准化创建工作。一是坚持咨询和评审相分离的工作原则，公开选聘安全技术服务单位，实现咨询和评审分离，确保创建工作质量。二是明确工作模式，区安全监管局标准化办公室统筹全区创建工作，行业主管部门和属地乡镇街道负责所属所辖行业三级标准化创建工作，各乡镇街道负责所辖小微企业岗位达标工作。三是分行业开展标准化三级企业自评员培训班9期，培训人员1200余人。四是完善服务平台，建立标准化服务微信、QQ群，为创建企业提供实时、专业、高效的在线服务。全区工矿商贸行业三级标准化企业创建473家，小微企业实现100%岗位达标。

（杨文龙）

【标准化创建技术评审】 本年，房山区安全监管局采用公开招标的方式，委托8家技术服务单位开展全区安全生产标准化创建（小微企业岗位达标）工作。出动评审人员6079人次，完成3615家生产经营单位首轮咨询工作，排查隐患30818项，提出整改建议30818条。

（杨文龙）

通　州　区

概　　述

2016年，通州区安全生产监管工作定位为北京城市副中心安全建设服务的高度，贯彻落实国家和市、区各项决策部署，以坚强有力的执法检查、扎实有效的宣传教育和敢为人先的创新精神，保障全区全年安全生产形势持续稳定。市政府向区政府下达的安全生产年度任务圆满完成，安全生产领域改革创新持续深化，安全生产隐患排查和重点行业领域专项整治成效显著，安全生产事故得到有效控制，实现“十三五”时期安全生产工作的良好开局。

一、完成安全生产攻坚任务。一是实施危险化学品企业退出“一号工程”，制发专项工作实施意见，落实属地政府监管责任，协助企业解决人员就业、债务纠纷、企业迁址等困难问题，召开政策宣讲会10余场、各类退出工作推进会20余场，约谈企业负责人30余次。年内，60家危险化学品经营（有储存）企业全部完成退出工作。二是为确保环球影视城项目建设如期开展，拆除文化旅游区内乙烯等长输管线。通州区安全监管局多次约谈危险化学品地下管线权属企业负责人，制定安全保障措施和具体拆除方案，聘请具备危险化学品管线拆除资质的施工单位对总长约4.5公里的3条地下管线进行明挖拆除，全部地下管线安全稳妥拆除完毕。三是提前完成城乡结合部综合整治及违法违规生产经营行为清理整治阶段性工作。根据《专项整治工作方案》，针对全区城乡结合部地区行业突出问题，相继开展木器加工行业、“五小企业”“六小场所”和再生资源回收单位等重点领域的安全生产专项检查行动。截止10月，超额完成市安全监管局下达的阶段性目标任务。

二、推进安全生产创新发展。一是开展安全生产体制机制综合改革试点工作，安全生产监管责任体系、监管监察体系、隐患排查治理体系、社会共治体系建设持续深化，全区安全生产责任落实力度、队伍素质及监管保障能力等方面不断提升。通州区安全生产体制机制综合改革作为市级“8+2”改革文件落实情况督查项目，接受通州区委改革办、区委督查室、区政府督查室实地督查，改革成果得到督查组的一致肯定。二是开展隐患排查治理体系建设试点工作，完成300家企业的“一企一标准、一岗一清单”编制工作。推进全区安全生产综合管理与服务平台的建设与运行，投入100余万元对全区安全监管干部、专职安全员以及重点企业负责人等3000余人进行平台应用培训，平台核心应用系统“安监通”和“企安通”功能作用通过实践检验，收到良好效果，在全区范围内推广使用。三是开展安全生产检查队规范化试点工作，完善专职安全员队伍硬件、软件设施建设，在全区范围内实现乡镇街道专职安全员集中办公、形象标识、检查服装、检查文书和印章、持证上岗的“五统一”，并通过工会覆盖、顶岗交流、专项技能培训等方式提升队伍的战斗力和凝聚力。

三、加大安全生产执法力度。一是组织开展全区安全生产大检查，强化以区领导带队督导检查和区安委办督导考核为核心的“双督导”机制，对违法违规生产经营行为形成持续高压监管态势。区安委会对各部门、各单位上报的重大隐患逐一登记，实施重大隐患挂牌督办，采取责令停产、停止水电供应、扣押、关闭等强制执法措施整改各类隐患。全区各乡镇街道、各部门推进大检查深入开展，形成“严查严处”的高压态势。二是抓好重点行业领域和重点时段安全生产专项整治工作，开展用电安全、粉尘涉爆、白酒制造专项整治和工业大院低端产业退出、特大暴雨期间安全生产隐患拉网式排查治理、雾霾红色预警高污染企业安全生产专项治理、岁末年初危险化学品领域专项行动等一系列专项治理行动，有效防范安全生产事故的发生。

四、夯实安全监管基层基础工作。一是建立和巩固安全生产条件普查动态更新工作机制。专项投入100余万元，按照“五年一开展，三个月一更新”的原则统筹开展安全生产条件普查数据动态更新工作。并将每家企业分别对应行业和属地两个属性，实现对普查企业分级分类管理。二是推进企业安全生产标准化工作，企业安全管理水平得到进一步提升，安全生产状况得到有效改进。三是创新开展安全生产宣教工作，以安全生产月活动为载体，开展百场宣传基层行活动、安全生产大讲堂、学安法文艺汇演、宣传咨询日等特色宣教活动。建立通州区安全监管局微信公众平台，定期推送安全生产重点工作和特色活动，方便群众获得安全生产提示、了解安全生产政策。推进安全文化建设示范企业创建活动，形成全社会共同参与、共同推动安全生产工作的良好格局。

综合监管

【安全生产大会】 1月18日，通州区政府在通州会议中心召开2016年安全生产工作大会。会议总结2015年安全生产工作，分析存在的问题及面临的形势，对2016年全区安全生产工作任务进行部署。区政府向11个乡镇、4个街道办事处和区政府各有关工作部门下达2016年安全工作任务书，并对2015年安全生产先进单位、

“金安企业”、先进个人和优秀专职安全员进行表彰。区长岳鹏分别就落实安全生产责任、疏解非首都核心功能和低端业态、深化体制机制改革、重点行业领域专项整治等内容对全区安全生产工作提出明确要求。

（雷文龙）

【春节期间隐患排查治理行动】 1月25日至2月6日，通州区安委会办公室组织开展春节期间安全隐患排查治理专项行动。由各部门主要领导带队深入一线，采取“四不两直”方式，开展2轮次的安全生产督导检查，调动全区力量以城乡结合部地区、人员密集场所及各类大型集会会场、建筑施工工地、危险化学品和易燃易爆物品、生产经营储存运输、有限空间作业、特种设备特种作业、涉及城市运行安全的行业领域为重点，全面排查治理各类事故隐患。全区共出动检查人员17326人次，检查各类生产经营单位10360家，发现并整改事故隐患6855项，停产整顿35家，关闭取缔10家，罚款34万元。春节期间全区未发生生产安全事故。

（雷文龙）

【区领导春节期间安全检查】 2月2日，通州区区委书记杨斌、区长岳鹏分别带队，区委、区政府领导班子成员以及区安全监管局、商务委、旅游委等有关部门负责人参加，对烟花爆竹零售网点、宾馆酒店、商市场、加油站等场所进行春节前安全生产检查工作。重点检查各单位安全生产责任落实、安全生产规章制度制定、应急值守、消防设施维护等情况，并对发现的隐患问题提出具体整改要求。

（雷文龙）

【第126次区长办公会】 2月22日，通州区政府召开第126次区长办公会，专题听取区安全监管局关于2015年安全生产工作开展情况的汇报，研究2016年工作思路和措施。区长岳鹏对全区安全生产工作给予肯定，对做好2016年安全生产工作提出要求：各部门、各单位要牢固树立安全生产“党政同责、一岗双责、失职追责”的理念，全力以赴筑牢安全生产工作防线，进一步提高执法规范化、科学化水平，督促企业落实安全生产主体责任，有效防范各类安全生产事故发生。

（雷文龙）

【安全生产条件普查】 3月10日，通州区安委会办公室在通州会议中心召开安全生产条件普查总结表彰暨动态更新管理工作动员部署会。会议回顾总结全区第一次生产经营单位安全生产条件普查工作，部署安全生产条件普查动态更新管理工作，并对2015年安全生产条件普查工作先进单位和个人进行表彰。

（雷文龙）

【上半年安全生产总结大会】 7月19日，通州区政府在通州会议中心召开2016年上半年安全生产工作大会。会议总结全区安全生产工作，分析安全生产形势，部署下半年工作任务。副区长张德启参加会议并对全区安全生产工作提出要求：全面推进安全生产责任落实，强化改革成果落地生根，扎实抓好隐患排查治理，深入开展夏季高温季节隐患整治攻坚行动，加快推进危险化学品企业调整退出，服务推进副中心建设转型升级大局，贯彻实施安全生产“十三五”规划。

（雷文龙）

【“安责险”试点】 7月至12月，通州区安委会办公室采取与保险公司协作“一对一”走访方式，对企业进行“安责险”制度相关知识培训，讲解“安责险”理赔案例，使企业理解“安责险”制度的内容、意义和相关政策，促使企业主动投保。通州区“安责险”年度新增投保企业1900余家，完成市安委办下达的1500家新增任务目标。

（雷文龙）

【区委常委会专题汇报】 8月10日，通州区委召开五届区委第141次常委会，听取区安全监管局关于2016年上半年安全生产工作及安全生产形势的汇报。区委书记杨斌就做好下一阶段安全生产工作提出要求：要认清形势、警钟长鸣，高度重视安全生产工作，解决安全生产监管难点问题，严格落实企业主体责任，夯实安全生产基层基础。

（雷文龙）

【区政府第二十次常务会议】 10月17日，通州区政府在通州会议中心召开第二十次常务会议，听取区安全监管局关于2016年三季度安全生产工作情况的汇报。代区长张力兵对做好下一阶段安全生产工作提出要求：要守住底线，狠抓落实，全面强化安全生产监管职责，全面加强各重点行业领域安全监管，优化安全生产环境。

（雷文龙）

【安全生产工作推进会】 11月2日，通州区政府在通州会议中心召开全区安全生产暨预防煤气中毒工作推进会。会上，区安全监管局、公安消防支队、公安交通支队和公安分局负责人分别总结和部署安全生产、消防安全、交通安全和预防煤气中毒工作。代区长张力兵参加会议并对全区安全生产、预防煤气中毒等工作提出要求：要警钟长鸣，找准安全薄弱环节，集中精力狠抓重点，及时研究分析安全生产形势，协调解决重点难点问题。

（雷文龙）

【安全生产大检查】 11月，通州区安委会办公室汲取江西“11·24”特别重大事故教训，在全区范围内开展安全生产大检查。由区委、区政府领导带队，组成15个综合督导检查组，采取“四不两直”方式深入基层一线开展多轮次督导检查。区安委会办公室成立8个专项督导考核组，重点对大检查开展情况进行督查。大检查期间，全区出动检查人员15236人次，检查单位7519家次，排查整改各类隐患问题7040项，行政处罚280起，停产停业20家，关闭取缔173家，罚款150余万元。

（雷文龙）

【隐患举报核查】 本年，通州区安全隐患及违法行为举报中心接到群众举报投诉95件（市“12350”举报投诉92件，市非紧急救助服务中心3件）。按举报途径划分，电话举报67件、网络举报13件、来访15件。按行业类别划分，生产安全57件、危险化学品9件、烟花爆竹1件、消防3件、建筑13件、公共设施12件。95件举报投诉案件办结89件，办结率91.6%。已办结事项中，经查属实52件，属实率58.4%。均将查处情况向实名举报人进行回复，举报人表示满意和认可。

（雷文龙）

【基层安全监管队伍】 本年，通州区各乡镇街道的村（社区）均成立村（社区）安全工作领导小组，组长由村（社区）主任或书记担任。全区456个行政村、110个社区，建立1145人的村（社区）级安全巡查员队伍，其中专职安全巡查员185名，兼职安全巡查员960名。

（杨江）

危险化学品安全监管

【重点化学品专项检查】 1月至3月，通州区安全监管局对全区涉及剧毒和易制爆化学品的危险化学品企业开展专项检查。重点检查企业许可证照和企业负责人安全资格证书情况，企业落实剧毒、易制毒、易制爆化学品流向管理制度和危险化学品“一书一签”制度情况，剧毒化学品和易制爆化学品储存设备设施运行及维护情况，企业对从业人员开展安全培训教育情况等4方面内容。检查剧毒企业1家、易制爆企业16家，下达执法文书17份，整改安全隐患34项。

（辛晋峰）

【危险化学品经营企业退出】 1月至10月，通州区安全监管局对60家危险化学品经营（有储存）企业进行调整退出工作。组织召开会议20余次，与企业负责人开展“一对一”谈话32次，并按照市安全监管局退出企业奖励办法，为全区60家退出的经营（有储存）企业拨付5639.4万元奖励资金。危险化学品经营（有储存）企业有序退出，使通州区在疏解非首都核心功能方面跨出重要一步。

（辛晋峰）

【全国“两会”安全保障】 2月至3月，通州区安全监管局对全区危险化学品企业消除各类安全隐患情况和落实危险化学品各类人防、技防、物防措施情况进行执法检查，确保全国“两会”期间安全稳定。全国“两会”期间，检查危险化学品企业27家，下达执法文书42份，行政处罚1家，整改安全隐患87项。

（辛晋峰）

【危险化学品安全生产大检查】 4月至10月，通州区安全监管局开展全区危险化学品企业安全生产大检查。通过对重点企业、重点部位、重点环节和重点品种执法检查，督促危险化学品企业落实安全生产主体责任和各项安全生产措施，开展隐患自查自纠，防范各类生产安全事故发生。出动执法人员124人次，执法车辆61台次，检查危险化学品企业192家，排查整改隐患235项，下达执法文书165份，行政处罚18家，罚款56.5万元。

（辛晋峰）

【夏季安全检查】 6月至8月，通州区安全监管局对全区危险化学品企业和涉危场所开展夏季安全生产检查。重点对企业安全管理制度制定落实情况，危险化学品生产、储存区域分区设置情况，汛期各类安全防范措施落实情况，以及对违法、违规生产经营行为进行排查。出动检查人员158人次，检查企业72家次，排查整改隐患76项，下达执法文书72份，罚款13.5万元。

（辛晋峰）

【G20峰会期间安全保障】 8月5日至9月6日，通州区安全监管局在G20峰会期间对全区危险化学品生产经营（有储存）企业、加油站、油库、涉氨企业、工业气体企业、易制毒和易制爆企业以及重大危险源企业落实安保维稳措施情况开展执法检查。检查以日常检查和夜间抽查相结合的方式进行，检查危险化学品企业83家，下达执法文书75份，排查整改安全隐患102项，行政处罚9家，罚款36万元。

（辛晋峰）

【重大危险源企业安全大检查】 9月至10月，通州区安全监管局会同区有关部门对全区涉及危险化学品重大危险源企业和易燃易爆物品企业开展安全大检查。出动执法人员59人次，执法车辆25台次，检查企业91家次，下达各类行政执法文书88份，排查整改各类安全隐患101项。

（辛晋峰）

【企业安全防范措施专项检查】 12月，通州区安全监管局对全区危险化学品企业生产、经营、储存和使用设备设施存在的问题和隐患、建立隐患治理台账和落实各项安全防范措施等情况开展专项检查。检查企业78家，下达执法文书85份，整改安全隐患92项，行政处罚企业2家，罚款10.8万元。

（辛晋峰）

【执法检查】 本年，通州区安全监管局检查危险化学品企业324家次，下达各类执法文书263份，发现并整改各类安全隐患377项，行政处罚25家，罚款99.5万元。

（辛晋峰）

【危爆物品寄递物流清理整顿】 本年，通州区安全监管局配合区邮政局开展危爆物品寄递物流清理整顿工作，对全区155家危险化学品生产经营企业对通过邮寄、快递和物流等方式进行危爆物品运输进行拉网式检查。出动执法人员160人次，车辆80台次，检查企业273家次，未发现通过邮寄、快递、物流运输危爆物品的行为。

（辛晋峰）

【加油站贯标改造】 本年，通州区安全监管局对辖区加油站贯彻国家标准施工改造情况进行执法检查。投入专项整改资金5000余万元，组织第三方评审机构专家对完成改造的加油站进行现场审核验收。全区90家加油站，有55家加油站按照《汽车加油加气站设计与施工规范》完成加油设备、设施的改造升级工作。对3家未按照“三同时”要求进行施工改造的加油站予以行政处罚，罚款1.5万元。

（辛晋峰）

烟花爆竹安全监管

【烟花爆竹零售网点设置】 本年，通州区安全监管局对全区49家零售网点审批发放烟花爆竹零售许可证。其中城区范围（玉桥、北苑、中仓、梨园、永顺）29个，其余20个网点分布其他9个乡镇。

（辛晋峰）

【零售网点执法检查】 1月至2月，通州区安全监管局成立6个烟花爆竹执法小组，对全区烟花爆竹零售网点进行执法检查和考核评分。在“除夕”“正月初五”等重点销售和燃放时段，对烟花爆竹零售网点和储存库进行不间断检查和夜间突击排查。出动执法人员1875人次，执法车辆654台次，检查烟花爆竹零售网点1100家次，整改隐患474项，查处零售网点从业人员非法储存行为1起。

（辛晋峰）

【安全管理部署】 11月，通州区安全监管局制发《2017年烟花爆竹销售（储存）工作方案》，对烟花爆竹属地监管、网点布设搭建、部门联审许可、网点人员保障、产品配送管理、销售储存监管、剩余产品回收、燃放秩序维护、打击非法行为等工作进行部署。成立烟花爆竹安全监管工作领导小组和6个烟花爆竹执法督导组，协助和指导乡镇街道做好本辖区零售网点安全监管工作和重点企业烟花爆竹燃放秩序维护工作。

（辛晋峰）

【安全培训与宣传】 本年，通州区安全监管局联合区公安、工商部门，对全区烟花爆竹零售网点从业人员进行烟花爆竹相关法规、规定和烟花爆竹安全销售、燃放知识培训。制发4期《烟花爆竹安全监管工作专刊》，对全市烟花爆竹各项安全监管工作进行宣传和报道。建立全区烟花爆竹安全监管微信群，及时向各乡镇街道安全科负责人和烟花爆竹网点负责人传达政府有关工作要求，并收集和汇总烟花爆竹配送、销售和回收安全工作信息。

（辛晋峰）

隐患排查治理

【隐患清单编制试点】 3月至8月，通州区安全监管局在不同行业挑选出300家企业，开展隐患排查治理“一企一标准，一岗一清单”编制试点工作。建立7家中介服务机构、120名专家与乡镇街道50名专职安全员之间具体对应关系，形成周总结、月调度工作机制，300家试点企业全部完成清单编制任务目标。

（雷文龙）

【“五一”汛期专项检查】 4月27日、5月13日，通州区安委会办公室分别制发《关于做好五一节日期间和汛期安全生产工作的通知》和《做好当前安全生产工作的紧急通知》，要求全区各部门、各单位结合节假日和汛期工作特点，围绕危险化学品、建筑施工、消防、道路交通运输、人员密集场所、有限空间作业等重点行业领域，开展安全生产大检查和重点行业领域专项整治。检查各类生产经营单位7859家次，排查整改各类安全隐患4860项，停产整顿企业26家，罚款30余万元。

（雷文龙）

【城乡结合部专项整治】 6月至12月，通州区安全监管局组织开展城乡结合部重点地区安全生产专项整治暨清理整治违法违规生产经营行为专项行动。出动检查人员7000余人次，开展各类联合检查、专项检查500余次，排查各类隐患8000余项，关闭取缔、停产停业251家，立案76起，罚款78.5万余元，隐患整改率100%。

（汪泓溢）

【文化旅游区地下管线拆除】 7月，通州区安全监管局组织文化旅游区乙烯等长输地下管线拆除工作。通过向地下管线权属企业负责人明确此项建设工程的重要性和地下管线拆除的必要性，制定管线拆除相关安全保障措施和具体拆除方案，组织行业专家和执法人员进行安全评价等过程，聘请具备危险化学品管线拆除资质的企业对总长约4.5公里的3条地下管线进行明挖拆除。拆除工作于7月19日完成，确保环球影视城项目顺利进行。

（辛晋峰）

【涉爆粉尘企业专项整治】 本年，通州区安全监管局组织开展涉爆粉尘企业专项整治行动，对全区存在粉尘爆炸危险的企业进行摸底排查，重点检查作业场所是否符合标准规范要求、除尘系统是否按防爆标准规范安装和使用、是否建立粉尘清扫清理制度、是否落实除尘措施和铝镁等遇湿易燃金属粉尘防水防潮措施、是否对企业主要负责人、安全管理人员和重点岗位员工进行培训等内容。采取“全覆盖”检查，排查整改各类隐患102项，对5家企业实施行政处罚，罚款6.5万元。

（张伟）

应急救援

【应急演练与预案管理】 2月，通州区安委会办公室制发《关于报送2016年应急演练工作计划的通知》，督促指导辖区生产经营单位开展现场处置应急演练活动，提升企业一线员工应对突发生产安全事故的现场处置能力。属地政府开展危险化学品、重大危险源企业应急演练活动，有关行业部门分别组织人员密集场所、高层商务楼宇等生产经营单位开展火灾、人员拥挤踩踏等事故专项应急演练活动。全区危险化学品行业和规模以上工贸企业1917家生产经营单位完成安全生产事故应急预案备案登记工作。

（雷文龙）

【应急储备库建设与管理】 3月，市安全监管局对通州区危险化学品应急救援物资储备库管理情况进行检查，对配发已到期的防爆可燃气体检测仪、有限空间气体检测箱、空气呼吸器等15种应急救援器材设备进行检测和更换。通州区安全生产应急储备库具有各类危险化学品堵漏装置设备、激光测温仪、应急照明设备、应急救援防化服、空气呼吸器等59种应急物资。

（辛晋峰）

【应急管理示范企业试点】 本年，通州区安全监管局选定永顺镇竹木场加气加油站、宋庄镇北京京东加油站、梨园镇中化道达尔加油站、台湖镇京东长江加油站4家企业为安全生产应急建立示范创建单位。试点企业重点做好建立组织机构、专兼职人员、应急管理制度、应急预案、应急培训与演练等工作，全部通过市安全监管局验收。安全生产应急管理示范企业试点工作达到预期目标。

（雷文龙）

执法监察

【“两会”期间安全保障】 2月至3月，通州区安全监管局组织力量开展全国“两会”期间安全生产保障工作。全国“两会”期间，全区安监部门出动检查人员8999人次，检查各类生产经营单位4429家次，下达执法文书4429份，整改各类安全隐患8981项。

（张伟）

【用电安全专项执法检查】 4月至5月，通州区安全监管局组织各乡镇街道分别采取普查、抽查和联合执法方式，开展重点行业领域用电专项执法检查。出动检查人员1586人次，检查各类生产经营单位570家，其中综合楼宇25家、工业企业299家、建筑施工19家、商市场135家、宾馆饭店90家、其他生产经营单位2家，下达执法文书380份，整改电气安全隐患920

项，约谈企业主要负责人 55 次，立案处罚 3 起。

（张伟）

【“双打”专项行动】 6 月，通州区安全监管局会同各乡镇街道，开展特种作业及特种设备作业人员“双打”暨夏季用电安全专项行动，打击整治违章操作和违规用电行为。行动开展期间，出动执法人员 1586 人次，检查重点行业领域企业 567 家，整改各类安全隐患 910 项，对 3 家存在安全生产违规行为的企业进行行政处罚，罚款 5.5 万元。

（张伟）

【木器加工行业专项检查】 8 月，通州区安全监管局开展城乡结合部地区木器加工行业安全生产专项检查行动。此次专项行动检查木器加工企业 54 家，责令立即整改 17 家，立案 4 起，罚款 3.5 万元。

（汪泓溢）

【安全生产执法检查】 本年，通州区安全监管局检查生产经营单位 2179 家、3296 次，排查整改事故隐患 5736 项，下达各类行政执法文书 8296 份（其中责令限期整改指令书 1764 份），行政处罚 107 起，罚款 524.79 万元。

（杨江）

【副中心建设项目安全保障】 本年，通州区安全监管局配合相关部门对城市副中心重点在施工程开展安全监管（管理）工作。通过联合执法检查、夜间突击检查、专项排查整治等多种监管手段，保障核心区、文化旅游区和新市委、市政府办公场所在施工程安全。对城市副中心建设工程开展执法检查 212 家次，发现安全隐患 287 项，要求现场整改安全隐患 185 项，下达责令限期整改指令书 62 份，隐患问题全部整改完毕。依法对 5 家存在安全生产违法行为的建设单位罚款 4.5 万元。

（张伟）

【大型活动安全保障】 本年，通州区安全监管局做好运河广场大型庙会、植树节、艺博会等大型活动的前期检查和安全保障工作，采取“前期介入、全程盯守”的方式，对现场舞台、展台搭建进行检查，对现场临时用电、挂件设置等安全情况开展安全检查。活动期间，执法人员进行全程驻守，加大对活动现场重点设施、重点部位安全检查和巡视力度，确保不发生安全事故。

（张伟）

职业卫生监督检查

【粉尘危害专项治理】 4 月至 12 月，通州区安全监管局开展陶瓷生产和耐火材料制造企业粉尘危害专项治理工作。对全区陶瓷生产和耐火材料制造企业进行检查，建立实时治理工作档案。出动执法检查人员 52 人次，检查企业 26 家次，下达各类执法文书 15 份，排查整改隐患 39 项。

（李想）

【放射职业危害调查】 5 月，通州区安全监管局组织对全区非医疗机构放射职业危害基本情况开展摸底调查。经调查，全区非医疗机构放射用人单位 8 家，接触放射总人数 310 人。

（李想）

【职业健康监督检查】 本年，通州区安全监管局加强职业健康监督检查工作，出动执法检查人员 1042 人次，检查企业 521 家次，下达各类执法文书 276 份，排查整改隐患 337 项，约谈企业负责人 90 余次，依法对15家生产经营单位给予行政处罚，罚款48.9万元。组织开展职业病危害项目申报工作，职业病危害申报企业451家。

（李想）

【有限空间作业安全巡查】 本年，通州区安全监管局定期对新华大街、运河大街、玉带河大街等主干道地下管网有限空间作业场所开展安全巡查。重点检查作业单位落实现场通风、照明、警戒、应急等措施情况，有效围挡设置情况，作业人员正确佩戴合格防护用品情况。组织有限空间作业安全巡查60余次，检查作业场所110余处，制止违法违规作业30余起，约谈相关负责人15名，处罚企业1家，罚款2万元。

（李想）

宣传培训

【文艺汇演活动】 2月22日，通州区安全监管局联合于家务乡政府举办“十进万家”启动暨“猜灯谜学安法”文艺汇演活动。本次活动以弘扬安全文化为主旨，采取歌舞、戏曲、灯谜竞猜、安全标识认知等形式进行。通过举办此次宣传教育活动，使社区群众理解安全生产所包含的内容和意义，提高人民群众安全意识和安全防护技能。

（杨非）

【“双百工程”活动】 3月至9月，通州区安全监管局开展“百名安监干部与企业主要负责人对话谈心”和“百名安全生产专家服务万家企业”活动。区安全监管局领导分赴通州区重点行业领域的600家企业，与企业负责人开展“对话谈心”活动。组织安全生产专家对全区部分小微企业进行安全生产帮扶服务。通过“对话谈心”活动和专家帮扶服务活动，引导生产经营单位树立“红线”意识，遵守安全生产法律法规。期间，协助企业整改安全隐患1200余项，解决安全问题40余项，提高企业安全管理的内生动力和主动改善企业安全生产条件的自觉性。

（雷文龙）

【金牌宣讲员评选】 3月至9月，通州区安全监管局组织全区专职安全员开展第三届金牌宣讲员评选活动。从教学态度、教学内容、教学方法手段、教学能力、教学覆盖5个方面，对基层安全生产宣讲员的宣讲成果进行评选，并评选出优秀宣讲员在全区开展汇讲、巡讲活动，展示基层宣讲员的风采，推动宣讲员队伍整体水平提升。最终评选出金牌宣讲员2名、银牌宣讲员4名、铜牌宣讲员6名、优秀宣讲员8名。

（杨非）

【企业落实主体责任大讲堂】 4月1日，通州区安全监管局在永顺镇启动2016年企业法人落实主体责任大讲堂活动。对永顺镇200余名企业主要负责人和安全管理人员进行培训。年内完成15期培训工作，培训企业负责人及安全管理人员近万人，增强企业安全生产主体责任意识。

（杨非）

【安全生产法规培训】 本年，通州区安委会办公室分2批组织开展全区《北京市生产安全事故隐患排查治理办法》等法规规章宣贯培训。培训以行政执法案卷制作、执法文书填写规范为重点内容，使执法人员都能够独立制作案卷。区安全监管局全体执法人员和区安委会成员单位相关工作人员，以及全区各乡镇街道（园区）安全科工作人员、专职安全员1000余人次参加培训。

（杨江）

【宣传咨询日活动】 6月16日，通州区安委会办公室在通州区宋庄镇小堡村“翰墨大地”艺术中心举办主题为“筑牢安全基础，坚守安全红线，建设安全通州”的大型安全生产宣传咨询日活动。活动采取知识竞赛、主题演讲、技能竞赛、现场咨询等形式，重点宣传《中华人民共和国安全生产法》及相关法律法规、安全科普知识、应急救援知识、职业健康知识等内容，强化企业职工安全生产“红线”意识和“科学发展、安全发展”理念。区安委会成员单位、乡镇街道、企业近3000人参与安全生产宣传咨询活动。活动悬挂横幅1920条，摆放展板1408块，发放各类宣传资料365种15万份，受教育人数80万人次。

（杨非）

【职业健康安全培训】 6月至8月，通州区安全监管局组织全区乡镇街道安全科工作人员、企业主要负责人和企业职业健康管理员参加职业健康安全培训。举办16场专项培训，涉及15个乡镇街道安全科工作人员200余人和600多家企业1500余人，发放资料1800余份，增强安全监管人员和企业安全管理人员职业健康责任意识。

（李想）

【有限空间作业大比武】 6月至9月，通州区安委会办公室组织协调区应急办、发展改革委、水务局等部门，按照组织、报名、培训、考核、参赛等步骤，组织参赛人员通过《中华人民共和国安全生产法》、《地下有限空间作业安全技术规范》理论知识考试及现场模拟施工作业实际操作考试，完成有限空间作业大比武活动，对排名前三的队伍进行表彰。通过大比武活动，增强从业人员安全意识，规范一线作业人员操作行为，提升通州区有限空间作业单位管理水平。

（李想）

【“安康杯”知识竞赛】 8月至10月，通州区总工会、安全监管局联合举办“安康杯”知识竞赛活动。活动以“普及公共安全健康知识，提高职工自救互救能力”为主题，采取笔试初赛、现场决赛等形式，内容涵盖安全生产、职业健康、职业病防治、消防安全等方面的安全生产知识。此项活动参与人数2万余人次，彰显全区浓厚的安全生产文化氛围。

（杨非）

【标准化技能大比武】 10月，通州区安全监管局在西集镇北京首建钢结构有限责任公司组织开展安全生产标准化技能大比武暨现场检查比武竞赛活动。来自全区乡镇街道15支代表队的60名专职安全员同场竞技，比拼安全监管业务技能。比赛主要考核机械、电气、劳动防护、职业卫生、特种设备安全标准和安全规范的掌握情况，提升专职安全员的理论水平和现场检查能力。

（张伟）

【安全监管干部培训】 11月16日至25日，通州区安委会办公室分期对全区安全监管干部进行封闭培训。此次培训邀请行业领域安全生产专家开展有针对性的授课，内容包括安全生产相关法律法规、安全社区创建及标准、企业安全文化创建、安全生产突发事件处置和舆情引导、安全检查知识要点、廉政警示教育和文明执法等。区安委会成员单位主管领导及相关科室负责人，各乡镇街道主管安全生产主管领导、安全科长及专职安全员200余人参加培训。

通过培训，提高安全监管干部理论素养和业务水平，推动安全生产“党政同责、一岗双责”的落实。

（杨非）

【法制宣传日活动】 12月2日，通州区安全监管局在张家湾镇土桥村开展“12·4”国家宪法日主题法制宣传活动，提升人民群众主动学法、自觉守法、遇事找法、解决问题靠法的思想理念。活动现场发放法律科普书籍200余本，普法宣传海报、普法宣传温馨提示信等300余份，以及各类宣传品300余份。

（杨江）

【专职安全员培训】 12月14日至31日，通州区安全监管局分4期对全区680名安全生产专职安全员进行专题培训。培训内容包括安全生产法律法规体系建设、安全生产检查礼仪规范、乡镇街道安全监管检查要点、廉政警示教育、公文写作等。通过培训，提升全区专职安全员专业知识水平和履职能力。

（杨江）

法制建设

【统筹执法检查】 2月，通州区安全监管局制发《关于印发〈2016年度安全生产监管行政执法工作计划〉的通知》（通安监发〔2016〕2号），对全年行政执法工作日、其他执法工作日、非执法工作日和监督检查生产经营单位等有关数据进行梳理。将5家危险化学品生产企业、146家危险化学品经营企业、60家工业企业、45家涉及职业卫生企业列为重点检查单位，确定10个重点行业和领域执法检查单位，并选取20家单位重点检查生产经营单位应急预案备案情况。

（杨江）

【行政执法权审核】 本年，通州区安全监管局根据区政府法制办关于开展行政执法依据梳理工作有关通知要求，依据现行法律、法规、规章等涉及单位职权的有效规范性文件，重新审核原有执法依据和执法职权事项。对457项具体行政执法职权进行梳理，其中：行政许可2项、行政强制5项、行政检查5项、行政处罚443项、其他具体行政执法职权2项。

（杨江）

【文件清理】 本年，通州区安全监管局对2004年至2015年制发的文件进行清理，确定保留2004年至2015年文件107件。对2016年制发规范性文件进行审查，审查各类文件64件。

（杨江）

【案卷评查】 本年，通州区安全监管局行政处罚案卷107卷，包括监督检查科70卷、危化科25卷、职安科12卷。10月，在市安全监管局案卷评查工作中，通州区安全监管局9本参评案卷（执法监察4本、危险化学品2本、职业安全卫生3本）获得优秀成绩。11月，在区政府法制办案卷评查中，通州区安全监管局3本参评案卷（执法监察1本、危险化学品2本）获得优秀成绩。

（杨江）

科技与信息化

【安全生产综合管理与服务平台】 本年，通州区安全监管局推进全区安全生产综合管理与服务平台的建设与运行。投入100余万元对全区安全监管干部、专职安全员以及重点企业负责人等3000余人开展平台应用培训。平台核心应用系统“安监通”和“企安通”功能作用均通过实践检验，收到良好效果。

（雷文龙）

【安全生产条件普查数据更新】 本年，通州区安委会办公室建立安全生产条件普查“五年一开展、三月一更新”动态更新机制。完成11个乡镇、4个街道安全生产条件普查数据动态更新任务。全区核查单位93288家，核查比例占底册总数的138.6%。其中在经营单位35814家（法人单位16686家，个体工商户15183家，综合楼宇3888家，在建工程57家），核销单位57474家（法人单位15548家，个体工商户41907家，在建工程19家）。在普查数据抽查验收工作中，区级抽查实现普查数据完整率100%、准确率97.8%，市级抽查综合达标率99.4%。

（陈世超）

标准化建设

【标准化达标创建目标】 4月25日，通州区安委会办公室制发《关于开展2016年度安全生产标准化建设活动的实施方案》，明确2016年标准化建设工作目标。以开展三级达标工业企业和岗位达标小微型工业企业的周期性复评工作为重点，树立一批安全生产标准化“金安企业”，推动企业安全生产标准化水平实现新提升。

（张伟）

【标准化创建宣传培训】 4月至5月，通州区安委会办公室分别组织各行业主管部门、各乡镇街道、标准化达标创建申报企业相关负责人和管理人员开展安全生产标准化达标创建宣传培训，重点对安全生产标准化达标创建的政策、内容、标准、目标、意义进行宣传培训。通过培训，使各行业、各属地、各企业对安全生产标准化达标创建工作有进一步认识和掌握，推动此项工作的顺利开展。此次培训涉及40个行业领域，培训2850人次。

（张伟）

【“金安企业”评审】 11月至12月，通州区安全监管局对全区符合安全生产标准化“金安企业”申报条件的106家企业进行评审。通过专题部署、现场检查、专家核查、评审委员会研讨点评等形式，对各申报企业安全生产标准化工作进行评审。根据“金安企业”评选细则和专家指导意见，评出安全生产标准化“金安企业”25家、“创建标兵”25名。

（张伟）

【标准化达标创建】 本年，通州区安全监管局建立差异化监管模式，依托安全生产条件普查结果，重点在5大类40个行业领域集中开展标准化达标创建工作。通过加强执法和宣传教育，督促企业实现达标。完成标准化三级达标和小微企业达标2285家，超额完成市安全监管局下达的1800家总任务，企业安全管理水平得到提升，安全生产状况得到有效改进。

（张伟）

顺 义 区

概 述

2016年，顺义区安全生产工作围绕“四化三体系双基”总任务，按照“党政同责、一岗双责、失职追责”要求，以建立标准化常态化运行机制为载体，落实安全生产责任制，加强安全基础和能力建设，加强隐患排查治理和安全预防控制体系建设，深化重点行业领域专项整治，杜绝重特大安全生产事故发生，保持安全生产形势持续稳定好转。

深化隐患排查治理体系。对全区试点企业和属地安全生产监管部门900余人进行培训，指导企业从危险源辨识和风险评价入手，开展隐患排查治理“一企一标准、一岗一清单”编制试点工作。全部完成313家试点企业编制工作。

推进企业标准化达标创建。发挥区安全生产协会作用，推动行业属地、企业和技术服务机构的有效对接。规范标准化创建工作流程、企业规模划分标准、评审标准分类、评审单位管理、标准化工作激励政策等标准化工作。全区安全生产标准化二级企业达标131家、三级企业达标945家、小微企业达标3008家。

强化安全生产大检查和专项整治。开展安全生产大检查工作，提高检查覆盖率和隐患整改率，加大督导检查力度。聘请安全生产专家，对重点白酒制造企业进行对标检查，推进加油站新标改造和非经营性加油站整治工作。加强职业卫生基础建设，重点开展家具制造、印刷和机动车维修3个重点行业专项治理，做好职业病危害现状评价。深化城乡结合部重点地区专项整治，开展“消隐、拆违、打非”百日专项行动。全区共检查生产经营单位68112家次，覆盖率100%，排查整改安全隐患75868项，整改率89%，停产停业整顿企业73家，关闭取缔68家，下达行政执法文书929次，罚款408.4万元，全区20项石油天然气和城镇燃气管道挂账隐患全部整改销账。

推行“安责险”制度。制定《加快推进安全生产责任保险制度落实的意见》，明确职责分工、工作任务、工作机制，确定每年完成20%的任务量，即5年内区域企业全部参保的工作目标。建立行业、承保机构联席会议制度，协调解决疑难问题，推进工作进度，明确规定标准化创建企业的“安责险”费率调整标准和方法。13个主要行业部门基本实现“安责险”全覆盖，全区确定参保对象1700家，完成864家企业的参保工作。

发展安全文化产业。完成《顺义区安全文化产业项目主要工作开展大纲》、安全文化规划、实施方案的编制。结合安全社区创建，旺泉、石园街道等单位完成社区安全体验馆建设并投入使用。依托“纵横安全教育在线平台”，采取线上教育与线下体验式培训相结合的方式，对区内重点企业安全生产负责人和安全管理人员实施系统的安全生产培训。其中：特种作业人员培训48期，培训1448人；企业主要负责人和安全管理人员培训18期，培训1048人；村级电工培训20期，培训678人；高危企业主要负责人和安全管理人员培训8期，培训408人。安全社区建设不断深入，13个镇街获得北京市级安全社区称号，4家完成国家级安全社区预评审。

强化专职安全员队伍建设。完成区政府职能部门专职安全员队伍组建工作和属地专职安全员补录工作。全区专职安全员437人，覆盖30个镇、街道（园区）和24个职能部门。规范专职安全员队伍管理和考核，出台《顺义区安全生产专职安全员管理暂行办法》等11项管理制度，加大培训力度，111人通过助理安全工程师考试，通过率57.3%，39人参加注册安全工程师考试，一次性通过率18%。分批组织属地专职安全员到安全监管局执法科室轮训，由执法人员现场传授工作经验；组建安全教员队伍，每个属地挑选1名优秀安全员组建成33人安全生产教员队伍进行重点培养，发挥属地安全生产工作引领人的示范作用。

综合监管

【区长高朋带队安全检查】 1月24日，顺义区区长高朋带队对国泰商业大厦（顺义店）、仁和镇河南村、金刚化工（北京）有限公司进行安全检查。重点检查企业安全管理制度是否健全、日常检查是否落实到位、消防设施是否安全、安全用电是否符合要求等方面。针对检查中发现的隐患问题，高朋要求相关职能部门及属地加大对企业的监督检查力度，落实主体责任，消除安全生产隐患。

（贾雁）

【副区长朱家亮春节前安全检查】 2月2日，顺义区副区长朱家亮带领区公安分局、卫生计生委、应急办、安全监管局、食品药品监管局、公安消防支队等部门负责人到顺义区医院、南彩镇卫生院和杨镇一中进行安全检查。听取顺义区医院、南彩镇卫生院负责人关于安全生产工作情况汇报，检查2家单位的消防监控室和视频监控室，了解春节期间安全保障计划和应急值守情况。朱家亮要求各部门落实安全监管责任，巩固现有成果，开展安全隐患排查治理，及时发现问题、解决问题，杜绝重大事故的发生。

（贾雁）

【副区长李向英春节前安全检查】 2月2日，顺义区副区长李向英带领区安全监管局、公安分局、应急办、质监局、食品药品监管局、公安消防支队等相关部门负责人到商场、文化娱乐场所、旅游景点、餐饮企业等重点部位进行安全检查。检查组先后来到北京七彩蝶园、J9量贩式KTV、眉州东坡酒楼、新世界百货等生产经营单位，听取各单位关于春节前安全生产工作开展情况的汇报，并实地查看各单位安全生产各项保障工作落实情况，包括室外游乐设施安全保障措施，安全出口、疏散通道，消防设施器材配备，中控室人员值班及应急演练等。李向英要求相关部门加大执法检查力度，履行监督职责，落实各项安全生产措施，确保全区人民过一个欢乐、安定、祥和的春节。

（贾雁）

【全区安全生产大会】 3月1日，顺义区安委会召开第一次全体扩大会议暨全区安全生产大会。全区相关部门、经济功能区、属地镇街负责人，专职安全员和村

（居）代表，区属国有企业和重点行业领域企业主要负责人和主管安全负责人450余人参加会议。会议观看《天津港“8·12”瑞海公司危险品仓库特别重大火灾爆炸事故调查报告处理情况》专题片，通报一季度安全生产大检查情况，总结2015年安全生产工作，部署2016年工作任务。区长高朋分别与区安全监管局、商务委，赵全营镇、胜利街道办事处签订安全生产责任书。并强调指出：一是要统一思想，提高对做好安全生产工作重要性、长期性、艰巨性的认识；二是狠抓重点，强化措施，确保安全生产形势持续稳定好转；三是落实责任，严格追责，确保安全生产工作落到实处。

（贾雁）

【安全生产大检查督查】 3月28日至4月1日，顺义区安委会办公室成立10个督查组，对各单位大检查开展情况进行督查。督查组从安全生产动态监管系统中随机抽取企业进行检查，集中听取被查单位工作情况汇报，询问大检查工作开展情况，查看“党政同责、一岗双责”的文件制定和落实以及相关会议纪要、实施方案、台账等资料，并填写《安全生产大检查工作综合督查明细表》。督查组根据实地检查和听取汇报情况，全面总结督查发现的问题，现场反馈督查意见，提出具体改进建议。

（贾雁）

【副区长禹学垠检查消防安全】 4月5日，顺义区副区长禹学垠带领区安全监管局、公安消防支队、应急办等部门负责人前往石园街道、北京燕京啤酒股份有限公司实地检查消防安全情况，随后召开检查汇报会。会议通报消防安全行业监管情况，研究提出工作建议。区领导指出：一是发挥好全国安全发展城市、全国隐患排查治理试点城市和全国安全生产标准化创建试点城市的作用，加强安委会常规化业务的拓展，完善例会制度，研究解决全区安全生产方面问题；二是要为基层隐患排查治理工作提供服务，在提高基层监管人员发现隐患、处理隐患能力的基础上，聘请专业安全消隐评估队伍，为安全生产工作提供技术支持；三是降低企业投保“安责险”门槛，并对标准化创建工作开展有力、隐患排查治理工作表现突出的企业进行奖励。

（贾雁）

【“安责险”部署会】 4月20日，顺义区安全监管局召开安全生产责任保险工作动员部署会，相关行业部门及保险机构主管领导参加会议。会议通报2015年度“安责险”工作开展情况，部署2016年度工作；保险机构介绍本年度具体工作方案。会议要求各单位加强组织领导，加大宣传动员和培训力度，促进企业主体责任落实。保障参保企业合法权益，在提供全方位服务、简化承保手续、提高理赔时效的同时，协助企业开展风险评估、隐患排查和事故预防工作。建立并落实“安责险”联席会议制度，确保工作有序开展。

（贾雁）

【区长高朋安全生产调研】 5月12日，顺义区区长高朋带领区政府办、安全监管局、公安消防支队等部门负责人对牛栏山酒厂和北京首儿药厂2家企业进行调研，检查生产现场、储存场所及消防设施。在调研中高朋强调：企业在整改期间要加强检查巡查，配备配齐人员和设备，制定施工方案和工作计划，倒排工期表。北京首儿药厂3个月内必须完成拆除置换工作，达到国家要求的标准规范，确保安全生产。

（贾雁）

【职能部门专职安全员入职】 6月30日，顺义区安全监管局召开职能部门专职安全员入职工作会，22个部门主管领导及136名专职安全员参加会议。会议对专职安全员劳动合同和工资结构进行讲解，敦促安全员把握和规划好职业生涯，并要求职能部门在保证原有安全监管力量不减少的情况下发挥专职安全员作用，保障安全员基本办公条件。

（贾雁）

【专职安全员管理办公室成立】 8月25日，顺义区安全监管局专职安全员管理办公室正式成立。该办公室配置3名工作人员，其中主任1名、专职工作人员2名。办公室的主要职能是对全区31个属地22个职能部门415名专职安全员从规范履职、严谨认真、文明执法、实事求是、廉洁高效等方面进行规范化的系统管理，使专职安全员队伍能够扎实、专业地服务于安全生产监管事业。

（贾雁）

【区长调研专职安全员队伍建设】 11月30日，顺义区区长高朋带队调研马坡镇安全生产专职安全员队伍建设情况。实地查看专职安全员办公条件、装备配备、岗位设置、规范履职等情况，了解专职安全员在安全生产工作发挥的实际作用。高朋肯定专职安全员队伍建设取得的成效，以及马坡镇政府安全生产“党政同责、一岗双责”工作落实，要求加强专职安全员队伍管理、提高各项工作能力。

（贾雁）

【安全生产大检查】 11月至12月，顺义区安委会在全区范围内组织开展安全生产大检查。全区组织宣传活动237次，发放宣传材料12万余份，受众企业4862家。建立覆盖全区30家属地和26个主要行业部门的督办机制，对方案制定、工作开展、带队检查、专项整治和隐患台账上报等实行进程督查。对未按时完成各项工作的单位，由区政府督查室跟踪问效，追究相关责任。全区检查生产经营单位6325家次，发现隐患7574项，整改隐患6777项，停产停业整顿企业28家，关闭取缔13家，罚款11万元。

（贾雁）

【安全生产大检查推进会】 12月16日，顺义区副区长于庆丰主持召开安全生产大检查工作推进会，区安委会成员单位以及32个属地镇街主管领导参加会议。会议宣贯《国务院安委会办公室关于深入开展安全生产大检查切实做好岁末年初安全生产工作的通知》和市安委会安全生产紧急电视电话会议精神；区安全监管局通报全区安全生产大检查开展情况，对做好市级安全生产大检查综合督查工作进行部署。于庆丰要求：一是各单位要认识安全生产工作严峻形势，树立安全发展理念，统筹兼顾，抓好各项工作落实；二是细化制度，落实监管和执法措施，形成良好工作机制；三是结合督查工作部署，梳理本单位工作开展情况，查缺补漏，以最高标准做好准备工作。

（贾雁）

危险化学品安全监管

【危险化学品企业一季度工作会】 1月27日，顺义区安全监管局召开危险化学品企业一季度工作会。会议部署2016年重点工作及春节期间安全保障工作，学习贯彻《北京市生产安全事故隐患排查治理办法》，安排“一企一标准、一岗一清单”编制工作，部署加油站贯标改造工作。会议要求：一是加强春节期间应急值守，落实主要负责人带班制度，开展节前隐患自查，确定消防器材、设施完好有效，保持通讯畅通；二是加强安全管理，烟花爆竹燃放高峰时段，企业要根据实际情况停止加油、卸油作业，确保安全；三是汲取“1·24”事故教训，做好防火防爆和突发事件信息报送工作。

（贯雁）

【重点企业安全大检查】 1月27日至28日，顺义区安全监管局开重点危险化学品企业安全大检查。检查油库、气库充装站和矿山企业等14家生产经营单位，出具现场检查方案14份、现场检查记录14份，发现安全隐患问题20项，下达责令限期整改指令书5份。检查发现主要隐患问题是：缺少必要的安全标识，生产环境存在易燃杂草以及值班监控人员擅离职守。针对隐患问题，执法人员要求企业立即整改，在消除隐患后，方可恢复生产活动。

（贯雁）

【春节前安全检查】 2月4日，顺义区安全监管局对中石油昆仑燃气公司液化气分公司和北京北方中油石油销售有限公司进行春节前安全检查。重点检查安全管理制度是否健全、日常检查是否到位以及消防设施是否完好。检查人员要求企业做好春节期间安全管理和应急职守工作，实行领导带班制度，24小时专人值守，加强企业周边巡查，防止出现燃放烟花爆竹现象，确保节日期间安全稳定。

（贯雁）

【危险化学品企业二季度工作会】 5月25日，顺义区安全监管局召开危险化学品企业二季度工作会。会议宣贯《油气罐区防火防爆十条规定》文件，讲解危险化学品建设项目审查验收流程，并部署安排有关工作。一是要求企业结合实际，在确保安全的前提下，开展应急演练，提高多部门协调联动和应急处突能力；二是按照计划开展加油站贯标改造工作，推进工作进程；三是开展标准化管理，做好“一企一标准、一岗一清单”编制工作；四是按月上报销售单据等资料，规范票据及易制毒经营企业的管理；五是确保相关岗位员工正确掌握新工艺、新设备的使用方法，并做好“一书一签”工作。

（贯雁）

【危险化学品企业三季度工作会】 8月10日，顺义区安全监管局召开危险化学品企业三季度工作会。组织学习《中华人民共和国反恐怖主义法》《北京市安全生产委员会办公室关于印发深刻吸取天津港“8·12”特别重大事故教训集中开展危险化学品安全专项整治工作方案的通知》等文件精神，重点部署6项工作。一是各企业负责人要亲自部署反恐防恐工作，包含责任分工、风险分析、具体措施等内容，确保G20峰会期间安全稳定；二是学习贯彻《中华人民共和国反恐怖主义法》，并上报学习考核记录、宣传资料及照片等；三是落实“三项”检查及汛期安全检查工作；四是易制毒企业建立易制毒危险化学品流失可追溯制度；五是确保2017年底完成全区加油站贯标改造工作；六是指派专职安全管理人员在加油站贯标改造施工期间，全程进行现场安全管理。

（贾雁）

【危险化学品企业反恐检查】 10月28日，顺义区安全监管局对北京北方中油石油销售有限公司、北京住海石油销售有限公司开展反恐工作检查。重点检查企业储油罐区、反恐预案和措施、反恐装备、反恐演练及应急职守等方面工作。检查组要求企业做好日常巡查和应急职守工作，落实出入登记制度，加强企业员工反恐教育，定期进行反恐演练，配备、更新防范处置设备设施，指定相关机构或者责任落实人员，明确岗位职责。

（贾雁）

【加油站安全检查】 11月7日至10日，顺义区安全监管局对辖区加油站进行安全检查。重点检查加油站安全管理工作的组织领导、人员教育培训、应急工作预案和演练、隐患排查治理、消防设施以及避雷检测等内容。针对检查发现的隐患问题，执法人员责令相关加油站立即整改。

（贾雁）

【危险化学品企业四季度工作会】 11月30日，顺义区安全监管局召开危险化学品企业四季度工作会，对全区危险化学品监管工作进行阶段性总结并部署下一步重点工作。一是要求企业落实《顺义区安全生产监督管理局关于印发危险化学品生产经营及非煤矿山企业安全生产专项大检查工作方案的通知》要求，开展自查自纠工作；二是强化反恐维稳工作责任意识，逐级落实责任制；三是加强禁毒宣传教育工作，强化员工法治观念，坚守心理、行为、思想“三条防线”；四是做好烟花爆竹销售和燃放期间的防护与宣传，加强重点时段人员补充和应急值守工作。会议强调：各企业要以防火、防冻、防滑、防中毒为重点，优化冬季安全管理工作方案和措施，做好安全生产专项大检查工作；做好大风、冰雪、寒冷等恶劣天气的安全预警防范工作，提高应急处置能力；加强重特大事故预防应对工作，利用各种宣传手段，及时发布预警信息，并做好应急抢险的物资储备和人员保障。

（贾雁）

【重点企业现场检查】 12月28日至29日，顺义区安全监管局对重点危险化学品企业进行现场安全检查。重点检查《危险化学品生产经营及非煤矿山企业安全生产专项大检查工作方案》有关工作落实及冬季防冻、防风、防滑、防火和防泄漏等措施实施情况。检查组要求企业做好安全生产专项大检查工作，完善隐患排查治理制度，实行隐患排查治理闭环管理，对发现的隐患要做到责任、措施、资金、时限和预案“五落实”，实行元旦春节期间24小时领导带岗值班值守制度，加强“两节”期间安全生产工作。

（贾雁）

烟花爆竹安全监管

【烟花爆竹零售网点设置及销售】 本年，顺义区设置烟花爆竹零售网点39个（涉及15个属地单位），同比下降17%。各零售网点配送烟花爆竹6139箱，销售烟花爆竹5608箱，配送量同比下降16.4%，销售量同比下降15.2%。

（贾雁）

【烟花爆竹销售人员岗前培训】 1月13日至19日，顺义区安全监管局委托北京鼎盛昊然技术服务中心对全区烟花爆竹销售人员进行岗前培训。此次培训及考核通过“纵横安全教育在线”线上平台开展，培训内容包括《中华人民共和国安全生产法》、现场安全管理知识及应急管理等16门课程。全区烟花爆竹零售网点销售人员均参加培训，并考核合格。此次培训工作具有3个特点：一是创新工作模式，以线上学习代替面授，避免形式和方法单一；二是丰富课件资源，有效解决培训内容针对性和专业性不强问题；三是提高培训实效，让安全生产培训摆脱时间和空间限制，降低企业时间、人员、资金成本，确保培训及时有效。

（贾雁）

【烟花爆竹零售网点执法检查】 2月3日，顺义区安全监管局会同区烟花办、应急办和公安、工商、城管、市政市容、交通等部门，对全区39个烟花爆竹零售网点进行执法检查。重点检查零售网点是否采购和销售北京市许可的烟花爆竹产品，日常巡查记录、应急演练记录、应急预案等资料是否齐全，从业人员是否持证上岗以及周边禁烟禁放、用电安全等情况。检查组要求各零售网点做好销售期间安全管理工作：一是零售场所周边20米范围内严禁吸烟、用火；二是烟花爆竹产品存放量不得超过经营许可证规定数量；三是填写有关台账；四是配备的消防器材完好有效；五是按照要求进行周边巡视，做好烟花爆竹产品看护工作，确保安全。

（贾雁）

【零售网点专项检查】 2月4日，顺义区安全监管局对仁和镇、马坡镇及光明街道等5个属地19家烟花爆竹零售网点进行专项执法检查。主要检查零售网点是否取得经营许可证，现场销售人员是否持证上岗，网点内烟花爆竹储存、经营是否隔离，储存、码放是否符合安全距离要求，现场是否存在非法及质量不符合标准的烟花爆竹，现场消防器材是否符合要求，零售网点是否违规使用火源取暖以及人员值守是否在位等情况。检查发现，大多数零售网点按照要求储存和经营，但个别网点存在烟花爆竹码放超高、消防器材被圈占阻挡、日常巡检记录不完善、安全警示标语及警示标识缺失等问题。针对存在的隐患问题，执法人员下达执法文书38份，责令立即整改。

（贾雁）

【烟花爆竹零售网点安全监管】 本年，顺义区安全监管局采取措施，加强烟花爆竹零售网点安全管理工作。出动检查人员820人次、检查车辆184台次，检查烟花爆竹零售网点410余次，下达执法文书200份，发现并整改隐患101项。一是实施《烟花爆竹零售网点设置安全规范》，压减网点数量至39个；二是通过在线课程（培训课件16学时、考试题库500道），对129名烟花爆竹销售相关人员进行培训考核并统一发放上岗证；三是明确标准要求，确保规范搭设销售大棚和临时用电标准化；四是统一编制烟花爆竹临时销售网点安全执法检查表，制定专项执法检查工作方案，明确职责分工，及时掌握情况，确保执法检查效果。

（贾雁）

隐患排查治理

【白酒制造企业安全隐患排查】 1月，顺义区安委会办公室制定《顺义区安委会办公室关于深入开展白酒制造企业安全隐患治理专项行动工作实施方案》，聘请相关专家对区域内2家白酒企业进行安全隐患排查。对照《白酒制造企业安全隐患自查情况表》，专家组对2家企业存在的安全隐患逐一对标检查，指导企业建立隐患台账，开展隐患整改工作。

（贾雁）

【清单编制试点培训会】 3月8日至9日，顺义区安全监管局分5期召开生产安全事故隐患排查治理“一企一标准、一岗一清单”编制试点工作培训会，有关行业部门、属地安全监管部门和313家企业900余人参加培训。培训会宣讲“一企一标准、一岗一清单”编制依据、标准和具体方法步骤，使参训人员了解什么是清单编制、为什么开展清单编制和怎样开展清单编制工作。会议要求各部门、各单位加强组织领导，用好专家力量，按时保质完成试点任务。

（贾雁）

【隐患法规培训会】 6月6日，顺义区安全监管局组织《北京市生产安全事故隐患排查治理办法》培训会，300多名重点企业负责人和属地镇街专职安全员参加培训。此次培训重点讲解《北京市生产安全事故隐患排查治理办法》立法背景和主要特点、涉及生产经营单位主体责任条款以及法律责任。通过培训，解决企业隐患排查“谁来查、查什么、多长时间查一次、查出问题怎么办”的问题，指导企业建立包括隐患排查、登记、评估、报告、监控、治理、验收、资金保障等隐患排查治理制度，形成隐患排查治理闭环管理。

（贾雁）

【白酒制造企业隐患治理推进会】 7月27日，顺义区安全监管局召开白酒制造企业隐患治理专项行动推进会。会上，通报全市及顺义区白酒制造企业事故隐患治理工作开展情况，并邀请中国安科院专家讲解《北京市白酒制造企业安全隐患治理验收记录表》。3家白酒制造企业负责人介绍本单位隐患治理工作开展情况。会议要求区相关部门对事故隐患治理开展全过程执法检查并做好验收工作。要求相关企业要落实企业主体责任，认真开展隐患治理工作，采取安全保障措施，按时完成隐患整改工作。企业负责人要学习相关法律法规并组织员工教育培训，增强企业员工安全意识。

（贾雁）

【安全设施设计专篇审查会】 10月17日，顺义区安全监管局组织专家对北京牛栏山金林保健酒业有限公司白酒生产安全隐患整改项目安全设施设计专篇进行审查。专家组听取北京牛栏山金林保健酒业有限公司及山东省食品发酵工业研究设计院有关工作汇报，并进行现场踏勘。经过质询和讨论，专家组同意该安全设施设计专篇通过审查，并针对安全设施设计专篇中存在的问题提出修改建议。一是设计单位要根据专家意见完善安全设施设计专篇，完成隐患整改施工设计；二是建设单位要及时联系规划、建委等相关部门，确定施工手续是否齐备；三是建设单位要确定具有相关资质的施工单位，做好企业隐患整改施工前的准备工作，确保按时完成企业隐患整改；四是建设单位在进行隐患整改时，要采取安全措施，确保隐患整改期间生产安全。

（贾雁）

【涉爆粉尘专项执法工作会】 10月19日，顺义区安全监管局召开涉爆粉尘专项执法工作会。会议通报全市涉爆粉尘专项治理以及涉爆粉尘备案模块填报过程中存在的问题，要求相关属地镇街建立涉爆粉尘企业台账，指导企业录入粉尘备案模块，为专项整治工作打下基础。一是对照《工贸行业重点可燃性粉尘目录》确定的粉尘种类及《涉爆粉尘企业基础情况调查表》要求，掌握属地涉爆粉尘企业底数；二是开展涉爆粉尘企业系统备案工作，指导相关企业填写备案信息；三是属地专项负责人要完成涉爆粉尘备案模块审核工作，确保企业填报信息完整、准确。

（贾雁）

【专家指导涉爆粉尘治理】 10月25日，市安全监管局组织专家组，到顺义区北京世纪百强家具有限责任公司指导开展涉爆粉尘治理工作。专家首先听取企业负责人介绍本单位涉及粉尘的工序、岗位、除尘系统等涉爆粉尘相关工作，然后现场检查产尘工位的除尘方式、除尘系统运作情况。现场检查发现，该公司部分除尘系统采用正压送风、产尘区域用电设备不防爆、集尘设备防爆和卸爆措施不完善。市、区安全监管部门要求企业要加强隐患整改，学习涉爆粉尘相关法律法规和标准，提升安全管理水平。在隐患整改过程中采取相应措施，确保生产安全。

（贾雁）

应急救援

【油库联合应急演练】 6月3日，顺义区安全监管局组织7家危险化学品生产储存经营单位安全负责人观摩中国航空油料有限责任公司北京分公司与中国航油集团北京石油有限公司联合开展的应急演练。此次演练模拟铁路收油作业时储油罐突然起火，中控室发出警报后，2家单位联动救援、实施灭火的过程。通过演练，提高危险化学品生产储存经营单位应急管理水平，提高应急指挥协调及应急救援能力。

（贾雁）

【液氨泄漏事故应急疏散演练】 6月14日，顺义区安全监管局在科技创新产业功能区（北京现代制铁钢材有限公司）举办应急疏散演练。区委宣传部、应急办、安全监管局、公安治安支队、公安交通支队、公安消防支队、质监局、环保局、卫生计生委、气象局、民政局、信息中心和北京联通顺义分公司、科技创新产业功能区管委会及专业救援队（顺鑫控股鹏程食品分公司）参加演练。演练模拟顺义区A公司液氨制冷车间高压储氨罐管道阀门突然破裂造成液氨泄漏，直接威胁制冷车间乃至整个公司及周边单位安全。该公司迅速按照现场处置方案自救，并向公司总经理汇报情况，确定情况后，由该公司安全负责人立即拨打电话向区安全监管局、公安消防支队报告情况。区安全监管局接到报警并核实情况后，向区政府领导汇报，启动《顺义区危险化学品事故应急救援预案》组织力量展开救援，在各单位配合下，圆满完成此次应急演练任务。

（贾雁）

【矿山企业应急演练】 6月24日，顺义区北京哲君科技开发有限公司举办汛期坍塌事故应急演练，区安全监管局指导观摩应急演练。演练模拟矿山发生坍塌事故后，对受伤人员开展紧急救援、对事故现场实施有效控制及迅速疏散周边人员。区安全监管局对演练提出针对性意见。北京哲君科技开发有限公司负责人表示，完善现有应急预案，提高应急处置能力。

（贯雁）

执法监察

【人员密集场所突击检查】 1月27日至28日，顺义区安全监管局联合区文化、公安、消防等部门采取“四不两直”检查方式深入全区网吧、歌厅、影剧院等人员密集场所进行突击检查。检查组先后检查金宝城KTV、区影剧院、千龙网都上网服务中心等人员密集场所经营单位35家。执法人员重点检查各单位是否制定安全管理制度和应急救援预案、安全检查记录及会议记录是否完整、消防设施器材配备是否齐全并符合规范要求、疏散指示标识及应急照明是否完好有效、安全出口和疏散通道是否畅通，并现场抽查从业人员安全知识和应急设备使用技能。通过检查发现，大部分单位安全生产制度健全，安全措施有效，员工掌握一定的安全技能。但有个别单位安全意识淡薄，如员工不能熟练使用消防器材、设施及应急广播等。针对存在的问题，检查组约谈单位负责人，落实隐患整改。

（贯雁）

【人员密集场所安全大检查】 2月1日至2日，顺义区安全监管局联合区商务委对大型商场、综合超市、餐饮企业等19家人员密集场所进行安全大检查。重点检查生产经营单位安全生产管理制度、员工安全教育和应急预案是否落实到位，消防设施是否完好，应急器材是否配备齐全，用电设备及线路是否符合要求，疏散通道是否堵占，以及疏散标识是否完好等安全管理情况。检查发现疏散通道堵占、疏散指示标识缺失和安全教育培训考核不到位等隐患问题20项，执法人员下达责令限期整改指令书5份。经复查，隐患问题全部整改完毕。

（贯雁）

【国际汽车展览会安全监管】 4月17日至5月9日，顺义区安全监管局每天派出执法人员对国际汽车展览会场馆进行执法检查及巡查。出动执法人员504人次、执法车辆72台次，对全部搭建单位进行安全检查。检查发现部分消防器材过期失效、安全出口及疏散通道被杂物遮挡、个别展台电缆和配电箱放在通道内等隐患问题175项，经复查，隐患问题全部整改完毕。

（贯雁）

【安全生产大检查“回头看”】 4月20日，顺义区安全监管局按照《顺义区安全生产委员会办公室关于开展安全生产大检查“回头看”督查工作的通知》，对马坡镇开展安全大检查“回头看”督查。督查组检查马坡镇政府“党政同责、一岗双责”文件制定、大检查“回头看”工作方案及开展情况，以及执法文书、工作台账等安全生产大检查工作档案。督查组执法人员对北京阿奇夏米尔工业电子有限公司、北京爱慕内衣有限公司、昊为科技和北京博隆盛工贸有限公司4家企业的安全生产情况进行检查。检查发现部分企业存在个别消火栓箱内有杂物、个别防火门开启方向与疏散方向不一致、配电柜内门未设置静电接地、气瓶未设置防倾倒装置、气瓶未安装气瓶帽和防振圈、现场作业人员佩戴的防尘口罩不规范等隐患问题。执法人员要求4家企业建立隐患台账，按要求进行整改。经复查，隐患问题全部整改完毕。

（贯雁）

【用电安全专项执法检查】 5月4日，顺义区安全监管局在马坡镇开展用电安全执法检查，并聘请北京市工业技术开发中心专家指导企业开展隐患排查。检查发现，部分企业存在消防通道被占用、灭火器年检过期、起重吊具防脱落装置失效、厂区内安全生产及职业卫生警示标识欠缺、调漆室通风效果不良、部分配电箱内有杂物、打磨间用电线路设置不合理及气瓶储存区域未设置防雷装置等隐患问题。执法人员要求相关单位对检查中发现的隐患建立台账，并逐一按要求进行整改。经复查，隐患问题全部整改完毕。

（贾雁）

【金属冶炼企业专项整治】 5月11日至14日，顺义区安全监管局聘请专家对6家金属冶炼企业进行检查。检查发现车间工位缺乏安全警示标识、危险化学品使用场所未做防雷措施、氢气炉车间整体不防爆、配电设施未采取绝缘措施等22项隐患。针对隐患问题，执法人员下达责令限期整改指令书3份，现场处理措施强制决定书1份，处罚1家企业停止使用相关设备设施。经复查，隐患问题全部整改完毕。

（贾雁）

【燕京啤酒节安全保障】 5月至7月，顺义区安全监管局制定方案，协调执法力量，开展第25届北京国际燕京啤酒文化节安全保障工作。一是负责啤酒节各大棚的搭建安全；二是做好啤酒节全场用电安全保障；三是实施大棚及临建设施安全检查。期间，区安全监管局出动执法人员600人次、执法车辆120台次，发现安全隐患90余项，隐患问题全部整改完毕。

（贾雁）

【国庆节安全保障】 9月22日至30日，顺义区安全监管局从重点部位入手，采取多项措施做好国庆节期间安全生产保障工作。一是围绕首都机场、新国展等重点部位，对北京首钢氧气厂、北京首钢冷轧薄板有限公司和北京住海石油销售有限公司等16家企业开展安全生产大检查，以点带面，消除安全隐患，树立安全生产“红线”意识，完善安全生产责任体系，层层落实主体责任；二是加强交通运输、旅游、商市场等人员密集场所以及建筑、危险化学品、非煤矿山等高危企业安全监管，严防群死群伤事故发生；三是安排执法人员开展“十一”期间重点企业安全检查。加大对城乡结合部、工业大院及出租房屋等重点区域的“三合一”“多合一”等安全隐患和违法行为的整治力度，解决突出问题；四是落实24小时在岗、领导带班制度，保障信息通畅。

（贾雁）

【人员密集场所专项检查】 9月12日至14日，顺义区安全监管局联合区商务委对人员密集场所开展专项检查工作。检查大型商场、大型超市和餐饮企业22家次，发现安全生产隐患23项，下达责令限期整改指令书11份。经复查，隐患问题全部整改完毕。隐患问题主要表现为：未对从业人员进行安全生产教育培训考核、安全通道堵占以及安全指示标识缺失等方面。

（贾雁）

【产业投资峰会安全保障】 10月24日，“北京顺义新产业、新动能、新经济2016战略性新兴产业投资峰会”在顺义区中鑫家园温泉酒店举行。会前，顺义区安全监管局执法人员3次前往中鑫家园温泉酒店进行检查，重点查看酒店安全出口、疏散通道是否畅通，消防设施是否完好有效以及应急演练情况。在会议活动现场，执法人员要求施工单位制定施工方案和应急预案，针对舞台搭建、灯光音响设置、临时线敷设、安全防护及人员疏散等方面采取可靠安全措施。现场布置结束后，执法人员进行全面检查，并针对存在的隐患，下达行政执法文书责令整改。隐患问题均在峰会举行前整改完毕。

（贾雁）

职业卫生监督检查

【工业企业有限空间监管研讨会】 3月5日，顺义区安全监管局与市劳保所召开工业企业有限空间监管工作研讨会。会议就如何开展工业企业有限空间现状调查和有限空间自行作业评估工作进行研讨。会议议定：一是采取自查和专家组调查两种方式对工业企业有限空间作业安全现状进行摸排；二是由专家组对有限空间自行作业企业安全生产条件进行评估；三是搭建工业企业有限空间作业信息服务共享平台。

（贾雁）

【职业病防治知识宣传】 4月29日，顺义区安全监管局联合区疾病预防控制中心在北京京澳毛纺有限公司开展职业病防治知识宣传活动。本次活动主题是“健康中国，职业健康先行”。通过现场培训、咨询及发放职业健康宣传材料等方式向企业管理者和劳动者宣传职业病防治相关知识，并现场进行职业性噪声聋预防培训。

（贾雁）

【有限空间管控整治部署会】 6月6日，顺义区安全监管局召开全区工业企业有限空间作业管控体系及专项整治动员部署会，22个属地镇街、118家企业主要负责人和安全管理人员参加会议。会议邀请市劳保所专家对有限空间作业安全管理进行讲解。会议要求各属地镇街、各企业加强管控体系建设和专项整治工作的组织领导，制定工作计划，明确工作重点，保证工作落实，提高有限空间作业危险的认知程度，提升作业单位风险防范能力，规范有限空间作业管理，防止有限空间事故发生。

（贾雁）

【汽修企业职业危害培训会】 9月6日，顺义区安全监管局召开机动车维修企业调漆室和清洗喷枪工作场所职业危害培训会，40家机动车维修单位负责人和职业健康管理员参加会议。培训专家解读《工作场所防止职业中毒卫生工程防护措施规范》，讲解职业卫生管理制度、操作规程、职业健康监护、个人防护用品配备等管理工作，并强调调漆室和清洗喷枪工作场所职业病防护设备设施应达到规范要求，同时要改善工作场所条件。

（贾雁）

【有限空间大比武闭幕式】 10月14日，顺义区安全监管局在鼎晟昊冉技术服务中心举行2016年有限空间作业大比武活动闭幕式。区发展改革委、市政管委、经济信息化委、水务局、公路局、公安消防支队等部门和31个属地镇街有关负责人参加闭幕式。顺义区常务副区长于庆丰、市安全监管局副局长阎军等出席闭幕式并为获奖单位颁发荣誉证书。有限空间作业大比武活动历时4天，分为工业和地下有限空间两个类别，采取理论和实操相结合的考核方式，23支队伍参赛。通过预赛、决赛，北京恩布拉科雪花压缩机有限公司和北京大龙供热中心获得一等奖。

（贾雁）

宣传培训

【安全生产宣传咨询日】 6月16日，顺义区安全监管局在北京现代制铁钢材有限公司举行安全生产月宣传咨询日活动。区长高朋、区人大副主任吴建国、区政协副主席孙桂祥和副区长禹学垠、盛德利出席活动。市安全监管局副局长李东洲应邀出席活动。区安委会成员单位和32家属地镇街主要领导、安全监管监察和专职安全员代表、企业职工代表等600人参加此次活动。在活动中，市、区领导为四家“顺义区安全教育培训基地”单位负责人授牌；中北华宇负责人作“努力做好安全教育培训基地”宣誓；基层专职安全员代表作“争当一名合格安全检查员”宣誓；组织参观“百日专项行动”成果展览。在活动现场，安全监管、质监、卫生、消防等部门设立咨询台，为职工群众进行安全宣传咨询服务，并发放宣传资料。2016年顺义区安全生产月活动主题是：“筑牢安全基础，促进协同发展”。安全生产月系列活动包括安全生产“双百工程”宣传、开展事故警示教育、“安康杯”竞赛评比、开展《北京市生产安全事故隐患排查治理办法》专题培训、举办全区第四届安全生产优秀课件评比、组织参观第十一届“顺鑫杯”安全生产书画展等20项相关活动。

（贾雁）

【安全生产书画摄影展】 6月，顺义区安全监管局开展以“扎实推进信息化建设，全面夯实标准化管理”为主题的第十一届“顺鑫杯”安全生产书画展。本次书画展包含“顺顺教你认形势”“顺顺传你好经验”“顺顺教你信息化”“顺顺带你控风险”“顺顺帮你改习惯”等内容以及员工安全生产书画摄影作品展示。本次展出近百幅作品，主要为书法、漫画、摄影和泥塑形式呈现。

（贾雁）

【职业技能大赛顺义赛区初赛】 6月至7月，顺义区安全监管局组织开展以“展技能风采，圆成才之梦”为主题的第四届职业技能大赛顺义赛区初赛暨顺义区第二届特种作业职工技能竞赛。来自全区各镇街、经济功能区290名选手参加顺义赛区初赛。经过评审，84人进入市级复赛，其中维修电工64名、电焊工20名。顺义区竞赛组委会评出一等奖2名、二等奖4名、三等奖14名及优秀组织奖17个。

（贾雁）

【职能部门专职安全员岗前培训】 7月6至8日，顺义区安全监管局组织区22个职能部门136名专职安全员进行岗前培训。此次培训邀请专家讲授法律法规、政务礼仪、现场检查概述、用电和消防检查5个方面知识，讲解安全检查重点内容，提高专职安全员业务工作水平。

（贾雁）

【安全文艺基层巡演】 7月15日，顺义区安全监管局组织区重点企业负责人、一线职工和专职安全员500人在顺义区工人文化宫观看“生命无价，平安是福”安全文艺基层巡演。整场演出主题突出，内容丰富，形式多样。此次安全文艺基层巡演，是2016年安全生产月一项全市性重要活动，节目主要来源于近两年安全生产情景剧大赛的优秀作品，还原企业一线职工真实日常工作场景。

（贾雁）

【全国安全社区建设预评审】 8月15日至18日，顺义区安全监管局聘请专家对空港街道、旺泉街道、北小营镇和马坡镇进行全国安全社区建设预评审，安全促进委员会成员、空港街道等4家单位主要领导以及12家市级待评审单位相关人员全程参与。专家组听取4家单位主要负责人关于创建全国安全社区情况的汇报，并对辖区企业、社区、学校、“六小”场所、施工工地、市场等现场实施随机抽查，与村社干部、村居民、从业人员及志愿者进行交流。走访检查15个村居、16家企业单位。专家组认为4家单位重视安全社区建设工作，有关部门支持安全社区建设工作，形成资源整合、全员参与的良好氛围，并指出在安全社区建设工作中存在的问题，提出改进意见与建议。区安全监管局督促4家单位按照专家组反馈意见，整改安全社区建设中存在的问题和不足，完善报告，注重细节，打好基础。

（贯雁）

【与企业负责人“对话谈心”活动】 9月2日，市安全监管局副巡视员谢清顺到顺义区与北京现代、摩比斯等汽车制造企业主要负责人和安全生产管理人员开展“对话谈心”活动。在观看《以生命的名义》安全生产事故警示录后，市安全监管局领导与企业负责人重点围绕企业主体责任落实进行座谈，并要求企业加强领导，落实责任，遵章守法，搞好培训，做好隐患排查治理工作，预防和遏制事故发生。

（贯雁）

【村级电工培训】 9月5日，顺义区安全监管局开展为期2周的村级电工培训活动，各镇街所管辖的村和居委会近600人参加培训。培训分为理论培训和实际操作培训，其中理论培训内容涵盖安全生产法律法规及标准规范、维修电工安全操作规程、供用电日常管理基本知识等，并发放最新版电工作业人员自学工具书。培训结束后，区安全监管局对学员进行摸底测评。

（贯雁）

【市级安全社区评定验收】 9月，市安全社区评审组到顺义区南法信镇、赵全营镇、胜利街道和光明街道评定验收市级安全社区创建工作。安全促进委员会成员、4家单位负责人全程参与。评审组听取4家单位关于安全社区建设情况报告，并就工作情况与4家单位进行交流；随后现场查阅部分档案资料，走访学校、村居、“六小”场所、施工工地、市场等建设点位，并随机与村社干部、村社居民、从业人员、志愿者进行交流。专家组对顺义区安全社区工作给予肯定，并提出改进建议：一是增强对安全社区建设要素的理解，理论与实干相结合，统筹各项安全管理工作，加强长效机制；二是完善风险辨识机制，提高辨识能力，做好安全社区诊断工作；三是从小事做起，把工作推向社会、民众；四是对“六小”场所管理规范、监管到位；五是整合资源，提高应急管理能力。南法信镇、赵全营镇、胜利街道和光明街道通过市级安全社区评审验收。

（贯雁）

【“职工技协杯”复赛】 10月20日至21日，顺义区安全监管局举办安全生产专职安全员“职工技协杯”复赛，全区31个属地29组乡镇街道专职安全员参赛。复赛分为3个执法业务场景，其中2名专家在工业企业复赛场景中设置疏散通道不畅、用电设备设施不符合安全生产要求、机械设备安全防护不到位等工业生产类隐患31处。区安全监管局领导现场观看比赛。

（贾雁）

【特种作业实操考评员座谈会】 11月3日，顺义区安全监管局召开特种作业实操考评员座谈会。区安全监管局主管领导、35名新旧实操考评员及特种作业考试点相关人员参加会议。会议宣贯《北京市安全生产资格考试点管理办法（暂行）》有关规定，重点解读实操考评员职责及日常监督管理要求等内容。要求实操考评员履行职责，在实操考评过程中注意特种作业操作安全，预防意外事故发生。遇有突发事件，及时向主考或巡视人员汇报。

（贾雁）

【消防宣传月启动仪式】 11月8日，顺义区第26届以“消除火灾隐患，共建平安社区”为主题的“119”消防宣传月启动仪式在后沙峪地区国门一号商业广场举行。副区长盛德利以及区公安局、安全监管局、公安消防支队和各镇街负责人参加活动。盛德利向3位消防形象大使颁发聘书。参会人员观看消防宣传片，听取消防设备知识宣讲，并观摩综合楼宇、电动三轮车、彩钢板房和厨房火灾事故应急救援演练。

（贾雁）

【“安责险”培训会】 11月9日，顺义区安全监管局召开安全生产责任保险培训会，全区专职安全员、中国人民财产保险有限公司顺义分公司负责人参加会议。培训会就“安责险”制度、推行“安责险”目的和意义，以及如何开展推广工作等进行解读，介绍安全生产责任保险的投保范围、保障内容、保险条款、保险费用、投保流程和理赔流程等内容。

（贾雁）

【行政处罚案卷规范培训会】 11月16日，顺义区安全监管局对全体执法人员进行行政处罚案卷规范培训。培训针对市安全监管局审查案卷反馈的重点问题，讲解新修订的文书标准格式，要求全体执法人员使用新修订文书并按照规范格式填写。通过此次培训，规范行政执法行为，强化行政执法监督工作。

（贾雁）

【行政执法信息系统培训班】 11月16日，顺义区安全监管局举办行政执法信息服务平台系统培训班，全体执法人员及各科室法制员参加培训。培训现场演示系统录入程序，并采取随时讲解随时解答的方式，分析重点录入事项及法条选择等重点问题。

（贾雁）

【“安责险”推广宣导会】 12月26日，顺义区安全监管局召开安全生产责任保险制度推广宣导会，近500家企业、商户负责人参加会议。会上，宣讲“安责险”相关政策规定及市、区两级工作要求，以及推行“安责险”的目的、意义和作用，并就落实“安责险”工作具体事项与企业商户进行沟通交流。保险公司介绍“安责险”险种设置、理赔范围、投保要求等事项。

（贾雁）

【专职安全员培训】 本年，顺义区安全监管局制定2016年安全生产专职安全员及安全生产检查员培训方案，分批组织安全生产专职安全员集中培训。培训邀请专家讲解《工贸企业有限空间作业安全管理与监督暂行规定》《工贸企业有限空间作业条件确认工作的通知》等文件，介绍有限空间安全检查重点内容；结合安全检查标准和事故图片，讲解安全检查基本知识。通过培训，帮助专职安全员熟悉不同行业企业检查标准和重点，提高隐患排查辨别能力和检查水平。培训还采取线上线下多重培训方式进行，利用“互联网+”平台开展培训。此外，区安全监管局在每个属地镇街挑选1名优秀安全员组建成安全生产教员队伍进行重点培养，发挥属地安全生产工作引领人示范作用，带动其他基层检查人员提高工作能力，提升基层执法检查人员安全生产监督检查水平及隐患排查辨别能力。全区90余名基层专职安全员参加培训。

（贾雁）

标准化建设

【标准化工作培训】 3月17日，顺义区安全监管局组织相关行业和属地镇街安全监管部门召开安全生产标准化工作培训会。会议对2016年标准化安排部署和目标任务进行说明，就如何正确操作使用系统进行讲解，并现场解答系统日常使用相关问题。会议强调：安全生产标准化工作要与日常监管工作相结合，要与隐患排查治理“一企一标准、一岗一清单”编制试点工作相结合，做到同筹划、同落实，突出行业和属地安全生产监管作用，落实“党政同责、一岗双责”，确保企业安全生产条件得到有效提升，杜绝生产事故的发生。

（贾雁）

【标准化工作推进会】 5月19日，顺义区安全监管局召开安全生产标准化工作推进会，行业部门、属地镇街主管领导和评审机构180余人参加会议，副区长禹学垠参加会议并讲话。会上，区安全监管局通报安全生产标准化工作开展情况，部署下一阶段工作，并结合工作开展业务培训。禹学垠在讲话中要求各单位落实“党政同责、一岗双责、齐抓共管”要求，加强组织领导，确保标准化工作有序开展；要结合实际开展宣传培训，增强企业主体责任落实的内在动力，实现由“要我安全”向“我要安全”的根本性转变；要把握工作标准，把标准化质量建设放在首位，严格创建流程，加强监督检查，提高企业安全生产水平。

（贾雁）

【工业企业标准化工作培训会】 6月27日，顺义区安全监管局召开工业企业标准化工作培训会。会议总结二级标准化初评（复审）开展情况和各评审机构在咨询、评审中遇到的问题，讲解属地镇街在填写粉尘、涉危、有限空间3个模块中存在的问题，并对后续工作提出具体要求。注册安全工程师事务所专家就开展二级标准化工作的推进历程、工作现状、工作体系、开展依据和评审标准等方面进行讲解，提升参会人员对开展此项工作必要性的认识。

（贾雁）

【启动区级标准化核查】 7月18日，顺义区安全监管局聘请市劳保所24名专家组成6个核查组，对全区120家安全生产标准化三级达标企业展开核查。本次核查对象以2015年度三级达标企业为主，由安全生产动态管理系统随机抽选来确定检查名单。核查内容是：达标企业标准化体系运行、达标评审扣分项整改及隐患排查治理机制、安全生产责任制运行、达标评审质量、各属地行业部门年度核查等情况，突出涉危使用、涉爆粉尘、用电管理和职业卫生等环节。通过本次核查，督促企业落实主体责任，确保安全生产标准化和隐患排查治理体系持续运行，提高企业安全生产水平。

（贾雁）

【标准化创建暨“安责险”推进会】 11月2日，顺义区安全监管局召开安全生产标准化创建暨“安责险”推广促进会，各镇街（园区）安全生产主管领导参加会议。会议通报安全生产标准化创建和“安责险”制度落实情况，要求各单位精心部署，扎实推进，将标准化创建及“安责险”推广工作与日常监督检查相结合，做到“防、控、管”有机结合，全面开展安全生产工作。

（贾雁）

大　兴　区

概　　述

2016年，大兴区安全生产工作围绕“抓落实、建机制、强督查”总要求，坚持以问题为导向，以落实“党政同责、一岗双责、失职追责”为主线，以隐患排查治理为核心，夯实管理工作基础，加大安全生产执法力度，推进各项工作任务落实。

一、落实安全生产责任体系建设。制定新区安全发展战略、安全生产“1＋7”责任体系文件，建立区、镇街、村居、企业四级管理机制，形成齐抓共管工作格局。加强督查检查，制定《安全生产督查办法》，区安委会办公室联合区政府办公室对全区22个属地和13个重点行业部门“党政同责、一岗双责、失职追责”工作落实情况开展专项督查。制定《大兴区安全生产综合考核和奖项评选暂行办法》《2016年度安全生产重点任务计划和综合考核细则》，加强安全生产综合考核工作。

二、加强隐患排查治理体系建设。组织开展企业安全生产条件普查工作，对普查的22511家企业进行分类管理，确定重点监管企业台账6697家，纳入动态安全监管系统，实行周、月、季频次管理；确定一般监管企业台账15814家，建立监管工作机制，由属地做好日常管理，逐步纳入信息系统。贯彻实施《北京市生产安全事故隐患排查治理办法》（市政府令第266号），组织培训班32期，培训4000余人次，并对各单位落实《北京市生产安全事故隐患排查治理办法》的情况开展专项执法检查。深化企业隐患自查自报工作，全区企业上报隐患15409项，整改15355项，整改率99.6％。

三、加强执法监察，优化新区安全发展环境。开展安全生产联合执法，联合15个职能部门对危险化学品、工程建设、人员密集场所等11个重点行业领域，组织开展21项联合执法检查。检查生产经营单位84813家次，整改隐患80266项，停产停业整顿企业46家，行政处罚481家，罚款738.03万元。加大重点时期执法力度，在元旦、春节等节假日期间，对商市场、危险化学品企业和烟花爆竹零售点开展夜间巡查和“四不两直”暗查暗访。深化安全生产专项整治工作。

四、做好信息系统应用，发挥信息技术的保障作用。将系统内6697家企业划入748个基本网格，全区554名安全员实名制下沉到基本网格利用移动执法终端进行日常巡查。

开发企业隐患排查治理APP软件，将企业安全组织机构、排查工作流程、隐患排查标准和岗位风险清单纳入手机软件，完成隐患排查、登记、报告、监控、治理、验收各环节的管理工作。建立安全监管数据共享系统，将企业自查自报隐患、标准化专家发现隐患、安全员检查隐患和执法部门执法隐患纳入一体化管理，实现数据共享和有针对性监管。

五、夯实基层基础工作，提升安全生产监管水平。强化安全员队伍建设，开展基层专职安全员队伍标准化创建、安全生产专业知识现场培训、安全生产知识竞赛等系列工作。强化宣传教育培训、安全文化建设和安全监管社会化建设工作。

综合监管

【安全生产综合考核】 1月，大兴区安委会对全区22个属地镇街和13个行业部门进行安全生产综合考核。本次考核依托安全生产综合考核系统，采取动态考评、被考核单位自评、行业属地互评、综合评议的方式，加大日常工作考核比重，实现日常管理与量化考核、动态监管与常规督查、考核人员主观评议与考核系统客观打分有机结合，保证考核公正，提升考核效率。被考核单位按照区政府和区安委会要求，紧扣年度工作目标，抓好安全监管工作落实。对于发现存在落实网格化动态安全监管的主动性有待提高，企业安全隐患自查自报上报不及时、隐患整改不到位，制度机制不完善、针对性和可操作性不强等问题，区安委会督促有关单位予以整改。制定督查办法，结合阶段重点工作，强化日常督查和专项督查。

（张捷飞）

【春节期间安全监管】 2月，大兴区安全监管局加强春节期间安全监管工作，确保全区安全生产形势平稳。一是开展节前安全生产大检查，加大对烟花爆竹、危险化学品、建筑施工、商市场等人员密集场所的检查频次，消除安全隐患。二是联合区市政市容委等部门，加强对供电、供水、供暖相关单位安全检查，确保安全运行。三是加强烟花爆竹安全管理，完成烟花爆竹零售网点安全条件筛查和经营许可审核，预设零售网点69个。四是推进油气输送管道隐患整治，明确措施和完成时限，97项隐患整改87项，整改率89.7%。五是举办镇街安全生产检查员培训班，以安全文化建设示范企业创建、安全社区建设以及执法规范为主要内容，对525名基层安全生产检查员进行培训。六是落实24小时领导带班、值班制度，强化应急值守。通过手机短信、安全监管信息系统等平台向工作人员、企业及公众发布各类预警信息。七是加强安全宣传，通过电视、报纸、微信公众号、社区电子屏等渠道宣传安全常识，传播安全理念，营造良好安全氛围。

（郑学雅）

【安全生产暨消防安全工作会】 2月24日，大兴区委、区政府召开安全生产暨消防安全工作会，对2015年安全生产和消防安全工作进行总结，部署2016年工作。区委副书记王有国、副区长贺锐、区政协副主席李维民和区人大财经室主任牛翠花以及各镇街党委（工委）书记、安全主管领导、安全科长，区安委会成员单位、防火委成员单位安全主管领导、安全科长，区安全生产协会、职业卫生协会、危险化学品协会负责人及部分企业代表参加会议。会上，副区长贺锐通报安全生产先进单位、先进企业和先进个人，并对安全生产工作进行整体部署，提出工作要求；区住房城乡建设委、黄村镇、北京天恒建设有限公司分别代表行业部门、属地单位和企业作大会发言。王有国在讲话中指出：一要加强宣传教育，从思想上提升做好安全工作的责任感和使命感。要认真贯彻“党政同责、一岗双责、失职追责”，做到管行业必须管安全、管专业必须管安全、管干部必须管安全、管纠风必须管安全，形成齐抓共管局面；要树立底线思维、“红线”意识，增强责任感和紧迫感；要从孩子抓起，加强安全宣传，开展消防安全、交通安全进校园活动。二要强化忧患意识，解决道路交通事故多发问题，解决企业安全主体责任落实问题，解决安全监管队伍建设问题。三要强化队伍建设，以饱满的精神状态、务实的工作作风，严格的工作标准，抓好各项工作落实。

（张捷飞）

【上海市宝山区政府到大兴区调研】 3月7日，上海市宝山区副区长袁罡带队到大兴区调研安全生产工作，大兴区副区长贺锐参加调研。座谈会上，区安全监管局负责人介绍大兴区安全生产工作情况，区市政市容委负责人介绍本单位落实“三个必须”（管行业必须管安全、管业务必须管安全、管生产经营必须管安全）要求及抓好安全生产工作情况。双方就安全生产体制机制建设、隐患排查治理体系建设、信息化建设和安全生产综合监管工作进行探讨交流。调研组到大兴区庞各庄镇实地调研，实地察看北京阀门总厂安全规范化管理、安全文化建设等情况并观看“安监通”实地检查操作。双方均表示，要加强沟通交流，取长补短，共同提高安全生产工作。

（孙兴）

【市人大常委会安全生产调研】 5月4日，市人大常委会委员、财经委员会主任委员、市人大常委会财经办公室主任王琪带领调研组，到大兴区调研城乡结合部“小散乱污”企业治理、非首都功能疏解、产业和人口转移过渡期安全生产工作、政府相关部门依法履行安全生产监督管理职责等情况，听取区政府及区安全监管局、黄村镇政府工作汇报，交流“小散乱污”企业治理工作。调研组分三组现场检查蜀海（北京）投资有限公司、统一石油化工有限公司、北京金隅混凝土有限公司，实地查看专职安全员利用“安监通”进行日常巡查情况和黄村镇狼垡地区物流大院拆除腾退现场。调研组对大兴区城乡结合部腾退改造、安全生产信息化建设等工作给予肯定。市安全监管局局长张树森、大兴区代区长崔志成、人大常委会主任张晓林、副主任张岭参加调研。

（孙兴）

【二季度安全生产工作例会】 6月1日，大兴区安委会召开二季度安全生产工作例会。会议通报1月至5月全区安全生产和消防安全工作情况，对下一阶段工作进行部署。副区长贺锐在讲话中指出：一是把《大兴区安全生产“党政同责、一岗双责、失职追责”实施细则》作为有效抓手，树立安全生产“红线”意识、法治底线意识、职责防线意识，抓好安全生产工作；二是利用“双百工程”活动，加大安全生产宣传力度，让企业负责人感受安全生产工作重要性，主动做好安全管理，落实安全生产主体责任；三是落实失职追责实施细则，增强各级党政领导干部责任意识，对工作不力、履职不到位的，严肃责任追究。

（张捷飞）

【区政协主席带队安全检查】 6月15日，大兴区政协主席王新带队检查安全生产工作情况。王新一行来到生物医药基地辖区的北京以岭药业有限公司和科技创新孵化器项目工地，现场听取生物医药基地管委会负责人和企业负责人关于安全生产工作情况汇报，并检查生产车间和施工现场。专题听取区安全监管局关于安全生产责任体系建设、隐患排查治理、执法监察、安全文化、基层基础建设5个方面的汇报，并就进一步提升全区安全管理水平进行座谈交流。王新指出：安全生产工作无小事，安全生产关乎百姓生活和地区经济发展，安全监管部门要充分发挥综合监管职能，警钟长鸣，抓好安全生产工作落实。要强化机制制度建设，抓住工作重点，运用信息化手段，提升监管水平。对于新机场建设等重大项目工程，要提前谋划，强化安全保障。要做好企业管理服务工作，把握好管理与服务的关系，做到以人为本、依法行政，推动新区和谐、安全发展。

（张捷飞）

【区人大副主任带队安全检查】 7月18日、26日，大兴区人大副主任张岭带队检查人员密集场所《中华人民共和国安全生产法》《北京市安全生产条例》贯彻落实情况。检查组实地查看高米店街道、清源街道等4个镇街商场、影院、餐饮等人员密集场所安全生产情况，听取企业负责人安全生产汇报。检查组认为，大兴区安全生产责任体系健全，各部门分工明确，利用信息化手段开展执法监察，执法效果明显。张岭指出：要强化“安全第一”意识，思想上更加警醒、行动上更加自觉、措施上更加科学、落实上更加扎实；要对重点行业进行专项整治，着力解决事故易发、多发环节突出问题，抓好隐患整改，严防各类安全事故发生；要夯实安全生产基础，筑牢安全发展根基，巩固优势，查找不足，提高常态化安全生产监管水平。

（张捷飞）

【部门专职安全员上岗启动仪式】 7月20日，大兴区安委会办公室举行职能部门安全生产专职安全员上岗启动仪式，区有关部门主管领导、科室负责人和132名部门专职安全员参加仪式。区安委会办公室向各职能部门移交专职安全员工作证件、检查文书、公章等材料。会议对部门专职安全员队伍建设与作用发挥提出要求：一是明确职责定位，保证职能部门专职安全员队伍正确、高效履职；二是强化队伍管理，建立科学、高效的管理模式和业务组织形式；三是严格工作程序，实现专职安全员队伍建设标准化、队伍管理规范化；四是坚持齐抓共管，落实“党政同责、一岗双责”总体要求。132名专职安全员分配至区安全监管局、住房城乡建设委、商务委等21个部门，有效充实职能部门安全监管力量，健全安全生产监管体系。

（蒋帅）

【三季度安全生产工作例会】 9月2日，大兴区副区长贺锐主持召开三季度安全生产工作例会，22个镇街和16个部门安全主管领导参加会议。区安全监管局、公安分局，公安消防支队分别围绕安全生产、安全稳定和消防安全部署重点工作，区住房城乡建设委、商务委、农委、教委等部门就落实行业安全监管工作进行交流发言。贺锐在讲话中指出：一是各单位要从推动新区发展、服务新区发展的角度研究安全生产工作，要将安全生产工作上升到社会治理高度，主动完成各项工作任务，落实责任；二是按照习近平总书记对安全工作的指示精神，以对人民极端负责的精神抓好安全生产工作；三是围绕G20峰会、中秋、元旦等重大活动和节日组织好安全检查，确保安全稳定。并将重大活动安全保障态势形成常态化，任何情况都将安全问题放在前面，制定具体预防措施，高效处理突发事件；四是结合年初制定的目标责任书，认真梳理任务完成情况，确保各项任务年底全部达到要求。

（李新杰）

【区政协主席国庆节前安全检查】 9月28日，大兴区政协主席王新带队到庞各庄镇检查国庆节前安全生产工作落实情况。检查组先后检查庞各庄镇旭辉七号院项目建筑施工工地和北京龙熙温泉度假酒店，重点检查隐患排查治理和应急管理工作。王新对庞各庄镇安全生产工作给予肯定，并强调指出：一是镇党委和政府要按照“党政同责、一岗双责、失职追责”要求，落实政府监管责任，开展安全检查，杜绝发生生产安全事故；二是督促各生产经营单位落实安全生产主体责任，做好隐患排查治理及整改工作，全面消除安全隐患；三是要做好应急值守工作，强化领导带班制度，做好应急物资储备，加强应急信息报送工作。

（李欣）

【区委书记国庆节前安全检查】 9月29日，大兴区区委书记谈绪祥带领区安全监管、公安、卫生、商务、城管、消防等部门主要负责人，对黄村镇北京金凤成祥食品有限责任公司食品厂、北京大兴飞达加油站、亿发购物广场开展国庆节前安全检查。检查组重点检查生产经营单位节日期间食品安全、消防安全、应急值守和反恐防暴工作落实情况，详细询问企业负责人和一线员工国庆节期间应急值守安排情况。谈绪祥对生产经营单位节日期间安全生产工作提出要求：一是落实安全生产各项规章制度，对重点岗位、重点部位、重点环节加强自查，消除各类安全隐患；二是加强员工教育培训，提高员工安全意识，避免发生生产安全事故，加强反恐防暴演练，防止恶性极端事件的发生；三是有关部门要按照“党政同责、一岗双责、失职追责”要求，认真履职尽责，树立“红线”意识和底线思维，对全区各行业领域开展节前安全大检查，确保全区安全稳定。

（郑阳）

【四季度安全生产工作例会】 10月20日，大兴区安委会召开四季度安全生产工作例会。会议通报前三季度安全生产执法检查、宣教培训、标准化创建、危险化学品监管、职业卫生管理和动态安全监管等工作完成情况，部署四季度重点工作。各单位围绕前三季度工作完成情况、存在问题和2017年重点工作安排等开展分组讨论。副区长贺锐、杜志勇参加会议并讲话。

（张捷飞）

【区委常委会专题研究安全生产】 11月7日，大兴区区委召开常委会，专题研究安全生产工作。会议听取区安全监管局机制建设、隐患治理、执法监察、信息系统应用、基层基础5个方面的工作汇报。区委书记谈绪祥肯定全区安全生产工作及取得的成绩，强调指出：一是抓机制建设，健全安全生产长效工作机制，通过加强机制建设做好引导和保障，推动安全生产工作更好开展；二是抓责任落实，按照“党政同责、一岗双责、失职追责”要求，落实政府监管职责，通过抓隐患自查自报、标准化达标创建等工作，强化企业主体责任落实；三是抓执法检查，利用好信息化手段，提高检查频次。加大执法力度，提升执法效果。

（李新杰）

【“安责险”试点】 本年，大兴区安全监管局制发《关于进一步推进安全生产责任保险制度试点工作的通知》《关于进一步强化安全生产责任保险制度试点建设工作的通知》，明确各属地镇街、相关行业部门工作职责，分解任务指标。组织动员部署、专项会议60余场，开展政策解读和业务培训，动员、培训企业8000余家。全区2530家企业参保，保费424.3万余元，完成年度工作任务。

（苗雅菡）

【信息平台和“安监通”升级改造】 本年，大兴区安全监管局对监管信息平台职业卫生模块和手机“安监通”进行升级改造，由北京国研数通软件技术有限公司和太极计算机股份有限公司承建。8月30日，区安全监管局召开项目验收会，评审专家组听取承建单位对项目建设情况汇报及用户使用意见，审阅相关文档。经过评审，专家组认为项目建设成果达到合同目标，符合实际需要，通过验收。通过此次升级改造，解决系统使用中的问题、简化操作、新增相关功能，实现专职安全员安全检查数据与市安全监管局专职安全员检查系统同步。

（孙兴）

危险化学品安全监管

【危险化学品安全管理工作会议】 2月25日，大兴区安全监管局召开危险化学品安全生产管理工作会议，区公安分局、工商分局、交通局、环保局、质监局和属地镇街相关负责人参加会议。会议总结2015年危险化学品行业安全生产工作，表彰北京航兴宏达化工有限公司等7家单位为“大兴区危险化学品安全管理工作先进单位”，并对2016年重点工作进行部署。

（刘晓梅）

【加油站安全条件专项检查】 6月27日至7月5日，大兴区安全监管局开展加油站安全条件保持情况专项检查。重点对安全生产教育培训、设备设施维护、油罐区安全管理等内容进行检查。检查加油站20家，发现存在应急救援器材配备不足、擅自使用停用设备、周边环境现状与安全现状评价报告不符等隐患17项，下达执法文书12份，责令停产停业整顿2家，暂扣《危险化学品经营许可证》1家。

（杨宗彬）

【危险化学品企业专项检查】 9月22日，大兴区安全监管局联合区交通局、公安分局对北京天金顺达石油配送有限公司、北京华宇辰气体有限公司、北京金星誉利液化气储备厂3家危险化学品企业开展安全专项检查。通过查阅台账资料和实地查看，重点检查许可资质、车辆管理、培训教育、应急预案、警示标识等情况。区安全监管局对安全距离不足的北京金星誉利液化气储备厂下达《现场处理措施决定书》，责令其停止使用相关设施设备。

（杨宗彬）

【“回头看”专项执法检查】 11月至12月，大兴区安全监管局开展危险化学品“回头看”专项执法检查。检查19个属地镇街60家危险化学品企业，涉及危险化学品生产、经营、储存、使用等环节。一是许可检查，根据企业提交的材料，围绕安全条件保持情况，现场严格对照检查。二是清退核查，实地查看退出企业住所，掌握设备设施拆除、剩余危险化学品清除、从业人员安抚等动态变化。三是隐患复查，凡是本年度发现严重隐患问题的单位，严格检查，确保整改落实到位。四是专家辅查，发挥技术支撑作用，对检查内容、重点、标准等严格把关，提升执法检查效果。

（杨宗彬）

【危险化学品储罐区专项整治】 本年，大兴区安全监管局按照市安全监管局《关于进一步加强危险化学品罐区安全管理工作的通知》《关于深入开展危险化学品罐区安全管理工作的通知》文件要求，开展全区危险化学品储罐区专项整治工作。12家企业完成改造施工并通过专家验收。此次罐区整治投入资金900万元，实现对储罐液位、温度、泄漏等情况实时监测和相应报警及联动功能。

（胡伟）

【行政许可及建设项目审查】 本年，大兴区安全监管局办理危险化学品经营许可新增、变更及延期申请72项，办理非药品类易制毒化学品生产经营备案9项。针对危险化学品生产企业搬迁项目和加油站的改造项目，组织建设项目审查4次，其中安全条件审查2次、设施设计审查2次。

（刘晓梅、张振杰）

【危险化学品安全检查】 本年，大兴区安全监管局检查危险化学品企业345家次，发现并消除各类安全隐患148项。对10家存在违法行为的企业进行立案处罚，罚款31万元，没收违法所得1840元。

（张振杰）

【储存经营单位退出】 本年，大兴区安全监管局结合辖区实际情况，实施高风险危险化学品企业退出工作。阐明危险化学品企业发展方向，宣传相关企业退出奖励等优惠政策，完成7家有储存设施的危险化学品经营企业的退出工作。注销7家企业危险化学品经营许可证，并要求企业签订承诺书，不再从事危险化学品经营、储存活动。

（胡伟）

【储存库房专项整治】 本年，大兴区安全监管局按照《北京市安全生产委员会办公室关于印发深刻吸取天津港“8·12”特别重大事故教训集中开展危险化学品安全专项整治工作方案的通知》要求，制定《关于开展危险化学品企业储存库房安全专项整治工作的通知》《危险化学品储存库房安全专项整治检查表》，开展专项整治工作。22家企业全部完成整治工作，并通过专家验收。

（胡伟）

【“两图一册”应急管理模式】 本年，大兴区安全监管局推行“两图一册”应急管理工作模式，要求全区危险化学品企业制作张贴“两图”即：危险化学品储存位置平面图、事故应急救援提示图，并在应急预案基础上编制发放简明有效的《应急救援手册》。6月，区安全监管局对“两图”张贴及《应急救援手册》编制工作提出具体要求。9月，组织全区123家危险化学品企业召开2016年度重点工作任务培训会，对“两图一册”各项工作内容进行讲解和指导，并组织专家对企业手册内容进行审核。年内，全区123家企业印制《应急救援手册》，并提交“两图”文件。

（王胜懿）

【加油站贯标改造】 本年，大兴区安全监管局按照市安全监管局《关于贯彻落实〈汽车加油加气站设计与施工规范〉（GB 50156—2012）有关工作要求的通知》《关于进一步加强加油站贯标改造有关工作的通知》《关于本市加油站技术改造有关工作的通知》要求，在全区开展加油站贯标改造工作。严把改造前期资料审查关，加强改造过程中安全监督，严格改造后竣工验收。全区64家加油站完成贯标改造。

（王胜懿）

烟花爆竹安全监管

【烟花爆竹安全部署】 1月8日，大兴区安全监管局召开烟花爆竹销售（储存）安全管理工作部署会，各属地镇街主管领导参加会议。会议传达市、区两级烟花爆竹安全管理工作要求，通报零售网点布设情况，部署零售大棚搭建和视频设备安装监管等具体工作，明确各方责任分工，倒排工期，要求各单位做好相关工作。

（王胜懿）

【从业人员安全培训】 1月17日，大兴区安全监管局对全区69家烟花爆竹零售单位的276名从业人员进行安全培训。培训从法律法规要求及采购、销售、储存安全、反恐维稳、值守看护、应急处置等方面进行讲解。培训后，组织参训人员进行执业资格考核，并向考核合格人员发放从业人员上岗证。对于考试不合格的人员，组织再培训，确保每名烟花爆竹零售网点从业人员执业技能达到要求。

（王胜懿）

【批发零售单位负责人工作会】 1月22日，大兴区安全监管局召开烟花爆竹批发零售单位负责人安全管理工作会。3家烟花爆竹批发企业、安全生产责任保险办理单位、视频监控设备安装单位、零售大棚搭建单位及69家烟花爆竹零售网点的负责人参加会议。区安全监管局、公安分局、工商分局、交通局、公安消防支队分别就烟花爆竹销售、储存安全、反恐防暴、应急处置、证照注册等工作进行部署，提出具体工作要求。

（王胜懿）

【春节期间安全检查】 2月3日至12日，大兴区安全监管局组成检查组对烟花爆竹经营单位和零售网点进行不间断安全检查。重点检查烟花爆竹经营单位采购销售合法产品、零售网点周边看护、从业人员持证上岗、夜间应急值守及监控设备持续供电等情况。出动执法人员136人次，检查烟花爆竹经营单位、零售网点489家次（其中检查批发企业 13 家次），发现并消除事故隐患 117 项。

（王胜懿）

【烟花爆竹销售及回收】 2 月 3 日至 12 日，大兴区烟花爆竹零售网点采购烟花爆竹 16011 箱，销售 15051 箱，批发企业回收烟花爆竹 960 箱，采购量同比下降 15.4%，销售量同比下降 16.8%。剩余烟花爆竹全部回收入库储存。

（王胜懿）

【烟花爆竹零售网点设置】 本年，大兴区安全监管局依据《烟花爆竹零售网点设置管理安全要求》，设置并许可烟花爆竹零售网点 69 个，包括零售大棚 68 个、固定网点 1 个，分布在 12 个镇和 6 个街道办事处，其中五环路以内网点 20 个。

（王胜懿）

隐患排查治理

【白酒制造企业隐患专项整治】 1 月 20 日，大兴区安全监管局制发《大兴区白酒制造企业安全隐患治理专项行动实施方案》，组织相关部门、属地镇街开展白酒制造企业隐患专项整治工作。全区白酒制造企业签订隐患整治工作承诺书，按照危险化学品安全生产标准进行管理，建立安全生产责任保险制度。通过隐患专项整治，红粮液酒厂、龙泉四喜酒厂和七星酒厂停产停业；二锅头酒厂整改设计方案通过专家论证并施工改造，方庄酒厂和皇家京都酒厂与设计单位接洽、研究制订整改方案。

（袁宝龙）

【"一企一标准、一岗一清单"编制试点】 3 月，大兴区安委会召开"一企一标准、一岗一清单"编制试点工作动员部署会，全区 13 个行业部门、22 个属地镇街主管领导和安全科科长以及部分企业代表参加会议。区安委会办公室做好清单编制工作的统筹协调、指导和督促，定期通报各属地、部门工作落实情况；采取突击抽查方式，对各试点企业进行"突然袭击"，检查工作实效。

（苗亚蕊）

【隐患排查治理专项行动部署】 6 月 1 日，大兴区安全监管局在全区范围内部署安全生产隐患排查治理专项行动。一是成立以主管副区长为组长的领导小组，设立工业企业、建筑施工、道路交通、危险化学品、校园安全、人员密集场所、消防安全、特种设备 8 个专项检查组，对重点行业领域开展全面检查。二是各属地镇街成立以主要负责人为组长的领导小组，依托网格化动态安全监管，全面开展隐患排查治理专项行动，按要求 100%完成检查。三是明确 8 个专项检查组检查内容，重点检查现场管理类隐患，一线在岗人员受教育培训情况等，确保取得实效。四是区安委会通过抽查、暗访等方式开展专项督查。

（张捷飞）

【灶具淘汰及辅助设备安装部署会】 9 月 9 日，大兴区安全监管局召开淘汰不合格灶具、安装燃气安全辅助设备和独立式感烟火灾探测报警器工作部署会。区市政市容委、民政局、公安消防支队和 22 个属地镇街有关负责人参加会议。会议要求：一是各单位要认识做好灶具淘汰、安全辅助设备推广安装工作的重要意义，做好前期调查摸底工作；二是广泛宣传，提高居民消防安全意识；三是区安全监管局、公安消防支队、民政局、市政市容委4个部门开展联合执法，保证此项工作顺利实施。

（马东）

【城乡结合部专项整治行动】 本年，大兴区安全监管局组织开展城乡结合部安全生产专项整治行动，打击各类安全生产违法行为。一是加强执法力度，要求存在安全生产隐患的生产经营单位停产停业对隐患进行整改，整改不彻底、未经复查验收不能生产经营。检查生产经营单位7817家次，下达各类行政执法文书522份，对37家生产经营单位进行行政处罚，罚款180.7万元。二是配合公安、环保部门对城乡结合部存在的非法违法储存、经营、生产危险化学品违法行为进行打击，查处非法违法危险化学品生产经营案件14起，查扣清理酒精、柴油等易燃易爆危险化学品310余吨，将4名责任人移送公安机关行政拘留，取缔5家违法生产经营单位。三是配合属地政府对城乡结合部重点地区开展清理整治工作，加大巡查和执法力度，清理关停违法小企业923家，下达责令整改通知书1996份，助推各属地镇街清除腾退工作顺利开展。四是开展危险化学品生产经营、建筑施工工地、危险化学品道路运输、人员密集场所等7项联合执法行动，并引入专家予以专业化技术支持。全区开展各类安全生产联合执法行动46次，涉及危险化学品、粉尘防爆、人员密集场所等多个领域，出动执法人员1378人次、专家115人次，检查生产经营单位1656家次，对57家生产经营单位实施行政处罚，罚款149.4万元。

（郑阳）

【隐患排查治理清单编制试点】 本年，大兴区安委会办公室组织开展隐患排查治理“一企一标准、一岗一清单”编制试点工作。一是召开“一企一标准、一岗一清单”编制试点工作动员部署会，全区13个行业部门、22个属地镇街主管领导和140家试点企业负责人参加会议。会议部署2016年全区隐患排查治理清单编制整体目标，并由参与清单编制工作的专家就清单编制工作目的意义、工作内容、程序标准进行解读。二是制发《关于上报建立“一企一标准、一岗一清单”企业台账的通知》，组织区相关部门和各属地镇街按照“多行业”和“优中选优”原则，选取涉及工业、危险化学品、商务、文化、体育、旅游、交通等行业领域140家有代表性且具有示范效应的企业开展编制工作，建立工作台账和例会制度。三是采取突击抽查方式，对各试点企业进行检查，推进试点工作落实。年内，全区140家企业完成隐患排查治理清单编制工作。

（苗雅菡）

【油气输送管道安全隐患整治】 本年，大兴区安全监管局推进油气输送管道安全隐患整改工作，督促设计单位和相关街道落实隐患整治方案，加强与市领导小组办公室沟通，争取市级支持，落实隐患整改工作。全区97项城镇燃气管道隐患整改96项，整改率98.9%。

（马东）

应 急 救 援

【应急救援演练】 6月29日，大兴区安全监管局联合区应急办开展危险化学品事故应急演练。现场模拟一辆危险化学品运输车发生危险化学品泄漏，区生产安全事故应急指挥部启动《大兴区危险化学品事故应急预案》，区政府相关职能部门立即赶赴现场，按照职责划分开展应急救援、人员疏散和社会面控制等处置措施。通过演练提升应对危险化学品交通事故的处置能力，明确各部门在《预案》中的工作职责。市、区两级相关领导，22个属地镇街应急工作主管领导和科室负责人，危险化学品生产经营企业和运输企业主要负责人等150余人观摩此次演练。

（周堃）

【应急救援物资管理】 本年，大兴区安全监管局每季度对应急救援物资储备库应急物资进行盘点，确保应急物资齐备、有效。为应急救援储备库更新注入式堵漏工具2件，新增灭火毯10条，维护年检灭火器24个。

（李雪）

【应急值守】 本年，大兴区安全监管局在元旦、春节、“两会”、国庆节期间，启动安全生产应急保障工作机制。一是制定专项应急保障工作方案，明确危险化学品和烟花爆竹行业监管、应急值守和响应、执法检查以及重污染预警的响应措施。二是会同各行业部门、属地镇街加强值守、严格信息报送制度，预防和应对各类生产安全事故。三是组织安全生产专家、应急救援队伍和物资储备库责任人，做好重要时期应急保障工作，确保及时应对、妥善处置突发事件。

（李青松）

【应急预案管理】 本年，大兴区安全监管局依据《生产安全事故应急预案管理办法》（国家安全监管总局令第88号）《生产经营单位生产安全事故应急预案编制导则》，对企业上报的应急预案进行要素评审，细化应急预案备案管理工作。审核并通过157家工业企业（机械、冶金、轻纺、建材、烟草）和54家危险化学品企业应急预案。

（孙培培）

执法监察

【月季洲际大会安全保障】 4月1日至5月31日，大兴区安全监管局制定《2016年世界月季洲际大会安全生产保障工作方案》，成立领导小组，按照动员部署、集中检查、会时严控、后期拆除4个阶段做好大会安全生产保障工作。一是启动对主会场、园区周边400米范围内和南中轴路、京开高速、庞安路等活动举办地沿线生产经营单位的排查检查，加强对危险化学品生产、经营、储存、使用单位安全检查，并登记造册，做到底数清、情况明。二是组织区市政市容委、旅游委、商务委等相关单位，开展燃气安全、宾馆饭店、旅游景区等7项安全生产专项联合执法。区安全监管局联合相关行业部门和属地镇街检查生产经营单位570家，下达执法文书290份，责令31家不符合安全生产条件的生产经营单位停产停业整顿。三是聘请专业机构对月季大会北京密码会议中心、月季酒店会议中心2处场馆和月季酒店宴会厅、龙熙酒店、月季主题园金月广场3处临时搭建舞台进行安全现状评价，出具安全现状评价报告，提出整改措施，制定现场应急处置方案，责任落实到人。

（于会永）

【夏季用电安全专项执法】 5月3日至6日，大兴区安全监管局组织开展夏季用电安全专项执法检查。一是加强属地巡查，以施工工地为重点，建立重点检查台账112家，组织专职安全员对照台账进行100%巡查，重点检查安全培训、特种作业、电气设备安全使用等情况。二是区安全监管局抽查，成立3个执法检查组，对西红门镇、黄村镇等4个重点地区38家工地开展随机抽查，督促隐患整改，确保检查工作扎实推进。三是组织专家帮查，聘请10名电气专家辅助执法人员开展安全检查，提升执法技术质量。

（杨宗彬）

【“西瓜节”安全保障】 “第28届北京大兴西瓜节”于5月28日在庞各庄西瓜小镇举行。大兴区安全监管局成立专项工作组，做好相关安全保障工作。一是制定“西瓜节”安全检查专项方案，成立安全保障工作领导小组。二是聘请4名专家对会场设备设施进行安全评价，确保安全运行。三是督促属地完善台账，对活动主办地周边进行隐患排查。四是加强部门协调，联合区消防、农业、旅游等部门对场地进行严格检查。五是强化实时监管，选派执法业务骨干进驻活动现场指导，确保隐患及时消除。

（杨宗彬）

【建筑工地“夏季攻势”专项执法】 6月1日至7日，大兴区安全监管局联合区住房城乡建设委对全区在建施工工地进行安全检查。针对夏季施工特点，此次专项行动采取四不两直”的方式，每天出动2个检查组，每组配备2名专家辅助执法，重点检查高处作业防护和临时用电等安全生产情况。此次执法检查抽查建筑施工工地30个，排查整改安全隐患153项，行政处罚6起。

（杨宗彬）

【危险货物道路运输专项大检查】 7月13日至31日，大兴区安全监管局、交通局、质监局、环保局、公安交通支队、市政市容委和有关属地镇街联合开展危险货物道路运输企业安全专项大检查。重点检查企业许可资质、安全评价、特种设备、车辆管理、培训教育等情况。检查黄村、西红门等9个镇，涉及危险货物道路运输企业25家。所检查企业均按要求安装卫星定位系统监控平台，所有车辆安装符合标准的卫星定位装置，基本能够准确、实时、完整地向上级平台传输数据，相关人员经安全教育培训后持证上岗。但有个别企业存在卫星定位装置出现故障不能保持车辆在线、应急预案演练记录不翔实等情况。针对检查发现的问题，联合检查组执法人员对2家危险品运输企业进行通报批评，责令企业负责人作出检查并限期整改。

（杨宗彬）

【应急管理专项执法检查】 9月5日至19日，大兴区安全监管局开展安全生产应急管理专项执法大检查。此次检查涉及机械、化工、建筑、印刷等行业，通过查阅资料、现场检查、随机问答等方式，对照《安全生产应急管理执法检查表》，重点检查应急组织体系、应急物资装备、应急预案、应急演练等内容。检查19家，下达执法文书8份，整改隐患11项，立案查处1起。

（杨宗彬）

【工业园区安全专项检查】 10月10日至31日，大兴区安全监管局联合区经济信息化委、公安消防支队等部门对西红门、瀛海、亦庄镇工业园区及周边地区企业进行安全专项检查。重点检查安全生产制度及责任制、操作规程及应急预案、隐患自查自改、安全教育培训、安全设备设施等情况。检查企业50家，下达执法文书50份，发现并整改隐患67项，责令停产停业整顿3家，清理非法加工黑窝点1个，行政处罚8家，罚款8.5万元。

（杨宗彬）

【专职安全员队伍检查督查】 10月25日，大兴区安全监管局对西红门镇、瀛海镇、亦庄镇3支基层专职安全员队伍建设情况进行检查督查。重点督查制度落实情况，包括考勤制度、检查制度、会议制度、学习制度等；仪容仪表，包括制服装备配备、执法证件佩戴等；业务掌握情况，包括文书书写、执法程序、应急值守等；廉政与服务，包括遵纪守法、服务群众、投诉建议等。通过检查督查，基层专职安全员履职情况良好，各项工作有序进行。

（杨宗彬）

【“双随机”抽查】 本年，大兴区安全监管局加强新机场建设、月季洲际大会等重点项目、重大活动安全生产监督检查工作，制定2016年安全风险月历和《大兴区重点安全生产联合执法检查计划》，启动安全生产“双随机”（随机抽取被检查对象、随机选派检查人员）抽查机制。确保“双随机”以及随机抽查数量不少于年度总任务量的30%，定期对随机抽查纳入库内的企业进行“双随机”抽查，并向有关行业部门通报抽查结果。全年开展“双随机”抽查9次，抽查企业252家，发现各类问题116项；开展夜间抽查、“四不两直”暗查暗访13次，检查企业42家，发现隐患问题34项。执法人员下达执法文书124份，责令停产停业整顿119家，罚款23.4万元。

（郑阳）

【安全生产联合执法】 本年，大兴区安全监管局联合区住房城乡建设委、教委、农委、市政市容委、文化委、商务委、经济信息化委、公安分局、工商分局、质监局、交通局、体育局、旅游局、民防局和公安消防支队等部门和各镇政府、街道办事处及生物医药基地管委会、新媒体产业基地管委会在春节、全国“两会”“十一”等重要时间段，组织开展人员密集场所、交通站点、公园景区、燃气安全、烟花爆竹和危险化学品等重点行业领域18项专项联合执法行动，尤其对重大节假日期间人员较为密集的大型商业场所、危险化学品生产经营单位和烟花爆竹零售网点开展每周3次的夜间巡查和“四不两直”暗查暗访工作。全年，组织联合执法359次，检查生产经营单位86398家次，发现隐患83395项，消除隐患80785项，隐患整改率97%（其中发现并消除重大隐患69项），停产停业整顿企业49家，对519家企业进行行政处罚，罚款790.6万元。

（郑阳）

【安全生产举报投诉】 本年，大兴区安全监管局完善举报投诉事件接报处理和查处制度，快速处理安全生产举报投诉事件。接报“12350”“12345”举报投诉事件62件，全部举报投诉事件在3天内办结回复，群众满意率100%。对于群众举报非法生产经营储存危险化学品案件，联合公安分局治安支队和消防支队对4家非法生产经营危险化学品单位进行查处，行政拘留4人、刑事拘留1人，清退取缔非法违法储存经营危险化学品生产经营单位5家，罚款56万元。

（张志富）

【执法辅助服务项目】 本年，大兴区安全监管局加大财政资金支持力度，投入260万元实施专业性安全生产执法检查辅助服务项目。将项目实施与执法工作进行有效衔接，形成专职安全员巡查检查、镇街安全科委托执法、执法监察队派驻执法、专家辅助执法新型执法模式。项目实施后，初步达到每检查3家企业就有1个专家现场技术指导，每检查5家企业就有专业检测机构专业检测辅助执法，每个行政执法案件均有专业法律审核的模式。全年，项目出具专家服务报告200份，检查生产经营单位376家，出具评价报告50份，检测报告50份，应急预案4份。应对应急响应事件19起，提供专家意见1531条。

（王远超）

职业卫生监督检查

【信息化动态监管】 1月至5月，大兴区安全监管局会同标服中心对安全生产监管信息系统职业卫生模块进行改造，增加属地备案申报审核权限、职业卫生工作通知公告和职业卫生专项工作模块，升级执法数据上报模块，提升全区职业卫生监管工作信息化水平。系统改造后，能够实现日常执法信息按月录入、执法数据及时更新、工作报表定时上报，准确掌握职业安全卫生监督检查工作情况。

（王静怡）

【职业卫生摸底排查】 2月，大兴区安全监管局结合2015年职业卫生台账，对全区存在职业病危害的用人单位进行摸底排查。要求各属地镇街结合拆迁、产业结构调整等实际情况，核实企业是否存在或发生变化，以及是否存在新增职业危害企业。经摸底排查，全区存在职业病危害的企业631家，涉害工作场所1613个，接触职业病危害因素从业人员14899人。职业病危害因素以粉尘、化学毒物、噪声为主，主要分布在工业、包装印刷、家具制造和化学制品等行业。

（王静怡）

【职业卫生部署会】 3月7日，大兴区安全监管局召开2016年职业卫生工作部署会，各属地镇街有关负责人、职业卫生专管员参加会议。会议明确全年职业卫生工作重点：一是开展职业危害现状评价专项治理工作；二是开展职业卫生基础建设达标创建工作；三是开展非医疗机构放射使用单位职业危害普查；四是开展用人单位主要负责人和管理人员职业卫生培训。

（刘佳）

【非医疗机构职业危害普查】 3月15日至5月15日，大兴区安全监管局组织开展非医疗机构用人单位放射普查工作。经普查，全区涉及放射危害因素的非医疗机构用人单位17家，接触放射总人数63人。通过摸底调查，建立大兴区非医疗机构放射用人单位台账。

（孔繁朴）

【职业卫生培训】 4月9日至5月20日，大兴区安全监管局开展用人单位主要负责人和管理人员职业卫生培训，全区14个镇、6个街道办事处和600余家企业的1606名主要负责人和职业健康管理员参加培训。培训分8期，每期3天。邀请职业卫生专家对职业卫生基础知识、法律法规、用人单位职业病防治责任与义务、职业病危害因素识别与控制、个人职业病防护用品、职业健康监护等内容进行讲解。通过培训，指导企业落实职业病防治主体责任，夯实职业卫生监管工作基础。

（陈冰）

【“两类”企业粉尘危害专项治理】 4月20日，大兴区安全监管局印发《大兴区陶瓷生产和耐火材料制造企业粉尘危害专项治理工作方案》，启动陶瓷生产和耐火材料制造“两类”企业粉尘危害专项治理工作。经22个属地镇街全面排查，全区存在涉及治理的“两类”企业6家。

（李刚）

【职业卫生宣传周】 4月27日至30日，大兴区安全监管局开展职业病防治法宣传周活动。活动期间，各属地镇街出动宣传工作人员800余名，服务企业409家，发放安全生产月报、职业病知识折页、职业病防治法海报、消防安全海报等宣传品44885余份，现场接受咨询1.4万余人。举办职业病防治培训班26次，参加培训5400余人。

（孔繁朴）

【有限空间专项培训】 7月20日至22日，大兴区安全监管局开展有限空间安全生产专项培训，区发展改革委、住房城乡建设委、市政市容委、经济信息化委、水务局等行业部门有关负责人，22个属地镇街安全科长，专职安全员以及40余支有限空间作业队伍主要负责人和安全负责人300余人参加培训。培训对《地下有限空间作业安全技术规范》《工贸企业有限空间作业安全管理与监督暂行规定》《有限空间安全作业五条规定》3个地方标准进行解读和案例分析，组织学员到市政管理高级技术学校进行有限空间作业现场实操训练。

（崔丽雅）

【有限空间大比武】 7月28日，大兴区第二届有限空间作业大比武在市政职业技能培训学校举行。区安全监管局、发展改革委、市政市容委、交通委、经济信息化委、水务局和22个属地镇街领导以及33支有限空间作业队伍参加活动。此次活动以赛促学、以赛提素、赛培并举，规范有限空间作业操作行为，增强从业人员安全意识和实际操作能力，营造全社会关注有限空间安全生产的良好氛围。

（崔丽雅）

【职业卫生执法检查】 本年，大兴区安全监管局开展职业卫生执法检查工作。检查企业1526家次，开具现场检查记录1565份，下达责令限期整改18份、整改复查意见书18份。开展企业职业危害事故调查，追踪疑似职业病例2例，查处职业卫生举报2起，立案调查3家，罚款44.5万元。

（李刚、孔繁朴）

【职业病危害项目申报】 本年，大兴区安全监管局受理、办结企业职业病危害项目申报531家，下发备案通知书486份，年度备案率35%。受理建设项目职业卫生“三同时”预评价备案和建设项目竣工验收备案各1件。完成《百事食品（中国）有限公司X射线检测机项目职业病危害放射防护预评价报告》备案工作。

（王静怡、陈冰）

宣传培训

【安全生产月活动】 6月，大兴区安委会办公室围绕“筑牢安全基础，促进协同发展”活动主题，以事故多发领域、多发行业、多发群体为宣传重点，以法律法规、安全知识、演绎安全等特色活动为主要内容，面向社会、面向基层、面向企业、面向一线员工、面向社会开展宣传教育活动。制定《2016年大兴区“安全生产月”活动方案》，统筹全区各镇街、各行业、各企业开展宣传教育活动。安全生产月期间，发动全区企业从业人员和社会公众广泛参与，开展“安全隐患我来拍”摄影比赛活动，旨在发现身边隐患、消除隐患，并对优秀作品进行巡回展示；统筹行业部门和属地镇街开展安全生产主题宣传活动；组织全区900余名安全生产宣教志愿者走进企业、走进社区、走进村庄、走进工地，开展各类宣传活动，发放宣传品6万余份，设置展板宣传栏220块，悬挂条幅130条。

（李蕾）

【法律法规知识竞赛】 9月27日至28日，大兴区安全监管局在全区安全监管系统开展安全生产法律法规知识竞赛活动，宣传贯彻《中华人民共和国安全生产法》《中华人民共和国职业病防治法》和《北京市生产安全事故隐患排查治理办法》等法律法规。竞赛采取电脑答题形式，通过属地镇街预赛选拔、区内统一决赛方式进行。魏善庄镇获得竞赛第1名，标服中心获得局机关竞赛第1名。通过竞赛，提高全区安全监管系统执法人员工作水平，对规范化执法起到促进作用。

（谷学宁）

【新机场建设施工单位培训会】 10月11日，大兴区安全监管局驻新机场建设安全生产综合办联合市机场建设指挥部，在新机场航站楼建设北京城建项目部会议室举办生产经营单位落实安全生产主体责任培训会。民航局机场建设指挥部、北京城建集团、北京建工集团等30家施工单位主要负责人、项目总监和经理50余人参加培训。培训以生产经营单位安全生产主体责任规范为重点，从如何建立健全安全生产责任制、规章制度、物质资金、培训教育、日常管理、应急管理和事故报告等方面讲解，并发放《北京市生产经营单位落实安全生产主体责任宣传册》。通过培训，增强施工单位企业项目经理、安全负责人对安全生产管理的认识，对企业落实安全生产主体责任、推动施工单位安全生产标准化达标及安全规范操作起到积极作用。

（张捷飞）

【“双百工程”】 本年，大兴区安全监管局按照“党政同责、一岗双责、齐抓共管”要求，组织13个行业部门和22个镇街党政领导与企业主要负责人开展“对话谈心”活动，开展安全生产专家服务企业活动。全区104名处级以上领导干部与884家企业主要负责人开展对话谈心115次；22家属地镇街完成专家服务企业任务，服务企业250家。

（李蕾）

【安全社区】 本年，大兴区安全监管局推进安全社区建设，督促指导高米店街道、天宫院街道、瀛海镇3家单位创建安全社区。庞各庄镇获得“全国安全社区”称号，兴丰街道办事处、清源街道办事处、新媒体产业基地获得“北京市安全社区”称号。

（杨军）

【安全文化示范企业建设】 本年，大兴区安全监管局建立全区41家“安全文化示范企业建设库”，推进安全文化示范企业建设工作。北京市阀门总厂股份有限公司[原北京市阀门总厂（集团）有限公司]、北京北汽延峰汽车部件有限公司（原北京海纳川江森汽车部件有限公司）、北京北汽模塑科技有限公司、北京昆仑润滑油厂4家企业获得“北京市安全文化建设示范企业”称号。

（杨军）

【安全生产培训教育】 本年，大兴区安全监管局依托培训机构和企业自主培训的形式，组织培训班240余期，培训企业从业人员5万人次，培训镇街专职安全员500人次，培训镇街、社区主要领导和安全巡查员1900余人次。协调区人力社保局，把安全培训纳入全区科级干部培训班内容中，举办3期600余名科级干部培训班。

（燕非）

【媒体宣传】 本年，大兴区安全监管局在发挥电视、广播、网站、报刊等媒体宣传工作的基础上，建立“大兴安监”微信公众号平台、使用社区LED电子显示屏、《大兴报》设置“安监先进人物专栏”作为宣教培训辅助手段。通过定期发布安全生产有关法律法规、安全生产知识以及大兴区安全生产工作动态等内容，提高企业从业人员和社会公众安全生产知识水平。

（李蕾）

【远程在线教育培训】 本年，大兴区安全监管局利用新媒体技术手段，为600余名安全生产执法人员和镇街专职安全员提供网络远程在线教育培训。培训分3期，内容包括：用电安全、建筑工地和人员密集场所监管要点、安全生产法解读、执法监察实务。此次培训内容丰富，重点突出，既有理论知识学习，又有典型案例讲解，通过学习，提升安全监管人员政策理论水平和执法工作水平。

（燕非）

【安全生产志愿者】 本年，大兴区安全监管局发挥安全生产宣传教育志愿者队伍的“监督员、宣传员、信息员”作用，扩大宣传培训覆盖面。全区1000余人次志愿者参与活动，发放宣传用品10万余份，摆放展板1000余块，悬挂条幅1000余条。

（杨军）

法制建设

【“双标准”培训学习】 3月3日，大兴区安全监管局邀请专家讲解《北京市安全生产行政处罚自由裁量基准》《安全生产行政处罚案卷制作标准》。专家剖析“双标准”制定的目的、意义、编制方法、框架结构，以及在实际执法工作中的运用等问题，解答执法工作中遇到的问题。通过培训学习，规范安全生产行政执法行为，推进依法行政工作。

（谷学宁）

【法规培训会】 6月6日，大兴区安全监管局召开《北京市生产安全事故隐患排查治理办法》（市政府令第266号）培训会，全区属地镇街和行业主管部门执法检查人员、重点企业主要负责人和安全管理人员210人参加会议。会上，专家就《北京市生产安全事故隐患排查治理办法》立法目的和意义逐条进行讲解。会后，组织对参会人员进行考核。

（杨涛）

【法制员培训班】 10月31日，大兴区安全监管局举办全区安全生产法制员培训班。各镇街、生物医药基地、新媒体产业基地安全科科长和法制员90余人参加培训。培训班邀请法制专家剖析依法行政在安全生产领域的适用性，讲解执法文书及委托执法工作中存在的问题。培训班还组织法制员到人员密集场所现场学习检查。通过培训，增强法制员依法行政意识，掌握行政执法文书标准，为规范执法奠定基础。

（杨涛）

【《裁量基准》贯彻实施】 本年，大兴区安全监管局从5个方面开展《北京市安全生产行政处罚自由裁量基准》宣贯工作。一是领导班子成员集体学习《裁量基准》相关内容，掌握核心精神。二是执法人员自学《裁量基准》内容，应用到实际执法检查中，并及时反馈自学中的问题。三是邀请专家对执法人员进行答疑解惑，提升自学效果。四是统一培训，对一线执法人员全面开展培训工作。五是向社会公开《裁量基准》，加强社会宣传，确保行政执法公开公正。

（张捷飞）

【行政处罚案卷评查】 本年，大兴区安全监管局做好行政处罚案卷评查工作。一是及时下发通知，要求局机关各执法科室按照市安全监管局文件要求汇总上报行政处罚案卷目录。二是逐一对行政处罚案卷进行核查，确保局机关2015年7月1日至2016年6月30日按照一般程序实施并结案的行政处罚案件全部录入市政府执法系统信息平台。三是认真整理案卷，对符合上报条件的案卷进行整理，以备评查抽调案卷工作顺利进行。

（谷学宁）

标准化建设

【安全生产标准化目标任务】 3月，大兴区安全监管局通过三项工作，推进安全生产标准化建设工作。一是实现安全生产条件普查和标准化达标创建数量的对接。二是狠抓创建达标质量，按照不少于年度达标数量100％、20％、10％的比例对二级、三级及小微企业岗位达标进行核查。三是做好企业标准化复审工作，对616家企业标准化达标工作进行复审。

（苗雅蕊）

【危险化学品企业标准化建设】 本年，大兴区安全监管局印发《关于开展危险化学品安全生产标准化复评工作的通知》，督促各属地镇街、评审机构、相关企业按要求开展复评活动，并开展督查工作。危险化学品二级标准化企业达标16家，三级标准化企业达标107家。

（王胜懿）

【企业标准化创建】 本年，大兴区安全监管局建立2950家企业安全生产标准化达标创建台账，三级标准化企业复评616家，新创建企业210家，小微企业岗位达标2124家。开展标准化集中培训22期，培训2400余人。坚持咨询和评审分离的工作机制，强化企业达标创建质量。实现三级标准化企业达标85家、小微企业岗位达标1938家。组织专业机构抽查450家达标企业，推进标准化达标创建工作。

（吴思航）

昌 平 区

概 述

2016年，昌平区安全生产工作以习近平总书记关于安全生产和视察北京重要讲话精神为指导，落实“四化三体系双基”总任务，坚持依法治安，强化监管监察，加大宣传力度，加强队伍建设，推进落实企业主体责任、夯实基层基础、加强信息化引领支撑、强化综合治理，确保全区安全生产形势持续稳定。

一、加大监管监察力度。以强化重点行业领域、重点地区生产经营单位安全监管为重点，采用专项执法、集中执法、联合执法等形式，加强对危险化学品、重大危险源、烟花爆竹、非煤矿山、有限空间、职业危害、人员密集场所、工业企业等各类生产经营单位监管监察。检查各类生产经营单位61544家次，查处各类安全隐患9.88万项，下达执法检查文书30543份，立案处罚违法生产经营83家，罚款187.51万元。

二、依法实施行政许可。按照《中华人民共和国行政许可法》《危险化学品经营许可证管理办法》等规定，本着“合理规划、源头管理、安全第一”的原则，许可颁发烟花爆竹经营许可证50个(同比减少46%)、危险化学品经营许可证45个。

三、强化安全生产宣传教育。通过昌平电视台、《昌平报》等传统媒体和“昌平安监”微信公众号平台新媒体，开展“双百工程”“践行安监精神，争当安全之星”征集评选、安全生产主题诗歌征集朗诵、有限空间作业技能比武、知识竞赛等活动，宣传《中华人民共和国安全生产法》《中华人民共和国职业病防治法》《北京市生产安全事故隐患排查治理办法》等法律法规和安全知识。

四、推进安全生产标准化及信息化建设。制定年度安全生产标准化创建、隐患排查治理“一企一标准、一岗一清单”编制试点工作方案，1607家企业完成标准化达标创建，100家企业通过清单编制审核验收，8家企业开展隐患排查治理体系试点建设。做好“昌平区安全生产监管信息平台”开发建设，以绩效考核为核心的行业、属地业务应用系统正式上线使用，实现安全监管责任落实情况的痕迹化管理。春节期间，为50个烟花爆竹零售网点安装视（音）频监控系统，实现对烟花爆竹销售网点的远程实时监控。

五、健全安全生产责任体系。落实区委、区政府“党政同责、一岗双责”系列文件精神，与21个镇（街道）、41个行业部门签订《安全生产目标管理责任书》，全区293个村、209个居委会完成“党政同责，一岗双责”工作制度编制，建立安全生产“三级五覆盖”责任体系。区安委会办公室采取抽查暗访与现场核查相结合的方式，对29个行业部门及各属地政府安全生产工作落实情况进行综合督查，推动职能部门、属地政府安全生产责任落实。

2016年，昌平区安全生产工作虽然取得明显成效，但仍存在一些问题和不足。一是督促企业落实安全生产主体责任手段有待丰富，微观执法检查与宏观夯实安全生产工作基础的有效衔接有待加强。二是执法检查内容较单一，虽然处罚违法行为种类有所拓展，但与安全生产监管监察行政职权相比，略显单一。三是安全生产监管部门与行业主管部门部分职责划分与检查内容边界未能清晰界定，使得在日常检查、举报处理等具体工作开展过程中，难以做到职、权、责的统一。

综合监管

【贯彻区委全会精神】 1月6日，昌平区安全监管局召开会议，传达学习昌平区委四届十一次全会精神，明确2016年重点工作。一是推进企业生产安全主体责任落实，在重点行业领域完成100家企业隐患排查体系试点建设。二是严格流程、加强监督、严把评审及核查质量关，完成1200家企业标准化创建和270家达标企业核查工作。三是完善镇街、部门安全生产综合考核细则，实现履职过程痕迹化管理，运用约谈、通报等手段，落实安全生产“党政同责、一岗双责、失职追责”制度。四是推进市级安全社区建设，完成流村镇、延寿镇安全社区评审验收工作，对6个镇街安全社区创建工作进行现场指导。五是整合资源，调动政府部门、企业、专家、社会组织、大众个体等社会力量共同参与，构建全方位、多层次安全生产格局。

（李继蓉、张晶昱）

【安委会第一次会议】 1月29日，北京市安全生产工作视频会议结束后，昌平区安委会召开第一次全体会议。部署春节期间安全生产重点工作，开展安全生产大检查。副区长苏贵光要求：各单位要认识安全生产形势的严峻性、复杂性和突发性，强化“红线”意识，落实安全生产责任制。做好春节期间安全检查工作，对全区旅游景点、商市场、宾馆饭店、有限空间、文化娱乐等人员密集场所和矿山、危险化学品、烟花爆竹、建筑工地等行业企业开展安全生产大检查，全面整改安全隐患。要加强应急值守，落实值班和领导带班制度，做好各项应急保障工作。

（李继蓉、张晶昱）

【约谈酿酒企业负责人】 2月，昌平区安全监管局约谈北京华都酿酒食品有限责任公司的主要负责人和专管领导。听取企业合并重组、安全隐患整改进展情况汇报，要求该企业高度重视安全隐患整改工作，制定整改工作方案，明确责任人、任务分工和明确时间节点，力争2016年底前完成整改，2017年组织实施验收。在隐患整改期间，要制定专项保障方案，加强巡视和检查，确保施工期间安全生产。

（李继蓉、张晶昱）

【安委会第二次会议】 3月2日，昌平区安委会召开2016年度安全生产大会暨全国“两会”安全保障工作部署会。总结2015年安全生产、消防安全和交通安全工作情况，表彰2015年度昌平区安全生产工作先进单位和个人，部署2016年重点工作和全国“两会”安全保障工作。区长张燕友要求：要认识安全生产工作的重要性及复杂性，树立安全生产“红线”意识，落实《昌平区安全生产“党政同责、一岗双责”实施办法》，开展安全生产大检查，加大执法力度和覆盖面。特别是全国“两会”期间，要严格应急值守，加强对人员密集场所、危险化学品、交通运输和建筑施工等重点行业领域的管控，发现问题立即上报。

（李继蓉、张晶昱）

【“五一”节前专项检查】 4月29日，昌平区副区长贺军带领区有关部门主管领导对沙河镇北京海科华昌新材料技术有限公司、北京隆兴嘉业商场有限公司、稳恩佳力佳（北京）石油化工设备有限公司和中国建筑第八工程局有限公司4家单位开展安全生产专项检查。听取4家单位情况介绍，实地检查生产车间、配电室、中控室和施工现场等，要求各单位落实安全生产主体责任，做好“五一”期间隐患排查和应急值守，加大巡查力度，确保万无一失。

（李继蓉、张晶昱）

【安委会第三次会议】 5月25日，昌平区安委会召开安全生产工作会，通报安全生产事故情况，部署全区安全生产月、“安康杯”竞赛和第一届北京市镇街工业园区“安康杯”专项竞赛活动。副区长贺军指出：全区各部门、各镇街要充分认识安全生产工作的重要性及复杂性，落实“党政同责、一岗双责”工作制度，加大安全隐患排查整改力度，推进小微企业安全生产标准化创建。

（李继蓉、张晶昱）

【市安全监管局督导检查】 5月31日，市安全监管局副局长阎军带队，督导检查昌平区安全生产工作。听取昌平区关于宣传贯彻《北京市生产安全事故隐患排查治理办法》情况和隐患排查治理“一企一标准、一岗一清单”编制工作情况的汇报。区相关部门和企业介绍经验做法以及工作中存在的问题。督导组指出：各部门、各镇街要加大对企业管理人员和从业人员培训教育力度，推动企业履行安全生产主体责任，提高安全生产意识和安全隐患自查能力。要把推动落实《北京市生产安全事故隐患排查治理办法》与“一企一标准、一岗一清单”编制工作紧密结合，确保试点工作取得实效。督导组还到北京南口斯凯孚铁路轴承有限公司等企业实地了解隐患排查治理体系建设情况。

（李继蓉、张晶昱）

【副市长安全生产调研】 6月28日，副市长王宁带领市安全监管局、经济信息化委和北京二商集团、北京糖业烟酒集团负责人到昌平区调研安全生产工作，重点对北京华都酿酒食品有限责任公司、中石化沙河油库隐患整改情况进行调研。在北京华都酿酒食品有限责任公司，实地查看生产车间、储罐区、坛酒库，询问白酒生产、储存规模和罐区、酒库等重点部位安全管理情况以及隐患整改工作情况。王宁要求企业按照全市白酒制造企业事故隐患治理专项行动要求和国家标准规范对隐患问题彻底整改，指定责任部门和责任人，负责隐患治理工作，加快隐患整改进度。在中石化沙河油库，重点听取该单位负责人关于油库基本运营、存在隐患情况的汇报，要求该单位对油库存在的隐患问题，采取有效措施，做好安全宣传及防范工作，确保油库安全运营。

（李继蓉、张晶昱）

【区长带队安全检查】 7月1日，昌平区区长张燕友、副区长贺军带领区相关职能部门主管领导对位于沙河镇的北京首钢吉泰安新材料有限公司开展安全生产专项检查。检查组听取该单位的情况介绍，检查卷材车间、拔丝车间、氢气站等生产一线安全生产情况，对该单位的经营状况、生产管理、安全投入等进行询问了解。张燕友要求：企业要高度重视安全生产工作，落实安全生产主体责任，加大隐患排查力度，确保万无一失。

（李继蓉、张晶昱）

【安委会第四次会议】 8月5日，昌平区安委会召开专题会议，研究部署安全生产工作。会上副区长贺军要求：一是贯彻落实《昌平区安全生产“党政同责、一岗双责”实施办法》，强化安全监管，落实主体责任；二是有针对性地开展专项治理，组织开展人员密集场所、危险化学品、建筑施工、工业企业等重点行业领域专项执法检查，及时消除隐患，确保整改到位，严防事故发生；三是加大对交通运输、建筑施工、市政管线、有限空间、人员密集场所、气瓶安全使用等执法检查频次，督促企业加强应急值守，防范夏季极端恶劣天气引发的各类安全事故；四是推进安全生产标准化建设，开展培训和宣传，扩大覆盖面，提高企业安全生产标准化工作的重视程度，加大工作力度，确保完成年度任务目标。

（李继蓉、张晶昱）

【安委会第五次会议】 8月19日，昌平区安委会召开全区安全生产大会，通报专职安全员工作开展情况，研究部署中石化沙河油库隐患整治、危险化学品专项整治、安全生产标准化创建、“安责险”推广、安全生产综合信息监管平台使用及安全生产综合考核相关工作。区安委会副主任贺军要求：各单位要落实安全生产责任制，保持对安全生产工作的高度责任感，开展标准化创建和危险化学品专项整治，加大对违法违规生产经营行为的查处力度，确保全区安全生产形势稳定。

（李继蓉、张晶昱）

【区委书记带队安全检查】 9月27日，昌平区区委书记侯君舒带队开展国庆节前安全生产检查。重点检查乐多港等人员密集场所、昌平变电站等重点保障单位，以及区内重点工业企业节日期间应急值守、应急物资配备、重点部位管控、员工培训教育等情况。在乐多港假日广场，检查组重点对乐多港商业区安全准备、客流高峰突发事件应对准备等情况进行检查。侯君舒指出：各单位要高度重视突发事件应对处置工作，强化现场安全巡查，及时发现并消除隐患，将事故消灭在萌芽阶段。配备充足的应急救援器材，做到“平时储备足，战时能用上”。

（李继蓉、张晶昱）

【区政府常务会研究安全生产工作】 10月26日，昌平区政府召开第55次常务会，专题研究安全生产工作。会议总结各部门、各单位安全生产责任体系“三级五覆盖”建设、隐患排查治理“一企一标准、一岗一清单”编制、隐患排查治理体系建设、安全生产责任保险试点等重点工作开展情况，研究危险化学品、城乡结合部重点地区、油气输送管道及城镇燃气管道专项整治工作情况。区长张燕友指出：各单位要高度重视安全生产工作，落实“党政同责、一岗双责”，开展预防煤气中毒、建筑工地安全隐患整改、危险化学品监督管理及大型活动安保等重点工作。全面提高应急响应能力，遇突发情况要第一时间上报有关部门，并按照应急预案要求妥善处置。

（李继蓉、张晶昱）

【安委会第六次会议】 11月16日，昌平区安委会召开安全生产工作例会暨安全生产大检查工作动员部署会。通报全区各镇街、重点行业部门安全生产综合考核情况，通报国务院安委会督查组对昌平区检查督查情况。副区长刘长永要求：一是各单位要把安全生产“党政同责、一岗双责”制度落到实处，提升做好安全生产工作的政治意识、责任意识，确保岁末年初安全生产形势稳定；二是全面安排好安全生产大检查工作，形成部门、镇街工作联动机制和隐患排查治理的闭环管理，落实企业安全生产主体责任；三是加紧查漏补缺，针对全区考核情况进行倒查，找出问题环节，明确责任，加快工作进度，做好全年安全生产综合考核工作。

（李继蓉、张晶昱）

【区政府安全生产工作会】 11月23日，昌平区政府召开安全生产工作会，传达习近平总书记、李克强总理关于全国安全生产工作的批示精神，通报国务院安委会督查组对北京市安全生产督查的反馈情况，部署全区安全生产重点工作。副区长刘长永指出：全区各镇街、各部门要树立安全意识和责任意识，针对国务院安委会督查组反馈的问题，按照要求立即整改，并形成长效监管机制。要对今冬明春安全生产工作进行再动员、再部署、再检查，有效预防和遏制各类事故发生。

（李继蓉、张晶昱）

【区长带队安全检查】 12月4日，昌平区区长张燕友带领区安全监管、环保、公安、质监、消防等部门负责人，对物美大卖场（昌平西关店）、7天连锁酒店（昌平政府街店）、国泰百货（昌平店）3家单位隐患整改情况进行检查，重点检查货物堵塞消防疏散通道、消防疏散楼梯未安装应急照明灯、安全检查记录不规范等12项安全隐患整改情况。经检查，3家单位按照区政府部署要求，基本完成安全隐患整改工作。检查组要求各单位加强隐患排查治理工作，落实安全生产主体责任，针对岁末年初客流高峰可能出现的拥挤踩踏等突发事件，完善各项安全措施，提升应急处置能力。

（李继蓉、张晶昱）

【市安委会督查反馈通报会】 12月23日，昌平区政府召开会议，由市安委会督查组反馈昌平区安全生产督查情况，通报现场检查的18家生产经营单位用电、消防、燃气和管理等方面存在的安全隐患和问题。会议要求各单位针对市安委会督查反馈的问题，做到3个到位：一是意识到位，增强安全生产工作的责任感和紧迫感，认识到“首都安全无小事”。二是领导责任到位，落实“党政同责、一岗双责、失职追责”安全生产责任制，开展安全生产检查，研究解决工作中存在的重点问题。三是措施到位，对于督查组反馈的问题，各单位要限期解决；对于重大隐患要实施挂牌督办制度，尽快整改；对于存在普遍性的问题，要立刻部署相关专项整治行动，全面整改。

（李继蓉、张晶昱）

危险化学品安全监管

【重大危险源企业安全检查】 3月3日，昌平区安全监管局对中石化沙河油库和北京市第五肉类联合加工厂2家重大危险源企业进行安全检查。检查组听取中石化沙河油库和北京市第五肉类联合加工厂主要负责人关于安全生产工作的介绍，检查油库罐区、中控室、消防泵房和厂内液氨制冷机房、车间等安全生产重点部位。检查组要求企业加强重点部位安全管理，增加相应设施设备，落实领导带班制度，开展安全生产隐患排查治理，确保“两会”期间安全生产形势稳定。

（李继蓉、张晶昱）

【加气站执法检查】 3月7日，昌平区安全监管局对位于马池口镇、南口镇、十三陵镇等9家加气站进行执法检查。执法人员详细询问气站进气、销售、值班人员安排等情况，实地查看管理资料、气瓶摆放区、安全通道、车辆防火装置等情况。针对检查发现的问题，要求企业按照相关标准立即进行整改，并监督其整改完毕。

（李继蓉、张晶昱）

【落实总局紧急会议精神】 4月23日，国家安全监管总局召开全国安全生产紧急视频会后，昌平区安全监管局立即召开会议，传达落实会议精神，印发《关于贯彻落实国家安全监管总局视频会议精神及全面加强“五一”安全生产工作的通知》，要求各单位汲取江苏靖江德乔仓储有限公司危险化学品罐区火灾事故教训，落实《油气罐区防火防爆十条规定》，加强对从业人员的安全培训及对突发事件的应急管理。全区继续开展危险化学品安全专项整治，加大对重点场所及特殊作业、重要设备、储罐区等重点部位执法检查力度，做好汛期“五防”工作，加强易爆危险化学品安全监管。“五一”期间，区安委会成员单位加大对交通运输、旅游等行业领域和人员密集场所的执法检查力度，严防重、特大事故发生，确保节日期间安全稳定。

（李继蓉、张晶昱）

【危险化学品专项整治】 5月23日，昌平区安全监管局对全区危险化学品生产经营单位集中开展“2016春夏平安行动”暨消防安全专项治理工作，加大对辖区内危险化学品生产经营单位的检查力度，有效遏制危险化学品生产安全事故尤其是群死群伤火灾事故。检查危险化学品生产经营单位33家，下达执法文书37份，排查整改安全隐患42项。

（李继蓉、张晶昱）

【危险化学品企业安全培训】 6月1日，昌平区安全监管局邀请专家开展危险化学品企业安全培训，全区94家单位182名负责人参加培训。培训围绕危险化学品的分类、危险化学品事故危害、极端天气和季节对危险化学品的影响等方面，结合事故案例讲解企业如何开展安全检查和应急自救等知识。

（李继蓉、张晶昱）

【端午节安全检查】 6月6日，昌平区安全监管局对危险化学品经营单位、重点工业企业，开展端午节前执法检查行动。重点检查加油站的加油区、储罐区、配电室以及工业企业的生产车间、库房等部位。检查发现个别单位存在未按规定对从业人员进行安全教育培训、从业人员未佩戴劳动防护用品、部分安全警示标识设置不明显和未如实记录事故隐患排查治理情况等问题。针对检查发现的问题，执法人员责令有关单位限期整改，落实端午节期间安全管理，加强日常安全巡查和应急值守，确保节日期间安全稳定。

（李继蓉、张晶昱）

【沙河油库专项检查】 8月1日，昌平区安全监管局联合沙河镇政府对中石化沙河油库进行专项检查。重点检查沙河油库隐患排查整治、应急管理建设等情况，听取沙河油库专项工作汇报，实地核查隐患整改进度，指出存在的问题，提出加大库区内部及周边安全风险的隐患排查、增设应急疏散通道等14项整改意见，要求企业逐一落实、认真整改。

（李继蓉、张晶昱）

【沙河油库隐患治理】 8月19日，昌平区政府召开专题会议部署中石化沙河油库安全隐患专项治理工作。制定《关于中国石化销售有限公司北京昌平石油分公司隐患治理工作方案》，成立由区长张燕友任组长、副区长贺军和刘长永任副组长的隐患治理工作领导小组，研究制定拆除沙河油库及安全距离范围内违法建设工作方案，明确主责单位、协助单位和具体时限要求。贺军要求：各相关部门要高度重视，加大对安全生产领域违法行为的打击力度，发现隐患苗头，立即采取有效治理措施，从源头遏制重大隐患的形成和发展。

（李继蓉、张晶昱）

烟花爆竹安全监管

【烟花爆竹安全部署】 本年，昌平区政府召开会议，总结2015年烟花爆竹销售安全情况，指出存在的主要问题，提出2016年烟花爆竹安全监管基本要求。区有关单位对烟花爆竹零售网点布设、落实销售登记制、大棚搭建及监控设置等做出系列部署。会议要求各职能部门要认真履行监管职责，烟花爆竹销售网点要合法经营，保持全区烟花爆竹安全管理的良好态势。

（李继蓉、张晶昱）

【零售网点行政许可】 本年，昌平区安全监管局按照“杜绝新增，有序压减”工作原则和有关要求，大幅压减烟花爆竹零售网点数量。重点镇街以摇号方式确定烟花爆竹经营网点，全区许可设置烟花爆竹零售网点50个，同比下降45.7%。

（李继蓉、张晶昱）

【从业人员安全培训】 1月16日，昌平区安全监管局组织50个烟花爆竹经营单位172名从业人员进行安全培训，强化主体责任意识，落实安全管理责任。要求烟花爆竹经营单位按照许可范围、时间、地点开展经营活动，用电设备及物品码放符合安全标准，实行24小时专人值守，保证视频监控系统正常运行。通过“2·19”浙江永康烟花爆竹爆炸事故案例，对从业人员提出具体要求，做好烟花爆竹安全管理工作。

（李继蓉、张晶昱）

【烟花爆竹执法检查】 1月24日至2月12日，昌平区安全监管局出动执法人员173人次、车辆79台次，检查烟花爆竹零售网点427家次，下达执法文书162份，消除各类安全隐患238项。针对存在的销售人员工作期间未持证上岗、包装箱等易燃物未及时清理、储存区产品码放混乱、棚外销售摆放等问题，执法人员责令当场整改完毕，确保零售网点安全无事故。

（李继蓉、张晶昱）

【烟花爆竹清理回收】 2月13日，昌平区安全监管局启动烟花爆竹回收及视频监控、临时销售大棚拆除工作。春节期间，全区50个零售网点配送烟花爆竹1.3万箱，同比减少7287箱，减少率35.9%。实际销售12270箱，同比减少6555箱，减少率34.8%；实际销售量为配送量的94.4%，同比增长1.6个百分点。

（李继蓉、张晶昱）

矿山安全监管监察

【“两会”期间非煤矿山安全检查】 3月3日，昌平区安全监管局对北京水泥厂有限公司凤山矿下庄段进行安全检查。检查组现场检查开采作业面及在建物料输送线路安全生产情况，听取该矿段经营管理模式及安全责任划分等相关问题的介绍。检查组要求企业在全国“两会”期间抓好规范化开采，加强从业人员教育培训，杜绝违规违章开采行为，有效防控各类生产安全事故。

（李继蓉、张晶昱）

【汛期安全检查】 6月3日，昌平区安全监管局到延寿镇进行安全生产检查，实地检查已关闭的锰银矿废弃矿洞封堵现场，询问矿洞封堵看护工作情况，并随机抽查北京水泥厂凤山矿下庄矿区。检查组听取企业安全生产工作汇报，了解矿区生产线改造工作进展，要求凤山矿加强生产线改造期间的安全管理，落实各方安全管理责任，做好应急值守和应急物资储备，修订完善应急预案，确保汛期安全。

（李继蓉、张晶昱）

【市安全监管局安全检查】 8月8日，市安全监管局副局长阎军带领检查组，对北京水泥厂凤山矿安全生产情况进行检查。检查组听取企业安全生产工作汇报，查阅涉及行政许可的相关证照、资质、手续、档案、记录等文字材料，实地查看开采现场、破碎车间。针对采场边坡不符合设计规范、现场缺少安全警示标识等问题，检查组要求凤山矿立即整改。经复查，隐患问题全部整改完毕。

（李继蓉、张晶昱）

【矿洞封堵】 本年，昌平区安全监管局检查延寿镇、南口镇矿洞封堵情况。延寿镇封堵矿洞457个，看护人员21人；南口镇封堵矿洞28个，看护人员3人。

（李继蓉、张晶昱）

隐患排查治理

【清单编制试点工作会】 3月9日，昌平区安全监管局召开全区隐患排查治理“一企一标准、一岗一清单”编制试点工作会。会议邀请专家对清单编制工作进行讲解，介绍“一企一标准、一岗一清单”编制试点工作的背景和意义。要求各单位按照工作部署和要求，各司其职，严格标准，做好服务，确保“一企一标准、一岗一清单”编制试点工作全面完成。

（李继蓉、张晶昱）

【市场专项整治】 4月11日，昌平区安全监管局联合公安、城管等职能部门，对北七家镇东沙各庄村市场及八仙庄中街市场进行专项整治，规范商户经营，消除安全隐患。针对市场存在店外经营、货物码放超高、易燃物未及时清理、应急器材配备不足、电线私拉乱接等问题，执法人员责令商户负责人立即整改，要求每个商户安装漏电保护装置，开展定期安全检查，消除事故隐患。

（李继蓉、张晶昱）

【“五小企业”“六小场所”专项整治】 7月11日至15日，昌平区安全监管局对朝凤庵村、水屯村、邓庄村的“五小企业”“六小场所”开展安全生产违法行为专项整治行动。重点对危险化学品、非煤矿山、职业危害等企业和商户开展执法检查。配合属地政府，联合区工商、卫生、公安、城管等部门对“五小企业”“六小场所”进行清理。针对检查中发现的物品占用安全通道、非专用库房存放危险化学品、从业人员未佩戴劳动防护用品等隐患问题，执法人员责令有关方立即整改并监督其整改完毕。

（李继蓉、张晶昱）

【涉爆粉尘企业隐患排查】 11月，昌平区安全监管局配合市安全监管局对北矿新材料科技有限公司、北京铁科首钢轨道技术股份有限公司和北京首钢吉泰安新材料有限公司3家企业进行隐患排查和风险辨识。针对企业存在的除尘设备防爆措施不足、材料库房危险物品混放、爆炸危险场所未落实防雷防静电措施等安全隐患，检查组责令企业立即整改。要求企业按照涉爆粉尘企业事故隐患治理专项行动的步骤和要求，做好隐患辨识工作，狠抓事故隐患治理。

（李继蓉、张晶昱）

【城乡结合部专项整治】 本年，昌平区安全监管局制定印发《关于开展昌平区城乡结合部重点地区安全生产违法行为专项整治的工作方案》及集体土地出租大院整治、专项督查等配套方案，组织开展城乡结合部专项整治工作。各镇街出动检查人员24628人次，检查生产经营单位15133家次，排查整改安全隐患16876项。区安全监管局联合有关部门成立督导检查组，对各镇街开展5次专项整治综合督查工作。

（李继蓉、张晶昱）

应急救援

【应急物资储备库检查】 4月15日，昌平区安全监管局对辖区危险化学品应急物资储备库进行检查。检查发现危险化学品应急物资储备库总体运行情况良好，应急储备物资摆放有序，应急物资日常管理、维护、出入库管理制度健全，实行专人管理，24小时值班。应急物资储存安全、有效，随时投入危险化学品事故应急抢险工作。

（李继蓉、张晶昱）

【“5·12”防灾减灾宣传日活动】 5月12日，昌平区安全监管局参加昌平区“5·12”防灾减灾日宣传活动。在活动中发放《中华人民共和国安全生产法》、家庭安全知识手册、宣传挂图等安全生产宣传材料1万余份，设置展板6块。通过活动向广大市民广泛宣传安全知识，营造全区广大群众关注安全、参与安全，支持安全的良好氛围。

（李继蓉、张晶昱）

【应急管理】 本年，昌平区安全监管局完成昌平区重大生产安全事故、危险化学品、烟花爆竹及非煤矿山生产安全事故应急救援预案的修订和编制工作。确定北京市第五肉类联合加工厂、中石化销售有限公司北京昌平石油分公司、北京市南口农场硕春冷库和中车北京南口机械有限公司4家重大危险源企业为应急管理示范企业。组织北京金隅集团北京水泥厂有限公司凤山矿和中建八局2家企业开展生产安全事故应急救援演练。加强对辖区4个危险化学品应急物资储备库的管理，按规定更新过期、破损应急物资，更换不适用的应急物资。

（李继蓉、张晶昱）

【**普及应急管理知识**】 本年，昌平区安全监管局加强安全生产应急管理宣传培训工作，制发《北京市昌平区安全生产应急预案备案程序》宣传彩页2万套、应急救援演练及应急预案备案教育光盘1000张，取得良好宣传效果。

（李继蓉、张晶昱）

执法监察

【**农业嘉年华临建设施专项检查**】 3月8日，昌平区安全监管局组织执法人员对农业嘉年华东区、西区临建设施进行专项检查。检查发现“太空农业”电线拉结混乱、东区集雨湖周边部分围栏缺失、安检门钢丝绳固定不牢固等隐患问题31项。针对查出隐患问题，组织农业嘉年华组委会、相关单位及相关部门召开情况通报会，活动开幕前将隐患问题全部整改完毕。

（李继蓉、张晶昱）

【**“小散乱污”商户联合检查**】 3月14日，昌平区安委会办公室组织区安全监管、公安、工商、城管、消防等职能部门，对位于歇甲庄村2处出租大院“小散乱污”商户进行联合检查。检查发现该区域的商户以小汽修、小铁艺并以无照经营为主，多为“三合一”场所，生产区域有人居住，疏散通道不畅通，存在电线私拉乱接且多处破损等安全隐患。针对存在的问题，执法人员下达执法文书，责令关停3家商户。

（李继蓉、张晶昱）

【**旧货市场联合检查**】 3月28日，昌平区安全监管局联合区工商、消防等部门对北七家镇东三旗旧货市场进行执法检查。检查发现市场配电室无安全警示标识、未提供符合国家标准或行业标准的劳动防护用品（绝缘手套、绝缘鞋等）、未制定应急救援预案。针对检查发现的问题，执法人员责令该市场负责人立即整改，消除安全隐患，并监督其整改完毕。

（李继蓉、张晶昱）

【**汽修企业专项检查**】 4月1日，昌平区安全监管局对北七家镇汽修企业开展专项执法检查。重点检查喷漆房、维修车间、配电室等场所，查阅员工职业健康体检报告、工作场所职业危害因素检测报告等相关资料。针对检查中发现的劳动防护用品无发放记录、绝缘手套未定期检测、配电室存放杂物等隐患问题，执法人员责令相关负责人立即整改，并监督其整改完毕。

（李继蓉、张晶昱）

【**清明节安全检查**】 4月2日至4日，昌平区安全监管局做好清明节期间应急值守和执法检查各项工作。实行值班和领导带班制度，落实岗位责任，做到任务到岗、责任到人，及时做好情况记录和信息上报。由局领导带队，每天分两组对农业嘉年华活动场馆、外围和陵园周边危险化学品企业、建筑施工工地、加油站等易燃易爆场所开展专项执法检查。期间，出动执法人员25人次，检查生产经营单位18家，全区未发生生产安全事故，安全生产形势稳定。

（李继蓉、张晶昱）

【**用电安全专项检查**】 4月至5月，昌平区安全监管局针对人员密集场所、综合楼宇、工业企业、建筑施工等重点行业领域安全生产情况，开展用电安全专项执法检查。检查生产经营单位77家（综合楼宇29家、工业企业13家、建筑施工8家、商市场9家、宾馆饭店7家、其他11家），查处安全隐患154项，下达“责令限期整改指令书”37份，出具“现场检查记录”53份，对3家企业实施行政处罚。

（李继蓉、张晶昱）

【高教园区在建工程联合检查】 5月4日至6日，昌平区安全监管局、住房城乡建设委、公安消防支队、公安昌平分局、食品药品监管局、环保局等职能部门联合对高教园区7家在建施工单位进行安全执法检查。重点检查施工现场机械设备、消防设施、临时用电、防护措施等环节。针对检查发现未如实记录安全生产教育培训情况、一闸多机、开关箱采用非阻燃绝缘材料制作、配电柜无防雨防尘措施、配电箱内存放杂物、开关箱内无控制线路标识、消防栓压力不足等隐患问题，执法人员对7家施工单位下达执法文书，责令有关单位对发现的安全隐患立即整改，并监督其整改完毕。

（李继蓉、张晶昱）

【洗浴场所联合检查】 5月12日，昌平区安全监管局联合区工商、公安、食品药品监管、卫生等职能部门，在属地政府的配合下，对沙河镇洗浴经营场所进行检查。针对检查中发现的店内堆积杂物、安全警示标识不足等隐患问题，执法人员责令相关单位立即整改，并监督其整改完毕，确保安全规范经营。

（李继蓉、张晶昱）

【建筑工地专项检查】 6月14日，昌平区安全监管局开展建筑工地专项执法检查。重点检查施工现场安全生产责任制落实情况、项目负责人带班情况、施工现场机械操作安全以及资质情况等。针对建筑工地现场施工人员未佩戴安全帽、安全带、护目镜及用电不规范等12项隐患问题，执法人员下达责令限期整改指令书4份，出具现场检查记录5份，责令相关单位限期整改，并监督其整改完毕。

（李继蓉、张晶昱）

【酒店用电安全联合检查】 6月20日，昌平区安全监管局会同区公安、消防等部门对辖区内酒店开展联合执法检查。检查发现部分酒店存在无电工24小时应急值守、配电室堆放杂物、未建立隐患排查治理制度、未按规定对从业人员进行岗前培训等问题。针对检查发现的问题，执法人员责令相关单位限期整改，并监督其整改完毕。

（李继蓉、张晶昱）

【人员密集场所专项检查】 6月，昌平区安全监管局开展人员密集场所专项执法检查。检查范围为大型商场超市、旅游度假村和多功能综合培训中心等，重点检查变配电室管理、特种作业人员管理和应急管理等内容。检查大型商场超市5家、度假村综合培训中心3家。针对检查中发现的36项隐患问题，执法人员责令相关单位限期整改，并监督其整改完毕。

（李继蓉、张晶昱）

【工业企业专项检查】 7月，昌平区安全监管局对辖区内工业企业开展专项检查。重点检查供电设备设施、安全生产管理制度、教育培训、现场安全管理等情况。针对检查发现的未按规定为从业人员提供符合国家标准或行业标准的劳动防护用品，电线敷设混乱、配电箱前堆放杂物、无安全警示标识、未对新员工进行岗前安全教育培训等隐患问题，执法人员责令相关单位立即整改，并监督其整改完毕。

（李继蓉、张晶昱）

【旅游景区安全检查】 8月24日，昌平区安全监管局联合十三陵特区办事处对十三陵旅游景区进行安全检查。检查组重点检查定陵景区安全管理措施落实情况，实地检查现场安全和应急措施，查阅安全管理制度、教育培训记录，对安全警示标识是否明晰、电气线路拉接是否符合规定、消防器材是否完备等进行检查。检查发现安全出口及安全指示标识不符合规定、售票大厅临时拉线线路不规范等问题。执法人员现场责令整改并监督落实。

（李继蓉、张晶昱）

【第十三届苹果文化节安全保障】 10月21日至22日，昌平区安全监管局对第十三届苹果文化节活动主会场搭建、用电、拆除进行安全检查和应急值守。要求施工方提高安全意识，做好施工过程中安全管理工作，确保活动顺利进行。

（李继蓉、张晶昱）

职业卫生监督检查

【“两会”期间有限空间安全监管】 3月3日至15日，昌平区安全监管局开展有限空间施工作业登记，摸清底数，对施工工程实施动态监管。加大对会场及八达岭高速周边有限空间施工现场巡查力度，严查有限空间违章作业行为。对会场周边职业危害重点企业进行检查，检查企业贯彻执行《中华人民共和国职业病防治法》情况和职业卫生基础建设达标情况。

（李继蓉、张晶昱）

【有限空间作业大比武动员部署】 3月4日，昌平区安全监管局召开第一届有限空间作业大比武动员会，推进施工队伍登记、施工现场巡查、“四进”活动等工作。要求各行业管理部门和施工作业单位：一是要高度重视，提高有限空间施工单位领导、管理层和一线作业人员的安全意识，自觉遵守特种作业安全操作规程；二是以赛代训，通过有限空间作业大比武提高一线作业队伍操作技能，其他从业人员通过观摩比赛获得直观培训；三是要对参加有限空间作业大比武认真部署、广泛发动，确保大比武活动取得实效，营造尊重技能人才、关注有限空间规范作业的良好氛围。

（李继蓉、张晶昱）

【职业危害整治】 4月20日，昌平区安全监管局对北京皇甫商贸有限责任公司铝合金门加工场所进行检查，发现其未进行作业场所职业危害因素检测、未组织涉及职业危害劳动者进行职业健康检查、未组织劳动者进行职业卫生培训，且加工点存在电线私自拉接，不具备生产条件等安全隐患。执法人员向该企业下达“责令限期整改指令书”，并约谈法定代表人督促整改，责令其在整改完毕前不得从事生产加工。4月25日，昌平区安全监管局对该企业进行复查，该单位加工场所关停，生产设备清离。

（李继蓉、张晶昱）

【职业病防治法宣传周】 4月27日，昌平区安全监管局、总工会、卫生计生委、人力社保局在广电大厦举办以“健康中国，职业健康先行”为主题的《中华人民共和国职业病防治法》宣传周活动，向群众现场讲解《中华人民共和国职业病防治法》等法律法规和配套规章标准、用人单位职业病防治法定责任和作业场所职业卫生监管、劳动者依法享有职业卫生保护权利、防治常见职业病科普知识等重点内容。发放《职业病防治知识100问》《用人单位职业病危害防治八条规定》《建设项目职业卫生“三同时”申请指南》等宣传资料1600余份。

（李继蓉、张晶昱）

【职业危害“全覆盖”执法检查】 4月至5月，昌平区安全监管局开展职业危害企业“全覆盖”执法检查。制定《职业危害企业专项执法检查工作方案》，摸清底数，完善职业危害和涉爆粉尘危险企业台账，明确行政处罚依据，开展职业危害专项执法检查，及时总结梳理检查中发现的共性和突出问题。针对检查发现的企业主体责任落实不到位、接触职业危害从业人员教育培训不到位、企业职业卫生管理投入不足、作业场所检测和职业健康检查工作开展不到位等问题，执法人员责令相关单位立即整改，并监督其整改完毕。

（李继蓉、张晶昱）

【粉尘危害专项整治】 4月至11月，昌平区安全监管局开展粉尘危害企业专项整治和集中执法。对存在违法违规行为的企业，公开曝光并依法从严处罚；对治理后粉尘浓度仍严重超标且整改无望的企业，按照疏解非首都核心功能要求，提请区政府依法予以关闭。通过整治，全区用人单位职业病危害申报率、粉尘危害定期检测率、接触粉尘劳动者职业健康检查率、粉尘危害重点岗位劳动者个人防护用品配备率、职业病危害因素告知率和企业负责人、职业卫生管理人员、接触粉尘劳动者培训率均达到100%。

（李继蓉、张晶昱）

【职业卫生评估】 8月25日，昌平区安全监管局召开职业卫生工作部署会。会议传达市安全监管局关于开展职业病危害防治评估工作的相关文件，对评估材料进行分析，总结评估中常见问题，对企业职业卫生管理制度、职业危害告知、职业健康监护档案、职业危害因素检测报告等内容进行讲解。要求参会单位强化职业病危害防治主体责任意识，加强职业病危害防治源头治理，促进职业病危害防治工作质量和效果上台阶。

（李继蓉、张晶昱）

【职业卫生培训】 12月15日，昌平区安全监管局组织49家职业病危害企业负责人和管理人员，开展职业卫生培训。培训内容涵盖用人单位职业卫生危险告知与警示标识管理、用人单位职业卫生培训、用人单位职业卫生申报、用人单位个人防护用具使用和维护保养等相关知识，推进企业职业卫生基础建设工作。

（李继蓉、张晶昱）

【职业病防治宣传】 本年，昌平区安全监管局开展职业病防治宣传活动。向企业宣传《用人单位职业病危害防治八条规定》（国家安全监管总局令第76号），重点解读规定针对的问题、主要依据和法律责任。举办职业病防治宣传咨询日、座谈会、知识讲座38场次，现场咨询5600余人次，新闻报道17次，通过公益短信、微博、微信等新媒体报道64次，发放各类宣传品2.82万余份，深入企业宣传260次，组织各类培训班26次，培训5824人次。

（李继蓉、张晶昱）

【有限空间大比武】 本年，昌平区安全监管局开展有限空间作业大比武，全体参赛队员进行理论培训，培训内容包括北京市有限空间大比武竞赛规程、理论考试大纲、题型难度分析等。组织昌平区第一届有限空间作业大比武理论知识考试，来自全区 8 个行业 16 支企业代表队 80 人参加考试。举办有限空间大比武实操比赛，各有限空间施工作业单位约 800 人次到场观摩学习。经过最终比赛，北京市京电博源供用电工程安装有限公司获得一等奖，昌平区住房城乡建设委等 5 家单位获得组织奖。

（李继蓉、张晶昱）

【职业卫生档案样板单位】 本年，昌平区安全监管局通过下发指导意见，树立标准化职业卫生档案样板单位，以点带面推广职业卫生基础建设，确保企业建立规范、有序的职业卫生管理体系。中国兵器装备集团兵器装备研究所等 12 家生产经营单位成为职业卫生档案样板单位。

（李继蓉、张晶昱）

宣传培训

【专职安全员岗前培训】 3 月 14 日至 23 日，昌平区安全监管局组织新招录的 101 名专职安全员，在瑶台温泉酒店开展为期 10 天的岗前培训。培训分为业务知识培训和军事化训练，采取听讲座、观看光盘、分组讨论等形式，学习特种作业、有限空间、文明礼仪等与安全生产监管监察工作密切相关的知识，使全体学员在提高业务知识的同时，增强责任意识和团队合作意识。

（李继蓉、张晶昱）

【综合监管信息平台操作培训】 3 月 16 日，昌平区安全监管局组织区住房城乡建设委、市政市容委等 22 个行业部门有关负责人，开展安全生产综合监管信息平台操作培训。从系统建设背景、开发建设思路和主要功能 3 个方面介绍昌平区安全生产综合监管信息平台，技术人员对信息上报和绩效考核凭证上传两大功能进行实际操作流程演示。各单位通过系统应用，及时上传有关规章制度、重点专项工作进展、日常工作信息等内容，做到痕迹化管理。

（李继蓉、张晶昱）

【专职安全员岗前培训】 4 月 11 日，昌平区安全监管局邀请专家在昌平区考试中心对 6 个镇街 46 名初任专职安全员进行岗前培训。培训课程结合安全生产形势及安全监管任务，对《中华人民共和国安全生产法》《北京市安全生产条例》《北京市乡镇、街道安全生产检查员暂行管理办法》及 5 个人员密集场所安全生产规定等内容进行讲解，取得较好效果。

（李继蓉、张晶昱）

【涉危实验室安全管理培训】 5 月 5 日，昌平区安全监管局组织全区涉危实验室安全管理培训会，全区 190 余家存在涉危实验室的企事业单位负责人及实验室管理人员参加培训。专家从实验室安全管理重要性、应急预案制定、废弃化学品处置等方面讲解实验室安全管理知识，并列举大量实例。会议要求各单位提高认识，结合专家讲解的内容，对本单位的实验室进行全方位检查，消除安全隐患，杜绝事故发生。

（李继蓉、张晶昱）

【隐患排查治理法规专题培训】 6 月 6 日，昌平区安全监管局组织区相关部门、镇街安全管理人员、专职安全员和企业负责人在广电大厦报告厅开展《北京市生产安全事故隐患排查治理办法》专题培训。市安全监管局有关负责人就立法背景、重点条文内容、生产经营单位和政府各部门职责等方面对法规进行解读。《昌平报》全文刊登《北京市生产安全事故隐患排查治理办法》，强化社会影响力，营造学法、知法、用法、守法的氛围，推动安全生产各项工作落实。

（李继蓉、张晶昱）

【安全生产“对话谈心”活动】 6月至7月，昌平区安全监管局负责人分别与东小口地区15家企业负责人、城南街道15家企业负责人、阳坊镇17家企业负责人开展安全生产“对话谈心”活动。认真学习领会习近平总书记关于安全生产工作重要批示指示精神，交流企业落实主体责任和安全生产工作经验和做法，集中观看安全生产专题宣传片，向企业赠送《中华人民共和国安全生产法》《北京市生产安全事故隐患排查治理办法》等法律法规读本。

（李继蓉、张晶昱）

【安全生产宣传咨询日】 6月16日，昌平区政府组织开展安全生产月宣传咨询日活动。市安全监管局等相关部门领导，副区长贺军参加昌平区安全生产月宣传咨询日活动主会场活动。活动现场设立用电、建筑、“安责险”、燃气、交通、消防等安全生产知识宣传展板及市“12350”举报投诉咨询台，向职工群众发放用电安全知识手册、家庭安全知识手册、燃气安全使用知识等宣传品3000余份。昌平区14个行业部门和21个镇街在重点企业、重点区域设立35个分会场，与主会场同时开展宣传咨询日活动。

（李继蓉、张晶昱）

【安全文化建设示范企业培训】 7月8日，昌平区安全监管局邀请全国安全文化建设示范企业、北京市安全文化建设示范企业评审专家授课，全区43家企业69名管理人员参加培训。培训就《北京市安全文化建设示范企业管理办法》《北京市安全文化建设示范企业评定标准》、企业安全文化创建理念的概念及内涵、企业安全文化建设方法及实施流程等相关内容进行解读，通过案例分析安全文化建设示范企业的创建要领。

（李继蓉、张晶昱）

【第四届职业技能大赛初赛及培训】 7月14日，北京市第四届职业技能大赛昌平赛区电工比赛初赛笔试在昌平区安全生产考试中心举行，标志着本次职业技能大赛在昌平赛区正式启动。赛前，昌平区安全生产考试中心作为承办单位，制定工作方案和应急预案，成立竞赛组委会，面向全区发布比赛公告。组织参赛的38名电工、43名电焊工进行培训。

（李继蓉、张晶昱）

【安全诗歌朗诵大赛】 8月23日，昌平区安全监管局组织开展首届“安全在我心中、生命在我手中”诗歌朗诵活动。从全区11个行业、21个镇街征集150余篇作品。经过评委层层筛选，来自区交通局、文化委、住房城乡建设委等单位的10名选手进入总决赛。经过现场展示评比，区住房城乡建设委、交通局、教委选手分获一二等奖，南山镇、文化委等10家单位获得优秀组织单位奖。

（李继蓉、张晶昱）

【农机安全宣传教育活动】 8月，昌平区安全监管局联合区农机、公安、交通等部门，在崔村镇天润园生态农业示范基地举办农机安全宣传教育活动。活动现场悬挂宣传横幅，展示农机安全展板，发放安全宣传教育资料600余份。活动结束后，执法人员在昌金路设卡，检查检测过往农机车辆，教育农机驾驶操作人员提高安全生产自觉性，有效预防农机事故发生。

（李继蓉、张晶昱）

【“平安昌平”主题宣传日活动】 11月5日，昌平区安全监管局在永安公园参加“平安昌平”主题宣传日活动。在活动现场设置主题背景板、咨询台，摆放宣传展板，向群众发放《中华人民共和国安全生产法》《北京市生产安全事故隐患排查治理办法》法律法规读本以及用电安全知识、家庭安全知识、燃气安全使用知识等宣传材料3500余份，并现场解答群众提出的安全生产问题。

（李继蓉、张晶昱）

【安全社区创建专题培训】 11月11日，昌平区安全监管局邀请全国安全社区工作委员会和北京市安全文化促进会专家就安全社区创建工作进行授课，全区21个镇街98名安全社区工作人员参加培训。专家解读《北京市市级安全社区管理办法》《北京市市级安全社区评定标准》，并从安全社区创建的概念及内涵、制定方案、建立组织机构、确定促进项目、撰写工作报告等方面，讲解创建工作关键环节和实施过程中需要注意的问题。

（李继蓉、张晶昱）

【安全生产培训考核】 本年，昌平区安全监管局制定2016年安全生产培训计划，对各属地、重点行业培训任务进行分解。发挥行业、属地的组织管理作用，加大对生产经营单位主要负责人和安全生产管理人员的安全生产培训力度。对19个镇街2100余名生产经营单位负责人、安全管理人员和专职安全员进行《北京市生产安全事故隐患排查治理办法》宣讲，“对话谈心”服务企业252家。组织初任专职安全员、企业安全文化建设、安全社区创建等专题培训4期，培训630余人。考核特种作业人员3280人、高危行业安全管理人员497人。

（李继蓉、张晶昱）

【微信群助力“双百工程”】 本年，昌平区安全监管局创建“双百工程”微信交流群，及时传达区委、区政府决策部署，掌握工作动态，听取基层单位意见建议，实现工作经验、方式方法的交流共享。研究解决各镇街在活动开展中遇到的难题，跟踪督导专职安全员，做好注册安全工程师事务所专家、区级专家与服务对象的对接，助力“双百工程”圆满完成。

（李继蓉、张晶昱）

标准化建设

【安全生产标准化培训会】 7月14日，昌平区安全监管局召开全区安全生产标准化创建培训会，120余家工贸企业负责人和管理人员参加培训会。会议对全区安全生产标准化创建工作进行动员部署，介绍企业标准化创建工作流程、“昌平安监”微信公众号等服务企业交流平台和安全生产责任保险等内容。邀请专家解读《北京市生产安全事故隐患排查治理办法》《北京市生产经营单位安全生产主体责任规范》，讲解企业标准化创建工作。

（李继蓉、张晶昱）

【专职安全员队伍标准化建设调研】 11月9日，市安全监管局调研昌平区专职安全员队伍标准化建设情况。调研组听取区安全监管局和城北街道关于专职安全员队伍管理情况汇报，肯定昌平区专职安全员队伍在标准化、规范化、制度化建设工作中所取得的成绩，并提出工作要求。一是创新队伍管理模式，分析共性、个性问题，提出解决办法；二是利用微信公众号等平台，畅通管理、沟通、信息传送渠道。

（李继蓉、张晶昱）

【标准化工作培训】 本年，昌平区安全监管局组织三级企业及小微企业安全生产标准化工作培训会议22次，培训企业1862家、从业人员3496人次。宣传贯彻《北京市生产安全事故隐患排查治理办法》，为企业解读安全生产标准化达标创建评审标准。

（李继蓉、张晶昱）

【严格标准化评审】 本年，昌平区安全监管局明确安全生产标准化咨询单位和评审单位的资格、应具备的条件、评审工作行为规范，严格执行“同一企业的安全生产标准化咨询单位与评审单位不能为同一家单位”的评审工作回避制度，提高评审工作质量。按照不低于10%的比例，对三级和小微达标企业的评审结果进行抽检核查。

（李继蓉、张晶昱）

【标准化创建】 本年，昌平区安全监管局根据《昌平区2016年安全生产标准化创建工作方案》，组织各镇街开展小微企业安全生产标准化培训和评审工作，将工作开展情况纳入全区安全生产综合考核之中。1607家企业通过标准化达标评审，其中三级标准化企业达标65家、小微企业达标1542家。圆满完成市安委会下达的工作任务。

（李继蓉、张晶昱）

平 谷 区

概　　述

2016年，平谷区安全生产工作按照市委、市政府关于安全生产的决策部署，围绕区委、区政府中心工作，强化安全预防控制，加大隐患排查治理力度，深入推进标准化、信息化、社会化建设，夯实安全生产基层基础建设，全区安全生产形势保持平稳有序态势。

健全安全生产责任体系。区政府、各乡镇街道、管委会、行业管理部门、村（居）委会、重点企业逐级签订《安全生产目标责任书》，党政“一把手”与分管行业主管领导签订“党政同责、一岗双责、失职追责”责任书，定期开展重点行业领域安全检查，推动安全生产督查常态化。设立建筑、危险化学品、旅游、商贸等13个行业安全生产专业委员会，形成“区政府主管领导挂帅、行业管理部门牵头负责、职能部门提供法律支持、属地政府推动落实”的行业监管体系。推进企业建立安全生产管理机构并配备安全生产管理人员，全区476家企业完成安全生产管理机构设置和人员配置工作。

推动隐患排查治理体系建设。开展200家企业“一企一标准、一岗一清单”编制试点工作，30家重点企业运用市安全监管局隐患排查治理系统对企业隐患排查治理工作进行信息化管理。“京安工程”执法检查系统录入被查企业信息11457家次，生产经营单位隐患自查自报系统录入企业信息619家次。区政府投入5000万元专项资金，对1033个遗留矿洞进行封堵；峪口镇投资20万元对停业化工厂有毒化工原料进行处置；兴谷街道投入110余万元，拆除上纸寨村违章建筑，解决消防通道堵塞问题。

开展安全生产执法检查。全区开展建筑、工业、农业、交通运输、危险化学品、燃气、商贸、旅游、体育、文化、有限空间、水利、汽修等行业领域安全生产执法检查，加强重点时期安全保障工作，检查生产经营单位9912家次，排查安全隐患问题16540项，整改16044项，整改率97%。

推进安全生产社会化建设。启动安全社区建设，实施安全生产“双百工程”。聘请行业领域安全专家帮扶300家小微企业现场隐患排查治理工作，排查整改安全隐患616项。382家企业参加“安责险”投保。归集危险化学品、人员密集场所等30家试点企业信用信息，并纳入市级数据库，推进安全生产信用体系建设。创建微博、微信群、微信服务号和微网站电子媒体平台，拓宽信息传播途径，促进政民互动。

夯实安全监管“双基水平”。在原有100名乡镇专职安全员的基础上，区政府为18个行业主管部门配备25名专职安全员。建筑、市政等20个政府工作部门加挂安全生产综合管理科牌子，为理顺行业部门内部监管职责打下基础。建立危险化学品、防火、交通、烟花爆竹、旅游、农机、环境污染、人员密集场所等各类专项应急救援预案15个。开展区政府与重大危险源企业“一对一”生产安全事故应急预案演练活动2次，重点危险化学品企业生产安全事故应急演练48次。全区400家企业完成三级以上标准化达标创建工作，3000家小微企业完成岗位达标培训。

综合监管

【区领导春节前带队安全检查】 1月27日，平谷区区长姜帆、副区长周泽光带队，采取“四不两直”方式开展春节前安全检查。检查组先后检查农达丰烟花爆竹销售点、城西加油站、北大市场等重点场所安全生产情况。针对检查中发现的企业安全教育培训不到位、安全管理制度不健全等问题，姜帆指出：各职能部门要履行安全监管职责，加大安全监管力度，认真做好春节期间烟花爆竹燃放安全管理工作；各企业要按照要求加强隐患整改，落实各项安全生产管理制度，并针对薄弱环节开展隐患自查自改工作；各单位要加强应急值守工作，强化节假日领导带班制度，提高应急处置能力，有效遏制各类生产安全事故发生，确保人民群众度过平安、祥和的春节。

（马鹏程）

【第一次安全生产工作会】 2月3日，平谷区安委会召开安全生产工作会议，区委副书记李宝峰、副区长周泽光和区安委会成员单位主管领导参加会议。会议通报2015年全区安全生产工作情况、安全生产考核情况，部署2016年安全生产工作，提出明确的工作目标、任务和要求。

（杜春光）

【安全生产重点督查】 2月22日，平谷区安委会办公室制发《平谷区安全生产委员会办公室关于落实市安委会2016年安全生产督查任务的通知》，对安全生产督查目标任务进行分解和部署。明确各项督查工作牵头部门、配合部门、时间节点和工作方式等，明确乡镇街道、管委会、行业管理部门和有关安委会成员单位的安全生产工作职责，要求建立部门之间沟通交流、协调联动的工作机制，确保完成督查工作任务。

（张佳强）

【第二次安全生产工作会】 3月30日，平谷区安委会召开安全生产工作会议暨桃花节期间安全保障和环境整治工作部署会。副区长周泽光、安委会成员单位和属地乡镇街道主要负责人参加会议。会上，区安全监管局、公安消防支队、公安交通支队、环保局分别对第一季度相关工作进行通报，并对桃花音乐节期间安全保障、丫髻山庙会安全保障、清明节期间防火和道路交通管控、大型活动现场应急预案制定备案等工作进行部署。周泽光要求：一是针对第二季度活动多、任务量大的特点，各单位要加大监管力度，主要负责人要亲自带队检查；二是加强应急值守工作，落实领导带班制度、应急处置报告制度，有效处置突发事件；三是加强值守人员教育培训，使值守人员熟练掌握应急处置措施；四是加强部门沟通联动，以防范森林火灾为主，全方位做好火灾防范工作。

（张佳强）

【区政府常务会学习安全生产法】 5月5日，平谷区区政府召开第四次常务会议，专题学习《中华人民共和国安全生产法》，区长姜帆、副区长姚忠阳等7位区领导和政府职能部门、乡镇街道（含3个管委会）主要负责人和人大代表120余人参加会议。会上，区安全监管局局长崔曙光从立法背景、部门职责和违法处理等方面讲解《中华人民共和国安全生产法》，强调职能部门安全监管职责、属地管理责任和企业主体责任。增强全区安全监管部门和属地政府负责人的安全意识、责任意识、大局意识与法律意识。

（杜春光）

【第三次安全生产工作会】 7月19日，平谷区安委会召开安全生产工作会议，区安委会67个成员单位和乡镇街道主要负责人参加会议。副区长吴小杰参加会议并讲话。会上，区安全监管局通报上半年全区安全生产工作情况，并重点对“安责险”推广工作进行部署；区交通、消防部门通报全区交通运输和消防安全情况。吴小杰在讲话中要求各单位增强大局意识和责任意识，提升体系化、精细化管理水平，聚焦基层一线，深化隐患排查治理。

（杜春光）

【副区长带队检查汛期安全】 7月25日，平谷区副区长吴小杰带领区安全监管、建设、国土、环保、交通和水务等部门对尾矿库、地质灾害路段、水库和施工工地等重点部位暴雨之后的安全状况进行检查。查验尾矿库库顶汇水、库体排水、墙体破损、安全警示标识、水质等情况，查看公路两侧山体碎石堆积护坡情况和水库水位、泄洪措施，检查施工工地“三井、四口、五临边”防护措施等情况，并针对问题提出整改要求。吴小杰要求：金海湖镇政府和区环保局要加强对尾矿库的巡检力度，发现破损情况立刻进行修补；黄松峪乡和区公路局要加强对隧道、公路和村落的检查，做好公路两侧的山体护坡，发生险情要及时疏散村民；镇罗营镇和区水务局要做好水位监测，开闸放水前要做好告知工作；区住房城乡建设委要加强对施工工地的检查，有效遏制生产安全事故。

（杜春光）

【第四次安全生产工作会】 9月12日，平谷区安委会召开安全生产工作会议，副区长吴小杰和安委会67个成员单位和乡镇街道主要负责人参加会议。会上，区安全监管、交通、消防部门通报前三季度安全生产工作，并对下一阶段工作进行部署。吴小杰要求各单位坚持“问题导向”，重点关注城市运行、地下燃气管道、在账隐患治理，消除城市运行管理安全隐患，狠抓中秋、国庆期间安全保障工作，尤其要加强旅游、交通、建筑施工、人员密集场所、危险化学品等重点行业领域安全监管。同时要加强“研判分析”，研究2017年工作任务。

（杜春光）

【国庆节前区领导带队安全检查】 9月27日，平谷区区委书记王成国、代区长汪明浩等区领导分别带领区商务委、旅游委、市政市容委、公安分局、交通局、安全监管局等部门及相关属地乡镇街道负责人，采取“四不两直”方式，对旅游景区、商场超市、建筑施工、客运企业和交通检查站等人员密集场所及重点领域安全生产工作进行检查。在检查过程中，区领导询问各单位安全生产管理、事故应急救援预案、国庆节期间领导带班值守等情况，并进行现场检查。区领导强调：各部门要履行安全监管职责，加大安全监管力度，做好国庆节期间各项安全管理工作；要落实企业各项安全生产管理制度，针对薄弱环节，开展隐患自查自改工作；要加强应急值守工作，强化节假日领导带班制度，有效遏制各类生产安全事故发生，确保人民群众度过一个平安、祥和的节日。

（马鹏程）

【安全生产大检查部署会】 11月14日，平谷区副区长吴小杰主持召开全区安全生产大检查工作部署会。会上，区安全监管、公安、消防、交通等部门分别就安全生产大检查、预防煤气中毒、冬季防火和交通安全工作进行部署。吴小杰要求：此次安全生产大检查要与重大风险识别评估、安全宣传教育、隐患排查治理和安全生产队伍建设相结合，加强组织领导，强化责任落实，严格执法检查，确保安全生产大检查取得实效。

（杜春光）

【副区长带队安全检查】 11月25日，平谷区副区长吴小杰带领区旅游委、住房城乡建设委、安全监管局、公安消防支队等部门和相关属地乡镇街道负责人，对旅游景区、建筑工地、工业企业等领域安全生产大检查落实情况进行检查。检查组先后来到北京和信汽车部件有限公司、京东大峡谷景区、大兴庄镇再生水厂施工现场，检查安全生产管理制度及责任制、隐患排查治理、消防设施设备和应急管理情况。吴小杰在检查中强调指出：各职能部门要强化“红线”意识和忧患意识，针对岁末年初安全生产形势特点，加强组织领导，做好安全防范工作。各企业要增强安全生产责任意识，落实各项安全生产管理制度及操作规程，做好隐患排查治理及整改工作，全面消除安全隐患。要做好重点时期应急值守工作，强化领导带班制度，做到“严防死守、警钟长鸣、防患未然”。

（马鹏程）

【区长带队安全督查】 12月16日，平谷区代区长汪明浩带领区安全监管、农业、环保等部门开展安全生产工作督查。督查组突击检查北京敏实汽车零部件有限公司和绿都兴谷集中供暖站等4家企业，听取企业安全生产工作汇报，实地查看企业安全生产现状。汪明浩要求各企业深化岁末年初安全生产大检查，加强隐患排查治理，杜绝赶工期、抢任务，防范各类安全生产事故发生。

（马鹏程）

【安全生产大检查】 11月至12月，平谷区各地区、各部门、各单位重点对危险化学品和易燃易爆物品、人员密集场所、建筑工地、交通运输、消防安全、油气输送管道、有限空间、特种设备等行业领域，按照“全覆盖、无死角、零容忍”的原则，开展安全生产大检查，排查治理安全隐患。组织检查组2738个，检查生产经营单位5853家次，排查各类安全隐患8099项，整改7965项（其中重大隐患1项），罚款74.6万元。

（马鹏程）

危险化学品安全监管

【企业内部加油站安全监管】 4月5日，平谷区安全监管局对辖区企业内部加油站进行安全检查。明确4项工作要求：一是加强日常设备设施的维护，严防泄漏、起火等事故发生；二是按照规定拆除不再从事加油作业的加油站油罐等设施，并及时上报；三是定期做好各项检测工作，并设置明显警示标识；四是加强人员值守，确保24小时有值班人员在岗。

（代宝杰）

【储存和使用单位安全检查】 4月25日，平谷区安全监管局对辖区雪花啤酒厂、千喜鹤股份有限公司、龙禹油库等危险化学品储存和使用单位进行安全检查。检查组要求油库、加油站落实各项人防、物防和技防措施，液氨使用单位要全面检查储存和使用场所的视频监控、报警、喷淋、通风及吸收等装置，确保完好有效，消除安全隐患。

（秦月光）

【“三项”检查活动】 6月16日，平谷区安全监管局开展特殊作业、加油站改造、油库自动化设备“三项”检查活动，强化夏季大修期间特殊作业的安全检查、加油站改造期间的安全检查以及油库自动化设备运行情况的安全检查。检查要求夏季汛期加油站要落实贯标改造施工过程安全保障措施；要按时维护保养油库自动化装置、设施。

（秦月光）

烟花爆竹安全监管

【烟花爆竹安全管理工作会】 1月11日，平谷区安全监管局召开烟花爆竹安全管理工作会，各烟花爆竹零售网点主要负责人参加会议。会议提出：按照本市烟花爆竹相关管理标准要求，加强对烟花爆竹经营和储存等安全管理，落实烟花爆竹经营企业安全生产主体责任，确保节前消除各类安全隐患。

（秦月光）

【烟花爆竹零售许可】 1月11日，平谷区安全监管局启动烟花爆竹经营（零售）许可证办理工作。受理烟花爆竹办证申请4份，符合办理条件4份。办理过程中，严格审核办理人提供的工商营业执照、申请人身份信息和安全资格证等资料。要求烟花爆竹经营网点负责人与区安全监管局签订烟花爆竹安全管理责任书。审核通过后，颁发烟花爆竹经营（零售）许可证书。向4家符合办理条件的单位发放烟花爆竹经营（零售）许可证，同比减少2家。

（高红伟）

【春节期间烟花爆竹安全检查】 2月7日至13日，平谷区安全监管局加强烟花爆竹零售网点安全巡查工作，检查烟花爆竹零售网点32家次，发现隐患问题7项。针对零售网点检查发现的隐患和问题，责令其当场整改，并要求相关责任人加强安全管理，确保节日期间各项安全工作落实到位。

（秦月光）

隐患排查治理

【清单编制试点工作部署会】 1月26日，平谷区安全监管局召开隐患排查治理“一企一标准、一岗一清单”编制试点工作部署会，相关评审单位和30家试点企业负责人参加会议。会议对开展隐患排查治理“一企一标准、一岗一清单”编制试点工作的内容、标准、工作要求和各阶段任务进行部署，要求有关单位高度重视，严密组织；抓好服务，严把质量；加强监管，列入考核。

（张术伶）

【隐患排查治理清单编制培训会】 3月11日，平谷区安全监管局邀请北京安联专家对全区30家“一企一标准、一岗一清单”编制试点企业主要负责人、安全管理人员进行工作培训。专家与企业人员进行交流讨论，解答企业提出的问题。通过培训，使参会人员掌握“一企一标准、一岗一清单”编制工作思路和内容。

（张术伶）

【白酒制造企业隐患治理方案】 6月17日，平谷区豪特酿酒公司、我和你（北京）国际酒庄有限公司和寅午宝酒业有限公司3家白酒制造企业与设计单位（中国轻工业西安设计工程有限责任公司）签订协议，由设计单位进行隐患整改设计，并制定隐患整改方案。豪特酿酒公司启动编制隐患整改设计，设计完成后由专家进行评审；我和你（北京）国际酒庄有限公司隐患整改设计编制完成，经区规划局批复后组织专家评审；寅午宝酒业有限公司开始制订隐患整改方案和设计图纸。

（郭向东）

应急救援

【防火知识宣传与演练】 5月5日，平谷区安全监管局联合公安消防支队、王辛庄镇政府在王辛庄镇放光村城北水乡小区开展防火知识宣传与演练。公安消防支队讲解建筑物火灾的扑救要领，并现场指导物业工作人员扑救初期火灾和快速使用消防栓及消防水带。专业人员向居民讲解日常生活中安全使用燃气的注意事项。通过此次宣传演练，提高小区居民的防火意识，增强对初期火灾的扑救能力。

（秦月光）

【综合应急演练】 6月1日，平谷区安全监管局联合公安消防支队在北京腾奥世杰工贸有限公司举办安全生产综合应急演练。此次演练模拟生产车间突发火情下人员如何疏散、逃生、第一时间上报危情以及救助伤员。公安消防支队对演练进行点评并讲解灭火器的正确使用方法，传授救火和逃生技巧。区安全监管局讲解用电安全知识和注意事项，并为企业员工发放宣传材料。此次演练增强员工的安全责任意识和突发事件中自防自救的应变能力，督促企业落实应急管理主体责任，提升安全生产应急管理水平。

（张术伶）

【加油站消防应急演练】 6月15日，平谷区安全监管局在远升加油站举办加油站消防应急预案演练。演练前，加油站工作人员学习灭火器正确使用并进行灭火实操训练。随后，模拟加油站卸油口突然着火，现场职工和在场人员立即启动应急预案，所有人员迅速集合并按照分工拨打“119”、拉警戒线、切断电源、组织现场车辆撤离、转移贵重物品等，利用干粉灭火器和消防桶铲沙进行灭火。整个演练持续10分钟。通过演练，使加油站工作人员掌握应急逃生正确方法，熟悉突发事故紧急疏散程序和线路，提高应急自救能力，达到预期效果。

（郭向东）

【加油站反恐应急演练】 6月20日，平谷区安全监管局在北京平谷台京加油站开展反恐应急处突演练。演练模拟嫌疑人突然闯入营业厅，劫持抢劫1名加油员，现场另1名加油员立即停止加油作业，迅速关闭控制电源，对现场车辆和人员进行紧急疏散，站长迅速与公安部门联系，并合力将歹徒制服。通过演练，使全体员工理解和掌握加油站防恐应急预案，并采取有效措施，控制事态发展，提高应急处置能力和实战水平，提高事故应急处置综合素质。

（郭向东）

【龙禹油库事故应急演练】 7月14日，平谷区安全监管局会同区应急办、公安消防支队等部门，在北京龙禹石油化工有限公司开展《平谷区政府与重大危险源单位生产安全事故“一对一”应急预案》实战演练。现场模拟北京龙禹石油化工有限公司1号罐区第二灌顶汽油泄漏引发火灾事故，龙禹油库启动公司应急预案三级响应，派公司救援队对事故情况进行确认，救援队采取救援行动，对着火部位进行喷淋。随着火势扩大，龙禹油库启动公司应急预案二级响应，向属地政府和救援部门报告情况并请求支援，并向主管部门汇报事故情况。10分钟后，马坊消防中队赶赴现场开展灭火救援工作，在消防和龙禹公司救援队伍共同努力下，火势得到控制。此次演练出动救援人员23人、应急救援车辆3台，紧急疏散员工35人。演练控制有序、响应迅速、配合默契，取得良好效果。通过演练，增强企业应对火灾的扑救能力，提升各部门应急反应速度。

（秦月光）

执法监察

【服装加工企业安全检查】 1月5日，平谷区安全监管局联合区消防支队、马坊镇政府和镇派出所，对马坊镇部分服装加工企业进行安全执法检查。此次检查服装加工企业12家，下达责令限期整改指令书10份，查处事故隐患45项。检查发现，部分服装加工场所存在疏散通道和安全出口被货物堵塞、应急疏散照明灯损坏以及临时用电线路未做穿管保护等安全隐患，执法人员责令相关企业限期整改。经复查，隐患问题全部整改完毕。

（马鹏程）

【滑雪场安全大检查】 1月7日，平谷区安全监管局联合区旅游委、体育局、质监局等部门对辖区内的北京金海湖嘉年华滑雪场、北京渔阳滑雪场等场所进行安全大检查。检查组要求相关单位针对“两节”特点，制定应急预案并加强演练，加强对滑雪场设备设施的检测，加强安全巡视，落实值班制度。遇突发事件立即上报，并采取应急措施，有效处置。

（马鹏程）

【工业园区企业专项检查】 1月12日，平谷区安全监管局联合马坊工业园区管委会对园区内工业企业开展安全生产专项检查。检查组重点检查企业安全生产责任制是否落实，生产作业现场安全标识、警示牌是否挂贴合理，现场安全生产监督是否落实到位，应急预案及演练落实情况等，并向企业相关负责人了解企业安全生产管理制度、机构设置等情况。针对检查发现的隐患问题，执法人员责令相关单位立即整改并提出整改意见，要求各企业推进安全生产标准化达标创建工作，建立安全生产工作长效机制，确保企业安全生产。经复查，隐患问题全部整改完毕。

（马鹏程）

【专职安全员工作大会】 1月14日，平谷区安全监管局召开安全生产专职安全员工作大会，各乡镇街道、管委会安全生产负责人和全体专职安全员参加会议。会议总结2015年专职安全员在安全生产条件普查、日常检查、宣传教育、专项整治、隐患自查自报以及安全生产标准化推进等方面取得的成绩，表彰2015年度优秀专职安全员。会议部署2016年安全生产工作，要求全体专职安全员加强学习、提高能力，认真工作、完成任务，遵纪守法、勤政廉政，在今后工作中取得更好成绩，开创本区安全生产监管工作新局面。

（张红梅）

【人员密集场所安全检查】 2月2日，平谷区安全监管局联合区商务委、公安消防支队和平谷镇政府对华联购物中心、奥特莱斯购物广场及大红果饭店等人员密集场所集中开展安全检查。重点检查安全疏散通道及安全出口是否畅通，消防设施、消防器材是否进行维护保养，用火、用电、用气等安全管理制度是否落实和员工消防器材的使用等情况。针对检查发现的应急预案不健全等隐患问题，执法人员下达责令限期整改指令书，要求各单位加强安全生产自查整改工作，落实安全巡查制度，确保节日期间安全运营。经复查，隐患问题全部整改完毕。

（马鹏程）

【专职安全员考核部署会】 3月1日，平谷区安全监管局召开专职安全员考核工作部署会，各乡镇街道有关负责人参加会议。会议通报《平谷区2016年乡镇街道专职安全员考核方案》，各乡镇街道结合本辖区实际情况对考核方案提出意见建议。会议要求各乡镇街道强化专职安全员队伍建设，加强对专职安全员的管理和监督，提高专职安全员协作意识和履职能力。

（张红梅）

【建筑工地春季复工安全检查】 3月23日，平谷区安全监管局联合区住房城乡建设委、公安消防支队等部门和马坊镇政府对辖区建筑施工工地进行安全生产专项检查。检查组重点检查在建项目脚手架、塔吊、模板存放区等重点部位和关键施工环节，查阅施工人员三级教育考核试卷、劳动防护用品发放记录和突发事件应急预案等相关资料。针对检查中发现的临边防护不到位、临时用电线路敷设不符合要求等问题，执法人员下达责令限期整改指令书，责令相关施工单位整改，并开展安全隐患自查自纠工作。经复查，隐患问题全部整改完毕。

（马鹏程）

【《检查手册》启用】 3月，平谷区安委会编制《生产经营单位安全生产检查手册》，并向区商务委、文化委、旅游委、住房城乡建设委、体育局等行业监管部门以及21个乡镇街道、管委会发放《检查手册》和《行业检查要点》，向重点行业生产经营单位发放《安全生产检查表》。《检查手册》明确监管部门“怎么查”“查什么”，明确生产经营单位“怎么做”“做什么”。《检查手册》告知生产经营单位在开展自查时应重点检查的内容，排查治理安全隐患。通过生产经营单位填写《安全生产检查表》，记录企业存在的隐患问题和反映企业安全生产状况，帮助企业进行安全隐患自查整改。

（马鹏程）

【桃花音乐节安全保障】 4月1日至5月31日，平谷区安全监管局采取3项措施，做好第十八届国际桃花音乐节期间安全保障工作。一是对桃花观赏线路周边沿线重点企业开展专项检查；二是对平谷城区餐饮、娱乐、星级宾馆和商市场进行拉网式检查，重点检查企业应急预案的制定和演练；三是加强对赏花区域内峪口镇、刘家店镇、大华山镇和夏各庄镇重点企业安全检查，确保不发生爆炸、触电、坍塌等生产安全事故。

（马鹏程）

【赏石文化节安全保障】 4月18日至5月3日，平谷区安全监管局采取3项措施，确保第六届赏石文化节期间安全稳定。一是对赏石文化节开幕式现场舞台等临建设施进行安全检查，确保临建设施安全牢固。二是对各商铺临时用电是否安全、是否使用液化气、观赏石防倾倒措施是否到位等进行安全检查，抽查商铺32家，下达整改指令书25份，整改事故隐患41项。三是要求相关单位落实重点部位安全管理制度，完善事故应急预案，细化岗位职责，做好安全生产保障工作。

（马鹏程）

【音乐节现场临建设施安全检查】 4月25日，平谷区安全监管局联合区住房城乡建设委、质监局和东高村镇政府，对2016中国乐谷·理想音乐节活动现场临建设施的搭建情况进行安全检查。重点检查施工单位各项应急预案是否齐全、安全防护措施是否到位、临时用电是否安全等，对检查中发现的部分临建设施安全警示标识设置不齐全等问题，检查人员责令施工单位整改，并监督落实。

（马鹏程）

【企业用电安全专项检查】 4月26日至5月10日，平谷区安全监管局联合区商务委、住房城乡建设委、旅游委、文化委、体育局、公安消防支队等部门，对全区综合楼宇、工业企业、建筑施工以及商市场和宾馆饭店等行业领域开展用电安全检查。重点检查场所电气设备安全管理制度及操作规程、电工等特种作业人员持证上岗及安全生产教育培训情况，检查场所电气线路是否老化、是否存在电线裸露、电气设备设施维护管理是否符合规定、变配电室管理是否符合国家或行业标准等。通过专项检查，督促企业落实安全生产主体责任，排查治理用电安全隐患，有效防范电气火灾、触电等安全事故的发生。

（马鹏程）

【“五一”节前人员密集场所安全检查】 4月29日，平谷区安全监管局联合区商务委、公安消防支队对商场、超市等人员密集场所开展安全检查。重点检查各场所安全疏散通道及安全出口是否畅通，消防设施、消防器材是否维护保养，用火、用电、用气等安全管理制度是否落实和员工消防器材使用等情况。针对发现的隐患问题，执法人员责令相关单位当场整改。检查组要求各单位落实安全巡查制度，有效遏制火灾、踩踏等事故发生，确保节日期间安全运营。

（马鹏程）

【丫髻山庙会安全保障】 5月7日至24日，平谷区安全监管局开展丫髻山庙会活动期间安全生产保障工作。一是对活动现场临建设施、特种设备、临电和消防等方面进行安全检查、督促整改。二是对太极广场至丫髻山顶等人员密集场所安全警示标识、防踩踏和防坠落措施等进行安全检查。三是对周边企业危险化学品使用情况和民俗接待户燃气使用情况进行检查。保障庙会活动安全，确保不发生生产安全事故。

（马鹏程）

【人员密集场所用电安全检查】 6月1日至7日，平谷区安全监管局联合区商务委、旅游委、文化委、体育局、公安消防支队等部门对全区25家大型商场超市、宾馆饭店、文化娱乐、体育健身及综合商业场所开展用电安全检查。重点检查各场所电气设备安全管理制度及操作规程、电工等特种作业人员持证上岗情况及安全生产教育培训情况等，检查电气线路是否老化、是否存在电线裸露、电气设备设施维护管理是否符合规定、变配电室管理是否符合国家或行业标准等。在检查过程中，执法人员向从业人员宣传用电安全知识，并用事故案例教育特种作业人员，提高职工安全意识，加强企业用电安全管理。

（马鹏程）

【建筑工地汛期安全监管】 6月1日至8月31日，平谷区安全监管局采取措施，加强汛期建筑施工安全监管工作。一是联合区住房城乡建设委、公安消防支队等部门及属地乡镇街道开展专项检查，排除汛期隐患“风险点”。重点检查在建工地边坡支护、深基坑防护、脚手架体牢固、工地排水措施以及塔吊等大型机械设备防汛状况，将深基坑、边坡防护列入重点检查范围。二是通过多次巡查，跟踪落实隐患整改，针对检查中发现的隐患，责令相关单位立即落实整改，并限期跟踪复查，确保隐患整改到位。三是要求施工、监理单位落实主体责任，加强对现场作业人员的安全教育，提高防护意识和自救能力。落实汛期专人24小时值班制度，逐一检查施工重点环节，及时发现并消除安全隐患。

（马鹏程）

【国际铁人三项赛安全保障】 6月16日至17日，平谷区安全监管局联合区体育局、公安消防支队等部门对比赛场地主席台等临建设施进行安全检查，重点检查临建设施是否按设计图纸进行搭建、临时用电安全敷设、特种作业人员持证上岗、驻地场所消防通道、安全指示标识和消防设备设施等是否完备。比赛期间，区安全监管局安排专人对临建设施进行巡查，确保活动安全有序。

（马鹏程）

【城乡结合部地区专项检查】 7月11日，平谷区安全监管局联合区工商分局、公安消防支队等部门及平谷镇政府，对平谷镇城乡结合部地区东寺渠村“五小企业”“六小场所”等进行专项执法检查。重点检查是否存在食宿与仓储、经营功能混合设置在同一建筑内的“三合一”“多合一”等情况。检查发现部分商户食宿、存储与经营一体，部分商户电线敷设不符合安全规范要求，部分安全疏散通道被货物挤占以及易燃物未及时清理。针对存在安全隐患和问题，执法人员依法对相关企业和商户下达执法文书，责令立即或限期整改，对逾期未整改的采取关闭取缔、停产停业整顿、停止水电气热供应等措施进行处理，确保城乡结合部地区非法违法行为整改治理到位。经复查，隐患问题全部整改完毕。

（马鹏程）

【工业企业安全检查】 9月7日，平谷区安全监管局联合兴谷街道办事处对93家工业企业进行安全生产检查。检查组对各工业企业安全生产机构的设置、安全管理人员的配备、安全设施设备配备和维护、安全管理制度及安全操作规程建立和落实等情况进行检查。重点排查生产车间临时用电、机械伤害及职业卫生等安全隐患。出动执法人员18人次，检查工业企业6家，下达责令限期整改指令书4份，排查整改各类隐患32项。

（马鹏程）

【国庆节前安全检查】 9月19日，平谷区安全监管局联合区商务委、公安消防支队、质监局等部门对商场超市、宾馆饭店等人员密集场所开展安全检查。重点检查各单位消防设施和灭火器材是否配齐配全，疏散通道、安全出口是否畅通，是否落实用火、用电、用气消防安全措施，电梯是否定期检测，节假日是否落实值班制度，是否制定节日期间安全生产突发事件应急预案等内容。针对检查发现的隐患问题，执法人员责令相关单位在国庆节前整改完毕。

（马鹏程）

【文娱场所专项检查】 10月12日，平谷区安全监管局联合区文化委、公安消防支队对8家歌舞厅等文娱场所开展专项检查。重点检查经营场所安全出口是否畅通、日常安全巡查是否到位、用电设施是否规范等内容。针对检查发现的隐患问题，执法人员责令相关单位限期整改，并要求开展隐患自查自纠工作。通过专项检查，集中消除一批安全隐患，强化文娱经营单位安全生产主体责任意识，有效促进文娱经营单位安全管理水平。

（马鹏程）

【国际户外健身大赛安全保障】 10月13日至14日，平谷区安全监管局联合区体育局对北京平谷第八届国际户外健身大赛临建设施进行安全检查。检查组重点对临建设施是否按设计图纸进行搭建、临时用电安全敷设情况、特种作业人员持证上岗和驻地场所消防通道、安全指示标识、消防设备设施等是否完备进行检查、验收，确保安全保障工作到位。比赛期间，区安全监管局安排专人对比赛场地主席台等临建设施进行不间断巡查，确保比赛活动安全有序进行。

（马鹏程）

【夏季安全监管】 本年，平谷区安全监管局采取措施做好夏季安全生产监管工作。一是抓好宣传，在街道社区、学校、企业等人员密集场所悬挂标语条幅，宣传《中华人民共和国安全生产法》和夏季安全用电、防火等知识，向企业职工、建筑施工人员、聚集区人员发放防火、防汛等宣传手册，提高职工群众安全防范意识。二是抓好检查，执法检查人员深入辖区建筑工地、市场、学校等公共场所，对消防配置、消防通道应用、安全出口设置等防火设施存在的隐患进行排查。三是预防为主，开展安全生产专题学习培训，明确各社区、企业负责人为安全生产责任人，形成齐抓共管的监管机制。采取日常监督与重复检查、全面普查相结合，对安全隐患做到一查到底、不留死角。

（马鹏程）

【“三个强化”提升处罚案卷质量】 本年，平谷区安全监管局根据《北京市行政处罚案卷评查标准》，立足工作实际，查漏补缺，采取“三个强化”提升行政处罚案卷质量。一是强化学习培训，集中组织相关执法科室工作人员，对安全生产法律法规、执法案卷评查标准等内容进行交流学习，并对照市安全监管局案卷评查提出的问题进行补充、修改和完善。二是实行案卷评查工作机制，由执法队组织相关执法科室工作人员，采取集中评查、交叉评查的形式，对行政处罚案卷进行评审，通过评查机制促进案卷质量提升。三是强化整改落实，通过对案卷集中审查过程中发现的问题进行研讨，向市安全监管局进行咨询，向各执法科室进行反馈，增强承办人员责任意识，提升执法案卷质量。

（马鹏程）

职业卫生监督检查

【汽车配件企业职业危害检查】 2月25日，平谷区安全监管局对兴谷开发区汽车配件制造企业进行检查。检查中发现部分企业存在劳动防护用品佩戴不规范等问题，检查组责令企业限期整改。经复查，隐患问题全部整改完毕。

（张洪志）

【职业卫生宣传】 5月6日，平谷区安全监管局联合区卫生监督所、疾控中心对北京和信汽车部件有限公司企业员工进行职业卫生知识宣传，向员工发放《职业病防治问答》手册。要求企业建立、健全职业卫生相关档案，落实职业病防治管理制度并定期开展职业卫生知识培训，配备符合标准的劳动防护用品并督促员工按要求配戴。

（秦月光）

【有限空间专题培训】 5月26日，平谷区安全监管局邀请专家为乡镇街道安全生产专职安全员进行业务培训。专家结合事故案例，从有限空间的特点、分类、常用安全警示标识、危险有害因素、多发事故原因、应急设备设施配备及安全防护用品等方面讲述有限空间现场安全检查要点。通过培训，提高专职安全员对有限空间现场检查能力，加强有限空间安全监管工作。

（张红梅）

【职业卫生培训会】 6月24日，平谷区安全监管局联合区疾控中心召开职业卫生培训会，对马坊开发区、兴谷开发区涉及职业危害的企业进行职业卫生培训。对各企业涉及的职业危害因素进行讲解认知，要求企业建立健全职业卫生相关档案，落实职业病防治管理制度并定期展开职业卫生知识培训，配备符合要求的劳动防护用品并督促员工按要求配戴。

（秦月光）

宣传培训

【"双百工程"启动】 3月9日，平谷区安全监管局制定工作方案，在全区范围内启动2016年"双百"工程。明确15名专家与12个乡镇街道250家小微企业，开展安全生产帮扶与指导；局领导班子成员分5组与12个乡镇街道和100家企业负责人面对面沟通，查找安全生产工作存在的问题，研究解决办法，为做好安全监管工作奠定基础。

（张佳强）

【专职安全员专题培训】 4月28日，平谷区安全监管局邀请建筑安全专家为乡镇街道安全生产专职安全员进行业务培训。专家从施工作业人员资质、施工机器设备、建筑施工现场环境、标识、脚手架的搭建和管理等方面讲述建筑行业现场安全检查要点。培训内容丰富、实操性强，提高专职安全员建筑施工现场监督检查能力。

（张红梅）

【国资委系统企业安全培训会】 5月12日，平谷区安全监管局、国资委联合召开国资委所属企业负责人及安全管理人员安全生产专项培训会，区国资委系统生产经营单位主要负责人和安全管理人员参加会议。会议对此次培训进行动员和部署，分析安全生产形势，解读安全生产法律法规，提高企业负责人和安全生产管理人员安全意识。

（张术伶）

【乡镇街道企业专项培训】 6月2日，平谷区安全监管局对滨河街道、夏各庄镇和东高村镇企业安全管理人员开展安全生产知识专项培训。针对乡镇街道企业特点，重点讲解职业危害及粉尘治理措施，讲解安全生产法规，强调"党政同责、一岗双责，齐抓共管、失职追责"。安全生产专家结合事故案例向企业讲解安全生产标准化相关知识。通过培训，提高企业安全管理人员安全意识和安全管理能力。

（张术伶）

【安全生产月活动】 本年，平谷区安委会办公室采取4项措施推进安全生产月宣传教育工作。一是专题部署，制定《安全生产月活动方案》和《安全生产月咨询日方案》，召开安全生产宣传咨询日协调会，与相关部门沟通并确定咨询日具体工作部署。二是稳步推进，将安全生产月划分为4个周和4个主题，包括"用电安全警示教育周、事故隐患排查治理周、法制宣传周和特色活动宣传周"，开展针对性强、主题鲜明的宣教活动。三是深入基层，以安全用电、用火、用气和隐患排查治理技能为主要内容，面向北京旺旺食品有限公司一线职工开展安全生产宣教活动。四是广泛宣传，印制安全生产宣教条幅 500 条、《致广大员工一封信》3000 份、隐患排查治理办法手册 2000 份、生产经营单位主体责任规范手册 1000 份、安全生产法手册 1000 份、宣教光盘 2000 张和宣传画 1000 张，做到村村有宣传，宣传进车间。

（杜春光）

【推进“双百工程”】 本年，平谷区安全监管局在“双百工程”微信群基础上，设置“双百工程”协调群，成员包括局机关干部、专职安全员和企业主要负责人，要求相关属地乡镇街道专职安全员定时将专家现场服务情况、查找的问题和隐患、企业需求等上传至协调群，掌握小微企业安全生产状况，形成“政府、基层、企业”三方“有一说一”的交流平台。区安全监管局领导与 40 家企业主要负责人开展“面对面”“一对一”谈心对话活动；171 家小微企业接受安全专家服务指导；23 家企业主要负责人在企业安全投入、安全机构和人员设置、健全安全制度和安全设备设施配备等 4 个方面做出承诺；帮助企业查找和整改各类隐患问题 256 项，发放安全宣传材料 665 份，培训安全专职人员 369 人次。

（张佳强）

标准化建设

【行业部门标准化部署会】 4 月 20 日，平谷区安全监管局召开行业部门安全生产标准化工作部署会，区商务委、住房城乡建设委、教委等部门负责人以及滨河街道、兴谷街道和平谷镇有关负责人参加会议。会议通报《平谷区 2016 年三级标准化达标及小微企业安全标准化岗位达标工作实施方案》，并对 2016 年安全生产标准化工作任务、内容、标准和各阶段工作任务进行部署。会议要求：一是各行业、属地政府要根据全区总体安排及目标，确定年度达标企业名单，帮助企业开展达标工作，做好本部门、本地区企业达标申报和考评工作，分步骤推进创建进程；二是加强与有关部门的沟通，掌握各行业（领域）开展安全生产标准化建设情况，定期公布安全生产标准化建设信息，推广有效的工作模式和做法；三是把生产经营单位安全生产标准化达标与安全行政许可、行业资质复审、监管频次、行政处罚和安全生产“警示名单”等挂钩，与日常监管工作有机结合起来，用多种手段推进达标。

（张术伶）

怀　柔　区

概　　述

2016 年，怀柔区安全生产工作围绕“推进四化建设、健全三个体系”工作思路，完善安全生产责任体系，夯实基层基础工作，开展各项专项整治，及时消除安全隐患，完成安全生产各项工作任务。圆满完成“青少年科技创新大赛”“机器人大赛”“国际标准舞大赛”“第六届北京国际电影节”“电影嘉年华”以及“第 16 届中国电影华表奖颁奖典礼”等大型活动安全保障工作。

一、加强组织领导。每季度区政府常务会专题研究安全生产工作，每半年区委常委会专题听取安全生产工作汇报。区委、区政府主要领导先后在50余件安全生产相关文件上做出重要批示。区领导率先垂范，全区各级领导干部带队执法检查1190次，检查各类生产经营单位2480家。

二、健全责任体系。自2014年出台《怀柔区安全生产“一岗双责”规定》的基础上，全区相继出台《怀柔区安全生产“党政同责”规定》《关于进一步完善和加强区政府工作部门安全监管（管理）职责的通知》《安全生产约谈办法》《关于推进安全生产事故隐患排查治理体系建设实施意见》《关于实施安全发展战略的意见》以及《怀柔区推进安全预防控制体系建设实施方案》。安全生产“党政同责、一岗双责、齐抓共管、失职追责”的格局日趋完善。

三、夯实基础工作。完成三级安全生产标准化达标企业101家、小微岗位达标企业453家，完成职能部门22名专职安全员的队伍组建工作，完成新增“安责险”投保企业500家。参加“职工技协杯”职业技能竞赛，取得全市笔试团体第一名和现场执法“优秀团体三等奖”的好成绩。

四、深化专项整治。开展20余项安全专项整治工作，先后消除李进发冷藏站市级挂账隐患、商鲲教育培训学校消防市级挂账隐患、庙城恒润塑料制品有限公司消防挂账隐患，推进全区矿山企业和尾矿库等风险企业的有序退出。

五、开展宣传教育。开展“双百工程”，与辖区内企业负责人开展“对话谈心”，宣传安全生产法律法规，聘请安全生产专家，免费为企业开展隐患排查和安全生产咨询服务。采取“安全进社区”的方式，组织开展安全生产宣传咨询、有奖知识问答、安全大讲堂、大比武等系列活动60余次，2万余人次参与。开通安全生产官方微信公众号，扩大安全生产宣传覆盖面。以延时逐格的方式多角度拍摄《华表奖安全生产保障工作纪实》。

在肯定成绩的同时，我们必须清醒地认识到安全生产工作仍然存在一定薄弱环节和突出问题。一是企业安全发展意识不强，主体责任不落实。部分企业安全生产责任体系“五落实五到位”还不扎实，对安全生产日常检查和专项整治被动应付，企业内部违法违规现象依然较为突出，标准化工作在个别企业推进困难。二是安全管理和监督不严，执行力还需强化。一些地方和部门对自身职责不清，监管责任落实不够，执法检查力度不够，从检查到整改到“回头看”，没有形成闭环管理。

综合监管

【重点行业领域安全生产部署会】 2月26日，怀柔区安全监管局召开专题会议，对建筑、旅游、工业、餐饮等重点行业、领域以及各属地强化责任意识，落实安全防范，进行安排和部署。明确安全管理职责，严查管理制度，确保春节后开、复工时期生产生活秩序稳定，为“两会”召开营造安全环境和良好氛围。会后，区安全监管局对欧曼二厂新上岗员工的安全教育培训工作进行检查。

（王赫）

【“安责险”动员部署会】 8月22日，怀柔区安全监管局召开安全生产责任保险动员部署会，区有关部门和各乡镇街道、雁栖经济开发区管委会、雁栖湖生态发展示范区管委会，以及安润国际保险公司、人保财险公司负责人参加会议。会议通报2016年度全区安全生产责任保险投保情况，解读《怀柔区安全生产责任保险制度试点工作方案》，介绍安全生产责任保险制度以及有关理赔事项，对有关工作进行部署。要求各部门、各单位认识开展安全生产责任保险工作重要意义，做好宣传培训，推进“安责险”投保工作，特别要在非煤矿山、危险化学品、有限空间、餐饮经营企业等风险较高的行业企业，率先投保推广。要将安全生产责任保险试点工作纳入2016年度安全生产考核内容，确保完成“安责险”投保工作任务。

（王晴）

【企业信用体系建设部署会】 11月24日，怀柔区安全监管局召开专题会议，部署企业安全生产信用承诺及信用评级工作。会议通报学习《北京市安全生产信用体系建设管理办法》《北京市企业安全生产承诺和信用报告制度》，就企业安全生产信用信息产生、归集、等级评价以及评定结果运用等进行解读，对“企业安全生产承诺书”和“企业安全生产信用等级评定申请表”的填写方法进行辅导。

（王赫）

【安全生产大检查督查工作展开】 11月29日，怀柔区政府督查室、监察局、安全监管局、住房城乡建设委等20余个部门，组成8个区级督查组，分3个阶段，对全区18个属地政府，采取集中听取汇报、分组检查、随机抽查等方式，从各属地、各部门安全生产大检查落实情况和企事业单位隐患排查治理情况两个层面展开督查。

（王赫）

【安全生产大检查部署会】 12月26日，怀柔区安委会办公室召开专题会议，部署大检查隐患整改工作，区有关行业部门和属地政府参加会议。会议通报市安委会第五督查组检查情况，对安全生产大检查工作进行再动员、再强调，并将督查检查发现的隐患，按照行业和属地进行责任划分。

（王赫）

危险化学品安全监管

【易制毒化学品整治部署会】 3月28日，怀柔区安全监管局召开会议，部署易制毒化学品专项整治工作，辖区内4家非药品类易制毒化学品企业负责人参加会议。会议传达全国禁毒工作会议精神，学习贯彻《易制毒化学品管理条例》《非药品类易制毒化学品生产、经营许可办法》等法律法规，根据工作实际制发《怀柔区易制毒化学品经营单位隐患自查表》。在此次专项整治过程中，区安全监管局按照“定期通报、及时通报、公开通报”的要求，对检查发现的突出问题进行通报，对整改不到位的企业，给予处罚，并启动“双公示”制度和企业信誉考核机制，确保专项整治工作取得实效。

（王晴）

【规范化管理与试点工作会】 4月26日，怀柔区安全监管局召开危险化学品使用单位规范化管理与试点工作会，相关行业主管部门、各属地政府主管领导及危险化学品使用单位负责人参加会议。会议部署全区危险化学品使用单位规范化管理与试点工作，选取10家典型危险化学品使用单位开展规范化管理试点工作，聘请北京化工协会专家指导企业开展隐患排查治理“一企一标准、一岗一清单”编制工作，规范企业危险化学品使用管理，为企业提供成功经验。会议要求与会单位按照“工作要求不放松、工作标准不降低、工作状态不懈怠”的要求，强化工作责任，落实工作措施，确保危险化学品使用单位规范化管理试点工作取得实效。

（王晴）

【危险化学品运输联合检查】 5月19日至20日，怀柔区安全监管局、交通局、公安交通支队对全区5家危险化学品运输企业开展安全生产联合检查。检查组查阅各单位安全生产规章制度和工作记录等资料，现场检查配电室、煤气房、食堂、宿舍、GPS中控室等场所运行安全情况，对安全标识设置和安全设施设备管理等情况进行重点检查。针对检查发现的问题，检查组提出整改要求并监督企业落实。

（王晴）

【危险化学品执法检查】 本年，怀柔区安全监管局加强危险化学品使用企业和加油站安全生产执法检查工作，重点检查安全制度落实、重点部位警示标识、特种作业人员上岗操作证以及员工安全生产教育培训、劳动防护用品发放及穿戴等情况。检查生产经营单位221家次，排查整改事故隐患83项，下达执法文书296份、责令限期整改指令书73份、现场处理措施2份，行政处罚2起，罚款2.5万元。开展非法违法销售、储存油漆稀料等危险化学品专项清理行动，清退14家建材小商店非法违法经营油漆、稀料产品441千克。

（王海珠、王晴）

【危险化学品行政许可】 本年，怀柔区安全监管局按照“依法行政、从严审批”原则，依法开展危险化学品行政许可工作。严格审核企业负责人、安全管理人员、企业营业执照等资质证书和其他换证资料，严格审查现场安全条件，严把许可准入关。受理危险化学品经营许可31家，其中：延期申请20家，变更申请3家，首次申请6家，注销2家。易制毒化学品经营延期备案1家。

（王晴）

【建设项目“三同时”审查验收】 本年，怀柔区安全监管局严格审查程序，开展危险化学品建设项目“三同时”审核工作。组织专家对5家单位危险化学品建设项目安全条件、安全设施进行设计审查，对2家单位建设项目进行安全设施竣工验收。

（王晴）

【危险化学品追溯体系】 本年，怀柔区安全监管局推进易制爆危险化学品追溯体系建设。在怀柔区安全生产智慧监察平台“危化管理”模块中开发易制爆流向管理系统，引导危险化学品经营、使用单位完善产品信息，开展易制爆危险化学品生产、经营、储存、运输、使用、废弃处置全过程信息化追溯体系建设。

（王晴）

【加油站贯标改造】 本年，怀柔区安全监管局按照全市加油站改造工作的统一部署，指导企业开展双层管道双层罐贯标改造工作。全区加油站27家，有9家加油站完成贯标改造工作，5家正在贯标改造中，13家制定改造计划。区安全监管局对于未按期完成贯标改造的加油站一律不予办理危险化学品经营许可证延期申请。

（王晴）

【危险化学品使用单位规范化管理】 本年，怀柔区安全监管局在危险化学品使用企业、学校实验室、医院等行业领域选取10家单位开展危险化学品使用单位规范化管理试点工作。全区118家危险化学品使用单位建立危险化学品使用单位台帐。北京化工协会专家指导企业开展规范化管理工作，帮助企业排查治理事故隐患51项，完成10家危险化学品使用单位规范化管理试点企业进厂指导和安全现场分析评估工作。

（王晴）

烟花爆竹安全监管

【烟花爆竹网点行政许可及布设】 本年，怀柔区安全监管局按照申请、受理、公示、审核、复合、审定、告知7个程序，实施烟花爆竹行政许可。会同区公安分局、公安消防支队、工商分局、交通局、市政市容委等职能部门开展春节烟花爆竹零售网点选址定点工作。全区许可烟花爆竹零售网点27个，同比减少16个，下降37.2%。其中长期零售网点3个、春节期间临时网点24个。

（王晴）

【网点监控系统对接】 1月5日至7日，怀柔区安全监管局完成城区内7家主流渠道零售大棚视频监控系统的安装调试工作，视频监控系统图像清晰，各类信号接收正常。完成全区烟花爆竹零售网点视频监控平台的运行调试和与市级平台的对接工作。全区视频监控系统进入正常工作状态，对全区主渠道零售网点进行全方位、全时段安全监控。

（王晴）

【烟花爆竹安全培训】 1月22日，怀柔区安全监管局组织辖区内烟花爆竹批发单位、零售网点负责人和从业人员，开展烟花爆竹岗前安全知识培训。培训分为理论知识和实操两个部分。通过培训，提高烟花爆竹经营单位从业人员安全管理水平和应对突发事件能力。培训课结束后进行考试。

（王晴）

【烟花爆竹禁放安全管理】 2月2日，怀柔区安全监管局召开专题会议，部署春节期间烟花爆竹禁放工作，全区36家禁放单位负责人参加会议。会议传达烟花爆竹禁放安全管理文件精神，向禁放单位发放烟花爆竹安全燃放宣传画、禁放标识200余份。会议要求各单位加强领导，明确责任人，逐级落实消防安全责任，与周边100米范围内住户和单位签订《安全燃放协议》，做好烟花爆竹安全燃放知识宣教工作。在烟花爆竹燃放高峰时段，根据实际情况停止易燃易爆场所危险作业，确保安全。

（王晴）

【重点时段执法检查】 2月3日至12日，怀柔区安全监管局在烟花爆竹配送、销售期间，加强日查、夜间抽查、重点时段安全监管，对全区27家烟花爆竹零售网点进行全“覆盖执法”检查。在春节、除夕和正月十五等燃放高峰期由局领导带队，分2个检查组对城区及周边烟花爆竹零售网点、加油站、油库、工业气体等烟花爆竹禁放看护单位开展夜查。调动全区属地政府及行业主管部门执法力量，出动执法检查人员704人次、执法车辆210台次，检查烟花爆竹零售网点、危险化学品禁放经营单位530家次，下达执法文书446份，排查整改事故隐患41项。

（王晴）

【联合执法检查】 2月5日，怀柔区安全监管局、质监局、公安分局、城管执法局、公安消防支队对辖区烟花爆竹零售网点开展联合执法检查。重点检查零售网点经营销售、日常看护、夜间值守等情况，查看灭火器材配备、周边可燃物清理等安全措施，要求各网点做好24小时值守，落实禁放点看护及安全燃放秩序维护等工作，及时消除安全隐患。

（王赫）

【烟花爆竹销售及回收】 2月12日，怀柔区安全监管局组织对全区烟花爆竹零售网点停止销售情况进行检查，督促各网点做好剩余烟花爆竹回收工作。2月15日，烟花爆竹零售网点视频、音频设备及大棚拆除完毕，全区烟花爆竹零售网点剩余烟花爆竹回收工作圆满完成。春节期间，全区烟花爆竹批发单位累计配送烟花爆竹2730箱，销售2645箱，库存总价值140万元，销售额同比下降26%。农村临时零售网点全部完成销售；城区7个零售网点回收烟花爆竹85箱。

（王赫）

矿山安全监管监察

【尾矿库、排土场专项检查】 3月4日，怀柔区安全监管局联合汤河口镇、琉璃庙镇、怀北镇属地政府，对马圈子尾矿库、前安岭铁矿尾矿库、兴发水泥矿区排土场开展安全生产专项检查。重点检查应急值守、尾矿库干滩和排土场电子定位监控系统运行情况。要求各单位做好“两会”期间24小时值守备班工作，落实各项安全生产制度，加强巡查检查力度，及时发现并消除安全隐患，确保安全稳定。

（王赫）

【非煤矿山汛期安全监管】 6月至7月，怀柔区安全监管局制发《关于做好2016年非煤矿山汛期安全生产工作的通知》，先后与相关乡镇街道签订《北京市怀柔区2016年非煤矿山及尾矿库防汛安全责任书》，落实各项监管措施，加强应急值守，排查整改事故隐患，确保非煤矿山及尾矿库的安全。针对非煤矿山和尾矿库汛期特点，在抓好日常检查的基础上，以随机检查、专项检查或联合检查的形式，有重点开展执法检查。针对7月19日至20日，怀柔地区普降暴雨，区安全监管局抽调8名执法人员分两组，行程400多公里，对非煤矿山和尾矿库进行“全覆盖”检查，及时准确掌握非煤矿山和尾矿库安全生产情况。

（王佳贺）

【非煤矿山联合检查】 12月1日至2日，怀柔区安全监管局、环保局、国土分局对北京恒泰兴业企业管理有限公司（前安岭铁矿）、北京兴发水泥有限公司开展联合执法检查。检查组重点检查企业安全生产规章制度建立和落实情况、主要负责人及安全生产管理人员是否持证上岗和排土场监控系统运行、矿区道路扬尘、雾霾天气大型车辆停驶等情况。要求企业强化安全值守，加强从业人员安全教育培训，开展隐患排查治理，严防生产安全事故的发生。

（王赫）

【尾矿库安全现状评价】 本年，怀柔区安全监管局委托具有甲级资质的安全技术服务机构，对怀柔区辖区内8座尾矿库（含闭库6座、撤库1座、暂时停用1座）进行安全现状评价，主要包含尾矿坝稳定性、尾矿库防洪能力、尾矿库排洪设施完好性等情况。4月至6月，安全技术服务机构通过查阅历史资料、实地勘查测量和检测等方式，对8座尾矿库进行全面安全检查，完成评价工作并形成书面报告。

（王赫）

隐患排查治理

【隐患排查治理清单编制动员培训部署会】 3月10日，怀柔区安全监管局召开隐患排查清单编制动员培训部署会，全区31家试点企业负责人参加会议。会议部署隐患排查治理“一企一标准、一岗一清单”编制工作，邀请专业机构就标准和清单编制进行系统讲解。

（陈燕娟）

【重大危险源核销】 3月10日，怀柔区安全监管局召开中国石油化工股份有限公司北京怀柔石油分公司——庙城油库重大危险源核销工作协调会，研究讨论庙城油库重大危险源核销安全措施。会议议定：由庙城油库聘请有资质的专业评价公司对重大危险源核销方案、措施及安全现状进行评估，出具评估报告，提出防范事故发生的有效措施和建议，细化责任人、整改时限、安全措施等内容，报区安全监管部门备案。3月29日，庙城油库向区安全监管局提交核销申请书、企业基础信息、安全评估报告3份备案资料，完成重大危险源核销工作。

（王晴）

【违法违规排污生产经营行为专项整治】 7月至11月，怀柔区安全监管局开展违法违规排污生产经营行为专项整治行动，成立安全生产整治专项行动小组，明确工作目标、范围、方法、步骤和职责分工。在区经济信息化委提供名单的基础上，联合属地政府对整治范围内的生产经营单位安全生产情况进行全面梳理，建立清理整治工作台账。此次专项整治行动检查生产经营单位11家，其中关停7家、整改4家。

（王海珠）

【非法违法加油站查处】 8月4日，怀柔区安全监管局联合怀柔镇等属地政府，根据群众举报和职能部门移送，对非法违法加油站点进行依法打击和查处。在位于怀柔镇葛各庄村东一果园内，存在私自存储、销售柴油的非法行为。经现场核实，该果园内有3个20立方地下柴油罐，其中2个罐体为空罐、1个罐存柴油4吨左右，距油罐北侧一临建房内有加油机一台，并向过往车辆非法销售柴油。区安全监管局执法人员采取强制措施，责令停止非法储存和销售行为，责令当事人立即整改。当事人已对加油机进行自行拆除，并处置地下油罐和柴油，消除安全隐患。

（王晴）

【危险化学品专项整治】 8月至11月，怀柔区安全监管局开展5项危险化学品专项整治工作，重点加强危险化学品生产经营环节、危险化学品储存场所、危险化学品使用环节、易燃易爆危险化学品场所消防安全，以及硝酸铵、硝化棉、氰化钠等重点危险化学品品种使用场所安全监管，突出重点品种、重点部位、重点领域三个方面检查内容。通过联合执法、突击检查、“回头看”等检查形式，实现检查横向到边、纵向到底，不漏一企、不留死角。整治期间出动执法人员997人次，出动执法车辆276台次，检查危险化学品经营、使用企业481家。整改消除事故隐患307条。

（王晴）

【市级挂账隐患整改】 11月1日，怀柔区安全监管局联合公安消防支队、环保局、质监局、怀柔镇政府等部门，对市级挂账隐患——北京市李进发冷藏站制冷设备及系统内部液氨进行抽氨处置。北京市李进发冷藏站液氨处置过程分为制冷系统液氨抽空、设备清洗和设备拆除3个阶段。经过有关人员36小时连续作业，安全顺利完成制冷系统液氨抽空和管道清洗工作。通过3次制冷系统抽真空和3次管道清洗，制冷系统的液氨全部抽移到专用运输车辆水罐中，降低设备拆除的危险性。11月6日，液氨制冷设备全部拆除完毕。

（王晴）

应急救援

【油库灭油火演练】 6月21日，怀柔区安全监管局会同中国石化销售有限公司北京怀柔信富加油站举办消防应急演练。此次演练模拟信富加油站8号加油机突然起火，带班领导启动应急救援预案，工作人员立即切断总电源，并拨打应急救援电话，组织疏散站内车辆撤离危险区域，拉起警戒线，禁止社会车辆和人员进站。救援人员赶赴着火现场，开展消防救援行动。经过30分钟全力扑救，火情彻底消除，救援取得成功。

（王晴）

【液氨企业应急救援演练】 8月18日，怀柔区安全监管局在北京凤翔大都食品有限责任公司举行液氨重大危险源“一对一”生产安全事故应急救援演练，区经济信息化委、公安分局、环保局、卫生计生委、质监局、气象局及相关属地政府，以及6家涉及液氨制冷企业负责人观摩演练。演练采取实战演练与桌面演练相结合方式进行，模拟生产车间2号线3号凝冻机供液管路阀门发生漏氨，企业迅速启动应急预案，并开展紧急自救。现场负责人拨打报警电话，向属地政府和区安全监管局报告。现场作业人员紧急撤离完毕后，经清点人员发现1名员工未撤出，抢救组按照指令穿戴防护装备进行紧急搜救，顺利救出员工，医护人员立即对其进行抢救。抢修组穿戴防护装备在雾化水喷雾保护下开展现场堵漏抢险，抢修堵漏成功，险情得到控制。随后进行桌面推演，模拟区应急办启动区政府对北京凤翔大都食品公司重大危险源突发事故“一对一”应急预案，各部门按照各自职责和处置程序，与事故企业进行“一对一”救援预案衔接，进行桌面推演。演练结束后，专家组对演练进行总结评估，提出意见和建议。

（王晴）

执法监察

【"两会"期间安全保障】 2月26日至3月16日，怀柔区安全监管局采取联合检查、重点行业检查、专项检查相结合的方式，开展危险化学品生产、储存、运输单位，建材、家具、人员密集场所、工业企业、建筑施工等重点行业领域安全生产大检查行动。出动执法人员7668人次，检查生产经营单位3960家次，下达执法文书1434份、责令限期整改指令书766份、现场处理措施101份，排查整改隐患问题1596项。

（王海珠）

【青少年竞赛活动安全保障】 3月25日至27日，第36届北京青少年科技创新大赛和第16届北京青少年机器人竞赛在怀柔区中国科学院大学雁栖湖校区举办。3月8日，怀柔区安全监管局召开本次活动安全生产保障对接会，要求活动施工方提供相应资质证明并汇报舞台搭建、拆除方案等工作情况。活动舞台搭建期间，区安全监管局督促主办单位和舞台搭建单位落实安全生产主体责任，要求属地政府及相关部门落实安全监管（管理）职责，对舞台搭建作业中的违章作业以及是否按方案施工等进行过程监督。检查生产经营单位4家，对检查发现的隐患问题，执法人员责令其立即整改。

（王海珠）

【旅游景区联合检查】 4月至10月，怀柔区安全监管局、旅游委、质监局、公安消防支队等部门对全区旅游景区开展联合检查。重点检查景区管理单位安全规章制度建立和落实情况，以及现场营业区安全隐患排查治理情况。检查旅游景区17家次，下达执法文书22份、责令限期整改指令书5份，排查整改事故隐患8项。

（王海珠）

【北京国际电影节安全保障】 4月16日至23日，第六届北京国际电影节、开闭幕式及电影节嘉年华活动在怀柔区举办。怀柔区安全监管局制定《第六届北京国际电影节安全保障活动方案》，先后3次召开协调对接会，聘请建筑、用电专家参与电影节开、闭幕式及嘉年华活动的舞台搭建、临时用电等重点环节安全保障工作。全局成立7个检查组，昼夜交替对开、闭幕式现场以及嘉年华主、分会场进行不间断安全检查。4月5日至24日，出动检查人员260人次，排查整改安全隐患76项。

（王海珠）

【用电安全专项检查】 4月26日至5月6日，怀柔区安全监管局对全区工业企业、旅游景区内的宾馆饭店以及商场超市等重点行业领域的用电安全开展专项检查，排查治理用电安全隐患和突出问题，防范电气火灾、触电等用电安全事故的发生。检查生产经营单位34家次，下达执法文书46份、责令限期整改指令书15份，排查整改隐患问题24项。

（王海珠）

【中国电影华表奖颁奖仪式安全保障】 6月12日至21日，怀柔区安全监管局开展"第十六届中国电影华表奖颁奖仪式"安全生产保障工作。针对此次活动特点，聘请第三方安全评价机构对活动现场舞台、坐席、灯光、红毯区进行评价验收，为华表奖活动的顺利举行提供技术支撑。对所有施工方安全生产各项规章制度、人员培训、现场搭建、劳动防护用品配备等方面进行检查，检查施工单位114家次，下达执法文书152份、责令限期整改指令书38份，排查整改隐患问题85项。

（王海珠）

【冬季供暖企业专项检查】 11月2日至30日，怀柔区安全监管局对全区11家供暖企业进行安全检查。重点检查供暖企业安全生产各项规章制度制定落实情况、施工现场安全生产隐患排查情况、特种作业人员培训管理和持证上岗情况。排查整改隐患问题23项。

（王海珠）

【工业企业执法检查】 本年，怀柔区安全监管局开展重点工业企业安全生产执法行动，重点对企业安全生产责任制、安全生产规章制度、安全生产教育培训以及企业重点场所、重点部位等安全生产情况进行检查。检查工业企业440家次，下达执法文书617份、责令限期整改指令书175份，排查整改隐患问题315项，行政处罚9家，罚款7.7万元。

（王海珠）

【家具建材企业专项检查】 本年，怀柔区安全监管局重点对家具建材企业安全生产各项规章制度制定落实情况以及重点场所、重点部位、消防安全和安全隐患排查治理情况进行检查，强化家具建材行业领域安全生产专项整治工作。检查生产经营单位17家次，下达执法文书24份，责令限期整改指令书7份，排查整改隐患问题16项，行政处罚1起，罚款1万元。

（王海珠）

【建筑施工联合检查】 本年，怀柔区安全监管局联合区住房城乡建设委、公安消防支队等部门开展建筑施工安全检查。重点检查建筑施工单位安全生产各项规章制度的制定和落实情况以及施工现场安全生产隐患排查治理等情况，检查单位94家次，下达执法文书139份、责令限期整改指令书45份，排查整改隐患问题106项，行政处罚4家，罚款8.1万元。

（王海珠）

【商贸市场联合检查】 本年，怀柔区安全监管局联合区商务委、质监局、城管执法大队、公安消防支队等部门，对全区商场超市、建材市场、农贸市场开展安全检查。检查商场超市15家、建材市场3家、农贸市场7家，下达执法文书41份、责令限期整改指令书8份，排查整改隐患问题13项。

（王海珠）

【餐饮经营单位联合检查】 本年，怀柔区安全监管局联合区商务委、质监局、公安消防支队等部门，在全区范围内集中时间、集中力量对餐饮经营单位开展燃气、用电、特种设备使用安全检查。检查餐饮经营单位73家，下达执法文书207份、责令限期整改指令书67份，排查整改隐患问题145项，行政处罚1起，罚款1万元。

（王海珠）

【文化娱乐场所联合检查】 本年，怀柔区安全监管局联合区文化委、质监局、公安消防支队等部门，对全区文化娱乐场所开展安全检查。重点检查文化娱乐场所经营单位特种设备（电梯）、消防通道、消防设施操作、应急演练、安全生产规章制度落实情况，检查经营单位23家次，下达执法文书27份、责令限期整改指令书4份，排查整改隐患问题6项。

（王海珠）

【执法案卷评查】 本年，怀柔区安全监管局参加市安全监管局和怀柔区法制办组织的案卷评查（其中8本案卷参加市安全监管局案卷评查、2本案卷参加区法制办案卷评查），10本案卷全部获得优秀成绩。

（田保海）

职业卫生监督检查

【职业卫生管理工作培训会】 3月17日，怀柔区安全监管局组织召开职业卫生管理工作培训会，全区存在职业危害因素用人单位的主要负责人和职业卫生管理人员560余人参加培训。培训重点讲解职业卫生基本概念、职业卫生形势和监管情况、用人单位职业卫生管理、职业病危害因素定期检测管理规范等内容，强调用人单位做好职业卫生管理工作需要重点把握的问题。培训结束后进行考核，考核合格率100%。

（石旭）

【非医疗机构放射职业危害摸底调查】 3月至5月，怀柔区安全监管局组织全区除医疗机构之外存有放射源（含放射性同位素和射线装置）用人单位开展非医疗机构放射职业危害基本情况调查工作。各属地结合辖区实际，制定实施方案，召开会议动员部署，开展调查摸排，针对存在放射职业危害的用人单位，组织填写基本情况信息。全区存在放射职业危害的用人单位5家，接触放射总人数29人。

（石旭）

【启动职业危害专项治理行动】 6月1日，怀柔区安全监管局在全区范围内开展机动车维修企业调漆室和清洗喷枪工作场所职业危害专项治理行动。治理对象是本区从事机动车维修经营范围为一类、二类的机动车维修企业；治理内容重点是调漆室和清洗喷枪工作场所职业病防护设备设施的改造。治理分为部署摸底阶段（2016年6月）、自查整改阶段（2016年7月至12月）和检查复查阶段（2017年1月至4月）3个阶段。

（石旭）

【有限空间安全生产工作会】 6月2日，怀柔区安全监管局召开有限空间安全生产工作会，全区9个负有有限空间安全监管职责的部门和5家有限空间作业单位参加会议。会议通报全区有限空间作业安全生产形势和特点，部署有限空间安全生产工作。会议要求各单位落实企业安全生产主体责任，强化安全生产相关知识技能教育培训，建立健全基础台账管理，加强有限空间队伍应急救援演练和有限空间作业场所、事故多发单位安全巡查。

（王赫）

【有限空间作业单位执法检查】 7月11日至15日，怀柔区安全监管局在全区范围内开展有限空间作业单位执法检查。执法检查采取听汇报、查资料、实地检查、询问了解的方式，重点检查有限空间管理制度、操作规程、应急预案、应急演练、教育培训落实情况，以及特种作业管理档案、有限空间责任制及安全协议签订、有限空间作业审批、施工公司资质、有限空间设备设施等情况。出动执法人员41人次，检查有限空间作业单位16家，排查隐患问题22项。针对检查发现的问题，执法人员责令相关单位限期整改并监督落实。

（石旭）

【启动粉尘涉爆企业专项治理行动】 9月，怀柔区安全监管局启动涉爆粉尘企业事故隐患治理专项行动。重点对生产加工过程中产生可燃性粉尘的冶金、有色、建材、机械、轻工、纺织、烟草等工贸企业的建构筑物、除尘系统、防火防爆、安全管理开展专项治理。通过此次行动，督促相关企业全面消除涉爆粉尘事故隐患，做到“一地一台账、一企一方案、一隐患一措施、一验收一报告”，实现涉爆粉尘企业的全面整改，有效防范粉尘爆炸事故发生。

（石旭）

【职业卫生执法检查】 本年，怀柔区安全监管局采取随机检查、专项检查和联合检查的形式，对存在职业危害的用人单位进行执法检查。出动执法人员376人次，检查存在职业危害的用人单位141家，排查整改隐患115项，行政处罚2起，罚款5.6万元。

（石旭）

【工贸企业有限空间安全监管】 本年，怀柔区安全监管局部署全区工贸企业有限空间专项治理行动，摸清全区存在有限空间作业企业的底数，建立各行业有限空间企业基本情况台账。全区工贸企业有限空间作业企业127家，其中工业企业77家、商贸50家。存在各类有限空间1550个；存在有限空间自行作业企业64家，外包作业企业88家，现有企业自行作业243人。其中有2家酱腌菜生产企业和22家工贸企业附属污水处理系统企业，区安全监管局开展执法检查，督促企业建立台账，整改隐患，确保安全。

（王海珠）

【职业健康跟踪检查】 本年，怀柔区安全监管局对辖区内确诊为职业病的人员及所在用人单位按照规定安置职业病病人情况，以及用人单位对体检异常人员的复查、调离情况进行跟踪检查。通过检查，用人单位能够按照国家有关规定和职业健康检查机构要求，妥善安置职业病病人，及时安排体检异常人员进行相应的复查，并根据复查结果对职业禁忌症人员进行调离。

（石旭）

宣传培训

【专职安全员专题培训】 2月15日至19日，怀柔区安全监管局采取封闭式培训方式，组织全区128名在岗安全生产专职安全员开展能力素质提升专题培训。安全监管系统有关领导、业务骨干和专家从专职安全员的责任与担当、执法礼仪、执法文书填写、公文写作、安全生产法律法规和日常安全检查重点等方面进行培训讲解，针对培训的内容开展分组讨论，并进行结业考试，考试通过率100%。

（王赫）

【企业负责人和管理人员培训】 4月28日至29日，怀柔区安全监管局举办2016年生产经营单位主要负责人和安全生产管理人员培训班，各属地乡镇街道相关负责人、全区800余家企业主要负责人和安全管理人员1500人参加培训。培训主要围绕生产经营单位落实安全生产主体责任、企业岗位安全操作规程和隐患排查治理等内容进行讲解。通过培训，使企业安全生产管理水平得到有效提升。

（王赫）

【有限空间作业大比武】 4月至6月，怀柔区安全监管局组织开展燃气、电力、水务等五大行业有限空间作业大比武活动。4月12日，组织召开“2016年有限空间大比武暨应急演练”培训会，300余人参加培训。5月23日，组织全区初赛胜出的14支队伍60名参赛队员开展业务知识培训，明确此次大比武活动具体程序，现场解答各参赛队提出的问题，发放活动有关资料。6月7日，组织全区首届有限空间大比武决赛暨应急演练观摩活动，区相关部门和单位负责人、辖区内23家有限空间作业重点单位管理人员和一线作业人员参加现场观摩。推动有限空间作业规范化管理，增强有限空间从业人员安全意识和实际操作能力，有效提升全区有限空间作业管理水平。

（王海珠）

【部门专职安全员岗前培训】 5月30日至6月14日，怀柔区安全监管局组织对新招录的6部门22名专职安全员，开展为期10天的岗前业务培训。培训重点从安全生产法律法规、公文写作、职业卫生、有限空间、危险化学品、标准化创建、消防安全、执法检查要点、执法礼仪、廉政知识等方面进行宣讲。针对业务培训学习以及今后的安全生产工作，要求部门专职安全员树立责任意识、法治意识、学习意识，为怀柔区经济和社会发展做出贡献。通过考试参训人员均取得合格成绩，并于7月1日正式上岗。

（王赫）

【事故隐患排查治理办法培训】 6月6日，怀柔区安全监管局开展《北京市生产安全事故隐患排查治理办法》培训会，全区各职能部门和属地乡镇街道安全监管人员、专职安全员，以及重点企业主要负责人和安全管理人员300余人参加培训。培训重点宣讲解读规章的立法背景、主要特点，强调落实各属地、各部门、各企业安全生产监管（管理）职责以及主体责任，排查整改事故隐患，防范安全事故发生。

（王赫）

【安全知识有奖答题活动】 6月15日至21日，怀柔区安全监管局组织开展安全知识有奖答题活动，以《北京市生产安全事故隐患排查治理办法》为主要内容，在官方微信公众平台推送有奖答题。网友通过关注区安全监管局官方微信公众号（hrqajj）参与答题，获得积分，得到奖励。通过寓教于乐的方式，学习和宣传安全生产法律法规知识，营造良好的安全生产氛围。

（王赫）

【安全生产宣传咨询日活动】 6月16日，怀柔区安全监管局以“筑牢安全基础，促进协同发展”为主题，在龙翔小区开展安全生产月宣传咨询日活动。活动采取“安全进社区”的方式，以社区居民为宣传对象，提高安全意识和技能。活动现场发放各类宣传材料2000余份，展出安全宣传展板20余块。

（王赫）

【安全文化建设示范企业培训会】 6月30日，怀柔区安全监管局组织辖区内47家企业召开安全文化建设示范企业培训会，聘请市安全文化促进会专家解读安全文化的概念及内涵和企业安全文化建设方法、流程和评价指标等内容。会后，组织与会人员参观福田戴姆勒工厂培训体验中心和总装车间，工作人员重点讲解车间安全管理经验和做法。通过培训，提高企业对安全文化建设的认识，增强企业职工的安全意识和安全素质。

（王赫）

【粉尘防爆安全管理培训会】 11月28日，怀柔区安全监管局组织粉尘防爆安全管理培训会。培训邀请粉尘防爆专家就粉尘爆炸基础知识及风险控制进行讲解。区经济信息化委、国资委和杨宋镇、北房镇、怀柔镇、庙城镇、怀北镇、九渡河镇、长哨营乡、雁栖经济开发区有关负责人和属地涉爆粉尘企业主要负责人及安全管理人员参加培训。

（石旭）

【执法文书及案卷制作培训】 12月13日，怀柔区安全监管局组织安全生产执法人员就安全生产执法文书及案卷制作进行专题培训。学习贯彻北京市行政处罚案卷标准和评查评分细则，并就新修订和新增加的安全生产执法文书，如何填写制作、听证告知、重大案件集体讨论、送达确认、注意事项等方面进行讲解。

（王赫）

【“安责险”宣传推广】 本年，怀柔区安全监管局会同中国人保财险怀柔支公司对12个重点行业领域主管部门、属地政府开展安全生产责任保险宣传培训活动40余场次，参加培训1000余人。在此基础上，各属地政府、各行业主管部门多场次举办安全生产责任保险专题培训，实现试点单位主要负责人和安全管理人员培训率100%。与怀柔区广播电台和安润国际联合制作“安责险”专题宣传片，利用微信、电视等渠道对“安责险”进行广泛宣传，得到企业职工群众认可。全年新增“安责险”投保单位566家，保费236.3162万元。实现企业“安责险”制度知晓率100%，行业属地完成投保任务指标100%，即“两个百分百”任务目标。

（王晴）

【烟花爆竹燃放安全宣传活动】 本年，怀柔区安全监管局参与开展烟花爆竹燃放安全宣传活动。向市民及烟花爆竹禁放单位负责人发放《烟花爆竹零售网点安全管理要求》读本、烟花爆竹安全知识宣传册，安全燃放宣传画、禁放标识和有关文件等宣传材料15000余份，制作宣传展板7块，悬挂横幅3条，解答群众咨询数千人次。

（王晴）

标准化建设

【物业管理企业标准化工作培训】 4月14日，怀柔区安全监管局、住房城乡建设委组织全区31家物业管理企业开展安全生产标准化动员培训。聘请专家重点讲解安全生产标准化工作的内涵、标准化政策文件、标准化达标建设工作流程，解读物业管理企业三级标准化基本标准。

（陈燕娟）

【标准化总结部署会】 5月5日，怀柔区安全监管局召开专题会议，部署2016年安全生产标准化工作，全区106家企业参加会议。会议总结2015年度全区安全生产标准化工作，结合2016年安全生产标准化工作目标，分析达标创建存在的问题，并由相关专家就标准化内涵、达标建设流程、系统操作及企业三级标准化基本标准等方面进行专题培训。会议要求参会单位提高认识，明确工作目标和主要任务，落实责任，加强统筹协调，在确保质量、加快速度、提升水平3个方面下功夫，推进企业安全生产标准化建设工作。

（王赫）

【标准化评审工作会】 7月14日，怀柔区安全监管局组织评审单位召开安全生产标准化评审工作会。会议总结上半年标准化评审工作进展情况，明确7月底前拟达标企业签约事项。要求标准化评审单位加强评审人员业务管理和培训，确保评审工作质量；加强与部门、属地乡镇街道的沟通配合，做好签约后企业信息完善等基础工作，确保完成全年标准化创建目标任务。

（王赫）

【企业标准化达标核查】 11 月，怀柔区安全监管局委托北京蔻凯恒安咨询有限公司和北京地大安环科技发展有限公司两家评审单位对辖区 69 家安全生产标准化达标企业开展核查工作。此次核查，各单位安全生产管理组织机构及安全管理人员基本健全，各级岗位人员安全生产责任制、各项安全生产规章制度和操作规程基本健全，现场安全生产管理整体现状达到标准要求。市安科院成立 3 个专家组抽取 20 家三级标准化达标企业开展核查工作，通过专家组的现场排查、指导，企业逐项整改隐患问题。北京安联对北京博萨汽车配件有限公司和北京统一饮品有限公司开展二级标准化现场复核，通过现场复核发现问题，限定整改时限，以保证二级标准化企业的达标质量。

（陈燕娟）

【标准化达标创建】 本年，怀柔区三级安全生产标准化达标企业 101 家，完成全年目标任务的 101%；小微标准化达标企业 453 家，完成全年目标任务的 113.3%。

（陈燕娟）

密 云 区

概 述

2016 年，密云区安全生产工作围绕“四化三体系双基”总任务，精准发力，狠抓落实，确保全区安全生产形势持续稳定。

一、推进“四化”进程。加强法治化建设，制定《2016 年度安全生产监管行政执法工作计划》《密云区推进安全生产监督检查随机抽查工作的落实方案》，强化日常执法检查，开展集中执法，排查安全隐患，加大生产安全事故查处力度。加强标准化建设，将“一企一标准、一岗一清单”编制工作与标准化相结合，确定 30 家试点企业个性化自查标准，并指导企业开展安全隐患风险辨识，编写隐患排查项目 5 万余个。加强信息化建设，开展隐患自查自报，完善自查自报库建设，建立企业安全生产基础信息台账和数据库，将安全生产条件普查数据与隐患自查自报库相融合，为隐患排查治理体系建设提供信息化支撑。加强社会化建设，实施《政府信息公开条例》和《北京市政府信息公开办法》规定，开展“双百工程”活动、用电安全警示教育周宣传活动和安全生产月宣传咨询日等宣传教育活动，开展安全文化建设示范企业创建工作，发挥市“12350”举报投诉功能，强化宣传工作。

二、建立“三个体系”。健全安全生产责任体系，区委、区政府制定下发《密云区安全生产监管（管理）职责规定》《密云区安全生产党政同责规定》，研究制定《2016 年安全生产重点工作任务》。修订完善《安全生产综合考核实施细则》，与部门、镇街签订《2016年度安全生产目标管理责任书》；坚持月检查通报、季随机抽查、半年工作督查、年终综合考评和“一对一”反馈制度，落实安全生产责任制，推进“全覆盖”检查和综合监管工作。完善隐患排查治理体系，区政府制定《密云区安全生产隐患排查治理体系建设工作实施方案》，部署全区隐患排查治理工作，开展安全大检查和隐患排查整改，开展“打非治违”等执法行动。全区排查生产经营单位101496家次，查处各类安全生产隐患27715项，督促整改27452项，整改率99.1%。建立安全预防控制体系，区政府制定并下发《密云区关于推进安全预防控制体系建设的实施方案》，明确各镇街、各部门在安全预防控制体系建设工作中的工作职责；加强应急预案管理，全区完成4个区级生产安全事故应急预案审核，规模企业基本完成应急预案备案，7家重大危险源企业完成属地人民政府与重大危险源企业“一对一”生产安全事故应急预案编制备案工作；组织开展应急演练，各镇街、各部门组织工贸企业、非煤矿山、加油站、建筑施工和人员密集场所等行业开展应急演练，提高一线工作人员安全预防能力及危险应对能力。

三、夯实基层基础。组织开展安全生产法律法规和有关政策、业务培训，提高全区安全监管人员业务水平和能力，做好安全监管（管理）队伍能力建设，扩充专职安全员队伍建设。督促企业落实安全主体责任，依法建立安全管理机构、配齐配全专兼职安全员，加强对重点企业建立队伍情况的监督检查。采取“双随机”方式开展安全生产执法检查工作，实施差别化监管，开展多部门联动综合整治，排查治理各类安全隐患。

综合监管

【区领导春节前带队安全检查】 1月20日至29日，密云区政府领导分头带队开展春节前安全大检查。重点对全区非煤矿山、道路交通、建筑施工、危险化学品、烟花爆竹、人员密集场所、特种设备、消防等行业领域开展安全检查工作，现场检查生产经营单位安全制度落实、日常安全管理、教育培训、隐患排查整改、设备设施安全、消防安全以及特种设备安全情况。18个区政府部门负责人参加检查，检查各类生产经营单位20家次。针对发现的问题和隐患，采取措施督促整改。

（柳世杰）

【全区安全生产工作会】 1月29日，密云区安委会召开全区安全生产工作会，区安委会成员单位负责人参加会议，副区长郭鹏参加会议并讲话。会议传达市安委会电视电话会议精神，郭鹏提出3点要求：一是加强隐患排查整治，采取日常检查和暗查暗访相结合的工作方式，全面消除隐患；二是各镇街、各部门党政“一把手”要带队开展检查工作，加强执法检查；三是安全检查要做到“全覆盖”，对重点领域不定时、不定次、反复查、经常查，提高执法检查实效。

（柳世杰）

【春节期间安全部署】 2月2日，密云区区委、区政府召开会议，对全区春节期间安全生产工作进行动员部署。会议要求，各镇街、各部门开展节前安全生产大检查，重点检查人员密集场所、非煤矿山、危险化学品、烟花爆竹、建筑施工、交通运输和消防等领域。对检查中发现的隐患和问题，坚持边检查边整改，能整改的要立即予以整改；无法立即整改的，要制定并落实安全防范措施，指定专人盯守，限期整改、跟踪督查；对非法违法行为或重大安全隐患，要依法停产停业或予以取缔，消除各类安全隐患，确保节日期间安全稳定。

（柳世杰）

【落实市安委会会议精神】 3月18日，市安委会电视电话会后，密云区安委会立即召开安全生产工作会，贯彻落实市安委会电视电话会议精神，部署安全生产重点工作。会上，副区长郭洪泉要求：一是按照“党政同责、一岗双责、失职追责”工作要求，各单位主要领导要亲自抓安全生产具体工作落实；二是认识落实安全生产责任制的重要性，按照责任制工作要求，全面抓好贯彻落实；三是抓好部门安全员聘任、“一企一标准、一岗一清单”等年度重点工作，确保各项工作落到实处。

（柳世杰）

【一季度安全生产抽查考评】 4月11日至15日，密云区安委会办公室采取日常动态监管考评与年终综合考核相结合的方法，全面开展第一季度抽查考评工作。检查组通过实地了解、查阅工作资料及档案等方式，对密云镇政府、巨各庄镇政府、高岭镇政府、古北口镇政府、鼓楼街道办事处、区住房城乡建设委、文化委、旅游委、教委、市政市容委、交通局和体育局12家单位安全生产责任制落实等工作开展情况进行抽查考评。通过考评发现各单位能够执行市、区两级安全生产工作指示，各级领导履行安全生产职责，层层分解落实责任制，强化基层单位责任制签订工作，构建区、镇街（部门）、村（居委会及企业）三级安全生产责任体系，较好完成阶段性安全生产工作任务。针对考评工作发现的问题，区安委会办公室将考评情况反馈给各单位，要求各单位逐项梳理存在的问题和改进建议，分析问题原因，结合年度工作实际，制定针对性整改措施，抓好落实工作。

（柳世杰）

【副区长带队检查矿山防汛安全】 6月1日，密云区副区长郭洪泉带领区安全监管局负责人检查矿山企业防汛安全生产工作。检查组实地检查首云矿业股份有限公司、北京威克冶金有限责任公司尾矿库运行和安全措施落实情况，并查阅安全巡查记录，听取矿山企业防汛安全生产工作情况汇报，向企业询问防汛工作落实情况。郭洪泉在检查中指出：一是层层落实安全生产责任制，加强应急值守，统筹安排好防汛工作，坚持汛期领导在岗带班；二是企业要开展自查，全面排查整改安全隐患，有效预防因暴雨洪水、极端天气引发的矿山生产安全事故；三是注重降雨过程中有关资料、数据收集整理工作，特别是地下矿山涌水量的观测，预防井下透水事故；四是分析查找矿山安全隐患和薄弱环节，关注尾矿库等重大危险源防汛安全，安排专人24小时巡查，确保通讯畅通，发现问题立即上报，采取措施予以消除；五是完善矿山防汛应急预案，做好预案演习工作，建立健全防汛应急工作机制，做好应急物资储备。

（张鹏鹏）

【上半年安全生产督查考评】 7月1日至12日，密云区安委会办公室采取“季度重点抽查、半年工作督查、年度综合考核”工作方式，开展上半年督查考评工作。检查组通过实地了解工作情况、查阅工作资料及档案等方式，对全区18家重点单位安全生产责任制落实及具体工作开展情况进行督查考评。考评发现，各单位能够执行市、区两级安全生产工作指示，对责任制内容进行层层分解落实，并注重基层单位责任制签订工作，较好完成上半年安全生产工作任务。针对考评中发现的问题，区安委会办公室“一对一”反馈给各单位，要求各单位逐项梳理存在的问题和改进建议，分析原因，制定针对性整改措施，抓好落实工作。

（柳世杰）

【推动责任制落实】 7月8日，密云区安全监管局召开安全生产工作会议，全区各镇街安全管理科室负责人及专职安全员参加会议。会议对《北京市2016年安全生产综合考核细则》和《密云区2016年度安全生产目标管理责任书》重点内容进行阐述，并提出要求：一是抓紧抓好安全生产责任制落实工作；二要是按照“一岗双责、党政同责”相关要求，建立健全安全生产责任体系；三是以抓好责任制落实为核心，促进各项安全生产工作落实。

（柳世杰）

【安全生产工作会议】 9月13日，密云区副区长郭洪泉主持召开全区安全生产工作会议，全区各镇街、经济开发区和各部门主管领导参加会议。会议传达习近平总书记关于安全生产工作的重要指示，通报全区安全生产工作情况并部署重点工作。郭洪泉指出：一是认清安全形势，务必重视安全生产，抓好安全生产。二是抓好行业准入，确保入口安全；抓好执法检查，强化过程管理；抓好主体责任，强化责任落实；抓好重点领域，突破薄弱环节；抓好媒体应对，正确引导社会舆论。三是对重点行业、重点领域集中开展安全隐患排查和专项整治，加强中秋节、国庆节安全工作。

（柳世杰）

【京沈客专建设项目安全座谈会】 9月22日，密云区安全监管局组织京沈客专建设项目沿线属地乡镇和施工单位召开座谈会，研究部署京沈客专建设项目安全生产工作。会上，区安全监管局向施工单位发放《中华人民共和国安全生产法》《北京市安全生产条例》《北京市生产安全事故隐患排查治理办法》等法律法规书籍，通报全区安全生产形势。会议听取属地乡镇关于京沈客专建设项目安全检查发现的问题和提出的工作建议。结合市安全监管局和区政府关于强化京沈客专建设项目安全监管工作部署，要求各有关单位在思想上和行动上高度重视安全生产工作，强化“红线”意识，落实“一岗双责、党政同责”，完善安全生产各项规章制度，做好安全教育培训、安全检查、隐患排查、应急演练等工作，有效遏制安全事故的发生。

（刘佳）

【区政府常务会贯彻政府规章】 9月26日，密云区区长潘临珠主持召开区政府常务会议。会上，区安全监管局主要负责人解读《北京市生产安全事故隐患排查治理办法》，对政府规章出台背景、主要特点和重点条款进行阐释，并对执行规章规定提出工作建议和措施安排。潘临珠要求：各部门、属地要按照《北京市生产安全事故隐患排查治理办法》的规定严格履行职责，抓好贯彻落实工作。

（陈旭）

【国庆期间安全生产部署】 9月26日，密云区安委会印发《关于切实做好国庆期间及第四季度安全生产工作的通知》，对国庆节安全生产保障工作进行部署。要求各镇街、各部门一是针对国庆期间工作特点，制定安全防范措施，各级领导带头检查督导，部署安全生产工作。二是按照“全覆盖、零容忍、严执法、重实效”的要求，开展节前安全生产大检查。三是对照2016年度安全生产责任制考核细则，梳理本地区、本单位安全生产工作，并以落实安全生产责任制为抓手，做到安全制度贯彻到位、安全责任落实到位、安全检查覆盖到位，完成年度安全生产任务。

（柳世杰）

【G20峰会安全保障】 9月，密云区安全监管局强化隐患整治和重点行业领域监督检查，做好G20峰会安全保障工作。一是动员部署，召开专题会议对G20期间安全生产工作进行动员部署，推进安全生产各项工作，确保峰会期间安全稳定。二是突出重点，分析研究全区安全生产风险点，突出重点行业和领域，推进城乡结合部、城中村隐患整改，遏制生产安全事故发生。三是强化应急，执行24小时值班和领导带班及事故报告制度，保证安全信息渠道畅通及信息报送及时准确。

（柳世杰）

【部署安全生产大检查】 11月8日，密云区安委会召开全区安全生产工作会，部署安全生产大检查工作。各镇街、各部门有关负责人参加会议。会议要求：一是按照全市安全生产大检查工作方案要求，重点做好危险化学品、烟花爆竹、建筑施工、交通运输、工业企业和人员密集场所等行业领域安全生产大检查工作；二是将安全生产大检查工作作为年度综合考核重要内容，并对大检查开展情况进行专项督查；三是安全生产大检查要与重要时期安全保障工作相结合，强化应急管理，全面营造安全生产氛围。

（柳世杰）

【安全生产大检查专题会议】 11月25日，密云区政府召开专题工作会议，对全区安全生产大检查工作进行再动员、再部署。会议要求各镇街、各部门按照“一岗双责”和“三个必须”工作要求，结合实际，细化工作方案。各单位“一把手”要带队督导本地区、本行业安全生产大检查工作，加大对隐患整改工作不落实、隐患排查制度执行不到位、隐患整改消除不及时企业的执法检查力度，确保安全稳定。

（柳世杰）

【安全生产工作部署会】 11月27日，密云区区长潘临珠主持召开全区安全生产工作部署会，全区各镇街、经济开发区和各部门负责人参加会议。会议传达全国及北京市安全生产电视电话会议精神。潘临珠强调指出：一是各部门、各镇街要坚持“党政同责、一岗双责、齐抓共管、失职追责”，落实安全生产责任；二是行政“一把手”要亲自研究部署、带队检查、督办隐患，开展好岁末年初安全生产大检查工作，特别是要对建筑施工、危险化学品和烟花爆竹及非煤矿山等重点行业领域开展安全生产专项整治，确保工作不留死角、不走过场、不流于形式；三是抓好事故预防、大型活动安全保障及应急值守等工作，做好元旦、春节期间安全生产各项工作。

（陈旭）

【区委书记带队检查消防安全】 12月1日，密云区区委书记汪先永带队检查阳光街建材市场消防安全工作。检查采取“四不两直”的方式，实地检查阳光街建材市场及周边消防安全环境，随机检查商户消防安全措施落实情况。检查中发现，阳光街建材市场消防隐患突出，存在侵街占道、私搭乱建、乱堆乱放等问题以及商户住宿、仓储、经营“三合一”现象。汪先永在检查中强调指出：各部门、各镇街要联合执法、形成合力，对建材市场及周边商住混用、占道经营、违法建设等现象开展集中整治，全面排查整治各类安全隐患。要汲取重特大事故教训，树立“红线”意识，坚持标本兼治、综合治理，落实安全生产责任制。领导干部要带头开展安全生产大检查，针对教训查、突出重点查、抓住问题查，以零容忍的态度排查整治各类安全隐患，从源头预防安全生产事故发生。

（陈旭）

【区政府领导带队安全检查】 12月2日，密云区区长潘临珠、常务副区长杨珊分别带队开展安全生产检查。实地检查建材街市场、新农村临街商铺、通用博园施工工地及生态商务区等地安全生产措施落实、建筑工地和工业企业安全生产情况。潘临珠在检查中要求：一是各部门、各镇街要提高对安全生产工作重要性的认识，采取有力措施整改安全隐患；二是各执法部门要加大执法力度，对安全生产违法行为予以高限处罚，形成高压震慑效果；三是要加大对各单位落实情况的督查力度，对于整改不到位的严肃追究责任。副区长郭洪泉、范永红参加检查。

（陈旭）

【安全生产目标管理责任书】 本年，密云区政府修订完善《安全生产目标管理责任书》，与59个政府部门、乡镇街道和经济开发区签订《2016年度安全生产目标管理责任书》。以责任书签订工作为抓手，完善全区安全生产责任体系，细化各部门安全生产工作责任分工，落实“党政同责、一岗双责”，建立责任与考核相结合的安全生产管理体系。

（柳世杰）

危险化学品监管

【危险化学品重点单位突击检查】 2月5日，密云区安全监管局对北京清源净水剂厂、中国石化销售有限公司北京密云石油分公司油库、北京东方巨龙气体有限公司和中国石化销售有限公司桥头加油站等危险化学品重点单位进行突击检查。检查发现，北京清源净水剂厂停产，并将液氯钢瓶退返供应方；北京东方巨龙气体有限公司停止对外供应气体；中国石化销售有限公司北京密云石油分公司油库和桥头加油站制定重点时期安全生产保障方案、预案，确保春节期间油品供应安全有序。区安全监管局对各单位提出春节期间安全保障工作要求：一是除夕、初五、“十五”等重要时段企业负责人要在岗，并配备应急值守力量24小时巡查；二是加强对从业人员执行管理制度和操作规程情况的监督检查，杜绝违章指挥和违章操作；三是制定重点时期安全生产保障措施，确保应急救援人员到位、应急救援设备设施运转良好、应急救援物资储备充足。

（刘佳）

【落实总局“4·23”视频会议精神】 4月25日，密云区安全监管局组织油库、加油站、工业气体经销单位等重点危险化学品从业单位召开专题会议，贯彻落实国家安全监管总局视频会议精神。会议通报“4·22”江苏泰州危险化学品火灾事故情况，传达国务院领导同志批示指示精神，分析危险化学品安全生产形势。会议要求各单位建立健全岗位责任制和操作规程，强化重点部位、重点环节、重点人员安全管理工作，对涉及施工改造和维修检修等作业要按照相关标准进行作业审批和安全监护，杜绝违章指挥和违章作业行为。

（刘佳）

【企业危险化学品行政许可】 6月20日，密云区安全监管局就中国石化销售有限公司北京密云石油分公司提交变更企业法人的许可申请，组织该单位拟变更人员和安全管理人员召开专题会议。会上，区安全监管局了解拟变更人员具体信息、从业经验和管理能力，并向拟变更人员提出工作要求：一是贯彻落实《中华人民共和国安全生产法》；二是保证必要的安全投入，完善安全生产条件；三是制定措施，确保成品油出入库安全；四是油库技术改造期间要加强对施工作业的监督管理，确保不发生安全事故。经审查，该公司具备变更条件，通过法人变更行政审批。

（刘佳）

【旅游线路加油站安全检查】 9月27日，密云区安全监管局主要领导带队检查密云水库游览线路沿线3座加油站。检查组重点检查储油加油设施、防雷防静电装置、安全设施运行、人员应急值守等现场管理情况，查阅节日安全保障措施和各项安全管理台账，现场询问加油员岗位安全技能和安全知识掌握情况。并结合检查情况提出要求：一是对进站加油车辆和人员管理要严，做好加油高峰时段车辆进出站的疏导工作；二是对安全设施管理要细，确保储油加油设备、监测监控仪器及应急救援器材安全有效运行；三是对从业人员安全培训要实，确保一线人员熟练掌握本岗位安全操作和应急处置等安全技能；四是制定专项应急救援预案，做好节日期间应急值守工作。

（刘佳）

【危险化学品经营单位突击检查】 11月28至12月5日，密云区安全监管局对区域内10家危险化学品经营单位进行突击检查。重点检查企业第三季度以来危险化学品采购与销售单据管理，采购渠道、运输渠道安全资质证书存档，危险化学品安全使用技术说明书与安全标签管理，生产经营单位生产安全事故应急预案备案登记情况和从业人员安全生产培训考核等情况。检查发现个别企业安全使用技术说明书与安全标签管理不完善，采购渠道与运输渠道安全资质证书存档不齐全等问题。针对检查发现的问题，执法人员下达责令限期整改指令书。经复查，隐患问题全部整改完毕。

（刘佳）

烟花爆竹安全监管

【烟花爆竹零售网点审批】 本年，密云区安全监管局坚持公开、公平、公正原则，依照许可办法，履行许可程序，强化网点规划设置、网络平台受理、现场条件审查等重要环节的安全管理工作。审定烟花爆竹零售网点35个，其中临时销售网点34个、长期销售网点1个，并核发《烟花爆竹经营（零售）许可证》。2016年春节烟花爆竹临时销售时限为2月3日至12日。

（刘佳）

【烟花爆竹网点负责人培训会】 1月29

日，密云区安全监管局组织召开2016年春节烟花爆竹零售网点负责人安全管理培训会。区安全监管局、公安分局、工商分局、公安消防支队等部门就烟花爆竹储存安全、合法经营、防火反恐、应急值守、举报投诉等工作对烟花爆竹网点负责人进行系统培训，强化全区烟花爆竹零售网点负责人安全管理能力。全区35家烟花爆竹零售网点负责人参加会议。

（刘佳）

【烟花爆竹执法检查】 2月3日至12日，密云区安全监管局出动执法人员509人次，检查烟花爆竹零售网点176家次，排查整改各类安全隐患48项。对1家采购储存非法渠道烟花爆竹的零售网点，予以吊销经营许可证的处理。

（刘佳）

【烟花爆竹销售与回收】 2月3日至12日，密云区35家烟花爆竹零售网点销售各类烟花爆竹3358箱，销售金额215.6万元，同比下降14.2%和8.8%。2月13至14日，烟花爆竹批发单位回收各网点剩余烟花爆竹340箱，库存600余箱。

（李红霞）

矿山安全监管监察

【矿山安全管理措施】 1月，密云区安全监管局吸取深圳“12·20”滑坡事故教训，采取5项措施强化矿山企业安全生产管理工作。一是加强矿山企业停产期间安全生产管理，做好停产复工验收工作。停产前，对矿山企业停产放假计划和安全生产工作方案进行备案；停产期间，要求矿级领导到岗值班，尾矿库、排土场、采矿场实施人工检测或自动检测，重点部位、关键岗位安排人员24小时值守；复工前，按照《北京市矿山企业停产复工验收管理规定》进行复工验收审查。二是执行安全许可和“三同时”制度，杜绝非法生产行为。对所有“新改扩”建设项目履行法定程序，经审核或审批后方可动工。对未经批准即进行施工和生产、擅自改变原有设计进行生产作业的，一律停产停业整顿。三是加强重点部位安全管理，防范事故发生。重视排土场、尾矿库的安全管理，做到“安全责任、制度措施、日常检查、警示标识、监测预警”5个到位。分析排土场和尾矿库安全现状、完善应急救援预案、足额配备应急救援物资、健全与下游村镇的应急联动机制，遇险情及时启动应急预案。四是加强属地管理，依法履行属地安全生产职责。要求属地镇政府将属地内矿山企业纳入安全生产检查重点单位，定期开展全方位隐患排查，并追踪隐患整改情况，发现重大隐患，及时上报。五是明确矿山企业责任，加大隐患排查治理力度。要求矿山企业自觉强化隐患排查治理工作，形成隐患排查治理长效机制，开展排土场、尾矿库专项隐患排查，并上报检查情况。

（张鹏鹏）

【非煤矿山复工验收】 2月25日，密云区安全监管局根据企业复工申请，启动非煤矿山企业进行复工检查工作。根据矿山安全生产要求，春节期间停产矿山企业复工前通过属地镇政府、密云冶金矿山公司、区安全监管局检查验收，报区政府同意后方可复工生产。通过此项工作，增强企业负责人和从业人员的安全意识，为全年安全生产工作奠定基础。5家非煤矿山企业全部通过验收。

（张鹏鹏）

【矿山企业防汛会议】 5月30日，密云区安全监管局组织矿山企业负责人召开矿山企业汛期安全生产工作专题会议，部署矿山防汛安全生产工作。会议集中学习矿山企业安全生产相关法律法规，结合矿山风险分级管理工作通报矿山企业安全生产专项检查发现的突出问题。会议要求矿山企业树立安全生产“红线”意识，落实汛期安全生产责任制，做到“安全责任、制度措施、日常检查、警示标示、监测预警”5个到位；完善应急救援预案、落实值守监测制度、足额配备应急救援物资和增加尾矿库值守力量；加强外包工程安全管理和停产期间安全管理；执行安全许可和“三同时”制度，杜绝非法生产行为。

（张鹏鹏）

【非煤矿山汛期安全检查】 5月，密云区安全监管局对全区非煤矿山企业及尾矿库进行汛期安全生产检查。重点检查企业现场管理、教育培训记录、隐患整改台账、防汛物资准备等情况。针对检查中发现的问题，执法人员责令企业整改并监督落实，要求企业落实防汛工作的各项措施，加强应急值守工作，排查整改安全隐患，确保汛期安全生产。

（张鹏鹏）

【G20峰会期间非煤矿山专项检查】 8月29日至9月28日，密云区安全监管局开展非煤矿山专项检查。检查非煤矿山4家、外委单位4家，排查各类安全隐患74项，其中非煤矿山隐患55项、外委单位隐患19项，下达责令限期整改指令书8份。检查组要求企业克服麻痹思想和松懈情绪，落实安全再作业，加强安全检查和应急值守工作，采取有效措施，确保G20峰会期间安全稳定。经复查，隐患全部整改完毕。

（李磊）

隐患排查治理

【隐患排查治理清单编制培训会】 3月4日，密云区安全监管局召开安全生产事故隐患排查治理“一企一标准、一岗一清单”编制培训会，各镇街、经济开发区、行业主管部门及30家试点企业115人参加培训。参训人员集中学习编制隐患排查治理清单的相关程序及方法。通过培训，指导企业建立安全生产隐患排查治理体系，提升企业安全管理能力和政府安全监管水平。

（张鹏鹏）

【白酒制造企业隐患治理】 3月，密云区安全监管局贯彻落实《北京市生产安全事故隐患排查治理办法》，推进白酒制造企业安全隐患治理工作。一是制定《密云区白酒制造企业安全隐患治理专项行动工作实施方案》，明确各部门工作职责和任务，确定隐患治理工作目标。二是开展白酒制造企业专题培训，提高企业负责人和安全管理人员专业知识水平。三是组织召开白酒制造企业和属地政府安全隐患整改工作会，明确企业主体责任，加快白酒制造企业隐患整改工作进程。四是对白酒制造企业进行安全专项检查，针对查出的安全隐患下达责令限期整改指令书和责令暂时停产的现场处置决定。五是督促白酒制造企业完成隐患整改设计方案编制审核工作。

（张鹏鹏）

【城乡结合部专项整治部署会】 7月8日，

密云区政府召开城乡结合部重点地区安全生产专项整治工作部署会，全区各镇街有关负责人和专职安全员参加会议。会议对城乡结合部重点地区安全生产专项整治暨清理整治违法违规生产经营行为专项行动进行部署。一是按照全区确定的重点整治范围，摸排生产经营单位，建立隐患台账。二是加强与综治、城管、卫生、工商、公安等相关部门的协调沟通，形成整治合力，有效消除违法违规行为。三是明确专人负责工作台账、进展情况、整治成效及日常信息的报送，及时掌握专项整治工作进展。四是注重与年度检查任务、全年安全生产重点工作相结合，统筹调度、协调推进，确保取得实效。

（柳世杰）

【城乡结合部专项整治督查】 8月，密云区政府组织对全区各镇街、各行业主管部门开展城乡结合部专项整治工作进行抽查，并实施挂账隐患督查整改制度，对事故隐患进行检查和整改。组织督查组1529个，3907人参加检查，监督检查企事业单位和场所1425家，排查整改安全隐患1871项。

（柳世杰）

【城乡结合部专项整治成果】 8月至11月，密云区政府开展城乡结合部专项整治工作，全区各部门和相关单位出动8625人次，检查企业单位3893家次，发现隐患问题4007项，行政处罚42起，罚款15.84万元。

（柳世杰）

【涉爆粉尘企业隐患治理部署会】 9月30日，密云区安全监管局召开涉爆粉尘企业事故隐患治理专项行动部署会议，各镇街、经济开发区有关负责人以及相关涉爆粉尘企业负责人参加会议。会议通报涉爆粉尘企业事故隐患治理专项行动方案。要求各企业落实安全生产主体责任，消除涉爆粉尘事故隐患；要求各属地镇街健全辖区涉爆粉尘企业基础台账，加大检查力度，督促指导涉爆粉尘企业开展专项治理工作。

（马尚彬）

应急救援

【尾矿库防汛应急演练】 5月，密云区安全监管局组织全区5家矿山企业开展尾矿库生产安全事故应急救援预案演练活动。演练按照“统一领导、分级响应、快速联动、协调有序、高效处置”的原则，采取实战演习方式，模拟尾矿库事故场景，预设因急降暴雨，尾矿库水位急剧上涨，造成洪水漫坝或尾矿坝出现决口，有溃坝可能。根据预案要求，相继启动四级至一级响应行动，在最短时间内组织救援队伍赶赴现场救援抢险。整个演练过程接警报警、应急响应和现场救援各个环节有条不紊，方案准备充分。通过演练，达到完善尾矿库事故应急准备、锻炼应急救援队伍、对职工进行宣传教育、提高应急救援队伍能力、增强安全生产水平和事故防范能力的预期目的和效果。

（张鹏鹏）

【重点企业应急管理检查】 10月11日，市安全监管局、密云区安全监管局检查中国石化销售有限公司北京密云石油分公司、密云区放马峪铁矿、北京云冶矿业有限责任公司3家单位的应急管理工作。重点检查员工培训与考核情况、应急演练评估情况、应急物资储备、重点岗位人员应急处置情况。检查组要求相关单位结合实际，落实《生产安全事故应急预案管理办法》，加强员工安全教育培训工作，强化应急预案应用，优化应急预案，建立完善应急队伍及应急救援物资储备体系，发挥应急队伍在应急管理工作中的支撑作用，提升应急能力。

（李磊）

执法监察

【尾矿库、排土场执法检查】 1月5日至8日，密云区安全监管局开展尾矿库、排土场安全生产执法检查。全区9座尾矿库、16座排土场整体情况良好，排水设施符合要求，警示标识齐全，救援物资储备充足，企业能够定期开展边坡监测工作，无违规回采利用情况。本次检查出动执法人员21人次，下达责令限期整改指令书4份、排查整改隐患26项。通过专项检查，提高矿山企业安全生产水平，有效遏制安全生产事故发生。

（张鹏鹏）

【“两会”期间危险化学品执法检查】 2月22日至3月2日，密云区安全监管局组织执法力量，对全区48家危险化学品生产经营单位开展“全覆盖”安全检查。在检查过程中，执法人员下达责令限期整改指令书15份，排查整改隐患问题37项，确保全国“两会”期间安全稳定。

（李磊）

【新改扩建工程专项检查】 4月，密云区安全监管局联合区经济开发区管理委员会对园区4家企业的5个施工单位进行安全检查。检查发现事故隐患22项，下达检查记录6份、责令限期整改指令书5份，主要是施工现场临时用电不符合安全技术规范、高处作业人员未正确佩戴和使用安全带等个人劳动防护用品以及施工现场井、坑临边未采取有效防护措施等问题，执法人员要求施工企业在规定时限内对检查出的事故隐患进行整改，并对1家施工单位进行立案处罚。经复查，隐患问题全部整改完毕。

（李磊）

【加油站、加气站执法检查】 5月，密云区安全监管局对全区38家加油站和9家加气站开展安全生产执法检查。下达检查记录47份、责令限期整改指令书13份。发现安全隐患28项，其中包括作业环境类3项、安全设备设施类17项、安全标识类2项、从业人员操作行为类1项、平面布置类1项、其他场所环境类1项、从业人员资格类1项、安全组织机构及安全管理人员配置类1项和安全管理制度类1项。经复查，隐患全部整改完毕。

（李磊）

【国庆节前反恐防暴专项检查】 9月26日至30日，密云区安全监管局集中开展国庆节前危险化学品反恐防暴专项检查。主要检查危险化学品从业单位涉危设备、安全监控设施、防恐防暴器具和班组应急值守等情况，检查各类危险化学品单位41家，排查整改各类隐患32项，对1家加油站实施停业整顿措施。检查组要求企业一是严格加油车辆和人员的管理，特别是做好敏感地区号牌车辆及人员的登记工作，发现问题及时上报有关部门。二是做好日常检查，及时消除隐患，确保安全运营。三是提高安全防范意识，制定专项预案，提升应对突发情况的处置能力。

（刘佳）

职业卫生监督检查

【涉及重金属企业职业卫生培训】 5月5日，密云区安全监管局会同区疾控中心对涉及重金属危害因素的4家用人单位开展培训。培训专家分别从铅和铬的职业危害、侵入途径、防护设备设施的设置与改善、职业病防护用品配备和使用以及职业卫生管理等方面进行培训，并与4家用人单位就职业卫生管理工作中的问题和解决办法进行交流。

（马尚彬）

【职业病危害现状评价】 5月，密云区安全监管局按照市安全监管局《关于加强职业病危害现状评价的通知》要求，制定具体工作方案，组织各镇街、经济开发区和用人单位开展职业病危害现状评价工作。全区18家职业病危害严重单位均与第三方评价机构签订检测评价协议。此项工作的开展，帮助职业病危害严重单位对职业病危害因素的辨识和防护提供科学依据，为职业卫生安全监管提供技术支撑。

（马尚彬）

【职业病危害现状评价验收审核】 6月6日至7日，国家安全监管总局职业安全卫生研究中心组成审核组，到密云区开展职业卫生基础建设和职业病危害现状评价验收审核工作。审核组针对密云区已开展现状评价工作的18家用人单位，随机抽取10家，以查阅文件资料和对照现场进行“一对一”勘查的方式进行验收审核。审核组对密云区职业卫生基础建设和职业病危害现状评价工作给予肯定，认为密云区能够按照全市统一部署的时间节点和工作质量要求，完成职业卫生现状评价工作。

（马尚彬）

【职业健康管理技术培训会】 6月22日，密云区安全监管局、疾控中心联合举办“重点职业病监测与职业健康管理技术”培训会。各镇街、经济开发区负责职业卫生监管人员以及重点企业相关人员50余人参加培训。区疾控中心、安全监管局分别就职业健康体检、工作场所职业病危害因素检测、职业卫生技术常识以及职业卫生管理对参训人员进行培训。通过培训使各单位掌握噪声、粉尘、常见化学毒物等危害因素的辨识与防护知识，提高对职业健康体检和工作场所检测等技术数据的解读和专业检查能力。

（马尚彬）

【职业卫生培训班】 8月18日，密云区安全监管局在经济开发区举办企业主要负责人和职业健康管理员职业卫生培训班，区经济开发区71家存在职业危害企业的主要负责人和职业健康管理员140余人参加培训。此次培训内容包括职业病防治法律法规解读、职业卫生项目申报和统计填报系统使用方法等。通过培训，提升用人单位职业病防治管理水平。

（马尚彬）

宣传培训

【节后开复工安全培训】 2月，密云区安委会办公室制发《关于强化企业主体责任落实全面开展春节后开复工安全培训工作的通知》，对强化春节后企业做好开复工培训工作进行部署。要求各镇街、各部门落实责任，了解掌握企业复工动态，复工前必须开展安全隐患排查，对排查出的不安全因素要制定措施，落实整改责任，确保生产安全。针对节后企业职工思想麻痹，安全生产意识弱化的问题，组织本区域、本行业领域生产经营单位主要负责人进行安全培训，对生产经营单位节后内部安全教育培训工作进行监督、指导和检查，保证一线从业人员具备必要的安全生产知识，熟悉有关安全生产规章制度和安全操作规程，掌握本岗位的安全操作技能，提高自我保护能力。

（柳世杰）

【“双百工程”活动】 3月至9月，密云区安全监管局开展“百名安全生产监管干部与企业主要负责人对话谈心”和“百名安全生产专家服务万家企业”活动。区安全监管局走访131家企业和11个镇街，发放《中华人民共和国安全生产法》等宣传材料300余套，强化企业负责人安全生产“红线”意识，提高企业安全生产主体责任意识。专家服务“五小企业”“六小场所”250家，实现21个镇街、经济开发区“全覆盖”，培训专职安全员72人次，排查整改隐患981项，提出整改建议897条，发放宣传材料250套，提高专职安全员专业知识水平，解决部分企业安全生产意识不强、隐患排查能力不足等问题。

（陈旭）

【餐饮行业安全专项培训】 6月3日至8日，密云区安全监管局会同区市政市容委对鼓楼街道、果园街道餐饮业液化石油气使用单位负责人和操作人员进行安全生产知识及操作技能专项培训，300余家餐饮企业参加培训。此次培训突出专业性和实效性，由专家授课，通过事故案例分析讲解液化石油气安全使用和应急处置等相关内容。通过培训，提高餐饮企业负责人和操作人员安全防范意识和操作技能，培训达到预期效果。

（李红霞）

【用电安全警示教育周活动】 6月5日，密云区发展改革委、安全监管局和供电公司联合举办以“强化安全用电，确保用电安全”为主题的安全生产月用电安全警示教育周宣传活动。活动现场紧邻沙河市场，300余名过往群众参加活动。现场设置宣传展板、用电安全咨询台，悬挂安全用电宣传条幅。发放用电小常识读本、安全用电口诀折页等宣传材料8000余份，突出安全用电的重要性，营造安全用电的浓厚氛围。区发展改革委和区安全监管局、供电公司负责人参加活动。

（陈旭）

【安全生产宣传咨询日】 6月16日，密云区安全监管局在经济开发区亨通斯博通讯科技有限公司举办以“筑牢安全基础，促进协同发展”为主题的安全生产月宣传咨询日活动，副区长郭洪泉和区委宣传部、安全监管局、公安分局、应急办、教委、文化委、民防局、广电中心、总工会、团区委主管领导以及区市政市容委、地震局、民防局、气象局、科委等参展单位有关负责人和工作人员参加现场活动。活动现场悬挂安全生产宣传条幅，设置市“12350”举报投诉宣传咨询台，集中摆放安全生产宣传展板90余块。经济开发区200余名企业职工参与宣传咨询活动。

（陈旭）

【安全生产培训班】 6月21日，密云区安全监管局联合穆家峪镇政府举办安全生产培训班，有关单位、企业主要负责人和安全管理人员150人参加培训。培训邀请市鑫安利注册安全工程师事务所专家授课。培训专家结合事故案例讲解企业安全风险管理存在的问题，普及应急管理法律、法规等相关知识。通过培训，使参会人员掌握应急管理的方法、步骤和要求。培训中发放《中华人民共和国安全生产法》和《北京市生产经营单位安全生产主体责任规范及解读》等相关资料150余份。

（陈旭）

【安全文艺汇演】 9月23日，密云区安全监管局、总工会在密云区工人俱乐部联合举办“展安监风采，保百姓平安”安全文艺汇演活动。副区长郭洪泉、总工会主席何丽娟以及区安委会各成员单位、各镇街主管领导观看演出。演出节目形式多样、内容丰富，包括群口快板《我们是社区志愿安全员》、诗朗诵《安全是生命中永恒的主旋律》、大合唱《光荣安监人》等13个节目。通过汇演，展现安全生产工作者对生活积极向上的态度、对事业热衷崇尚的精神和对社会充满关爱的胸怀，增强安全生产监管队伍的凝聚力和战斗力。

（陈旭）

【公益广告橱窗制作】 本年，密云区安全监管局在密云城区主街两侧26个灯箱广告橱窗设置安全生产公益广告，广告主题包含党中央、国务院和习近平总书记关于安全生产工作的重要指示精神和安全生产法律法规，以及特种作业、有限空间、人员密集场所、加油站和生活生产用电等安全生产知识。通过广告橱窗，发挥公益广告的宣传教育作用，提升居民群众的安全生产意识，营造人人关注安全的安全生产氛围。

（陈旭）

【特种作业考试管理】 本年，密云区安全监管局按照市安全监管局特种作业人员安全技术考试时间安排，完成特种作业考试组织管理工作。全年组织特种作业人员考试10期，参考人员1180人，其中取证人数642人、复审人数538人。涉及2个考核类别，电工作业类859人、焊工作业类321人。区考试地点在基础信息、组织管理、人员管理、设备设施管理、信息化建设、考试过程管理、应急管理及安全文化建设等方面均达到考核标准，通过市安全生产考试点年度评估达标验收工作。

（李红霞）

法制建设

【法制培训班】 3月11日，密云区安全监管局举办2016年法制培训班，全体执法监察人员参加培训。培训主要讲解执法流程及行政处罚程序、安全生产违法行为行政处罚案卷制作标准及注意事项，就日常执法中遇到的问题和《北京市安全生产行政处罚自由裁量基准》适用过程中出现的问题进行交流。向参训人员发放《北京市行政处罚案卷标准》《北京市行政处罚案卷评查评分细则》等相关法制材料。通过培训，提高执法人员依法行政水平，为开展行政执法工作奠定基础。

（陈旭）

【行政审批中介服务事项清理】 3月17日，密云区安全监管局结合2015年中介服务清理规范工作，根据国家有关文件要求，梳理《行政审批事项汇总清单》中涉及的13项行政审批事项及其受理条件。其中行政审批中介服务事项：“建设项目（除煤矿外）职业病防护设施设计专篇编制”，对应审批事项为“建设项目职业病危害与评价报告审核（备案）”。依据相关规定，区安全监管局决定：申请人可按要求自行编制职业病防护设施设计专篇，也可委托有关机构编制，审批部门不得以任何形式要求申请人必须委托特定中介机构提供服务；保留审批部门现有的职业病防护设施设计专篇技术评估、评审。

（陈旭）

【政府规章培训会】 6月7日，密云区安全监管局举办《北京市生产安全事故隐患排查治理办法》培训会，区相关部门、镇街主管领导、安全管理人员、专职安全员和危险化学品、建筑施工企业主要负责人及安全管理人员近300人参加培训会。会上，培训专家就规章立法背景、主要特点、内容构成以及生产经营单位和政府各部门职责等方面进行解读。通过培训，使参会人员掌握安全生产事故隐患排查治理的方法、步骤和要求。培训会发放《北京市生产安全事故隐患排查治理办法》释义等相关资料300余份。

（陈旭）

【行政处罚案卷制作评查】 本年，密云区安全监管局规范行政执法行为，提高行政处罚案卷制作水平。一是修订《行政处罚案件复核制度》，要求局各科室在行政处罚前要经法制科2次复核后方可实施。二是聘请专业律师作为法律顾问，对事故处理及重大疑难案件进行把关。三是加强执法文书使用及案卷制作培训，提升执法人员案卷制作水平。四季度，市安全监管局和密云区法制办随机抽取密云区安全监管局2015年7月至2016年6月期间案卷13件，参加本年度行政处罚案卷评查。经评查组评查，密云区安全监管局行政处罚案卷均为优秀。其中市安全监管局抽取的9个案卷中有2卷为满分卷；区法制办评查的4个案卷中有2卷为满分卷。

（陈旭）

【行政处罚案卷复核】 本年，密云区安全监管局按照《安全生产行政处罚案卷复核制度》，对全局安全生产行政处罚案卷进行合法性和规范性复核，全年复核行政处罚案卷43卷次，提出复核意见187项。

（陈旭）

标准化建设

【安全生产标准化培训会】 3月28日至29日，密云区安全监管局召开安全生产标准化培训会，全区18个镇街、经济开发区专职安全员和152家企业安全管理人员250余人参加培训。培训班邀请中国安科院专家授课，对安全生产标准化评审标准和工作流程、网上系统申报进行讲解。通过培训，使安全管理人员掌握安全生产标准化基本规范、核心要素及标准化自评、申报等方面知识，为企业标准化达标创建工作打下基础。

（张鹏鹏）

【小微企业标准化工作会议】 7月8日，密云区安全监管局组织各镇街、经济开发区有关负责人和专职安全员组长召开小微企业安全生产标准化工作会议。会议通报《密云区2016年小微企业安全生产标准化达标工作方案》，解读小微企业达标考评依据、达标创建实施步骤、创建标准化需要报送的申请材料等内容。会议要求：一是明确工作目的，通过小微企业安全生产标准化工作，提升安全生产管理水平，建立动态隐患排查治理机制；二是执行评审标准，开展小微企业达标创建活动，评审合格后报区安全监管局备案；三是细化达标创建实施步骤，按照时间节点完成小微企业自评整改和属地评审工作；四是加强领导，各属地镇街组织小微企业标准化创建工作，提高政府安全监管水平。

（张鹏鹏）

【企业标准化核查】 10月，密云区安全监管局根据《北京市人民政府办公厅关于进一步推进企业安全生产标准化建设工作的意见》《北京市安全生产委员会关于进一步深化企业安全生产标准化建设工作的若干意见》文件要求，制定标准化达标企业核查工作程序，对核查标准进行细化分类，建立反馈机制，采用多种手段加强对达标企业的监督力度。按照核查程序和核查标准，组织2家中介机构对34家标准化达标企业开展核查工作。核查采用实地核查方式，分为资料审核和现场检查。在核查工作中，侧重达标企业隐患排查治理情况和企业标准化达标保持情况，确保评审质量。经核查，34家企业全部符合评审标准。

（张鹏鹏）

【企业标准化达标创建】 本年，密云区安全生产标准化达标企业910家，其中三级标准化企业达标170家，小微企业达标740家。通过开展安全生产标准化达标创建工作，提高企业安全生产水平，有效遏制生产安全事故的发生。

（张鹏鹏）

延　庆　区

概　　述

2016年，延庆区安全生产工作围绕“四化三体系双基”总任务，全面推进各项安全生产工作，全区安全生产形势保持稳定向好态势。

一、强化责任体系建设，构建长效监管机制。建立“1+7”安全生产责任体系，创新“5710”工程，即：落实5大职责（党委、党组领导职责，各部门、各单位主要领导职责，各部门、各单位分管安全生产工作领导职责，各部门、各单位分管其他工作领导职责，各级各部门领导职责）、实行7项制度（会议制度、检查制度、学习调研制度、通报制度、约谈制度、监督考核制度、“一票否决”制度）、建立10类档案（会议档案、检查档案、暗查暗访档案、约谈档案、隐患整改档案、应急演练档案、突发事件处置档案、教育培训档案、宣传活动档案、履职报告档案），督促各级领导干部落实安全生产责任。区安委会制定《进一步推动安全生产责任体系落实的通知》，区委书记、区长等区领导带头落实，做到“一人一清单、一人一档案”，全区各单位响应落实，安全生产责任体系建设成效显著。区安委会每季度召开安全生产工作会议，每月召开安委会办公室工作例会，通报安全生产工作开展落实情况，部署下阶段重点任务，强化安全生产综合监管工作。

二、创新监管方式，加大执法检查力度。开展春节后复工专项检查行动，在全区范围内开展“双随机”执法检查和安全生产综合执法行动。安全监管部门与属地政府对接，深入辖区企业检查，提高属地政府安全生产监管水平，强化企业安全生产意识。开展重点建设工程、文化娱乐场所、危险化学品等专项执法行动158次，检查生产经营单位4260家次，排查整改安全隐患3974项，下达行政执法文书5919份，实施行政处罚135起，罚款121.76万元。做好“美利达杯”国际自行车赛、首届中国残疾人冰雪运动季等44次大型活动安全保障工作，出动执法人员280人次，前期检查及现场保障135天。

三、做好重点工作，夯实安全监管基础。推进企业安全生产标准化创建工作，全年安全生产标准化二级、三级及小微企业达标516家，超额完成年度任务。在危险化学品、烟花爆竹、燃气供应和高处悬吊作业等9个高危行业领域开展安全生产责任保险制度试点工作，参与投保企业307家，投保102.9万元。开展隐患排查治理“一企一标准、一岗一清单”编制试点工作，完成30家试点企业的清单编制任务。

四、突出宣传教育针对性，营造安全生产氛围。在企业开展安全生产月宣传咨询日活动，贴近一线职工、突出宣传效果。组织安全生产宣讲团，深入企事业单位、工地和社区等地宣讲安全生产知识和法律法规。区红十字会为中国建设第八工程局大榆树安置房建设项目工地管理人员和工人免费培训自救互救知识，协助施工单位成立应急救援小分队。区安全生产指导中心定向为兴延高速工程中铁十四局举办电工、电焊工培训班。

综合监管

【春节安全生产专项行动】 1月17日至2月6日，延庆区安委会办公室组织开展春节安全生产专项行动。区安全监管局、商务委、住房城乡建设委、旅游委、经济信息化委、市政市容委、农业局、水务局、质监局、园林绿化局、交通局、公路局和公安消防支队等部门分别牵头，成立11个联合检查组，对全区危险化学品、烟花爆竹、商业零售、餐饮经营、建筑工地及在建项目、旅游景区、星级宾馆饭店、滑雪场、工业企业、市政工程、路桥施工、农业机械、水利工程、特种设备及交通客运等行业领域进行安全生产执法检查和隐患排查，重点指导和督促各生产经营单位安全生产主体责任的落实。此次专项行动出动检查人员690人次、检查车辆228台次，检查生产经营单位660家次，排查整改隐患问题313项，下达行政执法文书194份。

(杨光)

【区领导春节前安全检查】 2月4日，延庆区区长穆鹏、区委常委祁金利，副区长罗瀛、董亮、刘瑞成等领导带领区有关部门负责人，采取“四不两直”的方式，对烟花爆竹零售网点、加油站、旅游行业、文化娱乐场所、市政设施、商市场等重点区域进行节前安全生产大检查。针对检查发现的问题，检查组对企业下达责令限期整改指令书，并在规定时间进行复查，确保100%完成整改。

(程文杰)

【安全生产总结大会】 2月4日，延庆区区委、区政府召开安全生产总结大会，区委书记李志军、区长穆鹏等区领导以及区属各部门、各乡镇街道和经济开发区负责人参加会议。会议传达全市区委书记会议精神，部署全区春节期间应急值守和安全维稳工作。常务副区长张素枝总结2015年应急管理工作并部署2016年相关工作。副区长刘瑞成总结2015年安全生产工作，并对2016年安全生产重点工作进行部署。区长穆鹏与参会单位代表签订2016年安全生产责任书。区委书记李志军在讲话中强调指出：要保持清醒认识，树立“红线”意识和底线思维；要狠抓落实，完成各项工作任务；要强化服务保障，精心营造节日气氛；要践行“三严三实”要求，确保春节、“两会”期间安全稳定。

（杨光）

【“两会”建筑施工安全部署会】 3月2日，延庆区安全监管局会同区住房城乡建设委召开全国“两会”期间建筑施工安全生产工作部署会，建筑行业相关单位80余名主要负责人及安全生产管理人员参加会议。会议对2016年开复工施工现场安全生产工作进行部署，就加强“两会”期间安全生产工作提出工作要求。会后为参会单位发放海报、书籍等安全生产宣传材料。

（闫建杰）

【二季度安全生产工作会】 4月8日，延庆区副区长刘瑞成主持召开安全生产暨消防安全工作会，区安委会成员单位主管领导参加会议。会议总结第一季度安全生产及消防安全工作情况，并对下一阶段工作进行安排部署。刘瑞成要求：一是推进隐患排查治理“一企一标准、一岗一清单”编制试点和标准化、“安责险”推广工作，营造安全生产良好社会氛围；二是以安全生产责任体系“1+7”文件的实施为基础，落实安全生产管理责任、监管责任、专项监管责任和综合监管责任，推动企业主体责任落实，做好事故防范工作；三是深刻汲取火灾教训，严格管控措施，加强宣传引导，提高消防安全意识。

（杨光）

【“五一”前区长带队安全检查】 4月29日，延庆区区长穆鹏带领区政府办、质监局、食品药品监管局、安全监管局、公安消防支队等部门负责人，采取“四不两直”方式对日上批发市场、龙庆峡景区、井庄镇柳沟民俗户和S2线的特种设备、电气安全、应急疏散、消防设备设施和应急值守情况进行安全生产检查。针对存在的问题，检查组提出整改要求，责令立即或限期整改，并及时复查，直至隐患整改完毕，确保“五一”期间安全稳定。

（程文杰）

【建筑工地防汛安全检查】 6月12日至14日，延庆区安全监管局会同区住房城乡建设委对辖区内重点施工项目防汛工作开展专项执法检查。检查组重点对施工单位的防汛预案编制、施工现场临时用电等情况进行检查，实地查看防汛工作落实情况，并要求各单位完善落实防汛预案，做好临时电气线路防雨防漏电保护，加强基坑防护措施，确保汛期生产安全。

（闫建杰）

【文物修缮安全生产工作会】 6月29日，延庆区安全监管局会同区文化委召开文物修缮安全生产工作会，6家文物修缮单位主要负责人及安全管理人员参加会议。针对前期安全生产检查情况，对文物修缮单位提出工作要求：一是完善安全生产责任制，责任落实到位；二是加强安全生产教育培训，覆盖全员；三是强化应急救援预案和防汛预案的可操作性。会后为各单位提供安全生产书籍、光盘等宣传材料200余份，并发放生产经营单位内业资料指导书各1份。

（闫建杰）

【整治违法违规排污行为专项行动】 6月，

延庆区安全监管局采取5项措施落实区政府《关于集中开展清理整治违法违规排污及生产经营行为有关工作的通知》。一是成立组织机构，制定整治方案；二是摸排“五小企业”“六小场所”，建立基础管理台账；三是根据综合执法区域划分，发挥专职安全员力量，全面开展执法检查；四是与城乡结合部专项整治、再生资源专项整治工作相结合，明确责任；五是属地政府、职能部门联合执法，高限处罚形成震慑。

（程文杰）

【城乡结合部专项整治】 6月至12月，延庆区安全监管局成立城乡结合部重点地区安全生产违法行为专项整治工作分指挥部，制定《城乡结合部重点地区安全生产违法行为专项整治方案》，将城乡结合部重点地区安全生产违法行为整治与“小散乱污”整治和再生资源整治等行动有机结合，督促各部门和单位落实。各乡镇街道和经济开发区对重点生产经营单位进行摸底排查，全区登记城乡结合部重点地区生产经营单位台账747家。出动执法检查人员13827人次、检查督查5263次、排查整改安全隐患3992项，实施行政处罚13起，停产停业2家，关闭取缔4家。

（杨光）

【安全生产工作会】 7月20日，延庆区副区长刘瑞成主持召开安全生产工作会，区安委会成员单位和部分重点企业负责人参加会议。会上，区安全监管局和公安消防支队分别总结上半年安全生产和消防安全工作，对下一阶段重点工作进行部署。刘瑞成要求各部门、各单位统筹力量，密切配合，确保各重点专项整治工作取得实效。针对季节特点，开展安全生产和消防安全隐患排查治理工作。

（杨光）

【三季度安全生产工作会】 10月11日，延庆区安委会召开安全生产暨消防安全工作会，区安委会全体成员单位参加会议。会上，区安全监管局、公安消防支队分别通报前三季度安全生产和消防安全工作，对四季度重点工作进行部署。副区长刘瑞成参加会议并讲话，要求各单位认真实施“5710”工程，有针对性地做好四季度安全生产工作，加大宣传和执法力度，全面完成安全生产工作任务。

（杨光）

【安全生产大检查】 11月至12月，延庆区安委会办公室制发《关于开展岁末年初安全生产大检查工作的实施方案》，在全区范围内开展安全生产大检查工作。区安委会办公室成立督查组检查督查，各乡镇街道和经济开发区、职能部门、区属企事业单位，深入企业和生产一线开展检查。出动检查人员10373人，检查企业5830家，排查整改隐患3873项，罚款439.75万元，行政拘留11人。

（杨光）

危险化学品安全监管

【重点危险化学品企业安全检查】 1月28日，延庆区安全监管局对中石化康庄油库等3家重点危险化学品企业进行安全检查。针对检查中发现的电气线路敷设不符合规范要求等安全隐患，执法人员下达责令限期整改指令书。经复查，隐患整改完毕。

（陈祥）

【"两会"期间专项检查】 3月11日，延庆区安全监管局对危险化学品经营单位、重点工业企业开展专项执法检查。检查北京金蒙汇磁科技有限公司等5家企业。针对检查中发现的电气线路敷设不符合规范要求等安全隐患，责令并监督企业整改落实。

（陈祥）

【加油站贯标改造工作推进会】 6月2日，延庆区安全监管局组织中石化延庆分公司、中石油延庆分公司和北京延华新路油品销售有限公司等企业负责人召开加油站贯标改造工作推进会。会议听取各单位加油站施工改造的项目和时间，要求各单位合理安排施工改造计划，做好施工入场前工人安全培训和考核，加强施工期间加油站安全管理，确保按期完成36家加油站贯标改造任务。

（陈祥）

【涉氨制冷企业专项检查】 6月21日，延庆区安全监管局对北京德清源农业科技股份有限公司和北京中农绿安食品有限责任公司2家涉氨制冷企业进行专项检查。针对检查中发现的氨制冷车间无人值守等隐患问题，执法人员下达责令限期整改指令书。经复查，隐患问题整改完毕。

（陈祥）

【非药品类易制毒化学品联合检查】 8月3日，延庆区安全监管局会同公安分局禁毒办对全区危险化学品生产经营单位开展非药品类易制毒化学品联合检查。重点检查北京玻钢院复合材料有限公司丙酮仓库的出入库记录、人员值守、防爆设备设施使用和工具等各项安全管理及技术防范措施落实情况，要求企业提高认识，加强非药品类易制毒化学品安全管理，确保安全生产形势稳定。

（陈祥）

【危险化学品专项整治部署会】 8月11日，延庆区安全监管局组织全区49家危险化学品生产经营单位召开危险化学品安全生产专项整治工作部署会。会上，对危险化学品安全监管重点工作进行说明，要求企业深刻吸取天津港"8·12"特别重大事故教训，按照专项整治工作方案部署落实，全面开展危险化学品专项整治工作。

（陈祥）

【国庆节前危险化学品联合检查】 9月28日，延庆区安全监管局联合区工商分局、环保局、质监局、公安消防支队、燃气办、能源办开展危险化学品行业国庆节前联合检查。检查组先后对北京玻钢院复合材料有限公司等5家企业进行安全检查。针对检查中发现的监控室无人值守等隐患问题，责令企业整改并监督落实。

（陈祥）

【六中全会期间专项检查】 10月25日，延庆区安全监管局开展十八届六中全会期间危险化学品企业专项执法检查，对中石化康庄油库等4家重点危险化学品经营单位反恐防范措施、应急值守、存储区警示标识和消防器材等安全情况进行专项执法检查。针对检查中发现的疏散通道堆放杂物等隐患问题，责令企业整改并监督落实。

（陈祥）

【危险化学品标准化复评】 本年，延庆区41家涉及储存设施的危险化学品生产经营单位完成危险化学品行业安全生产标准化复评，其中2家生产经营单位完成标准化二级复评。

（陈祥）

烟花爆竹安全监管

【烟花爆竹安全培训】 1月21日，延庆区安全监管局组织11家烟花爆竹零售网点从业人员和乡镇街道、烟花爆竹批发仓库、保险公司负责人召开培训会。会上，对全区烟花爆竹销售时间节点等要求进行说明，组织烟花爆竹零售网点从业人员进行考试。

（陈祥）

【零售网点专项执法】 2月4日至13日，延庆区安全监管局结合全市烟花爆竹零售网点专项检查行动，采取日查、夜查、职能部门联合检查等方式，对全区烟花爆竹销售网点进行“全覆盖”、多频次执法检查。出动执法人员45人次、执法车辆17台次，检查烟花爆竹零售网点44家次，下达执法文书10份，排查整改安全隐患16项。

（陈祥）

【烟花爆竹零售网点布设】 本年，延庆区安全监管局根据“杜绝新增，全力压减”原则，对申请烟花爆竹销售许可的商户进行审核。设置烟花爆竹零售网点11个并颁发《烟花爆竹经营（零售）许可证》，其中长期网点2个（延庆城区1个、永宁镇1个）、临时网点9个（城区6个、永宁镇1个、八达岭镇1个、千家店镇1个），同比减少30%。设置烟花爆竹零售大棚6座，安装音视频监控系统9家。与11家零售网点签订《烟花爆竹安全管理承诺书》，与属地乡镇街道和零售网点签订三方责任书。11家零售网点全部投保“安责险”。

（陈祥）

【烟花爆竹配送、销售和回收】 本年，延庆区烟花爆竹零售网点配送烟花爆竹780箱，其中烟花类590箱、爆竹类190箱，同比减少841箱，下降55%。截止到2月13日零时，全区销售烟花爆竹600箱，销售金额21万元，同比下降30%。回收烟花爆竹180箱。

（陈祥）

隐患排查治理

【白酒企业安全隐患治理协调会】 5月12日，延庆区安全监管局召开白酒制造企业安全隐患治理协调会，区经济信息化委、食品药品监管局和有关乡镇政府以及辖区白酒制造企业和部分设计单位负责人参加会议。会议通报白酒制造企业安全隐患治理专项行动工作实施方案。各企业汇报隐患整改进度和计划，并与设计单位交流。会议要求：一是以此次隐患治理为契机，加大整改力度，提升白酒企业安全、生产、工艺等管理水平；二是整改工作务必按照统一部署，把握节奏，合理安排进度；三是按照《北京市白酒制造企业安全隐患治理技术指导书》及有关技术标准和要求，开展技术改造工作；四是在隐患整改期间，要制定专项保障方案、配备安全管理人员，加强施工现场安全管理，杜绝生产安全事故发生；五是各职能部门之间密切配合，推进各项隐患整改工作。

（程文杰）

【白酒企业隐患整改方案评审】 8月30日，延庆区安全监管局对辖区内北京龙庆峡酒业有限公司、北京八达岭酒业有限公司、北京市八达岭酿酒公司的隐患整改方案评审工作进行检查督查。会上听取各单位隐患整改工作进展情况，传达《北京市安全生产监督管理局关于进一步做好白酒制造企业事故隐患治理专项行动阶段性工作的通知》。北京八达岭酒业有限公司隐患治理设计方案通过专家评审。区安全监管局要求其他两家公司主动联系专家组，加快推进隐患治理工作。

（程文杰）

【隐患排查治理体系建设】 本年，延庆区安委会办公室推进落实《安全生产事故隐患排查治理体系建设实施方案》（延政办发〔2015〕4号），发挥隐患排查治理体系建设工作领导小组职能，宣传贯彻《北京市生产安全事故隐患排查治理办法》，落实重要工作事项。区安全监管局加强安全生产事故隐患排查治理工作，推进隐患排查治理体系建设，发挥专职安全员在基层安全生产工作中的作用，通过层层落实责任、协调配合、监督考核等多种方式，做到隐患问题早发现、早控制、早排除，有效推动隐患排查治理落到实处。

（杨光）

【隐患排查治理信息系统建设】 本年，延庆区安全监管局加强安全生产事故隐患自查自报信息系统建设，推进生产经营单位安全生产事故隐患排查治理自查自报工作。安全生产事故隐患自查自报系统覆盖行业部门45个、覆盖属地乡镇街道和经济开发区19个，纳入自查自报企业309个。企业每季度定期上报，全年上报一般隐患数量117项，无重大隐患。

（杨光）

应急救援

【大型索道应急救援演练】 3月22日，延庆区安全监管局、质监局组织指导北京八达岭索道有限公司开展春季索道应急救援演练，公司120余名员工参加演练。演练模拟八达岭索道因天气情况突遇停电，32只车厢悬停空中，游客被困急需救援，其他游客需疏导、分流。在演练总指挥下达演练开始命令后，各救援队奔赴救援现场，对被困车厢内的游客实施空中救援。历时20分钟，被困游客成功解救，圆满完成演练任务。

（李辛）

【消防安全应急演练】 6月22日，延庆区安全监管局联合市交通委路政局、区应急办和千家店镇政府，在延庆公路局滦赤路（红石湾至河西段）应急改造工程施工现场开展消防应急演练。此次演练模拟电焊工在焊接过程中，高温焊渣与模板接触引发火灾。发现情况后，工地巡查员迅速上报项目部值班领导，并按要求向“119”指挥中心报警，承建单位北京养护集团瑞通十处项目部迅速启动灭火疏散应急预案，采用灭火器和水车对起火点进行扑救。由于火势较大，仍有人员被困。消防车随即赶到现场，成功将火扑灭并解救被困人员。通过演练，健全各部门间联动机制，提升区域内施工现场突发火灾事件的处置能力以及应急预案的执行能力。

（李辛）

【应急救援急救员培训班】 11月3日至4日，延庆区安全监管局联合区红十字会在中国建设第八工程局大榆树安置房建设项目部举办应急救援急救员培训班。培训16学时，参训人员38名。培训主要内容包括心肺复苏和院外止血包扎固定搬运等自救互救技能，并进行桌面推演。经过培训，32名参训人员通过现场督导考试，取得初级急救员资格证书。

（闫建杰）

执法监察

【第30届冰灯艺术节安全检查】 1月12日至14日，延庆区安全监管局对第30届冰灯艺术节活动现场开展安全检查。检查组针对检查发现的安全警示标识设置数量不足、从业人员安全教育不到位等问题，下达责令限期整改指令书，并要求主办单位落实各级责任，加强安全教育，完善应急预案。经复查，隐患问题整改完毕。

（闫建杰）

【商贸企业联合检查】 1月20日，延庆区安全监管局联合区商务委等部门对商贸总公司所属20余家单位及租赁商户进行安全检查。对于检查发现的电气线路敷设不符合规范要求、疏散通道未保持有效畅通、配电箱缺少警示标识等22项隐患问题，执法人员向有关企业下达责令限期整改指令书。经复查，隐患问题均整改完毕。

（程文杰）

【供暖场所专项检查】 1月26日至27日，延庆区安全监管局联合区供暖办、质监局、环保局等部门对辖区18家供暖场所进行专项检查，排查整改安全隐患29项，下达责令限期整改指令书16份。有关部门执法人员在规定期限内对存在问题的企业进行复查，各项隐患均整改完毕。

（程文杰）

【春节期间联合大检查】 1月，延庆区安全监管局联合区教委、文化委、卫生计生委、总工会、旅游委、公安消防支队、质监局等部门分别对学校、星级宾馆和文化娱乐场所开展春节期间安全生产大检查。重点检查食堂、配电室、宿舍和消防中控室等场所。检查生产经营单位25家，排查整改隐患问题45项，下达责令限期整改指令书25份。检查组要求各单位落实春节期间值班值守制度，加强节假日安全巡查，完善事故应急救援预案并进行演练，确保春节期间安全稳定。

（闫建杰）

【燃气单位安全检查】 2月2日，延庆区安全监管局联合区燃气办、质监局等部门对11家燃气单位开展春节前安全检查。检查发现部分燃气单位存在配电室和罐区缺少警示标识、特种作业人员档案不健全等23项问题。执法人员对存在问题的单位下达责令限期整改指令书。经复查，存在问题的单位均在规定期限内整改完毕。

（程文杰）

【“两会”期间安全检查】 3月1日至10日，延庆区安全监管局联合相关部门，对白酒制造企业、客运单位、工业企业、燃气单位和春节后复工企业，开展“两会”期间安全生产检查工作。排查隐患23项，检查组执法人员分别下达责令限期整改指令书。经复查，隐患均整改完毕，确保“两会”期间安全稳定。

（程文杰）

【“两会”期间快捷酒店安全检查】 3月3日，延庆区安全监管局对快捷酒店开展专项执法检查。重点检查配电室、中控室、消防设备设施和应急救援预案等情况。在检查过程中，发放安全生产相关宣传材料，落实企业主要负责人及安全管理人员安全生产职责。要求各单位安全生产岗位职责要实，每个岗位职责必须清楚，杜绝安全生产责任制流于形式；教育培训要实，必须落实到每一个员工，杜绝教育培训考核试卷流于形式；安全记录填写要实，各项巡查记录、值班记录必须如实规范填写，杜绝记录填写流于形式。

（闫建杰）

【废弃尾矿库汛期专项检查】 6月21日，延庆区安全监管局会同千家店镇政府对该镇“石青洞”废弃尾矿库进行汛期专项检查。检查组重点检查废弃尾矿库排洪渠是否畅通或变形、已封堵矿洞是否存在私挖盗采等情况，并要求属地政府针对汛期安全生产工作特点，加强安全检查和隐患排查，落实属地监管职责，提升应急处置和防汛救灾能力。

（程文杰）

【文物修缮项目联合检查】 6月23日，延庆区安全监管局联合区文化委对东白庙城墙遗址抢险修缮工程、西五里营龙王庙壁画保护工程和榆林堡南城墙抢险修缮工程等重点文物修缮项目开展联合检查。根据检查情况，检查组要求各单位：一是制定针对性和可操作性强的事故应急救援预案和防汛预案；二是督促从业人员按照规范要求穿戴劳动防护用品；三是施工作业现场要配备数量充足的灭火器材；四是加强各项安全防护措施，有效遏制生产安全事故。

（闫建杰）

【G20杭州峰会期间重点企业专项检查】 8月31日至9月1日，延庆区安全监管局对辖区内重点危险化学品企业开展专项检查。针对检查发现的隐患问题，执法人员下达责令限期整改指令书，要求各单位在G20杭州峰会期间落实安全生产管理和日常巡查等制度，加强应急值守，做好值班备勤工作，提前做好培训和演练，确保G20杭州峰会期间安全稳定。经复查，隐患问题整改完毕。

（程文杰）

【寄递企业联合检查】 9月1日，延庆区安全监管局联合区综治办、公安分局、城管执法局、公安消防支队、质监局、工商局等相关部门开展寄递企业专项检查工作。先后对辖区内的圆通、宅急送、申通、顺丰等7家邮件和快件寄递企业的消防器材配备、安全教育培训、应急演练、电气线路敷设等情况进行检查。针对检查中发现的电气线路敷设不符合规范要求等安全隐患，责令企业整改并监督落实。

（陈祥）

【建设工程联合检查】 9月13日，延庆区安全监管局联合区住房城乡建设委对中建八局回迁房建设项目、区老县委装修改造项目等建设工程进行安全检查。针对建设项目安全管理情况和特点，检查组要求施工单位强化安全管理，落实各级责任，抓好安全措施落实，按照企业标准化要求开展工作，成为全区安全生产示范工地。

（闫建杰）

【国庆节前养老机构专项检查】 9月14日、21日，延庆区安全监管局联合区民政局、公安消防支队对辖区养老院进行国庆节前安全检查。针对检查发现的配电箱缺少警示标识、厨房间缺少灭火毯、电气开关无保护盒等隐患问题，执法人员依法下达责令限期整改指令书，要求有关单位在节日期间落实领导带班制度，加强应急值守，确保养老院老人过一个安全、祥和的节日。经复查，隐患问题整改完毕。

（程文杰）

【旅游安全检查】 9月27日，延庆区安全监管局会同区旅游委、市政市容委、质监局、公安消防支队等部门对八达岭索道、龙庆峡景区及古城村民俗户开展安全检查。针对检查发现的个别单位配电室堆放杂物、燃气软管穿墙未做保护、未签订燃气供气合同等问题，执法人员下达责令限期整改指令书，责令有关单位按要求进行整改。经复查，隐患问题整改完毕。

（闫建杰）

【重点工程安全检查】 11月25日，延庆区安全监管局对中铁十九局集团有限公司承建的兴延高速建设项目和中建八局承建的延庆区大榆树镇安置房建设项目进行安全检查。针对检查发现的电气线路敷设不符合规范要求、从业人员未正确穿戴劳动防护用品等11项隐患问题，执法人员下达责令限期整改指令书。经复查，隐患问题整改完毕。

（程文杰）

【圣诞节前宗教场所安全检查】 12月20日，延庆区安全监管局联合区民政局、公安消防支队等部门对北京基督教会延庆教堂、天主教北京教区永宁教堂等宗教场所开展圣诞节前安全检查。针对检查发现的个别单位配电室内堆放杂物、教堂安全出口被堵占等安全隐患，执法人员对存在隐患问题的单位下达责令限期整改指令书。经复查，隐患问题整改完毕。

（程文杰）

【大型活动安全保障】 本年，延庆区安全监管局完成“高山滑雪比赛”“野鸭湖冰雪马拉松”“元宵节花会”“圣帕特里克节‘点绿’八达岭长城庆祝活动”“端午文化节”“自行车骑游大会”“冰雪文化节”“北京世园会世园大道景观建设工程启动仪式”“纪念长征胜利80周年”和“走向2022迎冬奥首届延庆海坨冰雪徒步大会”等44项大型活动安全保障工作。出动执法人员280人次、车辆113台次，前期检查及现场保障135天。

（程文杰、闫建杰）

职业卫生监督检查

【职业卫生培训】 5月16日至19日，延庆区安全监管局组织2016年职业卫生培训班，142家有关企业主要负责人和职业健康管理员284人参加培训和考试。培训班重点向参训人员解读职业卫生法律法规和《北京市生产安全事故隐患排查治理办法》等法规，并向考试合格的人员颁发《北京市用人单位主要负责人职业卫生培训合格证》和《北京市职业卫生管理员培训合格证》。

（闫淑亮）

【职业卫生基础建设】 本年，延庆区安全监管局对全区所有涉及职业危害企业的职业卫生责任体系、规章制度、管理机构等10个方面进行“全覆盖”检查，督促用人单位解决作业场所存在的职业危害问题。配合市疾控中心开展2016年度职业病危害防治评估检查工作，审查企业内页资料30家，实地察看5家。配合国家安全监管总局职业安全卫生研究中心对北京中材汽车复合材料有限公司等10家单位进行职业危害现状评价。

（闫淑亮）

【职业卫生执法检查】 本年，延庆区安全监管局检查生产经营单位873家次，其中检查539家、复查334家。出动检查人员

946人次、检查车辆241台次，依法下达执法文书745份，其中责令限期整改指令书339份、复查整改意见书334份。行政处罚33起，罚款23.7万元。

（闫淑亮）

【企业职业健康体检】 本年，延庆区安全监管局联系国家安全监管总局职业安全卫生研究中心石龙医院体检中心，开展“健康大篷车”进企业职业健康体检活动，分2批次为中铁五局、中铁十四局、中铁十九局等10余家世园会、冬奥会重点工程企业的840余名职工进行职业健康体检。解决企业进行职业健康体检路途远、手续繁琐、费用高等问题。

（闫淑亮）

【有限空间大比武】 本年，延庆区安全监管局联合区总工会、安全生产协会开展延庆区第一届有限空间作业大比武，全区11支代表队参赛，分笔试和实操两部分内容。笔试内容包括有限空间基础知识、有限空间危险有害因素辨识、有限空间作业相关法律法规和标准规范、有限空间作业安全防护设备使用知识；实操考试包括有限空间安全防护设备使用方法、有限空间安全作业程序、有限空间作业应急救援程序等。大比武设一等奖1名、二等奖2名、三等奖3名、纪念奖5名。

（闫淑亮）

宣传培训

【建筑施工安全生产工作会】 3月2日，延庆区安全监管局联合区住房城乡建设委在城建大厦召开建筑施工安全生产工作会，30余家建筑施工企业主要负责人和安全管理人员参加会议。会议通报全区安全生产形势，要求各单位建立健全安全生产责任制，按照规定制定本单位安全生产规章制度和操作规程，健全生产安全事故隐患排查治理制度，制定应急救援预案，对从业人员进行安全生产教育培训。会议发放安全生产宣传材料320余份。

（闫建杰）

【“5·12”防灾减灾日宣传活动】 5月12日，延庆区安全监管局等多部门在延庆妫川广场举办“5·12”防灾减灾日大型防灾减灾专题宣传活动。本次活动采取悬挂宣传横幅、摆放应急宣传展板、发放宣传材料等形式，宣传防灾减灾和应急知识。发放《安全生产知识手册》《用电安全知识手册》等安全生产宣传材料200余份。

（李辛）

【用电安全警示教育周活动部署会】 5月26日，延庆区安委会办公室在全市生产经营单位用电安全管理暨用电安全警示教育周活动动员部署视频会议后，召开全区用电安全警示教育周活动动员部署会议，区安委会有关成员单位及各乡镇街道和经济开发区有关负责人参加会议。会议要求：一是以贯彻实施《高压电力用户安全用电规范》《变配电室安全管理规范》为切入点，开展用电安全专项执法检查活动；二是开展用电安全知识宣传教育活动，普及用电安全知识，提高公众安全用电意识；三是加强部门联动，发挥专职安全员作用，督促企业落实主体责任，抓好生产经营单位安全管理工作。

（杨光）

【建筑工地安全生产法治宣传】 5月31日，延庆区安全监管局联合区人力社保局、总工会在沈家营镇万科建筑工地开展安全生产法治宣传活动。活动中悬挂宣传横幅，张贴宣传画，发放宣传彩页、知识手册等材料200余份，开展安全咨询。增强职工群众安全生产法治意识和自我安全防范意识。

（李辛）

【安全生产知识竞赛】 6月3日，延庆区安全监管局联合区总工会、安全生产协会组织开展以“营造安全氛围·创建安全环境”为主题的安全生产知识竞赛。北京玻钢院复合材料有限公司、中石化康庄油库等18支队伍参加比赛。经过预赛、决赛，最终中材科技风电叶片股份有限公司北京公司代表队获得本次竞赛第一名。

（杨光）

【用电安全警示教育周】 6月6日，延庆区安全监管局在旧县镇开展“2016安全生产月——安全用电警示周”活动。向龙湾房车露营基地、北京绿富隆农业股份有限公司和北京建雄建筑公司等14家生产经营单位宣传《关于加强本市生产经营单位用电安全管理的意见》和新颁布的《高压电力用户安全用电规范》《变配电室安全管理规范》，通过典型案例、图片展示和视频短片等形式讲解企业安全用电知识，并现场发放《企业员工安全知识手册》、《安全用电常识》等学习宣传资料。

（程文杰）

【企业负责人安全生产培训班】 6月7日至8日，延庆区安全监管局联合区安全生产协会举办2016年生产经营单位主要负责人安全生产培训班。150家生产经营单位160余人参加培训。培训邀请专家解读《北京市生产安全事故隐患排查治理办法》、《北京市生产经营单位安全生产主体责任规范》，分析事故案例，通报安全生产形势。有效指导生产经营单位做好安全生产管理工作。

（国俊利）

【宣传咨询日活动】 6月16日，延庆区安委会办公室组织开展以“筑牢安全基础、促进协同发展”为主题的安全生产月宣传咨询日活动，副区长刘瑞成和区总工会、卫生计生委、经济信息化委、应急办等19个部门的主管领导，以及八达岭开发区、延庆开发区、康庄镇工业园区重点企业负责人、安全管理人员及一线职工400余人参加活动。活动采取观看安全生产警示教育片、专职安全员演讲、一线职工代表安全生产承诺、发放安全生产宣传手册海报等形式，开展安全生产宣传教育活动。活动现场设置安全生产标准化、“安责险”“一企一标准、一岗一清单”编制咨询台。全区各乡镇街道、经济开发区和大型商市场、旅游景区、宾馆饭店、社区、危险化学品企业及有关单位设立宣传分站，广泛开展安全生产宣传教育活动。

（杨光）

【安全生产进学校】 6月16日，延庆区安全监管局、教委、卫生计生委在延庆区第二小学开展以“筑牢安全基础，促进协同发展”为主题的安全生产咨询日活动。活动现场摆放宣传展板，向在校学生讲解安全生产法律法规和安全常识，并发放安全生产知识和科学常识宣传品。

（杜莹雪）

【安全文化进乡镇】 9月13日，由首都综治办、市安全监管局、延庆区政府主办的“生命至上·平安是福”安全文艺进校园活动在永宁镇永宁学校开展。市安全监管局副局长贾太保、副巡视员谢清顺及首都综治办相关处室领导出席活动，延庆区副区长刘瑞成参加活动并讲话。活动由歌舞、魔术、小品、朗诵、相声等多种艺术形式组成，永宁学校600名师生观看演出。

（苏毅）

【安全知识演讲比赛】 10月27日，延庆区安全监管局和区交通大队联合组织北京玻钢院复合材料有限公司开展安全知识演讲比赛。9人针对安全生产、消防安全、交通安全和事故案例等方面进行演讲，百余名职工观看比赛。通过演讲比赛，增强企业干部职工安全意识，增长安全生产知识，达到预期效果。

（程文杰）

【“七五”普法工作启动会】 11月18日，延庆区安全监管局召开“七五”普法工作启动会，全局机关干部和各乡镇街道、开发区专职安全员代表参加会议。会上宣读《北京市延庆区安全生产监督管理局“七五”普法工作规划》，并明确指导思想、主要目标和工作原则，对各阶段工作进行任务分解。会议要求各单位开展法制宣传教育，推进依法治理，弘扬社会主义法治精神。

（李辛）

【执法人员法律知识考试】 11月30日，延庆区安全监管局组织全体执法人员举行“弘扬宪法精神，法治助力世园冬奥”法律知识考试。考试内容涉及宪法、行政法、安全生产法、安全生产违法行为行政处罚办法等法律法规，以及世园会、冬奥会、创建全国文明城区等相关知识。本次考试采取闭卷形式，考试成绩优秀率100%。

（李辛）

【“双百工程”】 本年，延庆区安全监管局5名处级领导与79家企业负责人开展“对话谈心”活动，收到工作意见或建议13条，发放宣传资料283份。期间开展执法检查8次，监督检查企业24家，排查治理安全隐患与问题45项，提前完成市安全监管局下达的年度目标任务，谈心企业家数超额完成全年总任务（75家）的5.33%。“百名专家服务万家企业”活动采取集中服务的方式，服务企业100家，发现问题193项，提出整改建议193条，发放《安全用电》《燃气安全手册》等宣传材料100套。

（程文杰）

【安全生产宣讲团】 本年，延庆区安全生产宣讲团先后到北京卓文时尚纺织股份有限公司、珍珠泉乡、延庆区第一职业学校、北京玻钢院复合材料有限公司和八达岭经济开发区等22家企业单位开展宣传及警示教育活动，宣讲对象1000余人，发放法律法规等宣传材料950余份。

（李辛）

【安全生产宣讲团微信公众号】 本年，延庆区安全生产宣讲团开通微信公众号，全年推送微信公众号信息176条。以安全生产月为契机，开展“大家来找茬”有奖问答活动，500余人参与，获得2016年北京市安全生产月最佳实践活动奖。

（李辛）

【特种作业培训】 本年，延庆区安全生产指导中心组织特种作业考试39期，795人报名参加考试。其中电工低压取证403人、低压复审53人、高压取证34人、高压复审100人、焊工取证55人、焊工复审75人、有限空间取证18人、复审57人。

（池江洋）

标准化建设

【安全生产标准化工作会】 1月，延庆区安全监管局召开2016年度安全生产标准化工作会，各乡镇街道和经济开发区有关负责人参加会议。会议总结交流标准化建设工作，研究分析部分单位工作开展中存在的问题，部署安排2016年度标准化工作。会议明确标准化创建年度工作目标，要求各部门、各单位将标准化建设作为“一把手”工程，列入年度安全生产目标考核内容，推动企业标准化达标创建工作的开展。坚持培训先行，分级、分层次组织开展标准化培训，建立隐患排查治理机制，强化监督检查，保证达标质量，推进安全生产标准化创建工作。

（杨光）

【标准化工作协调部署】 3月至9月，延庆区安全监管局分阶段组织各属地乡镇街道和经济开发区有关负责人、专职安全员以及评审机构负责人召开安全生产标准化协调会，总结标准化工作，讨论工作中存在的困难，并就下一阶段标准化工作的开展进行研究部署，明确标准化工作计划与目标。期间，标准化评审咨询机构每月报告工作进展情况，合理调配工作力量，加强与企业的配合和沟通，保证标准化工作顺利开展，按期完成既定工作目标。

（杨光）

【企业标准化创建】 本年，延庆区安委会办公室制定《关于加强2016年安全生产标准化建设工作的通知》，明确2016年安全生产标准化工作目标、评审机构及工作职责、保障措施及工作要求。全区各部门、各单位认真落实，有序开展安全生产标准化工作，超额完成安全生产标准化创建目标任务。全年安全生产标准化二级三级及小微企业达标516家，其中二级标准化企业达标3家、三级标准化企业达标47家、小微企业达标466家。

（杨光）

【标准化企业核查】 本年，延庆区安全监管局按照《延庆区安全生产标准化抽查考核制度》，抽选3家达标企业进行检查。重点检查企业的安全生产规章制度、培训记录、应急预案、特种作业人员档案等台账资料以及作业现场，针对检查发现的个别企业存在档案资料不够规范、灭火器过期、工人不按规定穿戴劳动防护用品等问题，下达责令限期整改指令书，并组织复查确保全部整改完毕。

（杨光）

【标准化培训】 本年，延庆区安全监管局邀请专家对全区乡镇街道和经济开发区、行业主管部门以及拟达标企业负责人和安全管理人员，分5期组织安全生产标准化培训会，1100余人次参加培训。区安全监管局组织业务骨干深入基层为延庆镇、大榆树镇、儒林街道等地所属企业开展安全生产标准化培训交流。建立标准化工作QQ群，针对企业标准化创建工作中发现的问题，安排专人协调解决，为企业提供咨询，帮助企业解决各类问题30余项。

（杨光）

北京经济技术开发区

概　述

2016年，开发区安全生产工作坚持以人为本、安全发展的理念，以落实企业安全生产主体责任为重点，围绕“四化三体系双基”总任务，夯实基础性工作，强化安全风险防控，深化重点监管措施，推广先进典型经验，努力提高区域整体安全生产工作水平。

深化监管，夯实安全生产管理基础。开展安全生产教育培训，举办安全生产知识竞赛；推进安全生产标准化工作，做好工业企业分类分级工作；开展危险化学品独立库房专项整治，推广园区危险化学品统一配送试点经验；探索危险化学品重点企业应急联动机制，摸排重点行业（领域）生产安全风险；掌握开发区危险化学品重点单位应急救援物资，探索汽修企业社会化安全托管模式。

推进试点，构建隐患排查治理体系。落实隐患排查治理“一企一标准、一岗一清单”编制试点工作，开展危险化学品重点单位安全评价和隐患排查工作；开展安全生产执法专项检查，做好重点会议安全保障工作；组织联合检查，推动隐患排查治理工作有效落实；做好安全生产责任保险投保工作，规范企业安全管理机构和安全员配置；推进重点涉危企业物联网监控系统建设，完善平台系统企业基础数据。

继往开来，筑牢依法治安理念。推进行政指导专项工作，梳理行政权力责任清单，建立安全生产法规库；依托党团，发挥基层，强化安全监管队伍力量；坚持正确导向，打造过硬作风，加强业务培训，提升安全监管监察能力，完成专职安全员队伍组建工作。全年出动执法人员1316人次，检查生产经营单位658家次，发现并整改各类隐患741项，下达执法文书382份，立案16起，罚款34.85万元。

综合监管

【管委会领导春节前安全检查】 1月21日，开发区管委会副主任沈永刚带领区安全监管局及安全生产执法队负责人，对全区重点企业春节前安全生产工作进行检查。沈永刚一行先后检查北京京东方光电科技有限公司、中芯国际集成电路制造（北京）有限公司、夏晖物流（北京）有限公司、普莱克斯（北京）半导体气体有限公司、法美高新气体（北京）有限公司、北京东进世美肯科技有限公司6家企业，听取企业安全生产管理和隐患排查治理工作情况汇报，检查企业作业现场安全生产工作。检查组要求企业落实安全生产主体责任，排查治理各类安全隐患，执行应急值守及领导带班制度，确保春节期间安全生产形势稳定。

（林晓伟）

【安全生产综合监管服务平台上线】 3月1日，开发区安全生产综合监管服务平台系统正式上线使用。安委会工作、安全监管监察、企业申报管理等工作全部实现无纸化办公，告别以前上传下达的传统工作方式，优化各部门联合检查等各项工作流程。

（孙鹏）

【安全生产托管服务试点研讨会】 5月9日，开发区安全监管局在北京运通博世汽车销售服务有限公司召开汽修行业安全生产托管服务试点研讨会，6家汽车修理示范企业参加会议。会上，2家中介机构介绍公司基本情况以及该项试点工作的实施构想。企业针对在安全生产托管服务中的实际需求进行探讨，提出“顶层方案个性化、培训内容岗位化、咨询服务日常化、检查标准简明化”等建议。结合企业需求，完善试点工作机制，探索科学合理、行之有效的托管模式。

（高云祥）

【市人大督查】 5月31日，市人大财经委主任王琪带领市人大常委会执法检查组来到开发区督查指导工作，市安全监管局局长张树森、副局长唐明明，开发区管委会主任梁胜、副主任沈永刚以及有关负责人参加此次督查工作。开发区有关部门汇报开发区工业企业安全生产监管工作情况、工业园区危险化学品统一配送试点及经验推广情况。中芯国际集成电路制造（北京）有限公司作为企业代表，就企业落实主体责任总体情况进行介绍。市人大常委会督查组就《中华人民共和国安全生产法》《北京市安全生产条例》在基层贯彻执行过程中存在的问题进行意见征询，分别到企业进行现场督查指导，重点检查危险化学品配送和使用企业依法落实相关安全生产法律法规情况、生产经营单位落实主体责任情况等。

（张涛）

【“安责险”试点推进会】 8月9日，开发区安委会办公室组织有关成员单位就安全生产责任保险制度试点工作的分解及推进工作召开会议，开发区安全监管局、发改局、建发局、社发局、企服局、科技局、产促局、荣华街道、博兴街道及人保公司负责人参加会议。会议传达市安委会办公室视频会议和8月4日管委会副主任沈永刚主持召开的联席会议关于推进“安责险”制度试点工作精神，细化分解各相关单位任务指标，要求各单位落实市、区两级会议精神，确保安全生产责任保险投保任务目标顺利完成。

（刘国建）

【科研研发企业安全生产工作会】 8月26日，开发区安全监管局召开科研研发企业安全生产工作会，133家企业150余名负责人参加会议。会议就科研研发企业安全生产形势进行分析，就“安责险”推进工作和危险化学品存储专项治理工作进行部署，并对科研研发企业使用储存危险化学品提出12条要求。开发区环保局、公安消防支队通报事故情况，部署下一阶段工作。

（林晓伟）

【总局安全生产专项检查】 10月10日，国家安全监管总局省际互查组对北京经济技术开发区有限空间作业条件确认和粉尘防爆专项整治工作进行检查。检查组抽查SMC（中国）有限公司、北京金佰利个人卫生用品有限公司、亿滋食品（北京）有限公司、北京理贝尔生物工程研究有限公司4家生产经营单位，对涉爆粉尘和有限空间作业现场管理情况进行检查和询问，并听取开发区管委会工作汇报。市安全监管局副巡视员李振龙、开发区管委会副主任沈永刚参加检查。

（刘国建）

危险化学品安全监管

【加油站安全检查】 1月，开发区安全监管局召开加油站安全保障工作部署会，加大春节期间专项执法检查力度和频次。检查采取“四不两直”的方式，重点检查加油站安全生产工作落实、值班人员到岗、油品购买信息、周边杂草枯叶清理和禁止燃放烟花爆竹提示张贴等情况，确保节日期间安全生产。出动执法人员20人次，检查加油站28家次。

（刘国建）

【危险化学品配送试点座谈会】 2月29日，开发区安全监管局召开2016年危险化学品统一配送试点园区供应商座谈会，13个试点园区危险化学品统一配送负责人和8家中标供应商企业参加会议。与会单位讨论危险化学品统一配送试点工作开展以来存在的困难和问题，听取供应商企业推广此项工作的需求和建议。减少园区涉危企业危险化学品存储量，降低危险化学品存储风险。

（薛小敏）

【危险气体生产单位专项检查】 3月3日，开发区安全监管局联合区质监分局对涉及危险化学品输送管道的危险气体生产单位进行专项执法检查。检查组重点检查企业动火、登高等危险作业审批手续，承包商管理安全协议和气体管道停气、施工、恢复供气作业工作票，管道巡检记录等。要求企业开展隐患排查、领导24小时在岗值班，确保企业生产安全。

（蒋立涛）

【重点企业安全生产工作会】 4月1日，开发区安全监管局组织区内加油站、危险化学品生产和重大危险源等11家重点企业召开安全生产工作会。会议传达全市危险化学品和烟花爆竹监管工作会精神，并通报“8·12”事故情况。要求各单位吸取事故教训，落实企业主体责任；各生产经营单位在换证周期前，提早准备有关材料；规范采购与销售危险化学品“一书一签”制度；以安全生产标准化为契机，提升企业安全生产管理水平。会后，区安全监管局与各参会企业签订《企业安全生产承诺书》，明确企业的责任与义务，保障全区安全生产形势持续稳定。

（刘国建）

【G20峰会安全保障工作会】 8月29日，开发区安全监管局组织危险化学品生产、重大危险源企业和加油站召开G20峰会期间危险化学品安全保障工作会。会议传达市安全监管局关于做好G20峰会期间危险化学品和烟花爆竹安全保障工作的通知要求，要求各企业提高认识，加强管理，落实人防、物防、技防等安全防范措施，落实领导带班制度和应急值守。加大安全检查力度和频次，确保G20峰会期间安全稳定。

（刘国建）

【无仓储经营单位安全监管】 本年，开发区安全监管局加强无仓储危险化学品经营单位安全监管工作，督促企业依法依规开展生产经营活动。结合开发区实际，开发区安全监管局对区内危险化学品经营单位实施安全监管“五个加强”。一是加强对经营单位首次申请和延期换证的管理；二是加强对经营单位许可证变更及注销的监管；三是加强对经营单位危险化学品购销的管理；四是加强第二三类非药品易制毒化学品的监管；五是加强对经营单位的监督检查。开发区无仓储经营单位由10家减少到8家，核减率20%；第二三类非药品类易制毒备案企业从6家减少到4家，核减率33%；3家核减品种的票据经营单位核减率48%。实现核减家数、核减品种、全流程可控的目标。

（薛小敏）

隐患排查治理

【全国“两会”期间专项检查】 3月1日至17日，开发区安全监管局在全区范围内开展安全生产专项执法检查。重点检查危险化学品储存安全管理和隐患排查制度、隐患排查标准落实情况。检查企业55家，发现隐患问题56项，执法人员下达责令限期整改指令书30份、现场处理决定书1份。相关企业立即整改隐患问题，落实安全生产主体责任，确保“两会”期间安全稳定。

（赵贵根）

【隐患排查治理清单编制培训会】 3月11日，开发区安全监管局召开事故隐患排查治理“一企一标准、一岗一清单”编制工作培训会，中介咨询服务机构和100家试点企业负责人参加会议。会上，组织试点企业学习贯彻《北京市生产安全事故隐患排查治理办法》，并指导清单编制实施工作，通过系统调研、编制标准和清单培训与回访等环节推动编制工作的落实。会议强调，隐患排查治理清单编制工作是2016年全市安全监管系统的“1号工程”，通过中介帮扶的方式，指导企业建立完备的隐患排查责任制度、隐患排查管理制度、个性化隐患排查自查标准以及岗位隐患排查清单，推进隐患排查治理体系建设。

（夏振文）

【启动夏季危险化学品专项检查】 6月，开发区安全监管局针对夏季高温、多雨、多雷电等安全生产不利因素多、风险大的特点，开展危险化学品专项执法检查。出动执法检查人员100人次，检查危险化学品企业24家，排查整改事故隐患36项，下达责令限期整改指令书21份，行政处罚3起，罚款6万元。检查发现的隐患问题，主要集中在危险化学品混合存放、库房通风不良、温湿度不符合要求、库房防爆电气设置不符合标准、应急救援物质配备不足等。执法检查人员要求企业建立隐患排查治理机制，定期排查本单位存在的隐患，确保不发生危险化学品生产安全事故。

（赵伟）

【隐患排查标准培训会】 7月13日，开发区安全监管局组织隐患排查标准培训会，对北京汇智泰康医药技术有限公司、北京开元科创科技发展有限公司等13家企业有关负责人进行培训，讲解隐患排查标准细化内容。要求企业提高对隐患排查治理工作重要性的认识，按时完成标准细化工作，做好企业隐患排查自查自报工作，及时消除安全隐患，防止生产安全事故的发生。

（赵贵根）

应急救援

【应急联动及演练实地研讨】 4月25日，开发区安全监管局组织2016年危险化学品重点企业与周边应急联动及演练实地研讨工作。调研组到北京京东方显示技术有限公司特气库、危险化学品库房现场调查，就构成重大危险源的危险化学品存在的风险隐患与企业有关负责人进行研讨，就应急联动工作内容、时间进度进行说明，并结合应急联动形成的预案进行演练提出初步想法。中国安科院重大危险源研究所专家参与研讨。

（薛小敏）

【危险化学品企业应急联动演练】 12月13日，开发区安全监管局组织北京京东方显示技术有限公司及其周边4家企业举行现场联动应急演练。事故模拟京东方八代线氯气泄漏，周边相邻的联华林德气体（北京）有限公司、康宁显示科技（中国）有限公司等企业共同参与联动响应。演练在京东方八代线氯气库房发出的警报中拉开帷幕，中控室接到氯气库房应急报警后，按照应急联动预案一级响应标准，展开各项应急处置工作。整个应急处置、联动响应过程，用时不足11分钟。演练后，专家及各方代表召开总结会，对存在的问题提出合理建议，对今后应急联动工作进行讨论总结。

（张润婕）

执法监察

【危险化学品运输联合检查】 1月19日，开发区安全监管局会同区交通、工商、环保及运管等多部门开展联合检查行动，对全区涉及危险化学品运输的企业进行安全检查。检查中，对普莱克斯公司等涉及危险化学品运输企业的运输经营许可、制度建设、宣传教育、基础台账、GPS监管、运输车辆检查记录、驾驶员培训记录等工作进行核查，对危险化学品运输车辆安全设施、GPS定位监控、消防设施、罐体进行检查。联合检查组要求企业落实主体责任，建立健全基础档案，加强隐患排查与整改，严格危险化学品车辆管理，加强安全宣传教育，提高驾驶人安全意识，保障春运期间危险化学品运输安全。

（王郑晨）

【“双创周”安全保障】 10月12日至18日，“2016全国大众创业万众创新活动周”活动在北京经济技术开发区北人集团新建成的展览馆内举行。开发区安全监管局负责现场临时建筑物搭建、现场临时用电等方面安全保障工作。为做好相关临建安全检查工作，开发区安全监管局在国庆节前与活动承办方联系，对现场临时建筑物搭设方案进行对接。组织安全生产执法人员对施工现场进行检查，排查整改安全隐患。聘请第三方中介机构负责对现场临建设施进行安全评价，确保活动顺利举办。

（褚巍）

【世界机器人大会安全保障】 10月20日至25日，2016世界机器人大会在开发区亦创国际会展中心召开。开发区安全监管局作为重点保障部门参与安全保障工作，主要负责大会临时搭建物在搭建过程中的安全检查工作，确保临时搭建物在展览期间的安全使用。此次大会展览面积超过7万平方米，有150家展商参展，A、B、C馆及室外展区有大量临时搭建物施工，上千工人同时入场施工。为做好保障工作，开发区安全监管局制定大会工作保障方案，召开施工工作部署会，与活动承办单位、施工单进行工作对接。8月18日，施工开始进场，每天分成两个时段对施工现场进行检查。8月22日，临建设施施工结束后，监督承办单位聘请的监理机构出具监理报告，临建设施合格后方可投入使用。机器人大会正式开幕后，每天有三组执法队员在现场进行安全保障；大会结束后，对临建设施拆除现场实施重点监管。圆满完成大会安全保障任务。

（褚巍）

【重点企业安全检查】 10月28日，开发区安全监管局对全区加油站、危险化学品生产企业安全防范、应急值守、存储区警示标识、消防器材配备等措施制度落实情况进行专项执法检查。针对检查中发现的问题，执法人员责令企业立即整改。要求企业加强日常巡查、应急值守和领导带班等制度，有效的应对和处置突发事件，维护安全和稳定。

（刘国建）

职业卫生监督检查

【有限空间作业单位安全工作会】 4月29日，开发区安全监管局组织全区供电、热力、网信等涉及有限空间作业单位召开安全生产工作会。会议通报全市有限空间作业事故以及有限空间作业存在的安全问题。要求企业落实主体责任，按照相关规定、标准施工作业。加强有限空间第三方施工单位的管理，加强作业期间巡查，发现问题及时纠正。开展有限空间作业执法检查工作，对发现隐患问题的企业依法予以行政处罚。

（刘国建）

【职业病危害因素抽检工作启动会】 6月23日，开发区安全监管局组织全区职业病危害风险等级严重、曾发生过职业病、日常检查发现作业现场环境较差的3种类型15家企业召开职业病危害因素抽检工作启动会。此次职业病危害因素现场抽查检测委托第三方机构进行，具体抽查内容包括：企业职业卫生基础建设达标保持情况、接害人员体检情况以及企业职业病危害因素检测报告中涉及的尘毒有害因素的强度或浓度检测结果是否符合国家标准和规范要求，评价分析结果由第三方机构直接上报区安全监管局。

（刘国建）

【粉尘（纸毛间）管理现场会】 9月28日，开发区安全监管局在北京金佰利个人卫生用品有限公司召开纸毛间粉尘管理现场工作会。会议以“落实主体责任，确保生产安全”为题，通过大量案例及图片，为企业分析印刷企业粉尘主要危害、法规要求和企业落实主体责任的措施。北京金佰利个人卫生用品有限公司安全管理人员与参会企业分享粉尘管理经验，并就提出的问题进行解答，引起参会人员的积极讨论。15家企业参会人员参观金佰利生产车间和粉尘处理车间，实地参观学习北京金佰利个人卫生用品有限公司设备设施与现场管理。

（冯丽颖）

【粉尘企业排查“会诊”】 12月3日，市安全监管局会同开发区安全监管局，邀请中国安科院、东北大学专家教授，对开发区2家重点金属粉尘企业进行排查“会诊”。专家组对开发区企业金属粉尘管理工作给予肯定，认为2家企业发生大规模金属粉尘燃爆危险性较低。在重点调研企业打磨、喷砂等工序的集尘、除尘装置后，专家组针对企业现场存在的设备密封不严、集尘装置使用不当、设备设施除静电措施未按要求设置等问题，提出整改建议，建议集尘装置中采取液体降尘等硬件手段和停工后延时关机等管理措施。本次排查“会诊”，不仅帮助企业排查金属粉尘的重点工序，还指导企业掌握粉尘爆炸危险性、如何降低爆炸危险性等要点，受到企业的好评。

（冯丽颖）

宣传培训

【安全生产综合监管服务平台操作培训会】 3月8日，开发区安全监管局召开安全生产综合监管服务平台企业用户系统操作培训会，全区500余家工业生产、仓储物流以及科研单位有关人员参加会议。监管平台上线后，企业可通过平台接收安全监管局下发的相关文件、培训通知等工作事项，并可直接在平台上进行在线反馈，提高工作效率。平台还优化企业日常申报信息所需的流程，并通过与市安全监管局业务系统进行整合对接，实现全区企业只需登录区监管服务平台就可完成市、区两级的有关业务申报工作，减轻企业的工作量，发挥信息化工作在企业安全生产工作中的重要作用。

（孙鹏）

【“双百工程”活动】 4月7日，开发区安全监管局开展2016年“双百工程”活动（百名安全监管干部与万家企业主要负责人对话谈心）。局领导与北京奔驰汽车有限公司等7家企业主要负责人进行座谈交流。活动中，观看《以生命的名义Ⅱ》安全生产教育宣传片，学习贯彻《中华人民共和国安全生产法》和习近平总书记关于安全生产重要讲话精神以及2016年全市重点工作任务。7家企业的主要负责人分别介绍企业简要情况，交流企业安全生产工作和存在问题解决办法，并对开发区安全监管工作提出意见建议。通过座谈交流，密切政企之间关系，为推动落实企业主体责任打下基础。

（张润婕）

【安全生产知识竞赛启动】 4月27日，开发区安全监管局、总工会联合组织北京经济技术开发区第二届安全生产知识竞赛正式启动。全区46家企业180余名安全生产管理人员报名参加初赛，初赛采用笔试答卷的方式进行。笔试内容涵盖：《中华人民共和国安全生产法》《中华人民共和国职业病防治法》《危险化学品安全管理条例》《北京市生产安全事故隐患排查治理办法》《2016年开发区安全监管局工作要点及管理务实》。经过阅卷评分后，从中选出笔试分数最高的18支代表队参加复赛。

（张润婕）

【有限空间作业专项培训】 6月2日，开发区安全监管局邀请市劳保所专家，为全区涉及有限空间作业企业的从业人员和相关安全管理人员授课，并播放有限空间作业视频教程，110人参加此次培训。培训现场实体展示有限空间作业装备和个人防护用品，由专业人员讲解装备使用和穿戴方法，现场邀请学员体验互动，增加对有限空间作业的专业了解。

（张润婕）

【宣传咨询日活动】 6月16日，开发区2016年安全生产月宣传咨询日活动在博大公园举行。活动以“消除安全隐患，促进企业发展”为主题，开发区安全监管局、总工会、人劳局、发改局等部门和专业机构向企业员工及社会群众集中宣传安全生产方针政策、法律法规、安全知识和自救互救方法等。活动现场分职能部门宣传区、灭火体验区、有限空间救援演练示范区、展板宣教区4个区域。职能部门宣传区21家单位形成展示区，既有安全法律法规、标准的宣贯，又有水、电、气、热、消防知识、交通安全知识的讲解，企业一线员工和社区群众自觉排着长队有序领取。广场东、西两侧是员工体验项目及现场演示项目，在东侧灭火体验区，员工可以用新型灭火器，熄灭铁箱里的烈火；西侧有限空间救援区，搭设模拟有限空间，工作人员进行模拟演练，参观者通过透明隔板观看有限空间救援的方法。广场北侧是宣传展板的矩阵，120 块展板分 6 排依次排开占满北侧空地，员工常见易发危险行为、一线预防职业危害、工厂车间机械事故预防等主题，以文字结合图片、漫画的形式展现，吸引众多企业员工学习观看。宣传咨询日活动取得良好效果。

（李浩）

【“双百双千”共建活动】 6 月 27 日，开发区安全监管局领导班子成员到大兴区黄村镇邢各庄村开展“百家单位联百村、千名干部助千户”城乡共建活动。为村民送去涉及自然灾害应对、安全用电、交通安全、居民日常生活安全常识等安全宣传挂图 480 张，并与村支部负责人进行交流，确定共建的基本方向，商讨共建的基本内容，包含安全专家下企业、宣传培训安全知识等安全生产宣传教育活动。

（李浩）

【注册安全工程师继续教育培训】 7 月 14 日至 15 日，开发区安全监管局组织开展 2016 年注册安全工程师继续教育培训工作，全区企业 130 余名注册安全工程师报名参加培训。本次培训结合开发区实际情况进行选课，邀请国家及北京市安全生产专家对事故警示、电气安全、应急救援等内容进行讲解。针对保护企业员工生命权、健康权，邀请市急救中心资深专家讲授预防突发疾病的应急与自救。参加培训学员表示课程非常贴近实际工作，讲课通俗易懂。本次培训还吸引很多企业员工前来旁听。

（张润婕）

【危险化学品库房管理员专题培训】 10 月 27 日，开发区安全监管局组织全区危险化学品企业 108 名库房管理员和 62 名专职安全员进行危险化学品库房管理员专题培训。授课老师从危险化学品库房硬件要求、危险化学品理化特性以及管理员的工作职责、技能要求等方面进行讲解，课后进行考试。并向参加培训人员发放由市安全监管局和北京经济技术开发区安全监管局编制的《库房管理员岗位培训手册》。

（张润婕）

【建筑工程专题培训】 11 月 8 日，开发区安全监管局、建设局组织全区专职安全员在建筑安全工程体验基地进行建筑工程专题培训。通过观看安全视频教育片，施工安全中的防护用品体验、应急救援体验、用电及消防体验、施工现场模拟体验等，掌握安全操作规程以及紧急情况的安全对策，提升专职安全员安全意识和职业技能。

（孙鹏）

【注册安全工程师主题论坛】 12 月 22 日，第二届北京经济技术开发区注册安全工程师主题论坛在开发区京津冀路演中心隆重开幕，市安全监管局副局长贾太保、北京经济技术开发区安全监管局和《安全》杂志社主要负责人出席活动，全区企业注册安全工程师代表和安全生产管理人员 130 余人参加论坛。本届论坛采取“主题发言＋自由发言”的模式。主题发言阶段，来自开发区安全监管局、博世力士乐（北京）液压有限公司、北京京东方光电科技有限公司、北京京东方显示技术有限公司、北京北方华创微电子装备有限公司、航天长征化学工程股份有限公司、中稷注册安全工程师事务所的7名注册安全工程师，分别作主题演讲，针对全区工业企业聚集、高危风险复杂所采取的与周边企业联动应急、科学施救的课题进行探讨。自由发言阶段，现场注册安全工程师分别结合企业应急工作的实际情况，发表自己的意见和想法。本届论坛取得圆满成功。

（张润婕）

【行政处罚自由裁量权业务培训】 12月22日，开发区安全监管局组织全体执法人员进行《北京市安全生产行政处罚自由裁量基准》业务培训。培训从《裁量基准》制定依据、适用范围、裁量划分原则及档位入手、裁量幅度等情况介绍入手进行讲解，规范案卷制作格式，明确统一的制式行文语言。此次业务培训，使全局执法人员对新颁布实施的《北京市安全生产行政处罚自由裁量基准》有更深刻的认识与理解，在今后的案卷制作过程中，从案件内容制作到流程制作更加规范和严谨。

（张涛）

1月16日，首钢总公司召开安全生产大会

首钢总公司董事长靳伟(前右三)检查公交立体车库项目安全生产工作

6月23日，首钢总公司总经理张功焰(左二)检查冷轧薄板公司安全生产工作

11 月 28 日，北汽集团召开安全生产紧急工作会，部署安全生产大检查工作

12 月 6 日，北汽集团副总经理张健（左一）检查越野车公司安全生产工作

12 月 13 日，北汽集团工会主席张辉（前右二）检查企业安全生产工作

▲ 3月4日，京城控股公司总经理王国华（左二）检查企业安全生产工作

▲ 4月1日，京城控股公司开展企业班组长和安全员培训

1月5日，北化集团召开2016年度安全工作会

11月9日，北化集团隐患排查治理体系建设项目验收现场

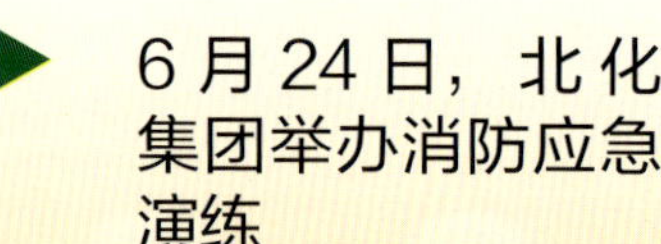
6月24日，北化集团举办消防应急演练

6 月 17 日，金隅集团北水公司 2016 年安全生产知识竞赛

7 月 19 日，金隅集团物业环贸分公司开展消防联合演练

9 月 27 日，金隅集团安全生产主题沙龙活动现场

11 月 20 日，金隅集团咏宁水泥有限公司安全生产宣传画

5 月 25 日，一轻控股公司安全生产月动员部署暨宣贯《北京市生产经营单位安全生产主体责任规范》大会

7 月 8 日，宣贯《北京市生产安全事故隐患排查治理办法》公开课

4 月 21 日，举办安全生产专题培训班

6 月 12 日，隆达控股公司安委会全体会议

6 月 24 日，隆达控股公司举办安全生产培训班

10 月 18 日，隆达控股公司“安康杯”演讲比赛现场

3月2日，时尚控股公司2016年安全稳定工作会

12月16日，时尚控股公司安全述职会

10月16日，纺织和服装制造企业安全生产“地标”评审会

▲ 11月8日，工美集团2016年物业、消防安全管理培训班

▲ 工美集团微型消防站演练现场

▲ 12 月 9 日，同仁堂集团公司召开稳定安全工作会

▲ 4 月 20 日，检查在建工地安全生产工作

1月15日，北京市电力公司副总经理刘润生（中）检查“两会”供电保障安全生产工作

9月5日，北京市电力公司度夏防汛总结大会暨2016年9月份月度工作例会

12月15日，北京市电力公司督导门头沟供电公司安全生产大检查工作

6月16日，北京住总集团安全生产宣传咨询日活动现场

北京住总集团安全隐患排查治理工作全面启动大会

11月28日，北京住总集团四级安委会视频会议

11月29日，北京住总集团安全生产大检查现场

6月21日，北京环卫集团安全专题培训班

6月30日，北京环卫集团举办消防应急预案演练

7月12日，企业安全主题演讲活动

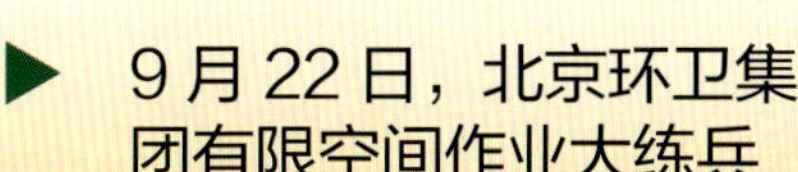

9月22日，北京环卫集团有限空间作业大练兵

▶ 11月10日，祥龙公司隐患排查治理体系建设工作会

◀ 11月8日，祥龙公司举办消防应急演练

▶ 9月1日，祥龙公司组织防恐安全培训

◀ 6 月 16 日，北京地铁安全生产宣传咨询日活动现场

▶ 6 月 20 日，2016 年北京地铁“创新协作发展　共筑地铁平安”主题情景剧巡回演出

▼ 7 月 18 日，北京地铁公司举办乘客进入轨行区应急处置演练

▼ 科级安全管理干部培训班

12月1日，北京排水集团董事长林雪梅（前右三）检查企业安全生产工作

12月1日，北京排水集团总经理郑江（前左一）检查企业安全生产工作

11月10日，北京排水集团“北排好安全”决赛现场

▲ 2 月 25 日，京粮集团召开 2016 年安全维稳工作会

▲ 6 月 16 日，京粮集团安全生产宣传咨询日活动现场

▶ 6月16日，首旅集团举办生产安全事故隐患排查治理及标准化创建培训班

▲ 首旅集团消防安全演练现场

◀ 首旅集团“安康杯”竞赛活动获奖作品

7月13日，北京启迪智信注册安全生产工程师事务所有限责任公司企业岗位达标培训现场

6月30日，企业安全生产调研

11月24日，火灾应急演练现场指导

▶ 9月19日，2016年安全生产领域高级研修班暨第22届安全生产科研院（所）长联席会议

◀ 市科委政策研究类软课题验收现场

▶ 4月21日，“实验室安全风险的防范与控制”论坛现场

◀ 北京市职业卫生技术服务机构专业技术人员培训班

▲ 11 月 3 日，“2016 安监之星 · 北京榜样”主题活动总结会

▲ 2016 年北京市安全文化建设示范企业培训及现场经验交流会

▲ 组织开展隐患排查治理系统试用培训活动

▶ 5 月 11 日，行政审批系统上机操作培训

◀ 12 月 8 日，安全生产专职安全员检查系统试点培训

3月4日，举报投诉中心参加“爱满京城”学雷锋志愿服务活动

举报投诉中心被首都精神文明办授予“首都学雷锋志愿服务岗”荣誉称号

12月25日，举报投诉中心“12350”热线电话受理现场

▲ 4 月 18 日，北京安联召开第三届理事会第二次全体会议

▲ 8 月 22 日，市级社会组织评估现场

▲ 1 月 26 日，北京市工业企业安全生产标准化评审员培训班

▲ 北京安联被市委社会工委正式认定为安全生产领域“枢纽型”社会组织

▲《北京安全生产年鉴》被“中国年鉴全文数据库”全文收录

企事业单位安全生产管理

首钢总公司

2016年，首钢总公司贯彻国家和地方政府安全生产工作部署，开展隐患排查治理体系建设，推进安全生产标准化创建，强化联系确认、设备操作牌及危险化学品、矿山、特种设备专项整治，安全生产形势基本稳定。

【落实安全生产责任】 本年，首钢总公司召开安全生产大会，逐级签订安全生产责任状，全面部署安全生产工作。董事长靳伟、总经理张功焰多次组织研究安全生产工作并带队开展安全生产检查。加强制度建设，强化安全生产主体责任落实，制定《安全生产约谈办法》和《北京市生产安全事故隐患排查治理办法》，开展安全生产约谈和专项督查工作。

【安全生产专项整治】 本年，首钢总公司开展安全生产专项整治工作。一是对集团涉及危险化学品重大危险源进行全面梳理并组织检查组开展重点检查。二是加强对所属矿山安全生产专项督查。三是为切实吸取湖北当阳市“8·11”高压蒸汽管道重大事故教训，总公司下发《关于开展特种设备（承压类）专项整治工作的通知》，组织相关单位开展为期2个月的承压类特种设备专项自查整改工作。

【安全生产大检查】 本年，首钢总公司将联系确认、设备操作牌及相关方专项治理工作作为贯穿全年的重点强化督导检查。结合季节特点及阶段重点工作，制发安全生产大检查及专项督查文件，组织检查组对相关工作落实情况进行检查。根据属地政府重大活动环保要求及因严重雾霾天气实施的停产、限产措施，各单位克服生产节奏调整、安排大规模检修等困难，落实“重大活动期间生产组织方案”和“安全工作方案”，开展安全生产大检查，强化现场监护督导，确保各项检修工作安全顺利完成。

【园区安全管理体系建设】 本年，首钢总公司针对北京冬奥组委入驻首钢园区，强化园区各项管理，召开会议研究部署，要求相关单位健全组织保障，开展针对性教育培训，强化管理责任、制度规程和考核奖惩等体系建设，确保安全工作落实。针对首钢北京园区开发建设，组成“安全管理效能监察工作组”，按照《关于强化北京园区北区建设项目安全管理的效能监察工作方案》，强化对建设项目安全管理效能监察。组织专项督导组赴曹妃甸对京冀曹妃甸协同发展示范区建设投资公司安全管理情况及道路施工、土地整理作业现场进行督查。

【“把隐患当事故处理”经验推广】 本年，首钢总公司在冷轧公司试点工作取得经验基础上，经进一步研究完善，启动《“把隐患当事故处理”经验推广工作方案》。股份、京唐、首秦和矿业公司等相关单位成立主要负责人任组长的领导小组，制定工作方案和实施细则，按照动员部署、完善职责、修订制度、风险识别、制定标准、排查整改、讲评考核等步骤分步实施。

【安全生产教育培训】 本年，首钢总公司宣传贯彻《北京市生产安全事故隐患排查治理办法》《北京市生产经营单位安全生产主体责任规范》，通过《首钢日报》全文刊登、举办安全生产培训班等多种形式加大宣传力度，组织相关单位开展对照检查整改工作。首钢工学院完成全市安全监管系统3000人的培训任务并被市安全监管局确定为北京市安全生产管理学院。分两期举办首钢京冀地区生产经营单位主要负责人和安全管理人员安全教育培训班，358人参加培训。冷轧公司倡导先进的安全文化理念，被市安全监管局评为“北京市安全文化建设示范企业”。总公司制定《2016年“安全生产月”活动方案》，突出“警示教育”“隐患排查治理”“法制宣传”“活动展示、应急救援”等内容，深入开展安全生产月活动。通过《首钢日报》举办题为“坚持把隐患当事故处理，不断夯实安全生产基础”的安全有奖征文活动，广大职工结合岗位实际和亲身经历，阐述对及时排查消除各类隐患重要性的认识与理解，营造关爱生命、关注安全的氛围。

首钢总公司宋永胜供稿

北京汽车集团有限公司

2016年，北汽集团贯彻落实党中央、国务院以及北京市委、市政府安全生产工作部署，狠抓安全生产各项工作落实，把安全生产作为企业生产经营活动重中之重的工作。在集团公司党委、经营层和企业全体员工共同努力下，北汽集团安全生产形势总体稳定，未发生重伤以上安全生产责任事故，无特种设备和职业病事故。企业安全管理水平持续提升。

【安全生产目标管理】 2月，北汽集团召开年度安委会会议，分析北京市以及集团公司面临的安全生产形势，有针对性地制定安全生产工作指导意见，提出具体工作目标和各项重点工作要求，有计划组织开展全年各项安全工作。北汽集团与所属二级企业主要负责人签订安全生产目标责任书，明确各单位安全生产目标责任及具体工作要求和考核标准。所有签订目标责任书的企业均按计划有序开展各项工作，安全生产各项控制指标均未突破。

【隐患排查治理体系建设】 本年，北汽集团编制《安全生产隐患排查治理体系实施方案》，对企业隐患类别、排查标准、处理措施以及达到目标、完成时限等提出明确要求。聘请专家对企业隐患排查治理体系具体建设方法进行解析，为企业隐患排查治理体系建设有序开展创造条件。根据方案安排，组织集团所属在京整车制造企业开展安全生产隐患排查治理体系建设工作，组织专项培训，跟进督导各单位建设进度，确保按计划高标准完成体系建设工作。

【重点时期安全保障】 本年，北汽集团加强重大政治活动和重要节假日期间安全生产工作，制定工作方案，要求各所属单位加强应急值守和隐患排查工作，并组织检查组对31家单位进行监督检查，对检查中发现的安全隐患均要求企业做到责任、资金、时限、整改措施、预案和效果评估“六到位”，确保安全稳定。

【安全生产月活动】 本年，北汽集团根据市安委会工作部署，制定下发《关于开展2016年“安全生产月”活动的通知》《2016年“安全生产月”评比活动方案》和《关于做好夏季安全生产工作的通知》，确定“依法治企、以人为本、安全发展”的活动主题，开展安全生产月活动各项工作。安全生产月活动期间，集团公司有关领导带领联合检查组对9家重点企业进行检查，发现并整改隐患57项，做出安全提示和安全建议13项。各单位精心组织、周密筹划，以形式多样、丰富多彩的宣传教育活动为载体，开展安全生产月活动，如演讲比赛、知识竞赛、摄影比赛、安全微信平台、安全生产简报、漫画、播放宣传片等，在全集团形成人人关注安全，人人重视安全的氛围。北汽集团被市安委会办公室评为“安全生产月优秀组织单位”。

【安全生产标准化创建】 本年，北汽集团深化安全生产标准化创建工作，组织新建以及外埠生产经营企业开展安全生产标准化达标工作。广州公司、越野车公司、福田瑞沃公司单位完成国家一级标准化企业达标工作，有4家单位完成北京市二级标准化企业达标工作，企业标准化达标总数81家，提升企业本质安全水平。北京奔驰公司创建国家安全生产标准化一级示范企业通过国家安全监管总局评审。受市安委会办公室委托，组织编制《北京市汽车行业安全生产等级评定技术规范》，此项规范将作为北京市地方标准颁发，也将作为安全生产标准化二级企业评定标准和政府部分执法监察标准。

北汽集团赵长明供稿

北京京城机电控股有限责任公司

2016年，京城控股公司坚持“安全第一、预防为主、综合治理”的方针，落实安全生产主体责任，推动隐患排查治理体系建设，实现安全生产向更高水平的发展，实现“十三五”时期安全生产工作的良好开局。

【安全生产主体责任】 本年，京城控股公司贯彻《北京市生产经营单位安全生产主体责任规范》，以安全生产标准化创建为抓手，建立健全安全管理制度、岗位操作规程，认真排查隐患，落实整改措施，改善安全生产条件，推动主体责任的落实。公司系统安全生产资金投入1900万元，夯实安全生产基础。各单位按照“分级管理、分线负责”的原则，逐级签订目标责任书，将安全生产各项工作任务细分、量化，分解落实到基层，安全生产责任制覆盖到各层级、各岗位全体员工。

【隐患排查治理体系建设】 本年，京城控股公司贯彻《北京市生产安全事故隐患排查治理办法》，推动隐患排查治理体系建设工作。组织开展《北京市生产安全事故隐患排查治理办法》的培训和宣贯活动，通过指标管控和工作监督，对各单位“隐患自查、上报、整改”进行管理，把隐患排查治理体系建设纳入责任书内容，各单位按照《北京市企业事故隐患排查治理实施导则》“八步法”健全隐患排查治理制度，实现事故隐患自查、自报、自改的闭环管理，落实隐患排查治理主体责任。将隐患排查治理体系建设与安全生产检查、消防安全检查和危险化学品安全检查相结合，加大力度，全员参与，建立台账，强化整改，保障投入，全力消隐，有效防范各类事故发生。

【重点时期安全保障】 本年，京城控股公司加强重点时期安全保障工作。“两节”“两会”等重点时期，公司领导带队安全生产督查，涉及各主要生产经营企业。公司安全环保部和安全生产督导组认真进行检查，覆盖到全部所属单位。10月，“世界机器人大会”在北人集团亦庄厂区举行，安全环保部、安全生产督导组全过程对大会重点部位进行巡视检查，查找消防、用电、用水、人员密集等方面安全隐患，发现问题近200项，逐项提出整改建议并督促整改，顺利完成大会安全保障工作。

【专项整治】 本年，京城控股公司推进“打非治违”专项整治，做好疏解、腾退安全管控。遵循“全覆盖、零容忍”的原则，围绕疏解非首都功能，加快推进搬迁、腾退及地下空间安全管控，对房屋租赁、地下空间、锅炉房、配电室、校舍宿舍等部位进行自查自纠，对发现的隐患立即整改或采取有效措施进行防范。公司安全督导组对各单位开展全面督查，对存在严重隐患的单位进行重点督查，并对已整改的单位逐一复查，推动建立常态化工作机制。各单位落实消防安全责任制和防火措施，做好消防安全应急处置的各项准备工作，杜绝各类安全事故的发生。

【外埠企业安全管理】 本年，京城控股公司按照市国资委要求，加强对外埠企业安全管控，全面摸排所属外埠企业安全生产状况，将外埠企业和外包分包单位的安全管理纳入集团安全管控范围，做到底数清、情况明，帮助企业理清思路、梳理基础、排查隐患，强化外埠企业安全生产管理工作。公司派出安全生产督导组对电线电缆台州公司、新能源酒泉基地、京城环保呼市产业园和廊坊天海进行复查，对陕西陕印公司进行首次检查，针对建筑施工等薄弱环节对京城环保兴化项目和淮安项目开展督查。

【安全生产教育培训】 本年，京城控股公司采取多种形式，开展《北京市生产经营单位安全生产主体责任规范》及规范解读的宣贯工作，各单位结合实际，对照规范进行全面梳理，引导广大员工积极参与，确保全面落实。针对企业转型疏解、搬迁调整，邀请专家为公司安全生产督导组举办建筑施工安全专题培训；为加强班组安全管理，抓好生产一线教育培训，为系统企业班组长和安全员举办安全管理培训；推动企业开展“一企一标准、一岗一清单”编制工作，提升安全生产管理能力，对企业安全生产主管领导、部门负责人进行专题培训；举办2016年度系统企业领导干部安全生产管理培训班和安全生产主管领导、部门负责人、督导组成员、企业安全管理骨干安全生产管理培训班，增强各级领导、管理人员的安全生产责任意识，健全安全生产责任体系。全年，公司系统开展安全生产、交通安全、消防安全等教育培训588场次，参加培训人员1.4万人次，投入培训经费60万元。

【安全生产月活动】 本年，京城控股公司按照全市统一部署，围绕“筑牢安全基础，促进协同发展”这一活动主题，组织开展安全生产月活动。全系统参加安全生产月活动总人数1.5万人，张贴各种宣传画2000余张，悬挂横幅、设置专栏、板报等宣传园地150余个，利用60块电子显示屏循环播放安全月主题或公益宣传片，开展安全应急演练百场，开展各类安全检查300余次，消除安全生产隐患540项，开展各类安全生产培训教育200余场，发放宣传材料万余份。

【职工安全意识调研】 本年，京城控股公司开展职工安全意识调研工作。随着公司系统改革调整疏解和新设备、新材料、新工艺的应用，安全生产问题更具复杂性，对各级领导、管理人员安全责任提出更新、更高的要求，对企业安全管理带来新的挑战。同时，受企业生产力水平、企业文化、从业人员素质和市场竞争等因素影响，企业安全生产基础不平衡，职工的不安全行为导致的安全事故时有发生。对此，公司组织系统内安全管理骨干，并邀请相关专家参与，针对不安全行为导致的生产安全事故时有发生的问题，开展企业职工安全意识专项调查研究，以企业一线员工为研究对象，对6家企业的500名一线员工进行问卷调查。通过事故案例分析、设计调查问卷、统计数据检验等手段，探寻影响员工安全意识和安全行为的因素，查找企业安全生产薄弱环节，制定对策措施，帮助企业提升员工安全意识，杜绝不安全行为。

京城控股公司穆嘉澍供稿

北京化学工业集团有限责任公司

2016年是北化集团“十三五”开局之年，在市国资委、安全监管局领导下，全系统各单位认真贯彻习近平总书记关于安全生产重要指示精神，主动而为，逐项落实安全生产目标任务，加大隐患排查治理力度，实施一系列安全管理措施，为集团公司全年生产经营任务的完成创造良好条件。

【安全生产“党政同责、一岗双责”】 本年，北化集团党委常委会、董事会分别召开会议，研究安全生产工作，推动全系统牢固树立“安全环保是生存之基、立命之本”理念。集团公司安委会召开4次会议，研究部署安全生产工作；集团公司第三次党代会将“坚持安全发展、绿色发展”列为集团发展战略之首位。集团公司制定完善总部安全生产责任制，从集团公司主要负责人、分管负责人、每个部门的部长、员工，都明确规定安全职责。

【隐患排查治理体系建设】 本年，北化集团作为北京市隐患排查治理体系建设试点单位，成立由总经理任组长的隐患排查治理体系建设领导小组，制定具体工作方案，全方位部署实施。一是贯彻落实《北京市生产安全事故隐患排查治理办法》，集团公司和二级单位分别制定隐患排查治理实施办法，明确各级各类人员隐患排查治理责任。二是补充修订安全生产管理制度，安全生产制度体系更加完善。三是集团公司所属5家单位通过编制专项工作计划、开展隐患排查治理“一企一标准、一岗一清单”编制和岗位安全操作规程修订、重点场所风险评估及报告编制、接入集团公司隐患排查治理信息平台并上线运行工作，完成隐患排查治理体系建设试点任务。四是建成生产安全事故隐患排查治理信息平台，有助于解决隐患排查治理“查什么、怎么查、谁来查”的问题，建立隐患排查治理“有标准、可实施、全覆盖、重闭环”的动态体系。11 月，市国资委、安全监管局、经济信息化委组织专家组，对北化集团生产安全事故隐患排查治理信息平台、隐患排查治理体系建设情况进行检查验收，给予充分肯定。

【危险化学品专项整治】 本年，北化集团按照市安全监管局工作部署，组织所属化工园区各单位制定工作方案，开展危险化学品专项整治工作。实施甲类库从安全设施、作业人员、进出库作业、培训、检查、统计、应急救援等方面的集中管理。11 月，市安全监管局、大兴区安全监管局和相关专家对集中管理后的甲类库进行检查验收，给予“效率高、效果好、工作实”的验收评价。

【标准化建设和青年安全示范岗创建】 本年，北化集团组织所属 8 家危险化学品生产储存企业开展二级安全生产标准化达标创建，3 家企业通过安全生产标准化三级达标评审。集团公司推进青年安全生产示范岗创建工作，北京化学试剂研究所多品种生产部荣获“北京市青年安全生产示范岗”称号。

北化集团化鹏飞供稿

北京金隅集团有限责任公司

2016 年，金隅集团安全生产工作以贯彻落实《中华人民共和国安全生产法》为核心，发挥组织优势，强化监督指导，以人为本，激发基层安全生产管理能力，坚持“安全第一、预防为主、综合治理”方针，执行“党政同责、一岗双责、失职追责”，统筹推进，开拓思路，创新方法，善作善成，实现企业安全生产、持续发展的目标。

【落实安全生产责任】 本年，金隅集团按照“党政同责、一岗双责”管理要求，向 66 家子公司下达《安全生产和保卫目标管理责任书（告知书）》，分解细化任务指标，将安全生产责任逐级传递。结合《北京市生产经营单位安全生产主体责任规范》修订发布《安全生产管理办法》，明确“安全生产管理部门监管、事业（管理）部门主管、子公司负责、全员参与”的安全生产分级管理机制，细化安全管理工作的重点与程序。建立健全《总部部门安全生产责任制》，发挥各部门职能管理作用，全面落实安全责任。

【建立健全隐患排查治理体系】 本年，金隅集团作为北京市隐患排查治理体系建设试点单位，制定《金隅集团隐患排查治理体系建设试点实施方案》，北京金隅北水环保科技有限公司、北京生态岛科技有限责任公司、北京金隅混凝土有限公司和北京金隅物业管理有限责任公司嘉华分公司率先建立和使用隐患排查信息平台，对隐患分级、排查、上报、治理、验收等各环节予以规范，并通过市安全监管局、国资委、经济信息化委组织的专项验收。金隅集团将安全检查、专项调研等与隐患排查信息平台建设相结合，开展各类安全监督检查 296 次，夜查 232 个区域部位，排查整改隐患问题 218 项，下发隐患限期改通知书 20 份、典型通报 1 份，实现闭环管理。强化“打非治违”工作，清理“六小”场所，规范出租业态，对违章建筑、违法经营零容忍，全年拆除违建 44 万平方米。

【提升安全管理水平】 本年，金隅集团利用安全微信群、QQ 群等互动交流工作，组织安全培训和座谈研讨，组建安全生产专家库，到优秀企业观摩学习，提升安全生产管理队伍综合业务水平和履职能力。金隅集团充分发挥内部科研和培训机构作用，金隅科技学校为电工、焊工、起重工等特种作业人员持证作业给予专业培训支撑。金隅建筑材料研究院在做好特种设备、避雷设施、消防设施等检验检测工作的同时，还为公司专项检查提供技术支持，完成194台锅炉、364台压力容器、1607台电梯、近万点避雷设施和26万平方米建筑消防电检等检测检验，并为多家单位提供专业技术咨询服务。

【安全文化建设】 本年，金隅集团开展安全文化建设示范企业创建活动。金隅琉水环保科技公司取得北京市安全文化建设示范企业称号；宣化金隅水泥公司、天津金隅混凝土公司分别获得河北省和天津市安全文化建设示范企业称号。金隅集团开展面向领导、面向员工、面向基层的安全生产宣传教育活动。组织厂处级干部轮训班，组织制度建设、职业卫生、交通、消防、安防体系建设、隐患排查治理等专题培训，2000余人参加培训教育；以安全生产月、“安康杯”竞赛、“119”消防宣传日等活动为契机，动员企业开展体验式培训、宣传咨询日、应急预案演练等形式多样的宣传教育活动，增强全员安全意识。

【安全生产标准创建】 本年，金隅集团加强安全生产标准工作，追求岗位达标、注重创建质量和创建过程。承德金隅水泥公司和邢台金隅咏宁水泥公司通过国家安全生产标准化一级达标评审。北京金隅物业腾达分公司、环贸分公司完成二级标准化企业达标创建；北京建机资产经营有限公司通过专业机构现场评审，达到二级标准化企业水平。金隅集团结合生产经营实际，制定具有金隅管理特色的“平安金隅”规范安全管理考评标准，从安全生产基础管理和现场管理两方面对企业安全生产工作进行打分考核，使安全考评工作更加科学化、标准化、规范化。

金隅集团李春支供稿

北京一轻控股有限责任公司

2016年，一轻控股公司坚持“安全第一、预防为主、综合治理”的方针，构建“党政同责、一岗双责、失职追责”的安全生产责任体系，健全完善工作机制，强化现场监督检查，深化隐患排查治理，开展安全专项整治工作，推进安全生产标准化建设，完成安全生产任务指标，为开创“十三五”安全工作新局面打下基础。

【落实安全生产责任】 本年，一轻控股公司召开专题会议，印发《2016年安全工作要点》，明确重点工作任务，加强对系统安全生产工作的部署、管控。根据“党政同责、一岗双责、失职追责”的工作要求，明确企业党政负责人安全生产责任，落实企业安全生产主体责任。与各直属单位签订《安全工作目标管理责任书》，将安全责任层层分解落实，落实到基层、落实到个人。通过完善体制机制，加强协调协作，完善安全生产责任、监管组织体系，形成“横向到边、纵向到底、责任到人、不留死角”的安全生产格局。

【应急管理】 本年，一轻控股公司系统各单位结合自身经营业态的不同，开展一系列应急演练活动。生产型单位主要开展以火灾、爆炸为主要内容的应急抢险、人员物资转移演练，人员密集场所开展以应急疏散为主要内容的演练活动。全系统开展应急演练12次，通过演练强化员工的应急反应能力，检验单位应急预案编制情况，应急管理工作不断加强。

【安全生产检查】 本年，一轻控股公司加强各级安全检查，消除事故隐患。一是在安全生产月活动期间，控股公司领导亲自带队，组成专业安全检查组，对系统内经营业态不同的26家重点单位进行安全检查，排查整改安全隐患288项。二是在重要节日和重大活动时期，加大安全检查频次，以防火安全、防重大人身伤害事故为检查重点，对人员密集场所和重点生产企业进行检查，确保重点时期万无一失。三是开展常规性安全检查，形成常态化的检查机制。检查51次，查出隐患问题462项，均及时向被检查单位提出整改要求，各单位落实整改工作从而使隐患发现、整改工作从事后处理向事前预防逐步转变。四是所属各级单位对隐患实现自查、自报、自改的闭环管理，单位每月将隐患排查整改情况上报控股公司。全系统排查安全隐患1212项，整改1191项。

【教育培训】 本年，一轻控股公司增强安全生产培训的针对性和有效性，提高相关人员的安全意识和工作能力，组织开展一系列安全培训。一是分两期组织全系统各级单位党政主要领导、安全主管领导、安全管理人员300余人参加《北京市生产经营单位安全生产主体责任规范》《生产安全事故应急预案管理办法》集中培训，培训16学时，提高各级领导干部的安全意识。二是对单位安全管理人员进行为期两天的“工业制造业安全隐患排查”“企业消防安全知识”专业知识培训，提高安全管理人员的专业知识。三是组织企业各级安全管理人员和班组长130余人举办以落实《北京市生产安全事故隐患排查治理办法》为主要内容的大型公开课，明确企业隐患排查治理“八步法”（建立企业事故隐患排查治理责任制、健全隐患排查治理规章制度、开展风险识别、开展常态化事故隐患排查、进行事故隐患分类分级及上报、制定实施事故隐患治理方案、进行事故隐患治理的验收和效果评估、建立事故隐患排查治理台账并进行统计分析）。

【宣传活动】 本年，一轻控股公司开展以“筑牢安全基础，促进协同发展”为主题的安全生产月活动，活动的特点：一是动员部署早，控股公司3月份将活动实施方案下发到各单位，各单位成立组织机构，明确职责，制定实施细则；二是安全检查工作实，组成专业安全检查组对系统内26家单位进行安全检查，排查整改安全隐患288项；三是活动效果好，各单位开展一系列丰富多彩的宣传活动，营造出“人人关爱安全”的浓厚氛围。一轻控股公司组织开展“第二届消防安全竞技演练”活动，16个单位251名员工参加4个比赛项目的演练，不仅提高员工学习安全知识的热情，也增强安全意识。

【标准化建设】 本年，一轻控股公司以落实企业主体责任和隐患排查治理为核心，着力对企业不达标项目的整改落实情况进行督促检查，推进安全生产标准化建设。全系统有25家安全生产标准化达标企业，其中二级标准化企业18家。在安全生产标准化工作中，各单位依据标准，落实各项安全生产法律法规，建立完善规章制度，改善安全生产条件，形成自我检查、自我纠正和自我完善的安全生产工作机制。

一轻控股公司于湧供稿

北京隆达轻工控股有限责任公司

2016年，隆达控股公司坚持“安全第一、预防为主、综合治理”方针，树立安全发展理念，完善安全生产管理体系，落实企业安全生产主体责任，组织开展各项安全工作，促进安全与经营工作协调发展，安全生产管理水平不断提升。

【安全稳定工作会】 2月4日，隆达控股公司召开2016年安全稳定工作会议。会议传达市国资委2016年安全稳定工作会议精神，总结2015年安全稳定工作，部署2016年重点工作。会议对2013至2015年度3家安全生产先进单位和15名安全生产先进个人，以及3家安全生产标准化二级达标单位和11家安全生产标准化三级达标单位进行表彰。隆达控股公司董事长李玎、总经理张德华与所属单位负责人签订《隆达控股2016年维护稳定工作责任书》。

【安全生产培训】 6月24日，隆达控股公司举办一期由95名系统各级领导干部、安保团队成员参加的隐患排查治理和落实企业安全生产主体责任专题培训班。培训专家通过图表、数字和具体案例向大家介绍首都安全生产形势、北京市隐患排查治理体系建设以及安全生产信用体系建设情况，并结合企业实际对《北京市生产安全事故隐患排查治理办法》和《北京市生产经营单位安全生产主体责任规范》的重点内容进行解读。

【安全生产月活动】 6月，隆达控股公司根据《北京市安全生产委员会办公室关于印发〈2016年北京市“安全生产月”活动方案〉的通知》文件要求，在全系统开展以“筑牢安全基础，促进企业协同发展”为主题的安全生产月活动，各级企事业单位开展安全培训、系列讲座、自查互查、应急演练等活动。组织开展隐患排查治理和落实企业安全生产主体责任专题培训。牢固树立依法治安意识，持续营造“关爱生命、科学发展、安全发展”的良好安全氛围。

【安康杯演讲比赛】 10月18日，隆达控股公司举办安康杯“安全在我心中”演讲比赛。比赛中，14名参赛选手围绕“安全在我心中”这一主题，结合亲身经历和安全生产工作中的经验及典型事故案例，从不同角度，用生动精练的语言展开论述，演示出对安全的感悟和感受，向现场观众阐述安全是企业的生命线，安全责任重于泰山的深刻道理。最终，北泡公司代表队获得一等奖；轻工集团代表队、有色公司代表队获得二等奖；厨房公司代表队、印包公司代表队、楠辰惠鼎联合体代表队获得三等奖。与会领导为获奖代表颁发荣誉证书及奖品。

【消防安全现场培训】 11月3日，隆达控股公司组织各企事业单位消防安全主管领导、部门负责人、特种作业人员、义务消防员、消防安全重点岗位工作人员到市公安消防总队培训基地进行现场培训。在培训基地电影院观看寓教于乐的消防安全宣传教育片，了解北京市消防安全工作情况、火灾事故案例和消防安全常识。在培训教官的带领下，学习灭火设备使用技巧和火灾烟雾逃生技巧。通过地震体验装置切身感受不同震级条件下建筑物的震动程度，在烟雾笼罩、无灯光照明和建筑结构复杂的室内条件下进行火灾逃生。强化全系统火灾防范意识和火灾防范能力，预防火灾和减少火灾危害。

【消防安全知识培训】 11月25日，隆达控股公司举办2016年消防安全知识培训班，来自全系统各单位消防安全主管领导以及部门负责人、特种作业人员、义务消防员、消防安全重点岗位工作人员、物业管理人员参加培训。培训班上，隆达控股公司安全保卫部通过大量案例介绍火灾的危害与特征，介绍消防安全工作方针、原则和基本制度，并结合《中华人民共和国消防法》重点阐述消防工作中“单位全面负责”的具体含义，讲解燃烧基本理论，介绍防火和灭火的基本原理及具体措施。传授发生火灾时应采取的应对措施，以及如何具体做到会报警、会灭火、会逃生。

【安委会扩大会议】 12月2日，隆达控股公司召开2016年安委会扩大会议，隆达控股公司安委会全体委员以及所属各单位主要领导、安全生产主管领导参加会议。会议通报江西丰城“11·24”事故情况，传达11月27日国务院全国安全生产电视电话会议和北京市紧急安全生产电视电话会议精神，部署隆达控股公司安全生产大检查工作。

【企业联系点制度】 本年，隆达控股公司建立领导班子成员安全稳定工作单位联系点，听取各单位安全工作专题汇报，查看安全管理制度和安全工作隐患排查记录，对联系点不定期进行抽查，重要时期按要求开展专项督导，落实“党政同责”“一岗双责”。安全保卫部工作人员对划分的4个安全小组实行包点制度，参与指导各小组研讨会议，各小组在重要时期开展安全互查，落实上级和隆达控股公司有关会议精神和要求，做好安全稳定工作。

【企业标准化建设】 本年，隆达控股公司推进安全生产标准化工作。英特塑机总厂、印刷一厂、印刷二厂等3家单位通过成立由厂级领导牵头、安全管理部门负总责、相关部门参与、内部专家参加的安全生产标准化工作组，部分单位退休人员也加入到评审工作中，落实安全生产规章制度，开展标准化自评打分，经过隆达控股公司安全生产标准化二级评审组评审、北京安联复查，最终通过市安全监管局审核，正式获得由北京安联颁发的安全生产标准化二级企业证书。

隆达控股公司焦力供稿

北京时尚控股有限责任公司[1]

2016年，北京时尚控股公司按照“四化三体系双基”总任务部署，以创建平安和谐企业为目标，以“五化一体”（推进安全生产标准化、隐患排查岗位化、预防控制全员化、安全管理信息化和安全培训素质化，落实企业安全生产主体责任）建设和构建安全生产预防控制体系为重点，落实“党政同责、一岗双责、齐抓共管、失职追责”要求，加强企业安全生产管理工作，开展“争当百名安全能手”活动，实现控股公司安全生产责任目标，安全生产形势稳定向好。

【落实安全生产责任】 本年，北京时尚控股公司召开落实安全目标责任大会，与12家二级集团公司和企事业单位主要领导签订安全生产责任书，并层层落实到一线职工。先后召开6次全系统安全生产工作会议，对安全重点工作和重要时期安全

[1] 原北京纺织控股有限责任公司。

生产工作进行部署。全面摸排所属外埠企业和外包分包单位安全生产状况，将外埠企业和外包分包单位安全管理纳入集团安全管理框架内。在全系统开展安全生产大检查，排查整改所属企业生产现场、重点部位、重点岗位存在的隐患，在5家单位排查安全隐患23项，全部进行整改。各单位积极开展安全检查，由112名专职安全生产管理人员和221名兼职安全生产管理人员组成检查组，重点对用电安全管理、消防安全责任制、日常防火检查巡查、建筑消防设备设施和安全出口及疏散通道、应急演练等落实情况进行检查。连续9年在全系统开展安全生产工作专题述职，控股公司主要领导同各单位主要领导进行“一把手直接对一把手”对话形式，将企业领导干部经营业绩和安全考核直接挂钩，探索建立安全生产考核量化机制。

【隐患排查治理体系建设】 本年，北京时尚控股公司按照《北京市安全生产事故隐患排查治理体系建设三年行动计划》的要求，推动建立符合自身特点的排查发现、整改治理、监控防范、验收审查和惩处问责的隐患排查治理体系。正式启动安全管理信息化建设工作，形成涵盖安全责任体系、组织管理体系、监督检查制度和操作规程标准的安全管理移动终端系统。举办安全信息化专题培训班2次，70余人次参加培训，学习安全管理信息化知识和信息化系统实际操作方法。控股公司落实《北京市生产安全事故隐患排查治理办法》，建立“一企一标准、一岗一清单”制度，夯实隐患排查治理的基础。先后召开5次专题会议，按照“八步法”对涉及生产岗位的3233名职工进行岗位划分和分类，划分出生产岗位311个，编制岗位操作规程200多项，辨识查找生产岗位危险源1069个。在春节和全国“两会”等重要时期，控股公司领导班子全体成员采取“四不两直”的方式，重点对安全生产责任制、培训教育、隐患排查、应急救援预案及演练等各项制度落实情况进行检查。

【安全风险管控】 本年，北京时尚控股公司根据生产经营特点，建立涵盖风险辨识评估、风险预警预控、隐患排查治理、危险源监控和应急管理等安全生产闭环管理模式，构建“防得到、控得住”集成化安全生产预防控制体系。“防得到”是预防控制体系在广度上的要求，由安全点、线、面、体4个维度上的系统性集成，要点是“一企一方案”；“控得住”是预防控制体系在深度上的要求，由防控的有效性、及时性上的系统集成，要点是“一人一清单”。通过开展“从我做起，争当百名安全能手”的活动，从安全意识、安全制度、安全规程、安全监督和安全文化5个方面，在全系统树立主动防控观念、动态管理观念，提高动态掌控能力。

【安全生产教育培训】 本年，北京时尚控股公司深化安全培训，提高员工安全意识、安全知识和安全技能，增强生产安全、生活安全、公共安全、职业卫生、自然灾害等方面的知识，了解危险因素及预防应对方法，树立“安全培训不到位是重大安全隐患”的意识，做到不培训到位不上岗。全面开展安全生产月活动，在莱锦文化创意园、良乡工业园、平谷工业园等区域利用黑板报、宣传栏、横幅、标语等宣传安全知识、预防事故的方法和自我保护相关知识，努力营造安全生产浓厚氛围。安全生产月活动期间，全系统悬挂横幅210条、安全标语1300张，张贴壁报

196 张、宣传画近 500 张，制作专栏展板 85 幅，派发安全学习书籍 1350 余册，组织安全生产竞赛答题 2200 余人次、观看安全宣传录像 2100 人次。控股公司举办安全生产大型公开课，所属各二三级集团公司和企事业单位主要领导、安全生产主管领导、安全管理部门负责人以及专职安全管理人员 110 余人参加培训，并对所有人员进行考试。

【企业标准化建设】 本年，北京时尚控股公司推进企业安全生产标准化建设工作。所有在京企业做好二级标准化企业评审准备，由第三方中介机构按照要求进行现场评审。控股公司承担的北京市安全生产地方标准第 8 部分纺织企业和第 9 部分服装加工制造企业两个地标的编制工作全部完成，通过由北京市质量技术监督局组织的专家终审。经调研，控股公司拥有机械设备 7014 台（套），其中纺专设备 4794 台（套）、通用设备 852 台、特种设备被 516 台。

【消防安全管理】 本年，北京时尚控股公司下发《关于进一步加强防火安全工作的通知》，加强对企业主要负责人的监督检查，落实消防安全责任制、消防安全制度、消防安全操作规程、灭火和应急疏散预案。重点加强对出租房屋的消防安全管理，与所在地区消防部门和承租方建立防灭火安全联动机制，建设各级微型消防站，完善管理制度，配备人员和器材。专项组织对酒店、商场、学校等人员密集型场所火灾防范检查，每季度开展防火检查和巡查，保持疏散通道、安全出口和消防车通道畅通，及时消除隐患。通过开展用电安全管理的专题培训和用电安全隐患的排查治理，提高全员遵守消防法规的意识和自防自救能力，初步建成“有人员、有器材、有战斗力”的消防队伍。

北京时尚控股公司杨建军供稿

北京工美集团有限责任公司

2016 年，工美集团坚持“预防为主、综合整治、保障有力”安全工作方针，认真落实《北京市生产经营单位安全生产主体责任规范》和《北京市生产安全事故隐患排查治理办法》，将安全稳定工作作为生产经营活动的基本保障，履行安全生产“党政同责、一岗双责、齐抓共管”总要求，保持安全稳定的发展局面。

【安全责任制度】 本年，工美集团分别与所属单位签订年度《安全工作目标责任书》，建立“横到边、纵到底”的责任体系，所属各单位将安全责任目标、指标层层分解落实。工美集团召开安全工作会和季度安全汇报会 6 次，制发重要时期安全生产文件，研究部署安全生产工作。主管领导 5 次带队开展专项检查，保障全国“两会”、国庆、党的十八届六中全会和 G20 峰会等重要时期单位内部安全稳定。结合集团经营业态，修改和完善安全管理制度和应急预案，加强特种设备操作、生产车间及专职安全员岗位责任管理，落实特殊岗位持证上岗要求。进一步巩固工美集团“党委领导、行政负责、业务分工、职工共同参与”的安全责任总体格局。

【安全生产检查】 本年，工美集团采取“四不两直”工作方式，开展安全生产检查和隐患排查治理工作，将隐患消灭在萌芽状态。全年组织 4 次季度安全检查和2次专项安全检查，排查出各类安全隐患问题21项，下发检查通知单65份，提出整改要求和建议156条。安防设施及运行保障设备年检率100%，投入50余万元资金对所属单位老旧安全技防设施设备进行更新，消除安全隐患，确保安全稳定。

【宣传教育活动】 本年，工美集团开展安全生产宣传教育活动。组织安全保卫干部安全法律法规及标准规范培训2次，一线职工安全知识和技能培训25次。通过工美报刊、办公OA及微信平台对安全生产法律法规、落实生产经营单位主体责任进行宣传解读。安全生产月活动中，悬挂宣传横幅20条，张贴宣传挂图50套330张，制作板（墙）报42期，开辟安全（微信）专栏20期，发放安全宣传资料4类1000份，全员观看《中国大事故之殇——重大火灾类事故》和《交通大事故警示与分析》警示教育片，营造安全生产宣传氛围，取得“以月促年”的实效。

【标准化建设】 本年，工美集团推进企业安全生产标准化达标和企业微型消防站建设工作。按照市安委会《关于进一步深化企业安全生产标准化建设工作的若干意见》及市防火委员会文件要求，围绕安全生产标准化及微型消防站建设的总体目标和要求，投入大量人力、物力和财力开展两项建设工作。工美集团所属单位有1家单位完成二级标准化企业达标，5家单位完成三级标准化企业达标。投入10万余元组建6个企业微型消防站。开展安全生产标准化和微型消防站建设工作，为规范安全管理和处置事故打下基础。

工美集团苏辉供稿

中国北京同仁堂（集团）有限责任公司

2016年，同仁堂集团公司坚持“安全第一、预防为主、综合治理”的方针，强化“红线”意识，落实安全生产责任制和事故应急机制，夯实基础管理，全面完成安全保卫各项任务，实现“夯实基础年”的工作目标。

【落实安全生产责任制】 本年，同仁堂集团公司根据《中华人民共和国安全生产法》有关规定和“党政同责、一岗双责”总体要求，落实企业安全生产责任制。召开稳定安全工作会，集团公司党政领导分别与各子集团及直属单位签订《稳定与安全工作目标责任书》。各基层单位逐级签订责任书，使安全稳定工作的职责逐级得到落实，做到工作到岗、责任到人。

【隐患整改治理】 本年，同仁堂集团公司根据《北京市生产安全事故隐患排查治理办法》（市政府令第266号）和《北京市企业事故隐患排查治理实施导则》，结合安全管理实际，制定《生产安全事故隐患排查治理办法》，按要求开展“一企一标准、一岗一清单”创建工作。集团公司和股份集团实施药酒厂隐患整改工作，召开改造方案的论证会并通过市安全监管局的确认。药酒厂加强整改工程施工安全管理，实施“三控、三管、一协调”工作方法（工程进度控制、工程质量与安全控制、工程投资控制，合同管理、职业健康安全与环境管理、信息管理，全面组织协调工作），规范和控制施工环境条件，消除不安全因素。药酒厂隐患整改项目总投资900万元，整改项目取得重大进展。

【安全生产检查】 本年，同仁堂集团公司在节假日、重大活动等重点时期，组织8次安全生产大检查，6次专项抽查，检查单位95次，对于重点单位采取突击检查方式，做到不走过场、不留死角、不讲情面，做到查出一处，解决一处，分兵把手，责任到人。全系统开展综合检查、重要时期及专项检查813次，发现隐患问题435项，隐患整改率100%。股份集团和所属各单位开展综合检查和专项检查中排查整改隐患60项，投入隐患整改资金1416万元；科技集团成立由安全保卫部、工会、行政部、工程部等相关职能部室组成的公司级工业单位隐患排查治理检查组和部室隐患排查治理检查组，负责公司级隐患排查治理，实现隐患排查有重点、无死角、“全覆盖”；健康药业集团编制各专业安全检查表，制定检查计划，下发《整改通知单》36份，安全隐患得到有效的整改。

【防汛安全管理】 本年，同仁堂集团公司根据上级有关部门重要指示，认真做好防汛各项工作准备，确保全系统经济建设正常运行。一是建立健全防汛工作制度、防汛预案，建立防汛期间值班制度，设立值班登记。二是做好防汛期间值班工作，严格值班纪律，确保防汛期间通讯畅通。三是加强对各单位防汛工作的监督检查，采取自查和抽查的方法，消除各类安全隐患。7月20日北京突下暴雨，房产管理部联系丰台区环卫局，及时调派两辆清掏车到现场进行处理，妥善解决同仁园18号楼地下室倒灌问题。

【安全生产月活动】 本年，同仁堂集团公司制定安全生产月活动方案，召开专题会议，指导各公司开展宣传教育活动。举办安全保卫干部培训班，二级集团和各子公司、有关单位主管领导及安全保卫干部80余人参加培训。二级集团、直属单位围绕安全生产月活动主题，利用多种宣传手段，开展宣传教育活动。股份集团与同仁堂学院联合举办主管领导和专职安全保卫干部参加的安全培训班；科技集团组织全员开展“查身边隐患、保职工安全、促企业发展”为主题的安全生产活动；健康药业集团对第三方物流公司驻厂人员、施工作业、维修作业人员开展消防、管理制度、作业安全专项培训；商业集团加强进店新职工、司机等特殊工种的培训；药材参茸集团组织全员开展《消防安全知识讲座》并举办突发事件应急预案演练；制药公司结合安全生产法律法规知识和内容，开展以部室和班组为单位的培训活动，职工培训率100%。国药集团、中医院、研究院、教育学院、生物制品公司也都结合实际，围绕贯彻《中华人民共和国安全生产法》开展一系列宣传教育活动。

【标准化建设】 本年，同仁堂集团公司推进安全生产标准化建设，提升企业安全生产管理水平。股份集团组织开展标准化互查工作，对各工业单位的安全基础管理文件和标准化的运行情况进行抽查。通过互查及时发现存在的问题和执行标准的差距，并结合新标准制定完善整改计划。科技集团亦庄分厂和制药公司先期完成安全生产标准化复评工作。

同仁堂集团公司李懿供稿

国网北京市电力公司

2016年，北京市电力公司安全生产工作坚持严抓严管、坚持创新发展，实施安全标准化管控，开展“三查三强化”“履职尽责”安全大检查，加强设备运维质量及故障管控，持续开展台区异常治理，深化电网风险与预警管理工作机制，加强应急处置和科技创新能力建设，平稳应对迎峰度夏（冬）和汛期考验，圆满完成十八届六中全会、全球能源互联网大会等219项重大保电任务，安全生产形势总体平稳。

【安全规范化管理】 本年，北京市电力公司严抓现场安全管控及安全责任落实，深化质量、应急、安保工作体系建设，安全标准化、规范化水平显著提升。一是健全明责、履责、问责的管理机制，加大对违章单位和人员的问责力度，全年安全事件、违章同比分别下降43%、26%。强化安全双准入管理，以集体企业、外协队伍施工项目为主要对象，重点检查现场施工安全和项目承、分包管理安全。一是开展“三查三强化”、履职尽责等安全大检查活动，发现并整改安全隐患1914项。二是推进安全管理规范化，开发并应用安全生产规范化管控平台及APP，实现安全监督可视化、安全巡检规范化及作业现场安全管理标准化。成立安全监控中心，利用平台及移动作业对3380个作业现场开展全流程的实时检查，查处整改违章823项，7家单位被列入负面清单。三是健全隐患排查治理工作体系，完善闭环管理流程。推进城、农网中压采集装置自动采集“全覆盖”，开展低压可靠性试点。四是提升应急安保能力，编制《大面积停电事件应急预案》《应急防恐发展规划报告》，建设第二综合救援队伍，开展煤改电、迎峰度夏（冬）等应急演练120余次。

【设备精益化管理】 本年，北京市电力公司加强输变配电精益化管理，强化设备隐患排查治理和技术监督，推进智能配电网建设，输电、变电、配电设备故障同比实现大幅下降，分别达到36%、48%和43%。一是推进设备状态检测，强化新投运变电设备强制检测管理。开展“三跨”线路和电缆沟道隐患排查、反措落实检查等活动，排查治理设备隐患265项。电缆智能化管控平台投入使用，完成公司范围所有隧道、沟管资源普查任务，并建成亦庄精益化隧道标准示范段。开展输电线路反外力百日专项行动，专项行动期间输电线路外力故障同比下降65%。二是建立故障高发线路预警告警及专家会诊巡视制度，加大故障考核力度，实现配网故障大幅下降。建立异常台区“日会商、周统计”治理机制，全年异常台区数量同比下降46.7%。开展配网常态化技术监督，发布告（预）警通知单154份，14家施工企业和物资供应商列入负面清单，有效保证施工和设备质量。三是制定配网建设改造、“煤改电”等技术标准、细则14项，编制完成城市副中心高端智能配电网建设方案，有序实施2016—2018年“国际一流”智能配电网建设行动计划，配电自动化四环内覆盖率100%。

【电网运行管控】 本年，北京市电力公司以防止发生大面积停电为重点，以确保电网安全稳定运行为主线，加强调控运行同质化管理，提升电网风险防控及应急处置能力。一是全年发布各类风险预警442项，并制定预警响应措施，实现闭环管理。开展北京东部特高压、500千伏、220千伏三级电磁环网运行特性分析，配合调整东部电网方式，降低潮流穿越引发的电网风险。

拓展“一键操作”功能应用范围，实现一级及以上风险工作“全覆盖”，快速处置变压器风冷全停突发事件。一是开展542条煤改电外电源线路负荷预测分析，制定方式调整措施，确保度冬期间电网可靠供电。二是推动68项度夏重点工程按期投产，提升电网本质安全水平。针对度夏期间电网薄弱环节制定并实施139项方式调整措施，确保大负荷期间无一设备过载运行。配合有关单位开展北京电网严重事故联合演练356次，提高调控人员应急处置能力，平稳应对2082.8万千瓦历史最大负荷和“7·20”特大暴雨天气考验，完成电网迎峰度夏和汛期保障任务。三是加强专业管理，将0.4千伏电网纳入供电公司调控管理范围，推进500千伏至0.4千伏电网调控同质化管理。开展变电站重点信号分析，明确6类设备34类易引起故障跳闸的重要异常信息，制定差异化管控措施。依托专家队伍，检查二次专业现场413个，实现110kV及以上继电保护作业现场安全检查“全覆盖”。

【科技信息管理】 本年，北京市电力公司“互联网+北京电力”建设全面启动，信息通信业务支撑能力不断增强。一是以“互联网+北京电力”建设为目标，推动“大云物移”技术在公司全面应用，运检管控平台和配电运营指挥平台建成投运，12个移动作业接入平台使用。编制完成城市副中心高端智能配电网建设通信技术方案。二是推进“主动配电网关键技术研究及示范”及“交直流混合配电网关键技术研究”两项国家863课题研究，3项国网公司级科技项目顺利通过验收，北京市电力公司“先进配电自动化与配电网优化控制实验室”被授予国家电网公司联合实验室称号。全年获得中国电力科学技术奖2项、北京市科学技术奖5项、国网公司科技进步奖9项。

【“大运行”“大检修”再集约任务】 本年，北京市电力公司推动运行、检修资源整合，高效安全完成“大运行”“大检修”再集约任务。在“大运行”方面，构建主网集约高效、配网专业融合的城市电网运行管理体系，完成全部329座110kV变电站、343条输电线路移交市调统一管理，实现500千伏至110千伏电网运行信息和设备状态的全面掌控，110千伏及以上电网调控综合效率提升64.83%。高效建设配电运营指挥平台，完成故障及台区异常处置、设备巡视等核心业务流程的开发上线。在“大检修”方面，将城近郊及通州公司输变电设备及运维业务集约至检修公司，在国家电网公司率先实现110千伏及以上输变电设备运检集约管理，变电、输电运维效率分别提升33%和46%。成立运检指挥中心，建设开发运检智能管控平台，推动移动作业在班组应用，实现电网设备及人员状态的实时监视、运维检修问题的精准分析判断及作业过程和质量的全流程管控。

北京市电力公司宋晓茜供稿

北京住总集团有限责任公司

2016年，北京住总集团坚持“安全第一、预防为主、综合治理”的方针，坚持安全发展、科学发展，坚守安全生产“红线”和“底线”，以“四化三体系双基”总任务为目标，以隐患排查治理和安全生产标准化工作为主线，强化安管理，开展安全生产培训教育、检查、整改活动，安全生产工作稳步提高。

【研发系统平台】 本年，北京住总集团按照市安全监管局关于安全生产隐患排查治理体系建设“一企一标准、一岗一清单”工作要求，结合实际工作，定制研发隐患排查治理系统平台。集团58名有施工现场资深管理经验的专家、76名工作组成员、112名培训组师资力量，以及32名软件开发专家，经过25次工作例会商榷、19次工地现场会研讨，前后改进更新3版系统。为保证系统适用、易用，深入一线，调查使用效果，收集基层使用意见建议。该系统建立详细的隐患分类、分级管理标准，规范具体工作流程，具体操作有据可依，排查人员按照频次、对照条目开展隐患排查工作，变原有的随机检查为量化检查，使日常检查工作更规范、管理更有序。该系统明确责任部门、责任人，明确排查频次，明确排查流程，明确整改时限，明确整改延期审批，所有节点工作都与具体岗位建立对应的责任关系，并通过信息化平台进行绑定，有效减少推诿扯皮，提高管理效率。软件的使用改变基层管理人员被动接受上级安全检查的状况，促使基层管理人员主动抓安全隐患排查、整改工作，变被动迎检为主动排查。

【标准化自查活动】 本年，北京住总集团根据安全生产标准化考核标准组织开展标准化自查自纠活动，排查各类事故隐患，采取措施积极整改。通过企业自我检查、自我纠正和自我完善，建立安全生产持续改进长效机制。按照要求，定期将安全生产标准化建设和隐患自查自报情况，通过标准化考核平台和质量安全测评平台两个系统，报市住房城乡建设委主管部门和市建筑工程安全质量监督总站。

【管理人员安全培训】 本年，北京住总集团落实“党政同责、一岗双责”要求，开展“百名书记讲安全、千名党员谈发展、万名职工圆梦想”主题实践活动，各级党委、党支部书记、团委书记在本企业宣讲安全生产知识。落实“质量治理两年行动”工作要求，核查专职安全管理“三类人员”（建设工程施工企业主要负责人、项目负责人和专职安全生产管理人员）岗位证书，督促相关人员参加培训和取证考试。组织对外施企业负责人、劳务队伍负责人和项目经理的专项安全环保教育培训活动。开展安全管理“三类人员”证书续期继续教育活动，对集团所属项目经理、专职安全员500多人进行安全培训。组织集团各二级单位主要负责人、项目经理、安全专业管理人员开展施工现场安全绿色施工观摩交流活动。

【施工人员教育培训】 本年，北京住总集团坚持施工人员入场安全三级教育制度，实施“劳务人员入场五步法安全流程管理”，提高入场劳务人员安全素质。落实市住房城乡建设委安全培训工作要求，组织开展三级安全教育培训活动，对培训活动进行记录、签到、拍照存档备查。针对特殊工种、关键工种作业人员落实差异化管理要求，组织专业安全培训和考试，核查特种作业人员操作证书，提高作业人员专业知识和技能。开展班组作业环境风险辨识活动和班组班前教育活动，强化班组安全管理工作。开展农民工夜校活动，对作业人员进行日常安全教育培训。开展“体验式安全教育”活动，在主要施工现场均设立安全教育培训体验区，集团所属工程项目设立“体验式安全教育”体验区21个，投资500多万元，约4万人次接受体验式安全教育培训。

北京住总集团周东楠供稿

北京环境卫生工程集团有限公司

2016年，北京环卫集团紧抓安全基础管理，以生产经营和设施安全运行为主线，落实安全生产责任，细化安全防范工作措施，加强安全生产隐患排查治理。圆满完成“两节”“两会”以及“五一”、国庆节等重大活动和重要节日安全保障任务。安全工作实现年初制定的目标，安全生产形势持续稳定。

【安全生产责任制】 本年，北京环卫集团及所属各单位按照“党政同责、一岗双责、齐抓共管”的要求，制定安全生产责任书，明确党委书记、总经理对安全生产工作承担领导责任，对安全生产工作全面负责；明确各级安全生产管理人员安全生产责任；明确各级职能部门按照“谁主管、谁负责”的原则，做好主管范围内安全生产工作，形成“横向到边、纵向到底”安全生产责任体系。与各下属单位签订年度安全管理责任书，制定安全工作目标，明确全年安全工作重点，并按季度进行考核。各单位落实安全生产责任制，层层分解安全目标任务，层层签订安全责任书，做到领导强化，任务细化，措施硬化，工作深化，扎实推进各级安全生产责任的落实。

【制度建设与检查考评】 本年，北京环卫集团建立健全安全运营管理制度，制定垃圾粪便清运、道路清扫保洁、公厕维护管理等环卫作业规范及垃圾粪便处理设施管理办法，提高环卫作业和设施安全运营水平。制定《环卫运营检查考评办法》，考评工作强调环境卫生作业质量和垃圾粪便处理设施运行的日常检查，注重环境卫生作业过程和各设施安全运行的风险防控，切实反映环境卫生和设施安全运行的管理状况和作业管理的整体水平。

【隐患排查治理】 本年，北京环卫集团依据《北京市生产安全事故隐患排查治理办法》（市政府令第266号）建立隐患排查制度，每月对安全隐患排查治理情况进行分析、研判，每季度进行安全目标考核。定期开展安全检查和隐患排查工作，检查各单位安全主体责任、安全隐患自查自纠、安全培训教育和上级文件精神传达贯彻等落实情况。针对风险防范重点区域及重要部位编制“一企一标准、一岗一清单”排查标准。组织完成技术防范监控系统升级改造工作，聘请专业咨询机构和安全领域专家对安全生产现状进行风险评估。年内，集团公司采取“四不两直”的方式，开展安全隐患排查592次，及时发现并督促整改安全隐患261项，实现强化督查，整改隐患，督促落实的安全管理目标。

【风险防控技术运用】 本年，北京环卫集团加强企业安全风险防控工作，采用北斗/GPS卫星定位、车载物联网及移动互联网等信息化技术，建立一套集道路机扫与垃圾清运智能调度、作业过程智能监管、作业数据自动统计于一体的智慧环卫云平台。在实现作业预测、过程监控、日常统计及提高垃圾收集运输效率的同时，还实现车速报警、作业路段实时定位监测等功能。

【安全生产保障】 本年，北京环卫集团增加年度安全投入，保障各项安全设备设施维护更新和年度教育培训、安全宣传、标准化建设等重点工作资金投入。

开展系列安全培训教育，开展交通、消防、有限空间作业、职业健康等专项安全培训。二级单位年初制定安全培训教育计划，组织主要负责人、各级安全生产管理人员及其他从业人员开展安全培训教育活动。在安全生产月活动期间，组织开展形式多样、内容丰富、各有侧重的宣传教育活动，为二级单位购置发放挂图、书籍、影像光盘等安全教育资料。各单位围绕完善制度、隐患治理、宣传教育、应急演练等重点内容开展各项主题活动，营造安全生产氛围。

【环卫运营公众监督】 本年，北京环卫集团为引导首都广大市民关注环卫作业质量，推出《北京环境卫生工程集团有限公司环卫运营车辆公众监督举报管理办法》，主动接受公众监督，监督内容包括车辆的车容车貌、环卫作业质量和文明行车。市民可通过“北京环境”微信公众号进行有奖举报。实现对环卫运营车辆的监督管理，提高集团公司环卫运营车辆管理水平和作业质量。

北京环卫集团吴国铮供稿

北京祥龙资产经营有限责任公司

2016年，祥龙公司开展“安全生产年”活动，树立科学发展、安全发展、持续发展理念和“底线思维、红线意识”，坚持“安全第一、预防为主、综合治理”工作方针，落实安全生产主体责任和“党政同责、一岗双责、失职追责”责任体系。坚持依法治理，强化科技支撑，强化应急处置，强化基础建设，严防各类安全生产责任事故的发生。

【安全生产责任制】 本年，祥龙公司制定《生产安全事故隐患排查治理管理办法》和《北京祥龙资产经营有限责任公司安全员管理办法》，重新修订《祥龙公司安全迎汛应急预案》和《祥龙公司冬季雪天交通运输保障应急预案》。与所属各单位主要负责人签订《安全工作管理目标责任书》，下达各项安全工作指标。全系统安全管理制度741项，其中2016年新增、完善制度146项，签订各类责任书28939份。制定应急预案218部。

【宣传教育活动】 本年，祥龙公司在全系统开展主题为“筑牢安全基础，促进安全发展”的安全生产月活动。安全生产月活动期间，召开安全会议181次，悬挂张贴安全标语横幅741幅，制作板报及宣传栏253处，开展安全培训254次，设立安全生产咨询站60处，发放宣传材料17957份。进行各种应急演练134次，检查基层单位1183个次，整改安全隐患588项。开展“安康杯”知识竞赛和青年安全生产示范岗创建等活动，并参与市安委会组织的市属企业安全生产工作创新奖评比活动。祥龙公司强化安全培训工作，制定培训方案，分层分批组织安全培训14期，培训1000余人。

【隐患排查治理体系建设】 本年，祥龙公司启动隐患排查治理体系建设工作，成立隐患排查治理体系建设工作领导小组。举办安全隐患排查治理体系建设专项培训，完成公司隐患排查治理系统的搭建，确定祥龙博瑞一分公司、祥龙物流配送分公司、祥龙物业商务大厦项目部3个基层单位作为试点单位第一批纳入公司隐患排查治理系统。祥龙公司隐患排查治理体系建设试点工作通过市安全监管局组织的工作验收。

【安全检查】 本年，祥龙公司开展重点时期安全生产检查工作。按照市安委会工作部署，在全系统范围内开展岁末年初安全生产大检查，各单位均按要求进行自查，二级单位领导分别带队深入基层、一线进行检查。组织所属二级单位进行安全互查，以各单位一个基层单位作为检查对象，以安全基础档案建设情况和重点部位安全管理情况为检查内容，检验基层单位安全管理工作落实情况，互相监督、互相促进，提升整体安全管理水平。全系统安全检查2991次，整改安全隐患2560项，安全投入2413.39万元。

【消防应急演练】 本年，祥龙公司开展安全生产应急演练，增强全体干部职工安全意识，推进企业消防“四个能力”建设，做到在发生火警火情时，能够迅速、有效地按照应急预案疏散旅客，保护人身及财产安全。全系统举办各类应急演练活动275次。1月29日，六里桥客运主枢纽与丰台区西客站消防中队在枢纽驻班停车场联合开展消防应急疏散演练。演练紧密贴近实战要求，按照枢纽应急预案相关程序启动并完成。通过模拟消防演习的各个环节，使职工掌握消防应急预案处置程序和措施，检验枢纽消防应急预案的有效性、科学性，保障“春运”期间安全稳定。11月8日，祥龙博瑞集团在博瑞二分公司举办“2016年11.9消防日实操演练活动”。演练活动以单位划分为10组，每组12人，每组实操扑灭燃烧车辆一辆。每组的领队兼灭火指挥为各分公司主管安全工作的领导，另有5名队员负责使用灭火器灭火，3名队员使用消防推车灭火，还有3名队员使用消防栓灭火。本次演练得到朝阳区酒仙桥消防中队的大力支持，中队派出两名消防教官莅临现场指导，并对演练进行点评。

【“一企一标准、一岗一清单”】 本年，祥龙公司根据全市统一部署，在全系统范围内开展“一企一标准、一岗一清单”编制工作。公司组织“一企一标准、一岗一清单”编制工作专项培训，详细讲解岗位清单、检查清单、检查标准的编制方法。所属各二级单位安全工作主管领导、部门负责人和第一批纳入隐患排查治理系统建设试点单位的安全工作主管领导、部门负责人参加培训。根据市安全监管局的安排，北京原被注册安全工程师事务所对所属15家有行业代表性的基层单位进行帮扶，为各单位顺利开展此项工作打下基础。

【安全防汛】 本年，祥龙公司修订《祥龙公司安全迎汛应急预案》，明确防汛组织机构、各单位防汛工作任务以及汛期应急工作程序和工作要求。公司安全管理部对各防汛重点单位防汛预案修订、责任书逐级签订、防汛领导小组和抢险队伍落实情况、防汛值班和通讯保障情况进行检查，并对老旧平房宿舍区等重点部位进行隐患排查，对防汛抢险设备物资准备情况进行检查。防汛期间，全系统防汛物资投入292.64万元，各单位应急值守到位，未发生伤亡事故和水毁事件。

祥龙公司李伟供稿

北京市地铁运营有限公司

2016年，北京地铁公司以“四个全面”战略布局为总引领，树立新发展理念，坚持“安全是基础、服务是根本、效益是目标、管理是手段、改革是动力”工作方针，深化企业改革，强化法治建设，安全运营、信息化建设、企业管理等各方面工作取得新进展，较好地完成年度目标任务，实现“十三五”良好开局。全年安全运送乘客30.258亿人次，同比上升6.86%，百万车公里事故发生率同比下降38%。运行正点率99.89%、兑现率99.94%，乘客满意率95.6%。

【安全管理】 本年，北京地铁公司完善安全管理体系，制定实施《北京地铁公司安全生产“党政同责、一岗双责”实施办法》，明确各级党组织、各级领导班子、各级领导人员，特别是党政主要领导在安全生产工作中的职责，进一步明确监督考核与责任追究；实施修订版《安全事故处理规则》，提升安全管控标准；推进隐患排查治理体系建设，落实三级监督检查制度，减少漏检漏修和违章违纪行为。组织公司联合检查40次，抽调司机室、车站及车辆段等录像56次，发现问题20项，均进行督办整改。

【设备维修】 本年，北京地铁公司强化车辆设备维修，严格落实检修实名制、标准化作业和联锁互控机制，强化检修作业过程监管；鼓励技术创新，推进车辆在线监测设备应用，在7条线路部分车辆走行部加装故障监测诊断系统，实现在线故障诊断与实时监测功能；对问题突出的设备故障开展攻关，对5号线车载信号故障、6号线车辆异常振动等进行整治，故障率大幅下降。全年安全行车4.54亿公里，同比上升4.66%。车辆掉线率和故障率下降27.4%和30.04%；设备故障件数及延时下降13.6%和8.77%。

【运营环境】 本年，北京地铁公司规范安检管理，全年安检物品14亿件，查获违禁品13万件；协同执法部门强化站车秩序治理，清理扰序人员534人次；开展外部配合工程148项，成功完成行政副中心办公楼、北苑路箱涵下穿13号线等市重点工程的配合，得到政府和社会好评；广泛发动乘客参与志愿服务，平安地铁志愿者队伍达到16.37万名，全年报送有效信息4.6万条，劝阻不安全行为2575件次，在减少乘客不文明行为、及时发现并协助车站处置各类问题等方面发挥重要作用。平安地铁志愿服务项目得到各方高度关注和认可，荣获中国志愿服务大赛“金奖”和“最佳影响力奖”。

【安全文化】 本年，北京地铁公司采取强责任、提素质，夯基础、练内功，抓培训、强演练等一系列措施，提升员工安全综合素质；以全线591个安检点和5个安检宣传基地为阵地，强化“进站必安检”宣传，增强乘客依法安检意识；坚持“行车有道、做事依规”的法治理念，依托安全生产月、消防安全宣传月等活动宣贯安全生产法律法规，营造办事依法、遇事用法、解决问题靠法的良好法治环境；承办2016年北京市安全生产宣传咨询日主场活动，围绕“提升全民安全素质、强化安全发展观念”主题，组织安全情景剧、地铁安全文化成果展示、播放安全视频等活动，得到国家安全监管总局和北京市领导的肯定。

【运营服务】 本年，北京地铁公司有7714名员工通过鉴定评审实现技能等级晋升，在全国交通行业“中车捷安杯轨道列车司机技能竞赛”中，两人荣获“全国技术能手”称号。完善服务设备设施，实现4个出入口、1座车站开通运营，完成4条线12座车站饰面综合整修，完成5号线、10号线共15座车站的51个卫生间改造并投入使用。提升网络效能，6号线、8号线、

9号线、13号线、15号线、亦庄线及昌平线尖峰时段满载率有所降低，线网运力提升。改善服务环境，定期组织站车空气质量、噪声等环境因素监测，持续开展规范服务车站及星级站区评定，规范服务车站及星级站区达标率分别为99.6%和100%。

北京地铁公司王敏供稿

北京城市排水集团有限责任公司

2016年，北京排水集团贯彻落实国家和北京市安全生产工作要求，坚守“红线”意识，在市安全监管局、国资委、水务局的指导下，以“全面落实主体责任、保障新水厂安全接管、强化风险分级管控、深化隐患排查治理、加强安全生产过程管理、开展北排好安全活动”为工作重点，坚持以问题为导向，夯实安全管理基础，落实企业主体责任，推进安全文化建设，为集团安全发展奠定基础。

【落实安全生产责任】 本年，北京排水集团实施安全目标管理，总经理郑江与下属单位“一把手”签订安全生产责任书。各单位按照“以岗定责、一岗双责”“横向到边、纵向到底”和“全覆盖、重实效”的原则，逐级签订责任书。集团在岗人员签约率100%，其中责任书版本数1427份，签订责任书4869份（一人多岗）。重点对各单位新入职员工责任书签订情况、员工责任熟悉情况进行检查。从检查结果看，各单位落实比较及时，形成“党委领导、行政负责、齐抓共管，全员参与”的安全生产责任体系。

【安全监督检查】 本年，北京排水集团安全生产检查突出以实际工作特点和存在问题为导向，重点开展责任书签订及落实情况的检查、春节后建设项目专项检查、夏季有限空间作业突击夜查、特种设备和危险化学品专项检查等。加强关键环节和重点时期安全管控，先后制定《安全生产工作专项行动方案》和《危化品专项治理方案》，对重点时期应急值守、生产运行和夯实危险化学品安全管理基础、完善技防设施进行统一部署，确保安全生产。全年，集团层面安全检查56次，其中领导带队检查15次。各单位组织在施工程、有限空间、易燃易爆物品存贮、电气设备间隐患排查与治理，开展公司（厂）级安全检查493次，其中领导带队检查198次。

【隐患排查治理体系】 本年，北京排水集团在隐患排查治理试点建设基础上，对较大危害因素梳理方法与步骤进行系统部署，新版隐患系统从原来两家单位试点正式推广集团各单位，标志着集团以信息化为支撑的隐患排查治理体系全面运行。全年开展隐患排查12358次，整改治理隐患714项。集团在体系的使用培训、系统维护、清单优化、移动处理、对外交流等方面开展大量工作，先后在市属国有企业安全培训班和《中国安全生产报》上进行经验介绍，接待金隅集团等7家市属企业交流学习，并完成宣传片的制作。

【新水厂安全接管】 本年，北京排水集团针对新建水厂和升级改造项目陆续投产运行，新技术、新设备大范围应用和压力容器、危险化学品等危险因素增大的实际情况，围绕标准化、统一化的管理思路，以落实责任为核心，构建“统一筹划、定人对接、动态跟进、专业指导”的安全管理模式。编制《新建水厂安全接管工作指南（手册）》《新建水厂安全标识标准》《新建水厂安全防护用品配备标准》，规范各阶段安全生产要点，统一安全标识和劳动防护用品配置标准，从风险管控、现场隐患排查、培训交流方面提供“三项服务”，夯实安全基础，确保接管安全。

【宣传教育活动】 本年，北京排水集团开展安全管理人员能力提升系列培训、“2016安监之星——北排榜样”评选活动和“以人为本，聚焦安全”摄影作品展览等安全生产宣传教育活动，组织有限空间作业大比武活动。开展以“全员参与保安全、标准文化促安全、专业提升精安全、争做北排好安全”为主题的“北排好安全”竞赛活动，活动历经题库编制、巡回培训、全员选拔、集中资格赛、复赛，决赛6个环节，覆盖全员，贯穿全年。此次活动形成1000道题的安全知识题库并正式出版，设置现场推送答题、你演我猜、安全我来讲、漫画安全查隐患、安全拼图、安全辩论、情景实操模拟等创新形式，荣获“2016年北京市国有企业安全生产工作创新奖”。

北京排水集团徐院锋供稿

北京粮食集团有限责任公司

2016年，京粮集团安全生产工作坚守“红线”意识，以宣传贯彻《中华人民共和国安全生产法》为主线，以开展安全生产标准化和隐患排查治理为抓手，以落实安全生产主体责任为重点，严细新实抓安全，履职尽责强管理，为集团平稳发展夯实基础。

【落实安全生产责任】 本年，京粮集团按照“党政同责、一岗双责、齐抓共管”的要求，集团与各企业、各企业与部门、部门与员工，层层签订《安全工作目标管理责任书》，形成一级抓一级，层层抓落实，横向到边、纵向到底的安全生产责任体系，各级管理人员责任意识得到提高。

【安全生产规章制度】 本年，京粮集团依据法律法规制定《安全生产事故隐患排查治理办法》《安全生产例会实施办法》《安全生产责任制管理办法》等安全规章制度。根据集团部门、人员变化情况，修订《安全生产管理委员会章程》，扩大安委会成员组成，巩固以党政领导为统筹、分管领导为指挥和职能部室、全资子公司、控股公司、参股公司为执行的安全生产管理体系，强化安全生产管控能力。

【隐患排查治理】 本年，京粮集团依据国家相关法律法规、标准规定，结合企业生产经营活动特点和岗位实际，建立完善“一企一台账、一企一方案、一隐患一措施、一整改一报告、一验收一总结”和《隐患排查整改季度报告制度》等制度，解决“谁来查，查什么，何时查，怎么查，如何改”的问题，实施企业自查、自改、自报工作机制。集团安委会坚持“四不两直”的方式不定期对所属企业进行隐患排查。以出租场地、施工工地、外埠基地、粉尘场所等为重点，组织安全综合检查136次，下发安全检查通知单130份，隐患限期整改通知单6份，排查治理各类隐患1550项，投入整改资金1621万元。对查出的隐患按照“五落实”（责任、措施、资金、时限、预案）要求进行整改验收，确保隐患整改不留死角。

【创新管理和服务转型】 本年，京粮集团为适应转型发展的需要，加强集团产业园区和"一门多户"单位的安全管理，将大红门粮食收储库作为产业园区管理试点，对园区内各家企业及承租商户实行统一管理、联防联治，划分各企业管理区域范围，明确主体管理责任，设立安全保证金，制定周检查、月复查、季考核制度，并依据考核结果予以奖惩，推动集团产业园区安全管理工作向纵深迈进。结合集团所属单位点多、面广的特点，按照"集团统一领导，单位主体责任，区片负责实施"的原则，在原有管理的基础上，将全市所属单位按照区域划分为东、南、西、北4个安全区片，实行安全生产分区划片管理，形成安全区片内企业间"自查自纠、互查互学、互帮互促，取长补短，共同提高"的安全管理新模式。

【重点工作推进】 本年，京粮集团采取措施，确保企业重点工作措施到位。一是开展企业粉尘防爆专项治理，古船食品公司车间更换防爆灯和防爆开关。各粮库相继开展立筒仓上下通廊改造、通风除尘设备维护、电气设施线路升级、粮食输送设备更新等一系列隐患的整改工作，改善企业粉尘作业环境。二是加强消防安全工作，京粮物流、京粮置业等重点子企业建设微型消防站，提升消防应急处置能力。各企业积极组织员工进行消防运动会、火场逃生疏散演练等活动，提高员工防患意识和应急、自救、逃生的能力。三是做好防汛度夏安全工作，各单位坚持"安全第一，常备不懈，以防为主、全力抢险"防汛方针，从组织领导、职责分工、应急预案、资金保障、装备器材、值班守卫、通讯设施等各项工作，确保企业汛期安全。四是开展应急预案管理和演练，提高企业事故处置能力，提高企业救援队伍应急救援抢险能力，形成组织有序、反应灵敏、运转高效的安全生产应急救援体系。五是启动新一周期安全生产标准化达标创建工作，企业对标自查，开展以岗位达标、专业达标和企业达标为内容的安全生产标准化建设，注重达标质量，努力实现本质安全。六是细化安全考核指标内容，加大对企业及有关部门的综合考核，公布考核结果，制订有效的安全奖惩办法，充分调动企业做好安全工作的积极性。

【安全生产教育培训】 本年，京粮集团抓好企业主要负责人和安全管理人员的安全生产培训和再教育，开展宣传教育活动。一是集团层面增加培训频次，结合实际突出重点；企业层面扩大范围，确保全员覆盖。集团在6月、10月组织两期安全生产培训，对参培人员试卷考核后，颁发培训合格证书，使企业主要负责人、安全生产管理人员全部按要求做到持证上岗。二是强化集团所属企业专兼职安全管理人员的培训工作，加强注册安全工程师队伍建设，鼓励企业业务骨干报考注册安全工程师，有效提升安全管理人员职业素养和专业技能。三是创办《安全季刊》，版面包括图片新闻、工作动态、法律法规、交流园地等内容，图文并茂、贴近实际、交流工作、普及知识、分析案例、答疑解惑，丰富安全生产宣传教育形式和内容，受到干部职工好评。

京粮集团吉喆供稿

北京首都旅游集团有限责任公司

2016年，首旅集团及所属企业坚持安全发展，围绕"四化三体系双基"总任务，坚守“发展决不能以牺牲安全为代价”这条不可逾越的“红线”，以防范遏制重特大生产安全事故为重点，加强领导、齐抓共管，强化企业安全生产主体责任，增强安全防范治理能力，提升安全生产整体水平。

【重大活动安全保障】 本年，首旅集团坚持“党政同责、一岗双责、齐抓共管”原则，通过完善安全生产责任体系，开展隐患排查治理专项行动，加大安全生产检查力度，圆满完成G20峰会、全国“两会”、首届世界旅游发展大会等13项国家和北京市重大活动安全保障工作，在治安、火灾、交通、食品安全等安全方面实现“零事故”。

【安全生产宣传教育活动】 本年，首旅集团以安全生产月活动为契机，开展一系列贴近实际、贴近生活、贴近一线职工的安全生产宣传教育活动。一是在安全生产月活动中设立用电安全警示教育周、事故隐患排查治理周、法治宣传周和安全生产应急演练周，组织企业之间互查互学，覆盖集团在京110家生产经营单位，发现各类安全隐患300余项，现场整改240项。二是组织企业安全培训，先后邀请专家对重点企业安全生产、消防和交通安全进行培训，深受广大职工欢迎和好评。三是利用现代化通讯手段建立首旅安全微信群，实时互通信息，发布各项信息3000余条，检查图片、安全信息500余张。五是开展“安康杯”竞赛活动，举办安全微小说、漫画、摄影征集大赛，共收到所属企业选送的优秀作品：微小说257篇、漫画144幅、摄影作品71副。开创企业安全文化建设新局面，增强职工安全生产意识。

【企业标准化建设】 本年，首旅集团推行企业安全生产标准化工作，结合实际建立完善相关安全管理制度和安全规定，在京企业一级标准化达标企业1家、二级标准化达标企业5家、三级标准化达标企业37家。通过开展安全生产标准化工作，使企业做到底数清、情况明，能够针对问题进行重点监控、整改，有效提升安全管理水平。通过企业安全自查、对标检查、整改、复查环节，完善安全操作流程，实现有标准、有对照、有监督、有检查、有整改、有落实，初步建立安全生产长效机制。

【餐饮烟道技术改造】 本年，首旅集团在加强各企业烟道清洗、安全管控的同时，倡导科技兴安、治理餐饮烟道事故隐患。首旅集团推进撞击流式餐饮油烟净化设备开发与示范应用项目，经与市科委、安全监管局协商，落实287万元科技奖励资金，在京企业安装撞击流技术油烟处理装置31套。通过撞击流技术改造，餐饮烟道温度、可燃物明显降低，餐饮油烟火灾事故得到有效控制。

首旅集团王帆供稿

北京启迪智信注册安全工程师事务所有限责任公司

2016年，北京启迪智信注册安全工程师事务所有限责任公司立足做好政府的专业技术助手、企业的专业安全顾问，开展安全生产标准化建设咨询及评审、职业健康安全管理体系咨询、安全文化建设等工作。完成19家企业二级标准化达标咨询（工业4家、供热2家、旅游13家）和60余家企业三级标准化达标咨询，完成80家企业标准化达标评审，并在安全生产信息化建设、岗位达标建设、标准规范编制、高风险作业管控、隐患排查治理机制建立、应急体系完善、专项培训等方面取得进展。

【安全生产信息化建设】 本年，公司运用现代通讯、网络技术等手段推进安全生产信息化建设工作，提高安全生产管理水平和工作效率。开展烟草行业安全生产信息化试点创建，规范安全检查记录，减少冗余的数据处理分析工作。针对北京市液化石油气公司的安全管理实际情况，根据《北京市生产安全事故隐患排查治理办法》对安全风险分级管控和隐患排查治理的规定，建立适用于液化石油气公司总部和分公司的安全生产信息平台，包括体系文件管理系统、隐患排查治理系统和统计分析及上报系统。

【标准规范编制】 本年，公司参加《生产经营单位安全生产等级评定技术规范　第49部分：星级饭店》《生产经营单位安全生产等级评定技术规范　第50部分：等级旅游景区》《生产经营单位安全生产等级评定技术规范　第51部分：旅行社》的编制工作。受市旅游委的委托编制《北京市野生动物观赏安全管理规范》和《北京市景区玻璃景观安全管理规范》，规范北京市野生动物步行观赏区、车辆观赏区，以及景区内玻璃景观的安全管理要求。参与国家安全监管总局组织编制的《隐患排查治理体系企业自查自改自报实施导则》编写工作。《隐患排查治理体系企业自查自改自报实施导则》对生产经营单位事故隐患排查治理的流程、要求和方法进行规范，并提供相关的范例，适用于企业隐患自查、自改、自报工作。

【企业高风险作业管控】 本年，公司受北京恩布拉科雪花压缩机有限公司的委托，对北京恩布拉科雪花压缩机有限公司的所有业务活动，包括常规活动和非常规活动过程中的风险进行识别，确定高风险作业的定义、范围，评估管控措施的有效性，并从管理措施、技术手段上完善管控措施，有效防控高风险作业中的各类安全风险。

【隐患排查治理机制】 本年，公司按照《关于开展生产安全隐患排查治理“一企一标准、一岗一清单”编制试点工作的通知》（京安发〔2015〕17号）文件要求，参与本市行政区域内重点企业隐患排查治理“一企一标准、一岗一清单”编制工作。完成昌平区、丰台区、西城区共132家企业的帮扶工作。受昌平区安全监管局委托参与昌平区安全生产隐患排查治理体系试点建设工作，健全完善隐患排查治理制度体系（制定安全生产督查检查工作制度、安全生产重大事故隐患挂牌督办制度），开展隐患排查治理试点建设工作（试点街道为城北街道、南口镇）。建立健全隐患排查治理各项制度，包括乡镇街道安全生产监督检查责任制度、乡镇街道安全员管理制度、辖区生产经营单位风险摸底和分级制度、辖区安全生产监督检查制度、辖区事故隐患上报和治理督办管理制度、辖区安全生产事故统计分析制度等，以及对隐患排查治理工作试点企业进行督促指导。

【安全生产培训】 本年，公司开展70余次培训，内容涵盖隐患排查治理体系、风险防控、岗位达标、职业安全健康管理体系、精益安全、安全社区、市政府规章、安全生产技术等方面，得到与会单位和活动组织单位的好评。受通州区安全监管局的委托，分批分期开展针对行业主管部门、乡镇街道以及安全生产专职安全员、管辖范围内企业主要负责人和安全管理人员的培训，培训人员涵盖区住房城乡建设委、商务委、经济信息化委、国资委、教委等22个职能部门，区政府各相关工作部门主管领导，15个乡镇街道主管领导及相关科室负责人、科室工作人员以及全区680名安全生产专职安全员。

北京启迪智信注册安全工程师事务所有限责任公司常莎供稿

北京市安全生产科学技术研究院

2016年，市安科院在市安全监管局的坚强领导下，坚持以改革发展为己任，发扬敢于担当、敢于拼搏、敢于探索、敢于创新的精神，创造性地开展工作，在科技研发、技术支撑、考核培训等领域取得长足发展。

【实验室安全管理分论坛】 4月21日，市安科院联合北京安全生产工程技术研究院、北京市教育技术设备中心举办“实验室安全管理分论坛”。本次分论坛作为北京市第十届安全文化论坛的重要组成部分，旨在宣传贯彻《实验室危险化学品安全管理规范》，交流实验室安全管理经验，动员全社会力量参与实验室安全管理，持续提升高校、中学实验室安全管理能力，助力平安校园建设的深入推进。市安全监管局、教委、公安局治安总队和文保总队、科协等部门负责人应邀参加；部分在京高校实验室和市属中学分管实验室负责人参加论坛。

【中学实验室安全管理服务】 5月3日至31日，市安科院牵头组织市劳保所、北京疾控中心专业人员，在本市16个区50所中学开展“安全专家进实验室”活动。实地查看化学、物理、生物及通用技术实验室200余间，与150名专兼职实验员进行交流，帮助他们解答实验室日常运行和安全管理中的难题，编写完成全市中学实验室安全现状调研报告。

【标准化达标核查】 6月至11月，市安科院按照市安全监管局《关于做好2016年安全生产标准化核查有关工作的通知》（京安监办发〔2016〕65号）要求，组织3个专家组完成350家达标企业安全生产标准化核查任务。其中二级达标企业29家、三级达标企业321家，涉及首农集团、金隅集团、一轻控股公司、北汽集团、京城控股公司等50家企业，以及东城、朝阳、丰台、门头沟、房山、顺义、通州、昌平、怀柔、密云、延庆、经济开发区的300家企业，涉及评审机构33家。市安科院出动核查人员1050余人次。核查采取查阅资料和现场检查相结合的方式进行，对企业安全生产管理制度、作业现场安全管理措施、隐患排查治理体系，以及评审机构服务质量、业务能力等，进行系统核查和评估。本次核查发现各类问题4727项，其中资料审查发现问题2295项、现场检查发现问题2432项。较好完成既定工作任务。

【职业卫生技术培训班】 9月5日，市安科院举办职业卫生技术服务机构技术人员专业培训班，从职业卫生法律法规、工作场所有害物质检测、实验室分析技术以及检测报告的编制等多方面内容组织课程。此次培训对于提高职业卫生专业技术人员的技术能力，促进服务机构开展职业卫生技术服务工作具有重要意义。全市16家技术服务机构160名技术人员参加培训。

【安科院官网正式上线】 10月18日，市安科院官方网站正式上线运行。市安科院官网包括首页、本院概况、新闻中心、科技研发、技术支撑、考核培训、服务平台、人才队伍、党群工作9个板块。官网的上线运行对于展示市安科院对外形象、提升社会影响力，具有重要意义。

【职业病危害防治评估】 本年，市安科院按照市安全监管局《关于开展2016年度区县职业病危害防治评估工作的通知》（京安监发〔2016〕458号）要求，会同国家安全监管总局职卫研究中心、北京市化工职防院、北京市劳保所、北京市疾控中心4家机构成立4个评估小组，开展职业病危害防治评估工作。制定工作方案，组织进行培训，完成15个区（不含丰台、怀柔）职业病危害防治评估的材料审查和现场检查，提交全市职业病危害防治评估工作总报告和15份分报告。

【职业卫生技术服务机构年度评估】 本年，市安科院按照市安全监管局《关于开展2016年职业卫生技术服务机构年度评估检查的通知》（京安监办发〔2016〕112号）要求，成立评估小组，通过现场察看、盲样考核、抽查报告、查阅档案等方式，对本市12家乙级检测机构职业卫生技术服务情况进行年度评估检查，提交抽查检测报告37份、评价报告28份，发现各类问题120项。根据评估情况，完成《职业卫生技术服务机构年度评估报告》。

【安全生产领域职业技能竞赛】 本年，市安科院组织全市安全生产领域职业技能竞赛，共有维修电工、电焊工、制冷工及建（构）筑物消防员、危险化学品应急救援（应急处置员）和检查人员（安全生产专职安全员）六项赛事。通过职业技能竞赛，47人获得“北京市安全生产技术标兵”称号，47人获得“北京市安全生产技术能手”称号，101人获得“2016年北京市安全生产检查业务能手”称号。获得“北京市安全生产技术标兵”和“北京市安全生产技术能手”称号的参赛选手，直接纳入市安全监管局安全专业技术人才库。233名参赛选手通过职业技能竞赛获得国家职业资格证书，其中有9人获得国家一级职业资格证书（高级技师）、15人获得国家二级职业资格证书（技师）、61人获得国家三级职业资格证书（高级工）、107人获得国家四级职业资格证书（中级工）、31人获得国家五级职业资格证书（初级工）。职业技能竞赛人成功举办，对于加快建立一支数量充足、梯次合理、技艺精湛、作风过硬的高技能安全技术人才队伍具有重要意义。

市安科院张红玲供稿

北京市安全生产宣传教育中心

2016年，宣传教育中心立足于服务全市安全生产工作，以“四化三体系双基”总任务为目标，围绕安全生产重点工作任务，把握正确的宣传舆论导向，整合各方面资源力量，提高服务意识和品牌意识，加强自身建设，组织并完成各项安全生产宣传教育既定工作任务。

【宣传教育活动】 本年，宣传教育中心制订《2016年北京市安全生产宣传工作指导意见》，组织全市安全生产宣传工作会议。制订《2016年北京市安全生产月活动方案》，确定安全生产咨询日、青年安全生产管理大师赛、青年安全生产示范岗、“2016安监之星·北京榜样”、微小说和连环漫画征集、安全主题诗歌大赛、情景剧大赛、安全文艺基层巡演等12项全市性活动，提出安全生产月活动各项工作的具体要求。注重从活动的内容和形式进行突破，通过互动性强、喜闻乐见的活动，强化公众安全生产意识。

【新闻媒体宣传】 本年，宣传教育中心在市级以上主流媒体刊发新闻报道4000余篇。围绕北京市“十三五”时期安全生产规划等重点内容发布10次新闻报道，公布《北京市生产安全事故隐患排查治理办法》、淘汰不合格燃气灶具等被各主流媒体报道和转载。组织媒体采访报道70余次，刊发报道800余条次。在《中国安全生产报》刊发“首都安全”专版15期、《北京晚报》“12350百姓安全身边事”专栏18期、《劳动午报》策划“首都安全之星”专题栏目52期、《北京日报》《北京晚报》策划安全生产专题宣传版面10余个。在首都之窗网站制作专题访谈节目13期，在北京电视台开辟“直击安全现场”栏目，播出节目15期。

【安全文化建设】 本年，宣传教育中心以安全文化促进会为桥梁、以安全文化论坛为平台，以安全社区和安全文化示范企业建设为抓手，推动安全文化社会化进程。安全文化促进会新吸收会员单位10家、个人会员9名，增至126家会员单位和76名个人会员，为企业与政府之间搭建“桥梁”，为安全文化建设注入新的力量。开展安全文化建设示范企业创建，举办安全文化建设示范企业培训班，培养一批企业安全文化建设骨干力量。

【安全社区建设】 本年，宣传教育中心推进安全社区建设，夯实基层基础工作。指导安全文化促进会成功申报挂牌“全国安全社区北京支持中心”，修订编制《北京市安全社区建设五年发展规划》和《北京市安全社区创建指导手册》《北京市安全社区指导教学片》《北京市安全社区宣传折页》，启动安全社区建设指导专家“一对一”走访指导工作。截至2016年底，北京市建成国际安全社区26家、全国安全社区40家、市级安全社区72家。

【安全文化论坛】 本年，宣传教育中心筹办“创新、协同、安全、发展”为主题的第十届北京安全文化论坛。以“主题展览＋开幕式＋主论坛＋7个分论坛”的模式举行，中国安科院、清华大学公共安全研究院等5名专家分别就《安全深度融合阶段的到来与展望》《公共安全大数据研究及其应用》《建筑业农民工的安全教育与管理的思考和突破》《职业卫生新挑战》《企业事故隐患排查治理体系建设》发表演讲。1500余人参与本次安全文化论坛。

【社会化宣传】 本年，宣传教育中心调动和发挥社会力量，建立健全安全生产宣传教育运行机制，营造全社会支持安全生产工作的环境氛围。组织安全生产宣传咨询日活动，举办“生命无价平安是福”主题情景剧比赛，制作光盘、海报、手册、折页等安全生产宣传品19.2万件，面向社会公众和企业负责人、员工宣传安全知识。围绕安全生产重点工作任务，推出《烟花爆竹主题海报》《安全生产月主题海报》《淘汰不合格燃气灶具海报》6.2万余件；开发《用电安全知识手册》《安责险案例汇编》等手册11.5万件；制作《用电安全》等警示片光盘0.5万张；深化新媒体应用，发布政务微博类1022篇，收到网友转发、评论1877条。依托安全生产演播室，制作《安全责任重如山事故案例警示教育片》《安监党员微讲堂》《学习之星系列专题片》《安监之星专题片》《粉尘安全专题培训》《更换不合格燃气灶具公益宣传片》《书记讲党课系列》等13部宣传片。

宣传教育中心李勤智供稿

北京市安全生产信息中心

2016年，信息中心紧跟“互联网＋”时代发展步伐，初步形成系统优质高效、运维安全稳定、数据共享应用、管理规范科学的信息化工作体系，切实发挥对安全生产工作大局的技术支撑作用。

【信息平台推广应用】 本年，信息中心结合安全生产信息化建设项目特点，坚持超前谋划，注重需求导向，强化跟踪控制，着力优化挖潜，确保各类项目建设落地、有效推广。执法检查系统实现专职安全员检查系统与执法人员执法系统拆分，增加行政处罚全流程管理，注重优化提升用户体验，先期开展手机版专职安全员检查系统研发推广，选定部分乡镇街道作为先行试点，并将于2017年1月正式上线应用。新版隐患系统突出灵活配置，强化数据对接，通过系统固化“一企一标准、一岗一清单”排查治理模式，应用企业和隐患数据逐月递增。新版举报投诉系统注重夯实基础环境，坚持优化主体功能，完成“一号通”呼叫中心的市安全监管局搭建和17个区安全监管局的接入、分转，实现业务流程的全面优化，为实时掌握全市举报投诉的受理和办结情况提供技术支撑。行政许可系统基本实现市级许可事项100％网上办理，区级许可事项绝大部分网上办理。强化系统响应实效，缩短响应周期，培训考核综合管理系统功能日趋完善，通过系统累计完成特种作业、高危及非行政许可类考试4355期13.42万人次。

【信息平台运维保障】 本年，信息中心注重掌握运维管理的主动权，促进运维工作稳定有效的推进。一是基础运维实现预防为主，开展运维数据月度分析，提升运维工作的可预测性。做好日常巡检，有效保障业务系统和政务网站的正常运行。二是新增运维做到创新为先，尝试“企业使用、企业购买”全新模式，创造性地为首钢总公司和昊华能源公司接入视频会议。注重发挥信息化降低行政成本的优势，按照最大限度利旧、节约原则，开展应急移动指挥通信车项目改造。整合安全生产举报投诉受理大厅和值班室的信息化资源，完成现有信息化功能的迁移。三是运维服务坚持质量为上，利用“QQ和微信”信息化运维工作群，第一时间了解用户的使用问题，缩短响应时间，降低故障对用户工作的影响。完善运维服务反馈机制，开展现场运维服务质量满意度调查，组织技术单位开展运维服务回访和再回访工作，助推运维服务质量提升。

【规划数据分析平台】 本年，信息中心坚持以项目为依托，努力实现用数据说话、用数据管理、用数据创新。一是台账管理展现新思路，清洗比对业务系统和条件普查企业数据，统一企业台账数据库，探索企业台账管理新思路，制定台账动态管理流程。二是数据共享取得新进展，依托隐患排查系统改造项目，坚持以统一服务和可视化为原则，组织搭建安全生产数据共享交换平台，为数据整合分析奠定基础。三是数据变现开创新局面，安全预防控制体系建设应用支撑项目可行性研究顺利收官，并实现集约建设。

信息中心李萌供稿

北京市安全生产（12350）举报投诉中心

2016年，举报投诉中心围绕“提质、增量、见实效”的工作目标，全力推进各项重点任务有序开展，切实发挥窗口服务、桥梁纽带和社会监督作用。举报投诉中心被首都精神文明办授予“首都学雷锋志愿服务岗”荣誉称号。

【全国“两会”保障】 3月3日至16日，全市安全监管系统启动特殊时期举报投诉工作机制。市“12350”举报投诉热线接听市民来电447个，同比增加50.51%；接收举报案件线索49件，同比增加308.33%；受理举报38件，同比增加375%；解答咨询398件，同比增加39.65%。各区安全监管局接听市民来电871个，受理举报信息21件。未接到存在不稳定因素的电话或举报。从区域分布看，涉及全国“两会”会场及驻地6区群众举报33件，占举报总数的55.93%。从行业分布看，人员密集场所17件、危险化学品10件、职业卫生6件、工业5件、特种作业4件、建筑业4件、消防4件、其他9件。人员密集场所、危险化学品、职业卫生举报仍然是群众关注热点行业，举报情况相对集中，占举报总数的55.93%。

【举报投诉中心（总值班室）建设】 10月，举报投诉中心按照市安全监管局统一部署，建立安全生产值守应急、行政值班和举报投诉受理“三位一体”综合性值守工作机制，成立举报投诉中心（总值班室）。举报投诉中心（总值班室）承担事故、预警、政务信息接报处置，应急值班，举报投诉受理，市民咨询解答等工作。突出信息收集，强化值守调度，集成值守应急、移动通讯指挥、800兆无线调度、举报投诉等系统平台，形成完善的安全生产指挥调度体系，为提升全市安全生产应急响应和突发事故应急处置能力提供支撑和保障。

【策划“百企千人”示范活动】 本年，举报投诉中心研究制定《“百企千人”示范工程实施方案》，先后赴京东方、北开电气、二商东方友谊、中石油昆仑润滑油等52家企业（集团）以及龙潭和大屯等街道（社区），开展咨询服务，策划开展“您举报、我奖励、查找身边的安全隐患”烟花爆竹安全隐患举报专项活动。采取“定制式”举报的方式，突出隐患奖励的宣传，引导社会公众，结合执法重点，查找安全隐患，切实提高执法检查的精准性和针对性。

【ISO质量管理体系现场审核】 本年，华信技术检验有限公司依据ISO9001质量管理体系相关标准，对举报投诉中心质量管理体系运行情况开展年度审核。检查组通过现场考核、查阅资料、问询交流等方式，重点检查质量管理文件运行、管理过程、体系管理、人力资源管理、基础设施管理、过程控制等内容。检查组负责人认定：举报投诉中心ISO9001质量管理体系运行正常，能够充分适应内外部环境、群众要求和工作发展的需要，质量方针和目标得到有效贯彻和充分实施，通过ISO9001质量管理体系年度审核。

【突出案件曝光】 本年，举报投诉中心与安全生产宣传教育中心配合，做好BTV《北京您早》栏目“24小时内核查市民举报”新闻报道工作，对物美卖场、盐业公司等3起市民举报企业违法案件进行曝光。与安全生产执法监察总队配合，提供“通州区雄鹰彩虹油墨有限公司非法储存1.55吨硝化纤维素”和“顺义区非法存储近200吨汽油”等举报线索，参与执法检查，震慑安全生产非法违法行为。

【拓宽传播渠道】 本年，举报投诉中心创办自媒体平台，开通举报投诉中心彩信手机报，针对非煤矿山、危险化学品、冶金机械等企业负责人、安全管理人员及从业人员“点对点”推送《12350安全快讯》31期，受众50万人次；创办市“12350”举报投诉微信公众号，推送18期举报奖励宣传信息，多篇被主流媒体转载，取得较好宣传效果。做好市安全监管局政务网站政民互动栏目，发布属实举报272件，规范答复“在线咨询”问题1670条，同比增加17%，及时回应社会关注，提高市“12350”举报投诉热线影响力。

【“一号通”建设】 本年，举报投诉中心坚持“便民利民、优质服务，整合联动、节约高效”工作原则，打造市、区两级安全监管部门统一举报受理平台，在全市16个区和北京经济技术开发区安全监管局进行部署，强化市“12350”举报投诉协调枢纽作用，提高受理质量，为群众提供更好、更快、更优的服务。

【举报典型案例选编】 本年，举报投诉中心会同首都经济贸易大学开展安全生产举报案例选编工作。在编写过程中梳理汇总几年来接报的15个典型举报案件，涉及危险化学品、有限空间作业、职业危害、建筑施工以及烟花爆竹5个行业领域，采用平实的语言，生动的文字，通过简述案例概要、分析法律责任、提炼安全知识、论述警示意义和点评，对举报案件受理、甄别、分转、查处、核查、反馈、回复全过程进行阐述，突出案例汇编的完整性、连贯性、代表性和易读性。引导广大从业人员和社会公众，参与安全监管工作，提高企业安全生产自查自纠能力，及时发现并消除安全隐患。

【“12350”特服热线运行】 本年，市“12350”举报投诉热线接听市民来电6912个，其中咨询电话5710件，占来电总量的82.61%；接收举报1202件，同比增长60.27%。立案查处857件，其中全市安全监管系统立案查处749件，市安委会成员单位立案查处108件。办结1188件，办结率98.84%，查证属实357件，属实率30.05%。

【举报区域分布】 本年，从举报区域分布情况看，朝阳区、丰台区、海淀区、大兴区和西城区举报数量较多，居于承办总数的前五位。2016年群众举报事项区域分布情况如图1所示。

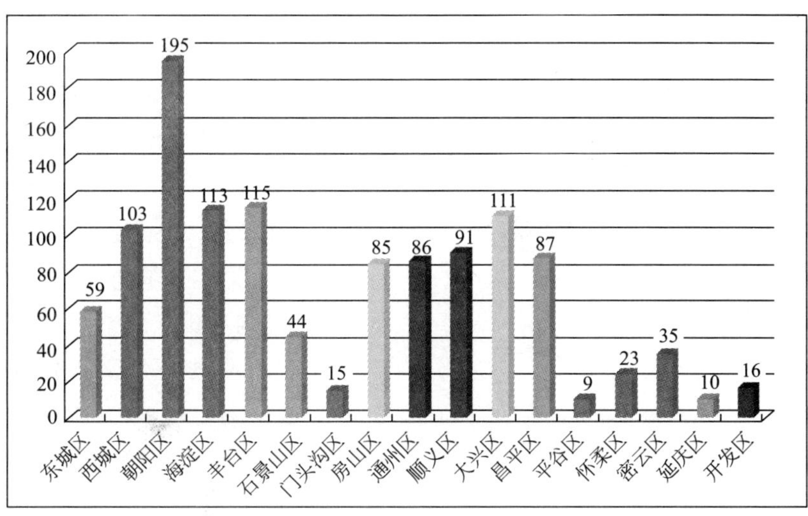

图1 2016年群众举报事项区域分布情况

【举报月份分布】 本年，从举报数量月份分布看，除8月份外每月举报投诉受理量较2015年同期均有较大增长，具体分布情况如图2所示。

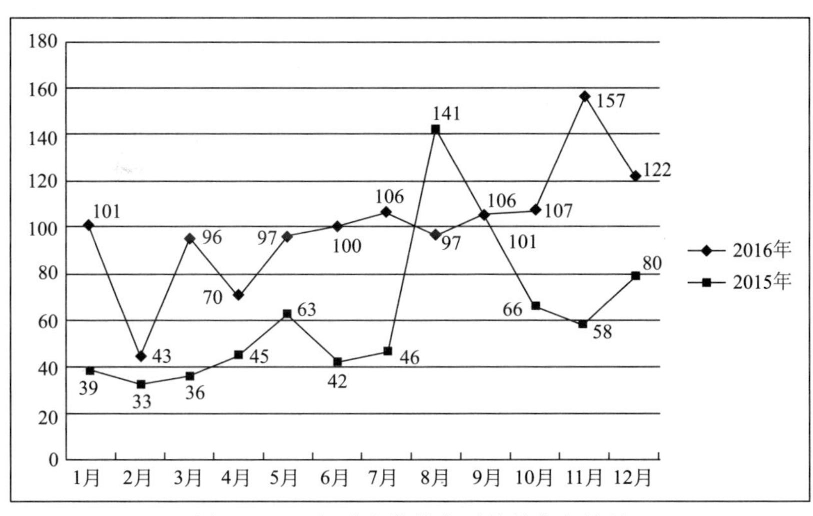

图2 2016年群众举报事项月份分布情况

【举报途径分布】 本年，从举报途径分布情况看，市民举报途径仍以电话、网络为主，此两类举报途径举报量占举报总量的94.51%，具体分布情况如图3所示。

【举报类别分布】 本年，举报投诉中心接收的1202件举报中，安全隐患类举报962件，占举报总数的80.03%；事故类举报31件，占举报总数的2.58%；非法违法生产经营建设类举报92件，占举报总数的7.65%；其他类举报117件，占举报总数的9.73%，具体分布情况如图4所示。

【举报查处情况】 本年，市"12350"举报投诉立案查处857件，其中查证属实357件，属实率30.05%。全市安全监管系统立案查处749件中，涉及直接监管领域

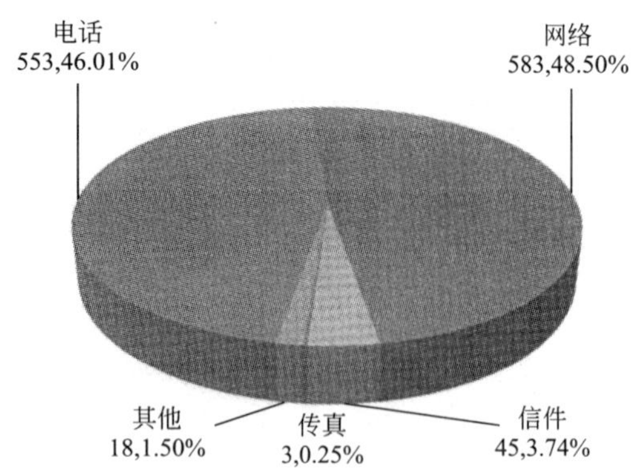

图 3　2016 年举报途径分布情况

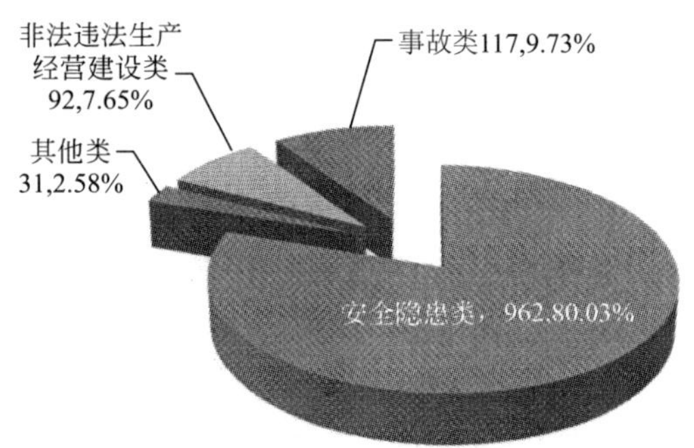

图 4　2016 年举报类别分布情况

392 件，其中特种作业类举报 161 件、危险化学品类举报 89 件、职业危害类举报 77 件、烟花爆竹类举报 24 件、煤矿类举报 12 件、非煤矿山类举报 3 件、其他类举报 26 件。对核查属实的举报投诉事项，责令生产经营单位整改 234 家次、宣传教育 51 家次、约谈 37 家次、罚款 34 家次、警告 17 家次、责令停产停业 10 家次、关闭 4 家次、吊销许可证 1 家次。

举报投诉中心焦宁供稿

北京市安全生产联合会

2016 年，北京安联围绕安全生产“四化三体系双基”总任务，依靠广大会员单位，抓住“枢纽型”社会组织建设和“三个服务”能力提升两条主线，严格落实章程和内部管理，强化服务质量，拓展业务范围，顺利完成年度各项任务，安全生产社会化工作取得社会效益和影响力。

【三届理事会二次会议】 4 月 18 日，北京安联召开第三届理事会第二次全体会议，市民政局社团办、市委社会工委社会办有关负责人出席会议，65 家理事单位负责人和秘书处全体人员参加会议。会议审议 2015 年度联合会工作报告、财务报告和监事会工作报告，以及会员服务管理、财务管理等制度修订和人事任命等议题。会议研究通过成立常务理事会和常务理事候选建议名单，研究并原则通过联合会章程、会费缴纳办法内容修改以及三届二次会员大会召开时间和议题内容。

【社会组织星级评估现场核查】 8 月 22 日，北京安联参加市级社会组织星级评估，接受北京市风华社会组织能力建设促进中心对社团进行的现场核查。评估组专家对北京安联的规范发展状况和服务理念等给予肯定。经过询问交流、资料审查、财务专项审查等评估环节，评估组认为，北京安联注重基础建设，内部管理严格，创新社团发展模式，行业自律、行业管理职能作用凸显，在满足会员需求、反映行业诉求方面反映良好。

【市级“枢纽型”社会组织】 10 月 22 日，北京安联正式被市委社会工委认定为本市安全生产领域“枢纽型”社会组织。此前，北京安联对照市委社会工委关于市级“枢纽型”社会组织的相关标准，完善内部管理、会员发展、组织建设、业务拓展、对外服务等工作，联系区级社团，吸收化工、医药、运输等行业社团入会，巩固社会组织体系，发挥对同类别、同性质、同领域社会组织发展服务管理作用，夯实组织工作基础。

【安全生产年鉴编入中国知网】 11月，北京安联与《中国学术期刊（光盘版）》电子杂志社有限公司正式签约，将《北京安全生产年鉴》自2007年创刊以来的全部文献编入“中国知识基础设施工程数字图书馆”（简称“中国知网”）的中国年鉴全文数据库中，以电子和网络形式出版。

【标准化评审管理】 本年，北京安联根据市安全监管局要求，按照安全生产标准化评审组织单位、评审机构和评审员管理办法规定，推行评审和咨询分离机制，调研考核11家评审机构，对16家评审机构进行专项检查。组织4期工业标准化评审员继续教育培训，全市6家市属工业集团公司、43家标准化评审机构800余人参加培训。组织专家对全市15个区的58家工业二级标准化创建企业进行66次现场复核，并完成5家非煤矿山二级标准化创建企业复核工作。

【制订行业地方标准】 本年，北京安联受市园林绿化局、农业局、文化局等部门委托，会同市安全技术服务中心、安全生产青年人才促进会、安全科学与工程学会、安全生产科学技术促进会开展公园风景名胜区安全生产等级评定技术规范等行业地方标准的起草制订工作。完成11项行业地方标准草案和项目申报书的编制工作。

【企业安全生产信用体系】 本年，北京安联按照市安全监管局要求，初步建立全市企业安全生产信用体系。起草制订《北京市安全生产信用体系建设管理办法》《安全生产信用信息归集工作制度》《北京市生产经营单位安全生产“黑名单”管理暂行规定》《北京市企业安全生产承诺和信用报告制度》等相关配套制度，书面征求48个委办局、16个区有关部门和15个市属企业集团意见。初步完成体系建设顶层制度设计，提出4个实施阶段、10项重点任务的工作步骤，开展专题培训，在全市2000家企业中开展信用评级试点工作。

【会员单位集中培训】 本年，北京安联采取会员单位集中培训服务模式，结合年度安全生产工作重点，联合市安全生产科学技术促进会、安全文化促进会、安全生产技术服务协会、安全生产青年人才促进会等7个社会团体，组织隐患排查治理、安全文化建设、职业健康与个体防护、技术服务机构自律管理与示范创建4期会员专题培训活动，培训1000余人。集中培训既减轻企业负担，又提升各级安全管理人员专业素质，推动企业落实安全生产主体责任，取得明显效果。

【会员单位调研走访】 本年，北京安联先后走访北京城乡建设集团、北京电控、公交集团公司等10余家市属企业集团，宣传推广企业安全管理先进经验；调研市劳保所、工业技术开发中心、北京中经科环质量认证有限公司等20余家安全技术服务机构，分析行业现状和管理情况；赴北京市智能交通协会、特种设备行业协会、园林绿化行业协会、电力企业协会等行业协会，学习社团组织服务会员的方式方法。通过调研走访，汇总分析政策制度、交流平台、培训服务和专家力量等4方面具体需求，为开展会员服务提供第一手材料。

【安全生产年鉴编纂】 本年，北京安联加强《北京安全生产年鉴》编写工作过程管理，建立年鉴组稿人职责和供稿单位负责人审核制度，制定年鉴编纂管理办法和年鉴条目编写规范，发挥年鉴编纂专家专业优势和行业管理经验，拓展年鉴编纂范围。完成2016年版《北京安全生产年鉴》编纂任务，印刷出版800册。

北京安联刘晓春供稿

统计资料

2016年度全市生产安全事故统计分析报告

2016年，全市安全生产形势总体稳定，共发生工矿商贸、生产经营性道路交通、铁路交通死亡事故544起、死亡591人。其中：工矿商贸生产安全事故115起、死亡117人；生产经营性道路交通事故409起、死亡454人；铁路交通事故20起、死亡20人。未发生生产经营性火灾、农业机械和特种设备死亡事故。

表1　2016年全市生产安全事故总体情况表

序号	事故种类	产生事故数/起	占事故数总量/%	事故死亡人数/人	占事故死亡人数总量/%
1	工矿商贸	115	21.1	117	19.8
2	道路交通	409	75.2	454	76.8
3	铁路交通	20	3.7	20	3.4
4	火　　灾	0	0	0	0
5	农业机械	0	0	0	0
6	特种设备	0	0	0	0

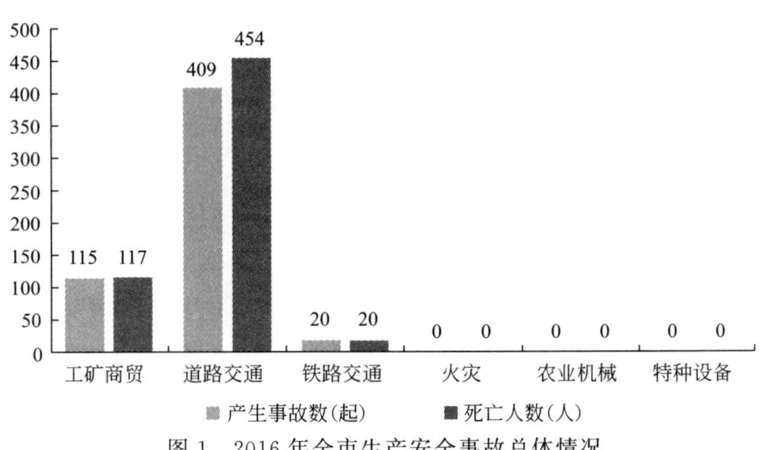

图1　2016年全市生产安全事故总体情况

一、2016年工矿商贸生产安全事故总体情况

(一) 2016年工矿商贸生产安全事故行业分布情况

2016年，全市发生生产安全事故115起，造成117人死亡。主要涉及以下10个行业：

建筑业、制造业、商务服务业、房地产业、居民服务业、电力燃气生产和供应业、公共设施管理业、煤矿业、信息传输计算机服务业和批发零售业。其中，建筑业产生生产安全事故数和造成死亡人数最多，分别占生产安全事故总量的 62.6%、63.2%，其他行业占生产安全事故和事故死亡人数总量的 37.4%、36.8%。

表 2　2016 年生产安全事故行业分布情况表

序号	行业类型	产生事故数/起	占事故数总量/%	事故死亡人数/人	占事故死亡人数总量/%
1	建筑业	72	62.60	74	63.20
2	制造业	14	12.20	14	12.00
3	商务服务业	8	6.90	8	6.80
4	房地产业	5	4.30	5	4.30
5	居民服务业	5	4.30	5	4.30
6	电力燃气生产和供应业	4	3.50	4	3.40
7	公共设施管理业	3	2.60	3	2.60
8	煤矿业	2	1.80	2	1.70
9	信息传输计算机服务业	1	0.90	1	0.90
10	批发零售业	1	0.90	1	0.90

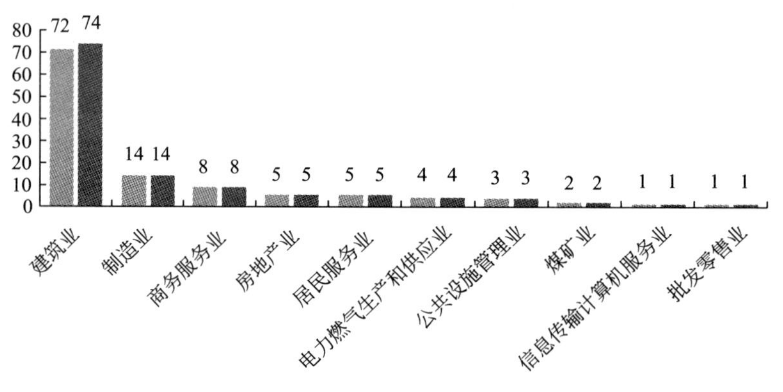

图 2　2016 年生产安全事故行业分布情况

从行业分布看，在 2016 年生产安全事故在建筑业多发，产生事故数及造成死亡人数最多。2016 年，建筑业事故中各类工程产生事故总数为 69 起，造成死亡人数 71 人。其中房屋建设工程产生事故 32 起、死亡 32 人；小型建设工程产生事故 14 起、死亡 14 人；市政建设工程产生事故 7 起、死亡 7 人；电力建设工程产生事故 3 起、死亡 5 人；道路建设工程产生事故 2 起、死亡 2 人；轨道交通建设工程和园林绿化工程各产生事故 1 起、各死亡 1 人；其他建设工程产生 9 起、死亡 9 人。

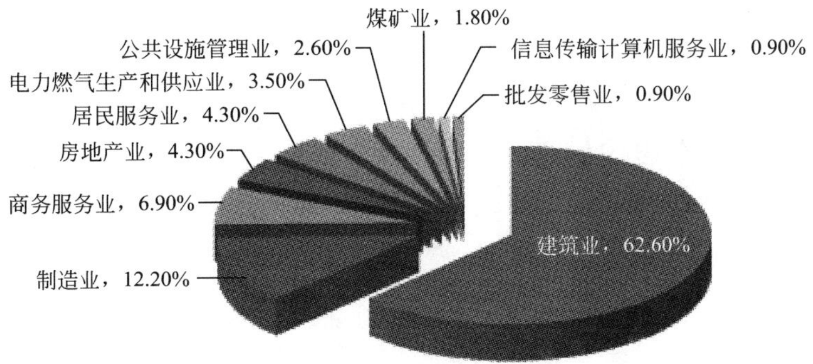

图 3　2016 年行业产生事故数量占比情况

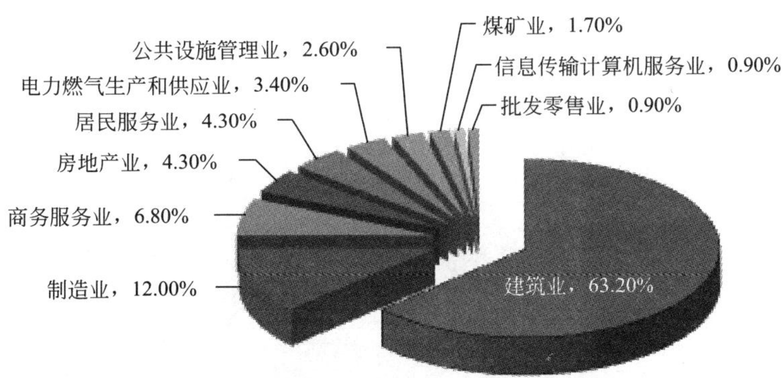

图 4　2016 年行业事故死亡人数占比情况

表 3　2016 年建筑业生产安全事故情况表

序号	工程类型	产生事故数/起	占建筑业事故数总量/%	事故死亡人数/人	占建筑业事故死亡人数总量/%
1	房屋建设工程	32	46.4	32	45.1
2	小型建设工程	14	20.3	14	19.7
3	市政建设工程	7	10.2	7	9.9
4	电力建设工程	3	4.3	5	7.0
5	道路建设工程	2	2.9	2	2.8
6	轨道交通建设工程	1	1.4	1	1.4
7	园林绿化工程	1	1.4	1	1.4
8	其他建设工程	9	13.1	9	12.7

（二）2016 年工矿商贸生产安全事故地区分布情况

从全市行政区域看，2016 年 17 个区产生生产安全事故 115 起，造成死亡 117 人。其中，朝阳区、海淀区、丰台区及大兴区产生事故较多，产生 67 起，占全区事故数总量的 58.3%；造成死亡 69 人，占全区事故死亡人数总量的 59%。

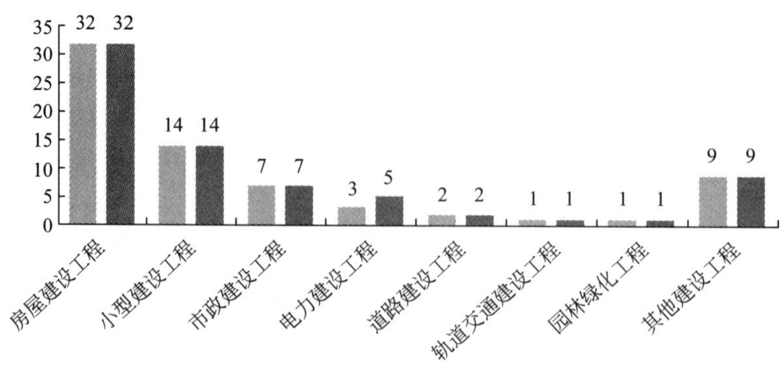

图 5　2016 年建筑业生产安全事故情况

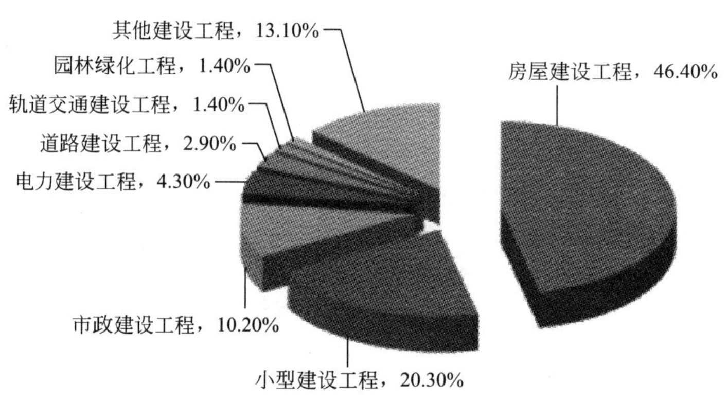

图 6　2016 年建筑业各类工程事故数量占比情况

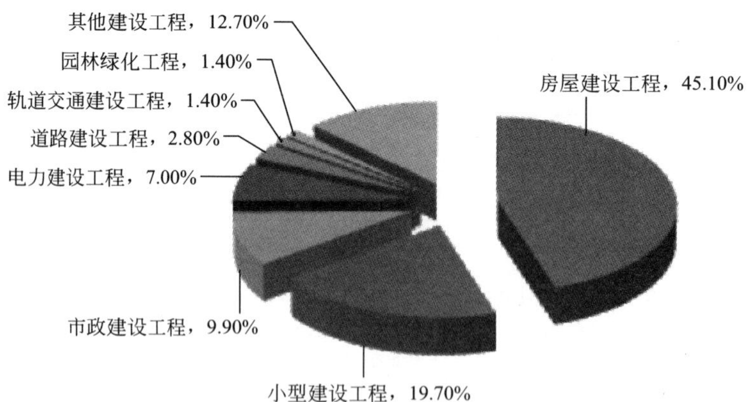

图 7　2016 年建筑业各类工程事故死亡人数占比情况

表 4　2016 年全市各区域生产安全事故情况表

序号	区域名称	产生事故数/起	占全区事故数总量/%	事故死亡人数/人	占全区事故死亡人数总量/%
1	东城区	2	1.7	2	1.7

续表

序号	区域名称	产生事故数/起	占全区事故数总量/%	事故死亡人数/人	占全区事故死亡人数总量/%
2	西城区	1	0.9	1	0.9
3	朝阳区	27	23.5	27	23.1
4	海淀区	17	14.8	17	14.5
5	丰台区	11	9.6	13	11.1
6	石景山区	5	4.3	5	4.3
7	房山区	6	5.2	6	5.1
8	门头沟区	7	6.1	7	6.0
9	大兴区	12	10.4	12	10.3
10	通州区	4	3.5	4	3.4
11	平谷区	2	1.7	2	1.7
12	顺义区	7	6.1	7	6.0
13	怀柔区	3	2.6	3	2.6
14	昌平区	6	5.2	6	5.1
15	密云区	4	3.5	4	3.4
16	延庆区	1	0.9	1	0.9
17	开发区	0	0	0	0

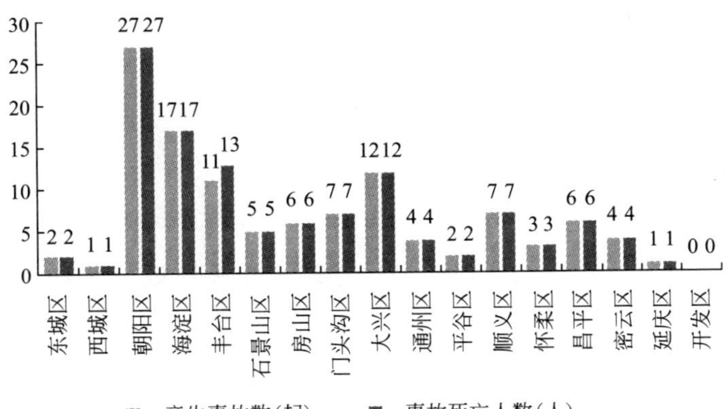

图 8　2016 年生产安全事故地区分布情况（各区）

2016 年，各区生产安全死亡事故人数总体呈上升趋势。17 个区事故死亡人数总量同比增长，其中：朝阳区、海淀区、丰台区、大兴区事故死亡人数同比增长 16 人、9 人、11 人、10 人。其他行政区域中除西城区和开发区同比死亡事故人数减少、怀柔区和延庆区同比死亡事故人数持平外，同比均与 2015 年死亡事故人数有所增长。

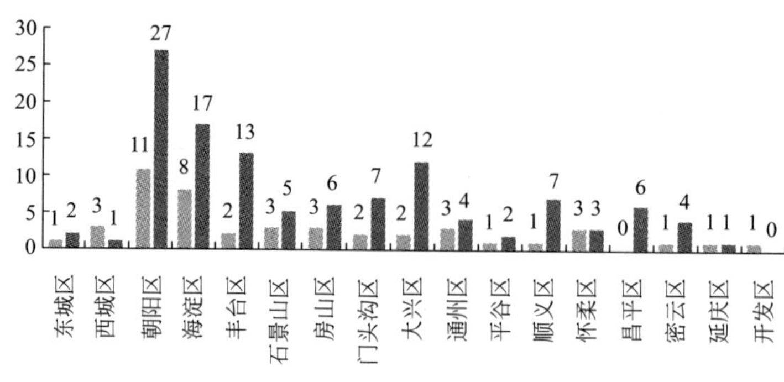

图 9　2016 年对比 2015 年生产安全死亡事故人数情况（各区）

(三）2016 年工矿商贸生产安全事故时段分布情况

从事故时段看，2016 全年 12 个月发生生产安全事故 115 起，造成死亡 117 人。产生事故主要发生在 3 月、4 月、7 月、8 月，占全年 12 个月生产安全事故总量的 51.3%，死亡人数占总量的 50.4%。

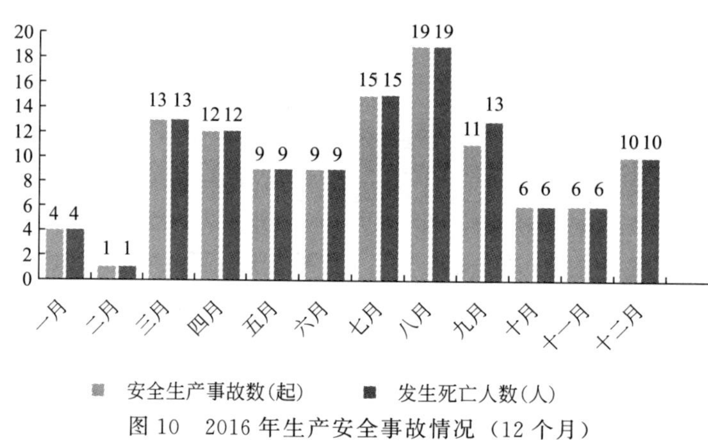

图 10　2016 年生产安全事故情况（12 个月）

二、2017 年面临的形势

2016 年，各地区认真贯彻落实党中央、国务院和市委市政府工作部署，紧紧围绕和谐宜居之都建设和京津冀协同发展，把安全生产与疏解非首都功能、调整产业结构结合起来，建立健全安全生产责任体系，深入开展安全生产大检查、隐患排查治理和重点行业领域专项整治，不断加大执法力度，坚决遏制重特大事故，全市安全生产形势总体稳定、取得积极成效，但是面临的形势依然严峻复杂。

(一）有效压减事故总量的压力依然较大

按照新的统计口径，2016 年全市共发生生产经营性道路交通、工矿商贸、铁路交通死亡事故 544 起、死亡 591 人。总体来看，事故发生频次依然较高，事故总量依然较大，全市平均每天都有生产安全事故发生，平均每两天就有 3 人因生产安全事故死亡。特别是，生产经营性道路交通事故、建筑业生产安全事故仍然居高不下，分别占到全市生产安全事故的76.8%和12.5%。2016年虽未发生生产经营性亡人火灾事故，但发生生产经营性非亡人火灾事故907起，直接经济损失2410.8万元。

（二）诱发群死群伤事故的风险依然突出

北京作为特大型城市，城市运行活动总量大、强度大、风险高，稍有不慎就可能酿成群死群伤重大事故。地下轨道交通客流一直高位运行，单日客流量已突破1000万人次，一旦遇到突发情况处置不当，极易造成重大人员伤亡事故；水、油、电、气、热等地下管线错综复杂，加之道路维护、建设施工等城市维护保养活动频繁，极易发生中毒窒息、爆燃爆炸等恶性事故，造成群死群伤。此外，社会安全事故防范能力薄弱，认不清、想不到、管不到的问题在各地区、各行业都不同程度存在。

（三）重点行业领域隐患整治难度不断加大

经过2年多的努力，全市完成油气输送管道隐患整治工作和80%以上地城镇燃气隐患管道整治任务，但我们还要清醒地认识到，油气输送管道整改工作进度一直较为缓慢，是在国务院安委会最后整改期限前才得以完成。另外，剩余不到20%的城镇燃气管道隐患，大多是整改难度大、矛盾多的问题，这些隐患大部分在城区集中占压或形成于密闭空间，占压面积大，历史遗留多，整治投入多、协调难度大，整治攻坚的措施还不到位，没有形成科学合理、可操作性强的治理方案。此外白酒制造、涉爆粉尘、危险化学品使用等行业领域事故隐患依然较多，稍有不慎，就可能酿成重大事故。城市副中心、新机场等重大工程正在如火如荼进行，安全监管工作决不能掉以轻心。

（四）重大活动保障任务十分繁重

2017年党和国家大事多、喜事多，国际、国内影响大，人民群众高度关注。党的十九大、建军90周年纪念活动、2022年第24届冬奥会筹备等重大活动安全生产保障工作是全市面临的最紧要的任务。我们虽然有多次重大活动保障的成功经验，但安全监管工作仍然需要细之又细，特别是重大活动周边区域、临时搭建的建筑设施、大型活动组织的烟花爆竹燃放、礼花燃放等重点区域和重要环节安全监管工作必须做到万无一失。

（五）新情况新风险需要引起高度重视

个别已经杜绝的安全事故又有抬头的趋势，如：2016年平谷区发生一起非法盗采导致6人死亡的事故，这是时隔10年后，再次发生盗采事故，并造成重大人员伤亡，社会影响恶劣，教训十分深刻。另外，随着京津冀协同发展和疏解非首都核心功能步伐不断加快，众多从事低端产业或不符合首都产业发展定位的企业面临搬迁或关停，企业思想不稳，安全投入大幅度减少，安全基础受到严重削弱，如果监管不力，稍有不慎，极有可能导致人员伤亡事故发生。

三、下一步措施

（一）加强对建筑行业的安全监管

多年来，本市建筑施工开复工面积居高不下，建筑业事故在本市生产安全事故中占比也较高，2016年事故起数和死亡人数占比均超过六成。对此，要加强对建筑行业的安全监管，重点加强对工程承发包的监督管理，杜绝违法分包和非法转包，严格禁止“甲指分包”，变相肢解工程；加强对建筑施工的开工及其他行政许可手续的监督检查，加强许可过程中对安全生产条件的审核；要加大对重点环节、重点部位的监督检查，对长期存在的重大隐患要立查立改，决不姑息迁就。同时，要督促生产经营单位加强对从业人员的安全培训教育措施，使现场作业人员能够真正知悉作业环节的危险因素，不断提升作业人员劳动素质和安全意识；严厉打击违反操作规程作业、违反劳动纪律等违法违规行为。

（二）加强高处坠落和触电事故的防范

要结合 2016 年高处坠落事故频发的特点，督促生产经营单位强化对从业人员的技术交底和安全教育培训；为从业人员提供必要的、合格的安全防护用品并督促其按规定穿戴；临边高处作业及孔洞口处必须配置符合规定要求的防护网、栏杆或者其他安全防护设施，安全防护设施在作业前必须逐项检查和验收；督促作业人员在工作期间注意力集中，作业或行动前注意观察周围的环境是否安全。

根据触电事故的特点，督促生产经营单位加强日常对用电设备的巡视和检查，对漏电开关定期检测；及时更换不合格的设备设施，尤其是手持电动工具；严格特种作业资格的审查，严禁未取得电工资格证的人员非法从事相关作业活动；加强作业人员安全防护用品配备，并督促其正确佩戴和使用；应对作业现场及毗邻区域内的各类架空电线情况进行检查，实地了解作业环境存在的危险因素。

（三）严防破坏地下管线事故

地下管线是城市的生命线。近年来，破坏地下管线事故频发，严重影响人民群众正常的生产生活秩序。各区要不断完善地下燃气管线信息沟通机制，管线产权单位、施工单位应紧密配合，实现信息共享互通，建设单位应准确向施工单位提供管线资料；施工单位应细化地下管线保护措施，制定针对性较强的管线保护方案和事故应急抢险预案，严禁在情况不明时盲目进行地面开挖作业；监理单位应严格审查，及时制止或报告违章作业施工行为；管线权属单位应在定期组织开展应急演练，提高第一时间应急处置能力；各相关部门要开展预防施工破坏地下管线事故联合行动，严厉打击挖掘工程违法违规行为。

（四）严防中毒和窒息、坍塌两类群死群伤事故

从近 5 年较大及以上事故情况来看，中毒和窒息、坍塌两类事故极易造成群死群伤。各区要督促有限空间作业企业认真制定和落实专项安全技术措施和应急预案，开展有针对性的安全教育培训和应急演练；作业人员要详细了解现场情况，确保个人安全防护用品的正确使用，有针对性地对有害气体成分和氧气含量进行检验检测；在污水井和燃气、热力管井等密闭或半密闭空间开展作业前，采取强制通风措施，有限空间内严禁使用燃油、燃气等消耗氧气的设备进行作业。同时，要严防因盲目施救导致事故扩大升级。

各区应督促建筑施工企业严格按照施工组织设计和专项施工方案施工，按规定放坡或支护；加强对基坑、井坑的边坡和支护系统的检查，及时消除隐患；严格控制建筑材料、模板、施工机械、机具或其他物料在楼层或屋面的堆放数量和重量；拆除工程必须编制施工方案和安全技术措施，严禁掏掘作业。

（五）加强对市属国有企业的监管，防范事故发生

从近5年较大及以上事故情况来看，市属国有企业在较大及以上事故中占比较高，防范重特大事故要牢牢扭住市属国有企业这个“牛鼻子”。要督促市属国有企业在加强对主营业务管理的同时，采取积极措施加强对非主营业务和非主要环节的安全监管；加强工程承发包的管理，杜绝违法分包和非法转包，严格禁止将工程发包给不具备安全生产条件的单位和个人；加强企业内部部门之间的沟通协调，明确安全管理职责，严格落实“管生产、管安全”的要求。

事故案例

【案例一】

北京华德电力工程有限公司“9·23”较大生产安全事故

2016年9月23日11时许，北京市丰台区长辛店镇园博园南路与园博园西二路交叉路口东北侧电力井内发生一起中毒和窒息事故。事故造成现场作业人员3人死亡、2人受伤。

事故发生后，依据《生产安全事故报告和调查处理条例》和《北京市生产安全事故报告和调查处理办法》的规定，市安全监管局会同市监察局、公安局、城市管理委、人力社保局、总工会和丰台区政府等部门和单位成立事故调查组，对该起事故开展全面的调查处理。事故调查组邀请市检察院同步参与调查。委托北京市理化分析测试中心对发生事故电力竖井内气体取样后进行技术检测检验分析，并委托北京盛唐司法鉴定所对事故中死亡人员的死因开展鉴定分析。市公安局对相关单位印章一并进行鉴定。

事故调查组按照“四不放过”和科学严谨、依法依规、实事求是、注重实效的原则，查明事故发生的经过、原因，认定事故性质和责任，提出对有关责任人员、责任单位的处理建议，针对事故暴露出的问题提出防范及整改措施。

一、事故基本情况

（一）工程基本情况

北京渡业投资管理有限公司电缆分界室及10kV外电源工程（以下简称“渡业大厦外电源工程”）是由北京渡业投资管理有限公司（以下简称“渡业公司”）投资的用电增容建设项目。渡业公司与北京市供用电建设承发包公司（以下简称“供用电承发包公司”）签订《供用电工程项目管理服务合同》。合同约定由供用电承发包公司负责工程的招标管理、合同管理、资金管理、开工管理、施工管理、物资管理、竣工管理、送电及资产移交管理，渡业公司负责办理工程相关审批手续。

该工程由电缆分界室设备及安装工程、10kV电缆及敷设工程、电缆敷设通道土建工程3部分组成，包括安装分界室电力设备柜、敷设电缆及光缆，新敷电力管线，新建电力井及电力沟道等。其中，新建电力井8座，ϕ5.2米竖井4座，现状井扩孔1座，共计13座井。

经查，丰台区长辛店镇政府依据上级

人民政府制定的绿地还建政策，将渡业大厦项目（保留项目）用地调整为规划建设用地，但该建筑尚未取得产权手续。该工程未在丰台区发展改革委核准备案，也未办理相关规划和施工许可手续。事故发生前，该工程仍处于竣工验收阶段。

（二）事故现场情况

事故现场位于丰台区长辛店镇张郭庄村，园博园南路与园博园西二路交叉路口东北侧的渡业大厦外电源工程8号竖井。该竖井为双层井，顶部设有2个井口（南北向纵向排列、直径0.8米）。内部结构由上至下依次为井腔（高约3米，直径0.8米）和上、下两层井室（高2.5米，长4米，宽3米），两层井室间由1个“人孔”（位于北侧井口正下方）连通（见下图）。

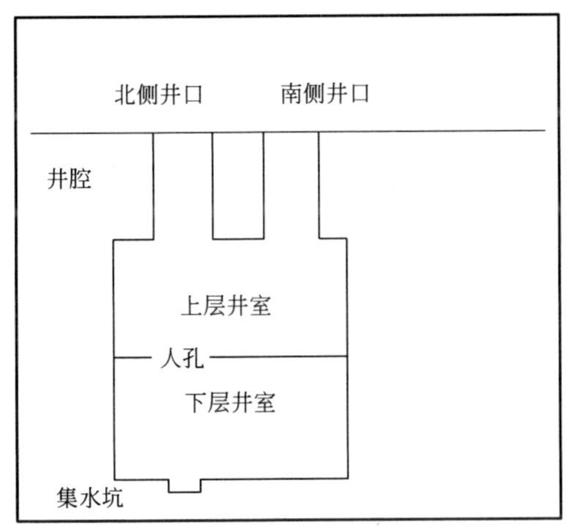

8号竖井剖面示意图

两个井口的井腔及井室内壁处均设置有爬梯。作业人员通过北侧井口下方爬梯，可直接进入下层井室。下层井室底部设有1个集水坑（长约0.5米，宽约0.5米，深约0.6米）。

（三）事故相关单位情况

1.北京华德电力工程有限公司（以下简称“华德电力公司”）为该工程总承包单位，原名为北京华德电力工程中心（2016年5月26日变更为现名称），注册资本金1200万元，具有承装（修、试）电力设施三级承装类资质、输变电工程专业承包三级资质和建筑施工安全生产许可证。

2.北京吉盛安电力工程咨询有限公司（以下简称“吉盛安咨询公司”）为该工程监理单位，注册资本金600万元，具有电力工程监理乙级资质。

3.供用电承发包公司为该工程组织单位和工程管理单位，注册资本金2500万元，具有电力工程施工总承包三级资质。日常经营模式为：接受用电用户委托，提供外电源工程项目管理服务，经营范围为专业承包、承发包供用电工程建设。

4.北京京电联合建筑规划设计有限公司（以下简称“京电联合设计公司”）为该工程设计单位，具有电力行业（送电工程、变电工程）乙级设计资质。

（四）工程立项、招投标和施工情况

2015年3月10日，渡业公司委托李××协助办理渡业大厦外电源工程相关事宜。李××与国网北京市电力公司（以下简称“北京电力公司”）物资分公司调研员梁××商定，由华德电力公司参与该工程投标，中标后再把工程交给其施工。

5月27日，李××代表渡业公司，向北京电力公司提交《用电申请》，申请报装增容，并提供丰台区长辛店镇政府和渡业公司共同出具的《关于北京渡业投资管理有限公司张郭庄6＃地块用电立项批复说明》。

10月，渡业公司与京电联合设计公司签订设计合同，合同金额为21.86万元。京电联合设计公司在无地质勘探、规划意见书等批准文件的情况下完成初步设计，将在设计说明中标有“未见沿线地勘、未见规划意见书、本设计图不作为施工依据”等字样的施工图（蓝图）送交李××。

12 月 21 日，供用电承发包公司在工程未取得立项批准及规划许可的情况下启动施工招标。

2015 年底，李××依据供电方案完成该工程位于渡业大厦北侧 2 个电力管井的施工。

2016 年 1 月，梁××要求华德电力公司工程部负责人王××将标书和华德电力公司投标相关资料转交李××，由其负责制作投标文件并参与投标。华德电力公司向供用电承发包公司承诺中标后不再将工程分包或转包。2 月 4 日，华德电力公司中标，并交纳工程保证金。3 月 4 日，供用电承发包公司与华德电力公司签订《施工总承包合同》。

3 月 11 日，华德电力公司向李××提供加盖本单位印章的《土建专业分包合同》。同日，李××以华德电力公司名义组织召开工程开工安全、技术交底会。

3 月 15 日，李××指派陈××（事故中死亡）将盖有北京鑫盛祥电力设备安装工程有限公司印章（经公安机关鉴定为伪造）的《土建专业分包合同》交给王××。

3 月至 6 月期间，施工现场虽然履行开工交底手续，但除开工前李××自行施工的部分电力井外，未组织任何实际施工。6 月至 9 月期间，李××带领工人完成渡业大厦外电源工程中 10kV 土建部分及 10kV 电缆敷设工作，并协助电气设备厂商完成该工程电气设备安装。

6 月 29 日，渡业公司与吉盛安咨询公司签订《委托监理合同》，合同金额 9.8 万元。吉盛安咨询公司未实际成立项目监理部，仅指派高××为现场监理工程师（无执业资格）负责现场监理。

6 月 29 日，京电联合设计公司向国网北京市电力公司丰台供电公司（以下简称“丰台供电公司”）营销部客户服务中心提交加盖图纸报审专用章的施工图（蓝图）。

7 月 12 日，丰台供电公司审核盖章后交京电联合设计公司，由其将审讫的施工设计图纸交给李××。

7 月 20 日，丰台供电公司向华德电力公司进行开工、设计、安全、设备交底。7 月 22 日，供用电承发包公司组织华德电力公司、吉盛安咨询公司、设备厂家、京电联合设计公司、渡业公司、丰台供电公司进行开工、安全、设备交底。

8 月，供用电承发包公司安全质量部对施工现场进行检查。

9 月 10 日，工程分界室工程验收试验合格（丰台供电公司为验收试验单位，华德公司为施工单位）。9 月 12 日，丰台供电公司召开送电启动会。9 月 13 日，丰台供电公司与渡业公司签订《电力设施产权移交协议》和资产现场验收交接单，但未实际履行产权移交手续。

9 月 20 日，丰台供电公司与渡业公司签订《高压供用电合同》，并商定 9 月 27、29 日分两次供电。

9 月 21 日、22 日，华德电力公司分别与北京前门开关有限公司、河间市兴久电力设备有限公司和北京三盈拓电气设备有限公司补签设备采购合同。

二、事故的经过及抢险救援情况

（一）事故发生经过

2016 年 9 月 22 日 18 时，李××口头

安排土建组长陈××带人清理电力井内积水，电气组长李××带人在渡业大厦配电室安装电表。

9月23日9时许，陈××和李××在未携带有限空间作业所需设备设施及防护用品的情况下，带领马××、李××、田××3名作业人员到达现场。陈××安排李××、马××前往丰台区园博园南路与园博园西二路交叉路口东北侧电力井清理积水后，带领李××、田××前往渡业大厦配电室配合丰台供电公司人员安装电表。

11时许，因未能拨通李××、马××手机，陈××要求田××前往现场查看情况。田××在路口遇到常驻现场负责防盗看护的工人，二人共同在现场寻找后发现8号电力井南北两侧的井盖都已打开，此时李××、马××趴在下层井室内，经呼喊无人应答。

（二）抢险救援情况

田××立即电话报告李××。陈××赶到现场后，安排田××打开周边其他竖井井盖通风。随后，李××、陈××先后从北侧井口下井救人并晕倒在下层井室。田××电话通知李××，李××让司机李×拨打120和119。

12时许，李××带领李××、李×赶到事故现场。先后下井将井下4人救出。李××、马××和陈××经120现场抢救无效死亡，另两人送医抢救脱离生命危险。参与抢救的120医生拨打报警电话。

（三）事故伤亡情况

1.马××，男，49岁，河北保定人，施工负责人雇佣的现场作业人员，作业过程中死亡，经鉴定符合有毒气体中毒合并缺氧性窒息（京盛唐司鉴所〔2016〕病鉴字第784号）。

2.李××，男，25岁，河北保定人，施工负责人雇佣的现场作业人员，作业过程中死亡，经鉴定符合有毒气体中毒合并缺氧性窒息（京盛唐司鉴所〔2016〕病鉴字第785号）。

3.陈××，男，44岁，河北保定人，施工负责人雇佣的现场土建组长，救援过程中死亡，经鉴定符合有毒气体中毒合并缺氧性窒息（京盛唐司鉴所〔2016〕病鉴字第786号）。

4.李××，男，32岁，河北保定人，施工负责人雇佣的现场电气组长，救援过程中受伤。

5.李××，男，31岁，河北保定人，施工负责人雇佣的工人，救援过程中受伤。

三、事故的原因和性质

调查组依法对事故现场进行认真勘查，及时提取相关证据资料，对事故相关人员进行调查询问，对相关合同印章开展技术鉴定，并及时委托北京市理化分析测试中心对井下气体成分进行鉴定分析，查明事故原因，认定事故性质。

（一）直接原因

事发电力井井下缺氧且存在毒害气体，施工负责人违章指挥、违规施救，现场作业人员违章作业，是造成事故发生及事故扩大的直接原因。

经检测，事发电力井属于严重缺氧环境（南北两侧井下氧气含量分别为9.65%和4.26%），同时现场取样气体中检出一氟三氯甲烷468$\mu g/m^3$。事故死亡人员符合有毒气体中毒合并缺氧性窒息死亡。

经调查，施工负责人李××违反相关

规定，施工前未组织技术人员落实安全施工技术要求，向施工作业班组、作业人员作出详细说明；未安排现场监护人员；未配备气体检测、通风、通信等安全防护设备、个体防护装备及应急救援设备；未对作业人员进行安全培训，未要求作业人员做到“先通风、再检测、后作业”。

作业人员下井前未严格实行作业审批制度，擅自进入有限空间作业；未对现场气体进行检测，未佩戴必要的安全防护用品，致使下井作业人员发生有毒气体中毒合并缺氧性窒息；事故发生后，现场作业人员及后续救援人员在未制定应急措施、未采取有效安全防护措施和配备应急装备的情况下贸然施救，造成事故后果扩大。

（二）间接原因

1.工程违法转包，项目施工现场管理混乱。

华德电力公司在中标后未履行总包单位管理职责，仅收取管理费，未在施工现场成立项目部，未对工程施工活动进行组织管理；将该工程违法转包给不具备施工资质的李××（个人）。现场施工管理混乱，未落实应急救援预案，建立应急救援组织或者配备应急救援人员，未配备救援器材、设备，并定期组织演练；缺少有限空间作业专项应急救援预案；未向现场作业人员配备有限空间作业安全防护用具，并书面告知危险岗位的操作规程和违章作业的危害。未能有效发现并消除施工现场存在的有限空间作业安全隐患。

2.工程安全监理缺失。

吉盛安咨询公司明知该工程已开工、工程手续不符合相关监理规定的情况下签订监理合同，未按规定设立项目监理部，对该工程实施有效监理；未发现现场安全问题，督促施工单位消除安全事故隐患；未严格审查施工组织设计中的安全技术措施是否符合工程建设强制性标准要求。

3.项目组织单位和工程管理单位安全管理不到位。

供用电承发包公司作为工程组织单位和代表甲方实施工程管理的单位，违规启动施工招标；履行工程管理职责不到位，未发现在施工过程中的违法转包行为；组织安全技术交底后，未督促安全技术交底中各项安全措施落实到位；未严格审核华德电力公司施工组织设计，未发现施工组织设计中缺少有限空间作业专项应急救援预案。

此外，京电联合设计公司违反《建设工程勘察设计管理条例》第25条第1项的规定，在明知缺少立项和规划许可等设计依据的情况下编制设计文件，出具不正规设计图纸，为项目实施提供便利条件。

（三）事故性质

鉴于上述原因分析，根据国家有关法律法规的规定，事故调查组认定，该起事故是一起因施工作业人员违章指挥、违规施救、工程管理混乱引发的较大生产安全责任事故。

四、事故责任分析及处理建议

根据事故原因调查，依据有关法律法规和党纪政纪规定，对事故有关责任人员和责任单位进行事故责任认定并提出如下处理意见：

（一）建议追究刑事责任的人员

李××，施工负责人，不具备任何资质承揽工程；未经审批，未采取防护监护措施，擅自安排人员进入有限空间作业；安排有限空间作业前，未制定应急措施，未给作业人员配备气体检测、通风、照明、通信等安全防护设备、个体防护装备及应急救援设备。其行为违反《中华人民共和国建筑法》第26条第1款、《有限空间安全作业五条规定》（国家安全监管总局令第69号）第1条、第2条、第3条、第4条、第5条、《地下有限空间作业安全技术规范》（DB11/T 852.1—2012）5.2.7、5.2.8、7.1.1的规定，对事故发生负有直接责任。由公安机关立案侦查，依法追究刑事责任。

（二）建议给予政纪处分的人员

1.王××，华德电力公司工程部负责人，负责工程部全面工作。在本单位承揽外电工程后，未成立项目部，并履行施工管理义务；未安排专职安全生产管理人员对施工现场安全生产进行现场监督检查；未采取有效的安全管理措施，及时发现并有效消除现场存在的事故隐患。其行为违反《中华人民共和国安全生产法》第38条第1款的规定，对事故的发生负有主要管理责任。依据《安全生产领域违法违纪行为政纪处分暂行规定》第12条第7项和第17条第2款规定的规定，责成华德电力公司给予其留用察看处分。

2.于×，华德电力公司副经理，作为分管公司工程部领导，放任本公司工程部将中标工程非法转包、收取管理费；对公司工程部未设立项目部、对工程未实施任何有效管理行为，长期放任不管；对本单位的安全生产工作督促检查不到位，未及时发现并消除施工现场存在的生产安全事故隐患。其行为违反《中华人民共和国建筑法》第26条第2款、《中华人民共和国安全生产法》第22条第5项、《安全生产领域违法违纪行为政纪处分暂行规定》第12条第1项、第7项的规定，对事故发生负有主要管理责任。依据《安全生产领域违法违纪行为政纪处分暂行规定》第12条和第17条第2款的规定，责成华德电力公司给予其撤职处分。

3.梁××，中共党员，北京电力公司物资分公司调研员，负责协调华德电力公司多种经营业务，通过向供用电承发包公司相关人员打招呼，干预工程招标活动，并以甲方渡业公司代理人身份签订委托协议，施加工程招标影响力；在华德电力公司中标后，要求王××把工程非法转包。其行为违反《中华人民共和国建筑法》第28条规定，对事故发生负有主要管理责任。依据《安全生产领域违法违纪行为政纪处分暂行规定》第12条第1项、第7项和第17条第2款规定，责成北京电力公司给予其行政记大过处分。

4.关×，供用电承发包公司工程管理部主任，负责工程管理部全面工作，作为部门负责人未能检查发现施工组织设计中缺少有限空间作业应急预案，未督促安全技术交底中各项安全措施落实到位，未发现工程违法转包行为。其行为违反《安全生产领域违法违纪行为政纪处分暂行规定》第12条第7项规定，对事故的发生负有一定管理责任。依据《安全生产领域违法违纪行为政纪处分暂行规定》第12条和第17条第2款规定，责成供用电承发包公司给予其行政记过处分。

5.苗××，供用电承发包公司投资经

营部主任，负责投资经营部全面工作，作为部门负责人接受梁××请托推动工程招标流程，在项目审批手续不健全的情况下启动工程招标。其行为违反《安全生产领域违法违纪行为政纪处分暂行规定》第12条第7项规定，对事故的发生负有一定管理责任。依据《安全生产领域违法违纪行为政纪处分暂行规定》第12条和第17条第2款规定，责成供用电承发包公司给予其行政记过处分。

6.王××，供用电承发包公司安全质量部主任，负责安全质量部全面工作，作为部门负责人未能通过安全检查有效发现施工现场存在的各项安全管理问题。其行为违反《安全生产领域违法违纪行为政纪处分暂行规定》第12条第7项规定，对事故的发生负有一定管理责任。依据《安全生产领域违法违纪行为政纪处分暂行规定》第12条和第17条第2款规定，责成供用电承发包公司给予其行政记过处分。

对于上述人员中的中共党员，建议由所属单位按照干部管理权限和程序及时给予相应的党纪处分。

（三）建议给予行政处罚的人员和单位

1.李×，华德电力公司经理。作为单位主要负责人，违反北京电力公司《关于加强集体企业安全生产同质化管理的通知》（京电安〔2015〕1号）要求，未实际设立安全管理机构；履行安全生产职责不到位，对本单位安全生产工作的管理主要是听取汇报，在不具备安全施工管理人员和施工能力情况下，以承揽工程收取管理费为目的，放任公司工程部实施工程投标和转包；未对所承担的建设工程进行定期和专项检查，未在检查后做任何安全检查记录；未按照本公司《地下有限空间作业审批制度》规定严格检查施工人员有限空间作业情况，及时消除生产安全事故隐患。其行为违反《建设工程安全生产管理条例》第21条第1款、《北京市安全生产条例》第16条第1项、第5项的规定，对事故发生负有主要管理责任。依据《生产安全事故报告和调查处理条例》第38条第2项的规定，由安全监管部门给予其上一年度收入40%的罚款。

2.郭××，吉盛安咨询公司法定代表人。作为该单位主要负责人，未组建工程建设监理项目部，对该工程实施有效监理；未严格审查施工组织设计及专项应急预案，有效发现施工单位生产安全事故隐患，其行为违反《北京市安全生产条例》第16条第5项的规定，对事故发生负有主要管理责任。依据《生产安全事故报告和调查处理条例》第38条第2项的规定，由安全监管部门给予其上一年度收入40%的罚款。

3.杨××，供用电承发包公司总经理。作为本单位主要负责人，未通过专项检查发现工程项目存在的违规启动施工招标、违法转包和施工组织设计中缺少有限空间作业专项应急救援预案等违法、违规行为，未督促发现本单位在工程项目管理方面存在的事故隐患并采取有效措施。其行为违反《建设工程安全生产管理条例》第21条第1款、《北京市安全生产条例》第16条第5项，对事故发生负有领导责任。依据《生产安全事故报告和调查处理条例》第38条第2项的规定，由安全监管部门给予其上一年度收入40%的罚款。

4.华德电力公司，作为工程总承包单位，取得施工资质后，降低安全生产条件，不具备实际工程管理能力，未对该工程项目实际管理；未实际设立安全管理机构；

在工程中标后，将该工程转包给不具备施工资质的李××（个人）；未在施工现场成立项目部，未安排专职安全生产管理人员对安全生产进行现场监督检查，未能有效发现并消除现场存在的事故隐患；未按照应急救援预案，建立应急救援组织或者配备应急救援人员，配备救援器材、设备，并定期组织演练；未针对有限空间缺氧作业场所制定专项应急救援预案；未向现场作业人员提供安全防护用具，并书面告知危险岗位的操作规程和违章作业的危害。其行为违反《中华人民共和国安全生产法》第46条第1款、94条第6项，《中华人民共和国建筑法》28条，《建设工程安全生产管理条例》第23条第1款、第2款、第32条第1款、第49条，《缺氧危险作业安全规程》8.1的规定，对事故发生负有主要责任。依据《中华人民共和国安全生产法》第109条第2项的规定，由安全监管部门给予其52万元罚款的行政处罚。依据《中华人民共和国建筑法》第67条、《建设工程安全生产管理条例》67条，由建设行政主管部门给予其吊销送变电工程专业承包三级资质的行政处罚。

5.吉盛安咨询公司作为该工程监理单位，未组建工程建设监理项目部，对该工程实施有效监理；未发现施工现场相关问题，督促施工单位消除事故隐患；未严格审查施工组织设计及专项应急预案是否符合工程建设强制性标准。违反《建设工程安全生产管理条例》第14条第3款、《工程建设监理规定》第13条第1款、《建设工程监理规程》（DBJ01—41—2002）3.1.1、《建设工程安全监理规程》（DB11/382—2006）3.0.1，对事故发生负有重要责任。依据《中华人民共和国安全生产法》第109条第2项的规定，由安全监管部门给予其50万元罚款的行政处罚。依据《北京市建设工程施工现场生产安全事故及重大隐患处理规定》（京建施〔2009〕889号）第17条第2项，由建设行政主管部门暂停其北京市建筑市场的招投标资格60天。

6.供用电承发包公司作为该工程组织单位，未能通过监督检查发现事故隐患和施工现场违章作业行为；未严格履行合同约定的招标管理、开工管理、施工管理、竣工管理职责；组织安全技术交底后，未督促安全技术交底中各项安全措施落实到位；未通过现场检查，有效发现不具备施工资质和安全生产条件的个人承揽工程；未严格履行竣工验收及资产移交相关程序；未严格审核华德电力公司施工组织设计等相关材料，未能有效发现施工组织设计中缺少有限空间缺氧作业专项应急救援预案的违规行为；未能够通过检查发现施工现场存在的违章作业行为；在工程未取得立项批准及规划许可的情况下，违法启动招标。其行为违反《中华人民共和国安全生产法》第46条，《招标投标法》第9条的规定，对事故发生负有重要责任。依据《中华人民共和国安全生产法》第109条第2项的规定，由安全监管部门给予其51万元罚款的行政处罚。

（四）建议移送相关部门另案处理的情形

1.京电联合设计公司作为工程设计单位，在明知该项目无立项批准文件的情况下，编制并出具设计文件。建议由市安全监管部门移送市规划国土部门立案调查处理。

2.王×，华德电力公司工作人员，具

有二级建造师资格。华德电力公司长期使用其资格投标，并每月支付其相应费用。此次施工投标过程中使用其资格投标，并拟让其担任项目经理。华德电力公司承揽工程后，未实际成立项目部，未实际任命王×为项目经理。建议由市住房城乡建设委给予其停止执业资格 1 年的处理。

3.北京鑫盛祥电力设备安装工程有限公司，法定代表人边×，注册资本金 800 万元，具有承装（修、试）电力设施许可证四级承装类资质、输变电工程专业承包三级资质和建筑施工安全生产许可证。事故中查明该单位于 2013 年至 2015 年期间多次允许李××（个人）使用其单位资质承揽工程。建议由市安全监管部门将上述违法行为及证据材料移送市建设行政主管部门另行立案查处。

五、事故防范和整改措施建议

针对这起事故暴露出的问题，为深刻汲取事故教训，进一步强化外电源工程安全管理工作，有效防范类似事故重复发生，提出如下建议措施。

（一）华德电力公司应立即充实安全管理机构，配备专职安全管理人员；立即停止本单位承接的所有外电源工程施工，逐一检查是否存在非法转包和分包现象，确保本单位承接工程均自行施工和管理后方可复工；加强在施项目的安全管理，配备安全管理机构和工程管理人员，采取措施消除施工安全隐患。

（二）供用电承发包公司应当严格落实国家电网公司业扩工程管理规定及《招标投标法》的相关规定，健全外电源工程招标管理；严格中标工程项目监督，制定切实有效措施，有效避免工程非法转包；严格强化外电源工程施工现场监督管理，避免施工现场各类违章指挥和违规作业行为。

（三）吉盛安咨询公司应严格遵守《中华人民共和国建筑法》、《建筑工程质量条例》《建设工程安全生产管理条例》关于工程监理的各项规定，依法履行监理单位相关法定职责，杜绝承揽监理工程后协助施工单位“走流程、走手续”、不对工程实施实际监理的违规违法现象。

（四）京电联合设计公司应当严格执行有关法规要求，不得违规出具设计图纸；对本公司已经承揽的设计项目开展自查，对无设计依据、无项目批准文件、无建设工程勘察文件、且已出具设计图纸的项目，应当立即整改，并将整改情况报告市规划国土部门。

北京华德电力工程有限公司“9·23”
较大生产安全事故调查组

【案例二】

昌平区回南路工程“10·13”燃气管线破坏事故

2016 年 10 月 13 日 18 时 20 分，北京住总市政道桥工程有限责任公司在昌平区回龙观镇回南路工程（八达岭高速辅路至北郊农场西路段）使用挖掘机进行地表清理作业过程中，将一根DE315中压燃气管线破坏，造成燃气泄漏事故。事故影响周边1647户居民、94户公服用户用气，紧急疏散周边商户及居民605人，直接经济损失4.3816万元，未造成人员伤亡。

事故发生后，依据《生产安全事故报告和调查处理条例》、《北京市生产安全事故报告和调查处理办法》和《北京市社会影响较大的一般生产安全事故调查处理暂行规定》的规定，市安全监管局会同市监察局、公安局、城市管理委、人力社保局、总工会和昌平区政府等单位成立事故调查组，并邀请市检察院参加。事故调查组按照“科学严谨、依法依规、实事求是、注重实效”和“四不放过”的原则，查清事故发生的经过、应急抢险救援经过和直接经济损失，委托专家组对事故原因进行技术鉴定，认定事故性质和责任，提出对有关责任人员及责任单位的处理建议和事故防范及整改措施建议。

一、基本情况

（一）事故相关单位情况

1.建设单位：北京首都开发股份有限公司（以下简称“首开股份公司”），为北京首都开发集团（控股）有限公司下属二级上市公司，具有房地产开发壹级资质。回南路工程由首开股份公司下属的首开同信分公司负责投资建设。

2.施工单位：北京住总市政道桥工程有限责任公司（以下简称“住总市政道桥公司”），具有市政公用工程施工总承包三级资质。

（二）工程历史施工情况

1999年5月18日，北京市房地产开发经营总公司与北京住总市政工程公司签订回龙观周庄西街、回南路市政工程合同，工程工期为1999年5月10日至1999年10月15日，合同价款约为4013万元，工程立项批准文号：京计基字〔1998〕1359号，开工证号：京建市政开字〔99〕第175号。1999年5月20日，北京市房地产开发经营总公司与北京市磐石市政建设监理公司签订工程建设监理合同。1999年，北京市房地产开发经营总公司更名为北京天鸿集团公司；2005年，北京天鸿集团公司与北京城市开发集团有限责任公司合并重组，成立北京首都开发集团（控股）有限公司；2008年，北京首都开发集团（控股）有限公司将主营业务整合上市，成立首开股份公司。

北京住总市政工程公司分别于1999年至2000年、2005年至2008年，先后完成回南路工程大部分路段施工及北郊农场西路西侧部分预留雨污水管线施工。2008年至2015年，因路面拆迁事宜未解决，回南路工程中八达岭高速辅路至北郊农场西路段（以下简称“回南路工程”）一直未动工，也未向开工证核发机关报告中止施工并提交相关书面材料。2013年，北京住总集团有限责任公司吸收合并且注销北京住总市政工程公司。2014年，北京住总集团有限责任公司注册成立住总市政道桥公司。

（三）回南路工程施工情况

2014年至2016年，昌平区人大代表连续3年提出建议，要求区政府协调尽快完成回南路工程（八达岭高速辅路至北郊农场西路段）建设。2015年7月，昌平区政府召开协调会，确定回南路工程由首开股份公司出资并继续建设，道路全长439.28米，工程造价预计约700余万元，按照施工结束后的实际工程量结算，区市政市容委配合做好开工建设有关协调工作。首开同信分公司与北京住总集团有限责任公司协调后，同意由住总市政道桥公司继续履行1999年未完成的合同，完成回南路工程施工。此后，首开同信分公司、住总市政道桥公司分别对道路两侧电力、污水、自来水、电信线路进行现场踏勘，制定管线调查记录、拍摄管线照片。昌平区市政市容委先后5次召开协调会，对路面伐树、障碍物改移、危楼鉴定与拆迁等工作与相关单位和部门进行协调。同时，昌平区市政市容委协调电信、园林绿化、自来水等单位和北京佰嘉置业集团有限公司到现场协助首开同信分公司确认管线。2016年10月10日，回龙观镇政府安排保安人员维持现场秩序，北京佰嘉置业集团有限公司对施工现场临建设施进行拆迁，住总市政道桥公司搭设施工围挡正式进场施工。10月11日，住总市政道桥公司租赁的挖掘机进场施工。

（四）燃气管线情况

此次事故中被破坏中压塑料燃气管线为2012年建设完成，负责为国士汇居民小区供应燃气，产权属于北京佰嘉置业集团有限公司，由北京市燃气集团第五分公司负责日常管理，管径为DE315，运行压力0.18MPa。

二、事故经过及抢险救援情况

（一）事故发生经过

2016年10月13日，住总市政道桥公司项目部技术负责人阎××安排施工作业人员指挥挖掘机开展清理作业，驾驶挖掘机从西往东倒退进行反铲挖掘，测量高程。18时15分左右，挖掘机开挖至佰嘉城7天连锁酒店南侧约20米处，将中压DE315燃气管线破坏，造成燃气泄漏。项目部人员拨打110报警、拨打119报警并报告回龙观镇政府值班室。

（二）应急抢险救援经过

10月13日19时05分，市燃气集团第五分公司燃气应急抢险人员赶到现场，对现场燃气浓度扩散情况进行持续监测。回龙观镇政府组织疏散周边小区商户265人、居民340人。区公安消防支队回龙观中队对现场进行喷水作业稀释可燃性气体。19时30分，抢险人员关闭燃气泄漏部位前端最小区域控压截门，停止对94户公服用户、国士汇居民小区1647户居民用户供气。20时30分，抢修人员组织进行抢修作业。14日凌晨2时58分，完成破损管线的修复工作。10月15日13时10分，所有停气用户恢复正常供气。

三、事故原因及性质

事故调查组依法调取有关单位的资质文件和施工资料，对事故涉及的相关人员进行调查询问，聘请中国市政工程华北设计研究总院有限公司相关专家进行论证，认定事故原因及性质。

（一）直接原因

首开股份公司未查明建设工程施工范围内地下燃气管线的相关情况，住总市政道桥公司未检查发现施工现场地面燃气阀井地点及管线走向，使用挖掘机在地下燃气管道安全间距范围内进行挖掘作业，导致燃气管线破裂，是造成燃气管线泄漏的直接原因。

经查，首开股份公司未查明建设工程

施工范围内地下燃气管线的相关情况，未向施工单位提供真实、准确、完整的施工现场及毗邻区域内地下管线资料。住总市政道桥公司在施工区域基础管线资料不准确、完整的情况下进场作业，未查明施工场地的明、暗设置物地点及走向，未检查出施工现场燃气阀井，导致挖掘机在地下燃气管道安全间距范围内进行挖掘作业，违反建筑机械使用安全技术规程（JGJ33—2012）5.1.4规定。

经中国市政工程华北设计研究总院有限公司委派的技术专家组鉴定，住总市政道桥公司在挖掘渣土中使用的日立330型挖掘机，斗铲1.5立方米，对聚乙烯DE315塑料燃气管线具有破坏能力，致使施工中将DE315聚乙烯燃气管线破损，破损部位直径8CM穿孔，直接造成本次事故发生。

（二）间接原因

1.施工现场管理缺失。一是住总市政道桥公司对项目部项目经理及其他管理人员统一调配和协调管理不到位，事故发生前项目经理、部分项目管理人员未到岗履职；二是住总市政道桥公司项目部未按照规定编制施工组织设计、施工方案，未按照公司规定报技术部门审核，使用无资质的劳务队伍，未按照公司规定进行备案，对施工现场安全检查和安全教育培训不到位。

2.开工前准备工作不到位。一是首开股份公司仍使用1999年的监理合同，但事故发生前未联系监理单位进场，导致施工现场处于无监理到场履职状态；二是首开股份公司在建设单位和施工单位均发生变更的情况下，未重新申请领取施工许可证，仍使用1999年办理的施工许可证。

（三）事故性质

鉴于上述原因分析，根据国家有关法律法规的规定，事故调查组认定，该起事故是一起因施工现场燃气管线布局情况不明，施工手续不完善，现场安全管理缺失造成的一般生产安全责任事故。

四、事故责任分析及处理建议

（一）建议给予政纪处分的人员

1.彭××，住总市政道桥公司回南路工程项目部常务副经理兼生产经理，负责项目部施工现场全面工作。在建筑工程施工许可不规范的情况下进场施工，现场使用无资质劳务队伍，对现场施工人员安全教育培训不到位，在事故发生后向事故调查组提供虚假的施工组织设计、安全技术交底等材料，其行为违反《生产安全事故报告和调查处理条例》第36条第5项和《安全生产领域违法违纪行为政纪处分暂行规定》第12条第7项、第13条第2项的规定，对事故发生负有主要管理责任。依据《生产安全事故报告和调查处理条例》第36条和《安全生产领域违法违纪行为政纪处分暂行规定》第12条、第17条第2款的规定，由安全监管部门给予其上一年年收入60%的罚款，责成住总市政道桥公司给予其记过处分。

2.阎××，住总市政道桥公司回南路工程项目部技术负责人。未按照规定编制施工组织设计，未向施工班组、作业人员详细说明安全施工技术要求并双方签字确认，且事故发生后组织作业人员伪造安全技术交底等技术材料，其行为违反《生产安全事故报告和调查处理条例》第36条第5项和《安全生产领域违法违纪行为政纪处分暂行规定》第12条第7项、第13条第2项的规定，对事故发生负有主要管理责任。依据《生产安全事故报告和调查处理条例》第36条和《安全生产领域违法违纪行为政纪处分暂行规定》第12条、第17条第2款的规定，由安全监管部门给予其上一年年收入60%的罚款。

3.王××，住总市政道桥公司总经理助理、回南路工程项目部经理。从工程开工至事故发生前未到岗履职，未对项目工程安全工作实施有效的监督管理，未及时消除项目施工中的事故隐患，其行为违反《建设工程安全生产管理条例》第21条第2款的规定，对事故发生负有重要管理责任。依据《建设工程安全生产管理条例》第58条的规定，由住房和城乡建设部门依法给予其停止二级建造师执业资格3个月的行政处罚。

4.刘×，首开股份首开同信分公司回南路工程项目部技术负责人。未查明建设工程施工范围内地下燃气管线的相关情况，未向施工单位提供真实、准确、完整的施工现场及毗邻区域内地下管线资料，对事故发生负有主要管理责任。其行为违反《安全生产领域违法违纪行为政纪处分暂行规定》第12条第7项的规定。依据《安全生产领域违法违纪行为政纪处分暂行规定》第12条、第17条第2款的规定，责成首开股份公司给予其记过处分。

5.闫××，首开股份首开同信分公司回南路工程项目项目经理。未认真履行施工现场建设单位统一协调、管理职责，未有效督促检查施工范围内地下燃气管线交底情况，未有效督促整改施工许可手续不完善、监理单位未到场履职的问题，对事故发生负有重要管理责任。其行为违反《安全生产领域违法违纪行为政纪处分暂行规定》第12条第7项的规定。依据《安全生产领域违法违纪行为政纪处分暂行规定》第12条、第17条第2款的规定，责成首开股份公司给予其警告处分。

（二）建议给予行政处罚的人员和单位

1.王××，住总市政道桥公司总经理。作为本单位主要负责人，未正确履行督促检查本单位安全生产工作和及时消除生产安全事故隐患的职责，未及时发现并消除项目部违规进场施工、项目经理及管理人员未到岗履职、未制定施工组织设计、安全教育培训不到位的生产安全事故隐患，其行为违反《北京市安全生产条例》第16条第5项的规定，对事故发生负有领导责任。依据《生产安全事故报告和调查处理条例》第38条第1项的规定，由安全生产监督管理部门给予其上一年年收入30%的罚款。

2.住总市政道桥公司，作为工程施工单位，在使用土石方机械作业前，未查明施工场地明、暗设置物的地点及走向，在距离天然气管道1米距离以内进行大型机械作业；在建筑工程施工许可不规范的情况下违规进场施工；对项目经理及管理人员统一调配和协调管理不到位，未保证项目经理及管理人员到岗履职；未按照规定编制施工组织设计、施工方案；使用无资质的劳务队伍；施工现场人员安全教育培训不到位。其行为违反《中华人民共和国安全生产法》第25条、第41条、第46条，《建设工程安全生产管理条例》第21条第1款，《北京市建设工程施工现场管理办法》第15条第1款，《建筑机械使用安全技术规程》（JGJ33—2012）5.1.4，《北京住总市政道桥有限责任公司现场安全生产管理制度》第7条第1项、《北京住总市政道桥有限责任公司工程专业与劳务分包管理办法》第3条、第4条的规定，对事故发生负有责任。依据《安全生产法》第109条第1项，由安全生产监督管理部门给予其20万的罚款。

3.首开股份公司，作为工程建设单位，未查明建设工程施工范围内地下燃气管线的相关情况、未向施工单位提供施工现场及毗邻区域内真实、准确、完整地下管线资料；在建设单位和施工单位均发生变更的情况下，未及时重新申请领取施工许可证；事故发生前未联系监理单位进场，导致施工现场处于无监理单位到场履职状态。其行为违反《建设工程安全生产管理条例》第6条第1款、《北京市燃气管理条例》第31条第1款的规定，对事故发生负有责任。依据《中华人民共和国安全生产法》第109条第1项，由安全生产监督管理部门给予其20万元的罚款。

五、事故防范和整改措施建议

事故调查组针对该起事故暴露出的问题，对相关部门和单位提出如下整改建议措施：

（一）住总市政道桥公司要落实防止施工破坏地下管线的直接责任，严格项目经理和项目管理人员的统一调配和协调管理，加强对历史遗留工程项目安全生产管理，强化历史遗留项目恢复施工后的项目监督检查。施工前要全面查明施工场地内的明、暗设置物，再使用大型机械施工。要严格审查项目施工技术资料，加强劳务队伍资质管理，清查在施工程劳务队伍使用情况。加强对挖掘作业机械操作人员和施工人员的安全教育和安全技术交底，确保各项安全措施传达到一线作业人员，防范破坏管线事故的发生。

（二）首开股份公司要严格履行建设单位防止施工破坏地下管线的主要责任，加强对历史遗留工程项目的建设施工安全生产管理，严格履行项目开工前各项审批手续，确保工程监理单位进场履职。在建设工程施工前要查明建设工程施工范围内地下管线情况，向施工单位提供施工现场及毗邻区域内地下管线资料，并保证资料的真实、准确、完整。施工过程中加强对施工单位地下管线安全防护措施落实情况进行检查。

人　物

市安全监管局领导

局　长　张树森（党组书记）
副局长　贾太保（兼）（党组成员）
阎　军
市纪委驻局纪检组组长　续　栋（党组成员）
副局长　唐明明（党组成员）
卞杰成（党组成员）
李东洲（党组成员）
副巡视员　谢清顺
李振龙
贾秋霞

北京煤监局领导

局　长　张树森（党组书记）
副局长　贾太保（党组成员、巡视员）
阎　军
市纪委驻局纪检组组长　续　栋（党组成员）
副局长　唐明明（党组成员）
卞杰成（党组成员）
李东洲（党组成员）

市安全监管局处室（总队）领导

办公室（督查室）　副主任　任　忠（主持工作）
朱　凯
财务处　处　长　田志斌
副主任　康　勇
法制处　主任科员　戴贺霞（主持工作）

研究室	副调研员	车广杰（主持工作）
科技处	处　长	王树琦
	副处长	孙建军
安全生产协调处	处　长	靳玉光
	副处长	赵同立
应急工作处（值班室）	处　长	李怀冰
	副处长	王　欣
事故调查处	处　长	高云飞
	副处长	王晓杰
安全监督管理一处	处　长	魏丽萍
	副处长	仲俊生
安全监督管理二处	处　长	曹柏成
	副处长	赵玉辉
安全监督管理三处	处　长	孟庆武
职业卫生综合处	处　长	张震国
	副处长	孙晶晶
职业卫生监督处	处　长	李玉祥
	副处长	靳大力
矿山安全监督管理处	处　长	马存金（兼）
行政审批处	副处长	冯印辉（主持工作）
人事教育处	处　长	孙　雷
机关党委	专职副书记	孙　雷（兼）
机关工会	专职副主席	王中堂
	副主席	孙　雷（兼）
驻局纪检监察处	正处级纪检监察员	侯宝琪
		马利东
执法监察总队	总队长	贾兴华
	副总队长	毛宇权
		张　涛
		闵绍辉

北京煤监局处室领导

综合办公室	主　任	何多云
	副主任	唐　涓
监察一室	主　任	贾克成

副主任　董　伟
监察二室　主　任　潘洪季
监察专员　董文同
副主任　庄过兵
监察三室　主　任　杨庆三
副主任　贾　宏
纪检组　副组长　张志永（正处级）

市安全监管局直属单位领导

安全生产科学技术研究院　院　长　季学伟
副院长　张晋伟
薛映宾
安全生产宣传教育中心　副主任　时会佳（主持工作）
安全生产信息中心　主　任　季学伟（兼）
副主任　陆金周
安全生产举报投诉中心　副主任　张　鹏（主持工作）

区安全监管局领导成员

东城区安全监管局

局　长　曹永军（党组书记）
副局长　张丙申
王寿永
石建军
纪检组长　张团南
副局长　黎洪垓
副调研员　王俊峰
石培德

西城区安全监管局

党组书记　李连防
局　长　李　华
副局长　毕军东（8月离任）

褚海燕（8月任职）
曹长春
林育才（5月离任）
高聪聪（7月任职）
纪检组长　王美玉（11月离任）
调研员　曲绍勃（7月退休）
副调研员　张　蕊
张　文
张　旺（12月任职）

朝阳区安全监管局

局　长　刘炳起
党组书记　安永存
副局长　姜金平（8月离任）
周　琼
袁裕中
纪检组长　赵岚静
副调研员　张小平
冯春友

海淀区安全监管局

党组书记　曾子锋
局　长　田一川
副局长　贾　宁
孙茂山
纪检组长　王雪梅
副局长　徐春兰

丰台区安全监管局

局　长　董铁铮（党组书记）
副局长　崔　林
史　勤
王　平

石景山区安全监管局

局　长　韩从笔（党组书记、10 月离任）
　　　　佟晓军（党组书记、10 月任职）
副局长　李振华
　　　　高金山

门头沟区安全监管局

局　长　刘振林
党组书记　梁光学
纪检组长　方　钢
副局长　周玉陆
　　　　阿显德

房山区安全监管局

局　长　张海生
党组书记　周德运
副局长　刘继承（11 月离任）
　　　　李劲松
　　　　郑　雷（11 月任职）
　　　　高保光
纪检组长　孙晓东

通州区安全监管局

局　长　曹树常（党组书记）
副局长　杨文庆
　　　　吴宝祥
纪检组长　雷雨雯
副局长　王志佳（8 月离任）
　　　　谭先进（8 月任职）
调研员　吴国语
　　　　张　杰

邹松泉
副调研员 袁文旭
工会主席 邹秉志

顺义区安全监管局

局　长 孙书林（党组书记）
副局长 孟家祝
李正义
李　妍
工会主席 邱国庆
调研员 王明金
副调研员 张建明
杨　槟

大兴区安全监管局

局　长 张福长
党组书记 张义祥
副局长 李建军
丁开明
纪检组长 杨玲荣
副局长 王建军
副调研员 李长龙
尉志强
胡贵平
陈春来

昌平区安全监管局

局　长 兰剑波
党组书记 韩文亮
副 局 长 徐立荣
彭士杰
张卫东
纪检组长 郑秀云

平谷区安全监管局

局　长　崔曙光
党组书记　胡玉峰
副局长　张振宇
　　　　石雅琪
纪检组长　李满胜

怀柔区安全监管局

局　长　王国栋（党组书记）
副局长　宿翔宇（党组副书记、3月任职）
纪检组长　李世森
副局长　高志平（7月离任）
　　　　吕宝文（8月任职）
　　　　曾　灏
副调研员　曹勇军
　　　　乔海青

密云区安全监管局

局　长　张艳生（党组书记）
调研员　马延春（党组副书记）
纪检组长　董克强
副局长　梁乃顺
　　　　张宏伟
副调研员　刘海生
　　　　赵德民

延庆区安全监管局

局　长　臧文柱（党组书记）
党组副书记　尤长存
纪检组长　王菊英

副局长　张　鑫
　　　　王吉兴
副调研员　闫福军（工会主席）

北京经济技术开发区安全监管局

局　长　吴伯军
副局长　肖怡宁
调研员　闫庆平

市安全监管局　北京煤监局先进集体、先进个人

先进集体

北京煤监局综合办公室被人力资源社会保障部、国家安全监管总局评为“全国安全生产监管监察系统先进集体”。

市安全监管局被市委、市政府评为“全市调查研究工作先进单位”。

市安全监管局宣传教育中心被首都绿化委员会办公室、市人力社保局评为“首都绿化美化先进单位”。

市安全监管局法制处被市法制宣传教育领导小组办公室、市委宣传部、人力社保局、司法局评为“2011—2015 北京市法治宣传教育先进集体”。

先进个人

市安全监管局安全生产执法监察总队贾兴华被人力资源社会保障部、国家安全监管总局授予“全国安全生产监管监察系统先进工作者”荣誉称号。

市安全监管局安全监督管理一处魏丽萍被全国妇联授予“全国三八红旗手”荣誉称号。

市安全监管局安全监督管理二处曹柏成被市总工会授予“首都劳动奖章”。

市安全监管局安全监督管理三处刘丽、宣传教育中心吴爽被市妇联、人力社保局、总工会授予北京市“三八”红旗奖章。

市安全监管局安全监督管理三处陈震西被市委宣传部、首都精神文明办、人力社保局授予“首都精神文明建设奖”。

市安全监管局科技处王树琦被市科委、市委宣传部、人力社保局和市科协评为“北京市科学技术普及工作先进个人”。

市安全监管局法制处钱莹被市法制宣传教育领导小组办公室、市委宣传部、人力社保局、司法局评为“2011—2015 北京市法治宣传教育先进个人”。

市安全监管局法制处刘樾衡被市政府法制办、人力社保局评为“北京市政府法制工作先进个人”。

市安全监管局研究室车广杰、安全监督管理二处刘毅被市南水北调办公室评为“北京市南水北调配套工程建设先进个人”。

市安全监管局安科院王罡被首都绿化委员会办公室、市人力社保局评为“首都绿化美化先进个人”。

市安全监管局安科院王博被团市委、市人力社保局授予“北京市优秀共青团员”荣誉称号。

市安全监管局宣传教育中心邓瑶被团市委、市人力社保局授予“北京市青年岗位能手”荣誉称号。

区安全监管局先进集体、先进个人

东 城 区

先进集体

东城区安全监管局被市安全监管局评为“2016 年度北京市安全生产政务信息先进单位”。

东城区安全监管局被市安全监管局授予“2015—2016 年度北京市安全生产监管监察工作改革创新奖”(1.落实综合监管职责，带动责任体系建设水平提升；2.生产经营单位“安全生产明白人”专项培训工程)。

先进个人

东城区安全监管局姚广发、王慧被市安全监管局评为“2016 年度北京市安全生产政务信息工作先进个人”。

西 城 区

先进集体

西城区被市安委会评为“2016 年度安全生产工作重大进步单位”。

西城区安全监管局被市安全监管局评为“2016 年度北京市安全生产政务信息工作先进单位”。

西城区安全监管局被市安全监管局授予“2015—2016 年度北京市安全生产监管监察工作改革创新奖”(区级职能部门专职安全生产检查队装备配备标准化、规范化)。

先进个人

西城区安全监管局王博、何姝瑾被市安全监管局评为“2016 年度北京市安全生产政务信息工作先进个人”。

朝 阳 区

先进集体

朝阳区被市安委会评为“2016 年度安全生产工作重大进步单位”。

朝阳区安全监管局被市安全监管局评为“2016 年度北京市安全生产政务信息工作先进单位”。

朝阳区安全监管局被市安全监管局授予“2015—2016 年度北京市安全生产监管监察工作改革创新奖”(综合治理“开墙打洞”，消除房屋安全隐患)。

先进个人

朝阳区安全监管局王峰被市安全监管局、首都精神文明办授予“2016 安监之星·北京榜样”荣誉称号。

朝阳区安全监管局李永来、唐璐被市安全监管局评为“2016 年度北京市安全生产政务信息工作先进个人”。

海 淀 区

先进单位

海淀区安全监管局被市档案局评为“北京市区机关档案工作测评市级优秀单位”。

先进个人

海淀区安全监管局任海源被市安全监管局评为“2016 年度北京市安全生产政务信息工作先进个人”。

丰 台 区

先进集体

丰台区安全监管局被市安全监管局评为“2016 年度北京市安全生产政务信息工作先进单位”。

先进个人

丰台区安全监管局张振淮、李赞被市安全监管局评为“2016 年度北京市安全生产政务信息工作先进个人”。

石景山区

先进集体

石景山区安全监管局被市安全监管局授予“2015—2016 年度北京市安全生产监管监察

工作改革创新奖”（石景山区党政正职直接分管安全生产的责任体系建设）。

先进个人

石景山区安全监管局栾松被市安全监管局评为“2016年度北京市安全生产政务信息工作先进个人”。

门头沟区

先进集体

门头沟区安全监管局被市安全监管局授予“2015—2016年度北京市安全生产监管监察工作改革创新奖”（餐饮场所醇基液体燃料使用专项整治行动）。

先进个人

门头沟区安全监管局谷征被市安全监管局评为“2016年度北京市安全生产政务信息工作先进个人”。

房 山 区

先进集体

房山区被市安委会评为“2016年度安全生产工作基础管理创新单位”。

房山区安全监管局被市交通安全委员会评为“北京市2016年度市级交通安全先进单位”。

房山区安全监管局被市安全监管局评为“2016年度北京市安全生产政务信息工作先进单位”。

房山区安全监管局被市安全监管局授予“2015—2016年度北京市安全生产监管监察工作改革创新奖”（房山区隐患排查治理体系建设项目）。

先进个人

房山区安全监管局马振被市总工会授予“首都劳动奖章”。

房山区安全监管局安东、傅星铭被市安全监管局评为“2016年度北京市安全生产政务信息工作先进个人”。

通 州 区

先进集体

通州区安全监管局被国务院安委会办公室评为2016年度全国“安全生产月”和“安全生产万里行”活动先进单位。

通州区被市安委会评为“2016年度安全生产工作基础管理创新单位”。

通州区安全监管局被市总工会授予“首都劳动奖状”。

通州区安全监管局被市安全监管局评为“2016年度北京市安全生产政务信息先进

单位”。

通州区安全监管局被市安全监管局授予“2015—2016年度北京市安全生产监管工作改革创新奖”（1.安全生产监管体制机制综合改革；2.乡镇街道、园区安全生产检查队规范化建设创新实践）。

先进个人

通州区安全监管局曹树常被市委、市政府授予北京市“人民满意的公务员”荣誉称号。

通州区安全监管局顿六平被市安全监管局、首都精神文明办授予“2016安监之星·北京榜样”荣誉称号。

通州区安全监管局荆春花、张建伟被市安全监管局评为“2016年度北京市安全生产政务信息先进个人”。

顺　义　区

先进集体

顺义区安全监管局被市安全监管局授予“2015—2016年度北京市安全生产监管监察工作改革创新奖”（1.“线上线下”互动式安全生产教育培训；2.安全生产隐患排查治理信息系统建设）

先进个人

顺义区安全监管局孙书林被市总工会授予“首都劳动奖章”。

顺义区安全监管局刘磊被市安全监管局评为“2016年度北京市安全生产政务信息工作先进个人”。

大　兴　区

先进集体

大兴区安全监管局被人力资源社会保障部、国家安全监管总局评为“全国安全生产监管监察系统先进集体”。

大兴区被市安委会评为“2016年度安全生产工作基础管理创新单位”。

大兴区安全监管局被市安全监管局评为“2016年度北京市安全生产政务信息先进单位”。

大兴区安全监管局被市安全监管局授予“2015—2016年度北京市安全生产监管监察工作改革创新奖”（动态安全监管和预警预报系统建设项目）。

先进个人

大兴区安全监管局张捷飞、苗雅菡被市安全监管局评为“2016年度北京市安全生产政务信息先进个人”。

昌 平 区

先进集体

昌平区安全监管局被市安全监管局授予“2015—2016 年度北京市安全生产监管监察工作改革创新奖”（小汤山镇安全生产责任体系建设创新实践）

先进个人

昌平区安全监管局郑媛元被市妇联、人力社保局、总工会授予北京市“三八”红旗奖章。

昌平区安全监管局樊朝花被市安全监管局评为“2016 年度北京市安全生产政务信息先进个人”。

平 谷 区

先进集体

平谷区安全监管局被市安全监管局授予“2015—2016 年度北京市安全生产监管监察工作改革创新奖”（在区安全生产委员会下设立行业安全生产专业委员会）。

先进个人

平谷区安全监管局杜春光被市安全监管局评为“2016 年度北京市安全生产政务信息先进个人”。

怀 柔 区

先进集体

怀柔区安全监管局被市安全监管局授予“2015—2016 年度北京市安全生产监管监察工作改革创新奖”（实行区域高校、科研院所危险化学品集中管理的综合监管实践）。

先进个人

怀柔区安全监管局田保海被市安全监管局评为“2016 年度北京市安全生产政务信息先进个人”。

密 云 区

先进个人

密云区安全监管局马尚彬被市安全监管局、首都精神文明办授予“2016 安监之星 · 北京榜样”荣誉称号。

密云区安全监管局宇航被市安全监管局评为“2016 年度北京市安全生产政务信息先进

个人”。

延　庆　区

先进集体

延庆区安全监管局被市安全监管局评为“2016 年度北京市安全生产政务信息先进单位”。

延庆区安全监管局被市安全监管局授予“2015—2016 年度北京市安全生产监管监察工作改革创新奖”（安全生产综合执法机制建设）。

先进个人

延庆区安全监管局赵会鹏被市安全监管局、首都精神文明办授予“2016 安监之星·北京榜样”荣誉称号。

延庆区安全监管局张新亮、程文杰被市安全监管局评为“2016 年度北京市安全生产政务信息先进个人”。

北京经济技术开发区

先进集体

开发区安全监管局被市安全监管局授予“2015—2016 年度北京市安全生产监管监察工作改革创新奖”（1. 运用社会化托管方式，加强中小企业安全管理；2. 危险化学品使用单位仓库管理员持证上岗）

先进个人

开发区安全监管局赵伟被市安全监管局评为“2016 年度北京市安全生产政务信息先进个人”。

附　录

【附录 1】

北京市安全评价乙级机构

机构名称：中国寰球工程有限公司

办公地址：北京市朝阳区创达二路 1 号

业务范围：一类 3. 石油和天然气开采业，一类 4. a 石油加工业，一类 4. b 化学原料、化学品及医药制造业，一类 4. c 燃气生产及供应业，一类 4. d 炼焦业，二类 8. 管道运输业，二类 9. 仓储业，二类 17. 港口码头

联系人：陈微

联系电话：13511038043

机构名称：北京天恒安科工程技术有限公司

办公地址：北京市大兴区黄村镇市场路东巷 5 号

业务范围：一类 4. a 石油加工业，一类 4. b 化学原料、化学品及医药制造业，一类 4. c 燃气生产及供应业，一类 4. d 炼焦业，二类 7. 房屋和土木工程建筑业，二类 9. 仓储业，二类 19. a 轻工业，二类 19. b 纺织业，二类 19. c 烟草加工制造业，二类 19. c 烟草加工制造业

联系人：胡振平

联系电话：13720010209

机构名称：北京市化工职业病防治院

办公地址：北京市海淀区香山一棵松 50 号

业务范围：一类 2. a 金属矿采选业，一类 2. b 非金属矿采选业，一类 2. c 其他矿采选业，一类 4. a 石油加工业，一类 4. b 化学原料、化学品及医药制造业，一类 4. c 燃气生产及供应业，一类 4. d 炼焦业，二类 7. 房屋和土木工程建筑业，二类 8. 管道运输业，二类 9. 仓储业，二类 11. a 火力发电业，二类 11. b 热力生产和供应业，二类 14. a 黑色、有色金属冶炼及压延加工业，二类 14. b 金属制品业，二类 14. c 非金属矿物制品业，二类 15. a 铁路运输业，二类 15. b 城市轨道交通及辅助设施，二类 16. 公路，二类 17. 港口码头，二类 18. a 机械设备制造业，二类 18. b 电器制造业，二类 19. a 轻工业，二类 19. b 纺织业，二类 19. c

烟草加工制造业，二类 19.c 烟草加工制造业

联系人：崔西勇

联系电话：13436712118

机构名称：中国铁道科学研究院

办公地址：北京市海淀区大柳树路 2 号

业务范围：二类 15.a 铁路运输业，二类 15.b 城市轨道交通及辅助设施

联系人：王俊彪

联系电话：18601001602

机构名称：北京联合智业认证有限公司

办公地址：北京市朝阳区北苑路 170 号 C 座 17 层

业务范围：一类 3. 石油和天然气开采业，一类 4.a 石油加工业，一类 4.b 化学原料、化学品及医药制造业，一类 4.c 燃气生产及供应业，一类 4.d 炼焦业，二类 7. 房屋和土木工程建筑业，二类 8. 管道运输业，二类 9. 仓储业，二类 14.a 黑色、有色金属冶炼及压延加工业，二类 14.b 金属制品业，二类 14.c 非金属矿物制品业，二类 18.a 机械设备制造业，二类 18.b 电器制造业，二类 19.a 轻工业，二类 19.b 纺织业，二类 19.c 烟草加工制造业，二类 19.c 烟草加工制造业

联系人：胡韵强

联系电话：13683327597

机构名称：中国船舶重工集团公司第七一四研究所

办公地址：北京市朝阳区科荟路 55 号

业务范围：二类 7. 房屋和土木工程建筑业，二类 9. 仓储业，二类 14.a 黑色、有色金属冶炼及压延加工业，二类 14.b 金属制品业，二类 14.c 非金属矿物制品业，二类 15.a 铁路运输业，二类 15.b 城市轨道交通及辅助设施，二类 17. 港口码头，二类 18.a 机械设备制造业，二类 18.b 电器制造业，二类 19.a 轻工业，二类 19.b 纺织业，二类 19.c 烟草加工制造业，二类 19.c 烟草加工制造业

联系人：陈健

联系电话：18600246085

机构名称：北京市工业技术开发中心

办公地址：北京市东城区朝阳门北小街 71 号

业务范围：一类 4.a 石油加工业，一类 4.b 化学原料、化学品及医药制造业，一类 4.c 燃气生产及供应业，一类 4.d 炼焦业，二类 7. 房屋和土木工程建筑业，二类 9. 仓储业，二类 11.a 火力发电业，二类 11.b 热力生产和供应业，二类 14.a 黑色、有色金属冶炼及压延

加工业，二类 14.b 金属制品业，二类 14.c 非金属矿物制品业，二类 18.a 机械设备制造业，二类 18.b 电器制造业，二类 19.a 轻工业，二类 19.b 纺织业，二类 19.c 烟草加工制造业，二类 19.c 烟草加工制造业

联系人：额冬梅

联系电话：15210750155

【附录2】

2016年北京市工业企业安全生产标准化（二级）评审单位名单（43家）

1. 北京中经科环质量认证有限公司
2. 北京利华永安注册安全工程师事务所有限公司
3. 北京安雅教育科技有限公司
4. 北京石油化工学院
5. 北京众心成诚注册安全工程师事务所有限公司
6. 北京中安质环技术评价中心有限公司
7. 北京全方略咨询有限责任公司
8. 北京京安晟晖注册安全工程师事务所有限公司
9. 北京众易安信管理咨询有限公司
10. 北京安科研培技术有限公司
11. 北京赛福德注册安全工程师事务所有限责任公司
12. 北京蔻凯恒安咨询有限公司
13. 北京京信安博技术服务有限公司
14. 北京联合智业认证有限公司
15. 北京启迪智信注册安全工程师事务所有限责任公司
16. 北京天晟百纳安全技术有限责任公司
17. 尚锦文（北京）文化传媒有限责任公司
18. 北京大方安科技术咨询有限公司
19. 中国建材检验认证集团股份有限公司
20. 北京永旺嘉诚安全科技发展有限公司
21. 北京中矿基业安全防范技术有限公司
22. 北京市工业技术开发中心
23. 北京市劳动保护科学研究所
24. 国家安全生产监督管理总局研究中心
25. 上海柏科管理咨询股份有限公司
26. 北京神龙安科技术发展中心
27. 北京中机爱生安全技术咨询有限公司
28. 北京地大安环科技发展有限公司
29. 北京桑莱注册安全工程师事务所有限公司
30. 北京云帆沧海安全防范技术有限公司
31. 北京阳光企安注册安全工程师事务所有限公司
32. 首都经济贸易大学
33. 北京思源注册安全工程师事务所有限公司
34. 北京埃尔维质量认证中心
35. 中环冶金总公司
36. 北京德康莱安全卫生技术发展有限公司
37. 北京泰瑞特认证中心
38. 北京中机安达安全技术咨询有限公司
39. 北京万方同人技术顾问中心
40. 北京国泰民康安全技术中心
41. 北京安信兴业管理咨询有限公司
42. 北京原被注册安全工程师事务所有限公司
43. 吉林宝华安全评价有限公司

索 引